D0235244

Jürgen Schiewe

Die Macht der Sprache

Jürgen Schiewe

Die Macht der Sprache

Eine Geschichte der Sprachkritik
von der Antike
bis zur Gegenwart

Verlag C. H. Beck München

Die Deutsche Bibliothek – CIP-Einheitsaufnahme

Schiewe, Jürgen:
Die Macht der Sprache : eine Geschichte der Sprachkritik von der Antike bis zur Gegenwart / Jürgen Schiewe. – München : Beck, 1998
ISBN 3-406-42695-6

ISBN 3 406 42695 6

C. H. Beck'sche Verlagsbuchhandlung (Oscar Beck), München 1998
Satz: Janß, Pfungstadt
Druck und Bindung: Freiburger Graphische Betriebe, Freiburg
Gedruckt auf säurefreiem, alterungsbeständigem Papier
(hergestellt aus chlorfrei gebleichtem Zellstoff)
Printed in Germany

Inhalt

Vorwort

«Wir brauchen weiterhin dringend Sprachkritik, eine Satire, die das, was uns alltäglich an Sprache umgibt, kübelweise mit Spott übergießt.» Dieses schrieb, im Jahre 1989, der Sprachwissenschaftler und Sprachkritiker Uwe Pörksen. Als Gegenstand von Sprachkritik hatte Pörksen die Wissenschaftssprache im Blick, die sich oftmals als ein undurchdringliches Gestrüpp erweist, mit hohem Prestige belegt und doch zugleich nicht selten bloße Verpackung ist – alter Wein in neuen Schläuchen; er zielte auf die alltägliche Sprache, die vielfältige Anleihen bei eben dieser Wissenschaftssprache macht, die mit Fachwörtern durchzogen ist, so daß sie ihre Eigenständigkeit, ihre Autonomie in der Bewältigung alltäglicher Lebensaufgaben und Deutung von Lebenswelten verliert; er meinte die politische Sprache, die bedeutungsleer ist, phrasenhaft, und die sich zum bloßen Erfüllungsgehilfen ökonomischer Machtinteressen hat degradieren lassen.

Dieses, und mehr, kann und sollte Gegenstand gegenwärtiger Sprachkritik sein. Pörksens heftige Forderung gilt auch heute noch, und heute vielleicht mehr als damals. Doch so aktuell diese Themen ohne Zweifel sind, sie finden sich, eingepaßt in die jeweilige geschichtliche und sprachliche Situation, auch schon zu früheren Zeiten. Damit soll keineswegs gesagt sein, daß es sich bei diesen sprachkritischen Anliegen um Stereotype handelt, um immer wiederkehrende Stand- und Kritikpunkte. Schließlich steht jede Zeit in ganz eigentümlicher Weise vor ihren Fragen und findet ihre eigenen Antworten. Aber es zeigen sich Traditionen, denen nachzuspüren sich lohnt, will man die eigene Zeit besser verstehen, die eigenen Positionen besser durchschauen, die Entwürfe für die Zukunft besser, weil auf einem umfassenderen Wissen bauend, begründen. Eine Geschichte der Sprachkritik kann deshalb verstanden werden als der Hintergrund, vor dem eine gegenwärtige und zukünftige Sprachkritik ihre Argumente sammeln, prüfen und selbstkritisch reflektieren kann.

Dieses Buch ist ein Versuch. Es ist der Versuch, die Geschichte der Sprachkritik in Form eines Überblicks von den antiken Anfängen bis zur Gegenwart auszubreiten und zu kommentieren. Ein solcher Versuch ist bislang noch nicht unternommen, gleichwohl des öfteren gefordert, ja angemahnt worden. Auch wenn sich folgende Einschränkung für einen redlichen Leser und eine ebensolche Kritikerin (die variierende geschlechtsspezifische Form ist hier, bei den Personenbezeichnungen, beabsichtigt und wird noch Gegenstand der Erörterung sein) von selbst verstehen sollte, sei sie dennoch sogleich vorgebracht: Wie jede Form von

Geschichtsschreibung erhebt auch dieser Versuch weder einen Anspruch auf Vollständigkeit noch auf Allgemeingültigkeit. Gleichwohl ist die Auswahl und die interpretierende Kommentierung der hier vorgestellten sprachkritischen Autoren, Themen und Probleme keineswegs subjektiv, sondern, wie sich hoffentlich in der Folge erweisen wird, sachlich begründet. Insofern sollte der hier ausgebreitete Versuch auch als ein Vorschlag genommen werden, die Geschichte der Sprachkritik weiter zu verfolgen, bestehende Lücken zu schließen und die Facetten sprachkritischer Reflexion feiner auszuziehen. Wissenschaftliche Geschichtsschreibung ist ja stets ein in der Zeit verlaufendes Gemeinschaftswerk, das nicht immer sogleich mit feinen und feinsten Pinselstrichen entworfen werden kann, sondern manchmal zuerst die gröberen Linien erfordert. Auf derart gröbere Linien mögen sich die Leserin, der Leser dieses Buches einstellen.

Und noch eine Einschränkung muß genannt sein. Diese Geschichte der Sprachkritik ist, auch wenn sie in der Antike mit Platon beginnt, auf den deutschen Sprachraum zugeschnitten. Sie ist zudem aus der Perspektive der Sprachwissenschaft und der Sprachgeschichte geschrieben. Das bedeutet, daß die zahlreichen Formen und Inhalte einer philosophischen und literaturwissenschaftlichen Sprachkritik, die gerade in neuerer Zeit die Diskussion belebt haben, weitgehend ausgeblendet bleiben. Es wäre eine eigene und gewiß reizvolle Aufgabe, die Geschichte der Sprachkritik als Erkenntniskritik zu schreiben, ebenso die der Sprachkritik als Text- und Verstehenskritik. Diese Unternehmungen seien aber besser den Philosophen und Literaturwissenschaftlern überlassen. Ich beschränke mich – wie gesagt – im wesentlichen auf die Darstellung der Kritik des Deutschen in seinem geschichtlichen Verlauf, beziehe weitergehende Aspekte insofern ein, als sie innerhalb dieser sprachkritischen Diskussion eine Relevanz besitzen, und gehe im übrigen von der Überlegung aus, daß die Geschichte der Kritik an der deutschen Sprache ein Spiegel der Sprachgeschichte des Deutschen ist.

Für eine Geschichte der Sprachkritik lassen sich verschiedene Darstellungsarten denken. Die hier gewählte besteht aus einer Mischung von Quellenwiedergabe, erläuternder Kommentierung und Interpretation. Den Quellen selbst wird dabei ein verhältnismäßig breiter Raum gewährt, es wird also ausgiebig zitiert. Der Vorteil dieses Verfahrens ist leicht ersichtlich: Indem die Autoren sprachkritischer Werke selbst zu Wort kommen, ist es möglich, die Interpretation der Quellen auf Schlüssigkeit zu überprüfen, sie zu akzeptieren, zu erweitern, zu verfeinern oder aber zu revidieren. In der Hoffnung, daß von dieser Möglichkeit – im privaten, schulischen, wissenschaftlichen Bereich – reger Gebrauch gemacht wird, ist das Buch geschrieben worden.

Gegliedert ist es in sieben Kapitel. Zu Beginn findet sich der Versuch, den Gegenstandsbereich und den Begriff von Sprachkritik zu umreißen (1. Kap.). Notgedrungen läuft dieses Kapitel auf eine Art Rechtfertigung hinaus. Die Sprachkritik nämlich war vehementen Angriffen von seiten der Sprachwissenschaft ausgesetzt, so daß es nötig erscheint, ihren Status deutlich und ihren Anspruch auf Existenz und Beachtung geltend zu machen.

Den Anfang der historischen Darstellung macht das Thema «Wörter – Dinge – Vorstellungen. Sprachkritik in der Antike und im Mittelalter» (2. Kap.). Die ausführliche Besprechung von Platons Dialog ‹Kratylos›, der von der Richtigkeit der Namen handelt, steht im Mittelpunkt. Anschließend wird auf den mittelalterlichen Universalienstreit um eine realistische oder eine nominalistische Auffassung des sprachlichen Zeichens eingegangen, denn erst der Nominalismus ebnete den Weg für eine bewußte Kritik der Sprache überhaupt und der Einzelsprachen im besonderen.

Im 3. Kapitel nähern wir uns der deutschen Sprache, und zwar der sprachkritischen Auseinandersetzung um die Vorherrschaft des Lateinischen in der Frühen Neuzeit. Dieser Streifzug beginnt bei dem Arzt Paracelsus, der im frühen 16. Jahrhundert in Basel erstmals deutschsprachige Vorlesungen gehalten hat, führt zu Wolfgang Ratkes Forderung, das Wissen seiner Zeit auf Deutsch zu formulieren, und endet bei den barokken Sprachgesellschaften in der 2. Hälfte des 17. Jahrhunderts, die die Notwendigkeit einer deutschen Literatursprache und Literatur zu begründen und praktisch zu schaffen suchten.

Das 18. Jahrhundert als das ‹Jahrhundert der Kritik› nimmt in der Darstellung mehr Raum ein. Seine Überschrift «Wissenschaft – Norm – Öffentlichkeit» (4. Kap.) weist bereits auf die zentralen Themen hin: die Ausbildung einer deutschen Wissenschaftssprache (Gottfried Wilhelm Leibniz, Christian Thomasius, Christian Wolff), die Schaffung einer normierten deutschen Einheitssprache (Johann Christoph Gottsched, Johann Christoph Adelung, Joachim Heinrich Campe) sowie die bereits ins 19. Jahrhundert verweisende Diskussion um die Rückständigkeit des Deutschen und – damit verbunden – die Forderung nach Gemeinverständlichkeit und Öffentlichkeit (Joachim Heinrich Campe und Carl Gustav Jochmann). Eingeschoben ist ein kurzer Abschnitt über die nach der Normierung des Deutschen aufkommende Kritik der Schriftsprache – ein Thema, das insbesondere die Schriftsteller am Ende des 18. Jahrhunderts (herausgegriffen werden Johann Georg Hamann, Johann Gottfried Herder, Georg Christoph Lichtenberg und Johann Wolfgang von Goethe) beschäftigt hat.

Die Sprachkritik im 19. und beginnenden 20. Jahrhundert wird unter die Begriffe «Nationalismus – Sprachkrise – Sprachzweifel» (5. Kap.) gestellt. Hier ist zunächst ein unrühmlicher Abschnitt aus der Geschichte der Sprachkritik zu besprechen: der nationalistische Purismus. Er nahm zu Beginn des 19. Jahrhunderts seinen Ausgangspunkt und weitete sich in dessen zweiter Hälfte, vor allem in den Aktivitäten des ‹Allgemeinen deutschen Sprachvereins›, gar zu einem nationalistisch übersteigerten Unternehmen aus. Um die Jahrhundertwende dann konstatierten Philosophen und Schriftsteller eine Sprachkrise. Zu nennen sind hier – noch vor jener Zeit – zunächst Arthur Schopenhauer, sodann vor allem Hugo von Hofmannsthal mit seinem ‹Brief des Lord Chandos›, Friedrich Nietzsche und Fritz Mauthner. Karl Kraus und Kurt Tucholsky betrachteten, jeder auf seine Weise, die Sprache ihrer Zeit als korrupt. Sie führten wieder eine politische Komponente in die Sprachkritik ein, waren somit wachsame, letztlich aber einsame Rufer in einer Wüste, die sich zu ihrer Zeit bereits ankündigte und bald in Gestalt des Nationalsozialismus Deutschland bedecken sollte.

Die Sprachkritik nach 1945 stand ganz im Zeichen der Auseinandersetzung mit der nationalsozialistischen Sprachverführung und Sprachmanipulation. In Kapitel 6, das unter der Überschrift «Verführung – Manipulation – Verwaltung» diese Zeit behandelt, sind vor allem drei Werke zu besprechen: ‹LTI› (Lingua Tertii Imperii) von Victor Klemperer samt seinen kürzlich erschienenen Tagebüchern, das ‹Wörterbuch des Unmenschen› von Gerhard Storz, Dolf Sternberger und Wilhelm E. Süskind sowie Karl Korns Abhandlung ‹Sprache in der verwalteten Welt›. Die kritische Würdigung des von diesen Werken ausgehenden Streits zwischen Sprachwissenschaft und Sprachkritik beschließt im Grunde die geschichtliche Dimension der Sprachkritik.

Der Schluß ist – mit den Stichworten «Politik – Gesellschaft – Emanzipation» apostrophiert – einigen sprachkritischen Themen der Gegenwart vorbehalten. Eingegangen wird auf die immer wiederkehrenden Klagen über den drohenden Sprachverfall, auf das Phänomen, daß Wissenschaftswörter zunehmend in die Umgangssprache eindringen und sich dort ausbreiten, auf die Kritik an der politischen Sprache sowie auf die feministische Sprachkritik, die – bedenkt man die von ihr ausgelösten Veränderungen im gegenwärtigen Sprachgebrauch – als das bisher wohl wirksamste sprachkritische Konzept zu betrachten ist. Am Schluß werden die beiden gegenwärtig vieldiskutierten Bücher ‹Plastikwörter. Die Sprache einer internationalen Diktatur› und ‹Weltmarkt der Bilder. Eine Philosophie der Visiotype› von Uwe Pörksen vorgestellt. Pörksens leidenschaftlich vorgetragene Kritik am öffentlichen Sprachgebrauch entdeckt in demokratisch scheinenden Sprachformen diktatorisch wirkende Tendenzen und schreibt, angesichts zunehmender visueller Darstellungsformen in allen Medien, die Sprachkritik als eine Bildkritik weiter. Sein Konzept scheint geeignet, auch die zukünftige Entwicklung öffentlicher Kommunikation kritisch zu begleiten.

Eine Reihe eigener Arbeiten, die in Form von Aufsätzen oder selbständigen Veröffentlichungen bereits vorliegen, sind teilweise in dieses Buch eingegangen. Sie sind, ebenso wie die benutzten Quellen und die wissenschaftliche Sekundärliteratur, im Literaturverzeichnis aufgeführt. Das Literaturverzeichnis erhebt nicht den Anspruch, eine vollständige Bibliographie zur Geschichte der Sprachkritik zu sein, bietet jedoch an vielen Stellen Hinweise zur Vertiefung und Differenzierung des jeweiligen thematischen Schwerpunktes. Um den Anmerkungsapparat, der sich am Ende des Buches befindet, nicht unnötig auszuweiten, sind lediglich die expliziten wörtlichen Zitierungen nachgewiesen. In allen anderen Fällen wird ein pauschaler Hinweis auf die zu Rate gezogene Literatur gegeben.

Neben den zahlreichen Kolleginnen und Kollegen, die auf dem Gebiet der Geschichte der Sprachkritik Sachkundiges veröffentlicht haben, möchte ich drei Menschen namentlich danken: meiner Frau Andrea Schiewe, die das Entstehen des Buches mit Geduld und aufmunterndem Interesse begleitet hat, meinem Lehrer Uwe Pörksen, der mich 1979 in einem Seminar über Platons ‹Kratylos› auf den sprachkritischen Weg gebracht hat und seither meine Schritte auf diesem Wege mit freundschaftlichem Rat begleitet, sowie, zuletzt, aber nicht minder wenig, meinem Lektor Stephan Meyer, der darauf vertraute, daß dieses Buch, allen Schwierigkeiten zum Trotz, doch einmal zu einem Ende kommen würde. Ihm, und mit ihm dem Verlag C. H. Beck, bin ich besonders dankbar.

Horben, im März 1998

I.
Was ist Sprachkritik? Eine vorläufige Gegenstandsbestimmung

Die Sprache ist ein *organum*, ein Werkzeug, mit dem einer dem anderen etwas über die Dinge mitteilt. Der Sprachpsychologe und Sprachtheoretiker Karl Bühler war inspiriert von einem Gedanken des griechischen Philosophen Platon, als er 1934 in seinem Werk ‹Sprachtheorie. Die Darstellungsfunktion der Sprache› diese Feststellung traf, um ein wesentliches Merkmal menschlicher Sprache auf den Punkt zu bringen.[1] Nicht von ungefähr greift Bühler hier auf Platons Dialog ‹Kratylos oder über die Richtigkeit der Namen› zurück, und nicht zufällig finden beide Autoren an dieser Stelle, zu Beginn einer Geschichte der Sprachkritik, Erwähnung. Platon nämlich setzte mit seinem Dialog den Anfangspunkt sprachkritischer Reflexionen innerhalb der europäischen Geistesgeschichte, während Bühlers Organon-Modell der Sprache als ein Ausgangspunkt für die Begründung der Möglichkeit von Sprachkritik genommen werden kann. Wenden wir uns letzterem, dem Thema dieses Einleitungskapitels, als erstem zu.

Aus den drei in Bühlers eingangs genannter Bestimmung enthaltenen Komponenten – «dem einen» als Sender und «dem anderen» als Empfänger einer sprachlichen Mitteilung sowie «den Dingen» als den Gegenständen und Sachverhalten, über die eine Mitteilung gemacht wird – ergeben sich drei Grundfunktionen der Sprache: Das komplexe sprachliche Zeichen, als Wort oder als Satz genommen, das jene drei Komponenten im Kommunikationsakt miteinander verbindet, ist «*Symbol* kraft seiner Zuordnung zu Gegenständen und Sachverhalten, *Symptom* (Anzeichen, Indicium) kraft seiner Abhängigkeit vom Sender, dessen Innerlichkeit es ausdrückt, und *Signal* kraft seines Appells an den Hörer, dessen äußeres und inneres Verhalten es steuert wie andere Verkehrszeichen».[2] *Darstellung* eines Gegenstandes oder Sachverhalts, *Ausdruck* einer inneren Befindlichkeit oder Absicht des Senders und *Appell* an den Hörer, etwas Bestimmtes zu denken oder zu tun – diese Funktionen sind nach Bühler bei jeder Form von Kommunikation, wenn auch in unterschiedlicher Gewichtung, stets zugegen.

Dieses Organon-Modell der Sprache, das man auch als ein Sprachfunktionenmodell bezeichnen kann, wurde 1960 von dem Prager Linguisten Roman Jakobson in einem Aufsatz ‹Linguistik und Poetik› modifiziert und erweitert. Bühlers Funktionen ‹Darstellung›, ‹Ausdruck› und ‹Appell› benannte Jakobson in die *referentielle*, *emotive* und *konative* Funktion der Sprache um, und er ergänzte drei weitere Funktionen: die poetische, phatische und metasprachliche Funktion.[3] Dabei versteht Jakobson unter der *poetischen Funktion* «die *Einstellung* auf die *Nachricht* als solche, die Zentrierung auf die Nachricht um ihrer selbst willen». Gemeint ist die Form der Nachricht, ihr Wohlklang beispielsweise, ihre ästhetische Gestalt, wie sie nicht nur in der dichterischen Sprache, sondern auch in der Alltagskommunikation anwesend ist. Die *phatische Funktion* bezeichnet, vom Sprecher her betrachtet, die «Einstellung auf das *Kontaktmedium* [...] mit dem einzigen Ziel, die Kommunikation zu verlängern».[4] Jakobson hebt hier den Aspekt der Sprache hervor, ein Mittel zu sein, mit dem ein sozialer Kontakt zwischen Menschen hergestellt werden kann. Hinzu kommt – und diese letzte Funktion ist für die Sprachkritik, genauer: für die Möglichkeit von Sprachkritik, äußerst wichtig – die *metasprachliche Funktion*, über die es bei Jakobson heißt:

«In der modernen Logik hat man die Unterscheidung zwischen zwei Sprachebenen gemacht, ‹Objektsprache›, die von Objekten spricht, und ‹Metasprache›, die von der Sprache redet. Aber Metasprache ist nicht nur ein notwendiges, von Logikern und Linguisten gebrauchtes wissenschaftliches Werkzeug; sie spielt auch eine wichtige Rolle in unserer Alltagssprache.» Wir gebrauchen «alle Metasprache, ohne von dem metasprachlichen Charakter unseres Tuns zu wissen. Wenn immer der Sender und/oder Empfänger sich vergewissern müssen, ob sie denselben Kode benutzen, ist die Sprache auf diesen *Kode* gerichtet: sie erfüllte eine *metasprachliche* (d. h. verdeutlichende) Funktion. ‹Ich verstehe Sie nicht – was wollen Sie sagen?› fragt der Empfänger, [...] und der Sender fragt in Erwartung solcher, den Faden wiederaufnehmenden, Fragen: ‹Sie verstehn, was ich meine?›»[5]

Mit Sprache über Sprache sprechen, sei es zum Zwecke der Klärung von etwas nicht Verstandenem, zur Erläuterung des Gemeinten oder zur Kommentierung des Gesagten unter dem Gesichtspunkt seiner Form, dieses reflexive Verhalten eines Sprechers der Sprache gegenüber ist eine der Grundfunktionen von menschlicher Sprache überhaupt. Und zugleich ist die metasprachliche Funktion die Bedingung der Möglichkeit von Sprachkritik – wohlgemerkt: nur ihrer Möglichkeit, denn selbstverständlich ist nicht jedes Sprechen über Sprache zugleich auch schon ein kritisches. Wenn ich sage: «Das Wort ‹Buch› besteht aus vier Buchstaben», dann habe ich einen metasprachlichen Satz geäußert, der eine Feststellung, nicht aber eine Kritik enthält. Wenn ich (was ich ernsthaft gewiß nie tun würde) sage: «Das Wort für den Gegenstand ‹Buch› sollte eigentlich aus fünf Buchstaben bestehen», dann ist das ein metasprachlicher Satz, in den zugleich auch eine sprachkritische Aussage eingebunden ist.

Eine sprachkritische Äußerung macht folglich von der metasprachlichen Funktion dadurch Gebrauch, daß etwas mit Sprache über Sprache ausgesagt wird, und sie gibt zusätzlich noch eine Bewertung desjenigen sprachlichen Gegenstands ab, über den die Aussage gemacht wird. Mit anderen Worten: Sprachkritik hat es mit dem Sollen von Sprache zu tun.

Sie macht Aussagen darüber, wie Sprache ‹aussehen› oder wie sie benutzt werden soll. Diese Tätigkeit ist eine andere als die der Sprachwissenschaft, deren Aussagen prinzipiell ja auch metasprachlich, jedoch lediglich auf das Sein von Sprache abzielen. Die Sprachkritik also wertet Bestehendes, die Sprachwissenschaft beschreibt das Bestehende.

Nun ist es keineswegs abwegig zu fordern, daß die kritische Bewertung eines Gegenstandes stets erst dann vorgenommen werden kann und darf, wenn die Beschreibung dieses Gegenstandes, also sein Erkennen und begriffliches Erfassen, erfolgt und abgeschlossen ist. Schließlich lassen sich für ein Werkzeug, einen Hammer beispielsweise, auch dann erst Bewertungskriterien finden und Veränderungsvorschläge hinsichtlich seiner Form machen, wenn dieser Hammer benutzt, seine Funktion erprobt worden ist und damit dessen Vorzüge oder Mängel erkannt worden sind.

Muß also, wieder auf die Sprache bezogen, der Sprachkritik die Sprachwissenschaft, muß der Bewertung die Beschreibung vorangehen? Diese Forderung ist von der modernen Linguistik, soweit sie sich denn überhaupt auf die Sprachkritik eingelassen hat oder – seit kurzem – wieder einläßt, immer wieder erhoben worden. Verweilen wir noch ein wenig bei jener Frage, denn sie wirft ein bezeichnendes Licht auf die Problematik zwischen Sprachwissenschaft und Sprachkritik und ist dazu geeignet, den Umriß dessen, was Sprachkritik sein kann und soll, besser zu erkennen.

Die angesprochene Problematik zwischen Sprachwissenschaft und Sprachkritik haben Hans-Martin Gauger und Wulf Oesterreicher in einem Essay über ‹Sprachgefühl und Sprachsinn› auf den Punkt gebracht und die damit verbundenen Fragen folgendermaßen beantwortet:

«Die Linguistik ist eine Wissenschaft, die beschreibt, was ist. Ihre Wissenschaftlichkeit hängt daran, daß sie nur dies tut. Wir stimmen André Martinet, einem Strukturalisten von großen Einfluß, [...] der Tendenz nach zu, wenn er [...] erklärt: ‹Die Linguistik ist die wissenschaftliche Untersuchung der menschlichen Sprache. Eine Untersuchung ist wissenschaftlich, wenn sie sich auf die Beobachtung der Tatsachen stützt und es verschmäht, unter Berufung auf bestimmte ästhetische oder moralische Kriterien eine Auswahl unter diesen Tatsachen vorzuschlagen. ‹Wissenschaftlich› steht demnach im Gegensatz zu ‹vorschreiben›.› Dies alles gilt übrigens nicht erst für die ‹synchronische› Linguistik, wie sie nach Saussure (1916) und Bloomfield (1933) entstand; es gilt auch für die dieser vorausgehende junggrammatische Schule; auch die historisch-vergleichende Sprachwissenschaft war in dem Maß wissenschaftlich geworden, in dem sie die wertenden Elemente abgestreift hatte. Nur konnte sich damals – eben wegen der durchgehend historischen Ausrichtung – ein Konflikt mit der Spracherziehung nicht ergeben. Die Linguistik will wissen, was i s t oder, insofern sie historisch ist, was w a r. Sie will nicht verändern (die Frage ist übrigens, ob sie es könnte, wenn sie es wollte). Sie ‹läßt›, mit Wittgenstein zu reden, ‹alles, wie es ist›. Sie wertet auch nicht, im Unterschied zur Literaturwissenschaft, deren Wissenschaftsstatus, eben darum, prekärer ist. Dies alles ist in Ordnung. Nur heißt es nicht, daß es neben der Linguistik nicht auch Sprachpflege geben darf.»[6]

Diesen Ausführungen ist zunächst noch einmal die Bestätigung zu entnehmen, daß die Sprachwissenschaft den Istzustand einer Sprache beschreibt. Offen bleibt hier allerdings zunächst, ob sie für diese Beschreibung nicht bereits aus dem unendlichen und disparaten Sprachmaterial für ihre Zwecke eine bestimmte Auswahl trifft und damit folglich indirekt auch Wertungen abgibt. Weiter nun heißt es bei Gauger und Oesterreicher:

«Es ist dem Anspruch der Linguistik entgegenzutreten, die einzig sinnvolle, einzig rationale Betrachtung der Sprache zu sein. Zunächst gibt es auch andere wissenschaftliche Disziplinen, die sich wissenschaftlich mit Sprache befassen. Insofern übrigens ist Martinets Bestimmung zu pauschal. Auch die Linguistik ‹partialisiert› ihren Gegenstand in bestimmter Weise, indem sie ihn zu ihrem Objekt macht [...]. Sodann fällt das Rationale nicht schlechthin mit dem Wissenschaftlichen zusammen: es gibt Rationalität auch außerhalb des Wissenschaftlichen. Dies gilt gerade für die Reflexion auf die Sprache, wie sie für die Sprachpflege kennzeichnend ist. Eine Reflexion somit, die sich in rationaler Weise wertend, also ablehnend und empfehlend, mit Sprache und Sprachgebrauch befaßt. Sie ist legitim und notwendig; nur ist sie nicht linguistisch ...»[7]

Gauger und Oesterreicher sprechen hier zunächst von Sprachpflege, noch nicht von Sprachkritik. Sie ordnen der Sprachpflege Rationalität zu, nicht aber unbedingt Wissenschaftlichkeit:

«Sprachwissenschaft und Sprachpflege sind zwei ganz verschiedene Bemühungen: in der einen geht es um das Erkennen; in der anderen um das Wollen. Natürlich vollzieht sich auch das Wollen der Sprachpflege auf der Grundlage eines voraufgehenden Erkennens. Aber auch dies Erkennen fällt nicht mit dem der Linguistik zusammen, denn es ist von einem anderen Interesse geleitet. Der Unterschied entspricht dem zwischen der Historie und der Politik. Sprachpflege und Sprachkritik sollten sich als von der Linguistik unabhängig begreifen; sie sollten aber die Linguistik zu Rate ziehen.»[8]

Der zunächst stillschweigenden Einführung des Begriffs ‹Sprachkritik› folgt anschließend dessen Erläuterung:

«Wir sprachen von Sprachpflege und Sprachkritik. Beide hängen natürlich zusammen. ‹Sprachpflege› könnte auch als Oberbegriff genommen werden, denn mit ‹Sprachkritik› meinen wir ja nicht die philosophische, zumeist erkenntnistheoretisch orientierte Kritik an der Sprache, wie wir sie bereits in Platons ‹Kratylos› finden. Freilich spielt auch dieser Aspekt herein in die breiter angelegte Sprachkritik, die wir im Auge haben. Es geht uns, wenn wir von Kritik und Pflege reden, einmal um die Sprache als historisch gewordenen Besitz, wie wir ihn heute antreffen, sodann um die konkrete, einzelne Verwendung dieses Besitzes. Sowohl die Sprache als Sprachbesitz als auch dessen Verwendung müssen Gegenstand von Kritik und Pflege sein.»[9]

Diese Einschätzung wirft Fragen auf und fordert zu einem Kommentar heraus: Ist der Begriff der ‹Sprachpflege› geeignet, ein bewertendes Verhalten gegenüber der Sprache zu bezeichnen? Ist ‹Sprachkritik› ein Unterbegriff zu ‹Sprachpflege› und lediglich zu beziehen auf sprachphilosophische Aussagen? Betrifft Sprachkritik sowohl die Sprache als Ganzes (Sprachbesitz) als auch das jeweils konkrete Sprechen (Verwendung des Sprachbesitzes)?

Zur ersten Frage: Der Begriff ‹Sprachpflege› ist meines Erachtens als Bezeichnungsrahmen für bewertende Aussagen zur Sprache nicht geeignet. Schon gar nicht sollte er als Oberbegriff für alle kritischen Bemühungen um Sprache eingesetzt werden. Pflegen kann man sein Auto, damit es nicht so schnell rostet, seinen Bart, damit er nicht verwildert, oder einen Kranken, um ihn wieder gesund zu machen. Eine ‹Sprache pflegen› würde demnach voraussetzen, daß die Sprache erkranken kann oder krank ist oder daß sie verwildert, verfällt, ihre Leistung nicht mehr erbringt, an Wert verliert, wenn man sie nicht pflegt. Eine Sprache aber kann nicht krank sein, auch verfällt sie nicht – sie kann sich nur verändern. Ich plädiere folglich dafür, den Begriff ‹Sprachpflege› fallenzulassen und statt dessen durchgängig für alle kritisch wertenden Bemühungen um eine Sprache den Begriff ‹Sprachkritik› zu verwenden. In den folgenden Ausführungen werde ich in dieser Weise verfahren.

Die zweite Frage betreffend vertrete ich die Auffassung, daß eine erkenntnistheoretische, also philosophische Kritik der Sprache sehr wohl auch auf eine in erster Linie sprachwissenschaftlich orientierte Sprachkritik bezogen ist. Begreift man nämlich die Linguistik als eine semiotische Wissenschaft, die Form und Funktion des sprachlichen Zeichens zu einem ihrer Erkenntnisgegenstände zählt, dann gehört die Frage, was das sprachliche Zeichen ist und was es hinsichtlich der Bezeichnung von Gegenständen und Sachverhalten leistet, mit in die Betrachtung hinein. Genau von diesen Aspekten aber handelt ein Teil der philosophischen Sprachkritik, wie vor allem an Platons ‹Kratylos› zu sehen sein wird.

Die dritte Frage zielt darauf, ob der Gegenstand von Sprachkritik sowohl den Sprachbesitz als auch die Sprachverwendung umfaßt. Sprachbesitz und Sprachverwendung meinen offenbar das, was Ferdinand de Saussure, der Begründer der unter dem Namen ‹Strukturalismus› firmierenden modernen Linguistik, als ‹langue› (das Sprachsystem) und ‹parole› (das konkrete Sprechen) bezeichnet hat. Es ist prinzipiell aber ein Problem – auf das konkret vor allem im Zusammenhang mit der feministischen Sprachkritik zurückzukommen sein wird –, ob es Sinn macht, die langue als überindividuelles Ganzes wie auch die individuellen Äußerungen eines einzelnen Sprechers zu kritisieren. Um den systematischen Ort der Sprachkritik zu bezeichnen, erscheint es naheliegender, auf einen Unterscheidung von Eugenio Coseriu zurückzugreifen. Coseriu hat, in der Absicht, das Phänomen des Sprachwandels zu erklären, zwischen die abstrakte langue als sozialem System und die konkrete parole als individuellem Sprechen den Begriff der Norm (auch ‹usage›, ‹sozialer

Sprachgebrauch›) gesetzt.[10] Mit Norm ist jener Bereich gemeint, der zwischen der langue und der parole, zwischen Sprachbesitz und Verwendung, liegt, eine Gebrauchsnorm des Sprachsystems, die einerseits überindividuell ist, andererseits aber immer individuell realisiert wird. Es sind die Regeln des Sprachgebrauchs, die sich in Abhängigkeit vom Sprachsystem zu einer bestimmten Zeit in einer bestimmten gesellschaftlichen Situation herausgebildet haben und denen die Sprecher, meist unbewußt, folgen, obgleich das Sprachsystem oftmals auch andere Möglichkeiten zur Verfügung stellt. Die jeweilige Norm, der usage, muß sinnvollerweise der systematische Ort von Sprachkritik sein, denn nur die Norm kann man, wie die Geschichte der Sprachkritik lehren wird, begründet kritisieren.

Mit diesen Überlegungen haben wir bereits zwei Seiten von Sprachkritik erfaßt:

1. Sprachkritik sucht die Möglichkeiten des Systems mit den Realisierungen der sozialen Norm zu vergleichen und die Realisierungen vor dem Hintergrund der Möglichkeiten zu bewerten, zu kritisieren.
2. Sprachkritik versucht darüber hinaus, die sprachlichen Bezeichnungen von Gegenständen und Sachverhalten auf ihre Angemessenheit hin zu überprüfen. Sprachkritik ist deshalb von Sachkritik nie völlig zu trennen.

Der Begriff von Sprachkritik und das Verhältnis von Sprachwissenschaft und Sprachkritik sind damit jedoch noch nicht erschöpfend erörtert. Wir können, in Anschluß an Hans-Martin Gaugers und Wulf Oesterreichers Essay ‹Sprachgefühl und Sprachsinn›, festhalten, daß Sprachwissenschaft es mit der Beschreibung des Seins von Sprache zu tun hat; sie trifft also deskriptive Seinsaussagen über Sprache, während Sprachkritik eine Bewertung der Sprache, genauer: des Sprachgebrauchs in seiner sozialen Erscheinungsform, des usage, abgibt und insofern Sollensaussagen formuliert.

Diese Auffassung, die auf eine strikte Trennung zwischen Sprachkritik und Sprachwissenschaft hinausläuft, korrespondiert mit einem bestimmten Wissenschaftsbegriff der Linguistik, der das Postulat enthält, Wissenschaft habe es mit dem Erkennen ihres Gegenstandes, für uns also mit dem Erkennen der Sprache, zu tun. Dieses Erkennen müsse – im Wortsinn verstanden – ‹objektiv› sein. Es wurde bereits angedeutet, daß das Postulat der Objektivität für eine Wissenschaft wie die Linguistik (und vielleicht für jede Wissenschaft) problematisch ist – und zwar problematisch aus wissenschaftstheoretischen Gründen. Diese Problematik wird sichtbar, wenn man auf Überlegungen von Ludwik Fleck, einem polnischen Wissenschaftshistoriker aus der ersten Hälfte des 20. Jahrhunderts, zurückgreift.

In seinen Schriften, insbesondere in der Abhandlung ‹Entstehung und Entwicklung einer wissenschaftlichen Tatsache› aus dem Jahre 1935, wirft Fleck, im Hauptberuf Mediziner und Bakteriologe, ausgehend von dem konkreten Fall der Entwicklungsgeschichte des Syphilis-Begriffs und daraus abgeleiteter wissenschaftstheoretischer Folgerungen, die Frage auf, wie eine wissenschaftliche Tatsache entsteht und welchen Status sie für die Erkenntnis besitzt. Er wendet sich von Beginn seiner Untersuchungen an gegen die Auffassung, einer wissenschaftlichen Tatsache käme ein objektiver Status zu, mit ihr könne eine objektiv gegebene Wirklichkeit abgebildet werden. Das Erkennen als Denkprozeß hin auf die Entstehung und Entwicklung einer wissenschaftlichen Tatsache, schreibt Fleck, ist

«weder passive Kontemplation noch Erwerb einzig möglicher Einsicht im fertig Gegebenen. Es ist ein tätiges, lebendiges Beziehungseingehen, ein Umformen und Umgeformtwerden, kurz ein Schaffen. Weder dem ‹Subjekt› noch dem ‹Objekt› kommt selbständige Realität zu; jede Existenz beruht auf Wechselwirkung und ist relativ.»[11]

Diese Wechselwirkung besteht einerseits zu stets gegebenen wissenschaftshistorischen Vorgaben, die auf das Erkennen determinierend wirken und ein Anknüpfen an Traditionen zur Folge haben, andererseits zu dem sozialen Rahmen, in dem sich das Erkennen abspielt. Das erkennende Individuum ist, wie Fleck immer wieder betont,[12] nicht autonom hinsichtlich des Gegenstandes und der Form seines Erkennens, sondern es erkennt etwas «‹auf Grund des bestimmten Erkenntnisbestandes› oder besser ‹als Mitglied eines bestimmten Kulturmilieus› oder am besten ‹in einem bestimmten Denkstil, in einem bestimmten Denkkollektiv›».[13] Damit sind die beiden für Fleck entscheidenden Stichworte genannt: Denkkollektiv und Denkstil. Im Gegensatz zu dem berühmteren Wissenschaftshistoriker Thomas S. Kuhn, der in seinem Werk ‹Die Struktur wissenschaftlicher Revolutionen› (erstmals 1962) den Begriff des ‹Paradigmenwechsels› vorrangig auf individuell bedingte Innovationen bezieht, hebt Fleck das soziale Moment am Erkenntnisprozeß hervor und fokussiert folglich stärker die Faktoren, die auf diesen Prozeß beharrend wirken, ihn gleichförmig machen. Die Bestimmung seiner beiden zentralen Begriffe machen diese Aspekte deutlich:

«Definieren wir ‹Denkkollektiv› als Gemeinschaft der Menschen, die im Gedankenaustausch oder in gedanklicher Wechselwirkung stehen, so besitzen wir in ihm den Träger geschichtlicher Entwicklung eines Denkgebietes, eines bestimmten Wissensbestandes und Kulturstandes, also eines besonderen Denkstiles.» «Wir können [...] Denkstil als gerichtetes Wahrnehmen, mit entsprechendem gedanklichen und sachlichen Verarbeiten des Wahrgenommenen, definieren.»[14]

Fleck ist, wie auch das folgende Zitat zu erkennen gibt, bestrebt, das Erkennen und Wahrnehmen als einen sozialen, kollektiven Akt nachzuweisen, der einer Steuerung durch einen von einem Denkkollektiv geprägten Denkstil unterliegt:

«Das Erkennen stellt die am stärksten sozialbedingte Tätigkeit des Menschen vor und die Erkenntnis ist das soziale Gebilde katexochen. Schon im Aufbau der

Sprache liegt eine zwingende Philosophie der Gemeinschaft, schon im einzelnen Worte sind verwickelte Theorien gegeben. […] Jede Erkenntnistheorie, die diese soziologische Bedingtheit allen Erkennens nicht grundsätzlich und einzelhaft ins Kalkül stellt, ist Spielerei. Wer aber die soziale Bedingtheit für ein malum necessarium, für eine leider existierende menschliche Unzulänglichkeit ansieht, die zu bekämpfen Pflicht ist, verkennt, daß ohne soziale Bedingtheit überhaupt kein Erkennen möglich sei, ja, daß das Wort ‹Erkennen› nur im Zusammenhange mit einem Denkkollektiv Bedeutung erhalte.»[15]

Derartige Denkkollektive können momentan, beim Zusammentreffen wenigstens zweier Menschen, entstehen und bei deren Auseinandergehen wieder verschwinden. Sie können aber auch stabil sein. Stabile Denkkollektive bilden sich, wie Fleck ausführt, «besonders um organisierte soziale Gruppen. Existiert eine größere Gruppe lange genug, so fixiert sich der Denkstil und bekommt formale Struktur».[16] Zweifellos läßt sich auch die Wissenschaft, insbesondere wie sie in der Institution ‹Universität› betrieben wird, als Form eines solchen stabilen Denkkollektivs begreifen, in dem eine bestimmte Wissenschaftsauffassung, ein Denkstil, eingeübt und tradiert wird. Dies um so mehr, als Fleck im folgenden, ohne sie zu nennen und zu meinen, eine auch auf die Wissenschaft und die Universität zutreffende Beschreibung gibt:

«Die stabilen Denkkollektive erlauben den Denkstil und die allgemeinen sozialen Eigenschaften der Denkkollektive in ihren gegenseitigen Beziehungen genauer zu untersuchen. Solche stabile (oder verhältnismäßig stabile) Denkgemeinschaften pflegen, wie andere organisierte Gemeinden, eine gewisse formelle und inhaltliche Abgeschlossenheit. Gesetzliche und sittengemäße Einrichtungen, manchmal besondere Sprache, oder wenigstens besondere Worte und dergleichen, schließen formal, wenn auch nicht absolut bindend, die Denkgemeinde ab. Man denke z. B. an die alten Zünfte als besondere Denkgemeinden. Wichtiger ist jedoch die inhaltliche Abgeschlossenheit jedes Denkkollektivs als besonderer Denkwelt: für jedes Gewerbe, für jedes Kunstgebiet, für jede Religionsgemeinde und jedes Wissensgebiet besteht eine Lehrlingszeit, während welcher rein autoritäre Gedankensuggestion stattfindet, die nicht etwa durch ‹allgemein rationellen› Gedankenaufbau ersetzt werden kann.»[17]

Flecks Ausführungen haben in doppelter Weise mit unserer Frage nach dem wissenschaftstheoretischen Status von Sprachwissenschaft und dem Verhältnis von Sprachkritik und Sprachwissenschaft zu tun. Zum einen können wir schließen, daß es ein objektives Erkennen in keiner Wissenschaft gibt, so auch nicht in der Sprachwissenschaft. Jedes Erkennen beruht auf bestimmten Traditionen und auf den unausgesprochenen Vereinbarungen eines Denkkollektivs, das einen bestimmten Denkstil herausgebildet hat. So hat sich in der Sprachwissenschaft – und das wäre der zweite Punkt, den wir Fleck entnehmen können – der Denkstil herausgebildet, daß Sprachkritik nicht Gegenstand der Sprachwissenschaft sein kann. Dieser Gesichtspunkt läßt sich auch so formulieren: Die Auffassung, Sprachkritik sei kein Thema der Sprachwissenschaft, wird zwar begründet vorgetragen, doch letztlich ist sie nichts anderes als die Vereinbarung einer sozialen Gruppe, eben der Gruppe jener Fachvertreter, die bestimmt, was im Moment als Sprachwissenschaft gilt und was nicht. Diese Vereinbarung ist zwar ein Faktum, aber sie ist – nicht mehr und nicht weniger – ein soziales und ein historisches Faktum. Eine andere Generation von Linguisten könnte zu einem anderen Zeitpunkt mit kaum weniger oder mehr Recht eine andere Vereinbarung treffen, und die könnte lauten: Die Sprachwissenschaft kann, darf oder muß sogar, auf der Grundlage einer Analyse der Sprachtatsachen, diese Sprachtatsachen auch werten.

In einem Bereich der Forschung hat sich die Auffassung, Sprachkritik könne und müsse Teil sprachwissenschaftlicher Aussagen sein, bereits durchgesetzt: in der Sprachgeschichtsschreibung. Dieses Thema, die Geschichte der Sprache, ist zugleich auch geeignet, einen weiteren Begriff, nämlich den der Geschichte, zu klären. Ich greife zunächst diesen Aspekt auf, um dann noch einmal auf das Verhältnis von Sprachkritik und Sprachwissenschaft zurückzukommen.

Was also heißt, in unserem Zusammenhang, ‹Geschichte› bzw. ‹geschichtlich› oder – was ja weitgehend synonym benutzt wird – ‹historisch›? Ein Blick in die Lexika und Wörterbücher zeigt, daß das Wort ‹geschichtlich› fünf verschiedene, sich teilweise überschneidende Bedeutungen besitzt.[18] Es bedeutet

– ‹die Geschichte betreffend›, ‹zur Geschichte gehörig› – z. B. *eine geschichtliche Darstellung/Quelle; ein historischer Roman;*
– ‹längst vergangen, früher gewesen› im Gegensatz zu ‹gegenwärtig, jetzt› – z. B. *dieses Buch hat nur noch geschichtliche/historische Bedeutung; in diesem Buch wird ein historischer Zustand rekonstruiert;*
– ‹geschehend, sich verändernd, fortschreitend› im Gegensatz zu ‹bleibend, unveränderlich› – z. B. *Unsere Gesellschaft muß man geschichtlich/historisch verstehen; Das ist eine geschichtliche/historische Notwendigkeit;*
– ‹durch Quellen oder Überlieferung als wahr erwiesen› im Gegensatz zu ‹erfunden, fiktiv, mythisch, tendenziös, reflektierend, spekulativ, theoretisch› oder zu ‹vorgeschichtlich› – z. B. *geschichtliche/historische Ereignisse/Tatsachen/Gestalten, geschichtliche Epochen;*
– ‹bedeutsam, wesentlich, wichtig, schicksalhaft, in größeren Zusammenhängen› im Gegensatz zu ‹zufällig, beliebig, vereinzelt› – z. B. *eine geschichtliche Tat, ein Ereignis von geschichtlicher Tragweite, ein Vertrag von historischer Bedeutung* oder, wie ein bekannter Politiker nicht selten zu sagen pflegt: *Dies ist eine historische Stunde.*

Auch in der Sprachwissenschaft tauchen die Wörter ‹geschichtlich›, ‹historisch› und ‹Geschichte› auf. Wir sprechen von der «geschichtlichen oder historischen Lautlehre», von der «historischen Bedeutung eines Wortes», von den «historischen Stadien einer Sprache». In dieser Verwendung hat ‹geschichtlich› die Bedeutung ‹vergangen, früher gewesen›. Daneben finden wir die Rede beispielsweise von den «geschichtlichen oder historischen Belegen des Lautwandels» oder von der «geschichtlich nachweisbaren Entlehnung eines Wortes aus dem Französischen». Hier dominiert die Bedeutung, daß der betreffende Wandel oder die Entlehnung durch Quellen als wahr erwiesen ist. Oder aber wir lesen in linguistischen Texten, daß z. B. «Humboldts These vom Weltbild der Sprache geschichtlich wirksam war», daß «Luthers Bibelübersetzung eine geschichtliche – besser: sprachgeschichtliche – Leistung war», und wir werden über die «(sprach)geschichtlichen Folgen der Endsilbenabschwächung im Deutschen» aufgeklärt. Hier hat ‹geschichtlich› die Bedeutung ‹bedeutsam›, ‹wesentlich›, ‹wichtig›.

Insgesamt kann man aus dieser kurzen Zusammenschau der Verwendung des Wortes ‹geschichtlich› innerhalb der Sprachwissenschaft zwei Bedeutungsbereiche isolieren:

Zum einen hat die Sprachwissenschaft mit der durch Belege und Quellen gesicherten Rekonstruktion, Beschreibung und Dokumentation früherer Sprachzustände zu tun. Das wären die historischen Disziplinen des Faches ‹Sprachwissenschaft›.

Zum anderen wird der Ausdruck ‹geschichtlich› aber auch verwendet für die reflektierte Hervorhebung und wertende Gewichtung bestimmter Fakten, die sich in früheren Zeiten ereignet haben.

Wenn wir innerhalb der Sprachwissenschaft also von ‹Geschichte›, von ‹geschichtlich› oder ‹historisch› sprechen, dann meinen diese Begriffe zwar stets eine Rekonstruktion früherer Zustände oder auch Ansichten über bestimmte Zustände auf der Basis von Quellen und Belegen, zugleich aber ist keine rein positivistische Sammlung und bloße Aneinanderreihung derartiger Quellen und Belege beabsichtigt. Das heißt: Geschichte meint in unserem Zusammenhang schon immer eine Auswahl von Quellen und Belegen sowie ihre auf Verstehen ausgerichtete Interpretation aus dem Blickwinkel ganz bestimmter Fragen, bestimmter Erkenntisinteressen.

Peter von Polenz hat seiner neuen, auf drei Bände angelegten Sprachgeschichte, die unter dem Titel ‹Deutsche Sprachgeschichte vom Spätmittelalter bis zur Gegenwart› gerade erscheint, einen solchen – politischen – Geschichtsbegriff zugrunde gelegt. Er schreibt dazu:

«Dieser politische Geschichtsbegriff ist von Historikern, Philosophen und Theologen seit etwa 100 Jahren entwickelt worden: ‹Geschichtlichkeit› wird als Grundbedingung sozialer Existenz des Menschen verstanden. Seit Ende des 18. Jahrhunderts (Spätaufklärung, Französische Revolution) wurde Geschichte zu einem ‹politischen und sozialen Leitbegriff› (Koselleck), wurde Geschichtsbewußtsein als mitformende Kraft politischer Prozesse erkannt und praktiziert: Erinnerung an gemeinsame Vergangenheit, gemeinsame Erfahrung geht in gemeinsames Planen, Fordern und Tun sich solidarisierender politischer Gruppen ein. Der politische

Geschichtsbegriff steht im Gegensatz zu einem positivistischen, der mit der Vorstellung eines gesetzmäßigen oder zufällig ablaufenden ‹objektiven› Prozesses verbunden war. Moderne Geschichtsphilosophie ist vor allem von Hans Georg Gadamers philosophisch-hermeneutischem Geschichtsbegriff geprägt: Das Verstehen von Geschichte gehört selbst zur Geschichte dank der Wirkung von Tradition; jedes Verstehen kann das zu Verstehende verändern, gehört zu seiner Wirkungsgeschichte. Das Objekt ‹Geschichte› ist nicht positivistisch vorgegeben, sondern konstituiert sich aus Verstehen (Gadamer) und aus Erkenntnisinteressen (Habermas).»[19]

Peter von Polenz hat diesen Geschichtsbegriff für seine Sprachgeschichte des Deutschen fruchtbar gemacht. Was er konkret bedeutet, möchte ich an einem Beispiel – ebenfalls aus der Sprachgeschichte – illustrieren: Wenn wir auf die Sprachgeschichte beispielweise des 16. Jahrhunderts blicken, dann können wir feststellen, daß der weitaus größte Teil von ‹Sprachproduktion›, also von sprachlichen Äußerungen, mit Sicherheit in der gesellschaftlichen Schicht der Bauern auszumachen ist, denn diese Schicht bildete den größten Teil der Bevölkerung. Rein positivistisch betrachtet, könnte man nun für eine Sprachgeschichtsschreibung fordern, daß die rekonstruierende Beschreibung dieser Äußerungen auch den größten Teil der sprachgeschichtlichen Darstellung ausmachen müßte. Dem ist, folgt man dem vorgestellten Geschichtsbegriff, jedoch nicht so, und zwar aus folgendem Grund: Die bäuerlichen Äußerungen aus dem 16. Jahrhundert bilden zwar einen Teil der historischen Kommunikation innerhalb des Deutschen, doch dieser Teil ist bei weitem historisch nicht so wirksam gewesen wie – um in der Zeit zu bleiben – die Sprache Martin Luthers in seiner Bibelübersetzung. Eine Sprachgeschichtsschreibung, die sich an der Bedeutsamkeit und Wirksamkeit von sprachlichen Quellen ausrichtet, wird also – auch rein quantitativ gesehen – Luther mehr Raum und Gewicht zumessen als der bäuerlichen Kommunikation.

Die Sprachgeschichtsschreibung muß die zur Verfügung stehenden Quellen werten, und zwar muß sie diese Wertung aufgrund bestimmter Überlegungen vornehmen. Diese Überlegungen zielen darauf zu entscheiden, welche geschichtlichen Ereignisse, von denen wir durch Quellen Kenntnis besitzen, auf die Geschichte selbst eingewirkt haben. ‹Geschichte› wird also – um diesen wichtigen Aspekt zu wiederholen – nicht begriffen als ein schicksalhafter Prozeß, sondern als etwas – bewußt oder unbewußt – von einzelnen oder von Gruppen Gemachtes, als Produkt menschlicher Tätigkeit; konkret auf die Sprachgeschichte bezogen, heißt das: Geschichte wird hier begriffen als Produkt menschlicher Sprechtätigkeit in historisch wirksamen Situationen.

Wendet man diesen Geschichtsbegriff auch auf die Geschichte der Sprachkritik an, dann muß nicht alles, was man als sprachkritische Äußerungen klassifizieren kann, in einer Geschichte der Sprachkritik Erwähnung und Beachtung finden. Nur das erscheint relevant für eine Geschichte der Sprachkritik, was in irgendeiner Weise auf die Entwicklung der Sprache und auf das Denken über Sprache Einfluß genommen hat. Das bedeutet: Auswahl, Gewichtung und Interpretation der Quellen auf der Grundlage ihrer historischen Bedeutung. Eine Geschichte der Sprachkritik ist also, wie jede andere Geschichte auch, nicht objektiv im Sinne einer bloßen Aufzählung und Wiedergabe von Fakten, sondern sie ist stets eine Interpretation dieser Fakten und damit zugleich eine Interpretation der Geschichte selbst.

Zurück nun zum Verhältnis von Sprachwissenschaft und Sprachkritik, betrachtet unter dem Gesichtspunkt des Verhältnisses von Sprachgeschichte und Geschichte der Sprachkritik. Lange Zeit – insbesondere in der zweiten Hälfte des 19. Jahrhunderts und in der Phase strukturalistisch geprägter Linguistik – war man der Auffassung, Sprachgeschichtsschreibung habe lediglich die Veränderung der äußeren Form von Sprache, ihrer Ausdrucksseite also, und höchstens noch die sich verändernde Bedeutung von Wörtern zum Thema. Heute jedoch, in einer soziologisch und pragmatisch geprägten Sprachgeschichtsschreibung, wie sie vor allem Peter von Polenz vertritt, geht man dazu über, auch die Reflexionen über Sprache, wenn man so will, also metasprachliche Äußerungen, für die Sprachgeschichte als relevant anzusehen. Von Polenz schreibt über diesen Aspekt:

«Auch zur Sprachgeschichte gehört die Entwicklung des Sprachgeschichtsbewußtseins der Sprachbevölkerung. Dies wird vor allem in der Geschichte der Sprachnormierung und der Sprachpolitik deutlich: Von den gelehrten Bemühungen um deutsche Sprachgeschichte und Sprachkultur seit der Humanistenzeit über die verschiedenen Wellen der Sprachnormung und ‹Sprachreinigung› vom 17. bis 20. Jahrhundert und zur ‹nationalen› Frage heute treffen wir immer wieder auf sprachgeschichtliche Rechtfertigungen und Leitbilder. Für verantwortliche sprachbezogene Sprachplanung, Sprachunterricht, Sprachkritik und ‹Sprachpflege› wird heute gefordert, sie sollten auf wissenschaftlicher Grundlage neu konzipiert und ausgeübt werden. Zu dieser wissenschaftlichen Grundlage gehört – neben sprach- und kommunikationswissenschaftlichen Kenntnissen über Bedingungen und Erfordernisse des öffentlichen Sprachverkehrs – auch einschlägiges Wissen aus der Sprachgeschichte. So können z. B. umstrittene Probleme wie Rechtschreibreform, Fremdwörter, Fachwörter, ‹schwere Wörter›, Textsorten und Medienstile, politische Semantik, Jugendsprache, literarische Sprachverfremdung nicht ohne Einsicht in historische Entwicklungen beurteilt werden, die zu diesen heutigen Problemen geführt haben. Solche Aufgaben sollten heute und künftig weniger autoritär und administrativ, vielmehr durch vernünftigen Konsens der Sachkenner und der Betroffenen gelöst werden.»[20]

Nach von Polenz gehören also Sprachpolitik, Sprachkritik und Sprachpflege zur Sprachgeschichte dazu, sie sollen und müssen in ihr erörtert werden. Dieser Sichtweise schließe ich mich an: Die Geschichte der Sprachkritik ist Teil der Geschichte der Sprache; Sprachkritik muß innerhalb der Sprachwissenschaft reflektiert werden.

Nicht immer war man dieser Auffassung, und nicht alle Sprachwissenschaftler würden sie heute teilen. Noch vor kurzem, in den 60er und 70er Jahren, hat es innerhalb der Sprachwissenschaft eine heftige Auseinandersetzung um den systematischen Ort der Sprachkritik gegeben. Basierend auf einem strukturalistischen Sprachbegriff und der daraus abgeleiteten methodischen Forderung nach reiner Deskription, wurde die Sprachkritik als ‹unwissenschaftlich› aus dem Kanon sprachwissenschaftlicher Themen ausgegrenzt und nicht selten als konservative Klage über Sprachverfall abgestempelt. Das seriösere – und diskutable – methodische und wissenschaftstheoretische Argument besagte, daß eine Wissenschaft lediglich Seinsaussagen zu treffen habe und sprachkritische Sollensaussagen deshalb in der Wissenschaft von der Sprache keinen Ort hätten.

Seit den 80er Jahren wird diese Auffassung zunehmend revidiert. Immer mehr Sprachwissenschaftler greifen sprachkritische Themen aus der Geschichte auf, betreiben selbst Sprachkritik mit Blick auf die Gegenwartssprache und diskutieren Methoden und Gegenstände einer linguistischen Sprachkritik. Dieser ‹Denkstilwandel› innerhalb der Sprachwissenschaft hat vielfältige Gründe: Einer dürfte die beharrliche, reflektierte sprachkritische Arbeit mancher namhafter Sprachwissenschaftler sein, ein anderer das Interesse sprachinteressierter Nichtlinguisten gerade an sprachkritischen Positionen, worauf die Fachwissenschaft zu reagieren hatte.

Auf dieses Interesse baut das vorliegende Buch. Es sucht die wichtigsten Linien sprachkritischer Reflexion und Argumentation von ihren Anfängen in der abendländischen Antike bis zur Gegenwart nachzuzeichnen. Getragen wird dieser Versuch nicht zuletzt auch von dem Wunsch, die Sprachkritik als einen ernstzunehmenden Teil des menschlichen Umgangs mit Sprache auszuweisen und ihr einen gebührenden Platz in den Möglichkeiten des Menschen zur Veränderung seiner Lebensumgebungen – wozu die Sprache ja unbezweifelbar gehört – zuzuweisen. Daß diese Veränderung stets auf eine Verbesserung im Sinne einer Emanzipation von der Macht der Sprache und der Sprache der Mächtigen zielen sollte, versteht sich – hoffentlich – von selbst. Den Nachweis für die Existenz dieses Zieles wird die Geschichte der Sprachkritik, zwar leider nicht immer, aber doch zumeist, selbst führen.

Überblickt man die Geschichte der Sprachkritik, dann lassen sich einige sie kennzeichnende Merkmale festhalten. Diese Merkmale mögen hier im Vorgriff genannt sein – den Lesern zur Orientierung einerseits, der Geschichte zur Charakterisierung andererseits:

1. Sprachkritik war pluralistisch.
   Sie hat Sprache nicht in erster Linie bloß als ein autonomes, arbiträres Funktionsgefüge von Zeichen begriffen. Vielmehr ist sie von einem Zeichenvorrat ausgegangen, der sich nur in der Gesamtheit

seiner Bezüge auch zu dem gedachten Inhalt und zu den bezeichneten Sachen und Sachverhalten erfassen und beurteilen läßt. Sprachkritik hat auf unterschiedliche Beschreibungs- und Interpretationsansätze zurückgegriffen.

2. Sprachkritik war Sprachgebrauchskritik.
   Wörter selbst sind immer unschuldig; die Sprache kann nicht lügen. Doch Wörter können zur Lüge benutzt und als Lüge umfunktioniert werden. Sprachkritik hat sich auf den Gebrauch von Wörtern und Sätzen konzentriert und versucht, die vom Sprecher intendierte Wirkung der Wörter aufzudecken. Somit haben sich Wort- und Gebrauchskritik in der Sprachkritik durchdrungen.
3. Sprachkritik war mehr als Kritik der Sprache.
   Im Rahmen von Sprachkritik erhalten Sachen und Sachverhalte ihre im Menschen repräsentierte Realität ganz wesentlich vermittels Sprache. Deshalb ist die Kritik an den Wörtern und an dem Sprachgebrauch oftmals ebensowenig zu trennen von einer Kritik an den bezeichneten Sachen und Sachverhalten wie von einer Kritik der mit jenen Wörtern einhergehenden Vorstellungen.
4. Sprachkritik hatte eine Methode.
   Sie baute auf der Sprachwissenschaft auf und stand insofern mit ihr in Verbindung, als sie deren Beschreibungsverfahren und Einsichten in das Funktionieren von Sprache zu einer vorgängigen Analyse der zu kritisierenden Sprachzustände benutzt hat.
5. Sprachkritik war zeitgebunden.
   Sie wurde begründet dann geübt, wenn sie von einer Analyse des konkreten Sprachzustandes und Sprechverhaltens eines bestimmten Zeitpunktes ausgegangen war. Ihre jeweiligen Aussagen lassen sich nicht einfach auf andere Sprachzustände, auf andere Zeiten, übertragen.
6. Sprachkritik hatte ein Sprachideal.
   Nur aus einer erklärten und geklärten Spannung zwischen Sein und Sollen heraus ließ sich Kritik auch einsehbar und nachvollziehbar üben, wurde damit ihre Richtung ersichtlich.
7. Sprachkritik hatte ein persönliches Motiv.
   Sie war engagiert, hat ihre Grundsätze, also ihren politischen oder erkenntniskritischen Standort, und ihre Ziele aber ausdrücklich benannt.
8. Sprachkritik war realistisch.
   Sie hat die Grenzen, die ihr von der Struktur einer Sprache und von der gesellschaftlichen Wirklichkeit, in der eine Sprache gesprochen wird, her gesteckt sind, erkannt und in ihre wertenden Aussagen mit einbezogen.
9. Sprachkritik war konstruktiv.
   Sie verharrte nicht in der bloßen Kritik, sondern zeigte auch Wege

auf, wie den kritisierten Zuständen abzuhelfen ist. Dabei hat sie zwangsläufig die Grenzen des rein Sprachlichen überschritten.

10. Sprachkritik war emanzipatorisch.
Sie hat – zumeist jedenfalls – die Interessen aller Sprecher zum Beweggrund ihres Wirkens gemacht und nicht darauf abgezielt, einzelnen gesellschaftlichen Gruppen einen Vorteil gegenüber anderen Gruppen verschaffen zu wollen.

II.
Wörter – Dinge – Vorstellungen.
Sprachkritik in der Antike und im Mittelalter

Ist die Erkenntnis von Wahrheit durch Sprache möglich? Können wir, indem wir die Sprache, die Sätze einer Rede und ihre Wörter, zerlegen, etwas über die Dinge, für die unsere Wörter stehen und über die wir etwas in unserer Rede aussagen, erfahren? Gibt es eine natürliche Richtigkeit der Wörter, oder aber – und das wäre die alternative Frage – sind die Wörter lediglich Etiketten, nur willkürliche Symbole, die nichts mit den Dingen zu tun haben? Diese Fragen sind es, die sich der griechische Philosoph Platon (428/27–348/47 v. Chr.) vor beinahe zweieinhalbtausend Jahren in dem berühmten und über die Jahrhunderte hinweg immer wieder aufgegriffenen Dialog ‹Kratylos› gestellt hat. Die spätere Überlieferung hat dem Dialog den Zusatz ‹Über die Richtigkeit der Namen› gegeben und damit das darin behandelte Problem präzise umrissen. Platons ‹Kratylos› kann als Beginn der abendländischen Sprachkritik gelesen werden, denn mit der Frage nach der Richtigkeit der Namen wird zugleich auch die Frage gestellt, ob Sprachkritik als Wortkritik überhaupt möglich sei. Die Besprechung dieses Textes wird deshalb auch recht ausführlich ausfallen.

Die Frage nach dem Verhältnis von Namen und Sache, von Wort und Ding, also die Frage danach, was das sprachliche Zeichen eigentlich sei, gehört zu den immer wieder aufgegriffenen, neu gestellten und differenziert beantworteten Problemen der Sprachphilosophie, Sprachwissenschaft und auch der Sprachkritik. Sie hat in der abendländischen Reflexion über Sprache einen universellen Charakter. Bereits Aristoteles, der Schüler Platons, hat sich in seiner Schrift ‹Peri Hermeneias oder Lehre vom Satz› wieder mit ihr beschäftigt – und sie anders als sein Lehrer beantwortet. Im Mittelalter bildete sie das Zentrum des sogenannten Universalienstreites, der Auseinandersetzung zwischen einer nominalistischen und einer realistischen Sprachauffassung. Beide Positionen fanden einen Niederschlag auch in den Universitäten, an denen sich das Grundstudium der ‹septem artes liberales› in zwei Wege, die ‹via antiqua› (Realismus) und die ‹via moderna› (Nominalismus), spaltete.

Kaum ein Autor der folgenden Jahrhunderte, der sich mit den Möglichkeiten und Grenzen von Sprache beschäftigte, hat diese Frage ausgelassen. Wir werden auf einige (Gottfried Wilhelm Leibniz, Christian Wolff) in anderen Zusammenhängen zurückkommen. Andere, beispielsweise John Locke, Charles Sanders Peirce, Gottlob Frege oder Ludwig

Wittgenstein müssen hier ausgeklammert bleiben oder werden lediglich am Rande aufgegriffen.[1] Da es in dieser Darstellung um Positionen der Sprachkritik geht, wird die spezifisch sprachphilosophische Behandlung des Zeichenbegriffs nur soweit verfolgt, als sie Grundlage für eine sprachkritische Auseinandersetzung mit der Leistungsfähigkeit von Sprache im Sinne einer konkret existierenden Einzelsprache, insbesondere des Deutschen, geworden ist.

Derartige sprachkritische Anfänge im Deutschen sind bereits während des Mittelalters auszumachen. Sie stehen im Zusammenhang mit dem Versuch, lateinische Schriften ins Deutsche zu übersetzen: eine Aufgabe, die sich damals ganz anders und schwieriger stellte als heute, weil die deutsche Sprache erst zu einem vollgültigen Mittel der Darstellung zahlreicher, bislang dem Lateinischen vorbehaltener Gegenstandsbereiche (Literatur, Naturkunde, Wissenschaft etc.) geformt werden mußte. Mit eben dieser Formung gingen nicht selten sprachkritische Reflexionen einher. Sie werden hier im einzelnen nicht besprochen, denn ihre Sichtweisen und Argumente tauchen bei Autoren des 16. und 17. Jahrhunderts, denen das dritte Kapitel «Latein oder Deutsch? Sprachkritik in der Frühen Neuzeit» gewidmet ist, teilweise wieder auf.

1. Die Richtigkeit der Namen: Platons Dialog ‹Kratylos›

Am Anfang der abendländischen Sprachkritik also steht Platons ‹Kratylos›, ein Redetext, der für sich genommen schon ein sprachliches Kunstwerk ist.[2] Der berühmte Sokrates – dessen Gedanken, weil er selbst nicht geschrieben hat, wir vor allem aus der Feder seines Schülers Platon kennen – diskutiert hier mit zwei Personen, mit Hermogenes und mit Kratylos. Letzterer hat dem Werk seinen Titel gegeben. Die Struktur des Dialogs, seine dialektische Anlage, ist typisch für die Gesprächsweise des Sokrates, für seine grundlegende Auffassung, daß nur in der Rede und Gegenrede Erkenntnis möglich sei. Er selbst nimmt dabei vor allem die Rolle des Fragenden ein, des angeblich und – wie es das ihm zugeschriebene, schon geflügelt gewordene Wort «Ich weiß, daß ich nichts weiß» nahelegt – nur scheinbar Unwissenden. Durch geschicktes Fragen sucht er aus seinem Gesprächspartner eine in jenem schlummernde, aber nicht völlig bewußte oder vergessene Erkenntnis hervorzuholen. Sokrates praktizierte diese Technik, die ‹Hebammenkunst› oder Mäeutik, par excellence.

Der Dialog setzt damit ein, daß Hermogenes dem Sokrates die beiden sich widersprechenden Thesen, die des Kratylos und seine eigene, erläutert:

«Kratylos hier, o Sokrates, behauptet, jegliches Ding habe seine von Natur ihm zukommende richtige Benennung, und nicht das sei sein Name, wie einige unter sich ausgemacht haben etwas zu nennen, indem sie es mit einem Teil ihrer besonderen Sprache anrufen; sondern es gebe eine natürliche Richtigkeit der Wörter, für Hellenen und Barbaren die nämliche.» (383a–b)

«Ich meines Teils, Sokrates, habe schon oft mit diesem und vielen andern darüber gesprochen und kann mich nicht überzeugen, daß es eine andere Richtigkeit der Worte gibt, als die sich auf Vertrag und Übereinkunft gründet. Denn mich dünkt, welchen Namen jemand einem Dinge beilegt, der ist auch der rechte, und wenn man wieder einen andern an die Stelle setzt und jenen nicht mehr gebraucht, so ist der letzte nicht minder richtig als der zuerst beigelegte, wie wir unsern Knechten andere Namen geben. Denn kein Name irgendeines Dinges gehört ihm von Natur, sondern durch Anordnung und Gewohnheit derer, welche die Wörter zur Gewohnheit machen und gebrauchen.» (384c–d)

In modernen sprachwissenschaftlichen Begriffen läßt sich das Problem, dessen Erörterung sich die drei Gesprächspartner im weiteren zuwenden werden, so ausdrücken: Sind die sprachlichen Zeichen arbiträr, also willkürlich, so daß ihre Bedeutung nur auf den Konventionen der Sprachgemeinschaft beruht, oder aber entsprechen sie den Dingen, wird ihre Bedeutung von der Natur dessen, was sie bezeichnen, bestimmt? Die Position des Hermogenes bezeichnet man als *nomos*-These (von griech. *nomos* ‹Gesetz›), die des Kratylos als *physei*-These (von griech. *physei* ‹Natur›).

Im Dialog werden sich Sokrates und seine Gesprächspartner Hermogenes und Kratylos mit beiden Thesen auseinandersetzen, und Sokrates wird es dabei gelingen, beide Positionen zwar nicht zu widerlegen, aber doch immerhin zu relativieren. Schon zu Beginn deutet sich dies an. Hermogenes fährt nämlich im Anschluß an seine Mitteilung der These des Kratylos, auf den er sich weiter bezieht, fort:

«Ich frage ihn also, ob denn Kratylos in Wahrheit sein Name ist, und er gesteht zu, ihm gehöre dieser Name. – Und dem Sokrates? fragte ich weiter. – Sokrates, antwortete er. – Haben nun nicht auch alle andern Menschen jeder wirklich den Namen, mit dem wir jeden rufen? – Wenigstens der deinige, sagte er, ist nicht Hermogenes, und wenn dich auch alle Menschen so rufen.» (383b)

Warum ist der Name ‹Kratylos› für die Person Kratylos der richtige, warum ‹Sokrates› für Sokrates, aber nicht ‹Hermogenes› für Hermogenes? Sokrates meint mit seiner ihm eigenen Ironie, daß Kratylos hier offenbar «spöttelt», denn «er meint wohl gar, du möchtest gern reich werden, aber als nicht vom Hermes abstammend verfehltest du es immer» (384c). Die Bestimmung der Richtigkeit von Namen wird hier aufgrund einer etymologischen Analyse vorgenommen, d. h., der Name wird in seine ursprünglichen Bedeutungsbestandteile zerlegt und dann gefragt, ob die daraus hervorgehende Gesamtbedeutung der Person entspricht. Da Hermogenes nicht *Hermo-genes*, d. h. der von Hermes Abstammende ist, kommt ihm dieser Name folglich nicht eigentlich zu. Damit aber ist die *physei*-These des Kratylos bereits eingeschränkt. Doch die Richtigkeit der Eigennamen wird noch ein eigenes Thema sein.

Aber auch die *nomos*-These des Hermogenes steht nicht auf sicheren Füßen, jedenfalls nicht in der Gestalt, wie er sie selbst formuliert hat. Er hatte behauptet, daß jeder Name für ein Ding der rechte sei, und wenn jemand einen anderen Namen für das Ding wählt, so sei dieser neue Name nicht weniger richtig als der zuvor gebrauchte. An dieser Stelle, die der Beliebigkeitsthese ja eine radikale Form gibt, hakt Sokrates sogleich nach:

«SOKRATES: Vielleicht liegt etwas in dem, was du sagst, Hermogenes. Laß uns nur zusehen. Wie jemand festsetzt jedes zu nennen, das ist denn auch eines jeden Dinges Name?
HERMOGENES: So dünkt mich.
SOKRATES: Nenne es nun ein einzelner so oder auch der Staat?
HERMOGENES: Das behaupte ich.
SOKRATES: Wie nun, wenn ich irgendein Ding benenne, wie, was wir jetzt Mensch nennen, wenn ich das Pferd rufe und was jetzt Pferd, Mensch: dann wird dasselbe Ding öffentlich und allgemein Mensch heißen, bei mir besonders aber Pferd, und was andere wiederum bei mir besonders Mensch, öffentlich aber Pferd? Meinst du es so?
HERMOGENES: So dünkt es mich.» (385a–b)

Sokrates weiß natürlich, daß man die Beliebigkeitsthese nicht so weit treiben kann. Sind die Bezeichnungen für die Dinge innerhalb einer Sprache und einer Sprachgemeinschaft einmal eingeführt, dann kann man sie nicht nach Gutdünken ändern. Zwar kann man sich auf diese Weise eine Art Privatsprache schaffen, doch eine wichtige Funktion der Sprache, die Verständigung der Menschen untereinander, ist dann nicht mehr möglich, wenn ein jeder den Dingen jenen Namen gibt, den er – oder sie – für passend hält. Erinnert sei hier nur an die schöne Geschichte ‹Ein Tisch ist ein Tisch› von Peter Bichsel, in der ein alter Mann genau das macht, nämlich die Namen der Dinge zu vertauschen. Das Ende der Geschichte ist traurig: «Der alte Mann im grauen Mantel konnte die Leute nicht mehr verstehen, das war nicht so schlimm. Viel schlimmer war, sie konnten ihn nicht mehr verstehen. Und deshalb sagte er nichts mehr. Er schwieg, sprach nur noch mit sich selbst, grüßte nicht einmal mehr.»[3]

Wie kommt es, daß Hermogenes einem solch offensichtlichen Irrtum aufsitzt? Rudi Keller findet aus zeichentheoretischer Sicht folgende Erklärung: «Irreführend ist Hermogenes' Unterstellung, Wörter verhielten sich zu ihren Referenzobjekten wie Eigennamen zu ihren Trägern; als sei der Personenname sozusagen der prototypische Fall referierender Ausdrücke. Diese überbewertende Generalisierung der Eigennamenrelation hängt wohl damit zusammen, daß der Eigenname einer der seltenen Fälle ist, wo der Mensch willentliche und bewußte Akte der Referenzfixierung vornehmen kann, zum Beispiel durch die Taufe. In Wahrheit ist aber der Eigenname ein Sonderfall, der nicht als Analogieargument für den Normalfall herangezogen werden kann. Dies verkennt Hermogenes und läßt sich dazu verleiten, von der Arbitrarität der Konvention auf die Möglichkeit idiosynkratischer Benennung durch einzelne Individuen zu schließen. Dieser Schluß ist ungültig.»[4] Die Interpretation, daß Hermogenes hier die Eigenschaften von Eigennamen *(nomina propria)* mit denen von Gattungsnamen *(nomina appellativa)* verwechselt und erstere auf letztere überträgt, liegt nahe, denn nur bei den Eigennamen hat der Mensch die Möglichkeit zu wählen – in der Regel aber auch nur einmal. Auch bei der Gebung eines Eigennamen muß bedacht werden, daß dieser, sofern er denn einmal festgesetzt ist, höchstens spielerisch, nicht aber grundsätzlich und auf Dauer, verändert werden kann. Und was schon für Eigennamen gilt, die der Mensch anderen Menschen und auch Tieren beizulegen vermag, gilt für die Gattungsnamen erst recht.

Die Thesen des Kratylos und des Hermogenes werden in ihrer radikalen Form gleich zu Beginn ihres Dialogs erschüttert.[5] Sokrates aber bohrt hier zunächst nicht weiter. Er beläßt es bei dieser ersten Verunsicherung und fügt ihr, jedenfalls hinsichtlich der *nomos*-These, eine zweite hinzu. Das Gespräch mit Hermogenes setzt er fort mit der Frage: «Wohlan, sage mir dies. Nennst du etwas wahr reden oder falsch reden?» (385b) Das Thema wird nun von den Wörtern auf die Rede, auf den Satz als eine Aussage, verlagert. Die folgende Argumentation hat die Struktur eines Schlußverfahrens, d. h., es werden Prämissen aufgestellt, deren Gültigkeit Hermogenes jeweils bejaht, und aus diesen Prämissen wird dann ein zwingender und gültiger Schluß gezogen. Die Argumentation läuft folgendermaßen ab:

Erste Prämisse: Eine Rede kann etwas Wahres über die Dinge aussagen oder etwas Unwahres.
Zweite Prämisse: Jede Rede besteht aus Teilen.
Dritte Prämisse: Wenn eine Rede wahr sein soll, müssen auch ihre Teile wahr sein.
Vierte Prämisse: Das Wort ist der kleinste Teil der Rede.
Aus diesen vier Prämissen folgt der
Schluß: Die Wörter einer wahren Rede sind wahre Wörter, die einer unwahren Rede sind unwahre Wörter.

Damit also hat Sokrates dem Hermogenes, der doch Anhänger der *nomos*-These ist, scheinbar bewiesen, daß es wahre und unwahre Wörter gibt, daß somit die *physei*-These des Kratylos richtig ist. Wie nun verhält sich Hermogenes gegenüber dieser offenbar doch gültigen Widerlegung seiner Position? Er antwortet ausweichend:

«Ich wenigstens, Sokrates, weiß von keiner anderen Richtigkeit der Benennungen als von dieser, daß ich jedes Ding mit einem andern Namen benennen kann, den ich ihm beigelegt habe, und du wieder mit einem andern, den du. Und so sehe ich auch, daß für dieselbe Sache bisweilen einzelne Städte ihr eigenes eingeführtes Wort haben und Hellenen ein anderes als andere Hellenen, und Hellenen auch wiederum andere als Barbaren.» (385d–e)

Dem Schlußverfahren ist Hermogenes gefolgt, aber er versucht seine Position dennoch zu retten, indem er auf die Verschiedenheit der Sprachen hinweist: schon die Hellenen hätten für die gleichen Dinge unterschiedliche Wörter, und noch mehr gelte diese Beobachtung, wenn man die Sprache der Hellenen mit denen anderer Völker vergleicht. Ist also die Verschiedenheit der Benennungen von Dingen in den einzelnen Sprachen ein zwingendes Argument für die Beliebigkeit der Wörter, die Arbitrarität der sprachlichen Zeichen? Nicht unbedingt: «Nun folgt natürlich, wenn man es genau nimmt, aus der Arbitrarität weder die Verschiedenheit (denn alle Hellenen und Barbaren könnten ein und derselben Konvention folgen), noch folgt aus der Verschiedenheit der Bezeichnungen deren Arbitrarität (denn Verschiedenheit könnte anders verursacht sein). Aber» – so schließt Keller sein Resümee – «in der Tat legt Verschiedenheit die Annahme der Konventionalität und somit der Arbitrarität nahe.»[6]

Doch noch einmal zurück zu dem Schlußverfahren des Sokrates. Auch wenn Hermogenes ihm uneingeschränkt gefolgt ist und es im Dialog zunächst auch nicht weiter kritisch besprochen wird – es enthält bereits in den Prämissen zwei entscheidende Fehler. Erstens ist es nicht korrekt, von der gültigen Prämisse, eine Rede könne wahr oder unwahr sein, auf die Wahrheit oder Unwahrheit auch ihrer Teile zu schließen. Zweitens ist es nicht möglich, von der Wahrheit oder Unwahrheit einer Aussage (Rede) zu dem Aspekt der Wahrheit oder Unwahrheit von Wörtern überzugehen. Das Problem liegt hier in der Begrifflichkeit. Sokrates spricht von ‹wahrer› und ‹falscher› Rede ebenso wie von ‹wahren› und ‹falschen› Wörtern. Aber nur eine Aussage (Rede) kann wahr oder falsch (d. h. unwahr) sein, ein Wort dagegen kann nur richtig oder falsch benutzt worden sein.

Dazu ein Beispiel: Der Gegenstand, den Sie gerade in der Hand halten, wird im Deutschen mit dem Wort ‹Buch› bezeichnet. Angenommen, jemand zeigt auf diesen Gegenstand und sagt: «Dies ist eine Zeitschrift», dann ist seine Rede unwahr, denn dies ist ja keine Zeitschrift, sondern ein Buch. Die Tatsache, daß dieser Jemand also die Unwahrheit gesagt hat, beruht aber nicht darauf, daß das von ihm benutzte Wort ‹Zeitschrift› unwahr wäre, sondern daß er ein nicht richtiges (also falsches) Wort im Zusammenhang mit diesem Gegenstand benutzt hat. Zu unterschieden ist also zwischen der *Wahrheit* von Aussagen über Sachverhalte und der *Richtigkeit* im Sinne einer der Konvention entsprechenden Benutzung von Wörtern. Aussagen sind stets wahr oder unwahr (falsch); Wörter hingegen werden richtig oder falsch (entsprechend der Konvention) benutzt. Die Richtigkeit von Wörtern begründet somit kein Aussageverhältnis zwischen dem Wort als Bezeichnendem und dem Gegenstand als Bezeichnetem, sondern nur ein innersprachliches Verhältnis zwischen den Zeichen selbst. Mit dem Prädikat ‹richtig› gegenüber einem Wort wird folglich nur eine Aussage darüber gemacht, ob dieses Wort in dem zur

Rede stehenden Zusammenhang der Konvention entsprechend benutzt worden ist. Eine Ausage darüber, ob das Wort für sich genommen wahr oder falsch (unwahr) ist, wird überhaupt nicht getroffen. Nicht nur, daß das Schlußverfahren des Sokrates also zwei entscheidende Fehler enthält, im Grunde wird hier – jedenfalls auf der Ebene der Wörter – sogar das Gegenteil dessen bewiesen, was scheinbar bewiesen worden ist: der konventionelle Charakter des Gebrauchs von Wörtern innerhalb einer Rede.

Gleichwohl wird auch dieser Gedanke hier, zu Beginn des Dialogs, noch nicht bis zu Ende gedacht und formuliert. Sokrates setzt in seinem Frage-und-Antwort-Spiel mit Hermogenes wiederum bei einem neuen Gesichtspunkt an. Beide Gesprächspartner verständigen sich zunächst darauf, daß «die Dinge an und für sich ihr eigenes bestehendes Wesen haben» (386e) und daß der berühmte Satz des Protagoras, der Mensch sei das Maß aller Dinge, nicht richtig sein kann. Was für die Dinge gilt, muß in gleicher Weise auch für Handlungen gelten: wenn wir etwas schneiden wollen, müssen wir uns nach der «Natur des Schneidens» richten, damit diese Handlung angemessen ausgeführt wird – und «nicht auch, wenn wir etwas unternehmen zu brennen», fragt Sokrates weiter, «müssen wir es nicht nach jeder Weise, wie sie uns zuerst einfällt, brennen, sondern nach der richtigen, und das ist die, wie eines jeden Natur ist, zu brennen und gebrannt zu werden und womit?» (387b) Die Erkenntnis, daß Dinge und Handlungen ihr eigenes bestehendes Wesen haben und daß der Mensch sich nach diesem Wesen richten muß, wenn er angemessen mit den Dingen umgehen und Handlungen ausführen will, wird nun übertragen auf die Rede und die Wörter:

«SOKRATES: Ist nun nicht auch das Reden eine Handlung?
HERMOGENES: Ja.
SOKRATES: Wird also wohl einer, wenn er so redet, wie er eben glaubt, daß man reden müsse, richtig reden, oder wird er nur dann, wenn er auf die Weise und vermittels dessen, wie es der Natur des Sprechens und Gesprochenwerdens angemessen ist, von den Dingen redet, nur dann Vorteil davon haben und wirklich etwas sagen, wenn aber nicht, dann es verfehlen und nichts damit ausrichten?
HERMOGENES: So dünkt es mich, wie du sagst.
SOKRATES: Und ein Teil des Redens ist doch das Benennen. Denn durch Benennung besteht jede Rede?
HERMOGENES: Freilich.
SOKRATES: Also ist auch das Benennen eine Handlung, wenn das Reden ein Handeln mit den Dingen war?
HERMOGENES: Ja.
SOKRATES: Die Handlungen aber waren, wie sich gezeigt hatte, nicht nur je nachdem wir waren, sondern hatten jede ihre eigene Natur?
HERMOGENES: So ist es.
SOKRATES: Also auch benennen muß man so und vermittels dessen, wie es in der Natur des Benennens und Benanntwerdens der Dinge liegt, nicht aber so, wie wir etwa jedesmal möchten, wenn uns anders dies mit dem vorigen übereinstimmen

soll, und nur so werden wir etwas davon haben und wirklich benennen, sonst aber nicht?
HERMOGENES: Offenbar.» (387c–e)

Wieder wurde Hermogenes von Sokrates dahin geführt, einem Schluß zuzustimmen, der seiner eigentlichen Auffassung von der Beliebigkeit der Wörter zu widersprechen droht. Im weiteren Verlauf des Dialogs wird dieser Widerspruch immer deutlicher:

«SOKRATES: Wohlan! Was man schneiden mußte, mußte man doch, sagen wir, vermittels etwas schneiden.
HERMOGENES: Ja.
SOKRATES: Und was weben, vermittels etwas weben, und was bohren, mittels etwas bohren?
HERMOGENES: Freilich.
SOKRATES: Also auch was man benennen mußte, mußte man mittels etwas benennen?
HERMOGENES: So ist es.
SOKRATES: Was ist nun jenes, womit man bohren muß?
HERMOGENES: Der Bohrer.
SOKRATES: Und womit man weben muß?
HERMOGENES: Die Weberlade.
SOKRATES: Und was, womit benennen?
HERMOGENES: Das Wort.
SOKRATES: Richtig. Ein Werkzeug ist also auch das Wort.
HERMOGENES: Freilich.
SOKRATES: Wenn ich nun fragte: Was für ein Werkzeug war doch die Weberlade? Nicht das, womit man webt?
HERMOGENES: Ja.
SOKRATES: Was tut man aber, wenn man webt? Nicht, daß wir den Einschlag und die ineinander verworrene Kette wieder sondern?
HERMOGENES: Ja.
SOKRATES: Und ebenso wirst du mir auch über den Bohrer und das übrige antworten können.
HERMOGENES: Gewiß.
SOKRATES: Kannst du mir denn nun ebenso auch über das Wort Rechenschaft geben? Indem wir mit dem Wort als Werkzeug benennen, was tun wir?
HERMOGENES: Das weiß ich nicht zu sagen.
SOKRATES: Lehren wir nicht einander etwas und sondern die Gegenstände voneinander, je nachdem sie beschaffen sind?
HERMOGENES: Allerdings.
SOKRATES: Das Wort ist also belehrendes Werkzeug und ein das Wesen unterscheidendes und sonderndes, wie die Weberlade das Gewebe sondert.» (387d–388c)

Die Argumentation des Sokrates scheint – wieder einmal – sehr scharfsinnig und zwingend. Das Wort, so wäre festzuhalten, ist ein Werkzeug, das drei Funktionen besitzt: es benennt, unterscheidet und belehrt. In modernen sprachwissenschaftlichen Begriffen ausgedrückt, können wir sagen: Das Wort als ein wesentlicher Teil der Sprache hat die Funktionen der Repräsentation von Gegenständen und Sachverhalten, ihrer Klassifikation und der Kommunikation über Gegenstände und Sachverhalte. Doch die Argumentation führt noch ein Stück weiter.

Nicht jeder vermag es, ein angemessenes Werkzeug herzustellen. Um eine Weberlade oder einen Bohrer anzufertigen, bedarf es gewisser Kenntnisse, die nur der Spezialist besitzt. Da das Wort nun auch ein Werkzeug ist, können nur bestimmte Menschen, die sich eben auf das Bilden von Wörtern verstehen, diese herstellen: «Also, o Hermogenes, kommt es nicht jedem zu, Worte einzuführen, sondern nur einem besonderen Wortbildner. Und dieser ist, wie es scheint, der Gesetzgeber, von allen Künstlern unter den Menschen der seltenste», schließt Sokrates, und Hermogenes stimmt zu (388e–389a).

Jedes Werkzeug nun hat einen bestimmten Zweck, den es erfüllen muß und nur erfüllen kann, wenn es diesem Zweck gemäß beschaffen ist. Je nach Art des Gewebes, das man herstellen will, braucht man eine bestimmte Weberlade, der jeweils das «Bild der Weberlade», ihre ideale, funktionsorientierte Gestalt, zugrundeliegen muß. Ebenso verhält es sich mit den Wörtern. Der gesetzgebende Wortbildner legt den Namen «in Tönen und Silben» fest, und zwar so, «indem er auf jenes sieht, was das Wort wirklich ist» (389d). Auf diese Weise erhält jedes Ding seinen ihm adäquaten Namen. Den zu erwartenden Einwand, daß in den verschiedenen Sprachen aber die Dinge unterschiedliche Namen haben, daß also die Gesetzgeber das Wort nicht immer in denselben Silben niedergelegt hat, weiß Sokrates von vornherein zu entkräften: Wie bei den sonstigen Werkzeugen das Material nicht immer dasselbe sein muß, wenn nur immer die funktionale Gestalt sich gleich bleibt, braucht auch der Wortbildner nicht immer die gleichen Silben für seine Worte als Werkzeuge zu benutzen. So bejaht denn auch Hermogenes die entsprechende Frage des Sokrates: «Ebenso wirst du auch dafür halten, daß unser Gesetzgeber, der hiesige wie der unter den Barbaren, solange er nur die Idee des Wortes, wie sie jedem insbesondere zukommt, wiedergibt, in was für Silben es auch sei, daß alsdann der hiesige kein schlechterer Gesetzgeber ist als einer irgendwoanders?» (390a)

Ein letzter Baustein in diesem Argumentationsabschnitt ist die Frage des Sokrates, wer denn nun am besten beurteilen könne, ob ein Werkzeug gut gemacht sei, derjenige, der das Werkzeug gefertigt hat oder aber derjenige, der es seinem Zweck gemäß gebrauchen muß – der Tischler, der die Weberlade gefertigt hat, oder der Weber, der mit ihr arbeitet? Diesmal weiß Hermogenes die Antwort: «Wohl eher, o Sokrates, der sie gebrauchen soll.» (390b) Auf die Wörter übertragen, ist es der Dialektiker, der das Werk des Wortbildners am besten beurteilen kann, denn der Dialektiker ist einer, «der zu fragen und zu antworten versteht» (390c).

Das Fazit aus diesen ganzen Überlegungen nun kann nicht mehr überraschen, auch wenn es für Hermogenes offenbar eine Niederlage bedeutet:

«SOKRATES: Also mag es doch wohl nichts so Geringes sein, wie du glaubst, Hermogenes, Worte zu bilden und Benennungen festzusetzen, auch nicht schlechter Leute Sache oder des ersten besten; sondern Kratylos hat recht, wenn er sagt, die Benennungen kämen den Dingen von Natur zu, und nicht jeder sei ein Meister im Wortbilden, sondern nur der, welcher, auf die einem jeden von Natur eigene Benennung achtend, ihre Art und Eigenschaft in die Buchstaben und Silben hineinzulegen versteht.
HERMOGENES: Ich weiß freilich nicht, Sokrates, wie ich dem, was du sagst, widersprechen soll. Es mag aber wohl nicht leicht sein, auf diese Art so schnell überzeugt zu werden; allein ich glaube, so würde ich leichter überzeugt werden, wenn du mir zeigest, worin denn jene natürliche Richtigkeit der Benennungen bestehen soll.
SOKRATES: Ich, du guter Hermogenes, weiß ja von gar keiner, sondern du hast vergessen, was ich eben noch sagte, daß ich es nicht wüßte, aber es wohl mit dir untersuchen wollte. Nun aber ist durch unsere Untersuchung dir und mir soviel schon klar gegen das vorige, daß das Wort von Natur eine gewisse Richtigkeit hat und daß nicht jeder versteht, es irgendeinem Dinge gehörig beizulegen. Oder nicht?
HERMOGENES: Gewiß.» (390d–391b)

Wie ist der Diskussionsverlauf, der Gang der Argumentation des Sokrates zu werten? Können wir dem Schluß, «die Benennungen kämen den Dingen von Natur zu», zustimmen und festhalten, daß die *nomos*-These des Hermogenes als falsch und die *physei*-These des Kratylos als richtig erwiesen ist? Rudi Keller meint in seiner Interpretation des Dialogs, Sokrates irre, denn er begehe zwei Fehlschlüsse, einen «instrumentalistischen» und einen «rationalistischen».[7]

Den instrumentalistischen Fehlschluß, den Keller im Zusammenhang des Dialogs als den wichtigeren betrachtet, beschreibt er folgendermaßen: «Alle Werkzeuge sind aufgrund ihrer spezifischen Beschaffenheit für ihren Zweck geeignet. Ihre spezifische Beschaffenheit wird diktiert von dem Zweck, den sie zu erfüllen haben. (Nur die jeweiligen Spezialisten können gute Werkzeuge herstellen bzw. deren Güte beurteilen.) Wörter sind Werkzeuge. Somit gilt all dies auch für Wörter.» Dieser Schluß ist formal gültig. Will man ihn bezweifeln, dann muß man die Prämissen auf ihre Stichhaltigkeit hin überprüfen. Keller bietet verschiedene Lösungen an, von denen eine unmittelbar zu überzeugen vermag. Wenn wir zugeben, daß Wörter tatsächlich Werkzeuge sind, dann bleibt prinzipiell festzuhalten, daß der Zweck eines Werkzeugs und die Beschaffenheit desselben nicht in einem natürlichen Verhältnis zueinander stehen müssen. Der Zweck einer Zange beispielsweise ist es, Nägel aus einem Brett zu ziehen. Ich kann aber durchaus auch eine Zange dazu benutzen, Nägel in ein Brett einzuschlagen, wenn mir für diese Handlung kein Hammer, der eigentlich dafür vorgesehen ist, zur Verfügung steht. Auch unser Geld ist eine Art Werkzeug, ein Tauschobjekt nämlich, das keineswegs den materiellen Wert haben muß, der ihm aufgrund allgemeiner Übereinkunft zukommt. Wörter also könnten auch Werkzeuge sein, «die ihren Zweck allein dank ihres konventionellen Gebrauchs zu erfüllen im Stande sind» und deren Zweck nicht darin bestehen müßte, die Dinge ihrer Natur gemäß zu bezeichnen, sondern «bestimmte Wirkungen beim Adressaten hervorzurufen». Der sicherlich nützliche, weil nämlich zutreffende Gedanke, daß das Wort ein Werkzeug sei, wäre damit gerettet, und zugleich die doch nur schwer nachvollziehbare Behauptung, es gäbe eine natürliche Richtigkeit der Wörter, zumindest noch nicht endgültig nachgewiesen.

Der rationalistische Fehlschluß in der Argumentation des Sokrates besteht nach Keller in der Annahme, «daß alle zweckmäßigen Einrichtungen der Menschen, die nicht von Natur aus da sind, Ergebnisse kluger Planung und weiser Durchführung sind». Eine solche Einschätzung liegt offenbar auch der Charakteristik des Wortbildners durch Sokrates zugrunde, die Auffassung nämlich, daß die Wörter durch einen begabten Gesetzgeber nach dem Prinzip vernunftgemäßer Einsicht gebildet worden sind. Keller hält folgende Auffassung dagegen: «In Wahrheit sind die Wörter (mit wenigen Ausnahmen) nicht Schöpfungen begnadeter Künstler, sondern unbeabsichtigte Nebeneffekte des alltäglichen Kommunizierens ganz normaler Menschen. Sie sind Ergebnisse von Prozessen kultureller Evolution.»[8] Man wird mit guten Gründen Kellers doch recht extreme Position bezweifeln können. Es ist fraglich, ob die Schöpfung neuer Wörter tatsächlich bloß ein unbeabsichtigter Nebeneffekt des alltäglichen Kommunizierens ist und ob nur wenige Wörter auf andere Weise, eben durch planvolles Konstruieren, hervorgebracht werden. Die Übernahme von Wörtern aus anderen Sprachen, die ständige Erzeugung von Komposita und Ableitungen auf der Grundlage des bestehenden Wortmaterials und der enorme terminologische Apparat der Fachsprachen, der meist bewußt festgelegt wird, sprechen dagegen. Man kann nicht, quasi nebenbei während des Sprechens, neue Wörter schaffen, ohne die Gesetzmäßigkeiten der vorhandenen Sprache, ihr Wortmaterial und ihre Kombinationsregeln zu beachten. Dennoch hat Keller gewiß darin recht, daß es in der Regel – und Ausnahmen bestätigen bekanntlich die Regel – kein einzelner Mensch, kein gesetzgebender Wortbildner ist, der einer Sprache und damit auch den diese Sprache sprechenden Menschen neue Wörter beschert.[9] Allerdings dürfte auch Sokrates in seine zuletzt zitierte Aussage bereits eine kleine Einschränkung eingebaut haben. Er spricht dort nur noch davon, daß das Wort von Natur eine «gewisse» Richtigkeit habe und daß es «nicht jeder» verstehe, den Dingen die Wörter gehörig beizulegen. Diese vorsichtige Formulierung ist gewiß als eine leichte Relativierung der *physei*-These in ihrer apodiktischen Gestalt zu verstehen.

Doch kehren wir zum Dialog selbst zurück. Hermogenes war der Gedankenführung des Sokrates gefolgt und hatte auf sie nur insofern etwas zu erwidern, als er zu wissen begehrte, worin denn nun eigentlich die «natürliche Richtigkeit der Benennungen bestehen soll». Die Untersuchung, die Sokrates nun, wiederum im Gespräch mit Hermogenes, anstellt, nimmt den größten Teil des Dialogs ein. Das Verfahren ist einerseits recht einfach, andererseits aber, wie sich gleich zeigen wird, problematisch. Als erstes werden Eigennamen und Gattungsnamen untersucht. Die jeweiligen Wörter werden auf ihre Grundbedeutung hin befragt und sodann geprüft, ob diese Bedeutung einen richtigen Hinweis auf die bezeichnete Person oder Sache gibt. Am Beispiel des Gottes Poseidon sei die Methode erläutert:

> «Poseidon nun», sagt Sokrates, «mag wohl deswegen so benannt worden sein von dem, der ihn zuerst so nannte, weil ihn im Gehen die Gewalt des Meeres aufhielt und ihn nicht weiter schreiten ließ, sondern ihm gleichsam eine Fessel wurde für seine Füße. Daher nannte er den diese Gewalt beherrschenden Gott ‹Poseidon›, weil er ein *posidesmos* war, und das i ist vielleicht nur der Schicklichkeit wegen zu ei verlängert. Vielleicht aber wollte er auch das nicht sagen, sondern es waren anstatt des s zwei ll, weil nämlich der Gott ein *polla eidos* ist, vieles weiß. Vielleicht heißt er aber auch der Erschütternde, *ho seion*, und das p und d sind nur hineingesetzt.» (402d–403a)

Sokrates also begreift den Namen ‹Poseidon› als ein aus zwei Wörtern (Zeichen) zusammengesetztes Wort, als ein Kompositum oder, allgemeiner gesagt, als ein sekundäres Zeichen. Aus der Kombination der beiden Grundwörter ergibt sich eine neue Bedeutung, die einen Hinweis auf den Träger des Namens gibt. Allein aber schon die Tatsache, daß Sokrates hier, abgeleitet aus den griechischen Bestandteilen, drei verschiedene Möglichkeiten anführt (Poseidon als ‹Fußfessel›, als ‹Vielwissender› und als ‹Erschütterer›) und dabei einräumen muß, daß die Lautung des Namens durch Hinzufügung oder Veränderung einzelner Laute in den Grundwörtern verändert worden ist, läßt die Erklärung nicht sonderlich überzeugend erscheinen. Zum einen ist offenbar die eigentümliche Eigenschaft des Gottes Poseidon nicht eindeutig (ist er nun eine Fußfessel, ein Vielwissender oder ein Erschütterer?), zum anderen ist nicht klar, welche Grundbestandteile der Name Poseidon nun enthält (ist es *posidesmos*, *polla eidos* oder *ho seion*?). Das etymologische Verfahren, das Sokrates bereits zu Beginn des Dialogs auf den Namen Hermogenes angewandt hatte, bietet offenbar Hinweise auf Bedeutungsmöglichkeiten, eine Aussage darüber aber, ob im Namen auch die Eigenschaft der Person richtig getroffen worden ist, läßt sich auf eindeutige Weise wohl nicht treffen.

Sofern ein Eigenname eine ersichtliche Bedeutung besitzt, muß er keineswegs der Person, ihren Charaktereigenschaften, entsprechen: Ein ‹Gottlieb› muß nicht notwendigerweise auch Gott tatsächlich lieben, ein ‹Fürchtegott› selbigen nicht fürchten, ein ‹Jürgen›, dessen Name auf ‹Gregor› und dieser wiederum auf *agricola*, den Bauern, zurückgeht, muß diesen Beruf nicht ergreifen, eine ‹Beate› muß nicht unbedingt glücklich sein und eine ‹Andrea› nicht tapfer. Manchmal gilt zwar der Spruch: *Nomen est omen* – aber, wie wir sehen, nicht immer und eigentlich recht selten.

Sokrates versucht seine etymologisierende Methode dadurch zu retten oder aber, auch das müßte erwogen werden, zu ironisieren, indem er Hermogenes erklärt, daß «wir oft Buchstaben einsetzen, oft auch herauswerfen, wenn wir etwas wovon benennen wollen, und ebenso auch oft den Ton versetzen» (399a). Friedrich Schleiermacher, der Übersetzer des Platon-Textes, hat hier mit Scharfsinn gearbeitet, denn er läßt an der Stelle Sokrates fortfahren:

«Wie zum Beispiel: an Frieden reich, damit uns hieraus ein Wort werde anstatt eines ganzen Satzes, werfen wir das Ende des einen Wortes heraus, und das andere stumpfen wir ab, daß es unbetont gesprochen wird, da es vorher betont war. Bei anderen Worten wiederum setzen wir Buchstaben dazwischen und schärfen das Unbetonte.» (399a–b)

Es ist klar, auf welchen Namen hier gezielt wird: Friedrich. Ob wir aber auch folgender Etymologie, die Schleiermacher meisterhaft ins Deutsche übertragen hat, zustimmen können, mag bezweifelt werden:

«SOKRATES: Dergleichen etwas ist nun auch bei dem Worte ‹Mensch› begegnet, wie mich dünkt. Denn es ist ein ganzer Satz zu einem Worte geworden dadurch, daß man Anfang und Ende herausgeworfen und dafür einer stumpfen Silbe den Ton gegeben und sie geschärft hat.
HERMOGENES: Wie meinst du das?
SOKRATES: So: Dieser Name ‹Mensch› bedeutet, daß die anderen Tiere von dem, was sie sehen, nichts betrachten noch vergleichen oder eigentlich *anschauen*, der Mensch aber, sobald der gesehen hat, auch *zusammenstellt* und *anschaut*. Daher wird unter allen Tieren der Mensch allein Mensch genannt, weil er *zusammenschaut*, was er gesehen hat.» (399b–c)

An diesem Beispiel wird – neben der sachlichen Unsicherheit, die Sokrates bei der Analyse des Namens ‹Poseidon› bereits unausgesprochen einräumen mußte – noch eine andere Schwäche der Argumentation deutlich: Bei Wörtern, die nicht mehr in einzelne Bestandteile mit eigenen Bedeutungen zerlegt werden können, ist dieses etymologische Verfahren auf bloße Assoziationen angewiesen, die von der Lautgestalt des jeweiligen Wortes hergeleitet werden. Die Richtung nun, in der die Assoziationen laufen, wird – zusätzlich zu der Lautung des Wortes – von einem schon bestehenden Wissen über den Gegenstand vorgegeben. Die Erklärung, der Mensch heiße Mensch, «weil er zusam*mensch*aut, was er gesehen hat», kann nur zustande kommen, wenn diese Eigenschaft, die ja eigentlich erst herauszufinden wäre, zuvor bereits bekannt ist. Insofern liegt hier ein Zirkelschluß vor, eine bloße Pseudoerkenntnis, was dem weisen

Sokrates gewiß nicht entgangen sein wird. Die Vermutung also, daß Sokrates in seine Argumentation gegen Hermogenes und für die natürliche Richtigkeit der Wörter eine gehörige Portion Ironie mit hineingemischt hat (die Hermogenes aber gar nicht wahrzunehmen scheint), liegt folglich recht nahe.

Nach den Götternamen will Hermogenes auch etwas über andere Wörter und über die Art und Weise, wie die berufenen Wortbildner eine Erkenntnis der Sache in die Wörter gelegt haben, wissen. Ein längerer Gesprächsausschnitt wird das Zufällige und Ironische in den Worten des Sokrates noch einmal verdeutlichen:

«SOKRATES: [...] Aber wie ich sagte, laß uns nun machen, Bester, daß wir von den Göttern fortkommen.
HERMOGENES: Von diesen wohl, Sokrates, wenn du willst. Aber was hindert dich, jene andern durchzugehen, wie Sonne, Mond und Sterne, Erde und Äther, Luft, Feuer, Wasser, Jahr und Jahreszeiten?
SOKRATES: Gar vielerlei legst du mir da auf. Indes, wenn es dir nur recht sein wird, so will ich wohl.
HERMOGENES: Sehr recht gewiß.
SOKRATES: Was willst du also zuerst? Oder sollen wir, wie auch du eben, mit der ‹Sonne› anfangen?
HERMOGENES: Ganz recht.
SOKRATES: Diese nun könnte so heißen, weil sie, wenn sie aufgegangen ist, die Gegenstände voneinander *sondert*; auch deshalb, weil sie sich in ihrem Laufe um die Erde immer so *wendet*; auch weil sie, was aus der Erde hervorwächst, während ihres Umlaufes mit Farben schmückt, so daß das *Sehen* eine *Wonne* wird.
HERMOGENES: Wie aber der ‹Mond›?
SOKRATES: Dieser Name scheint den Anaxagoras ins Gedränge zu bringen.
HERMOGENES: Wieso?
SOKRATES: Er scheint kundzumachen, daß da schon etwas Älteres ist, was dieser erst neuerlich gesagt hat, daß nämlich der Mond sein Licht von der Sonne hat.
HERMOGENES: Wie das?
SOKRATES: Hell und glänzend hieß doch von alters *mon*?
HERMOGENES: Ja.
SOKRATES: Und neu und alt ist dieser Schein immer am Monde, wenn anders die Anaxagoreer recht haben. Denn sooft die Sonne im Kreise um ihn herumgeht, wirft sie immer neuen Schein auf ihn; der alte aber ist der vom vorigen Monat.
HERMOGENES: So ist es.
SOKRATES: Weil nun der Mond immer neuen und alten Schein hat, kann er mit Recht eigentlich *moneualt* heißen, und zusammengezogen heißt das ‹Mond›.
HERMOGENES: Das ist gar ein dithyrambischer Name, Sokrates. Aber was machst du aus dem ‹Monat› und den ‹Sternen›?
SOKRATES: Der ‹Monat› könnte, weil ein neuer alle Morgen näherkommt, *Morgennaht* heißen, die ‹Sterne› aber ihren Namen von den *Strahlen* haben, diese ‹Strahlen› selbst aber, weil den Star alle bekommen, die immer hineinsehen wollten, eigentlich *Starallen* geheißen haben, nun aber hat man das schöner gemacht und ‹Strahl› gesagt.
HERMOGENES: Wie aber mit ‹Feuer› und ‹Wasser›?

SOKRATES: Vom ‹Feuer› weiß ich gar nicht, und entweder muß mich des Euthyphron Muse verlassen haben oder dies allzu schwer sein. Sieh nun zu, welchen Kunstgriff ich anbringe bei allen dergleichen, von denen ich nichts zu sagen weiß.
HERMOGENES: Was für einen?
SOKRATES: Das will ich dir sagen. Antworte mir nur. Weißt du zu sagen, weshalb das Feuer so heißt?
HERMOGENES: Ich, beim Zeus, gewiß nicht.
SOKRATES: So sieh zu, was mir davon ahnt. Ich denke nämlich, daß die Hellenen, zumal die in der Nähe der Barbaren wohnenden, gar viele Worte von den Barbaren angenommen haben.
HERMOGENES: Und was weiter?
SOKRATES: Wenn einer nun aus der hellenischen Sprache erklären will, inwiefern diese mögen richtig gebildet sein, und nicht aus jener, der das Wort wirklich angehört: so siehst du wohl, daß er nichts schaffen wird.
HERMOGENES: Ganz natürlich.
SOKRATES: Also sieh zu, ob nicht auch dieses Wort ein barbarisches ist. Denn einerseits ist gar nicht leicht, es an die hellenische Sprache anzuknüpfen, andererseits ist ganz bekannt, daß die Phrygier es mit einer kleinen Abweichung ebenso nennen, was auch von Wasser, Hund und vielen andern gilt.» (408d–409e)

In dem Moment, da Sokrates mit seinem etymologischen Verfahren, das für sich genommen ja schon an allen Ecken und Enden spekulativ wirkt und skeptisch macht, nicht mehr weiterkommt, wendet er einen «Kunstgriff» – er selbst nennt es so – an. Er behauptet einfach, daß aufgrund der Sprachenmischung, zustande gekommen durch die räumliche Nähe zweier Völker mit unterschiedlichen Sprachen, sich die Wörter so weit verändert hätten, daß die in ihnen liegende Ursprungsbedeutung nicht mehr erkennbar sei. Derartige Interferenzerscheinungen zwischen zwei Sprachen hat es immer gegeben, nur kann diese Feststellung im Argumentationsgang des Dialogs nicht unbedingt als ein Beleg für die These von der natürlichen Richtigkeit der Wörter gewertet werden. Sokrates bekennt schließlich auch, daß der Hinweis darauf, ein nicht erklärbares Wort sei ein «barbarisches und ausländisches Wort», nichts anderes als eine «Ausrede» sei (421d).

Das Etymologisieren geht im Dialog noch eine gute Weile weiter. Schließlich führt Sokrates einen neuen Aspekt in die Diskussion ein:

«SOKRATES: Laß uns nur bedenken, wenn jemand immer nach den Worten, aus welchen eine Benennung besteht, fragen will, und dann wieder nach jenen, woraus diese herstammen, forscht, und damit gar nicht aufhören will, wird dann nicht der Anwortende zuletzt notwendig verstummen?
HERMOGENES: Das dünkt mich.
SOKRATES: Wann aber hätte er wohl ein Recht, sich loszusagen, daß er nicht weiter könne? Nicht, wenn er bei jenen Wörtern angekommen wäre, welche gleichsam die Urbestandteile der übrigen sowohl Sätze als Worte sind? Denn von diesen könnte man ja wohl billigerweise nicht mehr zeigen sollen, daß sie aus andern Wörtern zusammengesetzt sind, wenn es sich wirklich wie angenommen mit ihnen verhält. So wie wir eben das ‹Gute› erklärt haben als zusammengesetzt aus

gültig und Mut, den ‹Mut› aber wieder von etwas anderem herleiten können, und dies wieder von etwas anderem, wenn wir aber endlich eins erhalten hätten, das nicht wieder aus irgend anderen Wörtern entsteht, dann erst mit Recht sagen könnten, daß wir nun bei einem Urbestandteil oder Stammworte wären, welches wir nicht wieder auf andere Wörter zurückführen dürften.
HERMOGENES: Du scheinst mir hierin recht zu haben.» (421d–422b)

Die Wörter, deren Etymologie Sokrates bislang untersucht hat, waren allesamt Zusammensetzungen aus zwei oder mehreren Wörtern (Komposita) oder aber Ableitungen von einem Grundwort – zumindest hat Sokrates sie so behandelt. In seiner Untersuchung zerlegte er diese Wörter jeweils in ihre vermeintlichen Bestandteile, aus deren Bedeutungen sich dann die Bedeutung des zerlegten Wortes ergab. Was aber, so fragt er jetzt, wenn wir bei den kleinsten Bestandteilen angelangt sind, bei den Stammwörtern, die nicht mehr in kleinere, noch eine Bedeutung tragende Bestandteile[10] zerlegt werden können? Worin besteht die Richtigkeit der ersten Wörter?

Sokrates setzt noch einmal grundsätzlich an. Wörter, so stellt er zunächst fest, sind eine Nachahmung der Dinge durch die Stimme. Doch diese Aussage ist noch nicht präzise, denn dann wäre auch das bloße Nachblöken eines Schafes oder das Nachkrähen eines Hahnes schon Sprache (423b–c). Entscheidend ist, daß von den Dingen nichts Äußerliches, Zufälliges nachgeahmt wird. Das Wort wird erst dann zum Wort, zur Benennung und damit zu einem Bestandteil der Sprache, wenn es das Wesen des zu benennenden Dinges nachahmt.

«SOKRATES: Und was sagst du hierzu? Meinst du nicht auch, daß jedes Ding sein Wesen hat, so gut als seine Farbe und was wir sonst soeben erwähnten? Denn haben nicht zuerst gleich Farbe und Stimme selbst jede ihr Wesen und so alles, dem überhaupt diese Bestimmung, das Sein, zukommt?
HERMOGENES: Ich glaube wenigstens.
SOKRATES: Wie nun? Wenn eben dies, das Wesen eines jeden Dinges, jemand nachahmen und darstellen könnte durch Buchstaben und Silben, würde er dann nicht kund machen, was jedes ist? Oder etwa nicht?
HERMOGENES: Ganz gewiß.» (423e–424a)

Es sind also die Buchstaben oder besser: die Laute, mit denen das Wesen der Dinge nachgeahmt wird und die somit für die Richtigkeit der Stammwörter bürgen sollen. Folglich muß Sokrates die Bedeutung der Laute bestimmen beziehungsweise nachvollziehen, auf welche Weise der erste Namengeber, der Wortbildner, deren Bedeutung bestimmt hat. Sokrates tut das wiederum auf die ihm eigentümliche Weise, die auch hier den Verdacht des unernsthaften Sprechens, der Ironie, aufkommen läßt:

«SOKRATES: [...] Der Buchstabe R [...] schien dem, welcher die Benennungen festsetzte, ein schönes Organ für die Bewegung, indem er sie durch seine Rührigkeit selbst abbildet; daher bedient er sich desselben hierzu auch gar häufig. Zuerst schon in ‹Strömen› und ‹Strom› stellt er durch diesen Buchstaben die Bewegung dar; ebenso in ‹Trotz› und in ‹rauh›, und in allen solchen Zeitwörtern wie ‹rasseln›, ‹reiben›, ‹reißen›, ‹zertrümmern›, ‹krümeln›, ‹drehen›, alle diese bildet er größtenteils ab durch das R. Denn er sah, daß die Zunge hierbei am wenigsten still bleibt, sondern vorzüglich erschüttert wird, und daher gewiß hat er sich dessen hierzu bedient. Das G hingegen zu allem Dünnen und Zarten, was am leichtesten durch alles hindurchgeht; daher stellt er das ‹Gehen› und das ‹Gießen› durch das G dar. Wie im Gegenteil durch W, S, Sch und Z, weil die Buchstaben sausend sind, stellt er alles dergleichen dar und benennt es damit, wie ‹schaudern›, ‹sieden›, ‹zischen›, ‹schwingen›, ‹schweben›; auch wenn er das Schwellende nachahmt, scheint der Wortbildner meistenteils dergleichen Buchstaben anzuwenden. [...]» (426d–427a)

Sokrates selbst bewertet seine Bedeutungsangaben der Laute nicht, sondern stellt lapidar fest: «Dieses nun, o Hermogenes, scheint mir die Richtigkeit der Benennungen sein zu wollen ...», und er fügt hinzu: » ... wenn nicht unser Kratylos etwas anderes meint» (427d). Tatsächlich wird gleich nach diesem Abschnitt Kratylos in die Diskussion einbezogen.

Doch eine Anmerkung ist nötig. In einem Punkt hat Sokrates gewiß recht: Es gibt lautmalende Wörter, Onomatopoetika, in denen die Laute einen sinnlichen Eindruck der sie bezeichnenden Sache abbilden. Wir haben Namen wie ‹Kuckuck› und ‹Uhu› oder Verben wie ‹murmeln›, ‹knipsen›, ‹knacken›. Auch bei einem Wort wie ‹Blitz› liegt etwas Abbildendes vor, ein optischer Eindruck wird auf das Akustische übertragen, eine Synästhesie. Aber die Anzahl dieser Wörter ist sehr begrenzt, sie lauten in verschiedenen Sprachen unterschiedlich, und es ist doch sehr die Frage, ob man derartige Lautwerte, die ja immer nur auf die Abbildung eines Gegenstandes oder Vorgangs bezogen sind, verallgemeinern kann.[11] Sokrates war von der Gültigkeit seiner Aussage sicherlich nicht überzeugt, denn viel mehr Distanz konnte er in seine Formulierung «Dieses scheint mir die Richtigkeit der Benennungen sein zu wollen» nicht bringen.

Nun also wird Kratylos, der Verfechter der *physei*-These, zum Gespräch hinzugezogen. Sokrates wechselt in der Argumentation die Seiten. Hatte er in der Diskussion mit Hermogenes bisher versucht, gegen ihn Argumente für die *physei*-These des Kratylos zu finden, so sammelt er nun Argumente gegen Kratylos für die *nomos*-These.

Sokrates rekapituliert zunächst die mit Hermogenes erarbeiteten Grundlagen. Dann beginnt er eine Argumentationskette, an deren Ende Kratylos zugeben muß, daß Wörter möglicherweise falsch sein können. Ein Gesetzgeber, so auch der der Sprache, kann nämlich bessere und schlechtere Gesetze machen wie der Baumeister bessere und schlechtere Häuser. Wenn darüber hinaus Wörter Nachahmungen sind wie Bilder auch, dann gibt es ebenfalls bessere und schlechtere Nachahmungen. Zudem kann man die nachahmenden Bilder falschen Gegenständen zuordnen und in gleicher Weise auch die Wörter. An Kratylos gewandt, sagt Sokrates: «Wage also das nur immer zuzugeben, wackerer Freund, daß auch die Wörter teils gut abgefaßt sind, teils schlecht, und bestehe nicht darauf, daß sie alle Buchstaben so haben sollen, daß sie ganz und gar dasselbe seien wie das, dessen Name jedes ist, sondern laß immer auch einen nicht gehörigen Buchstaben hineinsetzen.» (432e) Wichtig aber sei, so Sokrates weiter, daß noch die «Grundzüge des Dinges» in dem Worte sind. Allerdings kann man feststellen, daß in manchen Wörtern diese Grundzüge des Dinges nicht durch die entsprechenden Buchstaben nachgeahmt werden. In ‹reiten› beispielsweise, das ja eine Bewegung bezeichnet, ist ein t vorhanden, das, wie auch b und p, «zur Nachahmung des Bindenden, Dauernden, so wie bei ‹Pech› und ‹Teer›» (427b), dient. Die Sache wird also nahezu durch ihr Gegenteil, jedenfalls durch etwas Unähnliches nachgeahmt, bezeichnet, «kundgemacht». An dieser Stelle hakt Sokrates nach:

«SOKRATES: [...] Aber wie weiter? So, wie wir jetzt sprechen, verstehen wir etwa so einander nicht, wenn einer ‹reiten› sagt, und verstehst du mich auch jetzt nicht, was ich meine?
KRATYLOS: Ich verstehe es wohl, weil ich es gewohnt bin, Liebster.
SOKRATES: Und wenn du Gewohnheit sagt, glaubst du etwas anderes zu sagen als Verabredung? Oder meinst du unter ‹Gewohnheit› etwas anderes, als daß ich, wenn ich dieses Wort ausspreche, jenes denke, und daß du erkennst, daß ich jenes denke? Meinst du nicht das?
KRATYLOS: Ja.
SOKRATES: Wenn du es nun, indem ich es ausspreche, erkennst, so wird es dir ja durch mich kundgemacht?
KRATYLOS: Ja.
SOKRATES: Und zwar durch das dem Unähnliche, was ich mir denke und aussprechen will, wenn doch das T dem, was du reiten nennst, unähnlich ist. Wenn sich aber dies so verhält, wie kann es anders sein, als daß du es mit dir selbst so verabredet hast, und so wird dir doch Verabredung der Grund der Richtigkeit der Wörter, da ja die unähnlichen Buchstaben nicht weniger als die ähnlichen kundmachen, sobald sie Gewohnheit und Verabredung für sich haben. Und wenn denn auch ja Gewohnheit nicht Verabredung ist: so ist es deshalb doch nicht richtig, zu sagen, daß in der Ähnlichkeit die Darstellung liege, sondern in der Gewohnheit, müßte man sagen, denn diese, wie es scheint, stellt dar, durch Ähnliches wie durch Unähnliches.» (434e–435b)

Damit hat Sokrates nun auch die These des Kratylos relativiert. Wörter, so das Ergebnis des Dialogs bis zu diesem Punkt, sind Mischgebilde aus natürlicher Richtigkeit und aus Verabredung, Gewohnheit, Konvention: Sie enthalten eine gewisse Richtigkeit, denn sie ahmen teilweise das Wesen des Gegenstandes auf natürliche Weise nach. Zugleich aber enthalten sie ein Moment der Konvention, denn sie ahmen den Gegenstand auch durch Elemente nach, die nicht jenem Wesen entsprechen, ihm unähnlich sind, aber dennoch ein Verstehen möglich machen.

Am Ende stellt Sokrates die Hauptfrage des Dialogs, die nach der Leistungsfähigkeit der Wörter. Kratylos hat, immer noch aufgrund seiner

These der natürlichen Richtigkeit der Wörter, eine klare Position: Man könne, meint er, «ohne Einschränkung sagen [...], wer die Wörter verstehe, der verstehe auch die Dinge» (435d). Sokrates hält zunächst dagegen, daß dem ersten Wortbildner ein Irrtum unterlaufen sein könnte und daß dieser Irrtum sich auf die ganze Sprache, auf die Summe ihrer Wörter, hätte auswirken können. Da Verstehen und Verständigung, also Kommunikation, aber dennoch möglich sind, muß wohl die Verabredung, die Konvention, einen wichtigen Beitrag zur Leistungsfähigkeit der Wörter liefern. Sodann fragt Sokrates, ob der Wortbildner, der die ersten Wörter, die Stammwörter, gebildet hat, seine Benennungen aufgrund einer Kenntnis des Wesens der Dinge zustande brachte. Kratylos bejaht diese Frage, so daß Sokrates nachhaken muß:

«SOKRATES: Vermittels welcher Wörter nun hat er wohl die Kenntnis der Gegenstände erlernt oder gefunden, wenn doch die ersten Wörter noch nicht gegeben waren, wir aber sagen, es sei nicht möglich, zur Erkenntnis und zum Finden der Dinge anders zu gelangen, als indem man die Wörter erlernt oder selbst findet, wie sie beschaffen sind?
KRATYLOS: Das scheint mir etwas zu sein, Sokrates.
SOKRATES: Auf welche Weise also konnten wohl jene als Erkennende Wörter festsetzen oder wortbildende Gesetzgeber sein, ehe überhaupt noch irgendeine Benennung vorhanden und ihnen bekannt war, wenn es nicht möglich ist, zur Erkenntnis der Dinge anders zu gelangen als durch die Wörter?» (438a–b)

Damit hat Sokrates die entscheidende Frage gestellt. Wenn die Wörter das Wesen der Dinge nachahmend bezeichnen, zugleich aber die Erkenntnis des Wesens der Dinge durch ein Erlernen und Verstehen der Wörter erfolgt – wo ist dann der Anfang? Wie kann der erste Wortbildner zu Erkenntnis gelangen, wenn doch noch keine Sprache vorliegt, andererseits aber Erkenntnis nur durch Sprache erfolgen soll. Kratylos bleibt nur die Lösung, auf eine «größere als menschliche Kraft» zu verweisen, «welche den Dingen die ersten Namen beigelegt» habe (438e). Auf diese ausweichende Antwort aber läßt sich Sokrates nicht ein, denn zuvor hatte er ja an Beispielen nachgewiesen, daß es Wörter gibt, die ‹weniger› Richtigkeit enthalten als andere. Folglich wäre jene höhere Kraft, ein «Dämon oder Gott», ja mit sich selbst und seinen Bezeichnungen in Widerspruch geraten, er hätte, obwohl er jene außersprachliche Erkenntnis offenbar besitzt, die Dinge nicht ganz richtig benannt. Es bleibt nur folgender Schluß:

«SOKRATES: Auf welche Weise man nun Erkenntnis der Dinge erlernen oder selbst finden soll, das einzusehen sind wir vielleicht nicht genug, ich und du; es genüge uns aber schon, darin übereinzukommen, daß nicht durch die Worte, sondern weit lieber durch sie selbst man sie erforschen und kennenlernen muß als durch die Worte.» (439b)

Die Sprache also ist kein Mittel der Erkenntnis. Zur Erkenntnis der Dinge gelangt man nur, indem man die Dinge selbst untersucht, nicht aber die

Wörter, die diese Dinge bezeichnen. Wir brauchen hier nicht weiter auf Platons Ideenlehre einzugehen, auf seine Vorstellung, daß die Dinge ein beständiges Wesen besitzen, das Gegenstand von Erkenntnis sein müsse. Nur – und das genügt, hier festgehalten zu werden – ist diese Erkenntnis nicht durch Sprache möglich.

Was nun ist für eine Geschichte der Sprachkritik an Ergebnissen[12] aus dem Dialog ‹Kratylos› festzuhalten? Zunächst einmal das zuletzt genannte Moment, die Sprachskepsis, die Absage an ‹Wortgläubigkeit› und ‹Wortrealismus›. Die Wörter taugen nicht zur Erkenntnis, denn sie sind Mischgebilde aus sachlicher (natürlicher) und konventioneller (verabredeter, gewohnheitsmäßiger) Richtigkeit. Zu einer ursprünglichen natürlichen Richtigkeit aber, wenn es sie denn gegeben hat, haben wir keinen Zugang.

Gerade diese Aussage, die auf den ersten Blick eine jede Sprachkritik im Sinne einer Kritik des Wortes, des sprachlichen Zeichens, unmöglich zu machen scheint, enthält jedoch eine, von Platon zwar nicht ausgeführte, doch aber angedeutete Perspektive für Sprachkritik. Platon, bzw. Sokrates, hatte ja unterschieden zwischen den Stammwörtern und den abgeleiteten Wörtern, den, wie man in semiotischer Terminologie auch sagen könnte, primären und sekundären Zeichen. Die primären Zeichen, die nicht weiter in kleinere Bestandteile zerlegbar sind, müssen als arbiträr gelten. Das Moment der Nachahmung oder Abbildung des Dinges können wir in den primären Zeichen nicht mehr erkennen, oder es ist gar nicht gegeben. Wörter wie ‹Haus› oder ‹Tür› haben keine direkte oder natürliche Beziehung zu den Dingen, die sie bezeichnen. Ihre Leistungsfähigkeit innerhalb der Sprache besteht hauptsächlich in ihrer kommunikativen Funktion: Man kann sich mit ihnen über die sie bezeichnenden Dinge verständigen, wobei die Möglichkeit der Verständigung auf der innerhalb einer Sprachgemeinschaft bestehenden Konvention beruht, die entsprechenden Dinge mit eben jenen Wörtern zu bezeichnen. Bei den primären Zeichen ist das Verhältnis ‹Wort – Ding› also willkürlich (arbiträr) und konventionell. Eine Kritik der primären Zeichen muß ins Leere laufen, denn was willkürlich ist, läßt sich nicht sinnvoll kritisieren, und was konventionell ist, besitzt ebenfalls keine Grundlage der Kritik, solange seine Funktion, also die Kommunikation, nicht beeinträchtigt ist.

Daneben aber gibt es die sekundären Zeichen, die von primären abgeleitet oder aus ihnen zusammengesetzt sind. Sie lassen, so kann man aus dem ‹Kratylos› folgern, einen Blick auf die bezeichnete Sache zu, vorausgesetzt allerdings, die in ihnen enthaltenen primären Zeichen sind in ihrer Bedeutung bekannt. Die sekundären Zeichen sind nicht mehr willkürlich, arbiträr oder beliebig. Sie beruhen in ihrer Bildung und Bedeutung zwar auf der gegebenen Struktur und Bedeutung der primären Zeichen, bilden aber dennoch die Dinge – mit Hilfe der in ihnen enthaltenen primären Zeichen – zumindest teilweise ab. Sind beispielsweise die Wörter ‹Haus›, ‹Tür› und ‹Tasse› als primäre Zeichen gegeben, dann kann der Gegenstand, den wir mit ‹Haustür› bezeichnen, nicht mehr durch ‹Haustasse› bezeichnet werden, denn dieses Wort würde eine andere Vorstellung von dem Gegenstand hervorrufen und auch einen anderen Gegenstand bezeichnen als eben das Wort ‹Haustür›. Man könnte davon sprechen, daß die sekundären Zeichen teilmotiviert sind, d. h., sie sind nicht von den Dingen, Gegenständen, von der Objektstruktur der Wirklichkeit her motiviert, bestimmt, wohl aber von den in ihrer Bedeutung festliegenden primären Zeichen.

Uwe Pörksen hat diesen im ‹Kratylos› angelegten Blick auf die Wörter so interpretiert:

«Das in dem Durchgang durch These und Antithese ermittelte Ergebnis [des Dialogs ‹Kratylos›] ist zunächst eine ‹gewisse Richtigkeit› der Wörter. Sie sind partiell abbildend, haben, so könnte man sagen, einen höheren oder geringeren Realitätsgehalt. Das bedeutet, daß eine Sichtung zwischen ‹besseren› und ‹schlechteren› Wörtern möglich ist. Sokrates stellt nicht das Programm einer solchen Sichtung auf, führt es aber praktisch am Beispiel der ‹schönen› Wörter, der Namen für die Tugenden, durch und sucht zu zeigen, daß es die Möglichkeit des Betrugs durch falsche Wörter gibt. – Die Überlegungen haben für die sekundären Zeichen durchaus ihre Berechtigung. Solange ich sie nur als Münzen verwende und die Dinge vorher weiß, ist das Programm bedeutungslos. Sobald ich die Dinge aber nicht kenne oder sie unbewußt mehr oder weniger den Wörtern entnehme, ist es sehr wichtig, ob die Bezeichnung ihren Gegenstand unter eine geeignete Vorstellung placiert.»[13]

Im letzten Satz spielt Pörksen auf eine aus der Psychologie stammende Unterscheidung zwischen zwei verschiedenen Arten des Denkens und des Umgangs mit sprachlichen Zeichen an. Ein ‹sachgesteuertes Denken› geht von der dem Sprecher bekannten Sache, dem Gegenstand, aus und assoziiert das dazugehörige Wort lediglich als eine Art Etikett. Im Gegensatz dazu nimmt das ‹wortgesteuerte Denken› zuerst das Wort und versucht daraus die entsprechende Sache zu erschließen. Ein solches Denken findet immer dann Anwendung, wenn die bezeichnete Sache unbekannt ist und das Wort – als sekundäres Zeichen – über die in ihm enthaltenen primären Zeichen Hinweise auf die Sache enthält. In der Praxis des Sprechens (und Denkens) verwenden wir in der Regel beide Formen, je nach Situation, nach Gegenstandsfeld, nach Geläufigkeit der Wörter. Man kann Wörter wie ‹dreizehn›, ‹Schäfer›, ‹Großvater› wortgesteuert denken, sie als teilmotivierte Zeichen nehmen, sie in ihre Bedeutungsbestandteile zerlegen und diese zu einer Gesamtbedeutung wieder zusammensetzen. Wenn man die Sprache aber beherrscht, wird man auf ein derartig aufwendiges Verfahren verzichten können, denn diese Wörter sind dann bekannt, sind als Gesamtheit idiomatisiert, fungieren nur als Etiketten. Aber wenn man eine Sprache erlernt oder mit einem noch unbekannten Sachgebiet konfrontiert ist, nimmt man die sekundären Zeichen nicht selten als ‹Vorstellungshilfe›, als eine Möglichkeit, auf die Bedeutung des Wortes zu schließen. Daß man bei dem wortgesteuerten Denken – insbesondere im Deutschen, das verschiedene Muster der Komposition von Wörtern aufweist – auch aufs Glatteis geraten kann, zeigen Beispiele wie ‹Käsekuchen – Hundekuchen› oder ‹Taschenbuch – Gästebuch›. Nichtsdestotrotz bleiben die sekundären Zeichen prinzipiell erklärende, ‹sachaufschließende› Wörter oder, wie Hans-Martin Gauger sie – bewußt sachaufschließend – genannt hat: «durchsichtige Wörter».[14] Uwe Pörksen führt nun noch einen weiteren Aspekt ein:

> «Das nur andeutende, innerhalb gewisser Grenzen bestimmbare Wort kann, je nach Kontext, einmal mehr als durchsichtiger, definierender Ausdruck und ein anderes Mal als eher demotiviertes Zeichen aktualisiert werden. Die sprachlichen Ausdrücke lassen sich deshalb nur bedingt kritisieren. Der Sektor, auf dem die Sprachkritik ihre Funktion hat, ist nicht derjenige der Obligatorik. Ihre Maßstäbe haben von Fall zu Fall, von Sprechsituation zu Sprechsituation, einen unterschiedlichen Geltungsgrad, und ihre Urteile lassen sich eigentlich nur in graduellen Kategorien wie ‹besser› und ‹schlechter›, ‹angemessener› und ‹unangemessener› ausdrücken. Denn die Wörter sind Mischgebilde aus sprachlicher und sachlicher Richtigkeit, aus Stellvertretung für eine Sache und Aussage über eine Sache, aus gegenwärtigem Gebrauch und vergangener Bedeutung. Teilweise benennen sie nur – teilweise bilden sie auch ab, sind sie den Dingen mehr oder weniger angemessen. Beides durchkreuzt einander und löst einander ab. Es ist ein bemerkenswertes Kennzeichen der platonischen Sprachkritik, daß sie sich einer graduellen Redeweise bedient.»[15]

Pörksens Feststellung, daß der Sprachkritik nur ein Urteil in graduellen Kategorien möglich ist, beruht auf der Beobachtung im ‹Kratylos›, daß die Wörter, sofern sie abbildend sind, immer nur einen Aspekt der Sache hervorhebend bezeichnen, nie aber die Sache als Ganzes. Die Abbildung ist deshalb nie vollständig und kann folglich auch nie völlig ‹richtig›, sondern nur besser oder schlechter, angemessener oder unangemessener sein.

Darüber hinaus spricht Pörksen davon, daß Wörter ein Mischgebilde auch aus «gegenwärtigem Gebrauch und vergangener Bedeutung» seien. Dieser Aspekt findet sich so deutlich bei Platon nicht. Gleichwohl dient er dazu, die Möglichkeit der Sprachkritik als Wortkritik präziser zu fassen. Gemeint ist, daß eine Motivierung der Bedeutung von Wörtern auch von früheren Bedeutungen her gegeben sein kann und daß derartige Bedeutungen als Nebenvorstellungen, Konnotationen, auch im aktuellen Gebrauch gegebenenfalls mitschwingen. Dieser Aspekt kann bei Wörtern tragend werden, die in der Geschichte beispielsweise einmal von einer bestimmten Sprechergruppe vereinnahmt und mit einer bestimmten Bedeutung belegt worden sind. Um ein besonders krasses, aber aussagekräftiges Beispiel zu wählen: Die Wörter ‹vergasen›, ‹ausmerzen›, ‹entartet› hatten im Nationalsozialismus eine ganz bestimmte, Unmenschliches, Mörderisches und Diskriminierendes ausdrückende Bedeutung. Als arbiträre Zeichen betrachtet, ist es einer anderen Sprechergeneration prinzipiell möglich, diese Wörter mit neuen Bedeutungen zu belegen, die von jener aus der Geschichte abgelöst sind. Pörksen macht jedoch darauf aufmerksam, daß die «vergangenen Bedeutungen» in der Geschichte eines Wortes dennoch aufgehoben bleiben und deshalb nie ganz zu negieren sind. Diese Wörter erinnern noch an Unmenschliches, und deshalb können – und sollen – sie Gegenstand der Sprachkritik sein.[16]

Halten wir, zum Abschluß der Ausführungen zu Platons Dialog ‹Kratylos›, gerade diese Punkte in knapp formulierter Form als Ergebnis fest:

1. Wörter sind Mischgebilde aus sachlicher und konventioneller Richtigkeit sowie aus vergangenem und gegenwärtigem Gebrauch. Diese, auch linguistisch gesicherte Einsicht in den Charakter der sprachlichen Zeichen muß die Sprachkritik in ihren Urteil berücksichtigen.
2. Gegenstand der Sprachkritik als Wortkritik sind vorrangig die sekundären, weil teilabbildenden, durchsichtigen Zeichen, nicht oder kaum dagegen die primären, weil arbiträren Zeichen.
3. Die Urteile der Sprachkritik dürfen nicht obligatorisch sein. Angebracht sind vielmehr graduelle Urteile wie ‹besser› oder ‹schlechter›, ‹angemessener› oder ‹unangemessener›.
4. Die wesentliche Aufgabe der Sprachkritik besteht darin, die richtigsten und besten Wörter für eine Sache und in einer Rede zu suchen und die weniger wahren und an Unmenschliches erinnernden Wörter auszumustern.

2. Realismus und Nominalismus: Der mittelalterliche Universalienstreit

Machen wir nun einen Sprung aus der vorchristlichen Antike in das christliche Mittelalter. So sehr einerseits das Christentum mit seinen in der Heiligen Schrift aufbewahrten Lehren einen Einschnitt innerhalb der abendländischen Geistesgeschichte bedeutet, so stark sind andererseits bestimmte Traditionen, die sich von der Antike bis ins Mittelalter und noch darüber hinaus bewahrt haben. Diese Feststellung gilt insbesondere für die Inhalte der gelehrten Bildung. Da Sprachkritik Teil gelehrter Ansichten über Sprache ist oder jedenfalls war, die Ansichten über Sprache aber zur Bildung gehörten und gehören, scheint zunächst ein Blick auf die Bildungsinhalte des Mittelalters und seine wichtigste Institution, die Universität, angebracht.

Das Mittelalter hat an seinen Schulen und Universitäten inhaltlich und formal eine Gliederung des Wissens tradiert, die auf einer Mischung von hellenistisch-römischen mit christlich-religiösen Elementen beruht.[17] Bis zur Säkularisation und der Etablierung des nationalstaatlichen Denkens im 18. Jahrhundert blieben diese Bildungsinhalte und -formen noch weitgehend in einen europäischen Rahmen eingebunden, dessen Kommunikationsmittel in der Regel die ‹lingua europaea universalis›, das Gelehrtenlatein, war.

Wenngleich die mittelalterliche Fächersystematik und der dazugehörige Lehrkanon nicht völlig einheitlich waren und selbstverständlich auch bezeichnenden Wandlungen unterlagen, lassen sich doch einige allgemeine Grundzüge ausmachen. Festzuhalten ist zunächst, daß der gelehrte Unterricht im Mittelalter stets auf die ‹sacra theologia› zielte, auf «die wissenschaftliche Erfassung der göttlichen Weisheit, die in den Heiligen Schriften offenbart ist».[18] Alle anderen Wissensgebiete waren diesem Ziel untergeordnet und dienten im Grunde lediglich als Sprossen auf der Leiter, die zur Theologie hinaufführte. Das Mittelalter hat dem aus antiken und christlichen Elementen bestehenden Wissensstoff, wie ihn die missionierenden Mönche im 7./8. Jahrhundert nach Mitteleuropa brachten, kaum Neues hinzugefügt. Die Veränderungen in der Gliederung des Wissens sind deshalb, mit Ausnahme der Rezeption der für das christliche Abendland neuen Aristoteles-Schriften im 12. Jahrhundert, lediglich Umschichtungen, sind Neugewichtungen in einem weitgehend konstanten Wissensfundus, der auf Schriften fußt, die als Autoritäten angesehen waren.

In den frühen Kloster- und Domschulen erfolgte der Unterricht dreistufig.[19] Auf der Elementarstufe wurde die lateinische Sprache internalisiert durch Lesen, Schreiben auf Wachstäfelchen, Auswendiglernen des Psalters und durch Gesangsübungen. Die Mittelstufe diente der Vermittlung der ‹septem artes liberales›, der Sieben Freien Künste, die in zwei Bereiche aufgeteilt waren. Das Trivium (Dreiweg) umfaßte die sprachlichen Fächer Grammatik, Dialektik (später: Logik) und Rhetorik, das Quadrivium (Vierweg) die mathematischen Fächer Geometrie, Arithmetik, Astronomie und Musik. Letztlich erfüllten diese als heidnisch angesehenen Künste aber nur den Zweck eines Hilfsmittels, um auf der Oberstufe zum eigentlichen Ziel des Unterrichts, eben zur ‹sacra theologia›, zu gelangen.[20]

Die Gliederung des Wissens, wie sie in diesem Lehrablauf zum Ausdruck kommt, hat das Mittelalter aus Werken übernommen, die im 5., 6. und 7. Jahrhundert, meist in Gestalt von Enzyklopädien, mit dem Ziel angefertigt worden waren, die Reste antiker, damals noch zugänglicher Kultur zu sammeln und in einer komprimierten, handlichen Form der Nachwelt zu überliefern.

Drei Autoren mit ihren Werken seien hervorgehoben. Der Enzyklopädist Boëthius (480–524/26) hat vor allem durch seine Vermittlung von Schriften des Aristoteles gewirkt. Insbesondere bestimmte er die mittelalterliche Auffassung von Logik durch seine lateinische Übersetzung der aristotelischen Werke ‹De categoriis› und ‹De interpretatione›.

Der spanische Bischof Isidor von Sevilla (um 560–636) verfolgte mit seinem umfassenden Kompendium ‹Etymologiae›, dessen Titel von den darin enthaltenen oft sonderbaren, fabulösen Wort- und Sacherklärungen herrührt, die Absicht, «das gesamte menschliche Wissen im Destillat zu sammeln». Die Schrift ist in zwanzig Abschnitte gegliedert und umfaßt Lehrgebiete von den Sieben Freien Künsten über Sprachen, Völker, Zoologie und Kriegskunst bis hin zu Hauswesen, Wirtschaft, häusliche und ländliche Technologie. Zur Wirkung der ‹Etymologiae› – und damit zugleich auch schon auf einen Aspekt von Sprache und Sprachkritik verweisend – bemerkt Anders Piltz:

> «Hand in Hand mit dem etymologischen Interesse ging die Vorstellung, daß eine notwendige Beziehung zwischen den Bezeichnungen und dem Wesen der Dinge existiere. Die Lektüre des Isidorus regte natürlich im allerhöchsten Grade die Phantasie an und mußte bei einem Leser, dem keine andere Wissensquelle zur Verfügung stand, eine starke intellektuelle Neugier hinsichtlich der dunklen Zusammenhänge zwischen Wirklichkeit und Sprache ausgelöst haben.»[21]

Insbesondere wirkte im Mittelalter die aristotelische Tradition. Vor allem durch die Vermittlung des Kirchenvaters Augustinus (354–430) gab es jedoch im Mittelalter auch eine platonische Tradition.[22] Für Augustinus, der insbesondere durch seine Schriften ‹De civitate dei› und ‹De doctrina christiana› auf die mittelalterliche Bildungsidee Einfluß genommen hat, stand der Versuch, Glauben und Wissen miteinander zu vermitteln, im Zentrum seiner geistigen Tätigkeit.

Diese Absicht verfolgte auch die vorherrschende Philosophie des Mittelalters, die Scholastik. Martin Grabmann, dessen zweibändiges Werk ‹Die Geschichte der scholastischen Methode› noch immer als Standardwerk gelten kann, hat folgende Begriffsbestimmung gegeben:

> «Die scholastische Methode will durch Anwendung der Vernunft, der Philosophie auf die Offenbarungswahrheiten möglichste Einsicht in den Glaubensinhalt gewinnen, um so die übernatürliche Wahrheit dem denkenden Menschengeiste inhaltlich näher zu bringen, eine systematische, organisch zusammenfassende Gesamtdarstellung der Heilswahrheit zu ermöglichen und die gegen den Offenbarungsinhalt vom Vernunftstandpunkt aus erhobenen Einwände lösen zu können. In allmählicher Entwicklung hat die scholastische Methode sich eine bestimmte äußere Technik, eine äußere Form geschaffen, sich gleichsam versinnlicht und verleiblicht.»[23]

Der Bildungshistoriker Friedrich Paulsen hat diese umfassende Bestimmung in der Formulierung, die scholastische Philosophie sei «ein erster Versuch, den Glauben mit der Vernunft zu bewältigen»,[24] auf den Punkt gebracht. Die Charakteristika der Scholastik werden besonders deutlich an dem erkenntnistheoretischen Anspruch, daß jedes Ding in seinem Wesen für den Menschen erkennbar sei. Dieser philosophische Optimismus setzte die Prinzipien des Denkens identisch mit jenen des Seins. Er gründete, im 12. und 13. Jahrhundert, auf die wiedergefundenen Schriften des Aristoteles über Naturphilosophie und Metaphysik sowie auf die paulinische Lehre, nach der das Wesen Gottes in der konkreten Schöpfung faßbar und begreiflich ist. Das gesamte Streben der Scholastik zielte darauf ab, die Natur als Werk Gottes und als göttliches Zeichen zu interpretieren. Dabei kam der Sprache eine besondere Bedeutung zu: Die Erkenntnis wurde in Allgemeinbegriffen (Universalien) gefaßt, unter denen das einzelne subsumiert ist. Die Allgemeinbegriffe besaßen nach scholastischer Auffassung den Status objektiver Wahrheit, d. h., ein richtiger Begriff wurde in dieser auch «Realismus» genannten Theorie mit dem real existierenden Ding gleichgesetzt. Das «Ding an sich», die «metaphysisch-objektive Wesenheit» der Dinge, ist demnach für den Menschen mittels der Allgemeinbegriffe erkennbar. Um die Wirklichkeit zu erkennen, mußten derartige Begriffe gefunden und nach den Regeln der Dialektik – oder, wie sie später in erweitertem Sinn auch genannt wurde, der Logik –, die zur führenden Disziplin im Kursus der Sieben Freien Künste aufgestiegen war, miteinander verknüpft werden.[25]

Gegen diesen Wortrealismus, der in den Wissenschaften jedes Experiment, jede konkrete Beobachtung der Natur überflüssig machte und sich in seiner wissenschaftlichen Leistung auf die Exegese autoritativer Schriften beschränken konnte, wandte sich in der ersten Hälfte des 14. Jahrhundert Wilhelm von Ockham (um 1288–1349). Er bestritt, daß die Allgemeinbegriffe einen objektiven Status besäßen. Sie seien keine Behältnisse der Wahrheit, sondern lediglich Etiketten, die menschlichem Ordnungsdenken entspringen. Dieser dem Realismus widersprechende «Nominalismus» hatte erhebliche Folgen für die Auffassung von Wirklichkeit und damit auch für die Vorgehensweise in den Wissenschaften:

«Er [Ockham] verlegte den Schwerpunkt des Interesses auf die Einzeldinge und ging darin so weit, daß er den Allgemeinbegriffen jegliche objektive Wirklichkeit aberkannte. Bis dahin hatte man allgemein akzeptiert, daß die Welt der Begriffe ein Abbild der wirklichen Welt sein müsse. Wo die Denker früherer Zeiten sich eine faktische Hierarchie vorgestellt hatten, die sich von der höchsten Gattung bis hinunter zu den Individuen streckte, mit wirklichen, vom Gedanken unabhängigen Grenzen zwischen den Stufen (Gattung, Art, artbildender Unterschied etc.), da setzte Ockham kurzerhand voraus, daß Gattungen und Arten verschiedene Etikettierungssysteme darstellten, mit deren Hilfe man Ordnung im Wirrwarr der Individuen schaffen konnte. Nur die Individuen besitzen Wirklichkeit, während sich Gattungen und Arten auf einen psychologischen Prozeß gründen: Wir beobachten gewisse Ähnlichkeiten unter den Individuen und bündeln sie dementsprechend. Aber außerhalb des Gehirns besitzen die Begriffe keine Wirklichkeit.»[26]

An den Universitäten entbrannte, zunächst in Paris, dann auch in Deutschland, ein Parteienkampf zwischen den beiden Richtungen, der schließlich zu einer Spaltung der Artistenfakultät, an der die Septem artes liberales gelehrt wurden, führte. Die realistische Richtung begründete die ‹via antiqua› und die nominalistische die ‹via moderna›. Die erkenntnistheoretischen Gegensätze zwischen beiden Wegen legen die Vermutung nahe, daß mit der Spaltung nun auch eine erste Wandlung des mittelalterlichen scholastischen Lehrkanons erfolgt wäre. Gerhard Ritter hat in seiner Untersuchung ‹Via antiqua und via moderna auf den deutschen Universitäten des XV. Jahrhunderts› gezeigt, daß dem aber nicht so war. Vor allem am Beispiel der Universität Heidelberg weist er nach, «daß beide Schulrichtungen ihre Zöglinge im wesentlichen denselben Studiengang durchmachen ließen, der von Anfang an in Heidelberg üblich war und der den Studienordnungen anderer deutscher Universitäten sehr ähnlich sieht».[27] Ritter gelangt zu dem Schluß, daß die erbitterten Kämpfe zwischen den Anhängern der beiden ‹viae› «wesentlich nicht im Lehrstoffe, sondern in der verschiedenen Beantwortung der Universalienfrage begründet war». Und es scheint, als sei diese Frage rein akademisch, ohne praktische Konsequenzen, erörtert worden. Der Grund dafür, warum der Nominalismus keine radikale Umwälzung der Wissenschaften und die ‹via moderna› keine Neuorientierung der Universitäten im Lehrstoff und – damit verbunden – vielleicht auch in der Sprache erbracht hat, ist nach Ritter in dessen nur halbherziger Umsetzung und Anwendung zu finden:

«Der starke Gärungsstoff, den einst Okkam mit der nominalistisch-erkenntnistheoretischen Wendung der terministischen Logik in die scholastischen Gedankenmassen geworfen hatte, wirkte unablässig weiter bis ans Ende des Mittelalters, obschon Okkams Schüler und Nachfolger es nicht wagten, den Weg zu Ende zu gehen, auf den er sie hingewiesen hatte. Sie wagten nicht die radikale Scheidung von Glauben und Wissen durchzuführen, die er angebahnt hatte, wagten auch nicht, den Geltungsbereich der metaphysischen, mit rein logischen Hilfsmitteln durchgeführten Spekulation in dem Maße einzuschränken, wie er es ermöglicht und selbst versucht hatte. Man begreift die Zurückhaltung. Hätten sie es gewagt – der Boden, auf dem ihre ganze Wissenschaft ruhte, wäre ihnen unter den Füßen weggesunken. Auf welchem Grunde sollten sie bauen? Sollten sie als Theologen blind der mystischen Eingebung oder dem positiven Inhalt der biblischen Offenbarung vertrauen? Sollten sie als Philosophen und Naturforscher sich auf die Wahrnehmung der Sinne verlassen, da noch alle Methoden solcher Erfahrungserkenntnis fehlten, da die Seele des Zeitalters noch ganz im Banne der religiösen Probleme stand? Es wäre die Revolution der geistigen Fundamente der mittelalterlichen Kirche gewesen.»[28]

Ritters Fragen machen deutlich, daß dieser Schulstreit an den Universitäten in eine Zeit fiel, die zwar bereits offen war für eine (selbst)kritische Überprüfung der wissenschaftlichen Positionen, aber noch keine Alternativen, die ja außerhalb der theologischen Traditionen hätten gefunden werden müssen, aufweisen konnte. Der Streit zwischen den beiden Wegen versandete im Laufe des 16. Jahrhunderts zunehmend, hatte aber zur Folge, daß die Bedeutung der Universitäten immer mehr sank.[29]

Blicken wir nun zum Abschluß auf die den beiden Wegen zugrundeliegenden Sprachbegriffe und fragen nach ihren Traditionen und Konsequenzen. Der in Platons ‹Kratylos› ausgetragene Disput um die Richtigkeit der Wörter setzte sich im Grunde fort in dem Streit zwischen Realismus und Nominalismus. Beschränken wir die Gesichtspunkte auf das sprachliche Zeichen, dann entspricht dem Realismus die Auffassung des Kratylos von der natürlichen Richtigkeit, dem Nominalismus die Auffassung des Hermogenes vom sprachlichen Zeichen als einer willkürlichen Setzung – nun allerdings mit daran anknüpfenden theologischen Fragen.

Für die Wissenschaften, soweit sie die erkenntnis- und sprachtheoretische Grundlegung des Nominalismus übernahmen, ergab sich die Notwendigkeit, der Beobachtung des Einzelnen in der Natur, einer Hinwendung zu den Sachen, stärkeres Gewicht beizulegen. Zugleich hat sich vermutlich der gewandelte Sprachbegriff, in dem das Zeichen nun arbiträr und nicht mehr abbildend konstruiert wurde, auch auf die Sprache der Wissenschaften ausgewirkt. Wenn sich Ausdrucks- und Inhaltsseite der Wörter nicht mehr gegenseitig bedingen, dann wird es nämlich prinzipiell gleichgültig, in welcher Einzelsprache die Beobachtung gefaßt und festgehalten wird, denn die Wörter als Etiketten verweisen ja nur subjektiv auf die Dinge, stellen sie aber nicht objektiv dar. Es wäre zu fragen, ob der Nominalismus letztlich nicht wesentlich dazu beigetragen oder gar die Voraussetzung dafür gebildet hat, daß die modernen empirischen, d. h. die Einzeldinge beobachtenden und unüberprüfte Autoritäten ablehnenden Wissenschaften entstehen konnten. Zugleich wäre zu überlegen, ob nicht dieser Wechsel im Sprachbegriff vom Realismus zum Nominalismus den Gebrauch der Volkssprache in den Wissenschaften erst grundsätzlich ermöglicht hat, denn indem die lateinische Sprache nicht mehr als ‹objektives Erkenntnismedium› fungierte, konnten prinzipiell alle Sprachen zur Darstellung und Wiedergabe wissenschaftlicher Erkenntnisse benutzt werden.

Der Realismus war an das Lateinische insofern gebunden, als die Allgemeinbegriffe in Form von Abstrakta nur lateinisch verfügbar waren. Der Nominalismus dagegen mit seiner Hinwendung zum Einzelnen hat die Ausarbeitung des Wissens in der Volkssprache begünstigt, und zwar verstärkt in Form von konkreten Wörtern, die auf beobachtender Beschreibung beruhen. Zumindest langfristig gesehen, dürfte der Aufstieg und die Ausbreitung volkssprachlicher Fachliteratur durch den nominalistischen Sprachbegriff gefördert worden sein.

III.
Latein oder Deutsch?
Sprachkritik in der Frühen Neuzeit

Das 16. Jahrhundert findet in den Geschichtswerken seine Charakterisierung meist in den Stichwörtern ‹Reformation›, ‹Renaissance›, ‹Humanismus›, das 17. Jahrhundert in dem Stichwort ‹Barock›. So erklärungs- und deutungsbedürftig diese Begriffe im einzelnen – und in den einzelnen Wissenschaften – sind, etwas haben sie gemeinsam: In jeder dieser Epoche, in jeder ihrer geschichtlichen und geistesgeschichtlichen Phase hatte das Thema ‹Sprache› eine Bedeutung. ‹Reformation› läßt selbstverständlich an die Übersetzung der Bibel in die deutsche Volkssprache durch Martin Luther denken. ‹Renaissance› meint auch die Wiederherstellung der klassischen lateinischen Sprache und damit die Überwindung des sogenannten mittelalterlichen ‹Küchenlateins›.[1] Der ‹Humanismus› trägt ebenfalls als Kennzeichen die Rückbesinnung auf das klassische Latein, zugleich aber auch die Anerkennung des Werts der Volkssprachen, also eine gesteigerte Beachtung u. a. auch des Deutschen. Das ‹Barock› schließlich, jene äußerlich durch den Dreißigjährigen Krieg bestimmte Epoche, findet seinen Ausdruck auch in einem Kulturpatriotismus, der sich sprachlich in einem verstärkten Eintreten für die Muttersprache, insbesondere auf dem Gebiet der Dichtung, kundtut.

Bereits aus dieser knappen Charakterisierung wird deutlich, daß im 16. und 17. Jahrhundert die Aufmerksamkeit für die Sprache beachtlich war und daß in der Hauptsache der Wert der Volkssprache oder Muttersprache gegenüber der Macht des Lateinischen, am Ende des Zeitraums auch des Französischen, zur Debatte stand. Die Frage «Latein oder Deutsch?» wurde allerdings noch nicht an den Universitäten gestellt. Dort galt, jedenfalls für den wissenschaftlichen Bereich und den Unterricht, in dem hier besprochenen Zeitraum nahezu ausnahmslos – Paracelsus war jene berühmte Ausnahme – das Lateinische als verbindliche Sprache. Erst am Ende des 17. Jahrhunderts erfolgte durch Christian Thomasius der entscheidende Anstoß zu einem dauerhaften Sprachenwechsel.

Gestellt wurde die Frage insbesondere dort, wo entweder für ein lateinunkundiges Publikum geschrieben oder wo die Gültigkeit der lateinischen wissenschaftlichen Autoritäten in Zweifel gezogen wurde. Mit einem lateinunkundigen Publikum – Handwerkern beispielsweise – hatte es vor allem die Fachprosa zu tun, die bereits im Mittelalter einsetzte und eine zunehmende Ausbreitung in der Frühen Neuzeit fand. Für Michael

Giesecke, der auf dem Gebiet der Fachprosaforschung jüngst vielbeachtete Studien vorgelegt hat,[2] besitzt diese volkssprachige Fachprosa einen wesentlichen Anteil an der Entstehung der normierten deutschen Standardsprache, wobei zusätzlich der Buchdruck als neues ‹Informationsmedium› eine Katalysatorfunktion ausübte. Des weiteren stellt Giesecke fest, daß in der frühneuzeitlichen Fachprosa zwei Wissensbereiche miteinander verknüpft werden: die lateinische theoretische Wissenschaftsliteratur der Universität, ‹scientia›, und die volkssprachliche praktische Fachliteratur der Handwerker, ‹kunst›.

Der Arzt Paracelsus (1493–1541) ist ein besonders eindrucksvolles Beispiel dafür, wie eine Abkehr von Autoritäten einhergeht mit einer gleichzeitigen Abkehr auch von der Sprache, die jene Autoritäten benutzt haben. Darüber hinaus wird bei Paracelsus deutlich, daß eine praktisch vollzogene Hinwendung zu den konkreten Dingen als Erkenntnisgegenstände stets die Volkssprache als Darstellungsmittel in den Vordergrund rückte.

Im 16. Jahrhundert erkannten einige Wissenschaften oder besser: einige Wissenschaftler aufgrund ihrer praktischen Ausrichtung und ihres Kontaktes mit der Fachprosa der Handwerke erstmals, daß sich die Gegenstände des Wissens prinzipiell in jeder Sprache darstellen lassen und daß für ihre Zwecke die Volkssprache viel geeigneter war als das Gelehrtenlatein. Im 17. Jahrhundert finden sich dann zunehmend Stimmen, die eine Ausarbeitung des Wissensbestandes in deutscher Volkssprache fordern. Stärker noch aber wirken in dieser Zeit die barocken Sprachgesellschaften. Der Dreißigjährige Krieg hatte das kulturelle Leben in Deutschland stark beeinträchtigt und – wie von Zeitgenossen immer wieder beklagt – gar die deutsche Sprache erheblich in Mitleidenschaft gezogen. Beiden Erscheinungen wollten die Sprachgesellschaften Einhalt gebieten durch eine gezielte und breitangelegte «Spracharbeit».

1. Kann man einen Kranken in deutscher Sprache kurieren? Paracelsus und andere Querdenker

Das Leben des Theophrastus Bombastus von Hohenheim, genannt Paracelsus, aber auch sein Wirken und seine Lehren sind so vielfältig, für einen heutigen Menschen nicht selten auch unzugänglich, daß noch einige Forschergenerationen mit diesem in vielfacher Hinsicht merkwürdigen Mann zu tun haben werden, auch wenn sich schon bisher manche Forschergeneration mit ihm abgemüht hat.[3] Paracelsus hat deutsch geschrieben, und er hat, eine Episode in seinem Leben, 1526/27 an der Universität Basel medizinische Vorlesungen auf deutsch gehalten. Für uns ist zu fragen, ob mit dieser, in seiner Zeit ungewöhnlichen Sprachenwahl Momente von Sprachkritik einhergehen.

Eine Schrift von Paracelsus, in der er sich zusammenhängend über Sprache und seinen Sprachbegriff geäußert hätte, gibt es nicht. Gleichwohl hat er sich an vielen verstreuten Stellen seines Werks zur Sprache geäußert und seine Sprachenwahl wenn auch nicht ausdrücklich begründet, so doch erläutert. Zunächst ist die sprachphilosophische Tradition zu klären, in der Paracelsus stand. Uwe Pörksen und andere Paracelsus-Interpreten machen starke Argumente dafür geltend, daß sein Sprachbegriff auf dem Nominalismus fußte:

«Der Naturforscher der Neuzeit ist in der Regel Nominalist, er sucht sich eine Vorstellung von den Dingen zu machen, indem er von der Wahrnehmung des einzelnen ausgeht und darauf seine Begriffe aufbaut. Zugleich besteht für ihn eine prinzipielle Kluft zwischen Wörtern und Dingen, er neigt zu der Ansicht, die schließlich de Saussure als das Prinzip der Beliebigkeit des sprachlichen Zeichens formuliert hat. Es gibt keine notwendige, natürliche Beziehung zwischen Wort und Ding. Der Wahrheitsgehalt einer Aussage ist nicht an eine fertige, vorgegebene sprachliche Form gebunden, sondern grundsätzlich von ihr zu trennen, insofern sprachfrei. Das scholastische *voces significant res mediantibus conceptibus*, ‹Lautzeichen bedeuten Dinge auf dem Weg über die mit ihnen verbundenen Begriffe›, heißt für ihn, daß in den Wörtern auch falsche Begriffe überliefert sein können. Gerade die sprechenden, durchsichtigen, motivierten Ausdrücke müssen Gegenstand kritischer Untersuchung werden und mit ihnen jene traditionsreiche Sprachtheorie, die Namen als Zeugnisse uralter Weisheit verehrt und ihnen die Vorstellung von den Dingen entnimmt. Der neuzeitliche Forscher sucht sich den Dingen direkt gegenüberzustellen und lehnt es ab, sich von der überlieferten Sprache die Begriffe vorschreiben zu lassen, auch, oder gerade dann, wenn es um die Heiligen Sprachen Hebräisch, Griechisch, Latein geht. Denn mit ihnen vor allem war die umgekehrte Theorie verbunden, die Sprache selbst beherberge die Wahrheit und das Wesen der Dinge sei aus den Namen zu erschließen.»[4]

Paracelsus gibt zu erkennen, daß er diesem neuen Sprachbegriff anhängt, wenn er beispielsweise schreibt:

«Vom namen so die wassersucht hat, es sei zu latein, zu griechisch, arabisch, chaldeisch, laß dich nit bekümmern in ir etymologia, dan da spielen einander die sprachen/und scherzen, wie die kazen mit den meusen; es ist on nuz.»[5]

Die Etymologie tradierter Namen bietet also keine Gewähr dafür, die damit bezeichnete Sache auch zu erkennen oder, wie hier, die Ursache einer Krankheit zu bestimmen. Man muß die Sache selbst, die Krankheit, in den Blick nehmen und sich von der überlieferten Begrifflichkeit als Erklärung lösen. Damit einher geht seine Ablehnung der Autorität klassischer Schriften, die in Latein, Griechisch oder Arabisch verfaßt sind. Gegen diese «Form von Sprachimperialismus»[6] wendet er sich beispielsweise in dem Satz: «got hat die Kriechen nit zu irdischen göttern gesezt oder der arznei Evangelisten zu sein».[7] Paracelus ist ein «Erneuerer der Medizin, ein Kritiker der Tradition», schreibt Michael Kuhn. «Und in seinem Verhältnis zur gängigen medizinischen Fachsprache ist er v. a. Sprachkritiker.»[8]

Nun ist das Deutsch des Paracelsus keineswegs frei von vor allem lateinischen Fachwörtern. Im Gegenteil, es ist von lateinischer Terminologie durchzogen, so daß Pörksen gar von einer Mischsprache, einer «sprachinternen Diglossie», spricht.[9] Ein Beispiel:

«Wan einer auf ein fart würm empfindet und dan nicht mer, ist *signum*, das *stomachus* darauf geneigt sei zu *generiren* würm; und welchen der atem übel stinket, ist *verissimum signum vermium* und das die würm faulen, und die sind lang, dürr; ... wan nun würm *ex mineralibus* wachsen, so wachsen sie in *stomacho.*»[10]

Paracelsus verwendet hier eine Art «Fachwerkstil».[11] Die in den Text eingezogenen ‹lateinischen Balken› vermitteln Autorität, Fachlichkeit, Gelehrsamkeit, das Deutsche stellt die grammatischen Mittel der Satzbildung zur Verfügung. Einer solchen Sprachverwendung begegnet man u. a. auch in Martin Luthers ‹Tischreden› oder in Johannes Keplers Briefen. Bei Paracelsus ist sie Ausdruck einer mit der Sprache und über sie hergestellten Verbindung zwischen dem alten, gelehrten, auf Autorität bauenden Denkstil (Latein) einerseits und einem neuen Denkstil in der Medizin andererseits, der auf Überprüfbarkeit und Nachvollziehbarkeit der Aussagen sowie auf Praxis angelegt ist (Deutsch). Darüber hinaus vermutet Pörksen, daß gerade eine solche Form von Sprachenmischung darauf hindeuten könnte, daß die Fachprosa der Frühen Neuzeit im Bereich der Syntax eine Lehnprägung des Lateinischen ist. Die Satzstrukturen der paracelsischen Texte nämlich weisen eine deutliche Abhängigkeit vom Lateinischen auf, erwecken den Eindruck, als seien sie Übersetzungen.

Paracelsus lehnte sich gegen die altehrwürdigen Autoritäten auf, indem er nicht nur ihre Lehren ablehnte, sondern zugleich auch ihre Sprache. Dennoch ging es Autoren wie Paracelsus noch nicht in erster Linie um die Sprache selbst, also darum, Lateinisch und Griechisch als Wissenschaftssprachen aus bestimmten Gründen zurückzuweisen und an deren Stelle, wiederum aus bestimmten Gründen, das Deutsche zu setzen. Mit anderen Worten: es war nicht so sehr die Frage, ob sich das Lateinische oder das Deutsche besser als Medium zur Gewinnung und Darstellung wissenschaftlicher Erkenntnisse eignet. Die Sprachen können vielmehr als Gefäße angesehen werden, in die ein bestimmter Inhalt – ein bestimmtes Denken – gegossen wird. Bei dem Sprachenwechsel vom Lateinischen zum Deutschen ging es zunächst, um im Bild zu bleiben, nicht um das Gefäß, sondern um den Inhalt: es ging um ein anderes Denken, um einen Austausch der Denkstile. Aber man konnte nicht einfach den alten Inhalt ‹ausgießen› und einen neuen in dasselbe Gefäß füllen. Zu fest hatten sich beide über die Jahrhunderte hinweg miteinander verbunden, zu stark klebte der alte Inhalt an seinem Gefäß, hatte er dessen ‹Geschmack› angenommen, als daß es ohne Schaden für den ‹neuen› Inhalt hätte weiter benutzt werden können. Für diesen neuen Inhalt, den neuen Denkstil, mußte folglich ein neues Gefäß, eine neue Sprache, gewählt werden. Was lag näher, als die Sprache zu nehmen, in der jenes praktische Wissen, an das der neue Denkstil anknüpfte, gegossen war? Die Wahl der Volkssprache als Ausdrucksmittel für die Wissenschaften machte, so betrachtet, einen konsequenten und notwendigen Schritt aus.

Ein wenig weiter in der Argumentation für das Deutsche und gegen die gelehrten Sprachen geht 1532 der Arzt Laurentius Fries aus Colmar. In der Schrift ‹Spiegel der artzney/vor zeyten zuo nutz ynnd trost der Leyen gemacht›, eine, wie der Titel zeigt, populäre Abhandlung, nicht ein wissenschaftliches, an die Gelehrten adressiertes Werk, schreibt der Kollege des Paracelsus:

«Auch bedunckt mich Teütschezung nit minder würdig/dass alle ding darinn beschriben werden/dann Griechisch/Hebreisch/Lateinsch/Italianisch/Hispanisch/Fantzösisch/in welchen man doch gar bey alle ding vertolmmetschet findet. Solt vnser sprach minder seyn? neyn/ja wol vil meer/vrsach das seye ein vrsprüngliche sprach ist/nit zůsamen gebetlet/von Griechisch/Lateinisch/den Hunen vnd Gothen/als Frantzösisch/auch meer reguliert. Darzů so ist es bey den alten nicht so seltzam gewesen/das die künst in můterlichen sprachen beschrieben wurden. [...] Was soll ich aber von disen vngedultigen eyferern sagen/sy thůnd eben wie vnsere hohensinnische meister/welche auch nit wőllen/das man die heylig geschrifft verteütschen soll/sprechen der selen heyl gehöre niemants zů wissen/dann den gesalbten/thůnd sye allein darumb/das sye fōrchten ir vnwissenheit kumme an tag/vnd halte man vff ihre parua logicalia nichts mehr/Ja nit anderst thůnd auch dise arzt/besorgen villicht ihr beschiß/so sy nun lange zeyt getriben mitt dem seich sehen/in welchem sye sich vngebürlicher ding vermessen haben/werde offenbar/es hilfft sye nit. Laßt mich Gott ein kurtze zeyt leben/ich sol es nit verschweigen/vnd ir minder schonen/dann Martinus Luther des Bapsts mit seinem erbern ablaß.»[12]

Fries spricht sich hier eindeutig für das Deutsche als Wissenschaftssprache aus. Er führt als Begründung an, daß erstens das Deutsche als eine ursprüngliche Sprache den alten Sprache wie Griechisch oder Latein ebenbürtig sei, daß zweitens auch die Römer sich ihrer Muttersprache, eben des Lateinischen, bedient hätten, daß drittens das Latein nun zu einer Geheimsprache der Gelehrten geworden sei, mit dem Zweck der Bemäntelung ihrer Unwissenheit und ihrer Standesinteressen, und daß viertens das Latein speziell in der Medizin die gleiche Funktion wie das Latein in der katholischen Kirche innehabe; folglich sei mit dem Wissenschaftslatein so zu verfahren, wie Martin Luther mit der Bibel verfahren ist: es muß in die Volkssprache überführt werden.

Diese vier Argumente für den Gebrauch des Deutschen in den Wissenschaften sind als patriotisches, komparatistisches, standespolitisch-soziales und konfessionelles Argument bezeichnet worden.[13] Sie tauchen im Laufe des 16. und 17. Jahrhunderts immer wieder auf, zeitigen bis zu Thomasius gegen Ende dieses Zeitraumes allerdings kaum nennenswerte Auswirkungen. Lediglich das standespolitisch-soziale Argument, das ja bereits einen Aspekt von Aufklärung vorwegnimmt, hatte insofern Folgen, als es praktiziert worden ist:

«Wie eh und je haben einzelne Gelehrte ihr Wissen den Lateinunkundigen auch in der Volkssprache zugänglich gemacht: die Theologen natürlich in Predigten und Traktaten, die Juristen und Mediziner in Kompendien zur Information und zum Gebrauch der Laien, und nicht anders die Mathematiker. Die positive Wendung des standespolitisch-sozialen Arguments besteht also darin, das praktisch wichtige Wissen auch exoterisch zu behandeln, damit ‹der gemeine Mann› seinen Nutzen daraus ziehen könne.»[14]

Das Moment des Nutzens von Wissen nicht nur für den Gelehrten, sondern auch für den ‹gemeinen Mann› konnte natürlich nur dadurch verwirklicht werden, daß das Lehren und Lernen von Sprachen und Sachen einen durchgehenden Praxisbezug erhielt. In diese Richtung gehen, zu Beginn des 17. Jahrhunderts, die Forderungen des Bildungsreformers Wolfgang Ratke, auch Ratichius genannt. In seiner berühmten, dem Reichstag vorgelegten Schrift mit dem Titel ‹Memorial. Welches zu Francfort Auff dem Wahltag Ao. 1612 den 7. May dem teutschen Reich vbergeben› setzt sich Ratke dafür ein, das Bildungswesen stärker praxisorientiert auszurichten und die Wissenschaften auf Deutsch, in von ihm so genannten «Lehren», auszuarbeiten. In diesem Memorial findet sich der später öfter aufgenommene Satz:

«Hie stehet nun ferner zu bedencken, wie die Künste vnd Facuktäten An keine Sprachen, vnd hergegen die Sprachen An keine Künste oder Faculteten gebunden sind.»[15]

Der Praxisbezug sollte aber nicht nur dem ‹gemeinen Mann› zugute kommen, sondern auch den Staat, den «fürstenstaatlichen Merkantilismus»[16] fördern. Diese Absicht macht eine Stelle aus einem 1614 erschienenen Gutachten von Christoph Helwig und Joachim Junguis mit dem Titel ‹Kurtzer Bericht Von der Didactica Oder LehrKunst Wolfgangi Ratichii› deutlich:

«Zu dem so ist es auch die lautere warheit/dz alle Künste vnd Wissenschafften/als Vernunfftkunst/Sitten- vnd Regierkunst/Maß- Wesen- Naturkündigung/Artzney- Figur- Gewicht- Stern- Baw- Befestkunst/oder wie sie Nahmen haben mögen/vielleichter/bequemer/richtiger vollkömlicher vnd außführlicher in Teutscher Sprach können gelehret und fortgepflanzet werden [...] Dadurch dann nicht allein die Teutsche Sprach vnd Nation mercklich gebessert vnd erhaben/sondern auch die Künste vnnd Wissenschafften selbst mit newen Erfindungen/Auffmerckungen/Bewehrungen Erörterungen vnsäglich können gemehret/gegründet/befestiget und erkleret werden. Dann ob wohl viel nutzen in Künsten dadurch geschafft wird/das fast alle Völcker in Europa vermittelst der Lateinischen Sprache dz/was sie in Künsten erfunden/können ein ander mittheilen vnd gemein machen/dennoch weil solchst offtmals wegen ferne der Orter/oder auch aus Mißgunst verhindert wird/so muß ungleich mer besserung erfolgen/wenn ein solche weitleufftige Nation mit gesampten fleiß in Künsten arbeiten würd.»[17]

Nach Ratichius hat eine solche Pädagogik, die die Kenntnis der Sachen, der «Realien», vor die Kenntnis gelehrter Traditionen stellte, vor allem Balthasar Schupp vertreten. Eine berühmte Stelle – kraftvoll, mit einem rhetorisch glänzenden Übergang vom Lateinischen zum Deutschen – aus der 1638 gehaltenen Rede ‹De opinione› Schupps mag verdeutlichen, in welcher Weise er an Gedanken des Ratichius anknüpft:

«Itali & Galli, in vernacula sua lingua possident omne genus sapientiae. Et audite, jhr Schul Regenten. Es ist kein Sprach an eine Facultet gebunden, auch keine Fakultet an eine Sprach. Warumb solt man nicht eben so wol in der teutschen, als in der lateinischen Sprach lernen können, wie man Gott recht erkennen vnd ehren solle? Warumb solt ich nicht eben so wol in meiner Mutter Sprach sehen, was recht oder vnrecht sey? Ich halt, man könne einen Krannken eben so wol auff Teutsch, als auff Griechisch oder Arabisch curiren. [...] Fragt ihr, ihr Herrn Scholastici, warum ich dieses in teutscher Sprach zu euch rede? Darumb, weil ich weiss, dass viel unter euch die Lateinische Sprach lehren wollen, und selbst nicht recht wissen, wie theuer ein Ehl?»[18]

Man kann einen Kranken also auf Deutsch kurieren. Zu dieser heute selbstverständlichen Einsicht mußte man sich in der Frühen Neuzeit allerdings erst durchringen, und man mußte sie durchsetzen gegen eine Elite traditioneller Schulgelehrter. Die Kritik an den Inhalten der lateinischsprachigen Gelehrsamkeit führte also zu einer Kritik der lateinischen Sprache. Die Alternative bestand im Gebrauch der Volkssprache, des Deutschen, das neue Inhalte aufnehmen konnte, einen praktischen Alltagsbezug besaß und für eine weite Verbreitung des Wissens sich eignete. Den vollständigen Ausbau des Deutschen zu einer wissenschaftsfähigen Sprache aber konnte diese Zeit noch nicht leisten. Zu stark waren noch die Autoritäten, zu stark die in der Universität institutionalisierte Gelehrsamkeit. Erst das 18. Jahrhundert vollbrachte – ebenfalls mittels sprachkritischer Argumente – jene umfängliche Ausbildung der deutschen Sprache.

2. *Auf dem Weg zu einer deutschen Literatur: Die barocken Sprachgesellschaften*

Einen wichtigen Beitrag zu dieser Ausbildung des Deutschen erbrachten auch die barocken Sprachgesellschaften. Sie hatten – wie die unter ihnen wohl berühmteste ‹Fruchtbringende Gesellschaft› – als Vorbild die 1582 in Florenz gestiftete italienische ‹Accedemia della Crusca›.

Die deutschen Sprachgesellschaften, in denen Adlige wie Bürgerliche vertreten waren, verfolgten in einer Zeit der regionalen und auch noch sprachlichen Zersplitterung Deutschlands während und nach dem Dreißigjährigen Krieg vor allem zwei Ziele: die Rückbesinnung auf den Wert der deutschen Muttersprache sowie die «Wiederherstellung und Aufrechterhaltung der deutschen Tugenden».[19] Ihre Beschäftigung mit Sprache nannten sie «Spracharbeit». Verstanden wurde darunter die Förderung der eigenen Sprache und Literatur, das Anfertigen von Übersetzungen aus fremden Sprachen, die Beschäftigung mit Fragen des Wortschatzes, der Grammatik und Poetik.[20] Einen wichtigen Teil machte auch die Auseinandersetzung mit den in der ersten Hälfte des 17. Jahrhunderts massenhaft ins Deutsche übernommenen Fremdwörtern aus. Da gerade die Fremdwörter ein Thema der Sprachkritik sind, das bis heute aktuell geblieben ist, soll dieser Aspekt für die Sprachgesellschaften aufgegriffen werden, nicht zuletzt auch deshalb, weil eine zum Programm erhobene Sprachreinigung nach allgemeiner Auffassung eben im 17. Jahrhundert mit dem Aufkommen der Sprachgesellschaften angesetzt werden muß.

Die «Spracharbeit» am Wortschatz – die in Hinblick auf die ‹Reinheit› der Sprache ja zunächst und hauptsächlich zu betrachten ist – hatte zum Ziel, durch eine «Erweiterung der copia verborum», der Wortmenge, zu einer Hebung der «Funktionsfähigkeit der lingua vernacula, besonders ihrer Literaturfähigkeit», beizutragen. Anders als für die Naturwissenschaftler galt für die Philologen in den Sprachgesellschaften die vom Mittelalter herrührende Auffassung, Stammwörter einer Sprache seien «wesenhafte Abbilder der Dinge», also motivierte Zeichen: «Aufgabe des Linguisten war es daher, erstens Wortforschung (d. h. Etymologie) zu betreiben und somit das Gesamt der Stammwörter der eigenen Sprache zu bestimmen und zweitens durch die Propagation der Stammwörter in verbis simpliciis und besonders compositis (‹Doppelung›) den ‹Stammbaum› der deutschen Sprache zum ‹Fortwachs› zu bringen.»[21]

Ohne dieses – in der deutschen Tradition ja weit zurückreichende – sprachtheoretische Postulat, daß die Wörter ursprünglich motiviert seien, wäre jegliche Sprachreinigung ein unsinniges Unternehmen. Nur dann nämlich, wenn die Wortgestalt, der Ausdruck, einen Blick auf die bezeichnete Sache oder den bezeichneten Sachverhalt zuläßt und damit gewissermaßen deren Interpretation liefert, erhält der Reinheitsbegriff einen Sinn. Aus diesem Grund sind die meisten Verdeutschungen denn auch Komposita, sekundäre Zeichen. Reinigung und Bereicherung gestalteten sich im 17. Jahrhundert also als ein Aufsuchen der Stammwörter und ein Kombinieren dieser Stammwörter zu neuen Wortverbindungen. Dieses Postulat und die Auffassung, das Deutsche sei eine «Hauptsprache» (Ursprache) und seine Wörter deshalb ursprünglich Abbilder der Dinge, führte zu dem Versuch der Sprachgesellschaften, die alte «Grundrichtigkeit» dieser Sprache wiederzufinden.

Alan Kirkness stellt anhand des barocken Sprachpurismus folgende allgemeine Charakteristik des Fremdwortpurismus auf:

«Dazu gehört einmal die Überzeugung, daß sich Sprache und Sprachgemeinschaft wechselseitig bedingen, daß die Sprache das Denken fixiert und dieses auch widerspiegelt. Das Schicksal der Nation steht somit im direkten, mitunter kausalen

Zusammenhang mit dem Zustand der Sprache, und eine reine oder fremdwortfreie standardisierte Nationalsprache ist zugleich Reflex und Garantie einer kognitiv selbständigen, geeinigten Nation. Pflege oder Reinigung der dt. Sprache ist deshalb Förderung des Deutschtums und Dienst an der Kultur- und Staatsnation. Dazu gehört zweitens die Diskrepanz zwischen der Sprache der Deutschen als der im jeweils anderen historisch-sozialen Kontext real existierenden, jedoch als verfallen, unrein, überfremdet o. ä. ignorierten oder abgelehnten Gebrauchsnorm einerseits und der dt. Sprache als der vorausgesetzten und/oder angestrebten, nicht durch Verallgemeinerung oder Abstraktion von der Gebrauchsnorm hergeleiteten und deshalb als ahistorische und asoziale Größe verabsolutierbaren Idealnorm andererseits. Diese wird als schutzbietendes, aber gleichzeitig schutzbedürftiges national-heiliges Idol hypostasiert, zuweilen geradezu fetischisiert. Ihre postulierte Reinheit (Ursprünglichkeit, Richtigkeit usw.) und ihren ‹echten Geist›, ‹eigentümliches Wesen› o. ä. gilt es zu verteidigen und (wieder) herzustellen.»[22]

Die Sprachgesellschaften zielten mit ihrem Programm allerdings nur auf die Literatursprache, die sie durch Übersetzungen und auch durch eigenes Dichten in der Muttersprache befördern wollten. Von den zahlreichen Arbeiten zur Sprache, die in dieser Zeit und aus diesem Umkreis heraus entstanden sind, seien hier lediglich Georg Philipp Harsdörffers ‹Frauenzimmer Gesprächsspiele› [1644–49] sowie sein ‹Poetischer Trichter› [1648–53], Philip von Zesens ‹Rosen-mând› [1651], Justus Georg Schottelius' ‹Ausführliche Arbeit von der Teutschen HaubtSprache› [1663] und Kaspar Stielers ‹Der Teutschen Sprache Stammbaum und Fortwachs oder Teutscher Sprachschatz› [1691] genannt.[23]

In welchem Maße die Sprachgesellschaften schon im 17. Jahrhundert ‹reinigend› auf das Deutsche gewirkt haben, darüber gibt Alan Kirkness auch mit einer Zusammenstellung der ‹Ersatzwörter› Auskunft.[24] Seine Wortlisten belegen, daß wir vor allem den vier genannten Sprachforschern eine Reihe von Ausdrücken verdanken, die wir heute wie selbstverständlich benutzen. Andererseits aber wurden auch schon damals Ersatzwörter vorgeschlagen, die gewiß aus ähnlichen Gründen, wie wir sie noch bei Campe finden werden, keinen Erfolg haben konnten. Zu den gelungenen Verdeutschungen gehören z. B.: *Aufzug* für ‹Akt›, *beobachten* für ‹observieren›, *Briefwechsel* für ‹Korrespondenz›, *Fernglas* für ‹Teleskop›, *Irrgarten* für ‹Labyrinth›, *Lehrart* für ‹Methode› (Harsdörffer); *Hauptwort* für ‹Substantiv›, *Jahrhundert* für ‹Säkulum›, *Lustspiel* für ‹Komödie›, *Sprachlehre* für ‹Grammatik›, *Wortforschung* für ‹Etymologie› (Schottelius); *Abstand* für ‹Distanz›, *Anschrift* für ‹Adresse›, *Augenblick* für ‹Moment›, *Gesichtskreis* für ‹Horizont›, *Grundstein* für ‹Fundament›, *Leidenschaft* für ‹Passion›, *Mundart* für ‹Dialekt›, *Rechtschreibung* für ‹Orthographie›, *Tagebuch* für ‹Journal›, *Weltreich* für ‹Imperium›, *Zweikampf* für ‹Duell› (Zesen) und andere mehr. Als extreme, nicht angenommene Verdeutschungen wären zu nennen: *Leichentopf* für ‹Urne›, *Gesichtserker* oder *Löschhorn* für ‹Nase›, *Jungfernzwinger* für ‹Frauenkloster›, *Tageleuchter* für ‹Fenster› oder *Zeugemutter* für ‹Natur›.

Welchen Erfolg die Sprachgesellschaften mit ihren Bemühungen um die Richtigkeit der Syntax und Reinigkeit der Wörter allerdings tatsächlich hatten, läßt sich offenbar aufgrund der bestehenden Forschungslage aber noch nicht abschließend beurteilen: «Weitgehend unbeantwortet ist die Frage nach der Breitenwirkung der sprachpflegerisch-lexikalischen Intentionen der Sprachgesellschaften, nach ihrem praktischen Einfluß auf die neuhochdeutsche Literatursprache und Standardsprache.»[25]

Durchschlagend jedenfalls dürfte dieser Erfolg wohl nicht gewesen sein, denn noch Gottfried Wilhelm Leibniz beklagte am Ende des 17. Jahrhunderts den desolaten Zustand des Deutschen. Die bloße Beschäftigung mit der Dichtung, wie sie die Sprachgesellschaften betrieben hatten, betrachtete er als nicht ausreichend. Er schlug weitergehende Therapien vor, die das Deutsche in den Rang einer ausdrucksfähigen und differenzierten Verkehrssprache heben sollten.

IV.
Wissenschaft – Norm – Öffentlichkeit. Sprachkritik im 18. Jahrhundert

«Die höchste und seither nicht wieder erreichte Stufe der deutschen Hochsprachentwicklung bedeutet der von der Nachwelt als ‹klassisch› bewertete dichterische Sprachstil Goethes und Schillers.»[1] Derartige Einschätzungen sind in vielen Sprachgeschichten zu lesen: Das letzte Drittel des 18. Jahrhunderts gilt ihnen als Höhepunkt der deutschen Sprach- und Literaturgeschichte, als ein mit den Namen Johann Wolfgang von Goethe und Friedrich Schiller unverwechselbar verbundener Gipfel, der die Landschaft der deutschen Sprache überragt hat und vermutlich weiterhin stets überragen wird.

Auch wenn man in den letzten ein, zwei Jahrzehnten dieses Urteil relativiert hat, weil erkannt wurde, daß die Literatursprache allein nicht zum Maßstab der Beurteilung einer Sprache als Ganzes gemacht werden darf, bleibt das 18. Jahrhundert dennoch als das sprachgeschichtlich bedeutsamste bestehen.[2] In keiner anderen Phase der deutschen Sprachgeschichte gab es so viele Veränderungen der Sprache, so viele Eingriffe prinzipieller Natur. Das 18. Jahrhundert hat dem Deutschen eine einheitliche Gestalt gegeben, es hat das Deutsche zu einer Einheitssprache gebildet, auf deren Grundlage wir heute immer noch schreiben und sprechen. Das war eine Leistung nicht nur der Schriftsteller und der Grammatiker, sondern auch der Sprachkritiker, die auch Schriftsteller und Grammatiker sein konnten, aber, wie wir sehen werden, nicht sein mußten.

Das 18. Jahrhundert war das Jahrhundert der Aufklärung und damit auch das Jahrhundert der Kritik. Immanuel Kant hatte die bekannte Formel geprägt, Aufklärung sei «der Ausgang des Menschen aus seiner selbstverschuldeten Unmündigkeit», wobei er unter Unmündigkeit das «Unvermögen» verstanden wissen wollte, «sich seines Verstandes ohne Leitung eines anderen zu bedienen».[3] Mit seinem Wahlspruch «Sapere aude» verband er die Aufforderung, das eigene kritische Vermögen auf alle Gegenstände des Erkennens und Beurteilens anzuwenden. Auf die Sprache bezogen, läßt sich dieses Programm – von Kant her im 18. Jahrhundert rück- und vorausschauend – als der Versuch charakterisieren, den Zustand des Deutschen kritisch auf seine Leistungsfähigkeit und Anwendbarkeit in verschiedenen Ausdrucksfeldern zu überprüfen und Vorschläge zu seiner Verbesserung zu machen.

Am Anfang des Aufklärungszeitalters standen Gottfried Wilhelm Leibniz (1646–1716) und Christian Thomasius (1655–1728), die insbesondere den Anwendungsbezirk des Deutschen auch auf die bis dahin vom Gelehrtenlatein beherrschten Wissenschaften ausweiten wollten. Systematisch hat diese Ausweitung Christian Wolff (1679–1754) vorgenommen, indem er dem Deutschen als Wissenschaftssprache feste Regeln gab. Die Grammatiker Johann Christoph Gottsched (1700–1766) und Johann Christoph Adelung (1732–1806) stellten sich, wie manche andere auch, die Frage: «Was ist Hochdeutsch?» Ihre Antworten lieferten ein festes Normengefüge für das Deutsche, in das sich, wenn auch gelegentlich mit Abneigung und Widerwillen, gar die Schriftsteller fügten. Mit Johann Georg Hamann (1730–1788) und Johann Gottfried Herder (1744–1803) kamen kritische Fragen auf zur Vorherrschaft der Schriftsprache, in der die Gedanken der Aufklärung ihre Verbreitung und das Jahrhundert sein Profil gefunden hatte.

Welcher Schriftsteller, nicht nur des 18., sondern eines jeden Jahrhunderts, hätte sich nicht irgendwann einmal zur Sprache geäußert und dabei auch kritische Töne angeschlagen? Für das 18. Jahrhundert können Georg Christoph Lichtenberg (1742–1799) und Johann Wolfgang von Goethe (1749–1832) herausgegriffen werden – jener ein genialer Querdenker nicht nur, dieser, über sein literarisches Werk hinaus, ein bedeutender Kommentator auch in Sachen ‹Sprache›. Am Ausklang des Jahrhunderts steht ein lange Zeit belächelter Autor, der, gegen Ende seines Lebens und nachdem er die Französische Revolution aus nächster Nähe miterlebt hatte, die Sprache noch einmal aus einer besonderen sprachkritischen Sicht als Instrument der Aufklärung instrumentalisieren wollte: der Wörterbuchverfasser und Verdeutscher von Fremdwörtern Joachim Heinrich Campe (1746–1818). Nach seinen Schaffensdaten nicht mehr, wohl aber von seiner Grundhaltung her ins 18. Jahrhundert gehört Carl Gustav Jochmann (1789–1830). Er war ein Sprachkritiker par excellence, einer, wie er in einem solchen Buche zur Geschichte der Sprachkritik an zentraler Stelle stehen muß, denn er vereinigt in seinem Werk Einsichten und Positionen zur Sprache, die in ihrer Kombination wie in ihrer einzelnen Gestalt einmalig sind und damit heute noch größtenteils Gültigkeit, in allem aber Aufmerksamkeit beanspruchen können. Was Jochmann erstmals in dieser Deutlichkeit zu einem Thema machte, war der politische Charakter der Sprache, der Zusammenhang von Sprache und Gesellschaftsform, war der Gedanke, daß eine Sprache sich nur in einer auf Öffentlichkeit basierenden Gesellschaft ausbilden könne.

Der Anteil der Sprachkritik an der Sprach- und Geistesgeschichte des 18. Jahrhunderts – diese Einsicht setzt sich erfreulicherweise jetzt auch in der wissenschaftlichen Sprachgeschichtsschreibung des Deutschen durch – muß sehr hoch eingeschätzt werden.[4] Damit ist nicht nur gemeint, daß sprachkritische Reflexionen einen erheblichen Raum im Publikationsaufkommen der Zeit einnahmen, sondern daß sie auch Spuren, nein, regelrechte Abdrücke in der deutschen Sprache hinterlassen haben. Das

18. Jahrhundert ist deshalb das Jahrhundert der Kritik im allgemeinen und das der Sprachkritik im besonderen. Es läßt sich aus sprachkritischer Sicht mit den Begriffen «Wissenschaft, Norm und Öffentlichkeit» charakterisieren: Eine normierte deutsche Einheitssprache, die bisherige Grenzen der Kommunikation innerhalb des Deutschen abbauen und eine deutsche Wissenschaftssprache, die die Sprachentrennung zwischen Gelehrten und Laien aufheben sollte, sowie eine auf Öffentlichkeit basierende Gesellschaftsform, in der sich die deutsche Sprache ohne Einschränkung der Kommunikationsbedingungen ausbilden könnte – dies waren die Ziele der maßgeblichen Sprachkritiker der Zeit. Sie alle setzten auf eine grundlegende sprachkritische Maxime, die besagt, daß Sprache prinzipiell verbesserungswürdig sowie – was nicht selbstverständlich sein muß – verbesserungsfähig sei, und zwar in Richtung auf Freiheit und Selbstbestimmung von Mensch und Gesellschaft. Mit dieser emanzipatorischen Maxime wird die Sprachkritik des 18. Jahrhunderts nicht nur zur geistesgeschichtlich wichtigsten Epoche in der Geschichte sprachkritischen Bemühens, sie ist zugleich auch ein sympathisches, stets bewußt zu haltendes Unternehmen, das eine besonders ausführliche Betrachtung und Beschreibung verdient.

1. Wege zu einer deutschen Wissenschaftssprache: Leibniz, Thomasius, Wolff

Man kennt ihn zuallererst als Philosophen, als Verfasser der ‹Monadologie› und der ‹Nouveaux Essays›, sodann als Mathematiker, als einen der Entdecker der Grundzüge der Infinitesimalrechnung. Weniger bekannt ist der Sprachkritiker Gottfried Wilhelm Leibniz, der mit zwei kleinen Aufsätzen nicht unmaßgeblich auf die Entwicklung des Deutschen im 18. Jahrhundert Einfluß genommen hat. Bereits die Titel dieser Aufsätze weisen auf ein sprachkritisches Anliegen hin: ‹Ermahnung an die Deutschen, ihren Verstand und ihre Sprache besser zu üben, samt beigefügtem Vorschlag einer deutschgesinnten Gesellschaft› und ‹Unvorgreifliche Gedanken, betreffend die Ausübung und Verbesserung der deutschen Sprache›.[5] Leibniz diagnostiziert hier für das Deutsche eine Sprachkrise, die ja bereits die barocken Sprachgesellschaften erkannt und für die sie Abhilfe gesucht hatten, und er macht sehr konkrete Vorschläge zu einer Therapie. Dabei geht er über die Bemühungen der Sprachgesellschaften hinaus, entwickelt einen dezidierten Zeichenbegriff und bezieht in seine Vorschläge zur Verbesserung der deutschen Sprache Bereiche mit ein, die bislang kaum zum Thema gemacht waren. Will man für die Geschichte der Sprachkritik des Deutschen einen programmatischen Anfangspunkt ausmachen, dann findet man ihn in diesen beiden breitangelegten und dezidiert ausgeführten Arbeiten von Leibniz.

Die ‹Ermahnung an die Deutschen›, von Eric Blackall eine «patriotische Rhapsodie» genannt,[6] setzt ein mit einer Analyse der sozialen, geistigen und politischen Verhältnisse in Deutschland. Leibniz erblickt zahlreiche Mißstände, findet aber fast schon beschwörende Worte dafür, daß und wie Abhilfe zu schaffen sei. Was er an dieser Stelle anführt, um eine Verbesserung einzuleiten, wurde später ein maßgebliches Argument der Aufklärungsphilosophie. Es liege, schreibt Leibniz, in der Macht des Volkes, die Mißstände zu beseitigen. Das Volk könne zur «Glückseligkeit» (54) gelangen, wenn es nur den Willen dazu aufbrächte, seine Situation, die Situation des deutschen «Vaterlandes», aus eigener Kraft zu verändern. Der Wille als nationale Triebfeder aber wird gefördert, wenn schon ein gewisses Einheitsgefühl vorhanden ist, und dieses kann am besten über eine gemeinsame Sprache erreicht werden. Den Zirkel, in dem sich nationale Glückseligkeit, der nationale Wille hierzu als ihre Voraussetzung und das Einheitsgefühl als dessen Bedingung gegenseitig determinieren, versucht Leibniz durch Erziehung zu durchbrechen. Aufbauend auf dem Grundsatz «Erziehung überwindet alles» (73), erarbeitet er wohlüberlegte Vorschläge zur Verbesserung der deutschen Sprache, «Vorschläge, die dahin zielen möchten, wie die Einigkeit der Gemüter befördert, die gemeine Ruhe versichert, die Kriegswunden geheilt und die erliegende Nahrung aufgerichtet werde» (54 f.).

Die Zielgruppe seines Anliegens – und dies ist in soziologischer Hinsicht bemerkenswert – sind nicht mehr ausschließlich die Gelehrten und der Adel, sondern die «Hof- und Weltleute, ja selbst und zuvörderst das Frauenzimmer» – lediglich der «gemeine Mann» (57 f.), der nur Interesse an Essen, Trinken und Kartenspielen hat, wird ausgenommen. Als Ideal steht Leibniz der französische ‹honnête homme› vor Augen.[7] Entscheidend ist bei dieser Festlegung die Umorientierung im Bereich der Kultur: Leibniz schreibt nicht mehr in erster Linie den Gelehrten und Dichtern die Fähigkeit zur Erneuerung zu, sondern einer Schicht, die sich im Laufe des 18. Jahrhunderts langsam zu dem entwickeln wird, was dann «Bürgertum» heißt.

Der ‹honnête homme› ist gekennzeichnet durch, wie Leibniz schreibt, «gute Gedanken», und diese sind am besten aus «guten Büchern» zu gewinnen (59 f.). Folgerichtig wendet er sich zunächst der deutschen Buchkultur und damit ja auch zugleich der deutschen Sprache zu. Mit beiden aber steht es seiner Ansicht nach äußerst schlecht:

> «Wir schreiben gemeiniglich solche Bücher, darinnen nichts als zusammengestoppelte Abschriften aus andern Sprachen genommen, oder zwar unsre eignen, aber oft gar ungereimten Gedanken und unbündigen Vernunftschlüsse, deren jetzt manche umlaufenden Scharteken voll sind, darin weder Kraft noch Leben, deren ungeschicktes Wesen so oftmals mit der gesunden Vernunft streitet, dem Leser etlichermaßen anklebt und die Reinigkeit des Verstandes auf eine unvermerkte Weise verletzt.» (60)

Leibniz diagnostiziert, daß selbst die offenbar in deutscher Sprache geschriebenen Bücher im Grunde eine Mischung sind aus Französisch, Latein und Deutsch. In ihnen lassen sich keine klaren Gedankengänge verfolgen, aus ihnen spricht kein ‹Geist›. Während die Italiener, Franzosen und Engländer eine glanz- und geistvolle Muttersprache besitzen, geht es den Deutschen wie «den barbarischen Nationen, die von einer schönen Musik nicht zu urteilen wissen» (60). Die Gründe für diesen Rückstand Deutschlands auf kulturellem und damit auch auf sprachlichem Gebiet sind vielfältig: «Kriege», «keine rechte allgemeine Hauptstadt», «wohlmeinende Leute [werden] wenig befördert», «hohe Standespersonen» lassen «nicht allemal solche Neigung» zur Verbesserung spüren, «Religionstrennung» (61). All diese Gründe aber sind nicht die eigentlich zentralen, denn ihnen könnte prinzipiell recht rasch abgeholfen werden. Es sind für Leibniz weniger die «hohen Potentaten», also die Adligen, die für die kulturelle Misere Deutschlands verantwortlich sind. Schuld tragen vielmehr die Gelehrten. Zunächst, in Anspielung auf die barocken Sprachgesellschaften, schreibt er:

«Ich will die unsterblichen Namen der Fürsten allhier nicht anführen, welche in die so löblichen Gesellschaften getreten, durch die man die deutschen Gemüter hat erwecken wollen und die gewißlich nicht geringe Frucht gebracht. Unserer Gelehrten aber, so dazu Lust bezeigt, sind sehr wenig gewesen, teils weil einige unter ihnen gemeint, daß die Weisheit nicht anders als in Latein und Griechisch sich kleiden lasse; oder aber auch weil manche gefürchtet, es würde der Welt ihre mit großen Worten verlarvte geheime Unwissenheit entdeckt werden. Davor aber haben sich grundgelehrte Leute nicht zu fürchten, sondern vielmehr für gewiß zu halten, daß je mehr [desto mehr] die Weisheit und Wissenschaft unter die Leute kommen wird, je mehr sie ihrer Vortrefflichkeit Zeugen finden werden; dahingegen die, so unter einem lateinischen Mantel gleichwie mit einem homerischen Nebel bedeckt, sich unter die wahren Gelehrten gesteckt, mit der Zeit recht entdeckt und beschämt werden würden.» (62)

Die fehlende Förderung, Anwendung und Ausbildung der deutschen Muttersprache ist nach Leibniz eine Folge der bestehenden Sprachentrennung zwischen den Gelehrten und den Laien, die es zu durchbrechen gelte, damit die Wissenschaften allgemein und die Sprache, die deutsche Sprache, wissenschaftsfähig würden. Die Argumentation ist in aufklärerischer Hinsicht bezeichnend: Diejenigen Gelehrten, so Leibniz, die die Wissenschaften vorantreiben, sollten notwendigerweise auch daran interessiert sein, ihre Erkenntnisse unter das Volk zu bringen, wozu sie sich allerdings der deutschen Sprache bedienen müßten. Die anderen aber, die gar keine ‹richtigen› Gelehrten sind, verschleiern ihre Unfähigkeit allzu oft mit großen fremden Wörtern oder durch die Verwendung der dem Volk unverständlichen lateinischen Sprache. Diese Verschleierung, den «homerischen Nebel», in den sich jene vermeintlichen Gelehrten hüllen, gilt es aufzudecken. Durch die Verwendung einer fremden Sprache nämlich anstelle der eigenen entsteht, wie Leibniz in diesem Zusammenhang eindringlich ausführt, die große Gefahr einer völligen Abhängigkeit in allen Bereichen der Kultur und des Denkens. Da Sprache und Denken, wie für die meisten Sprachkritiker so auch für Leibniz, untrennbar miteinander verbunden sind, werden mit einer fremden Sprache auch fremde Denkgewohnheiten übernommen:

«In Deutschland [...] hat man noch dem Latein und der Kunst zuviel, der Muttersprache aber und der Natur zu wenig zugeschrieben, welches denn sowohl bei den Gelehrten als bei der Nation selbst eine schädliche Wirkung gehabt hat. Denn die Gelehrten, indem sie fast nur Gelehrten [für Gelehrte] schreiben, sich oft zu sehr in unbrauchbaren Dingen aufhalten; bei der ganzen Nation aber ist geschehen, daß diejenigen, so kein Latein gelernt, von der Wissenschaft gleichsam ausgeschlossen worden, als bei uns ein gewisser Geist und scharfsinnige Gedanken, ein reifes Urteil, eine zarte Empfindlichkeit dessen, so wohl oder übel gefaßt, noch nicht unter den Leuten so gemein worden, als wohl bei den Ausländern zu spüren, deren wohl ausgeübte Muttersprache wie ein rein poliertes Glas gleichsam die Scharfsichtigkeit des Gemüts befördert und dem Verstand eine durchleuchtende Klarheit gibt. Weil nun dieser herrliche Vorteil uns Deutschen noch mangelt, was wundern wir uns, daß wir in vielen Stücken und sonderlich in den Dingen, da sich der Verstand mit einer gewissen Artigkeit zeigen soll, von Fremden übertroffen werden? Daher bleibt nicht allein unsre Nation gleichsam wie mit einer düsteren Wolke überzogen, sondern auch die, so etwa einen ungemeinen durchdringenden Geist haben und das, was sie suchen, nicht zu Haus, sondern auf ihren Reisen und in ihren Büchern bei Welschen und Franzosen finden, gleichsam ein Ekel vor den Deutschen Schriften bekommen und nur das Fremde lieben und hochschätzen, auch kaum glauben wollen, daß unsre Sprache und unser Volk eines Besseren fähig seien. So sind wir also in den Dingen, die den Verstand betreffen, bereits in eine Sklaverei geraten und werden durch unsre Blindheit gezwungen, unsre Art zu leben, zu reden, zu schreiben, ja sogar zu denken, nach fremdem Willen einzurichten.» (63 f.)

Es gilt, so Leibniz, sich der Muttersprache zu bedienen. Die Versuche der barocken Sprachgesellschaften jedoch, durch die Schaffung einer deutschsprachigen Poesie, einer nationalen Literatursprache, auf die Ausbildung der Muttersprache einzuwirken und sie zu fördern, erachtet Leibniz als unzureichend. Poesie ist zu ‹leichtgewichtig›, zu rasch vergänglich, als daß sie sprachbildend wirken könnte. Hierfür eignen sich nur Schriften, die einen «Kern» (64) in sich haben. Sie wirken dauerhaft auf das Denken eines Volkes ein und geben damit auch der Sprache einen festen Umriß. Leibniz spricht von der wissenschaftlichen Prosa im besonderen, von der Sachprosa im allgemeinen:

«Daraus folgt, daß keine Verbesserung hierin zu hoffen ist, solange wir nicht unsere Sprache in den Wissenschaften und Hauptmaterien selbst üben, welches das einzige Mittel ist, sie bei den Ausländern in hohen Wert zu bringen und die undeutsch gesinnten Deutschen endlich beschämt zu machen.» (65)

Leibniz entdeckt zu Beginn des aufklärerischen 18. Jahrhunderts die Bedeutung der Sachprosa für die Ausbildung einer Sprache. Er erkennt den Wert von Literatur an, von Poesie, wie man damals noch alles dichterische Schaffen umfassend bezeichnete, meint jedoch, daß Dichtung nur die Zierde einer Sprache sein könne, nicht aber ihre Grundlage, von der aus sie dauerhaft zu verbessern sei. Vielmehr kommt es für ihn darauf an, daß eine Sprache den «nährenden Saft der unvergänglichen Wissenschaften in sich» habe (65). Er vergleicht die Poesie mit einer Blume und die Sachprosa mit einer Frucht; jene ist bloß angenehm, diese aber auch nützlich. Da in Krisenzeiten – wie Geschichte und Gegenwart lehren – das Nützliche stets dem Angenehmen vorzuziehen ist, fordert Leibniz für seine Zeit eine vorrangige Aufmerksamkeit für die Sachprosa.

Doch eine deutsche Wissenschaftssprache, die das Gelehrtenlatein ablösen sollte, war in der ‹Ermahnung an die Deutschen› nicht seine einzige Forderung, die Feststellung eines Vorherrschens unnützer scholastischer Gelehrsamkeit in lateinischem Gewande nicht seine einzige Diagnose. Leibniz konstatiert auch eine deutsch-französische Sprachmengerei, das «ungereimte, unnötige Einflicken» vor allem französischer Wörter und Wendungen auf allen Ebenen des Sprachgebrauchs.[8] Er schreibt:

«Besser ist: ein Original von einem Deutschen als eine Kopie von einem Franzosen zu sein. Es wäre ein anderes Werk, wenn auch von uns etwas jetzt gefunden würde, dessen Bequemlichkeit auch die Ausländer nachzuahmen zwingen könnte; weil aber unser Reden, unser Schreiben, unser Leben, unser Vernünfteln in einer Nachäffung besteht, so ist leicht zu erachten, daß wir die Hülsen für den Kern bekommen.» (75)

Doch Leibniz war, wie gleich noch deutlich zu sehen sein wird, kein Purist, kein prinzipieller Gegner von Fremdwörtern überhaupt. Ein «fremdes Wort, so wohl zupasse kommt» (72), ist durchaus nicht zu verbannen, vielmehr kann es eine willkommene Bereicherung der eigenen Sprache sein.

Um all die Aufgaben, die der Ausbildung der deutschen Sprache um 1700 nach Ansicht Leibniz' aufgegeben sind, lösen zu können, schlägt er am Ende seiner ‹Ermahnung an die Deutschen› die Gründung einer «Deutschgesinnten Gesellschaft» vor:

«Und weil aus Obstehendem soviel erscheint, daß vor allen Dingen die Gemüter aufgemuntert und der Verstand erweckt werden müsse, welcher aller Tugend und Tapferkeit Seele ist, so wäre dies meine unvorgreifliche Meinung, es sollten einige wohlmeinende Personen zusammentreten und unter höherem Schutz eine Deutschgesinnte Gesellschaft stiften, deren Absehen auf alles dasjenige gerichtet sein solle, so den deutschen Ruhm erhalten oder auch wiederaufrichten könne. Und solches zwar in den Dingen, so Verstand, Gelehrsamkeit und Beredsamkeit einigermaßen betreffen können, und dieweil solches alles vornehmlich in der Sprache erscheint, als welche ist eine Dolmetscherin des Gemüts und Behalterin der Wissenschaft, so würde unter anderm auch dahin zu trachten sein, wie allerhand nachdenkliche, nützliche, auch annehmliche Kernschriften in deutscher Sprache verfertigt werden möchten, damit der Lauf der Barbarei gehemmt und, die in den Tag hinein schreiben, beschämt werden mögen.» (77)

Eine wichtige Aufgabe der von Leibniz vorgeschlagenen «Deutschgesinnten Gesellschaft» – deren Einrichtung er sich übrigens, wie aus dem Schluß der ‹Unvorgreiflichen Gedanken›, wo er dieses Projekt noch einmal ausführlich bespricht (45 f.), hervorgeht, nach dem Vorbild der 1635 von Richelieu gegründeten Académie française vorstellte – sollte also die Zusammenstellung von «Kernschriften in deutscher Sprache» sein, ein Kanon vorbildlicher Prosa, an dem sich all diejenigen, denen an Sprache gelegen ist, «die Hof- und Weltleute, auch das Frauenzimmer selbst» (78), orientieren könnten. Die Wirkungen derartiger Vorbilder wären seiner Ansicht nach vielfältig: «Öffnung des Verstandes, Zeitigung [Reifung] der bei uns sonst gar zu spät lernenden Jugend, Aufmunterung des deutschen Muts, Ausmusterung des fremden Affenwerks, Erfindung eigner Bequemlichkeit [angemessener Ausdrucksweise], Ausbreitung und Vermehrung der Wissenschaften, Aufnehmen und Beförderung der rechten gelehrten und tugendhaften Personen», mit einem Wort: «Ruhm» und «Wohlfahrt» der «deutschen Nation» (78). Deutlich erkennt man das hinter diesem Programm stehende nationalpädagogische Interesse. Leibniz will nicht in erster Linie die einzelnen Wissenschaften vorantreiben, sondern die wissenschaftlichen Erkenntnisse einem größeren Publikum zugänglich machen, wodurch er sich eine Verbesserung von Kultur und Sprache verspricht. Seine Absicht ist vorrangig eine gesellschaftspolitische, eine, die, auch wenn er dieses zu seiner Zeit noch unbekannte Wort nicht gebrauchte, auf *Öffentlichkeit* zielt. Eben diese Öffentlichkeit ist das bewegende Moment der aufklärerischen Sprachkritik des 18. Jahrhunderts, ein Moment, das Campe und Jochmann am Ende dieser Epoche dann explizit herausstreichen werden.

Der wohl wichtigere, weil dezidiert (in 119 Paragraphen) ausgearbeitete und auch wirksame sprachkritische Aufsatz von Gottfried Wilhelm Leibniz sind seine ‹Unvorgreiflichen Gedanken, betreffend die Ausübung und Verbesserung der deutschen Sprache›. Leibniz setzt hier ein mit einer in der Tradition sprachkritischer Bemühungen berühmt gewordenen Sentenz:

«1. Es ist bekannt, daß die Sprache ein Spiegel des Verstandes ist und daß die Völker, wenn sie den Verstand hoch schwingen, auch zugleich die Sprache wohl ausüben, welches der Griechen, Römer und Araber Beispiele zeigen.» (5)

Mit seinem Bild von der «Sprache als einem Spiegel des Verstandes» verweist Leibniz auf die enge Korrelation, die zwischen einer Sprache und dem geistigen Horizont einer Sprechergemeinschaft – und damit ja auch eines einzelnen Sprechers als Teil dieser Gemeinschaft – besteht.[9] Sprache und Denken sind für Leibniz wie zwei Seiten einer Medaille. Das aber bedeutet, daß die Sprache als Spiegel auch auf den Verstand zurückwirkt und mit einer Verbesserung der Sprache auch eine ‹Erweiterung› des Verstandes verbunden ist.

Um diesen Gedanken zu begründen, entwickelt Leibniz einen Zeichenbegriff, der die Leistungen der Sprache verdeutlicht:

«5. Es ist aber bei dem Gebrauch der Sprache auch dieses sonderlich zu beachten, daß die Worte nicht nur der Gedanken, sondern auch der Dinge Zeichen sind, und daß wir Zeichen nötig haben, nicht nur unsere Meinung andern anzudeuten, sondern auch unsern Gedanken selbst zu helfen. Denn gleichwie man in großen Handelsstädten, auch im Spiel und sonst nicht allezeit Geld zahlt, sondern sich an dessen Statt der Zettel oder Marken bis zur letzten Abrechnung oder Zahlung bedient, also tut auch der Verstand, zumal wenn er viel zu denken hat, mit den Bildnissen der Dinge, daß er nämlich Zeichen dafür braucht, damit er nicht nötig habe, die Sache jedesmal sooft sie vorkommt, von neuem zu bedenken. Daher begnügt er sich, wenn er sie einmal wohl gefaßt, hernach oft, nicht nur in äußerlichen Reden, sondern auch in den Gedanken und im innerlichen Selbstgespräch das Wort an die Stelle der Sache zu setzen.

6. Und gleichwie ein Rechenmeister, der keine Zahl schreiben wollte, deren Halt [Wert] er nicht zugleich bedächte und gleichsam an den Fingern abzählte, wie man die Uhr zählt, nimmer mit der Rechnung fertig werden würde, also würde man, wenn man im Reden und selbst im Denken kein Wort sprechen wollte, ohne sich ein eigentliches Bildnis von dessen Bedeutung zu machen, überaus langsam sprechen oder vielmehr verstummen müssen, auch den Lauf der Gedanken notwendig hemmen und also im Reden und Denken nicht weit kommen.

7. Daher braucht man oft die Worte als Ziffern oder als Rechenpfennige anstatt der Bildnisse und Sachen, bis man stufenweise zum Fazit schreitet und beim Vernunftschluß zur Sache selbst gelangt. Hieraus erscheint, ein wie Großes daran gelegen ist, daß die Worte als Vorbilder und gleichsam als Wechselzettel des Verstandes wohl gefaßt, wohl unterschieden, zulänglich, häufig, leichtfließend und angenehm sind.»

Die sprachlichen Zeichen sind für Leibniz – ganz im Sinne der antiken Vorstellung des «aliquid stat pro aliquo»: etwas steht für etwas anderes – stellvertretende Symbole, die wir anstelle der «Dinge» verwenden. Die Verbindung zwischen dem Wort als Symbol und den Dingen aber ist für ihn nicht völlig willkürlich, arbiträr. Der Mensch eignet sich die Dinge geistig an, er verwandelt sie in Gedanken, deren Summe seinen Verstand ausmacht. Leibniz hat bereits eine deutliche Vorstellung von dem Zusammenhang zwischen Wörtern, Dingen und Gedanken. Dieser Zusammenhang wird später in der Semiotik, der Wissenschaft von den Zeichen, als das sogenannte «semiotische Dreieck» Eingang in die zeichentheoretische Diskussion finden.

Für Leibniz ist die Instanz der Gedanken keine bloße Vermittlungsstelle zwischen den Wörtern und den Dingen, ihnen kommen vielmehr zwei eigene Funktionen zu. Zum einen gliedern wir die Welt der Dinge mit Hilfe unserer sprachlichen Zeichen, der Wörter. In den Wörtern haben wir auf einer gedanklichen Ebene die Dinge präsent, können mit ihnen ‹operieren›, sie kombinieren und Urteile über sie fällen. Nennt man ein derartiges Operieren mit Zeichen ‹Denken›, dann wird deutlich, daß die Möglichkeiten des Denkens von der Qualität der sprachlichen Zeichen abhängig sind. Je besser die Zeichen gefaßt sind, je getreuer sie die Ordnung der Dinge wiedergeben, desto genauer kann auch das Denken, kann die Erzeugung von Gedanken sein. Zum anderen verweisen Wörter nicht nur auf Dinge, sondern direkt auf die Produkte des Denkens. In diesem Bereich abstrakter Vorstellungen wird der Gedanke durch das Wort überhaupt erst geschaffen oder die Erinnerung an einen einmal gefaßten Gedanken hervorgerufen. Man denke beispielsweise an Wörter für Gefühle wie ‹Liebe›, ‹Haß› oder ‹Freundschaft› oder an Moralvorstellungen und abstrakte politische Begriffe – sie alle sind Produkte des Denkens, für die wir die Wörter «gleichsam als Wechselzettel des Verstandes» nötig haben, um nicht bei jedem gedanklichen Prozeß wieder von vorne beginnen, den Vernunftschluß nicht wieder von Grund auf hervorbringen zu müssen. Wörter sind also Zeichen der in Gedanken vorgestellten Dinge und der Gedanken selbst. Wir gebrauchen die Wörter nicht nur, um zu kommunizieren, um «unsere Meinung andern anzudeuten, sondern auch unsern Gedanken selbst zu helfen». Der Verstand, das Denken, spiegeln sich in der Sprache, umgekehrt aber ist die Sprache auch ein Spiegel des Verstandes. Konsequenterweise setzt Leibniz bei der Sprache an und sucht sie zu verbessern, letztlich mit dem Ziel, den Verstand zu befördern.

Ganz folgerichtig durchmustert er anschließend die deutsche Sprache auf der Suche nach Feldern, in denen sie gut ausgebildet und in denen sie rückständig ist oder Mängel aufweist:

«9. Ich finde, daß die Deutschen ihre Sprache bereits hoch gebracht in allem dem, so mit den fünf Sinnen zu begreifen ist und auch dem gemeinen Mann vorkommt; absonderlich in leiblichen Dingen, auch in Kunst- und Handwerkssachen; es sind nämlich die Gelehrten fast allein mit Latein beschäftigt gewesen, und die Muttersprache wurde dem gemeinen Lauf überlassen; nichtsdestoweniger ist sie auch von den sogenannten Ungelehrten nach Lehre der Natur gar wohl getrieben worden. Und ich halte dafür, daß es keine Sprache in der Welt gibt, die zum Exempel von Erz- und Bergwerken reicher und nachdrücklicher rede als die deutsche. Dergleichen kann man von allen andern gemeinen Lebens-Arten und Professionen sagen, als von Jagd- und Waidwerk, von der Schiffahrt und dergleichen; denn alle die Europäer, so auf dem großen Weltmeer fahren, haben die Namen der Winde und viele andere Seeworte von den Deutschen, nämlich von den Sachsen, Normannen, Osterlingen und Niederländern entlehnt.

10. Es ereignet sich aber einiger Abgang bei unserer Sprache in den Dingen, so man weder sehen noch fühlen, sondern allein durch Betrachtung erreichen kann: als bei Ausdrückung der Gemütsbewegungen, auch der Tugenden und Laster und vieler Beschaffenheiten, die zur Sittenlehre und Regierungskunst gehören; dann ferner bei den noch mehr abgezogenen und abgefeimten Erkenntnissen, so die Liebhaber der Weisheit in ihrer Denkkunst und in der allgemeinen Lehre von den

Dingen unter dem Namen der Logik und Metaphysik auf die Bahn bringen. Dies alles ist dem gemeinen deutschen Mann etwas entlegen und nicht so üblich, da hingegen der Gelehrte und Hofmann sich des Lateins oder anderer fremder Sprachen in dergleichen f a s t a l l e i n und insoweit z u v i e l beflissen, so daß es den Deutschen nicht am Vermögen, sondern am Willen gefehlt, ihre Sprache durchgehends zu erheben. Denn weil alles, was der gemeine Mann treibt, wohl in Deutsch gegeben, so ist kein Zweifel, daß dasjenige, so vornehmen und gelehrten Leuten mehr vorkommt, von diesen, wenn sie gewollt, auch sehr wohl, wo nicht besser, in reinem Deutsch hätte gegeben werden können.» (8 f.)

In dieser Passage der ‹Unvorgreiflichen Gedanken› spiegelt Leibniz kritisch die Sprachgeschichte des Deutschen. Er konstatiert auf der positiven Seite eine breitangelegte und differenziert ausgebildete Fachprosa, die seit dem späten Mittelalter und verstärkt dann in der frühen Neuzeit in deutscher Sprache verfaßt worden ist und die auf dem Gebiet des praktischen Wissens den Wortschatz des Deutschen im Bereich konkreter Ausdrücke nachhaltig bereichert hat. Negativ vermerkt er dagegen manche Bereiche abstrakter Ausdrücke: für die Bezeichnung von Gefühlen und Wertungen, in der Politik und Philosophie, insbesondere in Logik und Metaphysik, besitzt das Deutsche seiner Zeit einen nur unzureichend ausgebildeten Wortschatz, dort seien Lücken zu verzeichnen.

Doch diese Mängel begründen sich für Leibniz weder aus einer fehlenden Leistungsfähigkeit der Sprache selbst noch aus einem prinzipiellen Unvermögen der Sprecher, sondern einzig und allein aus einer bislang fehlenden Bereitschaft, die deutsche Sprache in jenen Bereichen zu gebrauchen und infolgedessen auch auszubilden. Latein und Französisch herrschen hier vor, so daß das Deutsche an den Rand gedrängt wurde. Gleichwohl meint Leibniz, daß gerade in der Philosophie, «bei den logischen und metaphysischen Kunstwörtern», dieser Mangel zu verschmerzen sei – nicht jedoch, weil er dort das Latein beibehalten möchte, sondern weil es gar nicht wünschenswert wäre, die bisherige lateinische Philosophie in ihrer scholastischen Ausprägung in deutscher Sprache verfügbar zu haben. Die Deutschen, so Leibniz, hätten einen «sonderbaren Probierstein der Gedanken», nämlich die deutsche Sprache selbst: «was sich darin ohne entlehnte und ungebräuchliche Worte vernehmlich sagen lasse, das sei wirklich was Rechtschaffenes; aber leere Worte, wo nichts dahinter und gleichsam nur ein leichter Schaum müßiger Gedanken, nehme die reine deutsche Sprache nicht an» (9). Indirekt zielt Leibniz hier schon auf ein neues Paradigma der Philosophie, auf eine Überwindung der Scholastik, die für ihn offenbar viele «leere Worte» enthält, deren Übersetzung ins Deutsche er jedoch nicht nur ablehnt, sondern mit einem sehr selbstbewußten Argument gar für unmöglich hält. Leibniz selbst allerdings behielt Latein und Französisch als Sprache seiner philosophischen Arbeiten bei, vermutlich um ihnen angesichts einer noch fehlenden deutschsprachigen philosophischen Tradition eine umfassende

Rezeption zu sichern. Die ihm nachfolgenden Jahrhunderte mit Christian Wolff, Immanuel Kant, Georg Wilhelm Hegel, Friedrich Nietzsche und Martin Heidegger sollten ihn jedoch in seinem Urteil über die Qualität des Deutschen als Sprache der Philosophie bis zu einem gewissen Grade bestätigen.

Auch wenn Leibniz nachdrücklich für eine Ausbildung des Deutschen in bislang vernachlässigten, vom Lateinischen und Französischen beherrschten Bereichen eingetreten ist, war er kein Purist im strengen Sinne. Er setzt zwar auf die Schaffung neuer und die «Wiederbringung» vergessener und unbekannter Wörter, will zugleich aber auch «guten Worten der Ausländer das Bürgerrecht» verleihen:

«16. Es ist demnach die Meinung nicht, daß man in der Sprache zum Puritaner werde und mit einer abergläubischen Furcht ein fremdes, aber bequemes Wort als eine Todsünde vermeide, dadurch aber sich selbst entkräfte und seiner Rede den Nachdruck nehme; denn solche allzu große Scheinreinigkeit ist einer durchbrochenen Arbeit zu vergleichen, daran der Meister so lange feilt und bessert, bis er sie endlich gar schwächt, welches denen geschieht, die an der Perfektiekrankheit, wie es die Holländer nennen, darnieder liegen.

17. Ich erinnere mich, gehört zu haben, daß, wie in Frankreich auch dergleichen Reindünkler aufgekommen – welche in der Tat, wie Verständige jetzt erkennen, die Sprache nicht wenig ärmer gemacht –, da soll die gelehrte Jungfrau von Gournay, des berühmten Montaigne Pflegetochter, gesagt haben: was diese Leute schrieben, wäre eine Suppe von klarem Wasser (un bouillon d'eau claire), nämlich ohne Unreinigkeit und ohne Kraft.» (11)

Auch in der Fremdwortfrage also ist Leibniz weitblickend, vertritt er eine gemäßigte und reflektierte Position. «Alles Krumme schlicht und gerade» machen zu wollen ist «bei ausgewachsenen Gliedern unmöglich» (12), schreibt er, und ebenso unmöglich – und unsinnig – wäre es, von der Sprache als einem historischen Gebilde «Reinheit», also Abwesenheit von Fremdwörtern, verlangen zu wollen oder sie anzustreben. Dennoch betont er, wie schon in der ‹Ermahnung an die Deutschen›, auch in den ‹Unvorgreiflichen Gedanken› noch einmal mit beschwörenden Worten, daß angesichts der bestehenden deutsch-französischen Sprachmengerei – jenes «Mischmasches», durch das «der Prediger auf der Kanzel, der Sachwalter auf der Kanzlei, der Bürgersmann im Schreiben und Reden mit erbärmlichem Französisch sein Deutsch verdirbt» (12) – die deutsche Sprache dauerhaften Schaden nehmen könnte. Und nun, nach der grundlegenden Erörterung der Leistung und Funktion des sprachlichen Zeichens sowie der Analyse des Zustands der deutschen Sprache am Ende des 17. Jahrhunderts, wird er konkret, entwickelt er seine Therapie, breitet er seine «unvorgreiflichen Gedanken» darüber aus, wie das Deutsche auszuüben und zu verbessern sei:

«32. Der Grund und Boden einer Sprache sind die Worte, worauf die Redensarten gleichsam als Früchte hervorwachsen, woher denn folgt, daß eine der Hauptarbeiten, deren die deutsche Hauptsprache bedarf, sein würde eine Musterung und Untersuchung aller deutschen Worte [...]. (17)

Für diese Musterung schlägt Leibniz ein umfassendes Wörterbuchprogramm vor (18), das sich in drei Wörterbuchtypen gliedert:

- «ein eigenes Buch für durchgehende Worte»: Sprachbrauch, auf lateinisch Lexikon;
- «ein anderes für Kunstworte»: Sprachschatz oder cornu copiae;
- «letztlich eines für alte und Landworte und solche Dinge, so zur Untersuchung des Ursprungs und Grundes dienen»: Glossarium Etymologicum oder Sprachquell.

Dieses Programm, das auszuführen die Hauptaufgabe der von Leibniz am Ende der ‹Unvorgreiflichen Gedanken› vorgeschlagenen Akademie sein sollte, ist «mit praktischem, kritischem und zukunftszugewandtem Sinn konzipiert; es findet sich noch fast nichts von dem späteren, rückwärtsgewandten romantischen Interesse am Wortschatz als Offenbarung deutschen Geistes und Wesens», schreibt Uwe Pörksen in seinem Nachwort.[10] Wenngleich Leibniz mit manchen seiner Vorstellungen heute als überholt gelten muß (z. B. seine assoziativen etymologischen Herleitungen und seine sprachgeschichtlichen Entwürfe), wird man seine Konzeption notwendiger Wörterbücher als vorbildlich und noch immer gültig einstufen können. Neben den drei genannten Abteilungen – ein Wörterbuch der Gemeinsprache, eines der Berufs- und Fachsprachen und eines der Mundarten und des historischen Wortschatzes – schlägt er verschiedene «Nebendiktionaria» vor: beispielsweise eines der Redensarten und eines der in andere Sprachen entlehnten deutschen Wörter. Zudem überlegt er, ob man die Wörterbücher alphabetisch als «Deutungsbücher» oder aber nach Sachgruppen als «Benennungsbücher» (35) – modern ausgedrückt: semasiologisch oder onomasiologisch – anlegen sollte. Alles in allem ein sehr durchdachtes Programm, das bis heute noch nicht vollständig umgesetzt ist und dessen Konzeption noch immer Aufmerksamkeit beanspruchen darf.

Sollen die Wörterbücher einerseits den Wortschatz der deutschen Sprache mustern und untersuchen, sind sie also auf die Feststellung des Sprachzustands gerichtet, so können sie andererseits auch helfen, die Sprache zu verbessern, indem sie Vergessenes wieder bekannt machen, Veraltetes zu erneuern und den Denk- und Ausdruckshorizont der Sprecher zu erweitern helfen. Von dieser Überlegung her gelangt Leibniz zu der Frage, welches denn die «guten Beschaffenheiten bei einer Sprache» seien. Er benennt drei Eigenschaften und begründet damit die sprachkritische Tradition, den Zustand einer Sprache an Idealen zu messen und Wege dahin aufzuzeigen, wie diese Ideale zu erreichen sind. Für Leibniz lauten die Ideale: Reichtum, Reinigkeit und Glanz (27). – Fragen wir, zum Abschluß der Ausführungen über Leibniz, was er unter diesen Idealen verstanden hat.

«57. Reichtum ist das erste und nötigste bei einer Sprache und besteht darin, daß kein Mangel, sondern vielmehr ein Überfluß erscheine an bequemen und nachdrücklichen Worten, so zu allen Vorfälligkeiten dienlich, damit man alles kräftig und eigentlich vorstellen und gleichsam mit lebenden Farben abmalen kann.» (27)

Eine Sprache, die über einen reichen, ausgeprägten Wortschatz verfügt, versetzt die Sprecher in die Lage, stets über den prägnanten Ausdruck, über das treffende Wort verfügen zu können, so daß die gemeinte Sache, der Gedanke nuancenreich und präzise bezeichnet werden kann und der Sprecher nicht lange nach dem *mot juste* suchen muß. «Der rechte Probierstein des Überflusses oder Mangels einer Sprache», schreibt Leibniz (28), findet sich beim Übersetzen guter Bücher aus anderen Sprachen. Gerade bei Übersetzungen «zeigt es sich, was fehlt oder was vorhanden»; hier erweist sich der Reichtum einer Sprache darin, daß der dem fremdsprachlichen Wort äquivalente Ausdruck fertig gebildet in der eigenen Sprache parat liegt.

Eine Beförderung des Reichtums läßt sich nach Ansicht Leibniz' durch folgende Maßnahmen erreichen: «Aufsuchung guter Wörter, die schon vorhanden»; «Wiederbringung alter verlorener Worte»; «Einbürgerung oder Naturalisierung fremder Benennungen»; «wohlbedächtliche Erfindung oder Zusammensetzung neuer Worte».[29] Zudem plädiert Leibniz dafür, aus nahe verwandten Sprachen – dem Holländischen, Englischen und den skandinavischen Sprachen – zu entlehnen, weil sich diese Wörter dem Deutschen besser assimilieren lassen. Das Wörterbuchprogramm dient vor allem dieser Aufgabe: den Reichtum der deutschen Sprache zunächst festzustellen und anschließend zu vermehren.

«80. Die Reinigkeit der Sprache, Rede und Schrift besteht darin, daß sowohl die Worte und Redensarten gut deutsch lauten, als daß die Grammatik oder Sprachkunst gebührend beobachtet [...] werde.» (35)

Unter Reinigkeit versteht Leibniz nicht, wie man meinen könnte, die Abwesenheit von Fremdwörtern. Bereits zu Beginn der ‹Unvorgreiflichen Gedanken› hatte er ja eine streng puristische Position verworfen. Hier präzisiert er seine Auffassung noch einmal dahingehend, daß in öffentlichen Schriften, die prinzipiell jedem zugänglich sein sollten, man «des Fremden eher zuwenig als zuviel haben sollte», «was aber für Gelehrte, für den Richter, für Staatsleute geschrieben, da kann man sich mehr Freiheit nehmen» (36 f.). In der Fremdwortfrage also sucht Leibniz eine pragmatische Lösung: die Frequenz von Fremdwörtern in einem Text macht er von dessen Zielgruppe abhängig.

Das Ideal der Reinigkeit besteht für ihn zum einen in der Abwesenheit von unanständigen, also vulgären, sowie von unverständlichen, vor allem dialektalen Wörtern. Mehr Gewicht legt er aber auf den zweiten Aspekt: die Sprachrichtigkeit nach den Regeln der Sprachkunst. Leibniz fordert eine Grammatik, die sich an den Gebrauchsnormen orientiert. Sie soll den Sprechern und Schreibern eine gewisse Sicherheit im Gebrauch der Sprache liefern.

«110. Nun wäre noch übrig vom Glanz und der Zierde der deutschen Sprache zu reden, ich will mich aber damit jetzt nicht aufhalten, denn wenn es weder an bequemen Worten noch tüchtigen Redensarten fehlt, kommt es auf den Geist und Verstand des Verfassers an, um die Worte wohl zu wählen und füglich zu setzen.» (43 f.)

Reichtum und Reinigkeit sind also Voraussetzungen für Glanz, worunter Leibniz offensichtlich den Stil meint, die Schaffung bestimmter, wiedererkennbarer Sprachmuster. Da Stil durch Vorbilder geschult wird, schlägt er am Ende seines Aufsatzes als eine – neben der Wörterbucharbeit – weitere Aufgabe der Akademie die Zusammenstellung und Publikation eines Kanons der schönen Literatur und der Sachprosa vor.

Gottfried Wilhelm Leibniz hat mit seinen beiden Aufsätzen ‹Ermahnung an die Deutschen› und ‹Unvorgreifliche Gedanken› ein Muster von Sprachkritik aufgestellt: Er liefert eine Analyse des Sprachzustandes, er formuliert ein Sprachideal, und er macht konkrete, praktikable Vorschläge, wie der Sprachzustand in Richtung auf eine Realisierung des Sprachideals zu verbessern sei. Eine solche Sprachkritik ist konstruktiv: sie bleibt nicht einer bloß negativen Kritik verhaftet, sie weist auch gangbare Wege zum Positiven auf. Ferner ist sie in die Zukunft gerichtet: sie behauptet nicht, daß früher einmal die Sprache in einer besseren Verfassung gewesen sei und ihr nun ein Verfall drohe, sondern sie lebt von dem Glauben an Perfektibilität, an die Verbesserungsfähigkeit und -möglichkeit ihres Gegenstandes, der Sprache. Gerade in diesem letzten Aspekt finden wir das zentrale Merkmal der aufklärerischen Sprachkritik des 18. Jahrhunderts.

Am Ende des 17. Jahrhunderts benutzten die Wissenschaften und die Universitäten als Publikations- und Lehrsprache noch fast ausschließlich das Latein, gelegentlich auch das Französische.[11] Als Leibniz, vor allem in seiner um 1682/83 verfaßten ‹Ermahnung an die Deutschen›, den Übergang vom Gelehrtenlatein zur Volkssprache forderte, war die Zeit für einen Sprachenwechsel aber offenbar schon reif. Ihn vollzog nur wenige Jahre später, 1687, der junge, gerade zweiunddreißigjährige Doktor der Rechte Christian Thomasius an der Universität zu Leipzig.

Bis zu jenem Datum hatte sich Thomasius ganz in die seit dem Mittelalter bestehenden Gepflogenheiten gefügt, an der Universität die lateinische Sprache in Wort und Schrift zu benutzen. Zum Wintersemester 1687/88 aber heftete er – gewiß sorgsam überlegt – einen Anschlag an das Schwarze Brett der Leipziger Universität, in dem zu lesen stand:

«Christian Thomas/eröffnet/Der/Studirenden Jugend/zu Leipzig/in einem *Discours* /Welcher Gestalt man denen Frantzo=/sen in gemeinem Leben und Wandel nach=/ahmen solle?/ein *COLLEGIUM* /über des *GRATIANS*/Grund= Reguln,/Vernünfftig, klug und artig zu leben./zufinden/bey Moritz George Weidemannen.»[12]

Diese Tat rief einen Skandal hervor. Thomasius, der schon zuvor mit seinen Ansichten über verschiedene Rechtsfragen Anstoß erregt hatte, berichtet, daß er «dem Fasz gar den Boden ausstiesz», als er «das erschreckliche und so lange damahls die Universität gestanden hatte, noch nie erhörte Crimen begienge, (man bedencke nur!) ein teutsch Programma [...] an das lateinische schwartze Bret zu schlagen».[13] Später, als Thomasius, schon längst berühmt, in Halle unterrichtete, schildert er ausführlich die Reaktionen:

«Als ich für ohngefehr dreyszig Jahren ein teutsch Programma in Leipzig an das schwartze Bret schlug, in welchem ich andeutete, dasz ich über des Gracians Homme de cour lesen wolte, was ware da nicht für ein entsetzliches lamentiren! Denckt doch! ein teutsch Programma an das lateinische schwartze Bret der löbl. Universität. Ein solcher Greuel ist nicht erhöret worden, weil die Universität gestanden. Ich muste damahls Gefahr stehen, dasz man nicht gar solenni processione das löbliche schwartze Bret mit Weyhwasser besprengte. Kurtz darauf, als ich den ersten Theil meiner Vernunfft-Lehre dem Professori Dialectices in die Censur gab, damit ich meinen Lästerern das Maul stopffen könte, die mir gefährliche Lehren schuld gaben, wurde ich von ihm zu dem Professore des Aristotelischen Orgelwercks gewiesen. Dieser, da er die ersten Bogen etliche Wochen bey sich behalten hatte, gab mir selbige wieder zurücke, unter keinem andern praetext, als dasz er mit guten Gewissen keine Schrifft censiren könte, darinnen philosophische Lehren in teutscher Sprache tractiret würden, und dieses sey conclusum totius Facultatis Philosophicae. Gleichwohl ist ietzo in meinem lieben Vaterlande die Aergernisz und der Eckel so grosz nicht mehr, als vor dem; und gedencke ich mir es Alters halber noch wohl gar zu erleben, dasz man selbst Collegia in teutscher Sprache zu Leipzig halten wird. Wer hätte es anno 88. und 89. da diese Dinge mit mir vorgiengen, glauben sollen, dasz es möglich wäre, dasz auf der Philosophischen Catheder zu Leipzig, und zwar in actu promotionis solenni solte eine Oration de Charlataneria eruditorum gehalten werden? und gleichwohl ist es geschehen u. s. w.»[14]

An anderer Stelle hebt Thomasius noch einmal den Hauptvorwurf gegen seine Tat hervor:

«Gleichwie dieses eben deshalben ein Auffsehen machte, und übel genommen werden wolte, dasz ein Doktor privatus solche Neuerungen anfinge, und gelehrte Dinge in der Mutter-Sprache vortragen wolte, also fanden sich auch welche, die sich beschwereten, dasz das ehrliche schwartze Bret so beschimpfft und lingua latina als lingua eruditorum so hintan gesetzt worden wäre.»[15]

Wenig später erhielt Thomasius, dem seine Gegner Atheismus vorgeworfen hatten, in Leipzig Lehr- und Publikationsverbot. Sein kühnes Unternehmen, die lateinische Sprache in den Wissenschaften durch die Volkssprache ersetzt zu haben, wurde für diesen Zensurakt zwar nicht ausdrücklich als Grund angeführt, wirkte sich aber gewiß nachteilig auf seine ohnehin umstrittene Stellung an der Universität aus. Thomasius ging nach Halle. Dort bereits 1691 zum Professor ernannt, konnte er an der 1694 gegründeten Universität ungehindert in deutscher Sprache lehren und schreiben. Sein Beispiel machte schließlich Schule. Es sollte nur noch wenige Jahrzehnte dauern, bis um die Mitte des 18. Jahrhunderts zunächst an den protestantischen Universitäten das Deutsche an die Stelle des Lateinischen getreten war. Gegen Ende des Jahrhunderts hatte dieser Sprachenwechsel auch die katholischen Hochschulen weitgehend erfaßt. Welche Rolle nun spielte Christian Thomasius in diesem Prozeß? Inwiefern sind sprachkritische Momente an dem Sprachenwechsel beteiligt?

Thomasius war in der Tat ein Neuerer: Er hielt innerhalb des Bereichs ‹Wissenschaft› und der Institution ‹Universität›, zudem noch «in einem nicht zu den Realdisziplinen rechnenden Fach»,[16] eine deutschsprachige Vorlesung. Doch damit nicht genug: Er setzte auch Reformen in Gang, die auf eine neue Funktion der Universität innerhalb von Staat und Gesellschaft und, damit verbunden, auf neue wissenschaftliche Inhalte, die an der Universität gelehrt werden sollten, zielten. In welcher Weise der Sprachenwechsel, der gesellschaftliche Funktionswandel der Universität und der Austausch der wissenschaftlichen Denkstile in Verbindung standen, läßt sich deutlich an der von Thomasius vorgenommenen Neudefinition des Gelehrten ablesen, der nun in Universität und Gesellschaft zugleich im Sinne eines Nützlichkeitsdenkens wirken sollte.

Bezeichnenderweise hat Thomasius sein neues Gelehrtenideal in dem ‹Discours Welcher Gestalt man denen Frantzosen in gemeinem Leben und Wandel nachahmen solle?› entwickelt, jener Vorlesung, die er noch in Leipzig 1687 mit einem deutschsprachigen Programm angekündigt hatte und die das Sprachenthema in den Wissenschaften zum Gegenstand macht. Die im Titel seiner Vorlesung gestellte Frage beantwortet Thomasius kurz und bündig so:

> «Derowegen/daß wir dereinst zum Schlusse kommen/bin ich der Meinung/daß wenn man ja denen Frantzosen nachahmen wil/man ihnen hierinnen nachahmen solle/daß man sich auf honnêteté, Gelehrsamkeit/beauté d'esprit, un bon gout und galanterie befleißige; Denn wenn man diese Stücke alle zusammen setzt/wird endlich un parfait homme Sâge oder ein vollkommener weiser Mann daraus entstehen/den man in der Welt zu klugen und wichtigen Dingen brauchen kan.»[17]

In diesem Abschnitt sind bereits alle entscheidenden Begriffe enthalten, die Thomasius, auf die Wissenschaft angewandt, von Frankreich nach Deutschland übertragen möchte: *honnêteté, bel esprit, bon gout* und *galanterie*. Es sind dies die – auch von Leibniz propagierten – Ideale, die den *hônnete homme* kennzeichnen, der im Frankreich des 17. Jahrhunderts in höfischen Kreisen als positives Muster des gebildeten Menschen dem verknöcherten Buchgelehrten gegenübergestellt worden war und diesen nach und nach aus dem gesellschaftlich anerkannten Milieu verdrängt hatte. Bezogen auf die Wissenschaft trifft Thomasius die folgende Unterscheidung zwischen diesen beiden Formen der Gelehrsamkeit:

«So bemercken sie [die Franzosen] auch mit dem Titel Scavant einen Gelehrten/aber einen solchen/der mit schönen und den menschlichen Geschlecht nützlichen Wissenschafften gezieret ist/denn denjenigen/der im Gegentheil den Kopff voll unnöthige Grillen und Sophistereien hat/welche zu nichts nütz seyn/als die so dieselben lernen/bei der klugen Welt zu prostituiren/nennen sie Scavantas, welches fast dem klange nach mit unserm Wort phantast übereinkommt.»[18]

Dieses Ideal eines Gelehrten, der die schönen und nützlichen Wissenschaften vertritt, will Thomasius für Deutschland als Muster nehmen, denn dort sieht es mit der Gelehrsamkeit noch ganz anders aus:

«Es giebt ja noch in Deutschland gelehrte Leute/aber nicht so häuffig als in Franckreich/weil sich sehr viel von denen unserigen auff die Abstractiones Metaphysicas derer Schullehrer befleißigen/(durch welche man weder dem gemeinen besten was nutzet/noch seiner Seelen Seeligkeit befördert/und bey weltklugen Leuten mehr verhast als beliebt sich machet/) oder die nöthigen Wissenschafften nur obenhin und ohne gründlichen Verstand wie die Nonnen den Psalter lernen/[...].»[19]

Thomasius wendet sich also nicht nur gegen die Form einer trockenen, praxisfernen, schematisch und unkritisch betriebenen Buchgelehrsamkeit, er will auch deren Inhalte, letztlich die noch vom Mittelalter herrührende, auf der Autorität des Aristoteles beruhende scholastische Philosophie überwinden. An die Stelle des alten Autoritätsprinzips, das den Gelehrten zum Sklaven seines vorzutragenden Textes gemacht hatte, setzt Thomasius das Nützlichkeitsprinzip, das auf das Selbstdenken des Gelehrten baut, Vorurteile zu beseitigen hilft und die Wissenschaft in die Gesellschaft integriert: «Erst die neue gesellschaftliche Bestimmung des Gelehrten und der Wissenschaft ermöglicht die Neukonzeption der Wissenschaft selbst. Hinter dieser Reihenfolge steht der primär ‹politische› Gedanke von der Funktionalität des Wissenschaftsbetriebs für die Gesellschaft.»[20]

Die scholastische Wissenschaft durch eine gesellschaftlich nützliche zu ersetzen bedeutet für Thomasius zugleich auch, das Latein aufzugeben und eine moderne, lebendige Sprache in den Wissenschaften einführen zu müssen. Dieser Sprachenwechsel war nötig, weil das Lateinische zum einen für das autoritative scholastische Prinzip stand und dessen Inhalte transportierte, es war «die Beybringung vieler nichtswürdiger Fragen/welche das Gehirn verwirren und keinen grössern Nutzen haben/als Ratten und Mäuse zu tödten».[21] Zum anderen aber signalisierte es als Sprache des Papsttums eine Bevormundung der Wissenschaften durch die katholische Kirche, die dem neuen Prinzip der Freiheit der Wissenschaften, das nur in Gott den «Ober-Herrn» des Verstandes anerkennt, entgegenstand. Für die neuen Wissenschaften aber muß der Grundsatz gelten: «Es ist ungebundene Freyheit/ja die Freyheit ist es/die allem Geiste das rechte Leben giebet/und ohne welche der menschliche Verstand/er möge sonsten noch so viel Vortheil haben als er wolle/gleichsam todt und entseelet zu seyn scheinet.»[22] In diesem Sinne stellt Thomasius eine Verbindung zwischen Kirche, Universitäten und dem Gebrauch der lateinischen Sprache her:

«Es ist eine Politische Regel/ein Regent müsse seine Unterthanen an die herrschende Sprache gewöhnen. Dieses hat sich der Pabst wohl wissen zu Nutze zu machen/indem er zu einem Zeichen der Unterthänigkeit allen Pfaffen in allen Landen geboten/sich der Lateinischen Sprache beym Gottesdienst zu gebrauchen. Dieser Aberglaube ist schon zu Caroli Magni Zeiten in Deutschland eingeführet/damit die Universitäten von der Herrschafft der Fürsten abgesondert würden/mußten alle Professores und Studenten in den geistlichen Orden aufgenommen werden. Daher ist das Latein eine Sprache der Gelehrten worden/weil es die Pfaffen=Sprache war.»[23]

«Man solte das Latein nur darumb abschaffen/weil es junge Leute hindert/daß sie nicht recht Deutsch lernen/geschweige daß so lange wir uns mit der Pabsts-Sprache schleppen / wir des Pabsts arme Leute bleiben / und das Pabstthum überm Halse behalten in secula seculorum.»[24]

Thomasius wollte die Universität sowohl von kirchlicher als auch von überkommener wissenschaftlicher Autorität befreien und sie zu einer Bildungseinrichtung gestalten, die, aufbauend auf dem Grundsatz der Freiheit der Lehre und Forschung (das Prinzip der *libertas philosophandi*), zum gesellschaftlichen Nutzen wirkt, indem sie Inhalte und Formen von Gelehrsamkeit entwickelt, die in die bestehende Gesellschaft zu integrieren sind. Es ist unmittelbar einsichtig, daß diese Veränderung der Universität, ihr Funktionswandel weg von der autonomen, Wissen vorwiegend nur tradierenden Institution hin zu einer gesellschaftlich nützlichen, auf das Selbstdenken bauenden Institution, ohne den Sprachenwechsel nicht vollzogen werden konnte. Funktionswandel der Universität und Sprachenwechsel bedingen sich dabei gegenseitig: Die Universität war nicht zu verändern, ohne daß das Latein als Sprache aufgegeben wurde, umgekehrt mußte der Verzicht auf das Latein aber auch eine Veränderung der Universität nach sich ziehen.

Thomasius war es gleichgültig, ob die Universitäten und Wissenschaften sich des Deutschen oder Französischen bedienten, wichtig war ihm nur, daß sie das Lateinische aufgaben:

«Warum solte es nicht angehen/daß man durch Hülffe der Teutschen und Frantzösischen Sprache/welche letztere fast bey uns naturalisiret worden/Leute/die sonsten einen guten natürlichen Verstand haben/in kurtzer Zeit viel weiter in der Gelehrsamkeit brächte/als daß man sie erst so viel Jahre mit dem Lateinischen placket. Sprachen sind wohl Zierrathen eines Gelehrten/aber an sich selbst machen sie niemand gelehrt.»[25]

Diese Haltung ist als ein Beleg dafür zu werten, daß Thomasius einen Wechsel des an der Universität geübten Denkstils anstrebte. Indem seine Stoßrichtung nicht unbedingt *für* die eigene Muttersprache, wohl aber *gegen* das Latein gerichtet war, zeigt sich, daß nicht die Sprachen selbst im Mittelpunkt seines Interesses standen. Wichtig war ihm, daß die Wissenschaften sich einer lebendigen, kommunikationstüchtigen, weil inhaltlich und sozial ‹offenen› Sprache bedienten, denn nur auf diese Weise konnten die im Lateinischen gefaßten überkommenen wissenschaftlichen Inhalte und die für ihre Vermittlung zuständige ‹alte› Universität überwunden werden.

Die Einführung des Deutschen an einer lateinischsprachigen Universität, wie Thomasius es praktiziert hat, zeigt eine Sprachhandlung an, die ihre Bedeutung aus der Konfrontation zwischen einer allgemein akzeptierten Norm und der bewußten Verletzung dieser Norm gewinnt. Sie kann, für sich genommen, als ein Zeichen interpretiert werden, das die Normverletzung anzeigt. Darüber hinaus aber ist sie zugleich auch die Normverletzung selbst, also eine Form sprachlichen Verhaltens, dessen Zeichenbedeutung über die Sprache hinausweist. Diese Bedeutung muß, wie wir gesehen haben, in der Gestalt jener Institution gesucht werden, die von dem Sprachenwechsel betroffen ist: in der Gestalt der Universität.

Wenn Christian Thomasius ein «teutsch Programma» an das Schwarze Brett einer noch vollständig lateinischsprachigen Universität heftet und in der Folge seine Vorlesungen in deutscher Sprache hält, dann tauscht er nicht bloß ein sprachliches Zeichensystem gegen ein anderes aus. Er verändert auch den Charakter der Institution, in der bislang das eine Zeichensystem Geltung besaß und nun das andere Eingang finden soll. Vordergründig betrachtet setzt Thomasius ein bloß auf die Sprache bezogenes Zeichen, genauer besehen aber markiert dieses Zeichen einen Umbruch innerhalb der Institution ‹Universität›, einen Funktionswandel dieser akademischen Einrichtung.

Thomasius hatte mit seiner Normverletzung den dauerhaften Übergang der Universität vom Lateinischen zum Deutschen intendiert und auch tatsächlich ausgelöst. Es ließe sich, was man als Auswirkungen seiner sprachkritischen Argumentation betrachten könnte, recht leicht zeigen, wie der von Thomasius vollzogene Sprachenwechsel der Universität und der damit verbundene Funktionswandel in der gesamten Unterrichtsordnung und den Inhalten der einzelnen Fächer an der Universität Halle praktisch umgesetzt worden ist.[26] Hervorgehoben werden soll hier jedoch nur der rechtswissenschaftliche Bereich, in dem Thomasius wegen seines aufgeklärten und teilweise auch erfolgreichen Kampfes gegen die Folter (‹Dissertatio de tortura e foris Christianis proscribenda›, 1705) und den Hexenwahn (‹Dissertatio de crimine magiae›, 1701) ein dauerndes

Andenken genießt. Neben diesen die praktische Rechtsprechung und Rechtsausübung betreffenden wegweisenden Neuerungen hat Thomasius eine Reform des juristischen Studiums durchgesetzt. Sie zielte vor allem darauf, die Universität Halle zu einer Ausbildungsanstalt für den Beamtennachwuchs umzuformen.[27] Diese neue Aufgabe der Universität war gewiß nicht in der lateinischen Sprache zu erfüllen – dafür benötigte man das Deutsche.

Es steht außer Zweifel, daß Christian Thomasius den für die Universitäten entscheidenden Anstoß zu einer gezielten Ausbildung und Verbreitung der Wissenschaften in der Volkssprache gegeben hat. Er hat den von Leibniz zunächst nur als Forderung formulierten Sprachenwechsel für seine eigene wissenschaftliche Tätigkeit vollzogen und damit auch als Vorbild gewirkt. Das Ziel jedoch, das Thomasius angestrebt hat, war kein rein Sprachliches, denn er wollte den Bildungsauftrag der Universität verändern und sie öffnen für neue wissenschaftliche Inhalte und Methoden. Sein Ausgangspunkt aber war ein sprachlicher, ja, ein sprachkritischer. Er betrachtete die Vorherrschaft des Lateinischen in den Wissenschaften als Ausdruck eines überkommenen Denkens, der scholastischen Autoritätsgläubigkeit, in die sich auch der Anspruch der katholischen Kirche fügte, Aufseherin über menschliche Gedanken zu sein. Wenn jene Autoritätsgläubigkeit überwunden und an ihre Stelle das aufklärerische Prinzip der libertas philosophandi gesetzt werden sollte, dann mußten sich mit den Denkstilen auch die Sprachen ändern.

Was Leibniz theoretisch begründet und Thomasius praktisch ausgeführt hatte, den Wechsel der Wissenschaften von der lateinischen Gelehrtensprache zur deutschen Volkssprache, machte sich Christian Wolff zur akademischen Lebensaufgabe. Er setzte sich das Ziel, das Deutsche systematisch zu einer wissenschaftsfähigen Sprache auszubilden, also sprachliche Normen einer «vernakulären Wissenschaft» aufzustellen.[28] Während Leibniz seine wissenschaftlichen Arbeiten noch weitgehend auf Latein oder Französisch schrieb und Thomasius trotz seiner deutschsprachigen Vorlesungen noch überwiegend die griechische und lateinische Terminologie beibehielt, wurde eine durchgängig deutsche Wissenschaftssprache unter Einschluß der Terminologie erst durch Christian Wolff programmatisch verkündet, geschaffen und – hauptsächlich für die Fächer Philosophie und Mathematik – auch durchgesetzt.[29] Strenggenommen ist mit Wolff die Geburtsstunde einer deutschen Wissenschaftssprache anzusetzen.

Ebenso wie Leibniz und Thomasius, nur um eine Spur differenzierter und begründeter, geht Wolff von der Prämisse aus, daß alle Sprachen prinzipiell gleichrangig seien und man jeden Gedanken, jede Vorstellung – Wolff spricht hier vom «Begriff» – in jeder Sprache ausdrücken könne. Diese Auffassung setzt voraus, daß das sprachliche Zeichen, der Träger einer Vorstellung, als willkürlich, arbiträr, konstruiert wird. Wolff formuliert diese Position explizit:

«Die Wörter gehören unter die willkührlichen Zeichen, dann das ein Wort und ein Begrif mit einander zugleich zugegen sind, oder eines von beyden auf das andere erfolget, beruhet auf unserer Willkühr.»[30]

Diese Willkürlichkeit ist aber eingeschränkt dadurch, daß der Mensch sich seine Zeichen als Verbindung von Wort und Begriff (Ausdruck und Inhalt) in der Regel nicht selbst erfinden oder festlegen kann. Der Mensch findet bereits eine Sprache als Zeichenvorrat vor. Er muß sich diese Zeichen durch Gewöhnung oder durch bewußtes Lernen aneignen. Zeichen sind also auch konventionell, ihre Konventionalität schränkt ihre Willkürlichkeit oder Arbitrarität deutlich ein.

Nun sind Wörter aber nicht nur Zeichen von Begriffen, also von Vorstellungen, sondern auch von außersprachlichen Dingen oder Gegenständen. Auf derartige Dinge nun kann in zweierlei Weise zeichenhaft hingewiesen werden. Zum einen gibt es für Wolff ‹natürliche Zeichen›, so wie beispielsweise Rauch ein Zeichen für Feuer ist. Hier wird das Zeichen nicht durch die Willkür des Menschen, sondern durch die Natur hervorgebracht. Zum anderen schafft der Mensch auf künstliche Weise Zeichen, also Wörter, für die Dinge. Diese «Wörter sind zwar willkürliche Zeichen im Hinblick auf ihren Referenten bzw. den außersprachlichen Gegenstand, ihre Verwendung ist aber nicht in das völlige Belieben der Sprecher gestellt. Denn die Wörter sind auch Zeichen des Begriffs und mit ihm, auf zufällige Weise zwar, aber untrennbar verknüpft. Die Wörter sind gleichsam die materiale Voraussetzung der Begriffsbildung. Und zwar sind sie es als Benennungen, als Namen. Eine richtige, d. h. wesentliche Benennung führt auf die Definition der Sache selbst zurück, das Wort hat dann eine ‹wesentliche Bedeutung›.»[31] Gerade hierin nun ist die Willkürlichkeit der sprachlichen Zeichen – über ihre Konventionalität hinaus – nochmals eingeschränkt. «Die Wörter repräsentieren eine außersprachliche Wirklichkeit, und sie sind gleichzeitig Ausdruck einer Verstandesleistung. Diese Leistung des Verstandes besteht in der Benennung (Namengebung) einer Sache und der Zuordnung bzw. Identifikation von Lautgestalt (Wort) mit dem Bezeichnetem (Vorstellungsinhalt bzw. Sache, Ding).»[32] Die zweite Einschränkung der Willkürlichkeit sprachlicher Zeichen liegt also in der Relation zwischen den drei am Gesamtzeichen beteiligten Größen ‹Wort›, ‹Begriff› und ‹Ding› begründet. Während die Verknüpfung von Wort und Begriff prinzipiell willkürlich, aber durch die Konvention eingeschränkt ist, muß die Verknüpfung zwischen Begriff und Ding möglichst so beschaffen sein, daß das Ding und seine Merkmale im Begriff klar, deutlich, ausführlich und vollständig erfaßt worden sind. Nur wenn das der Fall ist, können die sprachlichen Zeichen auch als ein verläßliches Kommunikationsmittel verwendet werden, können sie den Begriff von einem Ding, den der Benutzer eines Wortes – metaphorisch gesagt – vor seinem geistigen Auge hat, auch im Hörer hervorrufen. Zu diesem Aspekt des Verstehens sprachlicher Zeichen bemerkt Wolff:

«Die Worte sind Zeichen dessen was wir wahrnehmen, oder der Dinge, die wir uns durch diese Worte vorstellen [...], daher verstehen wir den Sinn des Verfassers, wenn eben diejenige Wahrnehmungen in unser Seele erwecket, oder eben dieselbe Sachen an ihr vorgestellet werden, die der Verfasser mit den Wörtern anzeigen wollen.»[33]

Die alltägliche Kommunikation, also der nichtfachliche Austausch sprachlicher Zeichen, funktioniert aufgrund des unbewußten Einübens der Verknüpfung von Wort, Begriff und Ding in der Regel reibungslos. In den Wissenschaften aber, in der fachlichen Kommunikation, ist es nötig, daß Sprecher und Hörer mit den sprachlichen Zeichen eindeutige und klare Begriffe verbinden. Wolff verdeutlicht diese Notwendigkeit an einem Beispiel:

«Das Wort Luchs bedeutet ein Thier, welches denen Jägern nicht unbekandt, auch wegen seines scharfen Gesichts beschrien ist. Viele wissen das Wort, haben aber keinen klaren, geschweige denn einen deutlichen Begriff davon.»[34]

In der Alltagskommunikation genügt es, den Begriff des Luchses nur in einem Merkmal zur Verfügung zu haben, hier in dem sprichwörtlich gewordenen Merkmal ‹er hat Augen wie ein Luchs›, auf das Wolff in seiner Formulierung «wegen seines scharfen Gesichts beschrien» direkt hindeutet. Die Nennung des Wortes ruft in der Vorstellung also die ‹Sache› (mit dem genannten Merkmal) hervor, wie auch umgekehrt die mit dem entsprechenden Merkmal versehene ‹Sache› das Wort hervorruft:

«Indem man aber das Wort und die Sache, die dadurch angedeutet wird, sich öfters zugleich vorstellet; so darf man nach diesem entweder die Sache empfinden oder sich einbilden; so kommet einem auch das Wort vor, und man erkennet, daß dieses Wort der Nahme des Dinges ist: oder man darf das Wort hören, oder geschrieben sehen, oder sich einbilden; so kommet zugleich die Sache vor, die dadurch bedeutet wird und wir erkennen, daß dieses die Sache sey, der dieser Nahme gebühret.»[35]

Wolff beschreibt hiermit, wie Wolfgang Menzel interpretiert, die «doppelte Repräsentationsleistung des Wortes». «Das Wort, obwohl ein willkürliches (arbiträres) Zeichen, dessen Bedeutungsinhalt durch Konvention festgelegt ist, ist so eng mit seiner Bedeutung verknüpft, daß sie sich dem kompetenten Sprecher sofort einstellt. Es referiert nach der einen Seite hin auf den außersprachlichen Gegenstand und nach der anderen Seite auf die Bedeutung [d. i. den Begriff]. Das erste nennt Wolff ‹anschauende Erkenntnis›, bei der der Gegenstand selbst vorgestellt wird, das zweite die ‹figürliche Erkenntnis›.»[36] Während die anschauende Erkenntnis die bildliche Vorstellung beispielsweise eines Luchses ist, besteht die figürliche Erkenntnis in einer mit dem Wort verbundenen Umschreibung seines begrifflichen Inhalts, die z. B. in Form einer Definition gegeben werden kann: «Ein Luchs ist ein Säugetier, das seine Beute auf dem Land durch Jagen erlegt usw.». Bei der anschauenden Erkenntnis dient das Wort als

Name der assoziativen Verknüpfung mit der Sache. Die figürliche Erkenntnis dagegen ist rein sprachlicher Art, sie verknüpft Wort und Begriff (Bedeutung) miteinander. Sie hat ihre Funktion dort, wo abstrakte Begrifflichkeiten verwendet werden, wo eine Anschauung nicht oder nicht vollständig möglich ist:

> «Daher geschiehet es auch, daß so bald wir uns entweder einen allgemeinen Begrif von einer Art Dinge, davon wir eine sehen, oder sonst empfinden, formiren, oder auch nur etwas deutliches mercken, oder von einem Dinge ein Urtheil für uns fällen wollen, wir von der anschauenden Erkäntniß zu der figürlichen schreiten, oder zu uns selbst reden, oder wenigstens die dazu nöthige Worte gedencken.»[37]

Nun liegt die Möglichkeit der figürlichen Erkenntnis zwar in der Sprache begründet, nicht aber im einzelnen Wort: Das Wort ‹Wahrheit›, bemerkt Wolff, stellt ja nichts von der Wahrheit selbst, von ihrem Begriff, vor. Die Worte sind zur figürlichen Erkenntnis nur dann geeignet, wenn mit ihnen ein deutlicher und klarer Begriff einhergeht. Dieser klare Begriff aber muß durch Definition erst geschaffen und dann konstant gehalten werden:

> «Wenn nun der andere mich verstehen soll; so muß ich kein Wort brauchen, als davon ich gesichert bin, daß er nicht allein den Begrif haben kan, den ich damit verbinde, sondern auch, daß das Wort, so bald er es höret, und ihm nachdencket, selbigen Begrif in ihm erreget [...]. Derowegen muß einer, sonderlich in Wissenschaften, seine Wörter erklären, und die in diesen Erklärungen gebrauchte Wörter von neuem so lange erklären, bis er auf solche kommet, deren Begrif einer von den gegenwärtigen Dingen ohnfehlbar haben kan, oder von denen er versichert ist, daß der Leser ihre rechte Bedeutung wisse [...].»[38]

Auf den ersten Blick scheint hier ein Zirkelschluß vorzuliegen. Einerseits spricht Wolff von der Möglichkeit der (figürlichen) Erkenntnis durch Sprache, andererseits aber wird diese Erkenntnis vermittels Definitionen oder Erklärungen bereits vorgängig in die Wörter der Sprache gelegt. Doch dieser Zirkel löst sich auf, wenn man folgendes bedenkt: Die Definition eines Wortes besteht wiederum aus Worten, die ihrerseits definiert werden müssen. Dieser Prozeß setzt sich fort, theoretisch ins Unendliche – bei Wolff bis zu jenem Punkt, da man sicher sein kann, daß der Leser die «rechte Bedeutung kenne». Gleichwohl muß, wie es Carl Friedrich von Weizsäcker getan hat, die grundsätzliche Frage gestellt werden:

> «Die Definitionen bedienen sich der natürlichen Sprache; sie benützen also Begriffe, deren Eindeutigkeit nicht selbst schon überprüft ist. Man kann diese Begriffe vielleicht durch weitere Definitionen eindeutig machen. Aber werden wir einmal erste Begriffe finden, die von selbst eindeutig sind?»[39]

Wolfgang Menzel hat diese Frage aus der Sicht Christian Wolffs so beantwortet: «Die Eindeutigkeit der ersten Begriffe ist eine Übereinkunft, denn sie können nie in einem absoluten Sinne ‹von sich aus› eindeutig sein. Das müssen sie aber auch nicht, wenn sie sich aufgrund unmittelbarer Erfahrung als evident oder durch geeignete Beobachtung und Experiment als wahr erweisen. Abhilfe könnte allenfalls eine universelle Kalkülsprache schaffen, die wir aber erst dann entwickeln können, wenn wir die Dinge und ihre Relationen bereits erkannt haben. Bis dahin müssen wir die natürliche Sprache zur möglichst präzisen und verständlichen Wissenschaftssprache umformen. Deshalb müssen die Begriffe der Wissenschaft immer wieder und gelegentlich auch neu definiert werden. Die natürlichsprachige Wissenschaftssprache muß durch konsequenten und gleichmäßigen Gebrauch eindeutig gemacht werden und die Bedeutungen der Benennungen und die Definitionen der Begriffe müssen fixiert werden; sie müssen sich den Bedingungen unserer fortschreitenden Erkenntnis anpassen.»[40] Mit anderen Worten: Wissenschaft ist permanente Sprachkritik der wissenschaftlichen Terminologie. Wissenschaftliche Erkenntnis besteht in der kritischen Sichtung und Bewertung der wissenschaftlichen Begriffe, die in den Wörtern materialisiert und durch sie kommunikabel sind.

An dieser Position Christian Wolffs läßt sich also ein theoretisches Moment von Sprachkritik ablesen. Ein praktisches Moment nun liegt in seiner Umsetzung dieser Position, in der Schaffung einer deutschen Wissenschaftssprache, die bislang nur ansatzweise, jedenfalls nicht systematisch ausgearbeitet, vorlag. Eben diese systematische Ausarbeitung war Wolffs großes sprachgeschichtliches Verdienst. Doch fragen wir zunächst danach, aus welchen Gründen Wolff den Wissenschaften ein deutschsprachiges Gewand geben wollte.

Die Gründe dafür, daß er deutsch sprach, schrieb und die Termini der Wissenschaften («Kunstwörter») in deutschen Wortformen prägte, hat Christian Wolff in seinem in zweiter Auflage 1733 erschienenen Werk ‹Ausführliche Nachricht von seinen eigenen Schrifften, die er in deutscher Sprache von den verschiedenen Theilen der Welt-Weisheit heraus gegeben› unter der Überschrift ‹Von der Schreib-Art des Autoris› dargelegt.[41] Dieses Kapitel erhellt wiederum ein Stück aufklärerischen Denkens über den Wert und Nutzen der deutschen Sprache.

Wolff nennt zunächst vier Ursachen dafür, daß «der Autor deutsch geschrieben»:

1. die an seiner Universität (Marburg) bestehende Gewohnheit, den «Vortrag in den Collegiis in deutscher Sprache» zu halten,
2. die Unfähigkeit vieler Studenten, einem lateinischen Vortrag zu folgen,
3. die Tatsache, daß viele Studenten Latein gar nicht auf der Schule gelernt haben, und
4. den Umstand, daß auch Nicht-Studierte die wissenschaftlichen Texte lesen möchten und dies nach Ansicht Wolffs auch tun sollten.[42]

Man erkennt, Wolff hat bei diesen Überlegungen seine Zuhörer im Blick. Noch deutlicher werden diese auf das Publikum, die Rezipienten, bezogenen Gründe in dem Abschnitt ‹Warum der Autor rein deutsch geschrieben? Wie er solches bewerckstelliget›. Hier heißt es:

«Da ich mir nun vorgenommen hatte von der Welt-Weisheit in deutscher Sprache zu schreiben; so schrieb ich auch auf eine solche Weise, wie es eine reine deutsche Mund-Art mit sich bringet. Ich habe mich nicht allein von ausländischen Wörtern enthalten, die man heute zu Tage in unsere deutsche Sprache häuffig mit einzumengen pfleget, sondern auch alle Redens-Arten vermieden, die unserer deutschen Mund-Art nicht gemäß, und bloß Ubersetzungen von Redens-Arten sind, die man aus fremden Sprachen entlehnet. Eben so habe ich keine lateinische Wörter mit untergemenget, weil diese sich so wenig in die deutsche Sprache, als die deutschen in die lateinische schicken. Der gemeine Gebrauch entschuldiget nicht: eine Gewohnheit muß vernünfftig seyn und einen guten Grund vor sich haben, wenn man sich darnach achten soll. Uber dieses erforderte es mein Zweck, den ich mir vorgesetzet hatte, daß auch andere meine Schrifften lesen solten, die nicht studiret und niemahls lateinisch gelernet haben. Ja da unsere deutsche Sprache nicht so arm ist, daß sie aus andern Sprachen Wörter und Redens-Arten entlehnen muß; so ist gar keine Noth vorhanden, warum wir fremde Wörter und Redens-Arten darein bringen wollen. Ich habe gefunden, daß unsere Sprache zu Wissenschaften sich viel besser schickt als die lateinische, und daß man in der reinen deutschen Sprache vortragen kan, was im Lateinischen sehr barbarisch klinget. Derowegen habe ich die barbarischen Kunst-Wörter der Schul-Weisen rein deutsch gegeben: Denn es gilt einem Anfänger gleich viel, ob er das Kunst-Wort deutsch oder lateinisch lernet, und, wer studiret, kan das lateinische Kunst-Wort sowohl als bey andern Wörtern das lateinische lernen. Hingegen werden durch die lateinischen Kunst-Wörter andere abgeschreckt die Bücher zu lesen und sich daraus zu erbauen, die mit dem Latein entweder nicht können, oder nicht mögen zu thun haben.»[43]

Drei Regeln hat Wolff nach eigenem Bekunden angewandt, um die Kunstwörter auf Deutsch wiederzugeben: «1. Wo mir ein deutsches Wort bekandt gewesen, das von andern an statt eines lateinischen gebraucht worden, da habe ich kein neues erdacht; sondern das alte behalten».[44] «Ferner ist zu mercken, daß ich 2. die deutschen Kunst-Wörter nicht aus dem Lateinischen übersetzet habe, sondern sie vielmehr so eingerichtet, wie ich es der deutschen Mund-Art gemäß gefunden, und wie ich würde verfahren haben, wenn auch gar kein lateinisches Kunst-Wort mir wäre bekandt gewesen».[45] «Die Haupt-Regel, darnach ich mich geachtet habe, ist diese, [...] nemlich 3. daß ich die deutschen Wörter in ihrer ordentlichen Bedeutung nähme und darinnen den Grund der Benennung zu dem Kunst-Worte suchte»[46].

Für Christian Wolff spielten, das dürfte aus den zitierten Passagen deutlich geworden sein, ‹nationale› oder gar ‹nationalistische› Gründe keine Rolle bei seiner Suche nach einer deutschen Wissenschaftsterminologie. Er war kein Purist. Es sind vielmehr die sachliche Angemessenheit des Ausdrucks sowie dessen Verständlichkeit für ein allgemeines Publikum, die Wolff dazu veranlaßt haben, Deutsch als Wissenschaftssprache und deutsche Termini als Sachbezeichnungen zu wählen.[47]

Um seine Termini durchzusetzen, greift Wolff – gemäß seinen theoretischen Überlegungen zur Funktion und Kritik des sprachlichen Zeichens

– zu dem Verfahren der vorgängigen Begriffsdefinition. Er betont außerdem die Notwendigkeit einer Bedeutungskonstanz der Wörter in ihrer Verwendung. Seine drei Regeln der Bildung von Termini deuten auf eine behutsame und überlegte Vorgehensweise hin: ein Terminus wird in der eigenen Sprache so gewählt, daß er die bezeichnete Sache klar und deutlich wiedergibt und die Sprache somit keine Barriere für den Zugang zu den Sachen bildet. Wolff will auch keine bloßen Lehnübersetzungen schaffen, sondern die Begriffe aus den Bedeutungsbestandteilen und den Wortbildungsmöglichkeiten der eigenen Sprache heraus prägen. Am Ende des Abschnittes über seine eigene ‹Schreib-Art› finden sich die folgenden, berühmt gewordenen Sätze:

«Endlich muß ich von meiner Schreib-Art noch dieses erinnern, daß ich niemahls mehr Worte gebraucht, als die Sache erfordert, und mich aller verblümten und hochtrabenden Redens-Arten enthalte. Denn ich handele Wissenschafften ab und suche durch Deutlichkeit der Begriffe die Worte verständlich zu machen, und durch kräfftige Gründe den Leser von der Wahrheit dessen, das ich vortrage, zu überzeugen. [...] Ich suche die Wissenschafft in Aufnahme zu bringen, und lasse mir angelegen seyn zu gründlicher Erkäntnis den Weg zu bahnen. [...] *Meine Worte fallen, wie ich dencke. Und ich setze keines vergebens.* Ich rede nicht so, weil es Mode ist in dergleichen Fällen so zu reden; sondern weil meine Gedancken, welche mir die Sachen vorstellen, diese und keine andere Worte erfordern. Derowegen brauche ich ein Wort, so offt ich an eine Sache gedencke, und frage nichts darnach, ob es offte, oder wenig vorkommet. Und deswegen wollen meine Schrifften auch mit Gedancken gelesen seyn, und darf man kein Wort vorbey lassen, darauf man nicht acht zu geben hat, warum es da stehet.»[48]

Keine Frage, hier schreibt ein sehr selbstbewußter Autor. Doch sein Selbstbewußtsein war berechtigt, denn er hatte seine Lebensaufgabe, die Schaffung einer deutschen Wissenschaftssprache, konsequent, nüchtern und nachvollziehbar durchdacht und – in der erwähnten Rechtfertigungsschrift ‹Ausführliche Gedanken› – seinen Lesern zur Prüfung auch mitgeteilt. Seine Prinzipien, die noch heute für die Kritik der Wissenschaftssprache zumindest erwägenswert sind, lauteten:

- Vorrang der Sache vor dem Wort
- Adressatenbezogenheit bzw. Orientierung an den Hörern
- Sprachreinheit
- Sprachökonomie
- Sprachadäquate Benennungen und Vermeidung von Lehnübersetzungen
- Rückgriff auf die Gemeinsprache bei der Terminologiebildung
- Definitorische Terminologisierung und Bedeutungskonstanz
- Sachorientierung, Präzision, Verwendungskonstanz
- Nüchternheit des Stils.[49]

Viele seiner Zeitgenossen, die auf den Lehrstühlen der deutschen Universitäten allerdings nicht selten seine Schüler waren, würdigten seine Arbeiten ähnlich wie noch 1776 Carl Friedrich Flögel in seiner ‹Geschichte des menschlichen Verstandes›:

«Die Deutschen haben viel gewonnen, daß Leibnitz und Wolff einer Menge von Wörtern eine feste Bestimmung gegeben, und die Sprache also zur Weltweisheit geschickter gemacht haben, als sie vorher gewesen. Ohne Zweifel hat dies viel dazu beigetragen, daß die Weltweisheit in Deutschland so weit fortgeschritten [...]. Unsere Ausdrücke sind nunmehro in der Weltweisheit viel bestimmter; da sie bei anderen Völkern noch weitschweifig sind.»[50]

Aber nicht zu allen Zeiten hat man Wolffs Bemühungen um eine deutsche Wissenschaftssprache in einem so positiven Licht gesehen wie er selbst und seine Anhänger. Später, vor allem im 19. Jahrhundert, warf man ihm Pedanterie und Weitschweifigkeit vor, die mangelnde Entwicklungsfähigkeit eines weitgehend abgeschlossenen und in seiner eigenen Folgerichtigkeit erstarrten Systems.[51] Erst in jüngster Zeit hat man, wie Thomas P. Saine in seiner Studie ‹Von der Kopernikanischen bis zur Französischen Revolution. Die Auseinandersetzung der deutschen Frühaufklärung mit der neuen Zeit› die sprachliche Leistung Christian Wolffs erkannt und vor dessen geschichtlichem Hintergrund unvoreingenommen gewertet: «Wenn man bedenkt, was Wolff in den Jahren etwa zwischen 1713 und 1726 nach diesen Regeln an philosophischen und wissenschaftlichen Werken geschrieben hat, so hat man allen Grund, seine Sprachleistung und seine Klarheit im Ausdruck hoch zu schätzen. Wolff hat auf die nächsten fünfzig Jahre hinaus nicht nur die philosophische Sprache und die Art und Weise, Philosophie im engeren Sinne zu schreiben [,] entscheidend bestimmt, sondern auch sehr viel dazu beigetragen, das Niveau der deutschen Prosa überhaupt zu heben [...]. Bedenken, ob Wolff in jeder Hinsicht seinem Programm, seinen Regeln für die Eindeutschung der Philosophie, treu geblieben ist und ob es ihm in allen Punkten gelungen sei, das zu leisten, was er wollte, können seine Leistung nicht schmälern.»[52]

Mit den theoretischen Überlegungen, den sprachkritischen Analysen und den praktischen Ausführungen von Gottfried Wilhelm Leibniz, Christian Thomasius und Christian Wolff war der Übergang der Wissenschaften, insbesondere der an den Universitäten gelehrten, vom Lateinischen zum Deutschen allerdings noch nicht abgeschlossen. Das gesamte 18. Jahrhundert über sollte es ein Nebeneinander beider Sprachen gar innerhalb einer Universität und eines Faches geben. Und noch einhundert Jahre nach Thomasius war es an manchen Universitäten, die vielleicht den Anschluß an die neue Zeit der Aufklärung nicht ganz gefunden hatten, nötig, den Wechsel vom Lateinischen zu Deutschen ausführlich zu begründen. Im Jahre 1790 nämlich hielt der Logiker Bernhard Stöger an der Universität Salzburg eine Vorlesung mit dem Titel ‹Ueber die Frage: Welcher Lehrvortrag in der Philosophie ist auf deutschen Universitäten der nützlichere: der lateinische, oder der deutsche?›. Stöger bekennt, daß er bisher auf Latein gelesen habe und nun zum Deutschen übergehen möchte. Seine Rede ist der Versuch, diesen Wechsel zu rechtfertigen und zu begründen. Er geht, in gut didaktischer Manier, so vor, daß er Gründe für das Lateinische nennt und sie anschließend widerlegt. Am Schluß aber nennt er einen sehr aufschlußreichen, an Christian Wolff erinnernden Grund für die Verwendung des Deutschen:

«Wie viele Gelegenheiten, meine Herren? werden sich Ihnen Zeit ihres Lebens noch darbiethen, ja selbst der Beruf vieler wird es zur Pflicht machen, daß Sie sich bestreben, die Begriffe ihrer unwissenderen Landsleute zu berichtigen; von Vorurtheilen Geblendete zu belehren; mit abergläubischen Meinungen (welches das gemeine Loss des größeren Haufens ist) gleichsam inkrustrirte zu heilen; kurz, die Menge, die im Finstern wandelt, weil sie keinen Führer hat, der sich ihrer annähme, in die glänzenden Gegenden des Lichtes hinzuführen? Dergleichen Gelegenheiten werden unzählige vorkommen. Aber werden Sie auch im Stande seyn, die selben gehörig zu benutzen, wenn Sie auf Akademien zwar viele scholastische Kunstsprache erlernet, aber wenige Sachkenntnisse eingeärntet haben, und selbst diese nicht in der Sprache des Umganges andern mitzutheilen im Stande sind? – Werfen Sie einen Blick auf unsere protestantischen Landesmänner. Ist es nicht im ganzen genommen in ihren Gegenden viel heller, als in den Meisten des katholischen Deutschlandes. Sind nicht dort der Vorurtheile viel weniger – an geläuterten Kenntnissen ein weit größerer Vorrath? Woher nun dieses? Irre ich, wenn ich sage, daß kein unbeträchtlicher Grund darin liege, daß man bey Ihnen weit eher angefangen hat, als bey uns, die Muttersprache auszubilden, und in derselben zu lehren, und zu schreiben. Es ist, und wird ewig ein Hinderniß der Geistesbildung bleiben, in einer andern Sprache denken, und das gedachte in einer andern mittheilen zu wollen. Sehen Sie hier die letzte Empfehlung des deutschen Vortrags.»[53]

Es ist also das Licht der Aufklärung, das mit dem Übergang der Universitäten und Wissenschaften vom Lateinischen zu Deutschen angezündet wird, und zwar eine Aufklärung, die vom protestantischen Norden, in dem Leibniz, Thomasius und Wolff wirkten, her schon sichtbar leuchtet und die nach Ansicht Stögers nun auch den katholischen Süden erhellen soll.

Man erkennt, wie sprachkritische Bemühungen in die Sprachgeschichte, in die Gesellschafts- und Kulturgeschichte eingreifen oder, umgekehrt betrachtet, wie sich in der Geschichte der Sprachkritik die Sprachgeschichte sowie die Gesellschafts- und Kulturgeschichte spiegeln.

Der Übergang der Wissenschaften vom Lateinischen zum Deutschen war – nicht ausschließlich, aber doch ganz wesentlich – von sprachkritischen Bemühungen und Überlegungen ausgelöst und vollendet worden. In sprach- und kulturgeschichtlicher Hinsicht hatte er Folgen für viele Bereiche. Aus dem zeitlichen Abstand heraus betrachtet, läßt sich, was diese Veränderungen betrifft, eine Art von Gewinn- und Verlustrechnung aufmachen. Auf der Seite des Gewinns, der Vorteile, wäre folgendes zu buchen:

1. Die vernakuläre Sprache, also – der Begriff ist gebräuchlich, aber nicht ganz glücklich – die Volkssprache, wird in bislang vernachlässigten Bereichen ausgebaut.
2. Den Wissenschaften erschließen sich neue Horizonte, sie nähern sich dem Leben.
3. Eine in bloß wissenschaftssprachlicher Larve daherkommende ‹Gelehrsamkeit› ohne Inhalt wird demaskiert.
4. Die Volksprosa wird zur Literatur aufgewertet.
5. Die Sprache wird zu einem Prüfstein und einer Herausforderung auch für die Belletristik.
6. Bislang esoterisches Wissen wird nun allgemein zugänglich; zwei bis dahin getrennte soziale Räume, Universität und Stadt, kommen sich näher.
7. Die Umgangssprache wird bereichert.
8. Eine öffentliche Kritik an wissenschaftlichen Forschungen und Positionen wird möglich.

Diesen positiven Folgen stehen an Verlusten und an Nachteilen gegenüber:

1. Die Einheit der europäischen Gelehrtensprache zerbricht.
2. Wissenschaft wird zu einem nationalen, eventuell gar zu einem nationalistischen Unternehmen.
3. Der Staat greift in die Universitäten ein.
4. Die Wissenschaftssprache wird zu einem handhabbaren Werkzeug, zu einer Kunstsprache, ohne Konnotationen, ohne Geschichte.
5. Der Gelehrte wird zu einem Autor auch für ein größeres Publikum, er gelangt in die Rolle eines Interpreten der Welt und trägt zur Verdrängung von Alltagswissen bei.
6. Die Tendenz zur Mythenbildung wird verstärkt. Es entsteht die Gefahr der Trivialisierung der Wissenschaften, erkennbar beispielsweise an der Rezeption der Lehren von Karl Marx, Charles Darwin oder Sigmund Freud.
7. Die Umgangssprache wird durch ein nur halbverstandenes wissenschaftliches Vokabular überlastet.
8. Die Diglossie von Alltagssprache und Wissenschaftssprache wird in die Muttersprache verlagert.

Gerade diese negativen Folgen des Sprachenwechsels vom Lateinischen zum Deutschen in den Wissenschaften sollten bald schon erneuten Anlaß sprachkritischer Anliegen werden. Zunächst jedoch stand die Normierung des Deutschen, die Herausbildung einer deutschen Einheitssprache bevor. Auch an diesem sprachgeschichtlichen Prozeß lassen sich Momente von Sprachkritik feststellen.

2. Was ist Hochdeutsch? Gottsched, Adelung, Campe

Der sprachkritische Impuls, den Gottfried Wilhelm Leibniz in seinen ‹Unvorgreiflichen Gedanken› gegeben hatte, wirkte das ganze 18. Jahrhundert hindurch. Nur knapp zwei Jahrzehnte nach der ersten Veröffentlichung dieser Schrift hat Johann Christoph Gottsched sie in seine ‹Beyträge zur Critischen Historie der Deutschen Sprache, Poesie und Beredsamkeit› [1732] aufgenommen und so zu ihrer weiteren Verbreitung beigetragen.[54] Am Ende des Jahrhunderts erschienen sie dann noch einmal in den ‹Beiträgen zur Deutschen Sprachkunde›, einer Sammlung von Sprachschriften, die in der ‹Königlichen Akademie der Wissenschaften zu Berlin› verhandelt wurden.[55]

Man kann davon ausgehen, daß Gottsched, ein Schüler Christian Wolffs, die Leibnizschen Vorschläge zur Ausübung und Verbesserung der deutschen Sprache als einen Ausgangspunkt für seine eigenen Arbeiten genommen hat. Ihm selbst kommt für die Geschichte des Sprachdenkens wie auch für die Sprachgeschichte im 18. Jahrhundert eine herausragende Bedeutung zu. Seine Sprachpolitik, die er, gekoppelt mit einer äußerst geschickten Wissenschaftspolitik, durchzusetzen verstand, führte auf dem Gebiet der Literatur und Sprache die aufklärerischen Maßstäbe für die Mitte des 18. Jahrhunderts ein und legte zugleich den Grundstein für eine Normierung des Deutschen.[56] Wenden wir uns zunächst diesem Aspekt zu, der in der zweiten Hälfte des Jahrhunderts unter der Frage «Was ist Hochdeutsch?» diskutiert wurde. In der Einleitung zu seiner ‹Deutschen Sprachkunst› von 1748 (5. Aufl. 1762) gibt Gottsched folgende Antwort, die zugleich auch Wertungen und damit sprachkritische Elemente enthält:

«3 §. Die beste Mundart eines Volkes ist insgemein diejenige, die an dem Hofe, oder in der Hauptstadt eines Landes gesprochen wird. Hat aber ein Volk mehr als einen Hof, wie z. E. Wälschland, oder Deutschland: so ist die Sprache des größten Hofes, der in der Mitte des Landes liegt, für die beste Mundart zu halten.»

In einer Anmerkung präzisiert Gottsched diese Bestimmung:

«Man meynet hier aber nicht die Aussprache des Pöbels in diesen Residenzen, sondern der Vornehmern und Hofleute.»

Die folgenden, hier ausführlich zitierten Paragraphen umreißen seine Anweisung dann noch genauer. Sie enthalten die wesentlichen Punkte der Auffassung Gottscheds von der Gestalt des Hochdeutschen:

«4 §. Eine jede Mundart hat in dem Munde der Ungelehrten, ihre gewissen Mängel; ja aus Nachläßigkeit und Übereilung im Reden, ist sie mit sich selbst nicht allemal einstimmig. Daher muß man auch den Gebrauch der besten Schriftsteller zu Hülfe nehmen, um die Regeln einer Sprache fest zu setzen: denn im Schreiben pflegt man sich viel mehr in Acht zu nehmen, als im Reden.*

5 §. Die besten Schriftsteller eines Volkes, werden durch den allgemeinen Ruhm, oder durch die Stimmen der klügsten Leser bekannt: doch müssen sie nicht in Ansehung der Sachen, sondern wegen der Schreibart und Sprache berühmt seyn. Es dörfen aber diese Scribenten nicht eben alle aus derselben Landschaft gebürtig seyn. Denn durch Fleiß und Aufmerksamkeit kann man sich die Fehler seiner angebohrnen Mundart, und zwar im Schreiben, noch viel leichter, als im Reden, abgewöhnen. [...]

6 §. Wenn aber diese guten Scribenten dennoch in gewissen Stücken von einander abgehen: so muß die Analogie der Sprache den Ausschlag geben, wer von ihnen am besten geschrieben habe. Oft hat das besondere Vaterland eines Schriftstellers an seinen Abweichungen Schuld. Oft haben auch die fremden Sprache, die er am meisten getrieben hat, ihn auf gewisse Abwege geleitet: so daß er sich in seiner eigenen Muttersprache fremd und ausländisch ausdrücket.

7 §. Durch die Analogie versteht man in den Sprachlehren die Aehnlichkeit in den Ableitungen und Verwandelungen der Wörter; imgleichen in der Verkürzung, Verlängerung und Zusammensetzung, sowohl der Wörter, als der Redensarten. Da es nun in allen Sprachen eine solche Aehnlichkeit, oder Analogie giebt: so machet allemal die größte Anzahl übereinstimmender Exempel eine Regel aus; die davon abweichenden Redensarten aber geben die Ausnahmen an die Hand. Denn noch bey keinem Volke hat man eine vollkommene Analogie im Reden beobachtet: ja vielleicht würde selbst eine ganz neuerdachte philosophische Sprache, nicht ohne alle Ausnahmen seyn können.

* Dies ist um desto gewisser: da alle Sprachen unter einer Menge eines rohen Volkes zuerst entstanden; oft durch Vermischungen fremder Sprachen verwirret, und durch allerley einschleichende Misbräuche, noch mehr verderbet worden. Sobald sich nun Gelehrte finden, die auch auf die Schreibart einigen Fleiß wenden; so fängt man an, die Sprachähnlichkeit besser zu beobachten, als der Pöbel zu thun pflegt: und die Sprache verlieret also etwas von ihrer Rauhigkeit. Je mehr fleißige und sorgfältige Schriftsteller sich nun finden, desto richtiger wird die Sprache: und daher entsteht die Pflicht, sich auch nach dem Gebrauche der besten Schriftsteller zu richten. [...]»[57]

Gottsched stellt hier, recht nüchtern, eine Hierarchie von Kriterien auf, nach denen über die Frage «Was ist Hochdeutsch?» entschieden werden müsse. Da ist zunächst das regionale Kriterium der Sprache des größten Hofes eines Landes; auf gleicher Ebene liegt das soziologische Kriterium der Sprache der vornehmeren Schichten und der Hofleute, dessen ausschließlicher Geltungsanspruch allerdings dadurch gebrochen wird, daß Gottsched die Mängel dieser weitgehend mündlichen Umgangssprache durch die Berücksichtigung der Schriftsprache der besten Schriftsteller ausgeglichen haben möchte. Ausgleichend wirkt auch noch das Moment der regional unterschiedlichen Herkunft der Schriftsteller, die für die Normierung der «besten Mundart» herangezogen werden sollen. Am Ende dieser Argumentationskette steht das sprachimmanente Kriterium der Analogie, das den letzten Ausschlag über die Gestalt des Hochdeutschen geben soll.

Während Gottsched recht formal das Hochdeutsche eingegrenzt hatte, um auf diese Weise die Voraussetzungen für seine Normen einer Einheitssprache zu entwickeln, konnte Johann Christoph Adelung wenige Jahrzehnte später bereits bei einer bestehenden Schriftsprache, eben dem Hochdeutschen, ansetzen. Er suchte nun zu zeigen, daß es sich bei dieser Schriftsprache nicht um eine Ausgleichssprache handelte, also um eine Sprache, die Anteile aus mehreren Mundarten enthält, sondern um die in den Rang einer allgemeinen schriftsprachlichen Norm erhobene obersächsische Mundart. In verschiedenen Aufsätzen, zumeist in seinem ‹Magazin für die Deutsche Sprache› veröffentlicht, argumentierte er immer wieder gegen die Behauptung, «das Hochdeutsche [sei] eine ausgesuchte Mundart, welche sich an keine besondere Mundart bindet, sondern das Gewöhnlichste und Beste aus allen Mundarten heraus hebt».[58] In seinem die Diskussion einleitenden Aufsatz ‹Was ist Hochdeutsch?› aus dem Jahre 1782 bemüht er sich, seine Grundüberzeugung, daß die Sprachgeschichte unmittelbar mit der Kulturgeschichte gekoppelt und zugleich ihr Ausdruck sei, auf die Herausbildung der hochdeutschen Schriftsprache im 18. Jahrhundert zu beziehen. So definiert er das Hochdeutsche auch als «höheres, d. i. ausgebildetes Deutsch, Deutsch der oberen Classen».[59] Sobald das Volk eines Landes, meint Adelung, «in eine allgemeine engere Verbindung tritt, so bald es zu einigem Wohlstand gelanget, so bald Künste und Wissenschaften in demselben aufblühen, kurz, so bald es einigen Fortschritt in der höhern Cultur macht, bildet sich in demselben eine allgemeine Mundart für die höheren Classen der Nation, welche denn gemeiniglich auch in Schriften gebraucht wird, und daher die Schriftsprache eines solchen Volkes heißt».[60]

Diese noch recht allgemeine Behauptung suchte Adelung zunächst durch einen Verweis auf die Geschichte anderer Sprachen, des antiken Griechischen, des Lateinischen und Italienischen, zu belegen. Dann führt er für die deutsche Sprachgeschichte das «Fränkische» (bis Mitte des 12. Jahrhunderts) und das «Südlichdeutsche» (bis Mitte des 16. Jahrhunderts) an, die vor dem zur Lutherzeit beginnenden neueren Hochdeutsch als überregionale Schriftsprachen gelten konnten. Derart vorbereitet, kann er nun das Obersächsische als das eigentliche Hochdeutsch dieser – von ihm aus betrachtet – letzten Periode des Deutschen bestimmen:

«Man weiß, daß die in Obersachsen bewirkte Aufklärung des Verstandes, des Geschmacks und der Sitten sich von hier über alle Deutsche Provinzen verbreitete, die derselben nur fähig waren, und nach dem Maße, als sie derselben fähig waren. Mit ihr verbreitete sich auch die hier verfeinerte Sprache, und mußte sich verbreiten, weil sie eben so sehr ein Werk des guten Geschmackes war, als alles übrige. Wer sich den in Obersachsen gereinigten Religions-Begriff, wer sich die daselbst gesäuberte Philosophie, wer sich die daselbst wieder hergestellten schönen Wissenschaften gefallen ließ, und dadurch verrieth, daß er in der Aufklärung des Verstandes und Geschmackes nicht zurück bleiben wollte, ließ sich unvermerkt auch die Sprache gefallen, aus dem dunkelen und sehr richtigen Bewußtseyn, daß der gute Geschmack ein schön verbundenes Ganzes ist, welches nicht getrennt werden darf. So ward sie nicht allein die gesellschaftliche Sprache der obern Classen von feinerm Geschmacke, sondern auch die Schriftsprache des größten Theiles von Deutschland.»[61]

Eine Schriftsprache ist nach Adelungs Ansicht immer das «Werk des Geschmacks». Da Gelehrsamkeit aber nicht unbedingt mit Geschmack einhergeht, ist es auch nicht notwendig, «daß diejenige Provinz, deren Mundart sich zur Schriftsprache erheben soll, gerade die gelehrteste sey».[62] Obersachsen aber, das zu «Deutschlands Athen und Toscana»[63] wurde, war durch die Reformation und die Philosophie der Aufklärung jedoch sogar auch das Zentrum der Gelehrsamkeit, ein Umstand, der diese Mundart noch stärker aus allen andern heraushob. Am Ende seines Aufsatzes kommt Adelung zu dem Schluß:

«Da das Hochdeutsche keine aus den übrigen Mundarten ausgehobene Sprache, sondern die Mundart der südlichen Chursächsischen Lande ist, so kann auch das, was gut Hochdeutsch ist, d. i. was ihr, als einem ausgebildeten Ganzen, angemessen ist, nicht aus und nach den übrigen Mundarten, sondern muß allein aus und nach ihr selbst, d. i. nach ihrem eigenen Sprachgebrauche beurtheilet werden.»[64]

Dieses Argument greift Adelung noch einmal explizit in dem Aufsatz ‹Der Sprachgebrauch gilt mehr, als Analogie und Regeln›, ebenfalls aus dem Jahre 1782, auf. Sein Ausgangspunkt ist die Feststellung, daß verschiedene Sprachforscher – allen voran Gottsched – das Analogieprinzip gegenüber der Geltung des Sprachgebrauchs hervorheben würden, um auf diese Weise die bestehenden hochdeutschen Normen verändern zu können. Gerade das aber will Adelung verhindern. Er zeigt, daß man in vielen Fällen mehrere Analogien finden kann, und definiert dann:

«Die übereinstimmige Gewohnheit eines Volkes nun, in jeder Art ähnlicher Fälle einer Analogie mit Ausschließung aller übrigen zu folgen, macht dessen Sprachgebrauch aus.»[65]

Damit hat Adelung das innersprachliche Prinzip der Analogie dem eher soziologischen Prinzip des Sprachgebrauchs grundsätzlich nachgeordnet. Konkret bedeutete diese Position, daß es per definitionem unmöglich ist, das Oberdeutsche aus rein sprachlichen Gründen zu kritisieren. Die Annahme eines «allgemeinen Sprachgebrauchs» nämlich lehnt Adelung ebenfalls ab, weil, so seine Begründung, es auch keine allgemeine deutsche Sprache gebe. Er rekurriert damit erneut auf die hochdeutsche, d. i. die obersächsische Mundart, die seiner Meinung nach die gültige Norm des Sprachgebrauchs abgeben muß und die durch keinen «Sprachgebrauche anderer Mundarten gerichtet werden kann».[66]

Schon sein erster Aufsatz zu dem Thema hatte vor allem unter den Schriftstellern fast durchweg ablehnende, zum Teil gar heftige Reaktionen ausgelöst.[67] So fragte zum Beispiel Christoph Martin Wieland polemisch in einen Aufsatz mit dem Titel ‹Über die Frage Was ist Hochdeutsch? und einige damit verwandte Gegenstände›:

«Sind es die guten Schriftsteller einer Nazion, welche die Schriftsprache derselben ausbilden, reinigen, polieren, und zum möglichsten Grade von Vollkommenheit bringen? Oder sind es die obern Klassen der Einwohner der blühendsten Provinz der Nazion, die alles dieß leisten und die allein dazu berechtiget sind?»[68]

Gerade auf diese Frage ging Adelung dann auch in einem Aufsatz ‹Sind es Schriftsteller, welche die Sprache bilden und ausbilden?› ein. Er bestreitet darin, daß die Schriftsteller irgendeinen Anteil an der Ausbildung des Hochdeutschen hätten. Falls sie dennoch hochdeutsch schreiben würden, dann kopierten sie lediglich den Sprachgebrauch jener, für die sie schreiben. Sein vernichtendes Urteil über die Schriftsteller lautet:

«In dem stolzen Gedanken, daß die Bildung und Ausbildung der Sprache von Schriftstellern abhänge, halten sich diese oft zu allem berechtigt, setzen sich über allen Sprachgebrauch hinaus, und wagen die seltsamsten Verbindungen und Neuerungen, welche oft desto auffallender sind, je seltener gründliche Sprachkenntnisse gemeiniglich unter den Schriftstellern zu seyn pflegen. Allein ich getraue mir behaupten zu können, daß noch kein Schriftsteller irgend etwas in der Sprache mit Erfolg erfunden hat, d. i. so, daß es wirklich in derselben, oder nur in den höhern Classen allgemein geworden wäre, was nicht auf so leichten und richtigen Analogien beruhet, daß es jedes andere Glied der Gesellschaft eben so leicht, und mit eben dem Erfolg hätte erfinden können.»[69]

Adelung führte den Streit um das Hochdeutsche noch einige Jahre weiter. Ohne tatsächlich neue Argumente zu haben, schrieb er 1784 den die Diskussion vorläufig abschließenden Aufsatz ‹Fernere Geschichte der Frage: Was ist Hochdeutsch?›. Hierin faßte er seine Position in einer präzisen Formulierung so zusammen:

«Diejenige Sprache oder Mundart, denn beydes ist hier einerley, deren sich ein Volk in Schriften bedienet, ist weder ihrem Ursprunge, noch ihrer Ausbildung nach, ein Werk der Schriftsteller, sondern sie ist allemahl die gesellschaftliche Sprache der obern Classen der ausgebildetsten Provinz. In Deutschland ist es die gesellschaftliche Sprache des südlichen Sachsens.»[70]

In die Diskussion um die Frage «Was ist Hochdeutsch?» schaltete sich später, nach 1790, auch Joachim Heinrich Campe ein. Er sei «weit davon entfernt», schreibt Campe mit Bezug auf Adelung, «die allgemeine oder sogenannte Hochdeutsche Sprache und die Obersächsische Mundart, mit einem unserer berühmtesten und verdientesten Sprachlehrer, für einerlei zu halten». Zwar gesteht er ein, daß das Obersächsische den größten Beitrag zur Herausbildung des Hochdeutschen gegeben habe, meint aber, daß sich die «allgemeine Deutsche Schrift- und Umgangssprache [...] aus allen Mundarten entwickelte und bereicherte».[71] Campe, im Gegensatz zu Gottsched und Adelung im niederdeutschen Sprachgebiet aufgewachsen, möchte das Hochdeutsche gerade auch aus dieser Mundart bereichert sehen. Er betrachtet das Hochdeutsche, so wie es ihm vorliegt, als recht arm und hölzern. Die Dialekte dagegen bieten zahlreiche Ausdrucksmöglichkeiten an, wie er an folgendem Beispiel aufzuzeigen sucht:

«Für die verschiedenen Abstufungen des schwächern oder stärkern, des feinern oder gröbern Regens, kann ich, nach einem kurzen Besinnen, acht N. D. [= niederdeutsche] Stufenwörter aus dem Gedächtniß angeben; sehr möglich, oder vielmehr wahrscheinlich, daß es deren noch eine größere Anzahl gibt. Es sind: 1. es mistet, von dem feinsten Staubregen; 2. es schmuddert, d. i. es regnet ein wenig und fein; 3. es stippert, d. i. es fallen einzelne und zwar gleichfalls feine Regentropfen, die aber doch schon etwas größer, als bei dem Misten und Schmuddern gedacht werden; 4. es regnet; 5. es pladdert, d. i. es regnet stark und laut; 6. es guddert, wodurch das Geräusch des bei einem sehr starken Regen von den Dächern heraubströmenden Wassers ausgedruckt wird; 7. es gießt, und 8. es gießt mit Mollen (Mulden), für den stärksten Grad des Platzregens.»[72]

Campe hatte – neben der Reinigung der Sprache, auf die in Kapitel IV.4 näher eingegangen wird – ihre Bereicherung als eine der wichtigen Aufgaben seiner Zeit und seines Schaffens herausgestellt. Er begründet die Notwendigkeit dieser Aufgabe so:

«Jede Schriftsprache, die nicht vorher, ehe sie zu dieser Würde erhoben ward, eine lange Zeit und in einem beträchtlich großen Landstriche Volkssprache war, ist arm an eigenthümlichen Benennungen, sowohl für besondere Gegenstände in der Natur und im gemeinen Leben, als auch für die unendlich mannichfaltigen Handlungs- und Geschäftsarten der Menschen, weil sowol unter jenen, als unter diesen Tausende sind, von welchen die Vornehmen und Gelehrten, also gerade diejenigen, welche die Schriftsprache gebrauchen und dieselbe, aber nur für ihre eigenen Bedürfnisse, ausbilden, keine Kenntniß zu nehmen pflegen. Dies ist nun auch ganz besonders der Fall mit der Hochdeutschen Sprache, die, als solche, nirgends jemahls Volkssprache gewesen ist, sondern die nur das aus allen Mundarten zusammengeflossene Uebereinstimmende oder Gleichartige enthält. Derjenige, der von Kindheit an nur sie, und keine der Landsprachen, kannte, gebrauchte und übte, geräth daher bei einer Menge von Dingen, Gegenständen und Handlungen, in die Verlegenheit, daß er sie nicht zu nennen weiß, und entweder zu allgemeinen Ausdrücken, welche doch eine Sache nur obenhin und nicht genau bezeichnen, oder zu wortreichen Umschreibungen seine Zuflucht nehmen muß, die in der Seele des Hörenden am Ende doch wol nur eine unvollständige oder gar unrichtige Vorstellung erwecken. Gerade an solchen Wörtern nun, worunter unendlich viele sind, die unter gewissen Umständen kein Deutschredender entbehren kann, besitzen die beiden übrigen Mundarten und die unter ihnen begriffenen Land- und Volkssprachen, den allergrößten und schätzbarsten Reichthum. Zu ihnen dürfen und müssen wir also auch, so oft wir in den Fall gerathen, ein Wort dieser Art nöthig zu haben, unsere Zuflucht nehmen, und ich darf, bei einer ziemlich ausgebreiteten Bekanntschaft, die ich mit diesem Theile unsers Sprachschatzes zu machen Gelegenheit gehabt habe, zum voraus versichern, daß man viele darunter finden werde, die in eine gebildete Schriftsprache aufgenommen zu werden gar nicht unwürdig zu seyn scheinen.»[73]

Bereits in diesem Zitat deutet sich an, was Campe dann an anderer Stelle in aller Deutlichkeit ausspricht: Der Sprachgebrauch der «Vornehmen und Gelehrten», also der, wie Adelung bestimmt hatte, «obern Classen», darf nicht zum Maßstab für eine allgemeine, d. h. für alle Schichten des Volkes gültige Hochsprache oder Einheitssprache gemacht werden. «Der Sprachgebrauch», schreibt Campe, «ist keine Person; er kann also nichts für gut befinden, nichts selbst wieder abändern.» Und er setzt hinzu: «Ich wage es [...] zu glauben: daß der Sprachgebrauch, wie Alles, was von Menschen herrührt, auch von Menschen verändert werden könne, und, wofern eine wirkliche Verbesserung dadurch erreicht wird, verändert werden dürfe und müsse.»[74]

Noch deutlicher wird seine Position in dem kleinen Aufsatz ‹Abrede und Einladung› von 1795. Campe unterscheidet hier zwei Definitionen von ‹Sprachgebrauch›. Die eine läuft auf ein Zusammenfallen von Sprachgebrauch und Analogieprinzip hinaus, die andere auf die positivistische Bestimmung dessen, «was in einer Sprache bloß gebräuchlich ist». Mit ausdrücklicher Nennung Adelungs wertet Campe diese beiden Definitionen so:

«In jenem ist der Sprachgebrauch, zwar ein rechtmäßiger, aber nicht unumschränkter, sondern nur verfassungsmäßiger (constitutioneller) Herrscher, dem man, weil er nur durchs Gesetz, d. i. nach Vorschrift der Sprachähnlichkeit gebietet, Folge leisten muß; in diesem, wo er sich einer willkührlichen Herrschaft anmaßt, die ihm nicht gebührt, ist er ein Zwingherr (Despot), dem man da, wo er, besonders in wichtigen Dingen*, das Gesetz der Sprachähnlichkeit mit Füßen tritt, und seine Launen an die Stelle desselben setzen will, sich kühnlich widersetzen d. i. versuchen darf, ob man die Mehrheit auf seine Seite bringen und ihn so in die Schranken seiner gesetzmäßigen Herrschaft zurückführen könne.

* Denn in unwichtigen oder ganz gleichgültigen Dingen, wie z. B. wenn er die größere Sonne zum Weibe, den kleinern Mond zum Manne macht, gönnt man ihm gerne seine Sonderlingsgrillen, und achtet es nicht der Mühe werth, sich ihm deshalb zu widersetzen. Aber wenn er, gleich einem Herrschwüthrig, der zur Unterjochung seiner guten Unterthanen fremde Kriegsknechte ins Land ruft, ganz fremde oder fremdartige, unserer Sprachähnlichkeit widerstrebende Wörter und Redensarten bei Tausenden herbei führt, und ihnen, nicht bloß in Schriften, sondern auch gerade da, wo, nach Hrn. Adelungs Meinung, die eigentliche wahre Quelle der ächten Hochdeutschen Sprache ist, in dem Gerede und Geschreibe der höhern Klassen, das Bürgerrecht verleiht [...]: dann ist mehr als hinreichender Grund zur Widersetzlichkeit da; und wer sich hier gegen ihn auflehnt, der verdient, auch wenn die gesetzgebende Macht – die Stimmenmehrheit der Deutschen Völkerschaft – ihn im Stiche lassen sollte, nicht Tadel und Hohn, sondern Dank und Achtung wenigstens bei aufgeklärten und wohlgesinnten Vaterlandsfreunden.»[75]

Adelung hat auf diesen Angriff Campes geantwortet. Er wiederholte einerseits seine bekannten Argumente für die Ausrichtung am Sprachgebrauch der «obern Classen», ging andererseits aber auch auf Campes politische Metaphorik und den politischen Vergleich ein. Die «allgemeine Vernunft», die Campe zum Maßstab der Sprachbewertung und -veränderung machen wolle, meint Adelung, könne gerade auf diesem Gebiet nichts Positives hervorbringen:

«Hier kann sie [die Vernunft] wohl einreissen und zerstören, aber in Ewigkeit nichts bauen, so wie sie im Westen Throne gestürzt und Millionen Menschen unglücklich gemacht hat, und noch machen wird. Ihre allgemeine Vernunft muss es nothwendig sehr albern finden, dass man leblose Dinge und selbst abgezogene Begriffe zu Personen verschiedenen Geschlechtes macht, dass man die Sonne, das wirksamste Wesen der Natur, zu einem leidenden weiblichen Geschöpfe herabgesetzt, dass man die zweyte Person in der dritten vielfachen anredet, und tausend dergleichen Fälle mehr. Soll sie das bessern, so muss sie, um nur bey dem letzten Beyspiele stehen zu bleiben, uns erst zu Sansculotten (meine Landesleute nennen das seit undenklichen Zeiten Nackä-sche) umschaffen. So böse werden Sie es hoffentlich nicht gemeint haben, aber in Frankreich dachte man, als man die erste Constitution auf die allgemeine Vernunft gründete, auch nicht, dass die Sache so weit gehen würde, und so wie Ihr Satz da steht, droht er nicht nur der deutschen, sondern allen Sprachen und Mundarten den Umsturz, weil Ihre allgemeine Vernunft überall Unsinn und Widersinn finden muss, und zwar desto mehr, je allgemeiner sie ist.»[76]

Die Diskussion um die Frage «Was ist Hochdeutsch?» und die in ihr enthaltene Teilfrage «Welche Bedeutung kommt dem Sprachgebrauch zu?» war zu jener Zeit, das zeigen Campes Angriff und Adelungs Antwort ganz deutlich, politisch motiviert. Während Adelung noch 1795 Campe als einen unbedingten Befürworter der Revolution – zwar von ihrer ersten Phase her, aber auch als einen, der aus den Folgen nicht gelernt habe – hinstellt, gibt er sich selbst streng konform mit den bestehenden Verhältnissen und lehnt alles ab, was entfernt nach Veränderung klingt. Eine Diktatur der allgemeinen Vernunft, so überinterpretiert Adelung Campes Position in politischen wie in sprachlichen Fragen, würde in beiden Bereichen zur Anarchie, zur völligen Verwirrung und damit zum Unglück von Millionen von Menschen führen.

So weit aber wollte Campe gar nicht gehen. Er suchte vielmehr die Rolle des bürgerlichen Schriftstellers für die Ausbildung einer hochdeutschen Schriftsprache aufwertend hervorzuheben, um damit Adelungs eher aristokratisch zu nennender Auffassung von der Bedeutung der «vornehmeren Klassen» zu widersprechen. Somit läßt sich der Streit zwischen Adelung und Campe um das Hochdeutsche auch als ein politischer Streit um die gesellschaftliche Bedeutung des Adels und des Bürgertums deuten.

Diese Interpretation führt zu der Feststellung, daß die Bildung einer deutschen Einheitssprache im 18. Jahrhundert, die maßgeblich von

Gottsched und Adelung, aber auch von Campe praktisch befördert und theoretisch reflektiert wurde, eine nicht unwesentliche sprachkritische Dimension aufweist. Allein schon die Bestimmung, welche gesellschaftliche Gruppe oder welche Region zur Grundlage der Normierung herausgestellt werden soll, beruht auf einer Wertung sprachlicher Tatsachen, enthält folglich ein sprachkritisches Element. Deutlicher noch zeigt sich die Sprachkritik in den Prinzipien, mit denen die Norm begründet wird: Adelung vertrat ein aristokratisches Prinzip. Er suchte den Sprachgebrauch des Adels zu konservieren und vertrat damit gleichzeitig eine politische Position, die den Höfen ihren Führungsanspruch zubilligte.[77] Campe dagegen vertrat ein demokratisches Prinzip. Er bestritt – politisch wie sprachlich – den Führungsanspruch des Adels und setzte dagegen auf die Vernunft und auf die «Stimmenmehrheit im Volke». Man erkennt an seiner Argumentation deutlich den politischen Hintergrund. Gottsched nahm gewissermaßen eine Zwischenstellung ein. Er suchte einen Ausgleich zwischen dem Adel an den Höfen, den bürgerlichen Schriftstellern und einem auf Rationalität beruhenden Urteil (Analogie). Bei ihm ist die politische Argumentation allerdings am wenigsten ausgeprägt. Alles in allem war die Diskussion um die einheitliche Norm des Deutschen eindeutig politisch motiviert und von einer Kritik der politischen Positionen, übertragen auf sprachliche Positionen, getragen.

Kehren wir nun noch einmal zu Gottsched zurück, der mit seiner ‹Deutschen Sprachkunst› den Grundstein für die Normierung des Deutschen im 18. Jahrhundert gelegt hatte. Gottsched war in seinem Konzept, wie zu Beginn dieses Kapitels angedeutet, von Leibniz' ‹Unvorgreiflichen Gedanken› beeinflußt gewesen. Dieser Einfluß wird greifbar auch darin, daß er die von Leibniz begründete sprachkritische Tradition fortsetzte, ideale Merkmale einer Sprache aufzustellen und ihre Realisierung für die Zukunft durch bewußte Arbeit an der Sprache anzustreben. Die ‹Deutsche Sprachkunst› enthält einen Abschnitt ‹Von der Vollkommenheit einer Sprache überhaupt›. Dort schreibt Gottsched:

«1 §. Durch die Vollkommenheit einer Sprache versteht man hier nicht, eine durchgängige Uebereinstimmung aller ihrer Wörter und Redensarten, nach einerley allgemeinen Regeln, ohne alle Ausnahmen. Dieses würde die Vollkommenheit einer mit Fleiß erfundenen philosophischen Sprache seyn. Diese findet man aber nirgends. Ich rede nur von der Vollkommenheit derselben, in so weit sie in den wirklich vorhandenen Sprachen angetroffen wird: wo allerdings ein vieles nach gewissen Regeln übereinstimmet; obgleich viel anderes auch davon abweicht. Und in Ansehung dessen, kann man allen Sprachen auf dem Erdboden, einen gewissen Grad der Vollkommenheit nicht absprechen.

2 §. Will man aber die Größe dieser Vollkommenheit in gewissen Sprachen bestimmen: so hat man erst auf die Menge der Wörter und Redensarten zu sehen, die mit einander übereinstimmen. Je größer dieselbe ist, desto vollkom-

mener ist eine Sprache. Nun giebt es aber sowohl wortarme, als wortreiche Sprachen: und ein jeder sieht, daß die letzern vollkommener seyn werden; weil man mehr Gedanken damit zu verstehen geben kann, als mit den erstern. Es ist also kein Zweifel, daß unsere deutsche Sprache, heut zu Tage, viel reicher an Worten und Redensarten ist, als sie vor zwey, drey oder mehr hundert Jahren, gewesen ist.

3 §. Wie nun der Reichthum und Überfluß die erste Vollkommenheit einer Sprache abgeben: so ist es auch gewiß, daß die Deutlichkeit derselben die zweyte ist. Denn die Sprache ist das Mittel, wodurch man seine Gedanken, und zwar in der Absicht ausdrücket, daß sie von andern verstanden werden sollen. Da aber dieser Zweck nicht erhalten wird, außer wenn die Wörter wohl zusammengefüget, und nach gewissen leichten Regeln verbunden werden: so kömmt es, bey der Größe der Vollkommenheit, auch darauf an, ob eine Sprache viel oder wenig Regeln nöthig hat? Je weniger und allgemeiner nun dieselben sind, d. i. je weniger Ausnahmen sie haben, desto größer ist ihre Vollkommenheit: wenn nur der Zweck der Rede, nämlich die deutliche Erklärung der Gedanken dadurch erhalten wird.

4 §. Die dritte gute Eigenschaft der Sprachen ist die Kürze, oder der Nachdruck; vermöge dessen man, mit wenigen Worten, viele Gedanken entdecken kann. Hier gehen nun zwar die bekannten Sprachen sehr von einander ab; indem die eine oft mit zweyen, dreyen Worten so viel saget, als die andere mit sechsen oder mehrern. Allein, insgemein hat jede Sprache wiederum ihre eigenen kurzen Ausdrückungen, die von einer andern ebenfalls nicht so kurz und deutlich können gegeben werden. So hebt denn mehrentheils eins das andere auf. Denn wenn z. E. ein Deutscher, in einer Übersetzung aus dem Französischen, etliche Wörter mehr gebrauchet, als der Grundtext hat: so würde ein Franzos, der etwas Deutsches vollständig übersetzen wollte, auch mehr Worte dazu brauchen, als das Original hätte.»[78]

Bei Leibniz waren es Reichtum, Reinigkeit und Glanz, durch die eine vollkommene Sprache charakterisiert sein soll. Gottsched machte daraus die Trias: (1) Reichtum und Überfluß, (2) Deutlichkeit sowie (3) Kürze oder Nachdruck. Seine Kennzeichnungen sind eine Spur konkreter und vielleicht auch bereits stärker auf eine schon ausgebildetere und fester gefügte Sprache ausgerichtet als noch bei Leibniz.

Unter ‹Deutlichkeit›, das ja mit dem Begriff der Reinigkeit bei Leibniz in Verbindung zu bringen ist, versteht Gottsched eine regelhaft gestaltete Wortfügung, denn in der Sprache, als einem Verständigungsmittel, sollen die Gedanken für den Hörer deutlich erkennbar sein. Interessanterweise taucht bei Gottsched das Problem der Fremdwörter an dieser Stelle gar nicht auf. Etwas später allerdings, im Zusammenhang seiner weiteren Erläuterung zum ‹Reichtum und Überfluß› einer Sprache, spricht er davon, daß es in den Wissenschaften nicht nötig sei, sich in einer fremden Sprache zu verständigen, «denn wir können fast alle Kunstwörter mit ursprünglichen deutschen Benennungen ausdrücken».[79]

An anderer Stelle, im Abschnitt ‹Von den Hauptwörtern, oder selbständigen Nennwörtern (Nominibus Substantivis)› seiner ‹Deutschen Sprachkunst›, kommt er dann etwas ausführlicher auf die Fremdwörter zu sprechen. Nach längeren Ausführungen über Sprachverwandtschaften und Sprachkontakte, von denen her die Entlehnungen rühren, und nach zahlreichen Verdeutschungsvorschlägen hauptsächlich im Bereich des Kriegswesens, stellt er fest:

> «Es ist nämlich nur eine unnöthige Mengesucht einiger vormaligen Schriftsteller gewesen, daß sie sich unzählige fremde Wörter angewöhnet, die man eben sowohl deutsch geben kann, wenn man nur in guten deutschen Büchern ein wenig belesen ist.»[80]

Gottsched plädierte damit zwar für die Benutzung von Wörtern aus dem Erbwortschatz, er war jedoch keinesfalls ein strenger Purist. Über die Sprachgesellschaften schrieb er:

> «Indessen wollen wir deswegen alle die Grillen einiger vormaligen Zesianer, und Pegnitzschäfer, auch Glieder der fruchtbringenden Gesellschaft nicht billigen; die alles, was einigermaßen fremd war, aus dem Deutschen ausmärzen wollten. Es ist nicht ganz möglich, sich in einer Sprache aller ausländischen Redensarten zu enthalten.»[81]

Für den Fall, daß der Gebrauch von Fremdwörtern nötig ist, schlägt er deren Anpassung an die deutsche Wortbildung vor:

> «Wenn man indessen einige fremde Wörter im Deutschen entweder findet, oder neue aus Noth brauchen muß: so gebe man ihnen, so viel möglich ist, ein einheimisches Ansehen; d. i. man lasse am Ende die fremden Schlußsyllben weg, und gebe ihnen deutsche Endungen.»[82]

Gottsched also sieht in den Fremdwörtern kein gravierendes Problem für die deutsche Sprache und Sprachkunst. In seinem umfangreichen Werk hat er der Fremdwort-Frage noch nicht einmal einen eigenen Abschnitt eingeräumt. Allerdings wird in Verbindung mit seinem Begriff der ‹Deutlichkeit› klar, daß er die Fremdwörter hauptsächlich auch unter einem kommunikativen Aspekt betrachtet und es für nötig hält, sie dort zu vermeiden, wo das Verstehen behindert werden könnte. Behalten wir diese Position Gottscheds zu den Fremdwörtern als eine akzeptable sprachkritische Haltung mit einem aufklärerischen Hintergrund in Erinnerung. Zu anderen Zeiten nämlich wurde die Kritik an den Fremdwörtern aus einem anderen Geiste, dem des Nationalismus, betrieben.

3. Kritik der Schriftsprache: Herder, Hamann, Lichtenberg, Goethe

Leibniz, Thomasius und Wolff hatten sich in der ersten Hälfte des 18. Jahrhunderts um die Schaffung einer deutschen Wissenschaftssprache bemüht und verdient gemacht. Gottsched, Adelung und Campe begründeten dann in dessen zweiten Hälfte das Deutsche als eine einheitliche Standardsprache. Diese Bemühungen, die deutsche Sprache auszubilden und zu festigen, hatten vielfältige Folgen. Eine davon war, daß die Produktion von Büchern, also von Schrift, in einem bislang nicht gekannten Ausmaß anstieg.[83] Diese Entwicklung wurde schon bald wahrgenommen und – kritisch – reflektiert. Einen wichtigen Beitrag zur Kritik der Schrift und Schriftlichkeit – und damit auch einen Beitrag zur Sprachkritik – lieferte gegen Ende des 18. Jahrhunderts Johann Gottfried Herder, der als einer der ersten Sprachdenker einen geschichtlichen Aspekt in die Sprachreflexion einbrachte.

In einem leider nicht ausgeführten Entwurf ‹Vom Einfluß der Schreibekunst ins Reich der menschlichen Gedanken›[84] liefert Herder eine kennzeichnende Systematik der vorschriftlichen, schriftlichen und der Buchdruck-Epoche: Menschliche, und zwar die edelsten, Gedanken waren schon vorhanden, bevor an ‹Schreibkunst› gedacht wurde. Es gab die vortrefflichsten Gedichte, denn «Poesie war nicht Schrift, sondern Gesang, Tanz, Deklamation, Vorstellung»; es gab die besten Taten und Reden der Menschen, es gab die größten Erfindungen zum Nutzen der Menschheit, und das Gedächtnis der Menschen war in dieser Zeit stärker.[85] Die Erfindung der Schrift brachte große Veränderungen: sie bestimmte und fesselte das Wort, wodurch die Sprache, der Dialekt, der Ausdruck, der Gedanke Festigkeit und Ordnung erhielt; sie teilte das Wort, auch ohne lebendige Wirklichkeit, mit und konservierte es für die Zukunft. «Ohne Schreibkunst», so Herder, «ist keine Geschichte, sondern Mährchen und Sage.»

Die «Erfindung der Buchdruckerkunst» dann «machte eine tausendfache Schrift». Waren die Schriften vorher «wenig, mühsam, kostbar, verstümmelt, fehlerhaft; bis zur allgemeinen Vergeßenheit vergänglich», so lebten durch den Buchdruck die Alten wieder auf, «wurden allenthalben gelesen; auch neue Schriften verbreiteten sich aufs schnellste». Es gab einen allgemeinen «Wettkampf» des gedruckten Gedankens, ohne den der Erfolg der Reformation zum Beispiel kaum zu denken sei. Der Buchdruck brachte eine «allgemeine Vervollkommnung der Wißenschaften, weil alle Geister in allen Ländern gemeinschaftlich arbeiten», sowie eine «Verewigung der menschlichen Gedanken, daß keine allgemeine Barbarei so leicht mehr möglich ist». Diesen positiven Merkmalen steht für Herder an Negativem gegenüber: «Schwächung der menschlichen Kräfte, Verderb der Zeit, Nachahmungssucht, Empfindelei aus Büchern, Schreibsucht ohne Gedanken, fast allgemeine Verachtung der Literatur.»

Die Gefahr eines Zeitalters der «Schreibsucht ohne Gedanken» sah Herder bereits aufkommen mit der Erfindung des «Lumpenpapiers» im 13./14. Jahrhundert. Während die Knappheit des Pergaments zur Vernichtung zahlreicher alter Schriften geführt hatte, kam es durch das billigere und in großen Mengen herstellbare Papier zu einer Inflation der Schrift:

«Was indeßen ehemals das Aegyptische Schilf (βιβλος) gethan hatte, daß es nämlich die Griechischen Rhapsoden allmälich verstummen machte und statt ihrer lebendigen Gesänge Bücher (βιβλια) in die Hand gab; das thaten mit der Zeit auch die Baumwoll- und Lumpenschriften. Provenzalen und Trobadoren, Fabel- und Minnesinger schwiegen allmälich: denn man saß und las. Je mehr sich Schriften vermehrten, desto mehr verminderten sich ganz eigenthümliche, freie Gedanken; endlich ward der menschliche Geist ganz in Lumpen gekleidet. Auf diese ward geschrieben, was man lesen und nicht lesen wollte; mochte es am Ende sich selbst lesen! –

Nun trat die Buchdruckerei hinzu, und gab beschriebenen Lumpen Flügel. In alle Welt fliegen sie; mit jedem Jahr, mit jeder Tagesstunde vom ersten erwachenden Morgenstral an wachsen dieser literarischen Fama die Schwingen, bis an den Rand der Erde. Jenes Orakel: ‹wenn die Menschen schweigen, so werden die Steine schreien›, ist erfüllt; worüber Menschenstimmen schweigen, darüber sprechen und schreien gegossene Buchstaben, merkantilische Hefte.»[86]

Selbstverständlich bestreitet Herder nicht den Nutzen des Buchdrucks, dennoch sieht er deutlich dessen negative Auswirkungen. Ist er einerseits ganz Aufklärer, der den Fortschritt der Vernunft durch umfassendere und exaktere Entfaltung der Wissenschaften begrüßt, erkennt er andererseits ihre Dialektik: «Eignen Geist nämlich kann sie [die Schrift] nicht geben; lebhafteren, tieferen Genuß an der Quelle des Wahren, Guten und Schönen mag sie durch die unzählbare Concurrenz fremder Gedanken hier befördern, dort aber auch hindern.»[87] Die Schrift fesselt den Gedanken, vergegenständlicht ihn in einer Weise, die ihn unfrei macht. Durch die Abtrennung vom Sprechenden erhält die Schrift zwar einen eigenen Körper, doch bleibt dieser ohne Geist, weil ihm die lebendige Kraft der Bewegung und Veränderung fehlt. Was sich in der Wirklichkeit als Prozeß abspielt, wird in der Schrift statisch. Umgekehrt hat sich der Geist des Schreibenden in der Schrift materialisiert, so daß auch er diese Kraft verliert und nur noch als Hülle ‹ohne lebendiges Wort› existiert.

Ein wesentliches Moment dieser ‹Entgeistigung› sowohl des Menschen als auch der Schrift, so könnte man interpretieren, besteht in dem Wechsel der Kommunikationssituation. In der mündlichen Rede bleibt der oppositionelle Teil im jeweiligen Gegenüber mit in die Kommunikation eingeschlossen; sie besitzt wesentlich auch einen Handlungscharakter und ist selbst in ihren schärfsten Gegensätzen immer synthetisch ausgerichtet. Sprechen und Hören, Produzieren und Rezipieren sind hierbei eine Einheit, in der Konsensfähigkeit zumindest immer möglich ist. In der Schrift dagegen werden Produktion und Rezeption auseinanderdividiert, zerlegt in zwei Kommunikationssituationen, in denen das Gegenüber aus Papier besteht. Sprache und Hören werden zu einem vereinzelten und vereinzelnden Schreiben und Lesen. In das Zentrum dieser ‹Kommunikation› tritt als Code die Schrift. Während Redesituationen immer einmalig und nie zu wiederholen sind, weil der sich ständig verändernde Mensch in ihrem Mittelpunkt steht, ist das Lesen (und bedingt auch das Schreiben) immer auf die Decodierung (bzw. Codierung) gerichtet, wobei das Individuum, das diese Arbeit ausführt, anonym bleibt oder weitgehend auswechselbar wird.

Schillers Räuber Karl von Moor war angeekelt von dem «tintenklecksenden Säkulum»,[88] von dem schriftlich aufgeklärten 18. Jahrhundert, in dem ein schwindsüchtiger Professor sich bei jedem Wort ein Fläschchen Salmiakgeist unter die Nase halten muß, während er ein Kollegium über die Kraft liest. Dieses Bild verdeutlicht, was es mit der «Schwächung der menschlichen Kräfte», von der Herder sprach, auf sich hat: Eine Zeit, die ihre Identität in der Veräußerung des Geistes erblickt, wird kraftlos zum Sprechen, ja kraftlos zum Handeln.

Was mit der Schrift seinen Anfang nahm, die Verselbständigung der Sprache, endet fast schon in einer Selbstverständigung der Schrift. Auf der Strecke bleibt für Herder hierbei die Humanität. In den ‹Ideen zur Philosophie der Geschichte der Menschheit› heißt es: «Wenn Sprache das Mittel der menschlichen Bildung unsres Geschlechts ist, so ist Schrift das Mittel der gelehrten Bildung.» Wenig später schreibt er: «Unter Gelehrsamkeit und Büchern wäre längst erlegen die menschliche Seele, wenn nicht durch mancherlei zerstörende Revolutionen die Vorsehung unserm Geist wiederum Luft schaffte. Menschlichkeit und Gelehrsamkeit stehen sich hier also gegenüber, denn «in Buchstaben gefesselt schleicht der Verstand [...] mühsam einher; unsre besten Gedanken verstummen in todten schriftlichen Zügen».[89] Folgerichtig schrieb Herder seine Gedanken über Humanität in Form von Briefen: Da agieren verschiedene Charaktere, widersprechen sich, diskutieren, nehmen Stellung, lassen sich überzeugen, und wenn sie einmal ein wirkliches ‹Schriftstück› liefern, dann nennen sie es ‹Fragment›, etwas Unabgeschlossenes, vorläufige Gedanken, die noch besprochen werden müssen. Der Leser wird angehalten, seine Meinung zu sagen, sich zu äußern zur Vielfalt der humanen Bestimmungen. Damit gelingt es Herder, die in der Schrift angelegte Tendenz zur Starrheit, zum Endgültigen, zumindest teilweise aufzuheben.

Herders Kennzeichnung der Schrift läuft auf eine Kritik ihrer Leistungsfähigkeit als Erkenntnisinstrument hinaus. Die Schrift ist weiter von der prozessualen Wirklichkeit entfernt als die Rede und liefert daher, nicht zuletzt aufgrund ihrer ebenfalls vorhandenen Tendenz zur Abstraktion, nur ein ‹statisches Weltbild›. Auf der anderen, positiv beurteilten Seite steht die Rede, die mündliche Sprache: «Nur durch die Rede wird die schlummernde Vernunft erweckt oder vielmehr die nackte Fähigkeit, die durch sich selbst ewig todt geblieben wäre, wird durch die Sprache lebendige Kraft.»[90] Das pädagogische Ziel Herders ist folglich eine Ausbildung zur Beredsamkeit, die er beschreibt als das «Organ der Vernunft, die Bildnerin menschlicher Gedanken».[91] Beredtsamkeit wird erlangt, wenn man die Sprache – in folgender Reihenfolge – einübt: hören, lesen, sprechen, schreiben. Herder stellt damit eine auf Rezeptivität gerichtete Ausbildung vor die eigene Produktion, und er rät dazu, gute Texte für das Vorlesen auszuwählen, da diese sprachbildend wirken. Immer sieht er das gesprochene Wort, den Wohlklang des Lautes als Schlüssel für das gute Sprechen. Auch das Schreiben in angemessenen «Perioden» wird wesentlich an der mündlichen Rede geschult. In der Bestimmung der Faktoren, die zur Beredsamkeit führen, taucht bereits bei Herder – wie später dann auch bei Carl Gustav Jochmann – ein gesellschaftspolitisches Moment auf. In den ‹Briefen, das Studium der Theologie betreffend› (1781) schreibt Herder an einen jungen Briefpartner:

«Regeln der Beredsamkeit suchen Sie ja nur, vorzüglich wenigstens, in den Alten. Die Neuern können Wohlredenheit haben, und es sind große Schriftsteller der Art in allen gebildeten Nationen; Beredsamkeit aber wohnte zur da, wo Republik war, wo Freiheit herrschte, wo öffentliche Berathschlagung die Triebfeder aller Geschäfte und endlich wo Reinigkeit und Anbau der Sprache in der Würde war, in der sie außer Rom und Griechenland nirgend gewesen. Was man auch sage, wir sind Barbaren und tragen noch gnug Zeichen unsrer Abkunft an uns. Das Ohr unsers Volks ist stumpf und nur nach dem Ohr der Hörer bildet sich Zunge und Rede. [...] Da wir [...] außer der Kanzel, auf der die Beredsamkeit in so kalter Luft ist, fast gar keine Gelegenheit zu öffentlichen Reden haben: da unsre Spiele, und gesellschaftlichen Uebungen gewiß nicht oratorisch, am wenigsten politisch-oratorisch sind: da von jeher Deutschland das Vaterland des Ceremoniels, und einer hölzernen Knechtschaft gewesen; so ists ja Thorheit, Regeln einer Kunst zu suchen, wo die Kunst selbst fehlet, sie mit Pflastern salben zu wollen, wo sie nicht athmen kann und nie geathmet hat.»[92]

Die Ausbildung der deutschen Sprache ist, so Herder, behindert durch die politischen Verhältnisse, denn sie bieten kein öffentliches Betätigungsfeld für eine Übung der Rede und der Redner. Dieser Gesichtspunkt taucht – neben anderen – wieder auf in einer Abhandlung von 1804 mit dem Titel ‹Briefe, den Charakter der deutschen Sprache betreffend›. Es handelt sich hierbei um Herders wohl wichtigste sprachkritische Äußerung, denn er setzt sich mit dem aktuellen Zustand des Deutschen seiner Zeit auseinander und scheut auch nicht die Nennung von politischen Bezügen.

Als erstes hebt Herder das ihm so wichtige Merkmal der Verkümmerung und Verhärtung des ehemals gesprochenen Wortes in der Schrift einer Buchkultur hervor:

«Welche Nation in Europa hat ihre Sprache wesentlich so verunstalten lassen, als die Deutsche? Gehen Sie in die Zeiten der Minnesinger zurück, hören Sie noch jetzt den lebendigen Klang der verschiednen zumal west- und südlichen Dialekte Deutschlands, und blicken in unsre Büchersprache. Jene sanften oder raschen An-

und Ausklänge der Worte, jene Modulation der Uebergänge, die den Sprechenden am stärksten charakterisiren; da wir Deutsche so wenig öffentlich und laut sprechen, sind sie in der Büchersprache verwischt, oder werden einförmig gedehnt und in ewige Ausgängen von N-n-n, in schleppende ge-, in zischende S und Sch verwandelt. Keine Nation hat das Nennen und Nennen, das Sprechen und Schreiben selbst dem Laut dieser Worte nach so charakteristisch, d. i. so langweilig-fleißig ausgedrückt, als wir hart- oder weichbenannte Deutsche und Teutsche. Unser Name verräth uns.»

Es ist die fehlende Kraft, ein Mangel an Ausdrucksmöglichkeiten, die das Deutsche charakterisieren. Als zweites nennt Herder den Aspekt von Herrschaft und Knechtschaft:

«Welche Nation in Europa hat sich die Anrede der Menschen und Stände an einander so erschwert und verkünstelt wie die Deutsche? Nicht nur die langweilig abgeschmackten Titulaturen, mit denen wir ein Spott aller Nationen sind und deren wir dennoch nicht entrathen mögen, sondern der ganze Bau unsrer öffentlichen Anreden, Zuschriften, Verhandlungen u. f. zwingen uns in Knechtsfeßeln zu sinnlos heuchelnden Knechtsgebehrden. Unsre demüthige Bittschriften und die gnädige oder allergnädigste Resolution darauf, wer kann sie ohne Lachen, ohne Verdruß und Schaam lesen. Und die förmlichen Expositionen unsrer Rechts- und Staatssachen, die Devotion, mit der wir verharren und ersterben, die krausen Züge, die dabei gemahlt, die Papierballen, die Menschenleben, die mit und zu dieser unseligen Deutschen Kunst verschwendet werden, die Kopflose Steifheit, der Formelnstolz, die pedantische Grobheit und Seelenschläferei, die daher ganzen Ständen, Collegien und Ämtern zur zweiten Natur werden, wer kann und darf diesen Wust ausfegen?»

Drittens kritisiert Herder die zur Kanzelsprache verkommenen Predigten mit ihrer Tendenz zum Spekulativen:

«Welche Nation hat sich, und zwar in Zeiten der größten Gefahr und Noth, an metaphysischen Hirngespinsten und Träumereien, am kritischen Somnambulismus wie die Deutsche erlabet. Von heraus hoffte sie Heil und spatzierte zum Monde hinaus langsam fort auf den Dächern.»

An vierter Stelle steht die Verschiebung des öffentlichen Interesses weg von der politischen Wirklichkeit hin zu einer mittelmäßigen, fiktiven Literatur:

«Welcher Nation ist das öffentliche Urtheil, laut ausgesprochene Ehre und Schande, offene Gewaltthätigkeit, unbefugtes Unrecht, Schamlose Niederträchtigkeit und dummfrecher Frevel – welcher Nation sind diese öffentliche Mishandlungen und Mißethaten gleichgültiger als der Deutschen. Errichte ein Habgierig-Frecher ein schriftstellerisches Tribunal, von dem die Würdigsten der Nation mißhandelt werden; wer wird, sobald Er Stirn genug zur Unternehmung hat, es ihm wehren? Arbeiter, Beihelfer, Leser wird er dazu finden; je Pasquillenartiger sein Gerichtshof ist, desto neugierig-freudigere Leser. Daneben errichte er einen Streitplatz, auf dem die mißhandelten Schriftsteller mit ihren maskirten Mishandlern öffentlich boxen; der Mißhandelte zahlt sogar Geld für den Platz, um von der Maske neue

Schläge oder Nasenstüber zu erbeuten; und das Deutsche Publikum lacht gähnend. Wer sonst nicht lieset, liest diese unwürdig-unbillige Kampfscenen, damit er doch wiße, wie es auf dem Deutschen Parnaß hergeht. Pasquille bringen jetzt allein Geld ein, sagte ein junger Deutscher Autor; die bezahlt der Verleger, die liest man begierig.»

Und so kommt Herder schließlich zu einem vernichtenden Urteil über die große Masse der deutschen Literatur und das deutsche Publikum:

«Keine Nation als die unsrige hat ein stehendes Heer von Schriftstellern, die, mit stolzer Verachtung aller Brauchbarkeit im Dienst des gemeinen Wesens, von Maculatur leben. Sie haben genau berechnet, wie mittelmäßig ein Buch seyn müße, damit es, wie sie sagen, intereßire d. i. allgemein gelesen werde: denn ganz guten Büchern heißt es, geschieht dies nicht. Und sie werden gelesen; sie unterhalten und verderben den Geschmack der Nation weiter.»

Die von Herder konstatierten Mängel sind nicht in der deutschen Sprache selbst angelegt, sind keine Mängel ihres Charakters, sondern haben ihren Ort im Sprachgebrauch, in der Sprachverwendung:

«[...] und doch ist unsre Sprache und Denkart so biegsam, so gefällig, daß sie sich ohne gewaltsame Verrenkung jeder alten und neuen Sprache, so wie jedem Charakter derselben, fast unübertrefbar anschließt, sobald nur Hände dasind, die sie anzufügen wissen, und die leichtsinnige Frechheit des Deutschen ‹Beßermachens› aus dem Spiel bleibt.»[93]

Wie nun kann diesen Mängeln im Gebrauch abgeholfen werden? Neben dem Weg über die Literaturkritik, den Herder überwiegend gegangen ist, schlägt er noch einen anderen vor: die Gründung eines «ersten patriotischen Instituts für den Allgemeingeist Deutschlands». Der Aufsatz aus dem Jahre 1787, in dem er die Notwendigkeit eines solchen Instituts begründet, seine Aufgaben umreißt und die Organisation erläutert, hat Parallelen zu Leibniz' ‹Unvorgreiflichen Gedanken› und erinnert in Aufbau und Inhalt gar an dessen ‹Ermahnung an die Deutschen›, die jedoch erst 1846 veröffentlicht wurde und die Herder vermutlich nicht gekannt hat.

Ein wichtiges Ziel, das Herder mit dem Institut anstreben möchte, ist die Schaffung einer Kulturnation, in der das zwischen den deutschen Provinzen bestehende Gefälle hinsichtlich «der Grade der Aufklärung» aufgehoben ist. Eine wichtige Voraussetzung, um dieses Ziel erreichen zu können, sieht er darin, daß man «die Sprache unsres Vaterlandes rein spreche und schreibe», denn als «gelehrtes oder politisches Werkzeug» bildet sie einen Vereinigungspunkt, in dem die Triebfeder zur Kultur der Nation angelegt ist. Wie schon Leibniz stellt auch Herder fest, daß der Aufschwung einer Nation mit der Ausbildung ihrer Sprache und Literatur einhergeht:

«Es ist also billig, daß diese Sprache nicht nur daure, solange die Nation dauret, sondern sich auch aufkläre, läutre und bevestige, wie sich die Nation in ihrer

Verfaßung bevestigt und aufklärt. Unglaublich viel trägt eine geläuterte, durch Regeln bestimmte Sprache zur festen, bestimmten Denkart einer Nation bei; denn es ist ein Zeichen, daß wir uns selbst gering achten, solange wir uns gegen uns und gegen andre Nationen unsrer Sprache schämen.»

Die deutsche Sprache müsse, so Herder weiter, innerhalb der Grenzen der Nation herrschend werden, und auch die oberen gesellschaftlichen Schichten, die Fürsten und der Adel, sollten sie als ihre Sprache anerkennen und benutzen. Nur auf diese Weise könne der deutsche Provinzialismus, der in politischer wie in sprachlicher Hinsicht besteht, überwunden werden. Herder will die überregionale Einheitssprache, denn sie allein, nicht aber die Dialekte, kann die Ideale «Biegsamkeit» und «Glanz» realisieren, die das Französische auszeichnen. Diese Ideale werden dann erreicht, meint Herder, «wenn unsre reinere Büchersprache immer mehr die Sprache der feineren Gesellschaften und jedes öffentlichen Vortrages zu werden sucht, da sie bisher von diesem allgemeinen Gebrauch noch weit entfernt gewesen: denn bekanntermaassen wird unsre Büchersprache, im reinsten Sinne genommen, beinahe nirgend geredet.» Dieses Urteil, 1787 über die deutsche Sprache gefällt, deutet das Mißverhältnis zwischen einer ausgebildeten Literatursprache – Herder sieht allerdings auch hier wieder eine «neue Barbarei» kommen – und einer disparaten öffentlichen Gebrauchssprache an. Wenngleich er sich an dieser Stelle in die Bestrebungen des 18. Jahrhunderts um eine Sprachnormierung einreiht, möchte er jedoch keinen von außen an die Sprache herangetragenen Vorschriften das Wort reden:

«Die wachsende Cultur unsres Vaterlandes kann also keinen andern Weg nehmen, als diese geläuterte Büchersprache unter feinern Menschen aller Teutschen Provinzen gemein zu machen, über die Gesetze derselben, von der Orthographie und Interpunction an bis zu den feinsten Wendungen des Styls, durch gute Vorbilder mehr als durch zwingende Regeln sich zu vereinigen und die Bekanntschaft dieser Muster mit wählender Sorgfalt weiter umher zu verbreiten.»

Als erste und vorrangige Aufgabe des «patriotischen Instituts» formuliert Herder denn auch – neben der Aufarbeitung der deutschen Geschichte und Philosophie – das Bemühen, «in ihren Schriften Muster der Reinigkeit, Stärke und [...] ungekünstelten Einfalt» zu geben. Ferner soll das Institut Schriften, die in vorbildlicher Sprache abgefaßt sind, auswählen und weithin bekannt machen. Einen strengen Eingriff lehnt er jedoch nochmals nachdrücklich ab:

«Für despotischen Gesetzen über die Sprache wird sie [die Akademie] sich mit größester Sorgfalt hüten; dagegen sich desto mehr befleißigen, durch Beobachtungen, Vorschläge und kritische Regeln unsrer Sprache die schöne Sicherheit allmälich zu verschaffen, an der es ihr in Vergleich andrer Sprachen noch so sehr fehlet.»[94]

In seinen ‹Briefen zur Beförderung der Humanität› von 1795 faßt Herder seine Sichtweise über den Zustand der deutschen Sprache noch einmal zusammen und macht mit beschwörenden Worten deutlich, welche Aufgaben für deren Verbesserung noch anstehen:

«Bei weitem ist unsre Sprache noch nicht so gebildet, jedem Vortrage, jeder Art des Wissenswürdigen so zugebildet, als die Sprachen unsrer Nachbarn; vielmehr haben wir mit einer benachbarten Nation zu kämpfen, daß ihre Sprache die unsere nicht ganz vertilge. Erwache also, du schlafender Gott, wenn du nicht etwa dichtest oder über Feld gegangen bist; erwache, Deutsches Publicum, und laß Dir dein Palladium nicht rauben. Aus dem trägen Schlummer, aus dem niedrigen Stolz, der das Beste wegwerfend verachtet, aus der Anmaassung, die dem Schlechtesten das Privilegium des Besten ertheilen zu können glaubt, aus der nie Theilnehmenden Kälte, aus der völligen Seelenentfremdung, glaube mir, wird nichts, kann nichts werden. Die Zeit, da das Alles galt, ist vorüber. Unsanft aus dem Schlafe gerüttelt, erwache und zeige, daß du kein Barbar bist, damit man dir nicht als einem Barbaren begegne. Deine Sprache, die Schwester der Griechischen, die Königinn und Mutter vieler Völker, für ganz Europa hast du zu sichern, auszubilden, zu bewahren.»[95]

Ein letzter Gedanke mag Herders sprachkritisches Anliegen vervollständigen. In seinem Frühwerk ‹Ueber die neuere Deutsche Litteratur. Sammlung von Fragmenten› (1767) hat er drei verschiedene Verwendungsarten von Sprache unterschieden: die «poetische Sprache der Dichter», die «biegsame Sprache guter Prosaisten» und die «genaue Sprache großer Weiser» – mit anderen Worten: Poesie, Prosa und philosopische Sprache. Diesen drei Gattungen ordnet er verschiedene Entwicklungsstadien zu: der Poesie die Kindheit, der Prosa die Jünglingszeit und der philosophischen Sprache das Mannes- und Greisenalter. Während die Poesie von Reichtum und die Prosa von Schönheit des Ausdrucks und Klangs gekennzeichnet sind, weiß das «hohe Alter», das philosophische Zeitalter einer Sprache, nur von Richtigkeit: «Je mehr die Grammatici den Inversionen Fesseln anlegen; je mehr der Weltweise die Synonymen zu unterscheiden, oder wegzuwerfen sucht, je mehr er statt der uneigentlichen eigentliche Worte einführen kann; je mehr verlieret die Sprache Reize: aber auch desto weniger wird sie sündigen. Ein Fremder in Sparta siehet keine Unordnungen und keine Ergözzungen.»

Die drei Zeitalter – Poesie, Prosa, philosophische Sprache – können als vollkommene nicht zusammen existieren: Eine poetisch gebildete Sprache eignet sich nicht zur Philosophie und umgekehrt, ebenso kann die Schönheit der Prosa nicht mit Vollkommenheit einhergehen. Aus dieser Bestimmung zieht Herder den pragmatischen Schluß, daß «die mittlere Größe, die schöne Prose, [...] unstreitig der beste Platz ist, weil man von da aus auf beide Seiten auslenken kann». Das poetische Zeitalter ist für Herder unwiederbringlich verloren, und käme man erst vollständig im philosophischen an, dann wäre es auch das prosaische. Die deutsche Sprache steht nach seiner Auffassung noch in der Mitte, gleich weit entfernt von einer nicht mehr poetischen und noch nicht philosophischen Sprache.

Eine Ausbildung, eine Verbesserung, muß deshalb nach beiden Seiten hin erfolgen: «Alsdann werden wir zwar von beiden Seiten nicht die höchste Stufe erreichen, weil beide Enden nicht einen Punkt ausmachen können; allein wir werden in der Mitte schweben, und von den sinnlichen Sprachen durch Uebersezzungen und Nachbilden borgen; anderntheils durch Reflexionen der Weltweisen das geborgte haushälterisch anwenden.»

Von diesen Überlegungen aus läßt sich eine Verbindung zum Anfang herstellen, zu Herders Bemerkungen über Mündlichkeit und Schriftlichkeit. Wiederum in den ‹Fragmenten› schreibt er: «Dichterisch ist eine Sprache am vollkommensten, ehe sie; und Philosophisch am vollkommensten, wenn sie blos geschrieben wird; am brauchbarsten und bequemsten, wenn sie gesprochen und geschrieben wird.»[96] Herders Sprachideal orientiert sich also an der Mitte, in der sozial wie funktional die größte Reichweite der Sprache zu finden ist: an der «schönen Prose», die mit leichter Anstrengung sowohl zum poetischen als auch zum philosophischen Ausdruck zu gebrauchen ist. Sie kennt noch die sinnlichen Bilder der Poesie und schon die abstrakten Begriffe der Philosophie; sie ist die Sprache des alltäglichen Lebens, des Umgangs, die gesprochen und geschrieben werden kann; nicht zuletzt ist sie auch die Sprache des bürgerlichen Mittelstandes, dessen politische und gesellschaftliche Bedeutung sie zu repräsentieren vermag.

Herders Kritik an der deutschen Sprache, so vielfältig sie im einzelnen auch auftritt, ist hauptsächlich eine Kritik der Sprachverwendung. Er kann diese Kritik begründet üben, weil ihm historisches Sprachmaterial zur Verfügung steht, das er vergleichend und abwägend heranzieht. Seine Sprachkritik, die in ihren Aussagen, wie jede Gebrauchskritik, historisch gebunden ist, liefert jedoch mit ihrer Charakterisierung bestimmter Sprachformen und Sprachbereiche sowie ihrer Einbeziehung historischer Entwicklungen und Entwicklungsstufen über seine Zeit hinausweisende Maßstäbe, die sich auf die Beurteilung der Leistungsfähigkeit einer Sprache überhaupt anwenden lassen.

Während Herder im Übergang von der Aufklärung zur Romantik, von einem rationalen zu einem historischen Denken stand und beides in seinem Werk verkörperte, nahm Johann Georg Hamann eine Position ein, die geistesgeschichtlich nicht leicht zu verorten ist. Lange haftete seinem Denken das Prädikat der Dunkelheit an, der Sprunghaftigkeit, der Verrätselung. Wir müssen hier den Motiven und dem Sinn von Hamanns Schreiben und seinen Schriften im einzelnen nicht auf den Grund gehen,[97] sondern nur einen Blick auf seine Sprachauffassung werfen, soweit sie Elemente von Sprachkritik enthält.

Die Forschung ist sich heute darüber einig, daß Hamanns Sprachdenken in engem Verhältnis zu seinem religiösen Denken steht und er Sprache immer auf die Offenbarung Gottes sowie auf die Vermittlung des Glaubens bezieht.[98] Hamann rang um die Frage, wie sich der Zusammenhang von Sprache und Vernunft bestimmen lasse. Er kam hiermit zu keinem Ende, weil er die aufklärerische Gleichsetzung beider Größen nicht akzeptieren konnte, zugleich aber nicht imstande war, seine Ansicht von der göttlichen Wurzel beider Vermögen auszudrücken.

Die Wurzeln der Sprachauffassung Hamanns liegen in seiner Bibellektüre und im Wort Gottes, das er zu interpretieren suchte. «Gott», so schreibt er, «hat sich geoffenbart den Menschen in der Natur und in seinem Wort»;[99] an anderer Stelle spitzt er diese Erkenntnis zu in dem Satz: «Gott ein Schriftsteller!»[100] Damit ist zugleich auch auf das Wesen der menschlichen Sprache verwiesen, denn das Wort Gottes hat Vorbildcharakter und zeigt dem Menschen den Weg zum Verständnis der Natur. Über die Bibel, die Heilige Schrift, schreibt er:

«Die Schrift kann mit uns Menschen nicht anders reden, als in Gleichnissen, weil alle unsere Erkenntnis sinnlich, figürlich und der Verstand und die Vernunft Bilder der äußerlichen Dinge allenthalben zu Allegorien und Zeichen abstracter, geistiger und höherer Begriffe macht.»

Nur durch Bilder und Gleichnisse kann der Mensch die Wirklichkeit des göttlichen Werks aufnehmen und ihren Sinn verstehen. Diese Sprache ist also die ursprüngliche und der Erkenntnis der Natur, dem Schöpferwerk Gottes, einzig angemessene. Vor diesem Hintergrund ist der berühmte und vielzitierte Satz aus Hamanns ‹Aestetica in nuce› zu verstehen: «Poesie ist die Muttersprache des menschlichen Geschlechts; wie der Gartenbau, älter als der Acker: Malerey, – als Schrift: Gesang, – als Deklamation: Gleichnisse, – als Schlüsse: Tausch, – als Handel.»[101] Will man dieser so lapidar klingenden Bemerkung in ihrem sprachtheoretischen Kern gerecht werden, muß man eine weitere Stelle, die sich in der ‹Metakritik über den Purismum der Vernunft› findet, mit heranziehen:

«Laute und Buchstaben sind also reine Formen a priori, in denen nichts, was zur Empfindung oder zum Begriff eines Gegenstandes gehört, angetroffen wird und die wahren, ästhetischen Elemente aller menschlichen Erkenntnis und Vernunft. Die älteste Sprache war Musik und nebst dem fühlbaren Rhythmus des Pulsschlages und des Othems in der Nase, das leibhafte Urbild alles Zeitmaaßes und seiner Zahlverhältnisse. Die älteste Schrift war Malerey und Zeichnung, beschäftigte sich also eben so frühe mit der Oekonomie des Raumes, seiner Einschränkung und Bestimmung durch Figuren. Daher haben sich die Begriffe von Zeit und Raum durch den überschwänglichen beharrlichen Einfluß der beyden edelsten Sinne, Gesichts und Gehörs, in die ganze Sphäre des Verstandes, so allgemein und notwendig gemacht, als Licht und Luft für Aug, Ohr und Stimme sind, daß Raum und Zeit war nicht ideae innatae, doch wenigstens matrices aller anschaulichen Erkenntnis zu seyn scheinen.»[102]

Neben der philosophischen Herleitung der Kategorien ‹Raum› und ‹Zeit› enthält diese Stelle auch wichtige Aussagen über die Sprache. Hamann geht davon aus, daß sich die Sprache als zeitliche Folge von Tönen gebildet hat in Anlehnung an physiologische, somit natürliche und – für ihn – von Gott geschaffene Vorgänge. Der Rhythmus des menschlichen Pulsschlages und des Atems diente der Sprache zum Vorbild. Später dann war es der Rhythmus, in dem der Mensch seine Arbeitsgänge verrichtet hat, der auf die Sprache wirkte.[103] Dieser materiellen Seite der ursprünglichen Sprache, die durch ihren bestimmten Rhythmus schon als Poesie gekennzeichnet ist, folgt als geistige der bildliche, gleichnishafte Ausdruck der sinnlichen Erkenntnis. Die erste Sprache des Menschen mußte Poesie sein, weil die Sinne und Leidenschaften – als erste Erkenntnis- und Ausdrucksvermögen – nur Bilder aufnehmen und nur diese auszudrücken imstande waren. Das entscheidende Argument, durch das nach Ansicht Hamanns diese ‹Hypothese› zur Wahrheit wird, ist das Wort Gottes. Auch die Bibel spricht in dieser Sprache. Die menschliche Sprache ist demgemäß nichts anderes als der Versuch, die Wahrheit und Wirklichkeit der Schöpfung Gottes wiederzugeben:

«Reden ist übersetzen – aus einer Engelssprache in eine Menschensprache, das heißt, Gedanken in Worte, – Sachen in Namen, – Bilder in Zeichen; die poetisch und kyriologisch, historisch, oder symbolisch oder hieroglyphisch – und philosophisch oder charakteristisch seyn können. Diese Art der Übersetzung (verstehe Rede) kommt mehr, als irgend eine andere, mit der verkehrten Seite von Tapeten überein.»

Reden, menschliches Sprechen, muß die Schöpfung Gottes spiegeln. Über das in der Bibel verkündete Wort Gottes läßt sich eine Beziehung herstellen zwischen dem menschlichen Erkennen und der Wirklichkeit der Natur. Wenn der Mensch sich um diese von Gott gelehrte Sprache bemüht und sie schließlich beherrscht, erfüllt er den Plan der Schöpfung. Eine Briefstelle mag noch einmal diese Auffassung verdeutlichen:

«Das unsichtbare Wesen unserer Sprache offenbart sich durch Worte – wie die Schöpfung eine Rede ist, deren Schnur von einem Ende des Himmels biß zum andern sich erstreckt. Der Geist Gottes allein hat so tiefsinnig und begreiflich uns das Wunder der sechs Tage erzählen können. Zwischen einer Idee unserer Seele und einem Schall, der durch den Mund hervorgebracht wird ist eben die Entfernung als zwischen Geist und Leib, Himmel und Erde. Was für ein unbegreiflich Land verknüpft gleichwol diese so von einander entfernte Dinge? Ist es nicht eine Erniedrigung für unsere Gedanken, daß sie nicht anders sichtbar gleichsam werden können, als in der groben Einkleidung willkürlicher Zeichen und was für ein Beweiß Göttlicher Allmacht – und Demuth – daß er die Tiefen seiner Geheimniße, die Schätze seiner Weisheit in so kauderwelsche, verworrene und Knechtsgestalt an sich habende Zungen der Menschlichen Begriffe einzuhauchen vermocht und gewollt.»[104]

Vor diesem Hintergrund wird der Sinn einer anderen, ebenfalls berühmt gewordenen Passage aus Hamanns ‹Aesthetica in nuce› erhellt:

«Rede, daß ich Dich sehe! – Dieser Wunsch wurde durch die Schöpfung erfüllt, die eine Rede an die Kreatur durch die Kreatur ist; denn ein Tag sagts dem andern, und eine Nacht thuts kund der andern. Ihre Losung läuft über jedes Klima bis an der Welt Ende und in jeder Mundart hört man ihre Stimme. – Die Schuld mag aber liegen, woran sie will, (außer oder in uns): wir haben an der Natur nichts als Turbatverse und disiecti membra poetae zu unserm Gebrauch übrig. Diese zu sammeln ist des Gelehrten; sie auszulegen, des Philosophen; sie nachzuahmen – oder noch kühner! – sie in Geschick zu bringen des Poeten bescheiden Theil.»[105]

Der Mensch muß so sprechen, daß Gott in allem sichtbar wird: in den Gedanken, im redenden Menschen selbst, in der Natur, über die geredet wird. Das Wort Gottes, das überall erscheinen soll, vermag der Poet am besten auszudrücken, weil seine Sprache die Natur nachahmt, sie «in Geschick», d. h. in ihre geschaffene Ordnung bringt. Hamann ging es um eine größtmögliche Entsprechung zwischen der Sprache Gottes – als eines «Schriftstellers» – und der Sprache des Menschen. Die eine gedankliche Konsequenz daraus war, daß es sich bei dieser Entsprechung um die Sprache der «tönenden Poesie» handeln müsse, weil Gott sich in Bildern und Gleichnissen offenbart und nur die Poesie diese aufzunehmen vermag. Die andere Konsequenz läuft darauf hinaus, daß die älteste, noch nicht von philosophischer Abstraktion vermischte und von der Vernunft bestimmte Sprache der Menschen die ursprüngliche Entsprechung zur Sprache Gottes darstellt. Hamann geht deshalb in der Geschichte ganz weit zurück und sucht nach der ältesten Sprache des Menschengeschlechts, seiner Ursprungssprache. Diese findet er in der Sprache des von Gott erwählten Volkes, im Hebräischen. In dieser Sprache war noch die Möglichkeit des Zwiegesprächs zwischen den Menschen und Gott angelegt. Mit ihrem Versinken aber entfernte sich die menschliche Sprache immer mehr von jener ursprünglichen Einheit. Je rationaler und abstrakter, je stärker gefügt und grammatisch geordnet die Sprache wurde, desto schwieriger wurde es, Gottes Wort in ihr aufzusuchen. Deshalb Hamanns Forderung, zu den Ursprüngen zurückzukehren.

Hamanns Sprachkritik ist zweifellos religiöser Natur. Sie rührt an grundsätzlichen Fragen der Sprache und ist – auf den ersten Blick – nicht auf eine Einzelsprache wie das Deutsche bezogen. Gleichwohl hat sie im Sprachzustand des Deutschen in der zweiten Hälfte des 18. Jahrhunderts ihren Ausgangspunkt. Indem Hamann in der Ursprungssprache sein Sprachideal entdeckt und begründet, kritisiert er – wenigstens implizit – auch die Sprache seiner Zeit. Er wendet sich gegen den Rationalismus in der Sprache, der letztlich in einer von den Grammatikern geplanten und genormten Schriftsprache seinen Ort hat. Und er wendet sich gegen den Rationalismus der Aufklärungsphilosophie, der sich auch in der philosophischen Begrifflichkeit und somit in der philosophischen Sprache zeigt: «Das philosophische Genie», schreibt er, «äussert seine Macht dadurch, daß es, vermittelst der Abstraction, das Gegenwärtige abwesend zu machen sich bemüht; wirkliche Gegenstände zu nackten Begriffen und bloß denkbaren Merkmalen, zu reinen Erscheinungen und Phänomenen entkleidet.»[106] Mit der Romantik, auf die Hamann mit seinem Ideal einer Ursprungssprache und seiner Kritik der rationalen Begriffe hier bereits hindeutet, setzte dann auch eine mächtige Gegenbewegung zur Aufklärung und ihrer Sprache ein. Es gab ein Lob der «Unverständlichkeit»,[107] und die schon von Hamann hergeleitete Auffassung, daß Poesie die eigentlich erkenntnisstiftende und historisch überdauernde Gattung sei, wurde nun zum Programm.

Doch zurück noch einmal in das 18. Jahrhundert, dem die Sprache ein wichtiges Mittel der Darstellung und Vermittlung von Erkenntnissen war und das deshalb auf die Verständlichkeit der Sprache größten Wert legte. Georg Christoph Lichtenberg, Professor der Experimentalphysik in Göttingen, zugleich ein Aphoristiker und Essayist von Rang und exzellenter Briefeschreiber, hatte zeit seines Lebens gerade dieses Anliegen: wissenschaftliche Erkenntnisse und philosophische Gedankengänge der Aufklärung verständlich darzustellen, sie zu popularisieren, einem größeren Publikum zugänglich zu machen. Es ist deshalb naheliegend, daß Lichtenberg sich auch mit sprachlichen Fragen auseinandergesetzt, ihre Gestalt und Leistungsfähigkeit kritisch geprüft hat. Er war allerdings kein Sprachtheoretiker, der mittels einer geschlossenen oder gar systematischen Abhandlung über Sprache seinen Ansichten Ausdruck geben wollte. In kurzen Aphorismen, die gelegentlich auch umfangreicher werden und bereits zum Essay neigen, hat er pointiert Gedanken in seinen ‹Sudelbüchern› auch über Sprache notiert, die man in einer Mischung aus vergnüglicher und mühsamer Lektüre zusammensuchen muß.[108] Die aphoristische, essayistische Form der Lichtenbergschen Gedankenwelt erweist sich – nebenbei bemerkt – bereits als eine Kritik an der streng rationalistischen Aufklärung, wie sie Christian Wolff und Johann Christoph Gottsched vertreten haben. Die Zuversicht, man könne mittels eines systematischen Zugriffs auf die wissenschaftlichen Gegenstände sowie mit einer systematischen Gestaltung von Sprache und Begrifflichkeiten eine «geordnete Gesamtheit des Wissens überhaupt»[109] hervorbringen, teilte Lichtenberg nicht mehr.

Dennoch enthalten die Aphorismen Lichtenbergs grundsätzliche Aussagen über Sprache und darüber hinausgehend auch sprachkritische Stellungsnahmen. Es fällt auf, daß Lichtenberg, wenn er über Sprache allgemein spricht, zugleich auch deren Verwendung mit im Blick hat:

«Die wahre Bedeutung eines Wortes in unsrer Muttersprache zu verstehen bringen wir gewiß oft viele Jahre hin. Ich verstehe auch zugleich hiermit die Bedeutungen die ihm der Ton geben kann. Der Verstand eines Wortes wird uns um mich mathematisch auszudrücken durch eine Formul gegeben, worin der Ton die veränderliche und das Wort die beständige Größe ist. Hier eröffnet sich ein Weg die Sprache unendlich zu bereichern ohne die Worte zu vermehren. Ich habe gefunden, daß die Redens-Art: *Es ist gut* auf fünferlei Art von uns ausgesprochen wird, und allemal mit einer andern Bedeutung, die freilich auch oft noch durch eine dritte veränderliche Größe: die Miene bestimmt wird.» (A 93)

Lichtenberg bestimmt hier die Bedeutung eines Wortes nicht losgelöst von seiner Äußerung, sondern gerade von den die Äußerung bestimmenden Faktoren her. Er unterscheidet drei Aspekte von Bedeutung: die lexikalische Bedeutung («Verstand eines Wortes») als etwas Beständiges, das in der Wortform (als Buchstabenfolge) niedergelegt ist, die durch die Aussprache sich bildende aktualisierte Bedeutung in einem Redekontext («Ton» des Wortes) und schließlich außersprachliche Elemente wie die Mimik, die zur Differenzierung und Nuancierung der aktualisierten Bedeutung beitragen. Über die beiden letzteren Aspekte kann der Sprecher verfügen, hier kann er variieren, kann er den Wörtern und Wortgruppen neue Bedeutungen verleihen. Insofern liegt in der Sprachverwendung eine Quelle nicht nur für Sprachbereicherung, sondern auch für Sprachwandel, in dem eine aktualisierte Bedeutung fest werden und in die lexikalische Bedeutung eines Wortes eingehen kann.

Wörter stehen für Dinge und für gedankliche Konstrukte, Vorstellungen, Begriffe. Diese alte und immer wieder neue Erkenntnis aber birgt für Lichtenberg Probleme:

> «Wir haben für Farbe und Pigment nur ein Wort, welches viele Verwirrung verursacht. So haben wir für vieles nur ein Wort, wo wir mehrere haben sollten. *Color* Begriff, *pigmentum* Wort. Eine Verbindung von Begriffen mit Worten ausgedruckt kann für einen andern ganz etwas anders werden. Deswegen ist vor allen Dingen zu sehen, ob nicht mehrere Worte zu machen wären, dieses gibt Anlaß zu den Distinktionen. Die Streitigkeiten über das Wort schön rühren eben daher.» (D 464)

Das Verhältnis von Ding und Begriff zum Wort ist kein Eins-zu-eins-Verhältnis. Die Wörter haben eine andere Gliederung als die Dinge und Begriffe, beide Ebenen kommen nicht zur Deckung. Die Ordnung der Sprache ist nicht die Ordnung der Dinge und Begriffe:

> «Um eine allgemeine Charakteristik zu Stande zu bringen müssen wir erst von der Ordnung in der Sprache abstrahieren, die Ordnung ist eine gewisse Musik, die wir festgesetzt, und die in wenigen Fällen (z. E. femme sage, sage femme) einen sonderbaren Nutzen hat. Eine solche Sprache die den Begriffen folgt müssen wir erst haben, oder wenigstens für besondere Fälle suchen, wenn wir in der Charakteristik fortkommen wollen. Weil aber unsere wichtigsten Entschlüsse, wenn wir sie ohne Worte denken, oft nur Punkte sind, so wird eine solche Sprache eben so schwer sein zu entwerfen, als die andere, die daraus gefolgert werden soll.» (A 3)[110]

Lichtenberg denkt an eine Universalsprache, eine Sprache, in der die Begriffe und die mit ihnen möglichen Operationen das bestimmende sind, während die Wörter lediglich als Zeichen jener vorgängigen Ordnung fungieren.[111] Doch er sieht, daß für eine solche Sprache zuerst die Begriffe geordnet werden müßten, was aber kaum zu bewerkstelligen ist, weil wir keinen sprachunabhängigen Zugang zu den Begriffen und Dingen haben. In dieser Ansicht steckt ein gehöriges Maß an Sprachskepsis, an Mißtrauen den Wörtern gegenüber, was auch noch an anderer Stelle, in einem anderen Zusammenhang, sichtbar wird:

«Es ließe sich etwas über Übersetzungs-Kunst schreiben, das ganz nützlich werden könnte. Ich meine die, die Sprache der gemeinen Leute, und ihre Behandlungs-Art in die eigentliche Sprache unseres Lebens zu übersetzen. Die gemeinen Leute drücken sich oft sehr fürchterlich und mit Gelächter über Dinge aus, von denen sie, in unsere Sprache übersetzt, ganz anders zu reden scheinen würden, oder würklich reden würden. Wir denken über die Vorfälle des Lebens nicht so verschieden, als wir darüber *sprechen*.» (J 692)

Denken und Sprechen fallen für Lichtenberg auseinander. Diese wichtige Einsicht, die ihn trennt von den Grundannahmen der streng rationalistischen Aufklärung, gilt ihm einmal prinzipiell für das Verhältnis zwischen den Begriffen des Denkens und den Wörtern der Sprache, es gilt ihm auch für die verschiedenen gesellschaftlich bedingten Sprachformen und Sprachebenen. Lichtenbergs Sprachkritik nimmt ihren Ausgangspunkt im Zweifel an der adäquaten Bezeichnungsfähigkeit von Gedanken und Dingen durch Worte, und sie setzt sich fort in einem Zweifel an einer adäquaten Kommunikation durch Worte, d. h. an einem gegenseitigen sprachlichen Verstehen der Menschen untereinander.

Doch nicht nur Gedanken können auf diese doppelte Weise nur ungenügend sprachlich ausgedrückt werden, auch für die Bezeichnung und Mitteilung von Empfindungen sind die Wörter kaum geeignet: «Eine Empfindung die mit Worten ausgedruckt wird, ist allzeit wie Musik die ich mit Worten beschreibe, die Ausdrücke sind der Sache nicht homogen genug.» (A 63) Am Beispiel des Selbstmörders macht Lichtenberg die sprachliche Isolation des Menschen deutlich:

«Es wäre nicht gut, wenn die Selbstmörder oft mit der eigentlichen Sprache ihre Gründe erzählen könnten, so aber reduziert sie sich jeder Hörer auf seine eigene Sprache und entkräftet sie nicht sowohl dadurch, als macht ganz andere Dinge daraus. Einen Menschen recht zu verstehen müßte man zuweilen der nämliche Mensch sein, den man verstehen will.» (B 262)

Der letzte Satz erinnert an Büchners ‹Dantons Tod›, an die Eingangsszene, in der Danton ausruft: «Geh, wir haben grobe Sinne. Einander kennen? Wir müßten uns die Schädeldecken aufbrechen und die Gedanken einander aus den Hirnfasern zerren.»[112] Einander kennen – einander verstehen – Empfindungen mitteilen: mit Worten, mit Sprache ist das nicht möglich. Man «müßte» – beide, Lichtenberg wie Danton bzw. Büchner, setzen hier den Konjunktiv – mit dem anderen identisch oder aber physiologisch ‹zusammengeschaltet› werden, aber da auch das nicht geht, bleibt, in aller Radikalität gesehen, der Mensch einsam.

Durch diese Kritik von Sprache überhaupt, die eine Kritik des sprachlichen Zeichens als Repräsentation von Dingen, Begriffen (Gedanken) und Empfindungen sowie seiner Funktion als Mitteilungsinstrument ist, setzt sich Lichtenberg also von der Aufklärung, die ein Vertrauen in das durch Reflexion bestimmte Zeichen gesetzt hatte, ab. Er wird zugleich zu einem Vorläufer des kommenden 19. Jahrhunderts, zu Schopenhauer, Nietzsche und Hofmannsthal, die die ‹Krise der Sprache› vollends empfinden und auszudrücken versuchen werden. Dennoch bleibt Lichtenberg dem bereits von Leibniz formulierten Gedanken der Aufklärung verhaftet, daß die Sprache, so wie sie nun einmal vorliegt, verbesserungsfähig und -würdig ist. Dazu bedarf es zunächst einer Bestimmung der Gründe, warum die Sprache Mängel aufweist. Lichtenberg sieht einen Mangel in der Schrift und ihrer Rezeption, dem Lesen:

«Eine schädliche Folge des allzu vielen Lesens ist, daß sich die Bedeutung der Wörter abnutzt, die Gedanken werden nur so ohngefähr ausgedrückt. Der Ausdruck sitzt dem Gedanken nur los an. Ist das wahr?» (E 276)

Der noch Zweifel ausdrückenden Schlußfrage wollen wir nicht nachgehen, aber doch feststellen, daß Herder sich in seiner Kritik von Schrift und Buchdruck ganz ähnlich geäußert hatte. In der Schrift, so dürfte Lichtenberg meinen, fehlt der «Ton», fehlen die außersprachlichen Signale, die dem Ausdruck, dem Wort, seine konkrete und bestimmte Bedeutung verleihen. Allzu vieles Lesen nutzt die Bedeutung der Wörter ab, macht sie vage, unbestimmt. Ein Mittel der Abhilfe sind für Lichtenberg die Metaphern:

«Schimpft nicht auf unsere Metaphern, es ist der einzige Weg, wenn starke Züge in einer Sprache zu verbleichen anfangen, sie wieder aufzufrischen und dem Ganzen Leben und Wärme zu geben. Es ist unglaublich wie viel unsere besten Wörter verloren haben, das Wort vernünftig hat fast sein ganzes Gepräge verloren, man weiß die Bedeutung aber man fühlt sie nicht mehr, wegen der Menge von vernünftigen Männern, die den Titul geführt haben, *unvernünftig* ist in seiner Art stärker. Ein vernünftiges Kind ist ein schlaffer frommer Taugenichts von einem Anbringer, ein unvernünftiger Junge ist viel besser. Der Schall *Liberty*.» (E 274)

Lichtenbergs Kritik der Schriftlichkeit und sein Lob der Metapher ist auch eine Kritik der vernunftbestimmten und ein Lob der poetischen Sprache, denn in Schrift ist Reflexion und in Poesie Bildlichkeit. Sucht man eine Verbindung zwischen beiden auf der Ebene der sprachlichen Ausdrucksmöglichkeiten, der Gattungen oder Textformen, dann gelangt man in einen Bereich zwischen wissenschaftlich-systematischer Abhandlung und Gedicht. Dieser Zwischenbereich ist, als sprachliche Form wie als Erkenntnisform, der Aphorismus, die Glosse, der Essay. Sie bieten eine spielerisch-suchende Freiheit des Ausdrucks bei gleichzeitiger Strenge des Gedankens und der Gedankenführung. Ausdruck und Inhalt stehen in einem umgekehrt proportionalen Verhältnis zueinander: die sprachliche Kürze geht mit größtem gedanklichen Reichtum einher. Diesen Weg hat Lichtenberg gewählt und damit eine kommunikable Konsequenz aus seiner Sprachkritik gezogen.

Johann Wolfgang von Goethe war kein Sprachkritiker im strengen Sinn. Sein Werk aber ist bekanntlich so vielfältig, daß sich zu nahezu jedem Gegenstand des menschlichen Lebens und Denkens wenigstens eine Anmerkung findet. So hat Goethe in verschiedenen Zusammenhängen seines Werks Äußerungen auch über Sprache eingeflochten, die für die Sprachkritik dort von Interesse sind, wo er, wie hauptsächlich in seinen naturwissenschaftlichen Schriften, die Natur und Leistungsfähigkeit von Sprache in den Blick nimmt.

In den Notizen zu seinen ‹Physikalischen Vorträgen› von 1805 findet sich ein kurzer, beinahe schon aphoristischer Satz über den Charakter des sprachlichen Zeichens:

«*Verba valent sicut nummi.* Aber es ist ein Unterschied unter dem Gelde. Es gibt goldne, silberne, kupferne Münzen und auch Papiergeld. In den ersten ist mehr oder weniger Realität, in dem letzten nur Konvention.»[113]

Es ist offensichtlich, daß hier noch einmal die zuerst von Platon in seinem Dialog ‹Kratylos› aufgeworfene Frage nach der Richtigkeit der Wörter gestellt wird. Goethe gibt sich diplomatisch, wenn er den Wörtern, den sprachlichen Zeichen, mehr oder weniger «Realität», mehr oder weniger «Konvention» zuspricht. Manche Wörter sind wie Papiergeld, die ihren Wert nur aufgrund von Konventionen beanspruchen können, andere sind wie goldene Münzen, die ihren Wert in sich selbst besitzen und damit einen Bezug zur Realität enthalten.[114] Diese Unterschiedlichkeit der Wörter gewinnt für Goethe innerhalb der Wissenschaftsgeschichte eine Bedeutung. An anderer Stelle schreibt er:

«Wenn jemand Wort und Ausdruck als heilige Zeugnisse betrachtet und sie nicht etwa wie Scheidemünze oder Papiergeld, nur zu schnellem, augenblicklichem Verkehr bringen, sondern im geistigen Handel und Wandel als wahres Äquivalent ausgetauscht wissen will, so kann man ihm nicht verübeln, daß er aufmerksam macht, wie herkömmliche Ausdrücke, woran niemand mehr Arges hat, doch einen schädlichen Einfluß verüben, Ansichten verdüstern, den Begriff entstellen und ganzen Fächern eine falsche Richtung geben.»[115]

Goethe fragt hier, ausgehend von dem Charakter des sprachlichen Zeichens, nach den Auswirkungen auf die Wissenschaftsgeschichte. Wenn man annimmt, daß im Wort Realität enthalten ist, daß die sprachlichen Zeichen «heilige Zeugnisse» und nicht nur Etiketten sind, dann muß auch mit Fehlern, mit falschen Sichtweisen der in den Wörtern niedergelegten Abbildung der Realität gerechnet werden. Die Kritik des sprachlichen Zeichens geht folglich einher mit einer Kritik der wissenschaftlichen Begrifflichkeiten und ihrer Geschichte, sie geht letztlich einher mit einer Kritik der Wissenschaftsgeschichte.[116] Ins Positive gewendet, hat sich Goethe mit dieser Frage im didaktischen Teil seiner ‹Farbenlehre› auseinandergesetzt und ihr einen eigenen Abschnitt, ‹Schlußbetrachtung über

Sprache und Terminologie›, gewidmet. Im Eingangsparagraphen stellt er grundsätzlich fest:

«Man bedenkt niemals genug, daß eine Sprache eigentlich nur symbolisch, nur bildlich sei und die Gegenstände niemals unmittelbar, sondern nur im Widerscheine ausdrücke. Dieses ist besonders der Fall, wenn von Wesen die Rede ist, welche an die Erfahrung nur herantreten und die man mehr Tätigkeiten als Gegenstände nennen kann, dergleichen im Reiche der Naturlehre immerfort in Bewegung sind. Sie lassen sich nicht festhalten, und doch soll man von ihnen reden; man sucht daher alle Arten von Formeln auf, um ihnen wenigstens gleichnisweise beizukommen.»[117]

Für Goethe hat die Sprache keine Abbildfunktion, die Gegenstände werden nicht «unmittelbar» bezeichnet, sondern «nur im Widerscheine», das heißt in der Vermittlung durch die Vorstellungen, die Gedanken, die Begriffe des Menschen. Die Gegenstände selbst sind dort, wo der Mensch sie mittels «Erfahrung» wahrnimmt, nicht fest, abgegrenzt, unwandelbar, sondern «immerfort in Bewegung». Die Sprache aber zieht in ihren Termini feste Grenzen und suggeriert, daß auch die Natur derart beschaffen sei. Alle Arten von Formeln – Goethe nennt die Ausdrucksweisen beispielsweise der Metaphysik, Mathematik, Mechanik oder auch der Moral – sind ungeeignet; sie verfälschen, weil einer anderen Sphäre der Sprache und des Erkennens angehörig, oder «töten» gar die Gegenstände der Natur. Es gilt, eine «bewegliche» Sprache zu wählen, die die Bewegung der Naturgegenstände, ihre fließenden Grenzen, ihre Übergänge zu erfassen und auszudrücken vermag. Im Anschluß an die Erörterung der verschiedenen Arten von «Formeln» schreibt Goethe:

«Könnte man sich jedoch aller dieser Arten der Vorstellung und des Ausdrucks mit Bewußtsein bedienen und in einer mannigfaltigen Sprache seine Betrachtungen über Naturphänomene überliefern, hielte man sich von Einseitigkeit frei und faßte einen lebendigen Sinn in einen lebendigen Ausdruck, so ließe sich manches Erfreuliche mitteilen.

Jedoch wie schwer ist es, das Zeichen nicht an die Stelle der Sache zu setzen, das Wesen immer lebendig vor sich zu haben und es nicht durch das Wort zu töten. Dabei sind wir in den neuern Zeiten in eine noch größere Gefahr geraten, indem wir aus allem Erkenn- und Wißbaren Ausdrücke und Terminologien herübergenommen haben, um unsre Anschauungen der einfacheren Natur auszudrücken. Astronomie, Kosmologie, Geologie, Naturgeschichte, ja Religion und Mystik werden zu Hülfe gerufen; und wie oft wird nicht das Allgemeine durch ein Besonderes, das Elementare durch ein Abgeleitetes mehr zugedeckt und verdunkelt als aufgehellt und nähergebracht. Wir kennen das Bedürfnis recht gut, wodurch eine solche Sprache entstanden ist und sich ausbreitet; wir wissen auch, daß sie sich in einem gewissen Sinne unentbehrlich macht: allein nur ein mäßiger, anspruchsloser Gebrauch mit Überzeugung und Bewußtsein kann Vorteil bringen.»[118]

Goethes Kritik der Wissenschaftssprache ist nicht zuletzt eine Kritik der in der Aufklärung zur Perfektion getriebenen Vorstellung, mit Hilfe von

Definitionen Termini schaffen zu können, in denen die Gegenstände zwar willkürlich, aber doch treffend, genau, klar und deutlich bezeichnet sind. Es ist auch eine Kritik der in den Wissenschaften üblichen Verfahrensweise, Bezeichnungen aus einen Gegenstandsfeld in ein anderes zu übertragen. Goethe warnt hier vor einer «Sphärenvermengung»: Begriffe einer Sphäre können in einer anderen zu falschen Vorstellungen, zu falschen Ansichten über die Gegenstände der Natur führen.[119] Wünschenswert und nötig ist ein bewußter Umgang mit Sprache, in dem von der Sache ausgegangen und nach adäquaten, der jeweiligen Sphäre angehörigen, beweglichen Ausdrucksformen gesucht wird.[120] Beispiele einer solchen Sprache und solcher Darstellungsformen hat Goethe in seinen naturwissenschaftlichen Schriften selbst gegeben.[121] An ihnen läßt sich die praktische Umsetzung der hier vorgestellten sprachkritischen Reflexionen studieren und auf ihre Leistungsfähigkeit prüfen. Uwe Pörksen hat Goethes naturwissenschaftliche Sprache als eine «allgemein durchsichtige, zugleich anschauliche und erklärende Sprache» bezeichnet, «die imstande ist, überaus komplexe Sachverhalte knapp abzubilden und weit auseinanderliegende Gegenstandsbezirke in *einem* Stil auszuarbeiten». Diese Sprache, so Pörksen weiter, «ist die Bildungssprache vom Beginn des 19. Jahrhunderts, deren Erben Alexander und Wilhelm von Humboldt waren, die bis ins 20. Jahrhundert, bis zu Freud, Heisenberg, Lorenz gewirkt und das Gespräch unter den Disziplinen erleichtert hat».[122] Goethe ist ein hervorragendes Beispiel dafür, wie sprachkritische Überlegungen in die Praxis umgesetzt werden können und dann eine Wirkung entfalten. Da man in der Geschichte der Sprachkritik nicht selten dieses positive Moment vermißt, gebührt Goethe auch auf diesem Gebiet weitere Aufmerksamkeit.

4. *Gemeinverständlichkeit und Öffentlichkeit: Campe und Jochmann*

Der Sprachkritik des 18. Jahrhunderts fehlte bislang ein ausdrücklich politisches Moment. Zwar fanden wir bei Herder Ansätze, die in der Gesellschaftsform einen Grund für zu kritisierende Sprachzustände und Sprachverwendungsformen erkannten, doch blieb diese Verbindung noch relativ vage und wurde nicht zu einem Programm entwickelt. Erst die Französische Revolution, die bestehende politische und gesellschaftliche Verhältnisse mit Alternativen konfrontierte und sie durch andere Verhältnisse ersetzte, eröffnete die Möglichkeit, Sprache auf Politik- und Gesellschaftsformen zu beziehen und daraus sprachkritische Forderungen abzuleiten. Es waren Joachim Heinrich Campe und Carl Gustav Jochmann, die das Politikum der Sprache erkannten und in Sprachkritik ummünzten.

Joachim Heinrich Campe gelangte erst spät zu seiner Beschäftigung mit Sprache, es war das letzte große Thema seines vielgestaltigen und inhaltsreichen Lebens. So unterschiedlich seine Arbeitsfelder auch waren, eine Grundlinie blieb immer erhalten: Campe war stets ein politischer Erzieher, ein fortschrittlicher Pädagoge, der den bürgerlichen Aufklärungs- und Freiheitsbegriff populär machen, ihn besonders in die unteren Schichten des Volkes tragen wollte.

Doch man hat das Werk dieses Mannes nicht immer so, in diesem positiven Licht, interpretiert. Werfen wir deshalb zunächst einen Blick auf Campes Biographie, aus der die Kontinuität seines Denkens und Wirkens deutlich wird.

Seine öffentlich wirksame Laufbahn begann der 1746 im Herzogtum Braunschweig geborene Sohn aus dem Bürgerstand nach dem Studium der Theologie in Helmstedt und Halle sowie nach verschiedenen Tätigkeiten als Hofmeister, u. a. als Erzieher der Brüder Alexander und Wilhelm von Humboldt in Berlin, als Dreißigjähriger am Dessauer Philanthropin. Campe übernahm die Grundgedanken des Philanthropismus, jener fortschrittlichen Erziehungslehre, die natürliche Gleichheit der Menschen sowie das Ende der elitär-aristokratischen Standeserziehung und der religiös-philosophischen Buchgelehrsamkeit propagierte, und forderte als pädagogische Prinzipien die Rückbesinnung auf die Natur und die Einsetzung der Vernunft. Ihren deutlichsten Ausdruck fand diese Haltung in dem 1779 erschienenen Kinder- und Jugendbuch ‹Robinson der Jüngere›, einer die Grundgedanken der pädagogischen Aufklärung vermittelnden Nachdichtung von Defoes ‹Robinson Crusoe›.

Die Möglichkeit, seine Erziehungsideale in die Praxis umzusetzen, fand sich 1786, als Campe vom braunschweigischen Herzog zum Schulrat ernannt und mit der Reform des gesamten Schulwesens im Herzogtum beauftragt wurde. Seine Pläne, die zu den radikalsten und fortschrittlichsten der Zeit zählten, riefen jedoch den Widerstand von Geistlichkeit und Landständen hervor. Campes Hoffnung, öffentlich-politisch, im Auftrag des Staates, für eine Verbesserung der Volksbildung zu wirken, scheiterte schließlich 1790 mit der Auflösung des Schuldirektoriums.[123]

Nun wandte er sich wieder der literarischen und besonders der journalistischen Produktion zu. Seit 1788 gab er zusammen mit einigen Freunden das ‹Braunschweigische Journal›, eine publikumsorientierte Zeitschrift, heraus. Seine Ziele, die ein bezeichnendes Licht auf seine Haltung werfen und die allen seinen Bestrebungen, den pädagogischen und den noch folgenden politischen und sprachreinigenden, gemeinsam sind, formulierte er in einem Brief an den Philosophen Christian Garve, der grundsätzliche Bedenken gegen diese Form der literarischen Produktion erhoben hatte: Periodische Schriften, schreibt Campe, seien

«ein wohlausgesonnenes und zweckmäßiges Mittel, nützliche Kenntnisse jeder Art aus den Köpfen und Schulen der Gelehrten durch alle Stände zu verbreiten.

Sie sind die Münze, wo die harten Thaler und Goldstücke aus den Schatzkammern der Wissenschaften, welche nie oder selten in die Hand der Armen kamen, zu Groschen und Dreiern geprägt werden, um als solche durchs ganze Land zu rouliren und zuletzt wol gar in den Hut des Bettlers zu fallen. Oder meinen Sie, reicher Mann! Sie, durch den das Kapital unserer wissenschaftlichen Nationalbank selbst vergrößert worden ist; meinen Sie, daß es gut seyn würde, wenn jenes Kapital immer und ewig nur in harten Thalern und Goldstücken bestände, nie zu Scheidemünze ausgeprägt würde? Für das Kapital selbst – vielleicht! Für Sie und andere Schatzmeister und Banquiers, besonders im Puncte der eigenen Bequemlichkeit – vielleicht! Aber auch fürs Publicum? Aber auch für uns andere, die wir oft nur ein Zweigroschenstück zu erwerben wissen, und gleichwol auch dieses Zweigroschenstück gar zu gern in die öffentlichen Fonds zum öffentlichen Nutzen legen mögten? Aber auch für Kreti und Pleti, welche nichts erwerben, und doch auch leben wollen, und doch auch an dem Nationalreichthum des Geistes, wäre es auch nur zur Leibes Nahrung und Nothdurft, Antheil nehmen mögten? Nimmermehr! Für alle diese wird es stets gut und wünschenswürdig bleiben, wenn das, was ein Kant, was ein Garve u. s. w. für Vaterland und Menschheit lucrirten und in großen Stücken, also nur für Reiche, niederlegten, durch kleine Wechsler in kleinere Münzsorten umgesetzt, und so durchs ganze Publicum in wohlthätigen Umlauf gebracht wird.»[124]

Ein einprägsames, an Leibniz' Vergleich des sprachlichen Zeichens mit einer Münze erinnerndes Bild, das Campe hier für die Volksaufklärung wählt – nicht von ungefähr werden ökonomischer, politischer und wissenschaftlich-kultureller Bereich miteinander verknüpft: die Aneignung von Wissen sprengt gleichsam auch die festen Grenzen des wirtschaftlichen Verkehrs. Das Thema ‹Sprache› ist hier noch nicht angesprochen, aber es liegt auf der Hand: die Vermittlung von Wissen geschieht, wenn nicht durch rein praktische Unterrichtung, stets mit und durch Sprache. Und noch von einem anderen Gesichtspunkt her ist die Verbindung gegeben: Campe wollte mit seiner Sprachreform, mit der Verdeutschung von Fremdwörtern, die gesellschaftliche Umschichtung des Bildungsgutes bewirken, die politische Aufklärung auch der mittleren und unteren Schichten befördern, um auf diese Weise dem Freiheitsbedürfnis und der Freiheitsnotwendigkeit in Deutschland eine reale Basis zu geben. Noch deutlicher erkennbar werden diese Ziele im weiteren Verlauf seines Wirkens.

Im August 1789 – die schulreformerischen Pläne waren schon weitgehend gescheitert, sein Verlag jedoch, die 1786 gegründete Braunschweigische Schulbuchhandlung, florierte – reiste Campe zusammen mit seinem ehemaligen Schüler Wilhelm von Humboldt nach Frankreich, um in Paris dem «Leichenbegängniß des französischen Despotismus» aus nächster Nähe beizuwohnen.[125] Er verfaßte die ‹Briefe aus Paris zur Zeit der Revolution geschrieben› (1790) und löste damit in Deutschland einen Sturm der Reaktion aus. Campe hatte nämlich nicht nur nüchtern über das Revolutionsgeschehen in Frankreich berichtet, sondern mit großer

Offenheit auch politische Bezüge zu Deutschland hergestellt. Ohne Scheu griff er den Despotismus jeglicher Art an und schrieb, daß es auch anderswo zu Umwälzungen kommen werde, wenn die Herrscher nicht zu Zugeständnissen bereit seien. Das Beispiel Frankreich, so meinte er, werde Schule machen.

Diese allzu offenen Kommentare riefen seine alten Gegner auf den Plan und schufen ihm neue Feinde. Als Campe aus dem freien Frankreich nach Deutschland zurückkehrte, spürte er schon den Verdacht, ein Franzosenfreund und Umstürzler zu sein, auf sich lasten. Trotz eines gemäßigten Vorworts in der Buchausgabe der ‹Briefe aus Paris›, das den bekannten Topos enthält, die ungehinderte Herausgabe einer derart kritischen Schrift bekunde die in diesem Lande bestehende Freiheit, und deshalb könne der Inhalt auch nicht den Herrscher seines Landes treffen, spitzte sich die Lage zu. Man glaubte, in Campe einen revolutionären Rädelsführer, einen Aufwiegler, einen Hetzer zu erkennen und nannte ihn einen «Volksschulmeister», «Volksverführer» und «Revolutionsrath» (in Abwandlung seines früheren Titels eines «Educationsrathes»). Die Auseinandersetzung betraf handfeste politische Standpunkte. «Es stand nicht so sehr die Frage auf dem Spiel, wie man es mit einem verweltlichten Gottesgelehrten zu halten habe, sondern die, ob in der Öffentlichkeit über brisante Fragen überhaupt diskutiert werden, wie weit man in den ‹Journalen› gehen durfte», schreibt der Campe-Biograph Ludwig Fertig.[126] Bei dem ganzen Konflikt, der weit über die Grenzen des Landes hinaus Beachtung fand und in dessen Verlauf Campe einer Art Selbstzensur für sich und seinen Verlag zustimmen mußte, ging es nicht, wie sonst im 18. Jahrhundert, um philosophisch-religiöse Standpunkte. Es handelte sich vielmehr, wie Fertig es ausdrückt, «um die Furcht, daß in einer Zeit, in der Schriften politischen Inhalts gefragt waren wie nie, öffentliche Diskussionen um die rechte Staatsform, um Menschenrechte und dergleichen gefährliche Gegenstände ausuferten, es ging darum, daß die Obrigkeiten eine Infizierung des ‹großen Haufens› mit Gedanken, die ihm nicht zukamen, fürchteten».[127] Was man also scheute, war Öffentlichkeit. Nachdem er in seiner freien Rede eingeschränkt worden war, nachdem in Deutschland die Reaktion aufklärerische Positionen immer mehr unterdrückte, bis sie bald ganz verschwanden, wandte sich Campe einem anderen Mittel zu, die Politik unter das Volk zu bringen: der Sprachreinigung.

Seine politischen Positionen gab er, manchem Anschein zum Trotz, jedoch nie auf. Er blieb zeit seines Lebens ein gemäßigter Radikaler. Politische Äußerungen von ihm gibt es bis zu seinem Tode. Was er nun aber, nach 1793, vermied, waren direkte Bezugnahmen auf die Situation in Deutschland. Seine Berichte von Reisen nach England und Frankreich (1802) aber handeln durchaus von der politischen Situation in diesen Ländern. Die englische Verfassung galt ihm bezeichnenderweise als

«Meisterstück der Staatsklugheit», noch immer als die «weiseste und beste, welche Europa bisher gesehen hat».[128] Und über Frankreich schrieb er:

> «[...] das Licht, welches die französische Staatsumwälzung durch Anregung der Denkkräfte aller Köpfe in allen Ständen verbreitet hat, [...] wird die Menschen immer einsichtiger und helldenkender über ihre gemeinsamen bürgerlichen Angelegenheiten, und so auch immer reifer zum Genusse der w a h r e n bürgerlichen Freiheit machen. In eben dem Maße aber, daß dieses geschehen wird, wird, oder richtiger gesagt, muß ihnen auch ein immer größeres Maß von bürgerlicher Freiheit verliehen werden. Sobald die Kinder fertig laufen können, fällt das Gängelband von selbst weg. Die unartigen Kinder aber, welche laufen wollen, ehe sie es gelernt haben, und jenes Band vor der Zeit zerreißen, fallen, wie die Franzosen – auf die Nase.»[129]

Campe hatte, nach all den Mißerfolgen, in die seine Reformen von oben und mit herrschaftlicher Genehmigung mündeten, erkannt, daß die Veränderung der Gesellschaftsformen nur ‹von unten›, vom Volk, vom ‹großen Haufen› aus, vor dem die Obrigkeit offenbar eine bemerkenswerte Angst hatte, erfolgreich sein kann. Nun wollte er die ‹deutschen Kinder›, die noch nicht laufen konnten, das Laufen lehren: die Sprache, Trägerin des Ideenguts bürgerlicher Aufklärung, wollte er reformieren. Gescheitert ist er – mißt man ihn an seinen eigenen Ansprüchen und Zielen – letztlich wohl auch auf diesem Gebiet. Die Zeitgenossen jedenfalls, wie Goethe und Schiller in ihren Xenien, verlachten ihn, spotteten über die «Waschfrau» und den «Pedanten» aus Braunschweig.[130] Doch Campe vollendete, bevor er 1818 in geistiger Umnachtung starb, sein vielleicht ehrgeizigstes Unternehmen, das in erklärter Konkurrenz zu Adelung[131] verfaßte ‹Wörterbuch der Deutschen Sprache› (1807–1811).

Wie nun sah Campes Sprachprogramm, insbesondere sein Sprachreinigungsprogramm als ein sprachkritisches Unternehmen, aus? Beginnen wir chronologisch. Die ‹Briefe aus Paris›, in denen Campe seine Sympathie für die Französische Revolution bekundet hatte, erschienen zuerst 1789 im ‹Braunschweigischen Journal›; ein Jahr später, an gleicher Stelle, veröffentlichte Campe seine ersten Überlegungen zur Sprache: ‹Proben einiger Versuche von deutscher Sprachbereicherung›. Diese Arbeit setzte er kontinuierlich und sie ständig verbessernd fort. Sie fand ihren ersten Höhepunkt in der Preisschrift ‹Ueber die Reinigung und Bereicherung der Deutschen Sprache. Dritter Versuch welcher den von dem königl. Preuß. Gelehrtenverein zu Berlin ausgesetzten Preis erhalten hat› aus dem Jahre 1793. Diesem Programmentwurf folgte, nach zahlreichen anderen Sprachschriften, 1801 das zweibändige ‹Wörterbuch zur Erklärung und Verdeutschung der unserer Sprache aufgedrungenen fremden Ausdrücke›, das stark erweitert in zweiter Auflage 1813 nochmals erschien. Nicht ohne Grund fallen Campes politische ‹Briefe aus Paris› und seine ersten Sprachschriften zeitlich zusammen: Sein Sprachreinigungsprogramm nämlich ist politisch im Sinne der Ideen der bürgerlichen Französischen Revolution.

Die Anfänge seiner Beschäftigung mit Sprache lagen in Frankreich. Die berühmte, aber, wie Harald Weinrich gezeigt hat,[132] nicht ganz so stimmige «Klarheit der französischen Sprache» frappierte ihn; die Beobachtung, daß in Paris ein Mann oder eine Frau aus den unteren Schichten sich sprachlich auf ähnlichem Niveau wie die Gebildeten ausdrücken konnten, ließ ihn über die Zustände in Deutschland nachdenken. Er bewunderte das Interesse des tiers état am politischen Zeitgeschehen, die öffentlichen Versammlungen auf der Straße, in denen die neuesten Ereignisse diskutiert wurden. In den ‹Briefen aus Paris› berichtet Campe:

«Mit Erstaunen bemerkte ich vor einigen Tagen, daß die Broschüre, welche ein solcher Straßenclub von Wasserträgern, Savoyarden und anderem Pariser Pöbel sich vorlesen ließ, einer von den Entwürfen der ‹Déclarations des droits des Hommes› war, welche einige Mitglieder der Nationalversammlung in Vorschlag gebracht hatten und drucken ließen, bevor die Versammlung darüber zu Rathe gegangen war und entschieden hatte. Lastträger sich mit den Rechten der Menschheit unterhalten zu sehn, welch ein Schauspiel!»[133]

Es gibt mehrere Äußerungen dieser Art von Campe. Sie alle bezeugen seine Bewunderung für die Fähigkeit des «Pöbels» (ein Lehnwort, vom französischen «peuple» her genommen, das damals noch nicht den heutigen, abwertenden Sinn besaß), sprachlich und damit auch gedanklich am politischen Geschehen teilzunehmen. Eine wesentliche Bedingung für die Revolution sieht er in der Tatsache, daß der Dritte Stand ‹mitreden› konnte. Aus dieser Beobachtung ergab sich für Campe der erste Anstoß, über Sprache, speziell über die deutsche Sprache, nachzudenken. Zugleich erkannte er, daß die politische Bildung aller gesellschaftlichen Schichten unabdingbare Voraussetzung für das Gelingen einer Revolution und Schutz vor einem Ausarten der Ereignisse sein muß. Wiederum in den ‹Briefen aus Paris› schreibt er:

«Doch mögen alle, welche sich in dieser schmählichen und unglücklichen Lage befinden [nämlich: unterdrückt zu werden], bevor sie Frankreichs Beispiel in übereilter Weise sich zur Nachahmung aufstellen, vorher wohl erwägen: ob ihre Nation auf eine so gänzliche Umwälzung ihrer Verfassung auch schon eben so vorbereitet sey? [...] Ob die Aufklärung über Menschenrechte und Bürgerpflichten sich bei ihnen schon eben so durch alle Stände, bis zu dem untersten hinab, verbreitet habe, wie es dort der Fall war? [...] Und vor allem, ob bei ihnen die allerunterste Volksclasse schon zu eben dem richtigen und feinen Gefühl von Ehre, Wohlanständigkeit und Gerechtigkeit ausgebildet und gereift sey, welches der pariser Pöbel bei dieser Gelegenheit an den Tag gelegt hat [...]. Wehe der Nation, die [...] sich von einem unzeitigen Freiheitsenthusiasmus zu Schritten verleiten ließe, die sie in der Folge nicht behaupten könnte, und die also nur dazu dienen würden, alle Greuel und Unmenschlichkeiten, welche bei allgemeinen Empörungen nie ganz vermieden werden können, in einem Lande zu veranlassen, wo die unmündige Menschheit einer auf Vernunft gegründeten Freiheit noch nicht fähig wäre!»[134]

In Deutschland, das wußte Campe, war es längst nicht soweit. Gerade das Programm einer Aufklärung auch der untersten Schichten war nicht eingelöst. Genau an dieser Stelle setzte er mit seinem Sprachreinigungsprogramm an. Zunächst jedoch sind zwei, auf den beschriebenen politischen Beobachtungen und Einsichten Campes beruhende Voraussetzungen im Vorfeld jenes Programmes festzuhalten:

Erstens macht Campe die Beobachtung, daß eine Sprache, wie die französische, dann keine Schranken zwischen den verschiedenen Volksschichten errichtet, wenn sie im politisch-gesellschaftlichen Bereich deutliche, d. h. gemeinverständliche Begriffe zur Verfügung stellt. Ein aufklärerisches Gelehrtenwissen muß folglich kein abgegrenztes Wissen einer Elite bleiben. Kommt dieses Wissen zudem in Form und sprachlicher Aufbereitung noch dem großen Publikum entgegen, dann kann es auch in den nichtgelehrten Schichten verbreitet werden und wirken. Daraufhin kann sich eine öffentliche Meinung aus der gesamten Gesellschaft heraus, oder doch zumindest aus großen Teilen derselben, bilden. Der Übergang zum politischen Handeln ist folglich erleichtert, und, ein sehr wichtiger Aspekt, das politische Handeln beruht auf einem breiten Konsens der Bevölkerung.

Indem Campe die Existenz dieser kommunikativen Bedingungen als die wesentliche Voraussetzung für das Entstehen der revolutionären Bewegung in Frankreich erkennt, gelangt er – zweitens – zu der Einsicht, daß in Deutschland, bevor ein politisches Handeln zu erwarten ist und gesellschaftliche Veränderungen in Angriff genommen werden können, derartige Bedingungen der Kommunikation und ein politisches Bewußtsein in allen Bevölkerungsschichten überhaupt erst hergestellt werden müssen. Der erste Schritt dazu wäre die Schaffung einer Sprache, die, vor allem im politischen Bereich, den Angehörigen aller Bevölkerungsschichten zugänglich, also gemeinverständlich, ist. Hiermit nun sind wir bei dem politischen Kern in Campes Sprachreinigungsprogramm angelangt. Dieses Programm hat fünf Komponenten: eine pädagogische, sprachkritische, nationale, bürgerlich-emanzipatorische und realpolitische. Alle diese Komponenten weisen es als ein politischen Programm aus.

1. *Die pädagogische Komponente.* In seiner ‹Preisschrift› stellt Campe grundsätzlich zum Zusammenhang von Sprache, Sprachreinheit und Volksaufklärung fest:

«Eine, von aller Einmischung des Fremd=artigen rein und unbefleckt erhaltene Sprache ist […] das beste und wirksamste Mittel oder Werkzeug zu der geistigen, sittlichen und bürgerlichen Ausbildung desjenigen Volkes, welches das Glück hat, sie zu besitzen.»[135]

Eine reine und damit auch gemeinverständliche Sprache trägt nach Ansicht Campes insofern zur Volksbildung bei, als sie, mit Hilfe durchsichtiger Wörter, Begriffe und damit Wissen und Erkenntnisse unmittelbar zugänglich macht. Diese Volksbildung ist die Voraussetzung für die politische Befreiung des Volkes, gleichzeitig aber auch eine geistig-moralische Vorbereitung auf den Zustand der Freiheit. Campe will mit dem Mittel einer reinen Sprache auch eine alle Schichten umfassende Sprachkompetenz im Bereich der politischen Gegenstände schaffen.

2. *Die sprachkritische Komponente.* Campe hatte, wiederum in Paris, bemerkt, daß die politische Revolution Veränderungen auch in anderen Bereichen des gesellschaftlichen Lebens, so in der Sprache, hervorgerufen hatte. Die politische Rede in der Nationalversammlung hatte neuen Glanz bekommen, sie war ‹demokratischer› geworden; die französische Sprache insgesamt schien sich in manchen Bereichen zu erneuern. So schreibt Campe in den ‹Briefen aus Paris›:

«Die nämliche Revolution, welche die französische Theologie leiden wird, dürfte wahrscheinlich die ganze französische Literatur treffen. Auch in Ansehung dieser hat man jetzt schon angefangen, dem bisherigen gelehrten Despotismus der Vierziger [d. i. die Französische Akademie] und mit ihm dem von diesen der Sprache und den schönen Wissenschaften aufgelegten willkührlichen Regelnzwange herzhaft zu entsagen; sich neue Ausdrücke und neue Wortverbindungen für neue Ideen und Empfindungen zu schaffen, veraltete Wörter und Redensarten, die bedeutungsvoll sind, wieder in Umlauf zu bringen, und sich dabei nicht weiter, weder an die conventionellen Schicklichkeiten, noch an die vorgeschriebenen willkührlichen Regeln und Theorien der Sprache und der Akademie zu kehren.

Man lese nur, um sich von der Wirklichkeit dieser angefangenen Sprach- und Literatur-Revolution zu überzeugen, außer anderen neuern französischen Geistesproducten, die Reden der Abgeordneten in der Nationalversammlung, besonders die von Mirabeau. Man giebt darin veralteten und in Verachtung gerathenen Wörtern ihren ehemaligen Adel wieder; man verleiht sogar Wörtern einer fremden, aber freien Sprache das französische Bürgerrecht. Was man in der Versammlung vorschlägt, heißt nicht mehr ‹une proposition›, sondern ‹une motion›, man ruft, wie im englischen Parlament ‹à l'ordre!› Eine Bittschrift an den König, ja sogar ein ‹Mandement› des Königs an sein Volk, heißt jetzt ‹une adresse›. Man bringt Beiwörter mit Hauptwörtern in Verbindung, die so lange man Französich geredet und geschrieben hat, wol noch nie neben einander standen, wie z. B. ‹Un veto intact› u. s. w.»[136]

Campe erkannte den Zusammenhang zwischen gesellschaftlichen Formen und der Ausbildung der Sprache. Für Deutschland und die deutsche Sprache nun kehrte er diesen Zusammenhang einfach um: Die Veränderung der Sprache, so meinte er, würde auch eine Veränderung der gesellschaftlichen Verhältnisse bewirken. Campes Verdeutschungen – sie stammen zu einem großen Teil aus den gesellschaftlich relevanten und ideologieträchtigen Bereichen Politik, Wissenschaft, Religion und Militärwesen – tragen eine eindeutige Tendenz zur ‹Entzauberung› der sich in einen sprachlichen Schleier hüllenden Macht. Was in Frankreich quasi seinen ‹natürlichen› Ablauf hatte, zuerst die Veränderungen der politischen Verhältnisse und als deren Folge die Veränderungen der Sprache, wollte Campe im rückständigen Deutschland durch einen künstlichen Eingriff schaffen: Er suchte die Sprache zu verändern und erhoffte eine daraus folgende Veränderung der politischen Verhältnisse.

3. *Die nationale Komponente.* Sprachreinigung, also die Schaffung einer einheitlichen, allen Schichten und auch allen Regionen zugänglichen Sprache, bedeutete für Campe in seiner von Kleinstaaterei geprägten Zeit auch ein Impuls zur nationalen Einheit. Diesem Gedanken, der in der ersten Hälfte des 19. Jahrhunderts von den Liberalen vertreten wurde und der auf einen bürgerlichen Verfassungsstaat zielte, gibt Campe in der Vorrede zu seinem ‹Wörterbuch der Deutschen Sprache› Ausdruck:

«Sie, das einzige letzte Band, welches uns noch völkerschaftlich zusammenhält, ist zugleich der einzige noch übrige Hoffnungsgrund, der uns zu erwarten berechtigt, daß der Deutsche Name in den Jahrbüchern der Menschheit nicht ganz verschwinden werde; der einzige, der die Möglichkeit künftiger Wiedervereinigung zu einer selbständigen Völkerschaft uns jetzt noch denkbar macht.»[137]

4. *Die bürgerlich-emanzipatorische Komponente.* Im Vorfeld der Sprachreinigungsbestrebungen wurde eine lebhafte Diskussion darüber geführt, ob der herrschende Sprachgebrauch außer Kraft gesetzt werden könne und das Volk selbst, in quasi demokratischer Abstimmung, über die Gestalt seiner Sprache entscheiden dürfe. In dieser Diskussion wurden politische Begriffe und Kennzeichnungen von Herrschaftsformen auf die Sprache übertragen, wie dies z. B. in den folgenden Ausführungen über die von Campe gegründete «Gesellschaft von Sprachfreunden» deutlich wird:

«Die Gesellschaft schwört auf keines Mannes und auf keines Werkes Ansehen oder gar Untrieglichkeit; der Mann und das Werk mögen übrigens sein und heißen, wer und wie sie wollen. Sie weiß in Sachen, welche die Gelehrsamkeit überhaupt, und die Sprache insonderheit betreffen, von keinem Fürsten- oder Schöppenstuhle, dessen Machtvollkommenheit sie anerkennen und dessen Aussprüchen sie sich fügen müßten. Sie ist, wie jeder ihrer Mitbürger im Reiche der Gelehrsamkeit es ist oder sein kann, frei [...]. Selbst der Sprachgebrauch – dieser alte, zwar an sich rechtmäßige, aber auch, der ursprünglichen Verfassung nach, beschränkte König – soll uns nicht willkührlich [...] zu befehlen haben [...].

Der Sprachverbesserer thut [...] bloß, was in jedem wohleingerichteten Staate jeder gute Bürger thun darf, und thun soll, d. i. er lenkt auf etwas, das ihm ungehörig zu sein scheint, die öffentliche Aufmerksamkeit, und überläßt es der gesetzgebenden Macht, das heißt hier, der ganzen Völkerschaft oder doch der Stimmenmehrheit in derselben, ob sie es abstellen will oder nicht.»[138]

Diese augenfällige Parallelisierung von Sprachverfassung und Staatsverfassung hatte gewiß zum Sinn, am Beispiel der Sprache stellvertretend die politische Diskussion über die Grenzen von Herrschaft zu führen. Die

Gewaltenteilung gilt auch im Sprachgebrauch. Das demokratische Prinzip, Öffentlichkeit in einem bürgerlichen Sinne, bestimmt über die Realisierung des vorgeschlagenen Programms. Eingriffe in die Sprache sind dort erlaubt, wo etwas im argen liegt. Konkret bedeutete dies die Forderung, den «Tyrann Sprachgebrauch» ebenso abzusetzen wie den politischen Tyrannen.

5. *Die realpolitische Komponente.* Campe war, das ist bereits hervorgehoben worden, ein Anhänger der Französischen Revolution, jedenfalls ihrer ersten, bis zur Etablierung des terreur reichenden Phase. Hierin drückt sich sein politischer Wille aus, die absolute Herrschaft durch eine verfassungsmäßige zu ersetzen. Dies war in Frankreich in den Jahren 1789/90 geschehen. Campe sah aber auch, daß die deutschen Verhältnisse andere waren als die französischen. Solange die unteren Volksschichten nicht ‹aufgeklärt› waren, würde eine mögliche Revolution in Deutschland auszuarten drohen. Der Pädagoge Campe folgerte, daß ein revolutionäres Geschehen durch Reformen ersetzt werden könne, durch Reformen, die eine Erziehung aller voraussetzen. Wenn alle aufgeklärt sind, die Herrscher – und dafür sah Campe in Deutschland Beispiele – ebenso wie das Volk, werden Reformen zwingend. Zur Aufklärung aber ist die sprachliche Umsetzung der freiheitlichen Ideen nötig, denn nur durch die allgemeine Verständlichkeit des Gesagten, Gedachten und Geforderten können diese Ideen wirken. Campes realpolitische Absichten lassen sich in der Formel ausdrücken: *Erziehung statt Revolution* oder präziser: *Spracherziehung als Emanzipation von undurchschaubarer Herrschaftsausübung.*

Campes Ziel war die innere Einigung des politisch und sprachlich heterogenen Deutschlands. Die Nation war ihm Aufgabe, das Volk der Garant ihrer Lösung und eine politische Bildung die Voraussetzung für das Gelingen einer auf Freiheit gegründeten Nation. Ein gebildetes Volk, so meinte Campe, das seine Vernunft gebrauchen und Machtverhältnisse durchschauen kann, das deshalb auch politische Alternativen kennt, läßt sich nicht mehr unbeschränkt beherrschen. Freiheit, d. h. Ordnung nach allgemein anerkannten, weil vernünftigen Gesetzen, war für ihn das Ergebnis einer Entwicklung, die mit der Beseitigung der Sprachentrennung auf der politischen Ebene, eben der Schaffung einer gemeinverständlichen Sprache, beginnen mußte. Wie nun ging er in seinem Sprachreinigungsprogramm vor?

Campe wollte mit seinen Verdeutschungen die Ideen der Französischen Revolution nach Deutschland transportieren und sie vor allem den unteren, weniger gebildeten Schichten zugänglich machen. Diese Absicht tritt in gelegentlichen Bemerkungen zu Stichwörtern, die jene Ideen repräsentieren, deutlich hervor. Schon in seiner ersten Schrift zur Sprachreinigung, den ‹Proben einiger Versuche von deutscher Sprachbereicherung› (1790), finden sich derartige Hinweise:

«Fraternité – Als ich zu Paris im August 1789 nicht bloß dies Wort häufig hörte, sondern auch die Gesinnung, die dadurch angedeutet werden soll, in dem damals so friedlichen, freundlichen und liebreichen Betragen der neuen Republikaner gegen einander beobachtete, und das Beobachtete meinen Landsleuten erzählen wollte: that es mir leid, in unserer, sonst so herzlichen Sprache kein Wort dafür zu finden. ‹Wie fange ich es denn nun an, dachte ich da bei mir selbst [...], um ihnen begreiflich zu machen, was das sey?› Am Ende wagte ich's, und prägte Brüderlichkeit. [...]

Revolution – Umwälzung; also Staatsrevolution – Staats-umwälzung. Diese Uebersetzung [...] wurde neulich in einer Recension meiner Briefe aus Paris geschrieben, verworfen; vielleicht, weil der Recensent von allem, was Revolution heißt, uns Deutsche so fern zu halten wünscht, daß wir nicht einmal ein Wort dafür in unserer Sprache haben sollen. Allein, daß man eine Sache nennen kann, führt ja nur zu dem Begriffe von der Sache, nicht nothwendig zu der Sache selbst. Denn wäre dies, so müßten wir ja in Deutschland auch lange schon Gemeingeist (public spirit) gehabt haben, weil wir schon lange ein Wort dafür hatten.»[139]

Auch in der ‹Preisschrift› (1794), die als zweiten, ausführenden Teil eine frühe Fassung seines Verdeutschungswörterbuchs enthält, weist Campe vor allem bei Stichwörtern aus dem politischen Bereich darauf hin, daß mit der Übersetzung eines Wortes eine Erklärung der Sache und damit die Bildung eines Begriffs, also des gedanklichen Konzeptes, erreicht wird. Für ‹Anarchie› z.B. bietet er die Übersetzung «Gesetzlosigkeit, eigentlich Regierungslosigkeit» an und führt dann aus: «Der Begriff ist, auch für die untersten Volksklassen zu wichtig, als daß wir nicht einen eigenen volksmäßigen oder allgemein verständlichen Ausdruck dafür nöthig hätten.» Unter dem Stichwort «Humanität» bemerkt er dann allgemein:

«So lange ein Volk noch keinen Ausdruck für einen Begriff in s e i n e r Sprache hat, kann es auch den Begriff selbst weder haben noch bekommen. Nur diejenigen unter ihm können ihn haben oder bekommen, die der fremden Sprache kundig sind, welche das Wort dazu leiht. Dies ist der Gesichtspunkt, aus welchem die Reinigung unserer Sprache von fremden Zusätzen zu einer so überaus wichtigen Angelegenheit wird.»[140]

Die Sprache ist für Campe – in modernen Begriffen ausgedrückt – ein System, das dann voll funktionsfähig ist, wenn a l l e Sprecher an diesem System teilhaben. Teilhaben heißt für ihn, das System auf der Ausdrucks- wie auf der Inhaltsseite der Wörter zu durchschauen. Das System ist dann durchschaubar, wenn der Sprecher von der Ausdrucksseite auf die Inhaltsseite schließen kann. Was Campe letztlich fordert, ist eine durchsichtige Sprache in allen Sachbereichen.

Das Verfahren, das er hierbei anwendet, ist denkbar einfach und linguistisch leicht zu beschreiben. In seinem Verdeutschungswörterbuch übersetzt er beispielsweise ‹Monarchie› mit ‹Alleinherrschaft›. ‹Monarchie›, aus dem Griechischen stammend, ist für den nicht humanistisch gebildeten Sprecher quasi ein Name, arbiträr, jedenfalls kein durchsichtiges Wort. Wenn ein Sprecher nun, z. B., weil er keinen Schulunterricht genießen konnte, die Bedeutung dieses Wortes nicht durch Umschreibungen vermittelt bekommt, kann er es nicht in seinen Sprachbesitz aufnehmen. Es ist im System nicht verankert. In diesem Fall kann der Begriff ‹Monarchie› weder wort- noch sachgesteuert gedacht werden. Begegnet einem solchen Sprecher dieses Wort im öffentlichen Sprachgebrauch zudem noch in meist positiv konnotierten Kontexten, dann wird er diese Konnotationen übernehmen, ohne sie vom Denotat, dem begrifflichen Kern des Wortes, her überprüfen zu können.

Die fehlende Möglichkeit einer Sachsteuerung des Denkens, die ansonsten immer dann eintritt, wenn die Sache oder der Sachverhalt dem Sprecher bekannt sind, ersetzt Campe nun in seiner Verdeutschung durch eine Wortsteuerung. Bedingung dafür, daß dieses Verfahren funktioniert, ist selbstverständlich die Kenntnis der Bedeutung der Bestandteile, aus denen die Übersetzung gefügt ist. Ist dem Sprecher also die Bedeutung der Wörter ‹allein› und ‹Herrschaft› geläufig, dann kann er auf die Gesamtbedeutung von ‹Alleinherrschaft›, nämlich ‹daß einer alleine herrscht›, auch ohne Kenntnis des Sachverhalts schließen.

Wir brauchen hier nicht noch einmal auf das Problem der verschiedenen Kompositions- und Derivationsmöglichkeiten in der deutschen Wortbildung einzugehen. Das Problem ist bereits im Zusammenhang mit Platons ‹Kratylos› besprochen worden. In der Praxis ist das Verfahren eines wortgesteuerten Denkens nicht immer so einfach, wie eben für ‹Alleinherrschaft› dargestellt. Auch behindert es in sehr vielen Fällen die Ökonomie und Produktivität der Sprache.[141] Es sollte hier lediglich gezeigt werden, daß Campes Sprachreinigung Aufklärung beinhaltet, daß er eine fehlende Aufklärung über Sachen und Sachverhalte auf der Ebene der Sprache zu kompensieren suchte. Indem er die Sprache aufklärte, glaubte er, auch die Menschen aufklären zu können.

Wie ideologisch und mit welcher politischen Stoßrichtung er hierbei verfuhr, mag mit einem letzten Beispiel erläutert sein. In den Artikeln ‹Aristocrat› und ‹Aristocratie› seines Verdeutschungswörterbuchs führt er einige Übersetzungsvorschläge an, meint dann aber, daß man die «Abstammung des Wortes Aristocratie» beiseite lassen und sich auf die Sache konzentrieren sollte. «Wenigstens habe ich», schreibt Campe, «aus dem Wirrwarr von Aristocratie usw. mich nicht eher herausfinden könne, als bis ich jene Ausländer seitwärts liegen ließ, die Sache selbst, die Staaten scharf ins Auge faßte, und mir den Fall dachte, daß ich sie einem Deutschen, der kein Griechisch wüßte, mit einheimischen Ausdrücken bezeichnen sollte.» Anschließend übersetzt und erklärt er in einer Art Schaubild die verschiedenen Staatsformen:

«Ein Staat ist

- entweder ein herrenloser
  d. i. ein von keinem Herren, sondern nur durch Gesetze beherrschter, ein Freistaat.
  In diesem werden die Gesetze
  - entweder unmittelbar vom Volke gegeben – ein Volksstaat (Democratie)
  - oder von Stellvertretern – ein Gemeinstaat (Republik)
- oder ein Herrnstaat,
  d. i. ein von Einem oder mehren Herrn, dessen oder deren Wille für die Übrigen Gesetzeskraft hat, beherrschter.
  Ein solcher ist
  - entweder ein einherriger (Monocratie)
  - oder ein mehrherriger (Aristocratie) und wenn der Herren viele sind (Polycratie) ein vielherriger.

  Die Herrschgewalt dieser Herren ist
  - entweder durch eine Verfassung beschränkt – ein beschränkter Herrnstaat
  - oder nicht – ein unbeschränkter, willkürlicher, mit Einem Worte, ein Zwingherrnstaat (Despotie).»[142]

Die Verdeutschung, die Campe hier für die Staatsformen wählt, sind sprechend und in ihrer politischen Aussage eindeutig. Zudem fällt, gerade an diesem Beispiel, auf, daß er den Systemzusammenhang, in dem die fremdsprachlichen Wörter stehen, mit seinen Übersetzungen im Deutschen ebenso abzubilden versucht. Er verfährt also – methodisch gesehen – synchron, auf der Ebene des Sprachsystems, ohne diachronische Argumente zu benutzen. Es kommt ihm darauf an, diese Wörter im Systemzusammenhang des Deutschen zu motivieren, um auf diese Weise ihren kommunikativen Wert zu erhöhen. «Verständlichkeit für jeden Deutschen» ist sein Ziel, «Sprachgleichförmigkeit», Analogie also, ist das Mittel, dieses Ziel zu erreichen.

Campe hat zweifellos die Leistungsfähigkeit der Sprache und vielleicht auch die der Sprecher überschätzt. Eine völlig durchsichtige und damit motivierte Sprache, wie er sie sich als Ideal einer ‹reinen Sprache› vorgestellt hat, ist weder wünschenswert noch notwendig. Auch ist Campe schon bald über sein ursprüngliches Ziel, insbesondere den politischen Wortschatz durch Verdeutschungen allgemeinverständlich zu machen, hinausgeschossen. Ein jedes Fremdwort versuchte er zu verdeutschen, und er ernte dafür, wie bereits erwähnt, nicht selten Hohn und Spott. Bei Bildungen wie ‹Dörrleiche› für Mumie, ‹Reisezug› für Karawane, ‹Spitzsäule› für Pyramide, ‹Kunstgefäß› für Vase oder ‹Tonkunst› für Musik – diese Beispiele stehen, in der Tat, für Tausende von anderen – war die Kritik berechtigt. In den meisten Fällen nämlich traf die Übersetzung aus verschiedenen Gründen nicht die Bedeutung des Fremdwortes.[143] Von den ungefähr 11 000 Verdeutschungsvorschlägen haben sich denn auch ‹nur› – was allerdings ganz beachtlich, ja vielleicht einmalig ist – ca. 200 bis 300 durchgesetzt. Allerdings haben sie in den meisten Fällen das fremde Wort nicht vollständig ersetzt.[144] Oft kam es zu einer Bedeutungs- oder Stildifferenzierung wie beispielsweise bei ‹Zerrbild› für Karikatur, ‹Stelldichein› für Rendezvous, ‹Zartgefühl› für Delicatesse. Campe hat also die deutsche Sprache kaum ‹gereinigt›, dafür aber bereichert. Mag ihn die Sprachgeschichte auch widerlegt haben, es bleibt die Feststellung, daß Campe Sprachpurismus als Emanzipation verstanden hat, daß er die Verdeutschung von Fremdwörtern als eine Voraussetzung für Gesellschaftsveränderungen nehmen wollte.

Campe meinte, daß «eine Kenntnis nicht eher einem Volk angehören und auf das Volk nicht eher wirken könne, als bis sie aus den Köpfen der Gelehrten in die der ungelehrten Volksklassen übergegangen» sei.[145] Mit einer derartigen Position steht er an der Schwelle von aufklärerischer Ideengeschichte zu einer politisch wirksamen Emanzipationsbestrebung. Die Überwindung von gedanklich nicht nachvollziehbarer Autorität und politisch nicht kontrollierbarem Absolutismus ist der Grundgedanke, der hinter seinem Sprachreinigungskonzept liegt. Campe scheint erkannt zu haben, daß sich politische Herrschaftsverhältnisse sehr gut mit Hilfe einer Sprachentrennung aufrechterhalten lassen: ein sozial als höherrangig ausgegebener ‹Code›, der nur bestimmten Schichten zugänglich ist, erweist sich immer dann als Herrschaftsinstrument ebendieser Schicht, wenn er mit dem politischen Anspruch des ‹Besser-Bescheid-Wissens› gekoppelt ist. Wenn Herrschaftsausübung sich durch Sprache verhüllt, dann haben die Beherrschten keine Möglichkeit zur Kontrolle dieser Herrschaft, dann wird die Sprache zu einen Instrument der Macht. Die Voraussetzung zu einer solchen Kontrolle ist erst dann gegeben, wenn Herrscher und Beherrschte die gleiche Sprache sprechen.

Campes Forderung nach Gemeinverständlichkeit ist politisch zu verstehen. Sie hat ihren historischen Ort im Übergang vom alten Ständestaat zu einem modernen Verfassungsstaat, an dem jeder sprechend teilnehmen kann. Gemeinverständlichkeit nämlich schafft Öffentlichkeit; Öffentlichkeit aber schafft eine öffentliche Meinung, die – ist sie erst einmal vorhanden – eine politisch nicht mehr zu ignorierende Kraft darstellt.

Diese Argumentation ist bei Campe erst in Ansätzen, also noch nicht völlig ausformuliert, vorhanden. Zu einem politischen Programm erhoben und mit der Sprache, d. h. auch mit Sprachkritik, verknüpft wurde sie erst zwei Jahrzehnte später, in dem 1828 ohne Verfasserangabe erschienenen Buch ‹Ueber die Sprache› von Carl Gustav Jochmann. Gerade diesem Sprachkritiker, der in der Geschichte der Sprache und Sprachreflexion eine merkwürdige Stellung – damit ist eine ‹seltsame› und ‹beachtenswerte› Stellung zugleich gemeint – einnimmt, gebührt in einer Geschichte der Sprachkritik ausführliche Aufmerksamkeit.

Er war kein Fachgelehrter, kein Wissenschaftler im heutigen, so streng begrenzten Sinne, und doch hat er Werke hinterlassen, die für manche Wissenschaft noch immer Stoff und Anreiz zum Nachdenken bereithalten. Carl Gustav Jochmann – aus dem Baltikum stammend, gelernter Jurist, der im Alter von dreißig Jahren sich zur Ruhe setzen und im Badischen das Leben eines freien Schriftsteller führen konnte, allerdings schon im Alter von nur 41 Jahren starb – war ein Selbstdenker in vielen Fächern, ein Stilist von Rang, dessen Platz in der deutschen Geistesgeschichte trotz einiger Aufmerksamkeit in jüngster Zeit noch längst nicht ausgemacht ist. Seine von ihm selbst stets anonym zum Druck beförderten Schriften über den Protestantismus, über Homöopathie und die Geschichte der Französischen Revolution, seine Essays, Glossen und Aphorismen zum politischen Zeitgeschehen in Europa sind, obwohl inhaltlich gewichtig, bislang kaum ausreichend gewürdigt worden.[146] Den Sprachinteressierten hat er das Werk mit dem lapidar klingenden Titel ‹Ueber die Sprache› hinterlassen – eine Schrift, die, von heute her betrachtet, überraschende Einsichten in den Zusammenhang von Sprach-, Literatur- und Gesellschaftsgeschichte enthält.

Bevor Jochmanns Sprachkritik näher beleuchtet werden kann, muß kurz auf sein ‹politisches Glaubensbekenntnis› eingegangen werden.[147] Jochmann fühlt sich einem «politischen Skeptizismus» zugehörig, einer Position, die zwischen dem Idealismus einerseits, der alles nach den Maßstäben der Vernunft beurteilt, und dem Materialismus andererseits, der nur nach Erfahrungsgrundsätzen für den Augenblick urteilt, die Mitte hält. Als zutiefst mißtrauischer Denker sieht er zunächst die Gefahren, die in derart extremen Positionen mit einem unbedingten Wahrheitsanspruch liegen. Im Gegensatz zum Idealismus aber hält der Skeptizismus keine «höchsten Wahrheiten und Grundsätze der Vernunft für absolut gültig in der Wirklichkeit», sondern räumt «allenfalls nur relative Wahrheit in derselben» ein. Gegen den Materialismus setzt der Skeptizismus den Zweifel an der unbedingten Gültigkeit von Erfahrungssätzen, denn diese müssen sich mit der Erweiterung menschlicher Erfahrungen notwendigerweise ändern. Was heute oder hier davon passend sein konnte, meint Jochmann, muß es morgen oder dort nicht mehr sein. Der Skeptizismus weist Idealismus wie Materialismus als Extrempositionen ab, erkennt jedoch, «eben in ihrem Gegensatz und Widerstreit unter sich», ihren Wert an: «Sie unterstützen einander, indem sie sich bekämpfen; sie steigern das Bessere im Andern, indem sie dessen Schwächen angreifen, dessen Schlechteres zerstören.» Dieser Streit der politischen Schulen hat eine Parallele im «Streit der Meinungen», den Jochmann als das wesentliche Kennzeichen von Öffentlichkeit ansieht, jenem gesellschaftlichen Ort, der seine politische Notwendigkeit aus einer Skepsis gegenüber den Staatsgewalten und ihrem möglichen Mißbrauch heraus erhält.

Im politischen Skeptizismus zeigt sich die «trostloseste» und zugleich doch «glücklichste» Einstellung des Menschen zur Wirklichkeit, es zeigt sich die Grenze zwischen Wollen und Können. Der politische Skeptizismus, schreibt Jochmann, «nimmt [...] das Gegebene, oder die Wirklichkeit, zum nöthigen Hausgebrauch an, wie sie daliegt. Aber weil sie ihm nicht gewährt, was er sucht, bleibt er nicht bei ihr stehen und will er sie nicht, als das Wahre, Bleibende, wie sie ist behalten. Weil hinwieder die Ideale der Vernunft zuletzt doch nur Vernunftträume bleiben, wirft er sich endlich [...] in den des Glaubens.» Dieser Glaube ist der «Glaube an Perfectibilität, an ein unsichtbares Reich, und an das langsame Schreiten der Menschheit zu demselben, ohne Möglichkeit, es jemals zu erreichen». Indem der Skeptizismus an die Möglichkeit der Vervollkommnung des Menschen – nichts anderes meint ‹Perfektibilität› – glaubt, erweckt er, «mit Beseitigung des einseitigen Idealismus und Materialismus, ein Streben nach Erhebung des Volks- und Staatenglücks».

Jochmann lehnt das Dogmatische ab, im Glauben ebenso wie im Denken und Handeln, denn es hemmt das ‹endlose Werden› und suggeriert ein ‹festgesetztes Sein›, von dem der Dogmatiker meint, es erkannt zu haben. Auf diese vermeintliche Erkenntnis baut er seine Herrschaft, mit ihr übt er Macht aus. Jochmann aber sucht nach Möglichkeiten, Machtausübung zu beschränken und zu kontrollieren. Er sucht nach einer Gesellschaftsform, die für sich selbst, für die in ihr lebenden Menschen, den Weg zur Vervollkommnung offenläßt, ihn nicht sperrt durch Theorien gleich welcher Art. Denn Theorien formulieren Ziele, die es, als absolute Endpunkte, nicht geben kann – eben deshalb, weil es für ihn keine absolute Wahrheit gibt. Jochmanns philosophische Grundeinsicht liegt in diesem Gedanken.

Auch in der Sprachschrift scheint diese Haltung an zahlreichen Stellen durch, denn als Gebilde des Geistes gilt auch für die Sprache, daß sie einer Entwicklung unterliegt, die in Richtung auf ihre Vervollkommnung zielen sollte. Vervollkommnen aber kann sich eine Sprache nur im Gebrauch, und dafür wiederum sind bestimmte Kommunikationsbedingungen nötig, die Jochmann nur in einer umfassenden Öffentlichkeit als Gesellschaftsform gegeben sieht. Sein sprachkritischer Zugriff besteht in der Verschränkung von Sprache und Öffentlichkeit. Diese Verschränkung geht so weit, daß eine Bestimmung des einen Bereichs nicht ohne Hinzuziehung des anderen möglich ist.

«Ein stummer Gedanke ist ein todter», schreibt Jochmann in dem Essay ‹Ueber die Oeffentlichkeit›, der als eine wichtige Ergänzung zu seiner Sprachschrift zu lesen ist.[148] In diesem Satz ist der Bezug zur Sprache schon angedeutet. Öffentlichkeit nämlich besteht in der freien, ungehinderten Zirkulation von Gedanken, von Meinungen, aus deren «Reibung» schließlich die einzige Form von Wahrheit hervorleuchtet, die für den Menschen erkennbar ist. Aus der Tatsache, daß es sich bei den relevanten Gegenständen des öffentlichen Austausches nicht um solche der äußeren, sinnlichen Wahrnehmung, also um mehr oder weniger arbiträre Namen von Konkreta, handelt, sondern um «Erzeugnisse der Urtheilskraft», erwächst die Frage nach der besonderen Beschaffenheit dieser Gegenstände. Meinungen nämlich beziehen sich auf innere Wahrnehmungen, die – klammert man den individuellen Gefühlsbereich, der nicht vorrangig Gegenstand der öffentlichen Mitteilung ist, einmal aus – nicht anders als sprachlich zu vermitteln sind. «Aueßere Erscheinungen», schreibt Jochmann, «würden wir uns durch bloße Bilder des Gedächtnisses vergegenwärtigen können, aber Gedanken, im engern und innern Sinne, aber die Erzeugnisse der Urtheilskraft sind ohne Worte völlig so undenkbar als unaussprechlich.»[149] Diese Feststellung verweist auf einen spezifischen Zusammenhang von Sprache und Denken, auf eine Theorie des sprachlichen Zeichens. Geht man den Bemerkungen nach, die Jochmann zu diesem Thema gemacht hat, dann ergibt sich eine recht moderne und umfassende Darstellung der Grundlagen sprachwissenschaftlicher Theoriebildung und – darüber hinaus – der Möglichkeit und Notwendigkeit von Sprachkritik.

Es lag jedoch nicht in Jochmanns Absicht, eine Sprachlehre zu schreiben. Das von ihm allgemein zum Charakter des sprachlichen Zeichens Gesagte besteht nicht für sich, sondern dient ihm zur Unterstützung seiner Argumentation, die auf sprachkritische und gesellschaftspolitische Fragen hinausläuft. Neben der Kennzeichnung der Funktion von Sprache als Instrument der Verständigung und des Verstehens bezeichnet er nämlich als «den wichtigsten Zweck der Sprache» den eines «allgemeinen Werkzeuges gesellschaftlicher Entwickelung»[150], so daß man die bereits sprachkritisch ausgerichtete Leitfrage seines Buches ‹Ueber die Sprache› so formulieren könnte: Wie muß die innere und äußere Organisation einer Sprache sein, damit sie diesen Zweck – den eines allgemeinen Werkzeugs gesellschaftlicher Entwicklung – erfüllen kann?

Im zweiten Kapitel seiner Sprachschrift, das den Titel ‹Die Sprachreiniger› trägt, knüpft Jochmann an J. H. Campes puristische Bestrebungen an. Er liefert hier eine erste umfassende kritische Würdigung Campes, stellt dessen Fehler bei seinen Verdeutschungen heraus, verkennt aber nicht das emanzipatorische, aufklärerische Anliegen Campes. Jochmanns Betrachtung der ‹Fremdwortfrage› kehrt sogleich den gesellschaftlichen Aspekt heraus. Er stellt fest, daß es grundsätzlich gleichgültig sei, aus welchen «Stoffen» eine Sprache gebildet ist, solange der oberste Grundsatz der «Gemeinverständlichkeit» nicht verletzt wird. Gewisse Vorstellungen, schreibt Jochmann in deutlicher Anlehnung an Campe, können nur dann in wahre, zu seiner geistigen Ausbildung mitwirkende Gemeingüter eines Volkes verwandelt werden, wenn sie nicht bloß im Besitz einiger Gelehrter, sondern aller Stände und eines jeden Angehörigen des Volkes sind. Konkreta, die ‹Gegenstände der äußeren Wahrnehmung›, mögen durchaus «unter einem fremden Namen bekannt werden und es bleiben», weil «die Sache und ihre Benennung» sich unmittelbar den Sinnen einprägt. Diese Wörter sind arbiträr, müssen gelernt und sachgesteuert gedacht werden. Anders aber bei den Abstrakta, den ‹Gegenständen der inneren Wahrnehmung›. Hier ist das Verstehen in der Regel wortgesteuert, und die Vorstellung muß immer wieder neu erzeugt werden. Deshalb ist es für die Verständlichkeit dieser Wörter, den «eigenen Erzeugnissen eines thätigen Denkvermögens», unabdingbar, daß sie, geordnet in sprachlichen Feldern, aus dem Erbwortschatz gebildet werden.

Jochmann ist überzeugt, daß derartige Wörter, mit deren Hilfe ein gedankliches Konzept, die Vorstellung, stets neu hervorgerufen wird, eine Art ‹Behältnis› bilden, in dem die «Meinungen eines Volkes» aufbewahrt sind. Wenn dem so ist, dann folgt daraus, «daß jede große und bleibende Veränderung in den Meinungen eines Volkes, nothwendig eine nicht minder große und bleibende in der Sprache desselben voraussetzt oder zur Folge hat».[151] Neben Luthers Reformation, die Jochmann selbst nennt, wäre als historisches Beispiel für diese These auch die Französische Revolution anzuführen, deren sprachverändernde Kraft ja bereits Campe bemerkt hat. Der sprachkritische Zugriff besteht nun darin, daß dieses Verhältnis zwischen sprachlichem Ausdruck und Meinungen umgekehrt und geschlossen wird, daß eine Veränderung der Sprache auch eine Veränderung der Meinungen zur Folge hat. In diesem Zusammenhang ergibt sich eine Verbindung von Sprache und Öffentlichkeit. Jochmann fordert ‹Durchsichtigkeit› gerade in den Bereichen der Sprache, die ideologiehaltig sind, also vor allem in Politik, Religion und Philosophie. Hier kann das Fremdwort oft eine verschleiernde Funktion übernehmen und bestimmte, vorgeprägte Meinungen zementieren. Seine Übersetzung ist ein Mittel der Entlarvung, denn sie öffnet den Blick für einen dahinterliegenden Denk- oder Sachzusammenhang, der bislang so nicht erkannt werden konnte, weil das Wort eine isolierte Stellung im Sprachgefüge einnahm, also kein durchsichtiges Wort war. Gemeinverständlichkeit eröffnet somit nicht nur die Möglichkeit, in einer vorhandenen öffentlichen Sphäre sich besser über Meinungen auszutauschen bzw. diese erst zu bilden und umzubilden, Gemeinverständlichkeit schafft gewissermaßen erst eine Öffentlichkeit, in der sich Meinungen in Richtung auf Wahrheit verändern können. Und da, wie Jochmann sagt, die Öffentlichkeit der Meinungen nicht von der ihrer Gegenstände zu trennen ist, sind Staats- und Gesellschaftsveränderungen die notwendige und unumgängliche Folge beim Übergang zu einer gemeinverständlichen Sprache.

Nun ist für Jochmann Gemeinverständlichkeit und Öffentlichkeit dann nicht das höchste Ziel, wenn hierdurch der Weg zur Wahrheit versperrt oder umgelenkt werden könnte. In den Wissenschaften, vor allem in den Naturwissenschaften, spricht er sich deshalb für die Beibehaltung des Fremdwortterminus aus, da dieser zum einen die internationale Verständigung gewährleistet und zum anderen die bloß etikettierende Benennung der Gegenstände dem Wandel wissenschaftlicher Erkenntnisse entgegenkommt. Der erklärende, durchsichtige wissenschaftliche Terminus birgt nämlich die Gefahr der Verewigung «wissenschaftlicher Irrthümer» in sich. Während in den Bereichen Politik, Religion und Philosophie die durchsichtige, sachaufschließende Bezeichnung allgemeine Überprüfbarkeit und Nachvollziehbarkeit des Gedachten gewährleistet, ist das Erkennen in den Wissenschaften ein anderes: «Eben die Einsichten [...], die wir der Erfahrung verdanken, eben die Vorstellungen, durch die wir uns eine Welt von Erscheinungen ordnen und erklären, sind naturgemäß einem unaufhörlichen Wechsel unterworfen, und nur dadurch von einigem bleibenden Werthe, daß wir ununterbrochen in ihnen fortschreiten.»[152] Ein wortgesteuertes Denken, wie es eine durchsichtige Terminologie nahelegt, verleitet in den erklärenden Wissenschaften von der Natur dazu, die Benennung für die Sache zu nehmen, ja die Sache aus der Bedeutung des Wortes abzuleiten. Gerade der Gedanke der Perfektibilität und der bloß relativen Wahrheit erfordert hier ‹neutrale› Benennungen, eine Sprache also, die den ungetrübten Blick auf die Sache nicht verstellt.

Jochmann also sieht in der Gesellschaft seiner Zeit eine Sprachentrennung gegeben. Sie beruht auf einem Gemeinverständlichkeit behindernden Gebrauch von Fremdwörtern in öffentlich relevanten Bereichen. Eine andere Form von Sprachentrennung ergibt sich aus dem Fehlen einer allgemein verbindlichen Sprachnorm, wodurch der Bildung und Etablierung von Privat- und Gruppensprachen Vorschub geleistet wird. Hier richtet er das Wort vor allem an die Philosophie, an Kant, und an Schriftsteller wie Klopstock und Johannes Müller. Auf Kosten der Verständlichkeit, die einzig eine Wirkung und Dauerhaftigkeit des Gedachten verbürgen kann, bildete man einen eigenen, einen eigentümlichen Stil, der die Schwelle des Zugangs bedeutend heraufsetzte. Die Sprache, das Mittel der Verständigung und des Verstehens, ist für Jochmann der wichtigte Faktor, der eine Gesellschaft auf dem Wege zu Freiheit und Demokratie – und dies meint bei ihm die ‹bürgerliche Gesellschaft – voranbringen kann. In ihr nämlich drückt sich die Teilhabe an Entscheidungen, Kenntnissen, ja letztlich an der Wahrheit aus. Aber so, wie eine nach allen Seiten öffentliche Sprache die Demokratie befördert, kann eine Sprachentrennung sie behindern und untergraben, immer dann nämlich, wenn eine sich abschottende Gruppensprache die kommunikative Einheit der Gesellschaft untergräbt. Die eine Öffentlichkeit ausschließende Hierarchisierung der Gesellschaft bewirkt eine Hierarchisierung der Sprache, und das bedeutet einen Stillstand der gesellschaftlichen wie sprachlichen Bewegung, ihres Fortschreitens zum Besseren. Was während der Restaurationszeit in Deutschland als «Prinzip der Stabilität» ausgegeben wurde, erweist sich für Jochmann als ein «Grundsatz der Verwesung», als Rückschritt:

«Es giebt keine so große Wahrheit, aus der sich nicht eine größere folgern ließe, keine so wichtige Entdeckung, die nicht zu einer noch wichtigeren den Weg bahnte. Was stehen blieb, das bleibt zurück, und jener Grundsatz der Stetigkeit, – das Prinzip der Stabilität, – ist schon darum, auch in dieser Hinsicht ein Grundsatz der Verwesung.»[153]

Der Rückschritt in Gesellschaft und Sprache zeigt sich auf andere Weise auch in der Geschichte der sprachlichen Formen, der Gattungen, die Jochmann als Träger bestimmter und unterschiedlicher Erkenntnisweisen begreift. Im vierten Kapitel des Buches ‹Ueber die Sprache›, das die Überschrift ‹Die Rückschritte der Poesie› trägt, entwickelt Jochmann eine solche Geschichte der Gattungen. Sein Ausgangspunkt ist die Feststellung, daß die Sprache das Wissen des Menschen, seine Gefühle, seine Sehnsüchte, seine Phantasien spiegelt. Daraus folgert er, daß ein fortschreitendes Erkenntnisvermögen des Menschen sich auch fortschreitende sprachliche Einkleidungen schaffe. «Die ältesten Denkmäler jeder Sprache sind Verse. Die erste Gedankenäußerung jedes Volkes ist auch in ihren Formen Poesie».[154] Zu einer Zeit, da der Mensch noch keine Mittel zur Fixierung und Tradierung der Produkte seiner geistigen Tätigkeit besaß, war es der Rhythmus gebundener Sprache, der das Gedächtnis stützte und so eine Überlieferung sicherte. In diesem «poetischen Zeitalter» herrschte unumschränkt die Einbildungskraft. Doch «dem Heldendichter folgte der Geschichtschreiber». Beobachtung und Erfahrung wurden als «Seelenkräfte» geweckt, und mit der Erfindung der Schrift bildete sich die Prosa als sprachliche Form heraus. Die Vernunft tritt an die Stelle der Phantasie und übernimmt Funktionen der Weltinterpretation. Jochmann betrachtet dies als Fortschritt auf dem Wege der Zivilisation. «Weit entfernt also, uns über die Rückschritte der Dichtkunst beklagen zu müssen, sollen wir uns vielmehr zu ihnen Glück wünschen.»[155] Poesie ist nämlich Kompensation eines Mangels an besseren und vielfältigeren Werkzeugen zur Befriedigung der «Bedürfnisse unsers geistigen Daseyns». Aber nicht auf eine Auslöschung und Totsagung der Posie will Jochmann hinaus. Zwar sind ihm die Rückschritte der Poesie Fortschritte der Vernunft, mit der Entstehung der Wissenschaften verliert die Poesie das Recht, sich auf die Wirklichkeit erklärend und interpretierend zu beziehen, doch bleibt ihr ein Bereich, in dem sie und ihre Form, der Vers, ein Vorrecht haben: das Reich der Wahrheit unserer Gefühle. «Im Gemüthe allein schuf zu allen Zeiten die Poesie nicht Bilder des Lebens nur, sondern das Leben selbst.»[156] In den Äußerungen des Empfindungsvermögens hat die Poesie ihren Ort, und in der Vereinigung mit Musik erweist sich ihre höchste Vollendung. Im Lied offenbaren sich die Sehnsüchte und Bewegungen des Menschen, als Spott- oder Jubellied ist es, neben der freien Presse, ein wichtiges «Werkzeug der öffentlichen Meinung».

Nach diesen funktionalen und historischen Bestimmungen von Poesie und Prosa gelangt Jochmann zu den Verirrungen der Poesie in neuerer Zeit und damit zum sprachkritischen Kern seiner Überlegungen. Für die zwanziger Jahre des 19. Jahrhunderts stellt er eine «ungebührliche Ausdehnung des Gebietes der Phantasie» fest, und er nimmt diese Beobachtung als Indikator für die Gesellschaftsentwicklung. Spätestens hier wird deutlich, daß er an Gesellschaftsformen denkt, wenn er von Formen sprachlicher Äußerungen spricht. Die Poesie seiner Zeit ist für ihn Ausdruck des Mangels an freiem, öffentlichem Gesellschaftsleben. Die Hochschätzung der Literatur bezeichnet die Rückständigkeit auf politischem Gebiet:

«So lang die Einbildungskraft nur darum, weil noch kein andres zu einer ähnlichen Entwickelung gelangte, sich als das überwiegende Seelenvermögen zu erkennen giebt, ist ihr Vorherrschen ein völlig naturgemäßes. [...] Aber es giebt noch einen andern Zustand, in welchem die Phantasie auf ähnliche Weise übermächtig vorwaltet, nicht weil sie das einzig wahre, sondern weil sie das einzige freie Seelenvermögen ist; in welchem andre Kräfte wohl auch geweckt sind, aber in Banden liegen; in welchem die wirkliche Welt mit allen ihren Schätzen und Wahrheiten uns nicht länger unbekannt, aber verschlossen bleibt; und wird ein Volk, in einer solchen Lage der Dinge, – wie sie an unserm alten Europa, in Vergleichung mit glücklicheren Gegenden der neuen Welt, am deutlichsten zu Tage liegt, – Abwege, die es im Irrthum eingeschlagen hatte, weil ihm kein besserer Weg mehr offen steht, fortzusetzen genöthigt, so ist es die kranke Phantasie, die von nun an den Scepter einer einst so reichen führt, und ein Irresprechen des Fiebernden, das der Begeisterung des Dichters folgt.»[157]

Diese Überlegungen müssen wiederum im Zusammenhang mit dem Gedanken der Perfektibilität gesehen werden. Jochmanns Kritik richtet sich nicht in erster Linie gegen die Kunst, die Dichtung als solche, sondern gegen den Rückfall auf eine frühere, im Grunde längst überwundene Entwicklungsstufe des menschlichen Erkenntnisvermögens. Eine Poesie, die einen Zustand der gesellschaftlichen Unfreiheit – und in einem solchem Zustand befand sich das Deutschland der Restaurationszeit – verklärt, die die Notwendigkeit politischen Handelns sublimiert durch «Auswanderungen aus der Wirklichkeit in das Reich des Gedankens», zeugt eher von der Schwäche als der Größe einer Zeit – und einer Sprache. Sie versucht, in der Phantasie Bedürfnisse zu befriedigen, die nur auf anderem Wege, nämlich durch Entwicklung der gesellschaftlichen Formen, dauerhaft und auch zum äußeren Wohlbefinden der Menschen, zum «öffentlichen Wohl», befriedigt werden können.

Die Sprache zeigt, mehr noch in ihren Formen als in ihren Inhalten, die Rück- und Fortschritte der Gesellschaft auf dem Wege zu Wahrheit und Freiheit an. Die Entwicklung der Poesie zur Prosa, von Phantasie zu Vernunft, ist für den äußeren Lebensbereich des Menschen eine Entwicklung in Richtung auf Wahrheit. Für Jochmann ist das angemessene Instrument zur Erkenntnis und Gestaltung der äußeren Wirklichkeit, der Natur und Gesellschaft, die Vernunft. Nur wenn diese sich, als Form des Denkens, auch in der entsprechenden sprachlichen Form, der Prosa, zu äußern vermag, kann sich die Perfektibilität entfalten, ist also ein Fortschritt möglich.

Aber die Prosa, für sich genommen, ist noch kein Garant einer sich auf Vervollkommnung zubewegenden Entwicklung. Ebenso wie die Vernunft das bereits Erkannte sichern muß durch seine tiefere Ausbildung und stete Verbesserung seiner Begründung, um darauf neue Erkenntnisse aufzubauen, muß auch die Sprache ständig in Bewegung sein, sich bildend fortschreiten. Nur das gesprochene Wort, die freie Rede, vermag das Bleibende und Gültige des Gedachten zu ermitteln.

In diesem dritten großen Thema seiner Sprachschrift, ausgebreitet im dritten Kapitel ‹Wodurch bildet sich eine Sprache?›, findet sich die Verknüpfung von Sprache und Öffentlichkeit aufgerollt an der Problematik von Schriftlichkeit und Mündlichkeit. Jochmann sieht in Deutschland die Tradition der Rede seit dem 18. Jahrhundert versandet. Der große Aufschwung des Büchermarktes begründete – was ja schon Herder hervorgehoben hatte – eine neue Tradition der Mitteilung, die sich verselbständigte und deren charakteristische Eigenschaften sich auch auf die Sprache und das Denken auswirkten. Die Bedeutung und Tiefe eines Gedankens aber erweist sich nur in seiner Ausbildung als Rede, denn sie bezeichnet den Ort, an dem Sprache und Öffentlichkeit zusammenfallen. Nur hier wird Wahrheit ermittelt, nur hier ist Freiheit lebendig. Die Schriftsprache einer reinen Bücherkultur andererseits, das Fehlen von Öffentlichkeit und die Esoterik eines zum Jargon verkommenen hermetischen Wissens bedingen sich gegenseitig. Fraglich ist es allerdings, ob dieser Zirkel durch Sprache, mittels Sprachkritik, durchbrochen werden kann.

Wahrheit ist für Jochmann immer sprachlich gestaltete Wahrheit. Außersprachlich mag es Richtigkeit, Angemessenheit und Freiheit geben. Wahrheit aber ist das Produkt des Erkennens, und Erkenntnis kann, als Form der inneren Urteilskraft, nur mit Hilfe der Sprache gewonnen und weitergegeben werden. Gemeinverständlichkeit, Mündlichkeit und eine ausgebildete Prosa sind für Jochmann die Umstände, die gegeben sein müssen, um eine Sprache zum Werkzeug der Wahrheit machen zu können. Welcher Wert der Öffentlichkeit hierbei zukommt, verdeutlicht ein Zitat aus der Sprachschrift:

> «Die erste und wichtigste von allen Oeffentlichkeiten, und die jeder andern zum Grunde liegt, ist eine verständliche Sprache; und wie jede andre Oeffentlichkeit nicht nur indem sie das Gute bekannt macht, sondern auch, und noch mehr, indem sie das Böse aufdeckt, ihre Wohlthätigkeit bewährt, so ist eine Sprache um so höher zu schätzen, je unverhüllter sie auch die hinfällige Lüge in ihrer ganzen Blöße darstellt, wie die nackte Wahrheit in ihrer ganzen Kraft.»[158]

Der ungewöhnliche Plural legt nahe, daß Jochmann ein System von Öffentlichkeiten, gegliedert nach den öffentlich relevanten Gegenständen, annimmt, das eine verständliche Sprache als Bedingung seines Funktionierens voraussetzt. Sprache ist insofern konstitutiv für Öffentlichkeit, als sie ihre Gegenstände überhaupt erst kenntlich und austauschfähig macht, aber sie ist zudem selbst eine Form von Öffentlichkeit, denn Meinungen existieren nur in ihrem sprachlichen Gewand. «Oeffentlichkeit ist die

Stimme der politischen Körper, und eine stumme Gesellschaft in ihrer Art etwas vollkommen so Armseliges, als in der seinigen ein stummer Mensch», lautet das Resümee des Essays ‹Ueber die Oeffentlichkeit›.[159] Jochmann parallelisiert die Sprachfähigkeit des Menschen mit der Verwirklichung von Öffentlichkeit im politischen Leben. Eine wahrhaft freie Gesellschaft benötigt die Sprache auf doppelte Weise: erstens zur Kenntlichmachung ihrer Gegenstände und zweitens zum Austausch über eben jene Gegenstände.

Mit diesen beiden Verknüpfungen von Sprache und Öffentlichkeit haben wir gleichsam auch einen doppelten sprachkritischen Zugriff: zum einen nämlich auf die Sprache als Werkzeug der Bezeichnung, somit als Mittel der Erkenntnis und des Verstehens von Sachen und Sachzusammenhängen, zum anderen als Mitteilungsinstrument, das die unterschiedlichen Meinungen über Sachen und Sachzusammenhänge gegeneinanderzustellen und zu korrigieren vermag.

Die Sprache bezieht sich daher sowohl auf die Wirklichkeit der Natur als auch auf die Wirklichkeit der Gesellschaft. Sie vermitteln zwischen Einzelnem und Mannigfaltigem ebenso wie zwischen Denken und Sein. Und nur Öffentlichkeit, die Gemeinverständlichkeit und Durchsichtigkeit der Bezeichnungen sowie die ungehinderte Sprachverwendung, die «gefahrlose Aeußerung jenes geistigen Lebenszeichens, des Wortes», sichert der Sprache ihre Funktion und steigert ihre Perfektibilität.

Indem Jochmann zunächst das Ideal der Leistungsfähigkeit einer Sprache bestimmt, schafft er sich die Grundlage für eine begründete Kritik des tatsächlichen Sprachzustands. Sprachwissenschaftlich – und sprachkritisch – ist hierbei von Interesse, daß er die Sprache nicht nur als Abbild oder Zeichen der Wirklichkeit betrachtet, sondern vor allem im Gebrauch, der konkreten Anwendung, ihre Bestimmung und Möglichkeit sieht. Daher übt er denn auch keine bloße Wortkritik, sondern geht den entscheidenden modernen Schritt weiter und sucht nach den Faktoren und Begründungen für das Gelingen von Kommunikation genauso wie für ihr Mißlingen im Deutschland der Restaurationszeit.

Es würde hier zu weit führen, Jochmanns Kritik am Deutschen seiner Zeit ausführlich darzustellen. Einige andeutende Bemerkungen müssen genügen, um seine allgemein dargestellte sprachkritische Haltung zu konkretisieren. In dem Kapitel ‹Wodurch bildet sich eine Sprache?› nennt Jochmann drei Charakteristika der deutschen Sprache, die ihm bezeichnenderweise «eigenthümliche Mängel» sind: Unbestimmtheit, Unverständlichkeit und Härte. Als Sprachkritiker knüpft er an die von Leibniz begründete und von Gottsched und Campe fortgesetzte Tradition der Benennung von Sprachidealen an, wendet sie aber ins Negative. Die genannten Mängel siedelt Jochmann nicht in der «Sprache an sich» an, sondern in «der jedesmaligen Art ihre Benutzung». Er kritisiert also nicht die Sprache als System, sondern den Sprachgebrauch.

Während die «Unbestimmtheit» des Deutschen aus dem Fehlen einer allgemeinen Sprachnorm insbesondere bei den Schriftstellern und die «Unverständlichkeit» aus einer esoterischen Sprache der Wissenschaften und der Philosophie folgen, ergibt sich die «Härte», wie auch die Unverständlichkeit, «aus der nemlichen Seltenheit einer lauten Sprachübung im öffentlichen und gesellschaftlichen Leben, die allein das Bedürfnis der Klarheit und beleidigende Mißklänge fühlen, und jenes befriedigen und dies vermeiden lehrt».[160] Soweit es ein gesellschaftliches, öffentliches Leben in Deutschland gab, sah es folgendermaßen aus:

> «Das öffentliche Leben der Deutschen geht in Schreibstuben und auf Paradeplätzen vor; und pflegt man anderswo Aushängeschilder für ziemlich gute Anzeigen der in einer Gegend einheimischen Verunstaltungen einer Sprache anzusehen, so mögen wir, und vorzugsweise unsre halb- und ganz-amtlichen und halb- und ganz-undeutschen Regierungs- und Wochenblätter dahinrechnen, und aus ihnen lernen, wie der armen Sprache auf den Marterbänken unsrer Kanzeleien, den Arbeitstischen regierender Geschäftsleute, alle Gliedmaßen verstümmelt oder aus ihre Fugen gereckt werden, um sie bald in dictatorischer Kürze aufstampfen und bald in unterthäniger Breite hinkriechen zu lassen, während Sinn und Klang in beiden Fällen zu Grunde gehn.»[161]

Es steckt eine gehörige Portion Polemik in diesen Sätzen, und nicht nur in diesen. Gleichwohl hebt Jochmann wichtige Kennzeichen der gesellschaftlichen und politischen Zustände hervor und setzt sie in Verbindung zur Sprache. Den Gedanken, daß nicht nur die Schriftsprache der Verwaltung zu Härten in der Sprache führt, sondern auch die mündliche Sprache, wenn sie, wie beim Militär, als Befehlssprache verwendet wird, spitzt Jochmann noch zu:

> «Alle Redseligkeit des rohen Schwätzers veredelte noch nie seine Rede, und wer von Dienern umgeben, und ihrer schweigenden Folgsamkeit gewiß, um verstanden zu werden, nur zu befehlen und immer nur sich zu hören braucht, hat weder Veranlassung noch Gelegenheit, wie im Umgange mit seines gleichen, schon durch des Gedankens Einkleidung der Zuhörer Ueberzeugungen in Anspruch zu nehmen und ihre Aufmerksamkeit zu verdienen.»

Unmittelbar auf dieses Zitat folgt der Kernsatz in Jochmanns Buch ‹Ueber die Sprache›, gewissermaßen das gedankliche Konzentrat seiner Sprachkritik: «Herren und Knechte sind selten gute Sprecher.» Und er fährt fort:

> «Besäßen sie auch die Fähigkeit es zu werden, die Einen wagten, die Andern brauchten es nicht zu seyn, und ihr wechselseitiger Verkehr ist auch in dieser Hinsicht bloßer Austausch ihrer Fehler. Eine Thatsache, die ebensowohl den Verfall ganzer Sprachen, als den vernachlässigten Ausdruck ihrer einzelnen Besitzer erklärt.»[162]

Es sind also die sozialen Herrschaftsverhältnisse, die Jochmann kritisiert, es ist die Asymmetrie der Kommunikation, die eine Ausbildung der Sprache behindert. Positiv gewendet könnte man auch sagen: Eine Sprache kann im richtig verstandenen Sinne sich nur dann ausbilden, wenn ein herrschaftsfreier Diskurs möglich ist, wenn der sprachliche Austausch zwischen den Menschen nicht durch gesellschaftliche Ungleichheiten auf ein bestimmtes Rollenverhalten reduziert wird. An dieser Stelle wird aber auch deutlich, daß eine politische Sprachkritik ihre Grenzen hat: Sie kann das Sprachverhalten einzelner oder von Gruppen kritisieren, sie kann Abhängigkeitsverhältnisse zwischen sozialer Zugehörigkeit und Sprachgebrauch aufdecken, sie kann Muster für einen herrschaftsfreien sprachlichen Umgang aufstellen, sie kann zeigen, warum Herren und Knechte selten gute Sprecher sind, aber das Problem einer auf Herrschaftsverhältnissen beruhenden Asymmetrie der Kommunikation kann sie letztlich nicht lösen. Dieses Problem ist nur politisch lösbar, durch eine Veränderung der Herrschaftsverhältnisse.

Jochmann hat mit seiner Sprachkritik gezeigt, daß sprachliche Formen mit den Gesellschaftsformen korrespondieren. Eine auf Ungleichheit basierende Gesellschaft bringt asymmetrische Kommunikationsverhältnisse hervor. Eine Gesellschaft dagegen, in der eine Öffentlichkeit existiert, die in einer freien Presse einen Ort für freie Meinungsäußerungen und freien Meinungsaustausch besitzt, wird, so meinte Jochmann, auch eine Sprache hervorbringen, die genau, verständlich und angenehm ist.

Jochmann schrieb seine Sprachkritik während der Restaurationszeit, in der eine strenge Zensur herrschte, die Universitäten bespitzelt und öffentliche Äußerungen allenthalben kontrolliert wurden. Diese politischen Verhältnisse bilden das Ziel seiner konkreten Sprachkritik. Sein sprachliches Ideal dagegen war eine Öffentlichkeit mit einer freien Presse, die das Forum zur Bildung und Artikulierung einer öffentlichen Meinung abgeben sollte. Diese öffentliche Meinung war für Jochmann der Ort, an dem ‹Wahrheit› ermittelt wird, und sie war die politische Kraft, die jede einseitige Machtausübung durch – eben öffentliche – Kontrolle verhindern sollte.

Heute, in einer Zeit, da die öffentliche Meinung sich in der Presse nicht bildet, sondern von ihr gebildet wird, läßt sich erkennen, daß die von Jochmann angestrebte ideale Kommunikationssituation offenbar nicht ideal, kein Patentrezept ist. Jochmanns Sprachkritik erscheint somit historisch gebunden, was grundsätzlich ja kein Mangel ist. Gleichwohl bliebe zu überlegen, ob Jochmanns Anliegen, die Verbesserung der Kommunikation und die Verbesserung ihrer gesellschaftlichen Bedingungen, nicht eine Aufgabe ist, die stets bestehen bleibt und Aufmerksamkeit verdient.

V.
Nationalismus – Sprachkrise – Sprachzweifel. Sprachkritik im 19. und beginnenden 20. Jahrhundert

Das 18. Jahrhundert war in seiner aufklärerisch wirkenden Ausprägung gekennzeichnet von einem allgemeinen, nicht nur auf Kultur und Gesellschaft, sondern auch auf die Sprache bezogenen Fortschrittsglauben. Insbesondere Carl Gustav Jochmann hatte in seinen Schriften nachdrücklich die Position hervorgehoben, daß Sprache und Gesellschaft in einem Wechselverhältnis stünden und die Schaffung einer demokratischen, auf Öffentlichkeit basierenden Gesellschaftsordnung auch eine freie, weil in ihren Ausdrucks- und Kommunikationsmöglichkeiten nicht beschränkte Sprache befördern würde. In einem mit ‹Wahrheit und Oeffentlichkeit› überschriebenen Aphorismus aus dem Kapitel ‹Stylübungen› seines Buches ‹Ueber die Sprache› schreibt er:

«Wer den Zweck will, muß das Mittel wollen, wer Wahrheit – Oeffentlichkeit, denn jene achtet nur der nicht, der es für unmöglich hält, daß sie ihm gesagt werde.»

Und, bezogen auf den Fortschritt, heißt es in einem anderen Aphorismus mit dem Titel ‹Verlorene Mühe›:

«Auf dem Wege der Civilisation ist nichts gewisser von jedem Schritt zurück, als daß er noch einmal vorwärts gethan werden muß.»[1]

Der Fortschrittsgedanke, gerade bezogen auf die Sprache, war Gemeingut des 18. Jahrhunderts. Ihn hatte, schon lange vor Jochmann, nämlich im Jahre 1755, bereits der Franzose Denis Diderot in seinem Artikel ‹Encyclopédie› des gleichnamigen Hauptwerks der französischen Aufklärung so ausgedrückt:

«Die Sprache eines Volkes bringt dessen Wortschatz hervor, und der Wortschatz ist ein ziemlich getreues Verzeichnis aller Kenntnisse dieses Volkes. Schon aus der vergleichenden Betrachtung des Wortschatzes einer Nation in verschiedenen Zeitabschnitten könnte man sich eine Idee über ihre Fortschritte bilden.»[2]

Zu Beginn des 19. Jahrhunderts veränderte sich dieser progressive und prospektive Sprachbegriff. Bereits 1808 hatte Friedrich Schlegel in seiner Schrift ‹Über die Sprache und Weisheit der Indier. Ein Beitrag zur Begründung der Altertumskunde› einen Satz geschrieben, der wegweisend für die Sprachbetrachtung der Zeit werden sollte: «Wenn man die Sprache», beginnt dieser Satz, «und ihre Entstehung wissenschaftlich d. h. durchaus historisch betrachten will ...».[3] ‹Wissenschaftlich› setzt Schlegel also mit ‹historisch› gleich. Diese Auffassung war in einer solch apodiktischen Form neu. Sie sollte zur gängigen Auffassung des ganzen Jahrhunderts werden, das im sprachwissenschaftsgeschichtlichen Bezirk die Überschrift «historisch-vergleichende Sprachforschung» tragen kann.

Nachdem mit der Entdeckung des Sanskrit der indogermanische – oder, wie man heute wertfreier sagt: indoeuropäische – Sprachzusammenhang in den Blick geraten war, begründete 1820 Wilhelm von Humboldt in seiner Akademie-Vorlesung ‹Ueber das vergleichende Sprachstudium in Beziehung auf die verschiedenen Epochen der Sprachentwicklung› die Methode und den Erkenntniszweck historisch-vergleichender Sprachforschung. Ihm ging es darum, die für die verschiedenen Einzelsprachen postulierten ‹Weltansichten› durch eine Vergleichung zu einer ‹Totalität der Weltansichten› zusammenzuführen. Der Gedanke ist folgender: Sprachen sind nach Humboldt nicht Mittel, «die schon erkannte Wahrheit darzustellen, sondern weit mehr, die vorher unerkannte zu entdecken». Die Verschiedenheit der Sprachen, schreibt Humboldt, «ist nicht eine von Schällen und Zeichen, sondern eine Verschiedenheit der Weltansichten selbst».[4] Der einzelne Mensch, der normale Sprachbenutzer, bleibt stets der in seiner Sprache vorgegebenen Weltansicht verhaftet. Der Zugang zur Welt, die Erkenntnis der Dinge sind durch die Sprache vorgeprägt und gefiltert. Der Sprachforscher dagegen vermag durch eine Vergleichung der Sprachen die Grenzen einer einzelnen sprachlich geprägten Weltansicht zu überschreiten und durch eine Zusammensetzung der verschiedenen Facetten, die ihm die Weltansichten der verschiedenen Sprachen liefern, zu einer umfassenderen Ansicht der Dinge, eben zu einer Totalität der Weltansichten, zu kommen. Das Objekt selbst, das ‹Ding an sich› im Kantschen Sinne, hat er damit zwar nicht erfaßt – und kann er auch gar nicht fassen –, aber er gelangt damit zu der einzigen Form von Wahrheit, die dem Menschen zugänglich ist.

Mit dieser Position Humboldts wird keine wie auch immer geartete kritische Behandlung einer Einzelsprache angestrebt. Vielmehr liegt hier letztlich der philosophische Versuch vor, die Möglichkeit von menschlicher Erkenntnis zu bestimmen, und zwar in Abhängigkeit von der Sprache bei gleichzeitiger Überschreitung der durch eine Einzelsprache vorgegebenen Grenzen.

Humboldt war kein Sprachkritiker, sondern ein Sprachphilosoph.[5] Trotz oder vielleicht gerade wegen seines sprachphilosophischen Interesses richtete Humboldt sein Augenmerk aber nicht ausschließlich auf Sprachvergleichung und Sprachgeschichte. Er schreibt:

«Denn die Sprache, die durch sie erreichbaren Zwecke des Menschen überhaupt, das Menschengeschlecht in seiner fortschreitenden Entwicklung, und die einzelnen Nationen sind die vier Gegenstände, welche die vergleichende Sprachforschung in ihrem wechselseitigen Zusammenhang zu betrachten hat.»[6]

An der Formulierung, die durch die Sprache «erreichbaren Zwecke des Menschen überhaupt» und «das Menschengeschlecht in seiner fortschreitenden Entwicklung» seien u. a. die Gegenstände der vergleichenden Sprachforschung, wird deutlich, daß Humboldts Sprachforschungsprogramm weder von rein nationalen noch bloß rückwärts, in die Geschichte gewandten Motiven bestimmt war. Auch eine andere Stelle aus seinem Werk belegt die Feststellung noch einmal: In der Abhandlung ‹Ueber die Verschiedenheit des menschlichen Sprachbaues und ihren Einfluss auf die geistige Entwicklung des Menschengeschlechts› von 1830/35 schreibt Humboldt, daß die Wirksamkeit der «allgemeinen menschlichen Geisteskraft» sich in dem Streben ausdrücke, «der Idee der Sprachvollendung Daseyn in der Wirklichkeit zu gewinnen». Aufgabe des Sprachstudiums sei es deshalb zu untersuchen, «ob sich in den Sprachen ein solches stufenweis fortschreitendes Annähern an die Vollendung ihrer Bildung entdecken läßt».[7]

Was Humboldt für die vergleichende Sprachforschung war, nämlich der Begründer ihrer Methodik, das war Jacob Grimm für die historische Sprachforschung. Bei Grimm kommt darüber hinaus noch die praktische Arbeit an der Sprache hinzu, die Aufarbeitung der Geschichte des Deutschen, wie sie, auf der Wortebene, vor allem in dem ‹Deutschen Wörterbuch› Ausdruck gefunden hat.

Insbesondere Jacob Grimm, der, wie Humboldt, die Sprache als einen Organismus, in den man von außen nicht regulierend eingreifen kann, betrachtete, wird die Auffassung zugeschrieben, daß die Sprache in ihrer Geschichte einem Verfallsprozeß unterliege.[8] Das wäre ein radikaler Bruch zur Aufklärung und zu Humboldt. Doch es lassen sich Aussagen finden, die den Schluß nahelegen, daß man die These vom Sprachverfall für Grimm zurückweisen oder doch zumindest stark relativieren muß. In dem aufschlußreichen Vortrag ‹Über den Ursprung der Sprache› von 1851, der an Herders Preisschrift ‹Abhandlung über den Ursprung der Sprache› (1772) anknüpft, ist von Sprachverfall jedenfalls nicht die Rede. Vielmehr schreibt Grimm:

«Es ergibt sich, dasz die menschliche sprache nur scheinbar und von einzelnem aus betrachtet im rückschritt, vom ganzen her immer im fortschritt und zuwachs ihrer inneren kraft begriffen gesehen werden müsse. [...] Den stand der sprache im ersten zeitraum kann man keinen paradiesischen nennen in dem gewöhnlichen mit diesem ausdruck verknüpften sinn irdischer vollkommenheit; denn sie durchlebt fast ein pflanzenleben, in dem hohe gaben des geistes noch schlummern, oder nur halb erwacht sind.»

Wenig später faßt Grimm dann zusammen:

«Die schönheit menschlicher sprache blühte nicht im anfang, sondern in ihrer mitte; ihre reichste frucht wird sie erst einmal in der zukunft darreichen.»[9]

Alles in allem läßt sich hinsichtlich des auf die Sprache bezogenen Fortschrittsglaubens kein radikaler Bruch zwischen dem aufklärerischen 18.

und dem romantischen 19. Jahrhundert – jedenfalls nicht zwischen den hier besprochenen Vertretern dieser beiden Epochen – ausmachen. Dennoch bleiben gravierende Unterschiede, die sich maßgeblich auch auf kritische Positionen zur Sprache, auf die Möglichkeit von Sprachkritik also, auswirkten.

Neben der Entdeckung der Historizität von Sprache, allgemein der Entstehung des historischen Bewußtseins, nennt die Forschung eine zweite Bedingung, die für die Entstehung der historisch-vergleichenden Sprachwissenschaft zu erfüllen war: Es handelt sich um die, wie Wulf Oesterreicher schreibt, «Emanzipation des Interesses an der Sprache aus dem Interesse an erkenntnistheoretischen, logischen, anthropologischen, theologischen, psychologischen, physiologischen, ethnologischen, wissenschaftsmethodologischen, pädagogischen und literarischen Fragestellungen», also die Aufhebung der «Fremdbestimmtheit der Sprachforschung», die «als das Kennzeichen früherer Zeiten gelten kann».[10]

Die heutige Geschichtsschreibung des Faches setzt erst mit der Herausbildung der historisch-vergleichenden Sprachforschung die Entstehung der Sprachwissenschaft als Wissenschaft an. Was davor war, wird nicht als eigentliche ‹Wissenschaft› im Sinne methodisch abgesicherter Rekonstruktion von Sprachzuständen oder Sprachverläufen betrachtet, sondern als Sprachreflexion im dem Sinne, daß die Sprache lediglich in Abhängigkeit anderer Interessen – eben der von Oesterreicher aufgezählten – zum Gegenstand der Betrachtung wurde. Es leuchtet sofort ein, daß für eine Sprachkritik, die ja stets auch mit außersprachlichen Verhältnissen verbunden und auf diese gerichtet ist, die zudem stets anwendungsbezogen arbeitet, weil sie den konkreten Sprachgebrauch zum Gegenstand hat, kein Platz mehr in dieser Konzeption von Sprachwissenschaft bleibt. Insbesondere Jacob Grimm hat sehr deutlich gemacht, daß er eine anwendungsbezogene Sprachreflexion als unwissenschaftlich betrachtet und daß das Prädikat ‹wissenschaftlich› für ihn bedeutet, still am Einzelnen und Kleinen, wie er sagt, zum Zwecke reiner Gelehrsamkeit zu arbeiten.[11] Angesichts eines solchen Begriffs von Wissenschaftlichkeit für die Beschäftigung mit Sprache stellt sich die Frage, ob es eine Fortsetzung der sprachreflexiven Konzeption der Aufklärung innerhalb der Sprachgemeinschaft des 19. Jahrhunderts gegeben hat.[12]

Insgesamt läßt sich für das 19. Jahrhundert feststellen, daß die gelehrte Sprachwissenschaft an den Universitäten und Akademien ihren Ort fand, wobei sprachkritische, anwendungsbezogene Ansätze der Sprachbetrachtung und Vermittlung von Sprachwissenschaft ausgeschlossen wurden. Diese Tendenz setzte sich auch im 20. Jahrhundert fort. Sprachkritik und anwendungsbezogene Sprachreflexion wurden im 19. Jahrhundert in Sprachgesellschaften und Sprachvereine, wie z. B. den ‹Allgemeinen Deutschen Sprachverein›, abgedrängt. Es gab folglich, wenn man so will, eine Art von Arbeitsteilung: Die Universitäten und Akademien übernahmen die Aufgabe der Fachwissenschaft, die nun das Prädikat ‹akademisch-universitär› erhielt. Die Sprachgesellschaften und Sprachvereine dagegen kümmerten sich um die Artikulation des wirklichen oder vermeintlichen Bedarfs für sprachliche Bewertungen, Regelungen und Erklärungen. Sie hatten einen beträchtlichen Einfluß auf die öffentliche Meinung.[13]

Während der ‹Allgemeine Deutsche Sprachverein› lediglich von einer nationalistischen Grundlage getragen war und sich schließlich auch in den Dienst des Nationalsozialismus stellte, ansonsten aber recht unberührt von allen Geistesströmungen des 19. und beginnenden 20. Jahrhunderts seine puristischen Bestrebungen verfolgte, verloren Schriftsteller und Philosophen angesichts der radikalen gesellschaftlichen und geistigen Veränderungen der Zeit ihr Zutrauen in die Sprache. Was als das Wort von der «Sprachkrise der Moderne» in die Geschichtsschreibung eingegangen ist, bedeutete den grundlegenden Zweifel daran, daß die historisch gewachsene, traditionelle Sprache noch zum Ausdruck der geistigen, gesellschaftlichen, kulturellen und politischen Verhältnisse tauge. Bereits bei Arthur Schopenhauer (1788–1860) deuten die sprachkritischen Anmerkungen in diese Richtung. Hugo von Hofmannsthal (1874–1929) mit seinem berühmten ‹Brief des Lord Chandos›, Friedrich Nietzsche (1844–1900) mit seinem Essay ‹Über Wahrheit und Lüge im außermoralischen Sinne› sowie Friedrich Mauthner (1849–1923) mit seinen dreibändigen ‹Beiträgen zur Sprachkritik› haben diesen Zweifel dann zu formulieren verstanden und damit die Geschichte der Sprachkritik um ein wichtiges Kapitel bereichert.

Anders als diese Literaten und Philosophen, die stärker eine Erkenntniskritik der Sprache geliefert haben, kritisierten die Publizisten Karl Kraus (1874–1936) und Kurt Tucholsky (1890–1935) den öffentlichen Sprachgebrauch ihrer Zeit. Sie stellten nicht so sehr eine grundsätzliche Krise der Sprache in den Mittelpunkt, sondern die Verbindung zwischen einer korrupten Gesellschaft und einer gewissenlosen Sprache, sie formulierten Zweifel an der Redlichkeit des Sprechens.

1. Deutsche, Deutschland und das Deutsche: Sprachreinigung als nationales Unternehmen

Joachim Heinrich Campe war in seinen puristischen Bestrebungen von der Französischen Revolution beeinflußt worden und hatte versucht, mittels Übersetzung von Fremdwörtern eine Allgemeinverständlichkeit herzustellen. Er begriff seine Unternehmung als einen Beitrag zur Aufklärung, zur Emanzipation und Beförderung freierer Gesellschaftsformen. Weniger die Erfahrung der Französischen Revolution als eine ihrer Folgen, die Besetzung der deutschen Staaten durch Napoleon, löste eine andere Form von Purismus aus, die für das 19. und teilweise auch das

20. Jahrhundert bestimmend werden sollte. Zur Charakterisierung dieses Purismus seien zunächst einige sprechende Beispiele herausgegriffen, bevor dann die Arbeit des ‹Allgemeinen Deutschen Sprachvereins› dargestellt werden soll.

Schon in Friedrich Ludwig Jahns Schrift ‹Bereicherung des Hochdeutschen Sprachschatzes› (1806), im Grunde ein Beitrag zu den Synonymen im Deutschen, tritt in der Argumentation gegen die Fremdwörter das Motiv der Verständlichkeit völlig zurück zugunsten einer nationalen, rückwärtsgewandten Argumentation:

«In seiner Muttersprache ehrt sich jedes Volk, in der Sprache Schatz ist die Urkunde seiner Bildungsgeschichte niedergelegt, hier waltet wie im Einzelnen das Sinnliche, Geistige, Sittliche. Ein Volk, das seine eigene Sprache verlernt, giebt sein Stimmrecht in der Menschheit auf, und ist zur stummen Rolle auf der Völkerbühne verwiesen. Mag es dann aller Welt Sprachen begreifen, und übergelehrt bei Babels Thurmbau zum Dollmetscher taugen, es ist kein Volk mehr, nur ein Mengsel von Staarmenschen.»[14]

Hier deutet sich bereits der Gedanke vom Volksgeist an, der in der Sprache verkörpert sei und den es zu bewahren gelte, damit ein Volk aufgrund seiner inneren Identität auch eine Abgrenzung nach außen vornehmen kann.[15] Es ist dies zunächst gewiß eine Reaktion auf die französische Herrschaft in Deutschland, auf die sogenannte ‹Fremdherrschaft›, aber diese Reaktion hatte, zusammen mit einer verstärkten Wendung zum Historismus, dauerhafte Auswirkungen.

Auch der Philosoph Johann Gottlieb Fichte schlägt in seinen ‹Reden an die deutsche Nation› (1808), die im Grunde ein glühendes Plädoyer für das Selbstbestimmungsrecht der Deutschen sind, nationalistische Töne an. Sprache ist für ihn, vor allem im Bereich der Abstrakta, keine bloße Ansammlung von arbiträren Zeichen:

«Dieser übersinnliche Teil ist in einer immerfort lebendig gebliebenen Sprache sinnbildlich, zusammenfassend bei jedem Schritte das Ganze des sinnlichen und geistigen, in der Sprache niedergelegten Lebens der Nation in vollendeter Einheit, um einen, ebenfalls nicht willkürlichen, sondern aus dem ganzen bisherigen Leben der Nation notwendig hervorgehenden Begriff zu bezeichnen, aus welchem, und seiner Bezeichnung, ein scharfes Auge die ganze Bildungsgeschichte der Nation rückwärtsschreitend wieder müßte herstellen können.»[16]

Fichte sucht das Deutsche als eine Sprache zu zeichnen, die sich bis zu den Wurzeln zurückverfolgen lasse und seither lebendig geblieben sei. Dies betrachtet er als einen Vorzug, der sie vor allen übrigen germanischen Sprachen auszeichne und den es zu erhalten gelte, weil nur eine derart lebendige Sprache tätig in das eigentümliche Leben des Volks eingreifen könne. Ohne politische Selbständigkeit, so meint er, sei auch eine Sprache nicht am Leben zu erhalten. Ohne eine eigene Sprache aber verliere das Volk seine Geschichte, seine freie Denkart, seine Identität.[17] Fichtes rückwärtsgewandte Utopie, sein Versuch, etwas von Verfall und Tod Bedrohtes – nämlich die ursprüngliche Denkart des deutschen Volkes, die sich in der deutschen Sprache manifestieren soll – zu bewahren, nicht aber etwas für die Zukunft – eine für alle Glieder der Gesellschaft verständliche Sprache – zu schaffen, machen ihn zu einem Mitbegründer des nationalistischen Sprachdenkens, das in einem deutlichen Kontrast zur Aufklärung steht.

Die neue Qualität des Sprachdenkens zeigt sich dann in ganz extremer Gestalt bei Ernst Moritz Arndt. Schon der Titel seiner Schrift ‹Ueber Volkshaß und über den Gebrauch einer fremden Sprache› (1813) läßt ahnen, daß es hier um den Versuch gehen muß, den politischen Kampf gegen Frankreich durch eine Herabsetzung der französischen Sprache und eine gleichzeitige Aufwertung der deutschen zu schüren. In einer bezeichnenden Umformulierung der berühmten Leibnizschen Wendung von der Sprache als einem Spiegel des Verstandes[18] drückt sich die Grundhaltung Arndts zur Sprache aus:

«Ich sagte eben, die Sprache sey der Spiegel und das Bild eines Volkes, der äußere Ausdruck seines innersten Lebens, seine Geschichte, seine Neigungen, seine Anlagen, seine Weltansicht, und seine Liebe und sein Haß – kurz, alles in allem sey darin ausgedrückt.»[19]

Auch hier ist nicht mehr Aufklärung beabsichtigt, auch hier wird Sprache nicht mehr als Ausdruck und Vehikel des Kenntnisstandes einzelner Menschen oder gesellschaftlicher Schichten genommen, sondern es wird ein Kollektiv beschworen, das sich durch Sprache gegen andere Kollektive abgrenzen soll. Arndt schreckt nicht davor zurück, den Sprachenhaß als Mittel des Volkshasses zu benutzen, nachdem er umgekehrt sogar aus der Verschiedenheit der Sprachen so etwas wie eine anthropologische Konstante des Hasses zwischen den Völkern abgeleitet hat:

«Das Größte und Bedeutendste aber liegt in der Verschiedenheit der Sprache, weil jede Sprache das äußere Abbild des innersten Gemüthes eines Volkes ist, weil sie die Form ist, welche sich von Kind auf des ganzen Menschen, der sie spricht, am gewaltigsten bemeistert, und seinem Geiste und seiner Seele das Gepräge giebt, womit er empfinden, denken, lieben, und leben soll: sie ist der erstarrte Geist der vergangenen Geschlechter, den die Lippe aufthaut, wie sie die Worte erfaßt. Darum ist nichts trauriger und gefährlicher, als wenn ein Volk seine Sprache für eine fremde vergißt; dann begehrt es Sklav der fremden zu werden. Aus der Verschiedenheit der Sprachen, und aus der eigenthümlichen Bildung, die mit einer jeden Sprache verknüpft ist, und aus manchen theils sichtbaren, theils unsichtbaren früheren oder späteren Ursachen erwächst der Widerwille und die Abneigung, welche die Völker in einzelnen Punkten gegen einander haben, und welche ihre Unabhängigkeit und Freiheit besser sichern, als noch so viele befestigte Städte und gezückte Schwerdter.»[20]

Der Einfluß der französischen Sprache hat nach Ansicht Arndts alle ‹Vorzüge› des Deutschen vernichtet und bedroht nun auch das Volk selbst:

«Bis in den innersten Kern vergiftet war das Teutsche von dem Fremden, die ernste Männlichkeit zu Ziererei, die hohe Wahrheit zu Schmeichelei, der grade Verstand zu schiefer Albernheit verdreht. Das ist das unvermeidliche Schicksal eines Volkes, das dem Fremden bis zur Vergessenheit des Eigenen nachgebuhlt hat.»[21]

Um die vermeintlich drohende Entfremdung oder gar Vernichtung der deutschen Sprache und des deutschen Volkes abzuwenden, verfällt Ernst Moritz Arndt wieder einmal auf den Vorschlag, eine «teutsche Gesellschaft» zu gründen. Ihre Zwecke sind nun aber nicht mehr Untersuchung, Bereicherung oder Festigung des Deutschen, sondern ganz auf Abwehr und Kampf ausgerichtet:

«Ihr [der teutschen Gesellschaft] Zweck ist Verbannung und Vertilgung der französischen Art und Sprache, Belebung und Erhaltung teutscher Art und teutschen Sinnes, Erweckung teutscher Kraft und Zucht, und Erneuerung der alten und neuen Erinnerungen, die unsere Geschichte verherrlichen.»[22]

Solche Töne klingen einem aus der jüngsten deutschen Vergangenheit noch hinlänglich und mit Schrecken in den Ohren. Sie wurden in den Zeiten eines nochmals gesteigerten Nationalismus nach 1870, 1914 und 1933 nicht nur lautstark wiederholt, sondern konnten oftmals gar mit den politisch maßgeblichen Kräften gemeinsam intoniert werden. Damit beförderten sie über den Völkerhaß hinaus auch den Rassenhaß, dessen programmatische Verkündigung und Umsetzung Millionen von Menschen das Leben gekostet hat.

Mit beteiligt an dieser furchtbarsten Phase der deutschen Geschichte war auch auch ‹Allgemeine Deutsche Sprachverein›. Er wurde 1885, also wenige Jahre nach der Reichsgründung, ins Leben gerufen. Seine Arbeit lag hauptsächlich auf dem Gebiet der Verdeutschung von Fremdwörtern. Die Zielsetzung des Vereins, die der Vorsitzende Hermann Riegel in einem programmatischen Aufsatz in der ersten Nummer der seit 1886 regelmäßig erscheinenden ‹Zeitschrift des Allgemeinen Deutschen Sprachvereins› dargelegt hat, liest sich auf eine derart bezeichnende Weise, daß sie ausführlich zitiert werden muß:

«Der ‹allgemeine deutsche Sprachverein› ist ins Leben getreten, um
1) die Reinigung der deutschen Sprache von u n n ö t h i g e n f r e m d e n B e s t a n d t h e i l e n zu fördern, –
2) die Erhaltung und Wiederherstellung des e c h t e n G e i s t e s u n d e i g e n t h ü m l i c h e n W e s e n s der deutschen Sprache zu pflegen – und
3) auf diese Weise das a l l g e m e i n e n a t i o n a l e B e w u ß t s e i n im deutschen Volke zu kräftigen.

Er will das sprachliche Gewissen im Volke schärfen und wecken, damit wir dahin gelangen möchten, daß jeder Deutsche, im berechtigten Stolze auf seine Muttersprache, eine Ehre darein setze, deutsch zu reden und zu schreiben, – deutsch, möglichst rein und möglichst gut. Diesen Zweck haben wir uns gesetzt. Wir wollen keine gelehrten, sprachwissenschaftlichen Ziele verfolgen, sondern wir wollen arbeiten, im Dienste des vaterländischen Gedankens, um zu erreichen, daß möglichst überall und immer unsere Sprache mit Wohlanständigkeit und Schicklichkeit behandelt und gehandhabt werde. Unsere Sprache ist zu Anfang dieses Jahrhunderts, als das tausendjährige Reich in Scherben ging und die alten Staaten ausgelöscht wurden, als unser nationales Dasein völlig in Frage stand und die Fremden unsern Boden grausam überflutheten, das letzte Band gewesen, welches uns noch zusammenhielt, – ja, nicht allein zusammenhielt, nein, als Form, in der die Werke unserer großen Dichter und Weisen gerade damals Gestalt annahmen, die Seele der Nation zu neuem Leben entzündete. Und ist es nun anständig und schicklich in dieses unschätzbare und edelste Gut des deutschen Volkes fortwährend fremde Lappen einzuflicken, als wäre es ein Hanswurstenkleid? Und doch geschieht's. In unserm Sprachschatze wuchert als wüstes Unkraut ein fremdes, eingeschlepptes Siebentel. Und es giebt Leute, bei denen nicht bloß jedes siebente, nein jedes zweite oder dritte Wort ein fremdes ist. Sind das noch Deutsche? Ist jene Mischsprache noch die deutsche?»[23]

Am Ende des Aufsatzes wird die Losung ausgegeben:

«Gedenke, auch wenn Du die deutsche Sprache sprichst, daß Du ein Deutscher bist.»

Der Sprachverein hat um die Jahrhundertwende, wie in verschiedenen Publikationen zu seiner Geschichte herausgearbeitet wurde,[24] «viel praktische Arbeit geleistet, mit seiner Zeitschrift und deren wissenschaftlichen Beiheften, mit Verdeutschungsbüchern und Verdeutschungskarten für verschiedene Sachgebiete des öffentlichen Lebens, mit Preisaufgaben und ‹Sprachecken›, die zum Abdruck an Zeitungen verschickt wurden. Durch diese Publikationen und durch die aktive Mitgliedschaft vieler Lehrer, Beamter, Angestellter und Kaufleute hat der Sprachverein beträchtliche Erfolge gehabt bei der Abfassung oder Überarbeitung von Texten aus Rechtsprechung, Verwaltung, Vereinswesen, Handel, Technik, Schule, Kirche, Theater, Gastronomie usw., unterstützt auch durch offizielle Verordnungen der Post-, Eisenbahn- und Heeresverwaltung. Diesen Bestrebungen ist es zu verdanken, daß im Sachwortschatz des öffentlichen Lebens im damaligen Deutschen Reich viele Fremdwörter, die heute z. T. nur noch in Österreich oder in der Schweiz fortleben [...], durch Verdeutschungen ersetzt worden sind.»[25] Dazu gehören z. B. ‹Bahnsteig› für Perron, ‹Abteil› für Coupé, ‹Rückfahrkarte› für Retourbillet, ‹Urkunde› für Zertifikat, ‹Rechtsanwalt› für Advokat, ‹Angebot› für Offerte usw. Auf dem Gebiet der Verdeutschung des Postwesens hat sich damals insbesondere Heinrich von Stephan hervorgetan, der Wörter wie ‹Anschrift› für Adresse, ‹postlagernd› für poste restante oder ‹Umschlag› für Couvert durchgesetzt hat.

Gegen die puristischen Bestrebungen des Sprachvereins haben Schriftsteller und Gelehrte sogleich den heftigsten Protest angemeldet. In der sogenannten «Erklärung der 41» in den Preußischen Jahrbüchern von 1889 wandten sich Theodor Fontane, Gustav Freytag, Klaus Groth, Friedrich Spielhagen, Ernst von Wildenbruch, Paul Heyse, Heinrich von Treitschke, Rudolf Virchow, Erich Schmidt, Hans Delbrück u. a. vehement gegen diese Fremdwortjagd.[26] Unter den universitären Sprachwissenschaftlern haben Friedrich Kluge und Otto Behaghel die Aktivitäten des Vereins allerdings begrüßt. Kluge hat seiner Antipathie gegen Fremdwörter in deutlicher Kampfmetaphorik Ausdruck gegeben. Eine kleine Probe aus seiner ‹Deutschen Sprachgeschichte› (1925) mag wiederum insbesondere den Ton dieser Sprache dokumentieren:

«Der modische Unfug der alamodischen Ausländerei, die in Französisch und Latein einen vorbildlichen Sprachstoff suchte und aufnahm, rief die Vaterlandsfreunde Mittel- und Norddeutschlands, auch des deutschen Westens, zu den Waffen, man scharte sich um die Schriftsteller und geistigen Führer der Zeit zum Kampf gegen die Gefahr der Ausländerei.»

«Wer für unsere Sprache arbeitet, kämpft für unser Deutschtum. So mühen wir uns um eine heilige Sache, wenn uns das Wohl des Vaterlandes am Herzen liegt, indem wir für Pflege und Reinheit der Muttersprache eintreten. [...] Ohne Kampf auch kein Sieg für unser Deutsch, kein Sieg über die Widersacher, die die Pflege und Reinheit der Muttersprache mit verhaltenem oder offenem Grimm erfüllt.»[27]

Während also nicht wenige Sprachwissenschaftler den Purismus des ‹Allgemeinen Deutschen Sprachvereins› teilten, in ihren Werken gar vertraten und auf ein wissenschaftliches Diskussionsniveau zu heben suchten, haben ihn neben den genannten Schriftstellern einige Literaturwissenschafter ausdrücklich bekämpft. Erich Schmidt und Gustav Roethe gehörten dazu, und zwar, wie Peter von Polenz meint, «nicht nur um der Sache willen, sondern stark beeinflußt vom Standesstolz des Gelehrten, der seine akademische Fachterminologie für grundsätzlich nicht verdeutschbar hält».[28]

Gegen das akademische «Welsch», wie es genannt wurde, und gegen die Literaturwissenschaftler, insbesondere gegen Gustav Roethe, ist um 1914 der Publizist und Mitstreiter des Sprachvereins Eduard Engel angetreten. Der militant-chauvinistische Ton seines Purismus wird an einigen Zitaten aus seiner Schrift ‹Sprich deutsch! Ein Buch zur Entwelschung›[29] zur Genüge deutlich:

«Die weltgeschichtliche Stunde hat geschlagen, von der ab alle Leisetreterei in dieser höchsten Frage deutschen Volkstums endlich aufhören und der rücksichtslos laute Ruf erschallen muß: ‹Sprich deutsch!› Sprache ist Volk, Volk ist Sprache›.»

«... grenzenlose ausländernde Sprachsudelei»

«... sprachliche Entvolkung Deutschlands»

«Nur ein deutschsprechendes deutsches Volk kann Herrenvolk werden und bleiben.»

«... Ausrottung dieses Krebsgeschwürs am Leibe deutscher Sprache, deutschen Volkstums, deutscher Ehre.»

«... meines Hasses gegen die Schändung der schönsten Sprache der Welt.»

«Ich halte die Welscherei in der Tat für geistigen Landesverrat.»

Man bedenke, diese Sätze wurden 1917 geschrieben, nicht 1933! Aber Sätze wie diese nahmen die Sprache des Faschismus vorweg, bereiteten gewissermaßen das Terrain für die Aktivitäten nationalsozialistisch gesinnter ‹Sprachreiniger› vor, weshalb, wenn man die Positionen Engels und des ‹Allgemeinen Deutschen Sprachvereins› zur Kenntnis genommen hat, sich nicht mehr sagen läßt, daß 1933 alles neu war und man mit völkischen und nationalistischen Ansichten überrumpelt wurde – vieles war vorgeprägt, von der «teutschen Romantik», wie Victor Klemperer sie im Unterschied zur liberalen «deutschen Romantik» nannte,[30] und durch Positionen, wie sie der Sprachverein vertrat.

1933 dann, sofort nach der Machtübernahme durch die Nationalsozialisten, meldete sich der Sprachverein denn auch in der zu erwartenden Weise zu Wort. Im Aprilheft seiner Zeitschrift, die nun ‹Muttersprache› hieß, erschien ein Aufruf unter der Parole «Deutschland, erwache!» Diese Parole war von den Nationalsozialisten ausgegeben worden, doch der die Sprache thematisierende Text des Aufrufs kann noch nicht ‹nationalsozialistisch› genannt werden. Er steht noch in der Tradition deutschnationalen Denkens. Man solle sich darauf besinnen, schreibt der Vorsitzende des Sprachvereins Richard Jahnke,

«daß wir ein großes Volk sind, würdig, gleichberechtigt neben den anderen Völkern zu stehen, nicht ihr Sklave und Spielzeug. Wenn Ihr das wollt, deutsche Volksgenossen, dann besinnt Euch darauf, daß ein Volk, das sich selbst achtet, seine Sprache heilig hält, daß es nicht hinter den anderen herläuft und sich groß vorkommt, wenn es aus ihren Sprachen ein paar Brocken aufgelesen hat.»

Diese Formulierungen klingen recht maßvoll, wenn man noch Eduard Engels chauvinistische Ausfälle von 1917 im Ohr hat. Jahnke traute sich sogar, seinen Aufruf an das deutsche Volk abzuschließen mit folgender Mahnung an die nationalsozialistischen Führer:

«Und Ihr Staatsmänner, in deren Händen des Reiches Schicksal liegt, bedenkt: Wer einem Volke Führer sein will, muß ihm ein Beispiel sein, nicht nur in Tapferkeit, Einsicht und Besonnenheit, sondern auch in der Lebensführung, und zu der gehört eine reine, sorgfältige Sprache. Und wer zu allen Volksgenossen spricht, wer auf alle einwirken will, dessen Pflicht ist es, so zu sprechen, daß er allen verständlich sei. Wer Deutsche führen will, muß deutsch zu ihnen reden. Deutsche, erwachet.»[31]

Auch im Mai-Heft wurde noch einmal Kritik an der gleichgültigen Haltung der NSDAP-Führung zur Fremdwortfrage geübt:

«Unserer Geschichte dürfen und sollen wir uns wieder erinnern, zur Pflege deutscher Art werden wir nachdrücklich ermahnt, von der Sprache ist nicht die Rede. Als 1914 die große Begeisterung durch unser Volk ging, besann man sich auch auf sie. Die Begeisterung ist verpufft, und die Verschandelung der Sprache geht weiter.»[32]

Im November 1933 beklagt die Zeitschrift ‹Muttersprache› wiederum die Tatenlosigkeit der Nationalsozialisten in sprachlichen Fragen:

«Sonst weiß die nationalsozialistische Bewegung rascher und gründlicher Schäden in Volk und Staat abzustellen, Volksschädlinge zu beseitigen. [...] Den Angriff gegen die vermanschte Sprache hat sie noch nicht mit der ihr sonst eigenen Tatkraft unternommen.»[33]

Im Dezember-Heft wagte man sogar, Adolf Hitler selbst zu verbessern, denn man hoffte, auf diese Weise dazu beitragen zu können, «daß die Gedanken unserer Führer», wie es heißt, «dem Volke immer klarer erkennbar werden.»[34] Daß diese Führer aber gar nicht die Absicht hatten, ihre Gedanken für alle erkennbar zu machen, daß der Gebrauch von Fremdwörtern in jenem – und nicht nur in jenem – totalitären Staat zumeist dazu diente, die Gedanken der Führung zu verschleiern oder ihnen einen bestimmten positiven Anstrich zu geben, schien nicht im Denkhorizont und im sprachlichen Erkenntnisvermögen jener Sprachreiniger, von denen sich einige gar als «SA der Muttersprache» verstanden, zu liegen.[35]

Die Kritik an der Sprache der Nationalsozialisten durch den ‹Allgemeinen Deutschen Sprachverein› nahm in der Folge konkrete Formen an. Man kritisierte, daß die Partei «mit unverständlicher Treue an der fremdländischen ‹Propaganda› festhält», und schlug folgendes vor:

«*Propaganda* sollte in *Werbe* verdeutscht werden, schon um der Schlichtheit halber. [...] Wir sind davon überzeugt, daß unser Goebbels noch einmal so freundlich lächeln wird, wenn der Führer ihn in *Werbeminister* umtauft. Wir wollen doch als deutsche Volksgenossen und Anhänger unseres Volkskanzlers von Herzen gern für unsere herrliche Sache und eine wahre Volksgemeinschaft *werben* und nochmals *werben*, aber nicht sie *propagieren* oder *propagandieren*!»[36]

Gerade gegen das Wort ‹Propaganda› wandte man sich noch des öfteren, obgleich eine amtliche Sprachregelung der Nationalsozialisten 1937 aus dem Wort gar einen «gesetzlich geschützten Begriff» gemacht hatte, der der Partei vorbehalten bleiben sollte und nur positiv zu werten war, also nicht für die Werbung in der Wirtschaft und die – wie es hieß – «Greuelhetze der Feindmächte» angewandt werden durfte. Das Wort ‹fanatisch› ist ein paralleler Fall: Per Presseanweisung wurde verordnet, daß dieses Wort nur in positiven, parteikonforme Aktivitäten beschreibenden Kontexten verwendet werden durfte, während alle ‹feindlichen› Aktivitäten als ‹Hetze› zu bezeichnen seien.[37]

Noch ein paar Beispiele aus der Verdeutschungsarbeit des Sprachvereins am nationalsozialistischen Vokabular seien hier zur Illustration angeführt: Man kritisierte das Wort ‹Garant›, eines der Lieblingswörter Hitlers und in der Form ‹Garanten der Zukunft› Schlagwort der Hitlerjugend; man kritisierte ebenso das Wort ‹arisieren›. Für ‹Konzentrationslager› schlug man die Verdeutschungen ‹Sammellager›, ‹Zwangslager› oder ‹Straflager› vor, und man beklagte sich darüber, daß «das wichtige und wohltätige Gesetz vom 14. Juli 1933 zur Verhütung erbkranken Nachwuchses [...] nach schlechter deutscher Gewohnheit [...] überflüssigerweise» das Fremdwort ‹Sterilisation› verwende, anstatt doch diese Dinge in guter deutscher Ausdrucksweise ‹Entmannung› oder ‹Unfruchtbarmachung› zu nennen.

Diese Beispiele mögen genügen, um die Aktivitäten des ‹Allgemeinen Deutschen Sprachvereins› zu kennzeichnen und um dessen politische Gesinnung deutlich zu machen. Sie lassen zugleich auch dessen Naivität hinsichtlich des Zusammenhangs von Sprache *und* Politik erkennen.

In der Folge nun wurden Stimmen laut, die die Sprache Hitlers und der nationalsozialistischen Führung verteidigten. So schrieb der Germanist Arthur Hübner, Ordinarius für deutsche Philologie an der Universität Berlin, im Jahre 1934:

«Einem Kämpfer, der frisch vom Schlachtfeld kommt, rückt man die Flecken nicht vor, die er vielleicht am Gewand trägt. Man dankt ihm seine Tat und getröstet sich der Hoffnung, daß sich die Heeressprache des Dritten Reiches allgemach Eindeutschungen ebenso zugänglich zeigen wird, wie es die Sprache des alten Heeres gewesen ist. Weiter: Adolf Hitler hat den ebenso einfachen wie genialen Gedanken gefaßt, daß man den Gegner nur mit seinen eigenen Waffen schlagen könne; dazu gehört wohl auch, daß man mit dem Gegner in seiner eigenen Sprache redet – was denn freilich die entdeutschte und verausländerte Sprache des marxistischen und demokratischen Parlamentarismus war. [...] Rede aber, nun gar die Kampfrede, an der die Bewegung groß geworden ist, hat wirklich keine Zeit, sich mit Sprachpflege abzugeben.»[38]

Man sieht, welche gedanklichen Verrenkungen ein Verteidiger der fremdwortreichen Sprache der Nationalsozialisten machen mußte, um deren Sprachstil zu rechtfertigen. Die Kritik an dem Vorgehen des Sprachvereins wurde im Laufe der Zeit immer häufiger und heftiger. Am Ende wurde die Fremdwortjagd von Hitler selbst mittels eines Erlasses vom 19. November 1940 verboten. Der Erlaß hat den Wortlaut:

«Nach einem Rundschreiben des Reichsministers und Chefs der Reichskanzlei ist dem Führer in letzter Zeit mehrfach aufgefallen, daß – auch von amtlichen Stellen – seit langem in die deutsche Sprche übernommene Fremdwörter durch Ausdrükke ersetzt werden, die meist im Wege der Übersetzung des Ursprungswortes gefunden und daher in der Regel unschön sind. Der Führer wünscht nicht derartige gewaltsame Eindeutschungen und billigt nicht die künstliche Ersetzung längst ins Deutsche eingebürgerter Fremdworte durch nicht aus dem Geist der deutschen Sprache geborene und den Sinn der Fremdworte meist nur unvollkommen wiedergebende Wörter. Ich ersuche um entsprechende Beachtung. Dieser Erlaß wird nur in Deutsche Wissenschaft, Erziehung und Volksbildung veröffentlicht.»[39]

Die Geschichte des ‹Allgemeinen Deutschen Sprachvereins›, die mit dem zitierten Erlaß ein Ende fand, hat Peter von Polenz in seinem Aufsatz ‹Sprachpurismus und Nationalsozialismus. Die ‹Fremdwort›-Frage gestern und heute› (1967) dargestellt. Von Polenz hat mit diesem auch für die gesamte Geschichte der Sprachkritik eminent wichtigen Beitrag die

Absicht verfolgt, die Beziehungen zwischen Germanistik und vulgärwissenschaftlicher politischer Sprachbewertung aufzuzeigen, er hat darüber hinaus aber für die Geschichte des Purismus einige wesentliche Aussagen getroffen, die eine erhebliche Wirkung zeitigten. Sie sind jedoch, nimmt man den gesamten Purismus in den Blick, also auch vor allem den des 18. Jahrhunderts, nicht in allen Punkten zutreffend.

Von Polenz hat erstens behauptet, daß sich der Sprachpurismus in Deutschland – wie in anderen Ländern – immer im Zusammenhang mit einer politischen Aktivierung des Nationalgefühls zu Höhepunkten gesteigert habe. Zu dieser politischen Bewertung des Purismus fügt er ein sprachwissenschaftliches Urteil hinzu: Der ganze Sprachpurismus, so lautet die zweite Behauptung, beruhe auf dem methodologischen Irrtum der Vermischung von Diachronie und Synchronie, also von historischer Sprachbetrachtung und einer auf den Zustand der Sprache, auf ihr System bezogenen Sichtweise.

Beide Behauptungen müssen überprüft werden. In der Tat zeigt die deutsche Sprachgeschichte und die Geschichte der Reflexion über die deutsche Sprache, daß eine Steigerung des Nationalgefühls puristische Bestrebungen begünstigt oder gar hervorgebracht hat. Das war nach dem Dreißigjährigen Krieg im Zuge der Aktivitäten der Sprachgesellschaften der Fall, nach dem Niedergang der Napoleonischen Herrschaft, für deren Phase die Namen Fichte, Arndt und Jahn stehen, und es war der Fall nach der Reichsgründung 1871, beim Ausbruch des Ersten Weltkriegs und zu Beginn der nationalsozialistischen Herrschaft. All diese puristischen Bestrebungen zielten darauf, mit Hilfe einer Sprachidentität ein deutsches Nationalbewußtsein zu schaffen und zu befördern, wobei das dazu benutzte Mittel meist in einer Abgrenzung nach außen, gegen andere Sprachen und Völker, bestand.

Doch schon für diesen Strang des Purismus gilt es zu differenzieren. Die Sprachgesellschaften des 17. Jahrhunderts hatten ein kulturpatriotisches Motiv. Sie versuchten, die deutsche Sprache in einer Phase zu ‹retten›, in der ihr, als einem Teil von Kultur, der Untergang drohte, weil viele Sprecher das Französische bevorzugten und das Deutsche, wenn es denn überhaupt noch benutzt wurde, zu einer Art Mischsprache reduziert worden war. Nationalistische oder gar chauvinistische Töne waren damals noch nicht zu vernehmen. Sie kamen erst zu Beginn des 19. Jahrhunderts auf, als Historismus und Nationalismus sich als Denkformen etablierten und der Nachbar Frankreich als Konkurrent, ja als Feind betrachtet wurde. Es ist also zu unterscheiden zwischen dem kulturpatriotischen Purismus des 17. Jahrhunderts und dem nationalistischen Purismus des 19. Jahrhunderts.

Dazwischen liegt ein geschichtlicher Abschnitt des Purismus, der keine nationalen oder nationalistischen Absichten enthält oder sie jedenfalls nicht in den Vordergrund stellt. In diesem aufklärerischen Purismus, wie ihn Campe und z. T. auch Jochmann (der eigentlich gar kein Purist war) vertreten haben, diente die Verdeutschung von Fremdwörtern anderen als nationalistischen Zwecken: Er diente der Allgemeinverständlichkeit, die als Mittel zur Schaffung einer demokratischen Gesellschaftsform angesehen wurde.

Gerade für diesen aufklärerischen Purismus trifft auch die zweite Behauptung von Peter von Polenz nicht zu, der Purismus beruhe auf dem methodologischen Irrtum einer Vermischung von Synchronie und Diachronie. Indem Campe das Prinzip der Allgemeinverständlichkeit ins Zentrum seiner Sprachreinigungsbestrebungen stellte, zielte er auf den aktuellen Zustand des Deutschen, er bediente sich also der synchronen Methode. Campe fragte, wenn auch nicht mit den Worten, so doch dem Sinn nach, wie es von Polenz als eine korrekte sprachwissenschaftliche Fragestellung fordert: «Wie verhalten sich Wörter fremdsprachlicher Herkunft im Systemzusammenhang des Wortschatzes zu den sinnbenachbarten Wörtern aus heimischen Sprachstoff?»[40] Er kam zu dem Ergebnis, daß sie innerhalb des Systems isoliert seien und deshalb das Verstehen behinderten. Campe wollte die Fremdwörter nicht deshalb ersetzen, weil sie nicht zu einem wie auch immer gearteten ‹Geist der deutschen Sprache› – diese Sichtweise kam erst nach Campe in der sprachwissenschaftlichen Romantik auf – paßten, sondern weil sie nicht allgemeinverständlich waren.

Von Polenz hat mit seinen beiden Behauptungen gewiß recht, wenn man für die Geschichte des Purismus nur das 19. und 20. Jahrhundert in den Blick nimmt und diese Zeit als das ‹Gestern› und ‹Heute› betrachtet. Für die gesamte Geschichte des Purismus aber, die auch das ‹Vorgestern›, also vor allem das 18. Jahrhundert als Jahrhundert der Aufklärung, umfassen muß, greift er hier zu kurz.

Der aufklärerische Aspekt der Fremdwortkritik tritt bezeichnenderweise, ungewollt, aber gleichwohl zwangsläufig, auch in jener nationalistischen Phase des Purismus hervor. Der ‹Allgemeine deutsche Sprachverein› war für eine «reine deutsche Sprache» vor allem mit dem Argument eingetreten, die «Liebe zur Muttersprache» verpflichte einen jeden Deutschen, rein deutsch zu sprechen, d. h. nur Wörter zu benutzen, die sich historisch, also diachron, als Wörter aus dem Erbwortschatz nachweisen lassen. Die Sache selbst hielt man für «wohltätig», und das Motiv der Machthaber, nämlich die Absicht, gewalttätige, moralisch verwerfliche Maßnahmen mit Hilfe pseudowissenschaftlicher Wörter – man denke z. B. an das wissenschaftlich klingende und daher mit Prestige besetzte Wort ‹Sterilisation› – euphemistisch zu tarnen, wurde von den Sprachreinigern gar nicht erkannt. Die nationalistischen Sprachreiniger wollten mit ihrer Fremdwortkritik nicht etwa den Nationalsozialismus entlarven, sondern waren in der Illusion befangen, ihn damit fördern zu können. Die Nationalsozialisten selbst aber erkannten recht bald, daß die Verdeutschungen ein Mittel der Entlarvung, ein Werkzeug der Aufklärung waren

– ein Instrument jedenfalls, das nicht zu ihren Absichten paßte. Letztlich liegt hierin der politische Grund für das Verbot aller Aktivitäten des ‹Allgemeinen Deutschen Sprachvereins› durch die Nationalsozialisten.

Der Unterschied zwischen der aufklärerischen und der nationalistischen Sprachkritik läßt sich deutlich machen anhand eines bemerkenswerten Versuchs des ‹Allgemeinen Deutschen Sprachvereins›, den Weltbürger, Aufklärer und Liberalen Carl Gustav Jochmann für seine Ziele zu vereinnahmen. Bereits ein solches Ansinnen überrascht: Sollte Jochmann etwa in die Gruppenbildungen einer nationalistischen, ja völkischen Vereinigung passen? War die Rezeption seiner Gedanken ein Versuch, die Aufklärung in den Dienst des Nationalismus zu nehmen? Ist es gelungen, Jochmanns aufklärerische Sprachkritik für ein nationalistisches Gedankengut fruchtbar zu machen?

Im Jahre 1913 erschienen in der ‹Zeitschrift des Allgemeinen Deutschen Sprachvereins› zwei Aufsätze aus der Feder von Richard Palleske, Professor in Landeshut in Schlesien. Sie tragen die Titel ‹Ein verschollener Vorkämpfer für eine ‹gemeinverständliche› Sprache› und ‹Die Bedeutung des lebendigen Gebrauchs der Sprache für ihre Ausbildung (nach Jochmann)›. Es handelt sich dabei um die frühesten Dokumente der Rezeption Carl Gustav Jochmanns im 20. Jahrhundert.

Palleske war sich bewußt, daß er mit Jochmann einen vergessenen Schriftsteller und mit dessen Schrift ‹Ueber die Sprache› ein bis dahin wenig beachtetes Buch aufgefunden hatte. Seinen ersten Aufsatz leitet er mit den Worten ein:

«Im Jahre 1828 erschien bei C. F. Winter in Heidelberg das Werk eines Ungenannten ‹Über die Sprache›, mit dem Sinnspruch ‹Rede, daß ich dich sehe!› Der Verfasser ist nach dem Allgemeinen Bücherlexikon von W. Heinsius [...] der deutsche Schriftsteller Karl Gustav Jochmann, geb. 1789 zu Pernau in Livland, gest. 1830 in Karlsruhe. Das Buch scheint wenig bekannt geworden zu sein, wenn die Tatsache diesen Schluß erlaubt, daß es – wir hoffen recht berichtet zu sein – von preußischen Universitätsbüchereien nur die von Breslau und Göttingen besitzen, aber nicht einmal die Königliche Bibliothek in Berlin. Mehrere Umstände mögen schuld daran sein, daß das gedankenreiche Buch nicht die verdiente Beachtung gefunden hat; einerseits der Spott, welcher Campes bedeutsamen, aber der Zeit vorauseilenden Bemühungen um eine bessere Sprachpflege zuteil wurde, und der, zunächst wenigstens, den Bestrebungen der Sprachreiniger ein Ende machte, anderseits aber auch Gründe, die in dem Werke selbst liegen: die gar zu allgemeine Fassung des Titels, der weder über Inhalt noch Zweck des Buches, noch auch über die Stellung des Verfassers zu sprachlichen Fragen das Geringste verrät, vor allem aber wohl der den Durchschnittsleser abschreckende schwerflüssige Stil, wie er ähnlich aus Fichtes Schriften bekannt ist. Solche Umstände können indessen für den heutigen Sprachfreund nicht in Betracht kommen; es ist immer lohnend, die Anschauungen von Vorläufern einer Bewegung kennen zu lernen, auch wenn diese, wie die Jochmanns, einseitig sind. Unsere besondere Aufmerksamkeit verdient seine Stellung zur Fremdwörterfrage, die wir deshalb hier in den Hauptzügen darlegen möchten.»[41]

Schon gleich zu Beginn seines Aufsatzes deutet Palleske an, in welcher Richtung er Jochmann zu interpretieren gedenkt: als Vertreter der puristischen «Bewegung», in der Nachfolge Joachim Heinrich Campes und in Vorläuferschaft zum ‹Allgemeinen Deutschen Sprachverein›. Er bemerkt auch, daß Jochmanns Anschauungen «einseitig» seien, sich also nicht vollständig in diese Tradition einfügen ließen. Bevor wir diese «Einseitigkeit» näher beleuchten, müssen wir noch einmal fragen, ob denn die Tradition des Purismus von Palleske richtig gesehen wird, ob also die Ziele des Sprachvereins in der Fremdwortfrage mit denen Campes tatsächlich übereinstimmen. Eine kurze Rekapitulation der bereits ausgezogenen Linien mag hier genügen, um eine Antwort zu geben.

Joachim Heinrich Campes Programm der Sprachreinigung galt lange Zeit als der Versuch eines einstigen Anhängers der Französischen Revolution, sich in Deutschland von dem Verdacht des «Franzosenfreundes» zu befreien und seine «vaterländische Gesinnung» zu beweisen.[42] Man interpretierte Campes Bemühung um die Verdeutschung von Fremdwörtern als ein nationales Unternehmen, so daß es noch 1951 für Guido Holz in seiner Dissertation über Campe nahelag, die puristische Traditionslinie von Campe bis ins 20. Jahrhundert zu ziehen:

«Trotz [...] Anfeindungen lebte Campes Werk weiter. Schriftsteller wie Jahn und Arndt nahmen sein Anliegen auf. In Campes Fußstapfen trat der ‹Allgemeine Deutsche Sprachverein› mit Männern wie Dunger, Sarrazin, Stephan, unermüdlich und noch leidenschaftlicher als Campe forderte Eduard Engel Spracheinheit von den Deutschen, stiller, aber ebenso unverdrossen arbeiteten Steche und Stoltenberg auf dasselbe Ziel hin.»[43]

Palleskes Traditionsbildung verwundert somit nicht. Er konnte, zusammen mit anderen Vertretern der Ziele des ‹Allgemeinen Deutschen Sprachvereins›, Campe als Vorläufer dieser «Bewegung» sehen, wenngleich es, wie sich aus den wenigen Beiträgen über Campe in der Zeitschrift ablesen läßt, nicht gelungen ist, dessen Sprachreinigungsprogramm völlig für die nationalistische Sprachkritik zu vereinnahmen.

Letztlich aber war diese Traditionsbildung falsch. Vordergründig gesehen, d. h. ausschließlich auf die sprachlichen Fakten bezogen, hatten sowohl Campe als auch der ‹Allgemeine Deutsche Sprachverein› die «Reinigung des Deutschen von Fremdwörtern» im Blick. In ihren – außersprachlichen – Motiven und Zielen jedoch unterschieden sie sich erheblich. Campe setzte das Mittel der Sprachreinigung als Vehikel für Volksaufklärung und Volksbildung ein. Mehr noch, er erhoffte sich von einer ‹gereinigten›, d. h. durchsichtigen, allgemeinverständlichen Sprache in allen öffentlich-politischen und gesellschaftlichen Bereichen eine Veränderung der Gesellschaftsformen in Deutschland. Campe dachte, ganz im Einklang mit den frühen Idealen der Französischen Revolution, an die Abschaffung absolutistischer Herrschaftsformen, an eine bürgerliche Verfassung und an Rechtsstaatlichkeit. Der ‹Allgemeine Deutsche

Sprachverein› dagegen wollte nach eigenem Bekunden mit der Verdeutschung von Fremdwörtern «das sprachliche Gewissen im Volke schärfen und wecken» sowie «im Dienste des vaterländischen Gedankens» die Arbeit an der Sprache zur Schaffung eines Nationalbewußtseins der Deutschen benutzen. Im Grunde ging es diesem nationalistischen Purismus darum, die seit 1870/71 bestehende nationale Einheit, das Deutsche Reich, nach außen, gegen andere Nationen, abzugrenzen. In der Sprache sollte der ‹Volksgeist› zum Ausdruck gebracht werden, gewissermaßen um dem künstlich errichteten Staat den noch fehlenden Nationalgedanken einzuhauchen.

Indem nun Palleske eine Linie von Campe über Jochmann zum ‹Allgemeinen Deutschen Sprachverein› zieht, begeht er einen Irrtum, der paradoxerweise zugleich einen wahren Kern enthält: Der offensichtliche Irrtum besteht darin, daß er die Aufklärer Campe und Jochmann zu Vorläufern der nationalistischen Sprachbewegung seiner Zeit machen will; der wahre Kern liegt in seiner Ahnung, daß damit wohl historisch Ungleiches gleichgemacht würde, denn immerhin bezeichnet Palleske Jochmanns Anschauungen zur Fremdwortfrage ja als «einseitig», also eigentlich nicht in die von ihm vollzogene Traditionsbildung passend. Eben das Scheitern dieser falschen Traditionsbildung kann anhand der Arbeiten Palleskes nachvollzogen werden.

Mit Recht aber hat Palleske eine Parallele zwischen Campe und Jochmann gezogen. Das Kapitel ‹Die Sprachreiniger› in Jochmanns Schrift ‹Ueber die Sprache›, von dem der Aufsatz ‹Ein verschollener Vorkämpfer für eine ‹gemeinverständliche› Sprache› handelt, ist in der Tat eine explizite Auseinandersetzung Jochmanns mit Campes Sprachreinigungsprogramm. Bevor Palleske auf diese Verbindung eingeht, stellt er, ausschließlich auf Jochmann bezogen, in einem ersten Abschnitt seines Aufsatzes die Frage: «Unter welchen Umständen sind die Fremdwörter zu verwerfen?» Sein kommentierendes Referat beginnt mit einem Paukenschlag:

> «Die völkischen Beweggründe, die in der heutigen Sprachbewegung im Vordergrunde stehen, spielen bei Jochmann, dem verspäteten Nachkömmling eines weltbürgerlichen Jahrhunderts, keine Rolle: ‹Das ist nicht vonnöten, daß der Mensch zu dieser oder jener Menschenabteilung gehöre, daß er ein Deutscher oder ein Türke [an dieser Stelle fügt Palleske in das Zitat ein «so!» ein], wohl aber ist nötig, daß ihm überall seine ganze Menschenbestimmung erreichbar, daß ihm nirgends ein unentbehrliches Mittel seiner Entwicklung verkümmert oder benommen sei.› Ebensowenig gilt für ihn die Rücksicht auf Schönheit und Einheitlichkeit des Stils oder auf Klarheit und Schärfe des Ausdrucks, die beide durch fremde Wörter beeinträchtigt werden. Maßgebend ist für ihn einzig und allein der Gesichtspunkt der Gemeinverständlichkeit, weil die Sprache den Zweck eines Verständigungsmittels habe.»[44]

Im Grunde ist damit schon die entscheidende Differenz zwischen aufklärerischer und nationalistischer Sprachkritik bezüglich der Fremdwortfrage ausgedrückt. Palleske bekräftigt diese Differenz noch einmal, wenn er etwas später von der «Starrheit» spricht, mit der Jochmann «sich auf den Grundsatz der Gemeinverständlichkeit beschränkt, ohne [...] in einer so wichtigen Volkssache, wie es die Reinheit der Muttersprache ist, das Nationalgefühl mitreden zu lassen».[45] In der Fremdwortfrage gelten für Palleske und den ‹Allgemeinen Deutschen Sprachverein› hauptsächlich «völkische» Beweggründe, Jochmann dagegen hatte ein aufklärerisches Motiv.

Der Inhalt des Kapitels ‹Die Sprachreiniger› braucht hier nicht noch einmal dargelegt werden. Nur an folgendes sei erinnert: Palleske referiert Jochmanns Auffassung, daß für sinnlich wahrnehmbare Gegenstände («Gegenstände der äußeren Wahrnehmung») durchaus eine aus fremden Wortbestandteilen gebildete Bezeichnung bestehen könne, denn in diesen Fällen prägten sich die «Sache und ihre Benennung» unmittelbar den Sinnen ein. Für ‹geistige› Gegenstände («Gegenstände der inneren Wahrnehmung») aber, also für ‹Abstrakta› im engeren Sinne, hält Jochmann Bezeichnungen aus dem Erbwortschatz für unbedingt nötig, weil hier mit dem Wort überhaupt erst der Inhalt konstituiert wird. Schon bezüglich dieser grundsätzlichen, auf die Bildung und Funktionsweise sprachlicher Zeichen bezogenen Unterscheidung wirft Palleske Jochmann «Selbsttäuschung» vor:

«Gewiß stellen jene Fremdwörter für fremde Gegenstände oder Verhältnisse dem Eingeweihten die Sache selbst vors Auge, aber dem schlichten Mann aus dem Volke sagen sie gar nichts. Jochmann ergeht es hier wie so vielen heutigen Betrachtern der Sprachreinigung: er stößt sich an dem Neuen, Ungewohnten der vorgeschlagenen Verdeutschungen, was allerdings bei ihm verzeihlich genug ist, da Ausdrücke wie Dörrleiche (für Mumie) oder Raselied (für Dithyrambe) ganz unbrauchbar sind. Auch wir tasten viele, ja die meisten jener fremden Ausdrücke nicht an, denn manche von ihnen sind längst zu eingebürgerten Lehnwörtern geworden; aber wir geben nicht zu, daß sie durchweg für alle Zeiten unantastbar, weil allein verständlich seien. Verdeutschungen hier völlig auszuschließen, liegt kein Grund vor; es kommt nur darauf an, daß sie aus dem Geiste unserer eigenen Sprache geschöpft werden, und daß sie, ohne – wie oft fälschlich verlangt wird – den Inhalt des fremden Ausdrucks nach allen Seiten wiederzugeben, die Sache wirklich unzweideutig und allgemeinverständlich bezeichnen.»[46]

Noch heftiger polemisiert Palleske gegen Jochmanns Auffassung, daß im wissenschaftlichen Bereich Fremdwörter weitgehend beibehalten werden sollten, weil sie die internationale Verständigung zwischen den Gelehrten sicherten und ein nichterklärender Terminus als bloße Etikettierung der Gegenstände dem notwendigen Wandel wissenschaftlicher Erkenntnisse eher förderlich sei. In diesem Zusammenhang urteilt Palleske, Jochmann sei «bei aller scheinbaren Folgerichtigkeit, nicht zu voller Klarheit gelangt». Klarheit aber – wenn sie denn überhaupt nötig wäre – bringt auch Palleske nicht, denn seine ‹Gegenargumente› beschränken sich auf rhetorische Fragen und auf emotionale Ausrufe:

«[...] wir meinen auch, daß gegenüber den Fremdwörtern der Wissenschaft besondere Vorsicht geboten und das Verdeutschen hier einzig und allein Sache der Fachmänner ist; aber weshalb sollte, wo es sich um den geistigen Fortschritt unseres Volkes handelt, der deutsche Ausdruck für alle Zeiten ausgeschlossen sein?» «Andere Übel, die Jochmann befürchtet, bestehen nur in seiner Einbildung: ‹Verbannen wir jedes fremdartige, aber allgemeingültigere Kunstwort bis zu dessen gänzlicher Entfremdung, so erleichtern wir uns nicht etwa die Wissenschaft, wir erschweren uns nur jede fremde Sprache derselben, und noch mehr dem Fremden das Erlernen der unsrigen, wir verengen die Kanäle des Gedankenumlaufs, wir erhöhen die natürlichen Scheidewände, die ohnehin ein Volk von dem andern trennen.› Ganz die bekannten Einwände unserer ‹Internationalen›!»[747]

Nur scheinbar läßt sich Palleske auf Jochmanns zentrales Argument der Gemeinverständlichkeit ein. Immer wieder tritt sein «völkischer Beweggrund» in den Vordergrund, überdecken nationale Gesichtspunkte die sprachlichen. Überall dort, wo Jochmann konsequent den Gedanken entwickelt, daß eine Kritik des Fremdwortes nur dann angebracht sei, wenn es die kommunikativen Zwecke der Sprache auf der gesellschaftlichen oder wissenschaftlichen Ebene behindert, weicht Palleske der Argumentation aus. Er beschwört statt dessen den imaginären «Geist der eigenen Sprache» und den «geistigen Fortschritt unseres Volkes», oder aber er sucht eine politische Trennlinie zu ziehen zwischen den «Internationalen», die für ihn selbstverständlich diskreditiert sind, und den «Deutschgesinnten».

Aber man muß Palleske eines zugute halten: Nirgends versucht er, Jochmanns Haltung verfälscht wiederzugeben oder auf seine eigenen Interessen hin zuzuschneiden, nirgends unterschlägt er dessen vermeintliche «Einseitigkeit». Er ist redlich im Umgang mit seinem wiederentdeckten Autor und Text, so redlich, daß die Widersprüche ständig mit Händen zu greifen sind.

Auch hinsichtlich der Frage ‹Weshalb sind die Bestrebungen Campes und seiner Gesinnungsgenossen fehlgeschlagen?› referiert Palleske zunächst sachlich richtig. Er legt dar, daß Jochmann den Puristen vor allem ankreidet, mit ihren Verdeutschungen oftmals gegen den historisch gewachsenen Sprachgebrauch verstoßen zu haben. Das künstliche Vernunftprinzip, das sie an die Stelle der Geschichte setzen wollten, hätte meist zu miß- oder unverständlichen und unschönen Wortbildungen geführt. Palleske stimmt dieser Einschätzung grundsätzlich zu, weist jedoch darauf hin, daß sich nicht wenige der hauptsächlich von Campe vorgeschlagenen Verdeutschungen im Laufe der Zeit durchgesetzt hätten. Sein Kommentar dazu lautet:

«So ist, was an den Bestrebungen jener ‹Sprachmeister› von bleibendem Werte war, doch für die Nachwelt fruchtbar geworden; was dem Geiste der deutschen Sprache nicht entsprach, mochte getrost zugrunde gehen.»[10]

Wieder wird als Argument nur der «Geist der deutschen Sprache» genannt. Innersprachliche Gründe dagegen bedenkt Palleske nicht: die fehlenden Ableitungsmöglichkeiten bei den verdeutschten Wörter zum Beispiel (man vergleiche einmal das Fremd- oder richtiger Lehnwort ‹Musik› mit dessen Verdeutschung ‹Tonkunst› und deren Ableitungen ‹musikalisch› und ‹tonkünstlerisch›) oder die der Sprachökonomie zuwiderlaufenden Komposita aus mehreren Gliedern (z. B. ‹Musikinstrument› und ‹Tonkunstinstrument›). Schließlich kommt Palleske am Ende seines Aufsatzes zu der überraschenden Einschätzung:

«Gewiß hat die Folgezeit mit ihrer Weiterentwicklung der deutschen Sprache Jochmann nicht in allen Fällen, wo er sich gegen jene ältere Schule wandte, ihre Zustimmung zuteil werden lassen [...]. Aber in der Hauptsache, in seinem scharfen Widerspruch gegen jede Regelung der Sprache nach verstandesgemäßen Gesichtspunkten, hat er recht behalten. So dürfen wir uns seiner als eines wackeren Bundesgenossen von Herzen freuen.»[48]

Doch Jochmann war kein «wackerer Bundesgenosse» des ‹Allgemeinen Deutschen Sprachvereins›, weder bezüglich seiner Positionen zur Fremdwortfrage noch hinsichtlich seiner Überlegungen zur ‹Bedeutung des lebendigen Gebrauchs der Sprache für ihre Ausbildung›. Diesem Thema ist der zweite Aufsatz Palleskes gewidmet. In ihm wird hauptsächlich das dritte Kapitel der Sprachschrift Jochmanns referiert: ‹Wodurch bildet sich eine Sprache?›

Jochmann entwirft in diesem Kapitel eine kritische Sprachsoziologie, wie sie das sprachwissenschaftliche oder sprachphilosophische Denken bis zu jenem Zeitpunkt noch nicht gekannt hat. Palleske gibt den betreffenden Gedankengang ganz richtig wieder, wenn er zu Beginn seines Aufsatzes zusammenfassend referiert und zitiert:

«Wie wir schon in der ersten Arbeit gesehen haben, gilt ihm [Jochmann] der schriftliche Gebrauch der Sprache wenig, der mündliche geradezu alles. ‹Nicht also, daß eine Sprache viel geschrieben, wohl aber, daß sie gut gesprochen werde, ist hauptsächliche Bedingung der Kunst, sie gut zu schreiben. Ein gutes Buch muß in des Ausdruckes buchstäblichem Sinne sich hören lassen.› Daher ist der Wert eines Schrifttums von dem Gebrauch und der Geltung des lebendigen Wortes abhängig: ‹Sprachen sind geistige Völkergesichtsbildungen ... Luft und Licht aber sind die Bedingungen, unter welchen auch dieses geistige Antlitz sich am vorteilhaftesten ausbildet. Der vielseitigere Gebrauch einer Sprache im Leben selbst ist das, was ihren Wert bestimmt, und werfen wir einen Blick auf die Literatur der Völker, so werden wir uns überzeugen, daß keine in ihrer Entwicklung den Wirkungskreis des lebendigen Wortes, von dem sie ausging, überschreiten, keine das Maß von Kraft und Bedeutung übertreffen konnte, das diesem vorgezeichnet war.› So hat sich denn in allen Ländern die Sprache (und Literatur) nur dann günstig entwickelt, wenn sie im öffentlichen Leben, wie es durch die politische Lage des Volkes bestimmt wird, eine Rolle spielte.»[49]

Anschließend erläutert Palleske die von Jochmann gegebenen historischen Beispiele (Spanien, Italien, Frankreich, England), aus denen sich ablesen läßt, daß die Blütezeit dieser Staaten und Völker mit einem lebendigen, alle Schichten umfassenden Gebrauch ihrer Sprachen einherging, und wendet sich dann Deutschland zu, dessen Sprache Jochmann mit den Prädikaten «Unbestimmtheit, Unverständlichkeit und Härte» belegt hatte. Diese Mängel – das Fehlen einer sozialen Sprachnorm besonders bei den Schriftstellern, die Esoterik der Wissenschaftssprache und die Mißklänge eines meist auf Befehl und Gehorsam beruhenden Sprechens – resultieren nach Jochmann daraus, daß dem Deutschen ein öffentliches gesellschaftliches Leben fehlte, in dem es sich hätte ausbilden können. Palleske gibt dazu den folgenden Kommentar:

«Wie stellen wir uns nun zu diesen Ausführungen? Was uns schon früher entgegentrat, das wird hier aufs neue bestätigt: Jochmanns Anschauungen sind nicht frei von Einseitigkeit und Übertreibungen. So einfach ist die Verteilung von Licht und Schatten zwischen den Sprachen doch wahrlich nicht, daß jenes allein bei den fremden, dieser allein oder fast allein bei der deutschen Sprache zu finden wäre; so ist es eine unerwiesene Behauptung, daß das Französische und Englische keine Verschiedenheiten der Aussprache, keine Beeinflussung der Sprache durch die Mundarten kennen. Einseitig ist die Auffassung, daß der Wert einer Sprache und Literatur allein von der Geltung der Sprache im öffentlichen Leben abhänge. Gewiß, die Besten unserer Staatsmänner und Volksvertreter, vor allem Fürst Bismarck, haben uns gezeigt, welche Bedeutung das öffentliche Leben für eine Sprache haben kann; aber nicht minder gewiß ist es, wie unsere größten Schriftsteller (vor allem Goethe und Schiller, die seltsamerweise Jochmann beharrlich totschweigt) es uns gelehrt haben, daß Sprache und Schrifttum zu einer Zeit ihre höchste Blüte entfalten können, wo das Volk keine Rolle in der Welt spielt, wo es ihm auch an einem innerpolitischen Leben noch völlig fehlt, und daß der Gehalt eines Schrifttums in erster Linie bestimmt wird durch die Tiefe der Gedanken, durch die Darstellungsgabe und die schöpferische sprachliche Kraft der Verfasser u. a. m. Auch die Behauptung, wir hätten im Gegensatz zum Auslande keine Schriftsteller, deren Genuß durch lautes Lesen erhöht würde, war natürlich damals längst nicht mehr richtig. Aber ist Jochmanns Einseitigkeit, seine offenbare Schwäche, nicht zugleich auch seine Stärke? Enthält seine Arbeit nicht eine Fülle von feinen Beobachtungen, die sich durch die leidenschaftliche Schärfe, mit der sie vorgetragen werden, dem Gedächtnis des Lesers unvertilgbar einprägen, und wirken diese nicht gerade deswegen besonders anregend und befruchtend, weil sie häufig zum Widerspruch herausfordern? Es ist doch wahrlich nicht überflüssig und auch für die heutige Zeit beachtenswert, wenn er immer wieder betont, daß die Sprache da sei, um gesprochen zu werden, und daß die geschriebene Sprache nur ein dürftiger Ersatz der gesprochenen sei. Zweifellos richtig ist auch sein Gedanke, daß das Deutsche länger mit den Kinderkrankheiten der Entwicklungszeit hat kämpfen müssen als die anderen Kultursprachen [...].

Die Fehler, an denen das Deutsche zu leiden hatte oder noch leidet, sind von Jochmann treffend gekennzeichnet. Die ‹Unbestimmtheit› unserer Sprache trägt mindestens einen Teil der Schuld, wenn heute niemand mehr Luthers oder Leibnizens Schriften liest. Und würde nicht der Prosaiker Lessing, einer der größten Meister des deutschen Stils, längst dem gleichen Schicksal verfallen sein, wenn nicht die Schule durch Beibehaltung seiner Hauptschriften in ihrem Lehrplan seine Kenntnis jedem vermittelte, der eine höhere Bildung erstrebt? Auch Unverständlichkeit und Härte wirft Jochmann der deutschen Sprache nicht ohne Grund vor; auch heute scheint es noch oft, als fürchte der deutsche Gelehrte seiner Würde etwas zu vergeben, wenn er sich klar und gemeinverständlich ausdrückte, und auch wir müssen immer noch kämpfen gegen die Härten des Kanzleistils, gegen die durch den Einfluß der Volksmundart auf die Sprache der Gebildeten hervorgerufenen Provinzialismen, gegen die bunte Regellosigkeit der Aussprache in den verschiedenen Gegenden des deutschen Sprachgebiets. So helfe denn auch Jochmann an seinem Teile mit zur Erreichung des großen Zieles, die Entwicklung unserer geliebten Muttersprache zu immer größerer Festigkeit, Klarheit und Schönheit zu fördern!» (74 f.)

Auf den ersten Blick leuchtet diese abschließende Wertung ein. Sicherlich stellt Jochmann die sprachlichen Zustände in Deutschland und in den anderen genannten Ländern krass dar und urteilt folglich einseitig; sicherlich ist diese Einseitigkeit auch Jochmanns Stärke: Er gewinnt auf diese Weise eine deutliche Perspektive für die Kritik der jeweiligen sprachlichen Zustände. Nur, Palleske bleibt völlig an der Oberfläche dieser Kritik stehen, wenn er, um in einem Bild zu sprechen, lediglich die von Jochmann genannten Symptome schildert, ohne sich auf die Diagnose mit ihrer Benennung der Ursachen und auf die vorgeschlagene Therapie einzulassen.

Jochmanns Sprachkritik zielte auf mehr und auch auf anderes als nur auf die Feststellung bestimmter äußerer Mängel des Deutschen. Unbestimmtheit, Unverständlichkeit und Härte sind im Rahmen seiner Diagnose nur die sich in der Sprache niederschlagenden Symptome für politische und gesellschaftliche Mißstände. Auf diese – außersprachlichen – Mißstände richten sich sein eigentliches Interesse und auch seine Therapie.

Wenn Palleske den Fürsten Bismarck als ein Beispiel für die Bedeutung der politischen Sprache anführt und Goethes und Schillers Dichtungen als Muster für die Ausbildung des Deutschen um 1800 nimmt, dann läßt diese Argumentation erkennen, daß er die Absichten Jochmanns im Grunde gar nicht erfaßt hat. Jene Form von öffentlicher politischer Sprache, die ein einzelner regierender Politiker dem Volk vorspricht, meinte Jochmann nicht, und er war auch keinesfalls der Auffassung, daß die Literatur das öffentliche Leben einer Gesellschaft ersetzen und dessen Sprache – jedenfalls zu der Zeit – beeinflussen oder abbilden könne. Jochmann nahm vielmehr die bestehenden kommunikativen Verhältnisse innerhalb einer Gesellschaft als einen Gradmesser für die in dieser Gesellschaft existierende politische Freiheit. Diese Freiheit drückt sich seiner Meinung nach aus in einer Form von Öffentlichkeit, die es jedem erlaubt, über alle politischen Angelegenheit zu jeder Zeit und in jeder Weise sprechen zu dürfen. Der Stand der politischen Kultur spiegelt sich für Jochmann somit in dem Stand der Kultur der politischen Sprache.

Diese Sprachkritik Jochmanns also, die Palleske für den ‹Allgemeinen Deutschen Sprachverein› wiederbeleben wollte, ist eine zutiefst politische, in ihren engeren Zielen freiheitliche und demokratische. National ist diese Sprachkritik nur insofern zu nennen, als sie Deutschland und die deutsche Sprache zum Gegenstand hat und als sie versucht, für die Ziele Freiheit, Demokratie und Öffentlichkeit in Deutschland mit Hilfe einer kritischen Sprachanalyse zu argumentieren. Auf diese Frage allerdings läßt sich Palleske gar nicht ein. Sein Zugriff auf Jochmann besteht in dem bloßen Aufnehmen der kritisierten sprachlichen Befunde. Diese Befunde teilt Palleske weitgehend, wenn auch nicht in ihrer ganzen Schärfe und mit allen Konsequenzen. Er kritisiert sie aber aus ganz anderen Motiven, mit anderen Argumenten und mit einem anderen Ziel, so daß in seinen beiden Aufsätzen zu Jochmanns Schrift ‹Ueber die Sprache› der grundsätzliche Unterschied zwischen einer aufklärerischen und einer nationalistischen Sprachkritik greifbar wird.

Um diesen Unterschied abschließend charakterisieren zu können, muß man sich kurz die politisch-gesellschaftliche Situation in Erinnerung rufen. Zwischen der Veröffentlichung von Jochmanns Schrift ‹Ueber die Sprache› und Palleskes Versuch, diese Schrift für seine Zeit als ein Vorbild zu interpretieren, liegen 85 Jahre. In diesen Jahren hatten sich nicht nur die kulturellen und wissenschaftlichen Paradigmen geändert, auch die politische und gesellschaftliche Realität war eine andere geworden. Jochmann, noch ganz im Geiste der Aufklärung denkend, schrieb in der Zeit der Restauration, die einige große Schritte auf dem Weg zu politischer Freiheit zurückgegangen war. Auch die nach der Französischen Revolution und dem Sieg über Napoleon aufkeimenden Hoffnungen auf einen einheitlichen Verfassungsstaat waren durch den Wiener Kongreß und die Restauration zunichte gemacht worden. Politische Freiheiten, zumindest eine Garantie von Verfassungsrechten wie die Meinungs- und Pressefreiheit, die zu Beginn des 19. Jahrhunderts so greifbar nahe gewesen waren, hatten die reaktionären Kräfte, allen voran der Fürst Metternich, in den zwanziger Jahren wieder in weite Ferne gerückt. Auch die Sprache mußte sich unter dem Eindruck gewandelter politischer und gesellschaftlicher Verhältnisse ändern. Gab es während der Französischen Revolution und in den Freiheitskriegen Stimmen von bislang ungekannter Offenheit und Schärfe, so wurde der Ton nach 1819 wieder ganz ergeben und kleinlaut. Zensur und Selbstzensur bestimmten nun die Sprache, die man öffentlich noch vorzutragen wagte.

Jochmann hatte beides kennengelernt: die aufkeimende respektive bestehende Freiheit im Baltikum und auf Reisen nach England, Frankreich und in die Schweiz, die Unfreiheit im restaurativen Deutschland nach 1819, wo er sich bis zu seinem Tode aufhielt. Aus der Erfahrung dieser Differenz, aus dem bewußten Erleben der politischen Rückschritte, hat er seine Schriften, vor allem die ‹Ueber die Sprache› und ‹Ueber die Oeffentlichkeit›, verfaßt. In ihnen atmet, wenn man, etwas pathetisch, so sagen darf, ein Geist der Freiheit und Aufklärung, die es um des Fortschritts der Menschheit willen zu verwirklichen galt.

Ein knappes Jahrhundert später hatte sich die Situation in Deutschland grundlegend geändert. Der Verfassungsstaat war bereits 1848/49 errichtet worden, das Deutsche Reich bestand seit 1871. In den nachfolgenden Jahrzehnten war die politische Stimmung jedoch keineswegs von einem Aufbruch zu mehr Freiheit und Demokratie gekennzeichnet. Vielmehr herrschte eine große Furcht, das junge Reich könnte in innenpolitischen Kämpfen aufgerieben und durch äußeren Druck in seinem Bestand gefährdet werden. Um diesen Gefahren zu begegnen, setzte die Suche nach einer inneren Identität und nach äußerer Abgrenzung ein. Man beschwor die ‹deutsche Kultur› und ihre weit zurückreichende Geschichte, weil man sich nicht auf die Tradition eines deutschen Nationalstaates berufen konnte.

In diesem Sinne muß auch die Arbeit des ‹Allgemeinen Deutschen Sprachvereins› gesehen werden. Seine Ziele, die zu Beginn des Kapitels bereits besprochen wurden, zeigen deutlich an, daß die Sprachkritik des Sprachvereins sich hauptsächlich im Purismus, also in der Fremdwortkritik, erschöpfte und daß die außersprachlichen Motive dieser Kritik in der geistigen Begründung einer deutschen Nation lagen.

Neben der veränderten politischen Situation muß auch noch einmal auf eine andere, ebenfalls historisch bedingte Differenz zwischen Jochmann und Palleske hingewiesen werden: Im Laufe des 19. Jahrhunderts hatten sich der Sprachbegriff und die Form sprachwissenschaftlichen Arbeitens grundlegend geändert. Jochmann denkt und urteilt um 1820 über die Sprache zwar schon in geschichtlichen Kategorien, den Begriff und die Methoden einer historisch-vergleichenden Sprachwissenschaft, wie sie in dieser Zeit u. a. von Wilhelm von Humboldt und Jacob Grimm entwickelt wurden, hat er aber vermutlich noch nicht zur Kenntnis genommen, jedenfalls wendet er sie nicht an. Der Sprachverein und mit ihm Palleske dagegen können sich auf die gesamte Sprachwissenschaft des 19. Jahrhunderts stützen und aus ihr derartige Positionen wie die von dem in einer Sprache verkörperten «Volksgeist» entnehmen.

Setzen wir nun Jochmann und Palleske, also je einen Vertreter der aufklärerischen und der nationalistischen Sprachkritik gegeneinander, dann können wir folgende Motive, Argumente und Ziele unterscheidend festhalten (siehe Grafik auf Seite 175 oben).

Aus dieser Gegenüberstellung wird die Diskrepanz zwischen Jochmann und Palleske, zwischen aufklärerischer und nationalistischer Sprachkritik deutlich. Will man diese Diskrepanz in einen Satz fassen, dann ließe sich sagen: Jochmann übt Sprachkritik um der Freiheit des einzelnen Menschen willen, Palleske übt sie, um die deutsche Nation stark zu machen.

Halten wir diese Darstellung der Geschichte des Purismus der Position

	Aufklärerische Sprachkritik	*Nationalistische Sprachkritik*
Motive	Kosmopolitismus	Nationalismus
	Aufklärung	Schaffung eines Nationalbewußtseins
	Gesellschaftskritik	Konservativismus
	Öffentlichkeit	Nationale Identität
Argumente	Synchrone Sprachbetrachtung	Diachrone Sprachbetrachtung
	Sprache als Instrument des Meinungsaustausches und der Wahrheitsfindung	Muttersprache als Vehikel des Nationalgefühls
	Sprache als Erkenntnisinstrument	Sprache als Instrument der Ab- und Aussonderung
	Sprache als Ausdruck von Herrschaftsverhältnissen	Sprache als Ausdruck des Volksgeistes
	Funktionale Argumente als Maßstab der Kritik	Geist der Sprache als Maßstab der Kritik
Ziele	Demokratie durch Allgemeinverständlichkeit der Sprache	Nationale Identität durch Sprachreinheit
	Freiheit des einzelnen Menschen	Einbindung des einzelnen Menschen in die nationale Gemeinschaft
	Aufhebung einer gesellschaftlich bedingten Sprachentrennung	Zusammenschluß aller Angehörigen des Volkes in einem Nationalgefühl
	Verwirklichung der Humanität	Abgrenzung der Nation nach außen gegen andere Nationen

von Peter von Polenz entgegen, dann ergibt sich folgendes, auch für die Sprachkritik allgemein gültiges Fazit:

1. Die Fremdwortfrage im Deutschen ist kein Gegenstand, den man, zwar chronologisch aufgereiht, ansonsten aber unhistorisch betrachten darf.
2. Erst eine historische Betrachtung – eine Auffächerung nach Motiven, Argumenten und Zielen sowie die Berücksichtigung der Zeitumstände – erlaubt auch eine Wertung der jeweiligen Positionen zur Fremdwortfrage.
3. Die historische Betrachtung zeigt, daß äußerlich gleiche oder ähnliche Positionen zur Fremdwortfrage sich in ihrem Kern so wesentlich unterscheiden können, daß sie – wie im Falle Jochmanns und Palleskes – unvereinbar werden.
4. Die historische Betrachtung der Fremdwortfrage kann in eine Ideologiekritik münden, aus der sich sprachsoziologische Aussagen ableiten lassen, die ihrerseits als Grundlage für eine politische Sprachkritik dienen können.

5. Eine umfassende Kritik der Fremdwortfrage steht noch aus, wäre aber wünschenswert, weil sie einen Beitrag zu einer Sozialgeschichte der deutschen Sprache erbringen würde.

2. *Schriftsteller in der Sprachkrise: Schopenhauer, Nietzsche, Mauthner, Hofmannsthal*

Mit der Geschichte des Purismus in Deutschland in der zweiten Hälfte des 19. und der ersten Hälfte des 20. Jahrhunderts haben wir einen Strang der Sprachkritik verfolgt, den man im engeren Sinne auch zur Sprachgeschichte des Deutschen und zur Geschichte der Sprachwissenschaft in Deutschland zählen kann, weil hier der konkrete Sprachgebrauch, die zeitgenössische Ausprägung des Deutschen als kritisiertes Objekt im Mittelpunkt stand. Neben dieser konkreten Sprachkritik gab es in jener Zeit aber – und zwar verstärkt – eine literarische und philosophische Sprachkritik, die man eher in den Bereich einer Erkenntniskritik der Sprache stellen muß, weil hier die grundsätzliche Leistungsfähigkeit von Sprache und sprachlichen Zeichen überhaupt zum Thema gemacht wird.

Eine Mittelstellung zwischen Sprachkritik als Erkenntniskritik und als Kritik des konkreten Sprachgebrauchs nimmt der Philosoph Arthur Schopenhauer ein. Sprachliche Reflexionen durchziehen sein gesamtes Werk, von seiner Dissertation ‹Ueber die vierfache Wurzel des Satzes vom zureichenden Grunde› (1813) über sein Hauptwerk ‹Die Welt als Wille und Vorstellung› (1819) bis hin zu den Aufsätzen ‹Ueber Schriftstellerei und Stil› sowie ‹Ueber Sprache und Worte›, gesammelt in den ‹Parerga und Paralipomena›. In seiner Bestimmung der Sprache setzt Schopenhauer beim Grundsätzlichen an:

> «Der allein wesentliche Unterschied zwischen Mensch und Thier, den man von jeher einem, Jenem ausschließlich eigenen und ganz besonderen Erkenntnißvermögen, der Vernunft, zugeschrieben hat, beruht darauf, daß der Mensch eine Klasse von Vorstellungen hat, deren kein Thier theilhaft ist: es sind die Begriffe, also die abstrakten Vorstellungen; im Gegensatz der anschaulichen, aus welchen jedoch jene abgezogen sind. Die nächste Folge hievon ist, daß das Thier weder spricht, noch lacht; mittelbare Folge aber alles das Viele und Große, was das menschliche Leben vor dem thierischen auszeichnet.»[50]

Der Mensch besitzt als das besondere, ihn auszeichnende Erkenntnisvermögen die Vernunft. Sie besteht in dem Vermögen, aus der sinnlichen Anschauung sich abstrakte Vorstellungen, Begriffe, zu bilden, also beispielsweise alle einzelnen Exemplare verschiedener Bücher unter dem Begriff ‹Buch› zu subsumieren. Die Begriffe aber würden wegen ihrer fehlenden Anschaulichkeit «dem Bewußtseyn ganz entschlüpfen», «wenn sie nicht durch willkürliche Zeichen sinnlich fixirt und festgehalten würden: dies sind die Worte».[51] Damit hat Schopenhauer die Sprache als ein notwendiges Werkzeug der Vernunft bestimmt, als die Bedingung der Aufbewahrung und Mitteilung der Begriffe. In ‹Die Welt als Wille und Vorstellung› liest sich dieser Gedanke so:

«Das Thier empfindet und schaut an; der Mensch denkt überdies und w e i ß: Beide w o l l e n. Das Thier teilt seine Empfindung und Stimmung mit, durch Geberde und Laut: der Mensch theilt dem andern Gedanken mit, durch Sprache, oder verbirgt Gedanken, durch Sprache. Sprache ist das erste Erzeugniß und das nothwendige Werkzeug seiner Vernunft: daher wird im Griechischen und im Italiänischen Sprache und Vernunft durch das selbe Wort bezeichnet: , ο λογος , *il discorso.* Vernunft kommt von Vernehmen, welches nicht synonym ist mit Hören, sondern das Innewerden der durch Worte mitgetheilten Gedanken bedeutet. Durch Hülfe der Sprache allein bringt die Vernunft ihre wichtigsten Leistungen zu Stande, nämlich das übereinstimmende Handeln mehrerer Individuen, das planvolle Zusammenwirken vieler Tausende, die Civilisation, den Staat; ferner die Wissenschaft, das Aufbewahren früherer Erfahrung, das Zusammenfassen des Gemeinsamen in einem Begriff, das Mittheilen der Wahrheit, das Verbreiten des Irrthums, das Denken und Dichten, die Dogmen und die Superstitionen [Aberglauben].»[52]

Knapper, als Schopenhauer es hier getan hat, läßt sich die Funktion von Sprache kaum beschreiben. Sie ist das alles bestimmende Werkzeug menschlichen Handelns, insofern dieses Handeln nicht bloßes Reagieren auf Äußerliches, also instinktives Handeln wie bei den Tieren, ist. In der Bestimmung, daß in den Wörter die Begriffe aufbewahrt sind und mit ihnen mitgeteilt werden, ist zugleich auch die Möglichkeit von Sprachkritik begründet, die sich bei Schopenhauer als erstes gegen den falschen Gebrauch der Worte in der Philosophie richtet. Der «Sprachgebrauch aller Zeiten und Völker» war nichts «Zufälliges oder Beliebiges», vielmehr bezeichneten unsere Vorfahren mit ihren Wörtern «ganz bestimmte Begriffe». Ihre Wörter waren nicht für Philosophen gemacht, schreibt Schopenhauer in der ihm eigenen Polemik, «die nach Jahrhunderten kommen und bestimmen möchten, was dabei zu denken seyn sollte». Und er fährt fort:

«Die Worte sind also nicht mehr herrenlos, und ihnen einen ganz andern Sinn unterlegen, als den sie bisher gehabt, heißt sie mißbrauchen, heißt eine Licenz [Willkür] einführen, nach der Jeder jedes Wort in beliebigem Sinn gebrauchen könnte, wodurch gränzenlose Verwirrung entstehn müßte. Schon Locke hat ausführlich dargethan, daß die meisten Uneinigkeiten in der Philosophie vom falschen Gebrauch der Worte kommen. Man werfe, der Erläuterung halber, nur einen Blick auf den schändlichen Mißbrauch, den heut zu Tage gedankenarme Philosophaster mit den Worten Substanz, Bewußtseyn, Wahrheit u. a. m. treiben. Auch die Aeußerungen und Erklärungen aller Philosophen, aus allen Zeiten, mit Ausnahme der neuesten, über die Vernunft, stimmen nicht weniger, als die unter allen Völkern herrschenden Begriffe von jenem Vorrecht des Menschen, mit meiner Erklärung davon überein.»[53]

Die Kritik richtet sich in erster Linie gegen Hegel, dessen Philosophie Schopenhauer aufs schärfste bekämpft hat. Darüber hinaus aber weist die

Stelle auf die Vorstellung hin, daß im Ursprung der Wörter ein bestimmter Begriff, eine bestimmte Vorstellung aufgehoben ist, gegen die man das Wort in späteren Zeiten nicht verwenden darf. Im Ursprung der Sprache liegt also auch der Ursprung der Begriffe parat, so daß die Sprache selbst zu einem Mittel der Bildung von Begriffen, d. h. der Aneignung von Kenntnissen und von Wissen, wird.

Dieser Gedanke taucht noch deutlicher wieder auf in der Abhandlung ‹Ueber Sprache und Worte›. Zu Beginn heißt es dort: «Bekanntlich sind die Sprachen, namentlich in grammatischer Hinsicht, desto vollkommener, je älter sie sind, und werden stufenweise immer schlechter, – vom hohen Sanskrit an bis zum Englischen Jargon, diesem aus Lappen heterogener Stoffe zusammengeflickten Gedankenkleide.»[54] Schopenhauer vertritt die These vom Sprachverfall, die zu seiner Zeit, der Etablierung der historischen Sprachwissenschaft, verbreitet war. Nun hält er sich aber nicht bei unnützen Klagen über diesen vermeintlichen Verfallsprozeß auf, sondern plädiert dafür, mehrere Sprachen zu lernen:

> «Die Erlernung mehrerer Sprachen ist nicht allein ein mittelbares, sondern auch ein unmittelbares, tief eingreifendes, geistiges Bildungsmittel. Daher der Ausspruch Karls V.: ‹So viele Sprachen Einer kann, so viele Mal ist er ein Mensch.› *(Quot linguas quis callet, tot himines valet.)* – Die Sache selbst beruht auf Folgendem: Nicht für jedes Wort einer Sprache findet sich in jeder andern das genaue Aequivalent. Also sind nicht sämmtliche Begriffe, welche durch die Worte der einen Sprache bezeichnet werden, genau die selben, welche die der andern ausdrücken [...].
>
> Bisweilen auch drückt eine fremde Sprache einen Begriff mit einer Nüance aus, welche unsere eigene ihm nicht giebt und mit der wir ihn jetzt gerade denken: dann wird Jeder, dem es um einen genauen Ausdruck seiner Gedanken zu thun ist, das Fremdwort gebrauchen, ohne sich an das Gebelle pedantischer Puristen zu kehren.»[55]

Mit einer Fremdsprache erlernt man «also nicht bloß Worte, sondern erwirbt Begriffe». Polyglottismus, Vielsprachigkeit, ist «ein direktes Bildungsmittels des Geistes, indem er unsere Ansichten, durch hervortretende Vielseitigkeit und Nüancierung der Begriffe, berichtigt und vervollkommnet, wie auch die Gewandtheit des Denkens vermehrt, indem durch die Erlernung vieler Sprache sich immer mehr der Begriff vom Worte ablöst». Auf diese Weise lernt man auch die anderen Nationen kennen, «denn wie der Stil zum Geiste des Individuums, so verhält sich die Sprache zu dem der Nation».[56] Schopenhauer spricht hier ganz im Geiste Wilhelm von Humboldts, dem das vergleichende Sprachstudium ein Weg zur Kenntnis verschiedener Weltansichten und damit zur einzig möglichen Erkenntnis von Wahrheit war. Für Schopenhauer sind es vor allem die alten Sprachen, insbesondere Griechisch und Latein, durch die die Begriffe erweitert und berichtigt werden können. Den Verlust lateinischer Sprachbildung in seiner Zeit klagt er an, ja er beschimpft die lateinunkundigen Professoren und ihre Schüler: «Und es ist ein Schande! Der Eine hat nichts gelernt, und der Andere will nichts lernen. Cigarrenrauchen und Kannegießern [Stammtischpolitik] hat in unsern Tagen die Gelehrsamkeit vertrieben; wie Bilderbücher für große Kinder die Litteraturzeitungen ersetzt haben. –»[57]

Mit dieser Apologie des Lateinischen geht eine vernichtende Beurteilung des Deutschen zu seiner Zeit einher, genauer: des Gebrauchs, den Schriftsteller und Zeitungsschreiber vom Deutschen machen. Das Motiv seiner Sprachkritik faßt er selbst so zusammen:

«Ich bin weitläufig gewesen und habe geschulmeistert; wozu ich wahrlich mich nicht hergegeben haben würde, wenn nicht die deutsche Sprache bedroht wäre: an nichts in Deutschland nehme ich großen Antheil, als an ihr: sie ist der einzige entschiedene Vorzug der Deutschen vor anderen Nationen; und ist, wie ihre Schwestern, die Schwedische und Dänische, ein Dialekt der gotischen Sprache, welche, wie die Griechische und Lateinische, unmittelbar aus dem Sanskrit stammt. Eine solche Sprache auf das Muthwilligste und Hirnloseste mishandeln und dilapidieren zu sehn, von unwissenden Sudlern, Lohnschreibern, Buchhändlersöldlingen, Zeitungsberichtern und dem ganzen Gelichter des Federviehs, ist mehr, als ich schweigend ertragen konnte und durfte. Will die Nation nicht auf meine Stimme hören, sondern der Auktorität und Praxis der eben angeführten folgen; so ist sie ihrer Sprache nicht würdig gewesen.»[58]

Schopenhauer sieht die deutsche Sprache, deren historische Verwandtschaften er noch nicht ganz richtig abzuleiten vermag, in Gefahr durch die Explosion von schriftlichen Erzeugnissen aus rein ökonomischem Interesse: «Der ganze Jammer der heutigen Litteratur in und außer Deutschland hat zur Wurzel das Geldverdienen durch Bücherschreiben. Jeder, der Geld braucht, setzt sich hin und schreibt ein Buch, und das Publikum ist so dumm, es zu kaufen. Die sekundäre Folge davon ist der Verderb der Sprache.»[59] Die Gedanken, die in Büchern enthalten sind oder – Schopenhauer würde vermutlich sagen – sein sollten, werden aufgrund der Menge an Schrift nicht mehr präzise gedacht und folglich auch nicht präzise ausgedrückt:

«Um über den Werth der Geistesprodukte eines Schriftstellers eine vorläufige Schätzung anzustellen, ist es nicht gerade nothwendig, zu wissen, worüber, oder was er gedacht habe; dazu wäre erfordert, daß man alle seine Werke durchläse; – sondern zunächst ist es hinreichend, zu wissen, wie er gedacht habe. Von diesem Wie des Denkens nun, von dieser wesentlichen Beschaffenheit und durchgängigen Qualität desselben, ist ein genauer Abdruck sein Stil. Dieser zeigt nämlich die formelle Beschaffenheit aller Gedanken eines Menschen, welche sich stets gleich bleiben muß, was und worüber er auch denken möge.»[60]

Präzision des Stils und Präzision der Gedankenführung bedingen einander: «Der Stil ist die Physiognomie des Geistes»,[61] schreibt Schopenhauer, ein nachlässiger Stil ist somit ein Zeichen für nachlässiges Denken. Die Abhandlung ‹Ueber Schriftstellerei und Stil› enthält eine Fülle von Beispielen für Stilschnitzer, für «Sprachverhunzungen» der «Tintenklexer» und «Sprachbanausen». Kaum ein Gebiet der Sprache und Schrift läßt Schopenhauer von Kritik verschont: nachlässige Verwendung der Tempora, Ungenauigkeit im Umgang mit Präfixen bei Verben, falsch gebrauchte Wörter, mangelhafte Orthographie und Interpunktion, Verwechselung der Relativpronomen, schludrige Anwendung von Adjektiven, Adverbien, Präpositionen, unsinnige Wortbildungen – zu diesen und anderen Stilfehlern hält Schopenhauer Beispiele und Erklärungen parat. Er kritisiert – wie schon Carl Gustav Jochmann – die Subjektivität des Stils, die darin besteht, «daß es dem Schreiber genügt, selbst zu wissen, was er meint und will; der Leser mag sehn, wie auch er dahinter komme»,[62] und er fällt zum Abschluß ein vernichtendes Urteil über die Deutschen:

> «Der wahre Nationalcharakter der Deutschen ist Schwerfälligkeit: sie leuchtet hervor aus ihrem Gange, ihrem Thun und Treiben, ihrer Sprache, ihrem Reden, Erzählen, Verstehn und Denken, ganz besonders aber aus ihrem Stil im Schreiben, aus dem Vergnügen, welches sie an langen schwerfälligen, verstrickten Perioden haben, bei welchen das Gedächtniß ganz allein, fünf Minuten lang, geduldig die ihm auferlegte Lektion lernt, bis zuletzt, am Schluß der Periode, der Verstand zum Schuß kommt und die Räthsel gelöst werden. [...] Vorzüglich aber befleißigen sie sich dabei der möglichsten Unentschiedenheit und Unbestimmtheit des Ausdrucks; wodurch Alles wie im Nebel erscheint: der Zweck scheint zu seyn theils das Offenlassen einer Hinterthür zu jedem Satz, theils Vornehmthuerei, die mehr zu sagen scheinen will, als gedacht worden; theils liegt wirkliche Stumpfheit und Schlafmützigkeit dieser Eigenthümlichkeit zum Grunde, welche gerade es ist, was den Ausländern alle deutsche Schreiberei verhaßt macht, weil sie eben nicht im Dunkeln tappen mögen; welches hingegen unsern Landsleuten kongenial zu seyn scheint.»[63]

Wie aber gelangt man zu einem guten Stil? Schopenhauers Antwort ist denkbar einfach und von seinen Voraussetzungen her völlig logisch: Da der Stil «die Schönheit vom Gedanken» erhält, «ist die erste, ja, schon für sich allein beinahe ausreichende Regel des guten Stils diese, daß man etwas zu sagen habe: o, damit kommt man weit!» Zuerst also denken, und zwar präzise und klar einen Gedanken fassen, dann stellen sich die richtigen Wörter und ihre Verbindungen von selbst ein.

Schopenhauers konkrete Sprachkritik am Deutschen basiert auf seiner Bestimmung des Wortes als Ausdruck und Mitteilung eines Begriffs. Der Begriff ist das Vermögen der Vernunft, die Vernunft der Ort des Denkens. Insofern hängen Sprache und Denken untrennbar zusammen, sind aber nicht identisch. Wir denken mit Hilfe von Wörtern und Begriffen. Es gibt treffende Wörter für bestimmte Begriffe, umgekehrt sind Begriffe in bestimmten Wörtern niedergelegt. Beide Ebenen sind beim Denken und Sprechen bzw. Schreiben beteiligt. Da die Sprache aber die Form ist, der Begriff oder das Denken der Inhalt, muß zuerst gedacht und dann geschrieben oder gesprochen werden.

Gewiß kann man Schopenhauer vorwerfen, seine Stilkritik sei eine «polemische Vereinfachung», eine Reduktion der vielfältigen Funktionen sprachlicher Formen auf das bloße Verhältnis von Begriff und Wort, von Gedanke und Stil.[64] Doch die aus einem solchen Vorwurf ableitbare Forderung, Sprachkritik habe alle Gesichtspunkte von Sprache zu berücksichtigen, trifft nicht deren eigentliches Anliegen. Sprachkritik, und das wird bei Schopenhauer deutlich, hat durchaus die Berechtigung, in polemischer Zuspitzung einen Aspekt von Sprachverwendung herauszuheben und kritisch zu werten. Wichtig ist vor allem, daß die Kritik nachvollziehbar ist, also begründet vorgetragen wird, und daß sie Alternativen aufzeigt, den ‹besseren› oder ‹richtigeren› Sprachgebrauch vorführt. Schopenhauer hat genau das getan, nicht nur in seinen sprachkritischen Reflexionen, sondern auch in seinem gesamten übrigen Werk. «Ich gehöre zu den Lesern Schopenhauers, welche, nachdem sie die erste Seite von ihm gelesen haben, mit Bestimmtheit wissen, daß sie alle Seiten lesen und auf jedes Wort hören werden, das er überhaupt gesagt hat», schrieb Friedrich Nietzsche in seiner Abhandlung ‹Schopenhauer als Erzieher›.[65] Ein größeres Lob kann sich ein Schriftsteller – und Sprachkritiker – nicht wünschen.

Das letzte Zitat legt nahe, nun eine Verbindung von Schopenhauer zu Nietzsche zu knüpfen. Da Nietzsches Sprachkritik sich aber an etwas anderem reibt, an dem Systemdenken der Aufklärung und des philosophischen Idealismus, soll diese andere Traditionslinie noch einmal andeutend ausgezogen werden.

Die Aufklärung – das wurde besonders bei Christian Wolff deutlich – besaß einen recht klaren und eindeutigen Zeichenbegriff: Das sprachliche Zeichen war ihr arbiträr, prinzipiell geeignet, durch eine Begriffsdefinition einen festumrissenen Inhalt zu repräsentieren. Sprache erschien den Aufklärern somit als ein recht unproblematisches Mittel zur Bezeichnung von Gegenständen und Sachverhalten, auch die Möglichkeit von Kommunikation war ihnen prinzipiell kein Problem. Sobald ein Zeichen wohldefiniert und die Definition den Sprachbenutzern bekannt ist, kann mittels dieser Zeichen Kommunikation stattfinden, das Verstehen ist gesichert. Die Tatsache, daß das sprachliche Zeichensystem und die Kommunikation mit Hilfe dieses Zeichensystems den Aufklärern kein grundlegendes Problem war, ist beispielsweise daran abzulesen, daß Immanuel Kant seinen drei Kritiken der reinen und praktischen Vernunft sowie der Urteilskraft keine Sprachkritik – oder besser: keine Sprachphilosophie – eingeschrieben hat. Es gibt bei Kant nur wenige Stellen, an denen er über Sprache spricht. In dem Aufsatz ‹Der einzige mögliche Beweisgrund zu einer Demonstration des Daseyns Gottes› von 1763 heißt es:

«Eine jede menschliche Sprache hat, von den Zufälligkeiten ihres Ursprungs, einige nicht zu ändernde Unrichtigkeiten, und es würde grüblerisch und unnütze sein, wo in dem gewöhnlichen Gebrauche gar keine Mißdeutungen daraus erfolgen können, an ihr zu künsteln und einzuschränken, genug daß in den seltnern Fällen einer höher gesteigerten Betrachtung, wo es nötig ist, diese Unterscheidungen beigefügt werden.»[66]

Sprachkritik also ist für Kant in der Alltags- oder Umgangssprache nicht angebracht, denn hier stellt sich die Eindeutigkeit im Gebrach quasi von selbst her. Im philosophischen Bezirk dagegen kann, wenn erforderlich, Eindeutigkeit leicht durch «Unterscheidungen», also durch Definitionen, hergestellt werden. An anderer Stelle, in seiner ‹Anthropologie› von 1798, bemerkt Kant grundsätzlich zur Sprache:

«Alle Sprache ist Bezeichnung der Gedanken und umgekehrt die vorzüglichste Art der Gedankenbezeichnung ist die durch Sprache, diesem größten Mittel, sich selbst und andere zu verstehen. Denken ist Reden mit sich selbst, folglich sich auch innerlich Hören. Dem Taubgeborenen ist sein Sprechen ein Gefühl des Spiels seiner Lippen, Zunge und Kinnbackens, und es ist kaum möglich, sich vorzustellen, daß er bei seinem Sprechen etwas mehr tue, als ein Spiel mit körperlichen Gefühlen zu treiben, ohne eigentliche Begriffe zu haben und zu denken. – Aber auch die, so sprechen und hören können, verstehen darum nicht immer sich selbst oder andere, und an dem Mangel des Bezeichnungsvermögens, oder dem fehlerhaften Gebrauch desselben (da Zeichen für Sachen und umgekehrt genommen werden) liegt es, vornehmlich in Sachen der Vernunft, daß Menschen, die der Sprache nach einig sind, in Begriffen himmelweit von einander abstehen; welches nur zufälligerweise, wenn ein jeder nach dem seinigen handelt, offenbar wird.»[67]

Hier räumt Kant zwar ein, daß in der Kommunikation ein Mißverstehen möglich ist, aber das Mißverstehen, das hauptsächlich im Bezirk der Philosophie (den Sachen der Vernunft) stattfinden kann, rührt lediglich von einer unterschiedlichen Zuordnung von Ausdruck und Inhalt, von Form und Bedeutung, von Name und Begriff her. Letztlich aber ist solchem Mißverstehen, wenn es denn bemerkt worden ist, durch Definitionen und Begriffsbestimmungen recht leicht abzuhelfen.

Eine Problematisierung dieser Position, die davon überzeugt war, daß in der Philosophie und Wissenschaft begriffliche Schärfe erreichbar sei und die mit Hegel, der auch die Kunst auf den Begriff bringen wollte, noch eine Steigerung erfuhr, hat vor allem Friedrich Schlegel in seiner bekannten Abhandlung ‹Über die Unverständlichkeit› aus dem Jahre 1800 geleistet und ausgelöst. Gegen Schlegel, der in der Berliner Zeitschrift ‹Athenäum› veröffentlicht hatte, wurde von verschiedenen Seiten der Vorwurf erhoben, seine Aufsätze seien unverständlich. «Was man nicht versteht, hat ein Schlegel geschrieben», lautete damals ein Axiom. Schlegel selbst begegnete diesen Vorwürfen mit der genannten Abhandlung.[68]

Er entwickelt darin den Gedanken, daß neben der Kunst vornehmlich die Philosophie und die Wissenschaft unversiegbare Quellen sprachlicher Dunkelheit sind: «Ich wollte zeigen», schreibt Schlegel, «daß man die reinste und gediegenste Unverständlichkeit gerade aus der Wissenschaft und aus der Kunst erhält, die ganz eigentlich aufs Verständigen und Verständlichmachen ausgehen, aus der Philosophie und Philologie.» Schlegel wendet sich gegen die seit Wolff entwickelte und in Hegels Philosophie zum Prinzip erhobene Auffassung, Erkenntnis ergäbe sich in einem systematischen begrifflichen Diskurs und in der Geschlossenheit des Systems wären keine Grenzen der Erkenntnis mehr vorhanden. Als Quellen von Unverständlichkeit macht Schlegel die Paradoxie und vor allem die Ironie aus, die er zugleich aber auch als wesentlich für die menschliche Existenz erkennt.

«Aber ist denn die Unverständlichkeit etwas so durchaus Verwerfliches und Schlechtes? – Mich dünkt das Heil der Familien und der Nationen beruhet auf ihr; wenn mich nicht alles trügt, Staaten und Systeme, die künstlichen Werke der Menschen, oft so künstlich, daß man die Weisheit des Schöpfers nicht genug darin bewundern kann. Eine unglaublich kleine Portion ist zureichend, wenn sie nur unverbrüchlich treu und rein bewahrt wird, und kein frevelnder Verstand es wagen darf, sich der heiligen Grenze zu nähern. Ja das Köstlichste was der Mensch hat, die innere Zufriedenheit selbst hängt, wie jeder leicht wissen kann, irgendwo zuletzt an einem solchen Punkte, der im Dunkeln gelassen werden muß, dafür aber auch das Ganze trägt und hält, und die Kraft in demselben Augenblicke verlieren würde, wo man ihn in Verstand auflösen wollte. Wahrlich, es würde euch bange werden, wenn die ganze Welt, wie ihr es fordert, einmal im Ernst durchaus verständlich würde. Und ist sie selbst diese unendliche Welt nicht durch den Verstand aus der Unverständlichkeit oder dem Chaos gebildet?»[69]

Versucht man, den Sprachbegriff, den Schlegel und mit ihm große Teile der Romantik verwenden, zu fassen, dann könnte man sagen: Er wendet sich gegen die Systematisierung, die Hierarchie und die Herrschaft des Signifikats, also der Inhaltsebene des Zeichens. Statt dessen gibt er der Ausdrucksebene, dem Signifikanten, den Vorzug. Er rückt von der Herrschaft des begrifflich-systematischen Denkens ab und betont den Wert des Signifikanten, des sprachlichen Ausdrucks, der, im Vergleich zum begrifflichen System, immer den Charakter der Vieldeutigkeit und des Fragmentarischen besitzt. Die adäquate Denkform dieser Auffassung ist folglich nicht mehr die systematische Abhandlung, sondern das Fragment, das unvollendete und vieldeutige Werk. Damit negiert Schlegel die rationalistische, aufklärerische und auch hegelianische Annahme, daß die gesamte Wirklichkeit mit Hilfe von eindeutig definierten Begriffen durchsichtig gemacht werden kann.

Schlegels Skepsis gegenüber der rationalistischen Auffassung, die Sprache sei ein transparentes System eindeutiger Zeichen, läuft darauf hinaus, die Kunst als Erkenntnisform in den Mittelpunkt zu stellen. Er stellt die radikale Forderung auf, «alle Natur und alle Wissenschaft solle Kunst werden», weil nur in ihr das «ewige Werden» sich ausdrücken läßt.

«Alle höchsten Wahrheiten jeder Art sind durchaus trivial und eben darum ist nichts notwendiger als sie immer neu, und wo möglicher immer paradoxer auszudrücken, damit es nicht vergessen wird, daß sie noch da sind, und daß sie nie eigentlich ganz ausgesprochen werden können.»[70]

Schlegels «Apologie der dunklen Rede» ist ein Vorläufer des heute vieldiskutierten Dekonstruktivismus. In der Tat haben sich manche Dekonstruktivisten auf Schlegels Abhandlung ‹Über die Unverständlichkeit› bezogen und berufen, insbesondere was den Punkt betrifft, den Gegensatz zwischen Literatur und Philosophie überwinden zu wollen.

Auch Friedrich Nietzsche wird als ein Vorläufer der Dekonstruktion betrachtet. Vor allem seine knappe Abhandlung ‹Über Wahrheit und Lüge im außermoralischen Sinne› von 1873 ist in diesem Zusammenhang eine Betrachtung wert. Hatte Schlegel den Anspruch rationalistischer Diskurse, die Wahrheit verkünden zu können, zurückgewiesen, indem er auf den Aspekt von Sprache hinwies, gerade durch ihre dunkle und unverständliche Seite produktiv am immer erneuten Erfassen der im ewigen Werden begriffenen Welt mitzuwirken, nimmt sich Nietzsche vor, den metaphysischen Wahrheitsbegriff, d. h. die Projektion menschlichen Erkenntnisvermögens auf die Welt an sich, zu zerlegen:

«In irgendeinem abgelegenen Winkel des in zahllosen Sonnensystemen flimmernd ausgegossenen Weltalls gab es einmal ein Gestirn, auf dem kluge Tiere das Erkennen erfanden. Es war die hochmütigste und verlogenste Minute der ‹Weltgeschichte›: aber doch nur eine Minute. Nach wenigen Atemzügen der Natur erstarrte das Gestirn, und die klugen Tiere mußten sterben. – So könnte jemand eine Fabel erfinden und würde doch nicht genügend illustriert haben, wie kläglich, wie schattenhaft und flüchtig, wie zwecklos und beliebig sich der menschliche Intellekt innerhalb der Natur ausnimmt. Es gab Ewigkeiten, in denen er nicht war; wenn es wieder mit ihm vorbei ist, wird sich nichts begeben haben. Denn es gibt für jeden Intellekt keine weitere Mission, die über das Menschenleben hinausführte. Sondern menschlich ist er, und nur sein Besitzer und Erzeuger nimmt ihn so pathetisch, als ob die Angeln der Welt sich in ihm drehten. Könnten wir uns aber mit der Mücke verständigen, so würden wir vernehmen, daß auch sie mit diesem Pathos durch die Luft schwimmt und in sich das fliegende Zentrum dieser Welt fühlt. Es ist nichts so verwerflich und gering in der Natur, was nicht durch einen kleinen Anhauch jener Kraft des Erkennens sofort wie ein Schlauch aufgeschwellt würde; und wie jeder Lastträger seinen Bewunderer haben will, so meint gar der stolzeste Mensch, der Philosoph, von allen Seiten die Augen des Weltalls teleskopisch auf sein Handeln und Denken gerichtet zu sehen.»[71]

Gleich zu Beginn also destruiert Nietzsche die Auffassung, der Mensch als erkennendes Wesen sei der Mittelpunkt der Welt. Der Mensch ist nichts Besonderes, er ist nur ein Teil unter anderen, er ist ein Tier, das sich das Erkennen «erfunden» hat. Das Erkennen ist somit nichts anderes als eine menschliche Kulturtechnik, mit der aber keinesfalls eine Verknüpfung zu dem Wesen der Dinge, zum ‹Ding an sich›, gegeben ist. Die Wahrnehmung des Menschen, seine Form des Erkennens, ist letztlich nicht ‹richtiger› als die einer Mücke. Dennoch hat der Mensch, wie die Geschichte der Philosophie zeigt, einen Trieb zur Wahrheit, zum vermeintlichen Erkennen des Wesens der Dinge. «Woher, in aller Welt,» fragt Nietzsche, «bei dieser Konstellation der Trieb zur Wahrheit!» Seine Antwort lautet:

«Soweit das Individuum sich gegenüber andern Individuen erhalten will, benutzt es in einem natürlichen Zustand der Dinge den Intellekt meist nur zur Verstellung: weil aber der Mensch zugleich aus Not und Langeweile gesellschaftlich und herdenweise existieren will, braucht er einen Friedensschluß und trachtet danach, daß wenigstens das allergrößte *bellum omnium contra omnes* aus seiner Welt verschwinde. Dieser Friedensschluß bringt etwas mit sich, was wie der erste Schritt zur Erlangung jenes rätselhaften Wahrheitstriebes aussieht. Jetzt wird nämlich fixiert, was von nun an ‹Wahrheit› sein soll, das heißt, es wird eine gleichmäßig gültige und verbindliche Bezeichnung der Dinge erfunden, und die Gesetzgebung der Sprache gibt auch die ersten Gesetze der Wahrheit: denn es entsteht hier zum ersten Male der Kontrast von Wahrheit und Lüge.»[72]

Wahrheit ist also in diesem Sinne der Gebrauch von Sprache, der Gebrauch von Namen und Aussagen, entsprechend den in der Sprache festgelegten Konventionen. Der Lügner dagegen, schreibt Nietzsche, «gebraucht die gültigen Bezeichnungen, die Worte, um das Unwirkliche als wirklich erscheinen zu machen; er sagt zum Beispiel: ‹Ich bin reich›, während für seinen Zustand gerade ‹arm› die richtige Bezeichnung wäre. Er mißbraucht die festen Konventionen durch beliebige Vertauschungen oder gar Umkehrungen der Namen.»

Doch – und nun kommt Nietzsche zu seinen eigentlichen Ausführungen über Sprache – fragt er weiter: «Wie steht es mit jenen Konventionen der Sprache? Sind sie vielleicht Erzeugnisse der Erkenntnis, des Wahrheitssinnes, decken sich die Bezeichnungen und die Dinge? Ist die Sprache der adäquate Ausdruck aller Realitäten?»

Es sind die ‹alten› Fragen, die schon Platon und das Mittelalter gestellt hatten. Doch Nietzsche, der die Philosophiegeschichte überblickt und darüber hinaus weiß, daß die Erde nicht Mittelpunkt der Welt und der Mensch nicht Mittelpunkt der Schöpfung ist, gibt eine neue Antwort, die ausführlich zitiert zu werden verdient:

«Was ist ein Wort? Die Abbildung eines Nervenreizes in Lauten. Von dem Nervenreiz aber weiterzuschließen auf eine Ursache außer uns, ist bereits das Resultat einer falschen und unberechtigten Anwendung des Satzes vom Grunde. Wie dürften wir, wenn die Wahrheit bei der Genesis der Sprache, der Gesichtspunkt der Gewißheit bei den Bezeichnungen allein entscheidend gewesen wäre, wie dürften wir doch sagen: der Stein ist hart: als ob uns ‹hart› noch sonst bekannt wäre, und nicht nur als eine ganz subjektive Reizung! Wir teilen die Dinge nach Geschlechtern ein, wir bezeichnen den Baum als männlich, die Pflanze als weiblich: welche willkürlichen Übertragungen! Wie weit hinausgeflogen über den Kanon der Gewißheit! Wir reden von einer ‹Schlange›: die Bezeichnung trifft nichts als das

Sichwinden, könnte also auch dem Wurme zukommen. Welche willkürlichen Abgrenzungen, welche einseitigen Bevorzugungen bald der, bald jener Eigenschaft eines Dinges! Die verschiedenen Sprachen, nebeneinandergestellt, zeigen, daß es bei den Worten nie auf Wahrheit, nie auf einen adäquaten Ausdruck ankommt: denn sonst gäbe es nicht so viele Sprachen. Das ‹Ding an sich› (das würde eben die reine folgenlose Wahrheit sein) ist auch dem Sprachbildner ganz unfaßlich und ganz und gar nicht erstrebenswert. Er bezeichnet nur die Relationen der Dinge zu den Menschen und nimmt zu deren Ausdruck die kühnsten Metaphern zu Hilfe. Ein Nervenreiz, zuerst übertragen in ein Bild! Erste Metapher. Das Bild wird nachgeformt in einem Laut! Zweite Metapher. Und jedesmal vollständiges Überspringen der Sphäre, mitten hinein in eine ganz andre und neue. [...] Wir glauben etwas von den Dingen selbst zu wissen, wenn wir von Bäumen, Farben, Schnee und Blumen reden, und besitzen doch nichts als Metaphern der Dinge, die den ursprünglichen Wesenheiten ganz und gar nicht entsprechen. [...] Logisch geht es also jedenfalls nicht bei der Entstehung der Sprache zu, und das ganze Material, worin und womit später der Mensch der Wahrheit, der Forscher, der Philosoph arbeitet und baut, stammt, wenn nicht aus Wolkenkuckucksheim, so doch jedenfalls nicht aus dem Wesen der Dinge.»[73]

Am Beispiel der Bildung unserer Begriffe macht Nietzsche anschließend deutlich, daß der Mensch in seinem Erkennen stets einem Vorgang folgt, den er als «Gleichsetzen des Nichtgleichen» bezeichnet. Ein jedes Blatt beispielsweise unterscheidet sich in Einzelheiten von jedem anderen Blatt, ein jedes Blatt ist etwas Individuelles. Der Mensch aber vergißt die individuelle Verschiedenheit, er tut so, als ob es «in der Natur außer den Blättern etwas gäbe, das ‹Blatt› wäre, etwa eine Urform, nach der alle Blätter gewebt, gezeichnet, abgezirkelt, gefärbt, gekräuselt, bemalt wären». Aber nicht eine solche Urform, die in der Natur gar keine Existenz hat, ist Ursache unseres Begriffs von ‹Blatt›, sondern im Gegenteil: unser Begriff von ‹Blatt› ist die «Ursache der Blätter»:

«Das Übersehen des Individuellen und Wirklichen gibt uns den Begriff, wie es uns auch die Form gibt, wohingegen die Natur keine Formen und Begriffe, also auch keine Gattungen kennt, sondern nur ein für uns unzugängliches und undefinierbares X.»[74]

Anschließend folgt die berühmt gewordene Stelle, an der Nietzsche fragt: «Was ist also Wahrheit?» Seine Antwort lautet:

«Ein bewegliches Heer von Metaphern, Metonymien, Anthropomorphismen, kurz eine Summe von menschlichen Relationen, die, poetisch und rhetorisch gesteigert, übertragen, geschmückt werden und die nach langem Gebrauch einem Volke fest, kanonisch und verbindlich dünken: die Wahrheiten sind Illusionen, von denen man vergessen hat, daß sie welche sind, Metaphern, die abgenutzt und sinnlich kraftlos geworden sind, Münzen, die ihr Bild verloren haben und nun als Metall, nicht mehr als Münzen, in Betracht kommen.»[75]

Was Nietzsche hier deutlich macht, ist die Sprachgebundenheit der menschlichen Existenz, insbesondere die Sprachgebundenheit des menschlichen Erkennens. Der Mensch ist in seinem Erkennen sprachgeleitet, stets abhängig von der Sprache, von seinen Begriffen, denen er einen Namen gegeben hat. Aber er vergißt, daß er in diesen Begriffen und Namen niemals die Dinge selbst, die Natur, erreicht, sondern mit ihnen stets s e i n e Ordnung, s e i n Schema, s e i n e anthropomorphistische Sehweise in die Natur hineinträgt und somit letztlich nichts anderes zur Verfügung hat als Vergleiche, die er nicht mehr als Vergleiche erkennt, Metaphern, deren Bildgehalt sich verflüchtigt hat. Die Wahrheit des Menschen gründet sich nicht auf ein Erkennen der Dinge selbst, sondern auf ein Hineintragen menschlicher Ordnungsformen in die Natur.

Es gibt bei Michel Foucault, zu Beginn seines Werkes ‹Die Ordnung der Dinge›, eine schöne Stelle, die uns abendländisch Gebildeten oder sprachlich Sozialisierten absonderlich erscheint, in ihrer krassen Absonderlichkeit aber Nietzsches Gedanken deutlich vor Augen stellt. Foucault zitiert dort aus einer «gewissen chinesischen Enzyklopädie», in der die Tiere wie folgt gruppiert werden:

«a) Tiere, die dem Kaiser gehören, b) einbalsamierte Tiere, c) gezähmte, d) Milchschweine, e) Sirenen, f) Fabeltiere, g) herrenlose Hunde, h) in diese Gruppierung gehörige, i) die sich wie Tolle gebärden, k) die mit einem ganz feinen Pinsel aus Kamelhaar gezeichnet sind, l) und so weiter, m) die den Wasserkrug zerbrochen haben, n) die von weitem wie Fliegen aussehen.»[76]

So befremdlich uns diese Klassifizierung auch erscheinen mag, so wenig wir sie nachvollziehen können – letztlich basiert sie auf dem gleichen Prinzip wie unsere wissenschaftliche Taxonomie: auf dem Prinzip, die Dinge durch die Brille menschlichen Erkenntnisvermögens und damit durch eine subjektive Brille zu sehen, um schließlich das Ergebnis dieser Sichtweise in Form von Sprache zu konservieren. Der Mensch, schreibt Nietzsche in seiner Abhandlung nun weiter, stellt, nachdem er ein Ordnungsschema mit Hilfe der Sprache geschaffen hat,

«sein Handeln als ‹vernünftiges› Wesen unter die Herrschaft der Abstraktionen; er leidet es nicht mehr, durch die plötzlichen Eindrücke, durch die Anschauungen fortgerissen zu werden, er verallgemeinert alle diese Eindrücke zu entfärbteren, kühleren Begriffen, um an sie das Fahrzeug seines Lebens und Handelns anzuknüpfen. Alles, was den Menschen gegen das Tier abhebt, hängt von dieser Fähigkeit ab, die anschaulichen Metaphern zu einem Schema zu verflüchtigen, also ein Bild in einen Begriff aufzulösen. Im Bereich jener Schemata nämlich ist etwas möglich, was niemals unter den anschaulichen ersten Eindrücken gelingen möchte: eine pyramidale Ordnung nach Kasten und Graden aufzubauen, eine neue Welt von Gesetzen, Privilegien, Unterordnungen, Grenzbestimmungen zu schaffen, die nun der andern anschaulichen Welt der ersten Eindrücke gegenübertritt als das Festere, Allgemeinere, Bekanntere, Menschlichere und daher als das Regulierende und Imperativische. Während jede Anschauungsmetapher individuell und ohne ihresgleichen ist und deshalb allem Rubrizieren immer zu entfliehen weiß, zeigt der große Bau der Begriffe die starre Regelmäßigkeit eines römischen Kolumbariums und atmet in der Logik jene Strenge und Kühle aus, die der Mathematik zu eigen ist. Wer von dieser Kühle angehaucht wird, wird es kaum glauben, daß auch der Begriff, knöchern und achteckig wie ein Würfel und versetzbar wie jener, doch nur als das *Residuum einer Metapher* übrigbleibt, und daß die Illusion der künstlichen Übertragung eines Nervenreizes in Bilder, wenn nicht die Mutter, so doch die Großmutter eines jeden Begriffs ist.»[77]

Nietzsches Kritik ist radikal. Er wendet sie sogar auf die Naturgesetze an, die wir doch gewohnt sind als Formen unumstößlicher Erkenntnis zu begreifen und als gültige Aussagen über die Natur nicht in Frage zu stellen. «Alle Gesetzmäßigkeit», meint Nietzsche dagegen, «die uns im Sternenlauf und im chemischen Prozeß so imponiert, fällt im Grunde mit jenen Eigenschaften zusammen, die wir selbst an die Dinge heranbringen, so daß wir damit uns selber imponieren.» Nietzsche gelangt damit, wie im Grunde vor ihm bereits auch Schlegel, zu der Auffassung, daß die Wissenschaften keine objektive, das heißt den Dingen, der Natur, entsprechende Erkenntnis liefern kann. Er schreibt:

«An dem Bau der Begriffe arbeitet ursprünglich, wie wir sahen, die *Sprache*, in späteren Zeiten die *Wissenschaft*. Wie die Biene zugleich an den Zellen baut und die Zellen mit Honig füllt, so arbeitet die Wissenschaft unaufhaltsam an jenem großen Kolumbarium der Begriffe, der Begräbnisstätte der Anschauungen, baut immer neue und höhere Stockwerke, stützt, reinigt, erneut die alten Zellen und ist vor allem bemüht, jenes ins Ungeheure aufgetürmte Fachwerk zu füllen und die ganze empirische Welt, das heißt die anthropomorphische Welt, hineinzuordnen. Wenn schon der handelnde Mensch sein Leben an die Vernunft und ihre Begriffe bindet, um nicht fortgeschwemmt zu werden und sich nicht selbst zu verlieren, so baut der Forscher seine Hütte dicht an den Turmbau der Wissenschaft, um an ihm mithelfen zu können und selbst Schutz unter dem vorhandenen Bollwerk zu finden.»[78]

Die Grundlage menschlicher Existenz ist der Trieb zur Metaphernbildung. In den Wissenschaften und für die in ihr herrschende Vernunft aber wird dieser Trieb wenn nicht geleugnet, so doch jedenfalls nicht zur Kenntnis genommen. Wenn aber die Wissenschaften und auch die Philosophie, solange sie in systematischer Gestalt auftreten und meinten, die Wirklichkeit auf den Begriff bringen, in sprachlicher Gestalt fassen zu können, prinzipiell nicht in der Lage sind, ihren Anspruch auf Wahrheit tatsächlich zu erfüllen, was ist dann die Lösung? Nietzsche findet sie im Mythos und in der Kunst:

«Jener Trieb zur Metaphernbildung, jener Fundamentaltrieb des Menschen, den man keinen Augenblick wegrechnen kann, weil man damit den Menschen selbst wegrechnen würde, ist dadurch, daß aus seinen verflüchtigten Erzeugnissen, den Begriffen, eine reguläre und starre neue Welt als eine Zwingburg für ihn gebaut wird, in Wahrheit nicht bezwungen und kaum gebändigt. Er sucht sich ein neues Bereich seines Wirkens und ein anderes Flußbett und findet es im *Mythus* und überhaupt in der *Kunst*. Fortwährend verwirrt er die Rubriken und Zellen der Begriffe dadurch, daß er neue Übertragungen, Metaphern, Metonymien hinstellt, fortwährend zeigt er die Begierde, die vorhandene Welt des wachen Menschen so bunt unregelmäßig, folgenlos unzusammenhängend, reizvoll und ewig neu zu gestalten, wie es die Welt des Traumes ist.»[79]

Nietzsche ersetzt die metaphysischen Begriffe des Seins und der Wahrheit durch das Spiel. Im Unterschied zu den Philosophen der metaphysischen Tradition, die danach strebten, sich des endgültigen Begriffs, des Signifikats auf der Inhaltsebene, zu bemächtigen, entfesselt Nietzsche das Spiel mit dem vieldeutigen Signifikanten und verlagert dadurch die gesamte sprachliche Problematik auf die Ausdrucksebene. Er durchbricht die institutionellen Barrieren, die den wissenschaftlichen und philosophischen Bereich vom literarischen Bereich trennen, um die Freiheit des unbegrenzten textuellen Spiels, des Spiels mit den Worten, genauer: mit den Signifikaten, zu ermöglichen.

Der Mensch ist in seinem Erkennen stets auf die Sprache angewiesen, auf sie zurückgeworfen. Akzeptiert er den prinzipiell metaphorischen Charakter der Sprache nicht und versucht er, mittels Sprache eine allgemeingültige, objektive, d. h. die Dinge selbst vermeintlich erfassende Wahrheit zu formulieren, dann unterliegt er einem Fehlschluß. Dem Menschen ist es nicht möglich, objektive Wahrheiten zu erkennen, er selbst ist stets das Maß aller Dinge. Nietzsche löst den Begriff der Wahrheit von den Dingen los und verlagert ihn in den Menschen. Der einzelne Mensch legt die nun subjektive Wahrheit stets für sich selbst fest. Indem der Mensch den metaphorischen Charakter seiner Sprache erkennt und anerkennt, wird er frei zum Spiel mit der Sprache, zum Spiel mit den Signifikanten.

«Jenes ungeheure Gebälk und Bretterwerk der Begriffe, an das sich klammernd der bedürftige Mensch sich durch das Leben rettet, ist dem freigewordnen Intellekt nur ein Gerüst und ein Spielzeug für seine verwegensten Kunststücke: und wenn er es zerschlägt, durcheinanderwirft, ironisch wieder zusammensetzt, das Fremdeste paarend und das Nächste trennend, so offenbart er, daß er jene Notbehelfe der Bedürftigkeit nicht braucht und daß er jetzt nicht von Begriffen, sondern von Intuitionen geleitet wird.»[80]

Der intuitive Mensch, das künstlerische Ich, entwirft sich also seine Wahrheiten selbst. Dennoch redet Nietzsche nicht der völligen Beliebigkeit das Wort. Sprache ist stets ja auch Kommunikation, neben dem Ich gibt es das Du. Das Ich ist auf das Du angewiesen, wenn es Sprache verwendet, und das Ich ist ebenfalls auf das Du angewiesen, wenn es über seine Intuitionen kommuniziert. Die einzelne Wahrheit des Ichs, seine Lesart der Welt, ist somit an die Nachvollziehbarkeit durch ein Du gebunden.

Nietzsches Zweifel an der Fähigkeit der Sprache, Wahrheiten bezeichnen zu können, oder an der Fähigkeit des Menschen, mittels Sprache Wahrheiten erkennen zu können, teilte der Literat und Philosoph Fritz Mauthner. Insbesondere die drei dickleibigen Bände ‹Beiträge zu einer

Kritik der Sprache› (1901/02)[81] und sein zweibändiges ‹Wörterbuch der Philosophie› haben die Zeit überdauert, ihretwegen ist Mauthner noch heute bekannt, während sein literarisches Werk weitgehend vergessen ist.

Mauthner geht es nicht darum, die Kritik – den Ausdruck ‹Kritik› im Sinne einer gewissenhaften Beobachtung, Untersuchung, genommen – einer Einzelsprache zu schreiben, ihm geht es um dasjenige, «was den Sprachen der Menschen gemeinsam ist, was man hübsch abstrakt etwa das Wesen der Sprache nennen kann» (3). «Die Sprache», im Gegensatz zu «den Sprachen», aber existiert nach Mauthner gar nicht. Dieses Wort ist ein Abstraktum, dem nichts in der Wirklichkeit entspricht: «Wo ist also das Abstraktum ‹Sprache› Wirklichkeit? In der Luft. Im Volke, zwischen den Menschen», (19) schreibt er und erklärt damit die Sprache zu einer «sozialen Wirklichkeit» (18). Zuvor schon hat er deutlich gemacht, daß die Sprache kein göttliches Geschenk ist, sondern nur das Sprachvermögen (als Werkzeug) und das Sprechen (als Tätigkeit) meinen kann. Man muß also die Sprache «unter die übrigen Tätigkeiten des Menschen rechnen alswie das Gehen, das Atmen» (15). Sprache im Sinne von Sprechen ist folglich eine Handlung. Die verbreitete und traditionsreiche Vorstellung, die Sprache sei ein Gegenstand oder ein Werkzeug, destruiert Mauthner durch die Bemerkung, daß Werkzeuge sich abnützen, verschlechtert und verbraucht würden, was man aber nur für die Wörter sagen könnte, nicht aber für die Sprache. Er folgert daraus: «Die Sprache ist aber kein Gegenstand des Gebrauchs, auch kein Werkzeug, sie ist überhaupt kein Gegenstand, sie ist gar nichts anderes als ihr Gebrauch. Sprache ist Sprachgebrauch». (24) Ein weiteres Argument gegen die Auffassung, die Sprache sei ein Gebrauchsgegenstand, besagt, daß die Sprache ohne Gebrauch sterben würde, ein ungebrauchter Gegenstand aber unverändert bestehen bliebe. Die Sprache ist also kein Gegenstand, sondern Gebrauch, und als solche kann sie auch niemandem gehören: «Die Sprache ist nur ein Scheinwert wie eine Spielregel, die auch umso zwingender wird, je mehr Mitspieler sich ihr unterwerfen, die aber die Wirklichkeitswelt weder ändern noch begreifen will.» Der Unterschied zu sonstigen Spielen besteht darin, daß die Sprache ein «weltumspannendes und fast majestätisches Gesellschaftsspiel» (25) ist, also jeder sprechende Mensch an diesem Spiel teilnimmt. Mit diesen Bestimmungen der Sprache als Gebrauch und als Spiel hat Mauthner insbesondere auf Ludwig Wittgenstein gewirkt, der diesen Gedanken aufgenommen und den Begriff des «Sprachspiels» in den Mittelpunkt seines sprachphilosophischen Spätwerks, den ‹Philosophischen Untersuchungen›, gestellt hat.[82]

Wenn die Sprache ein Spiel ist, dessen Regeln allen Menschen bekannt sind, dann müßte eine reibungslose Verständigung eigentlich möglich sein. Das aber verneint Mauthner. Gemeinsam ist allen zwar die Kenntnis der Regeln, nicht aber das Material, mit dem gespielt wird – die Worte:

«So wie aber nun an den unzähligen Weinstöcken der gleichen Art mit ihren tausendmal unzähligen Blättern und Beeren nicht zwei gleiche Blätter oder zwei gleiche Beeren sind, so hat das einzelne Wort, das in Millionen von Volksgenossen millionenmal keimen mußte, nicht bei zweien genau den gleichen Inhalt, den gleichen Umfang, den gleichen Wert.

Bei den Blätter achtet man nicht darauf, wenn sie nur im Winde rauschen. Und auch bei den Beeren kommt es für die Praxis nicht darauf an, wenn sie nur unter der Kelter ein Gemengsel geben, das sich trinken läßt. Für die Praxis genügt auch die menschliche Sprache, wahrscheinlich darum, weil es jedem einzelnen nur um sich selbst zu tun ist. Nur die Narren, die verstehen und verstanden werden wollen, empfinden die Unzulänglichkeit der Sprache.» (50)

Gleichwohl eignet sich die Sprache für den täglichen Umgang: «Den unreinen, den gemeinen Nutzen der Sprache wird Niemand leugnen.» (70) Im Kapitel über das ‹Gedächtnis›, das Mauthner zuvor als identisch mit der Sprache bestimmt hat, heißt es dann noch anschaulicher:

«Wer mit mir solche Worte bis an den Rand des Denkbaren zu denken wagt, der wird nun endlich vielleicht nicht zu hart finden, was ich in den einleitenden Kapiteln gegen die Sprache gesagt habe, gegen die Sprache als Erkenntniswerkzeug. Für das irdische Wirtshaus natürlich, für das Mitteilungsbedürfnis ist sie ja brauchbar, für das Schwatzvergnügen der Wirtshausgäste und für die Zurufe an den Speiseträger. Da kommt man mit der Sprache recht weit. Mit falschen Karten, falschen Beobachtungen und falschen Ziffern kommt Kolumbus bis nach Amerika und hat es entdeckt, weil er es für Indien hielt. Aber Welterkenntnis und die arme Menschensprache! Wesentlich falsch ist also unsere Sprache. Und wenn wir uns jetzt erinnern, daß auch die Unterlagen unseres Gedächtnisses, die Daten unserer Sinne, wesentlich, ihrem Wesen nach Sinnestäuschungen sind, dann hören wir wohl allen Glauben an eine Welterkenntnis krachend lachend zusammenstürzen.» (522 f.)

Das alltägliche Gespräch ist nicht Gegenstand seines Interesses, Mauthner läßt es beiseite. Sein eigentliches Anliegen ist die Untersuchung der «Sprache als Erkenntniswerkzeug». Daneben widmet er unter der Überschrift ‹Wortkunst› allerdings der dichterischen Sprache ein ganzes Kapitel. Deren Leistung liegt jedoch nicht im Erkennen, sondern im Hervorrufen von Stimmungen: «Der Unterschied zwischen der Sprache als einem Kunstmittel und der Sprache als einem Erkenntniswerkzeug ist [...] darin zu suchen, daß der Dichter Stimmungszeichen braucht und besitzt, der Denker Wertzeichen haben müßte und sie in den Worten nicht findet.» (95 f.) Dichtung ist also durch Sprache möglich, aber in einem begrenzten Rahmen, der die Erkenntnis von Wahrheit und Wirklichkeit nicht enthält: «Es ist unmöglich, den Begriffsinhalt der Worte auf die Dauer festzuhalten; darum ist Welterkenntnis durch Sprache unmöglich. Es ist möglich, den Stimmungsgehalt der Worte festzuhalten; darum ist eine Kunst durch Sprache möglich, eine Wortkunst, die Poesie.» (97) Das Festhalten von Stimmungen in Worten ist deshalb möglich, weil die Sprache keine Beziehung zur Wirklichkeit besitzt. Die Sprache ist subjektiv in dem Sinne, daß sie keinen Bezug zu den Gegenständen der Wirklichkeit aufweist; sie besteht aus der «Summe der Erinnerungen des Menschengeschlechts», und weil «Erinnerung heiter ist, selbst die Erinnerung an Trübstes» (89), vermag der Dichter mittels Sprache den Menschen aus seiner leidvollen und schmerzhaften Wirklichkeit herauszureißen und in eine heitere Stimmung zu versetzen.

Im alltäglichen Umgang also hat die Sprache, obwohl ein echtes Verstehen nicht möglich ist, als Kommunikationsmittel ihre Funktion. Ebenso die Sprache der Dichtung, die mittels in der Sprache enthaltener Erinnerung Stimmungen hervorruft. Wie aber steht es nun mit der Sprache als einem Erkenntnisinstrument? Wenn Sprache Erinnerung, Gedächtnis ist, dann ist in ihr das Wissen der Menschen aufgehoben, enthalten. Aber Wissen ist für Mauthner keine Erkenntnis, sondern nur Erinnerung an das Gewußte. Diese Feststellung gilt auch für die Wissenschaften, denen üblicherweise ja die Erkenntnisfunktion überhaupt zugesprochen wird. Die Wissenschaften gewinnen ihre Vorstellungen von der Wirklichkeit über die Sinne, die Mauthner «Zufallssinne» nennt:

> «Wir werden aber einsehen, daß die Allgemeingültigkeit der Gesetze, welche wir unseren Sinnesorganen verdanken, also die Allgemeingültigkeit aller wissenschaftlichen Gesetze, sich verstehen läßt, sobald unsere fünf oder sechs Zufallssinne durch Vererbung bei allen Menschen die gleichen Zufallssinne sind. Die Gesetze der Natur- und Geisteswissenschaften werden dann zu einer sozialen Erscheinung, zu den natürlichen Regeln des Gesellschaftsspiels der menschlichen Welterkenntnis, sie sind die Poetik der fable convenue oder des Wissens.» (35)

Unser Wahrnehmungswissen beruht auf «sozial erblich erworbenen Zufallssinnen», ist «nur anthropomorphisch, konventionell, traditionell» (31). Die Sprache nun beruht auf diesem anthropomorphischen, mit den Zufallssinnen erzeugten Wissen. Insofern ist auch sie anthropomorphisch, besitzt keinen Bezug zur Wirklichkeit. Wissenschaft ist nichts anderes als ein Spiel mit jenem Wissen, mit der Sprache, mit der Erinnerung, dem Gedächtnis. Sie ist eine soziale Konvention, die Gegenstände der Wirklichkeit auf eine bestimmte Weise zu sehen, hat aber mit der Wirklichkeit selbst nichts zu tun. Die Sprache liefert dem Menschen kein Abbild der Wirklichkeit, wie eine Photographie es tun könnte:

> «Aus einer Photographie des natürlichen Objektes könnte der Forscher allerdings neue Kenntnisse schöpfen; aber der mechanischen Photographie würden im Bereich der Töne nur unmittelbare Naturlaute und ihre Fixierungen entsprechen. Die Sprache kann niemals zur Photographie der Welt werden, weil das Gehirn des Menschen keine ehrliche Camera obskura ist, weil im Gehirn des Menschen Zwecke wohnen und die Sprache nach Nützlichkeitsgründen geformt haben.» (48)

Zufällig und zweckhaft sind also unsere Sinne, zufällig und zweckhaft ist auch die auf sinnlichen Daten beruhende Sprache. Beides zusammengenommen ergibt ein zufälliges Bild der Wirklichkeit, das zwar den

Zwecken der Menschen entspricht, mehr aber auch nicht: «Unser Weltbild ist das den Menschen nützliche Weltbild.»[83] Gustav Landauer, ein Freund Mauthners, hat in seiner Rezension der ‹Beiträge zu einer Kritik der Sprache› deren Grundgedanken aus dem linguistischen Blickwinkel treffend beschrieben:

«Mauthner [...] ruft uns mit großem Hohn zu: Diese Dinge da draußen sind Dinge, weil Eure Sprache sie in die Form der Substantiva pressen muß, und ihre Eigenschaften sind Adjektiva und ihre Beziehungen regeln sich nach der Art, wie Ihr Eure Eindrücke auf Euch bezieht, nämlich in der Form des Verbums. Eure Welt ist die Grammatik Eurer Sprache. Wer aber, wenn Das einmal ausgesprochen ist, wird glauben wollen, daß es jenseits der Menschensprache noch etwas Substantivisches giebt, wo es ja sogar Sprachen mit anderen Kategorien, Köpfe mit anderen Weltanschauungen giebt!»[84]

Mauthners Sprachkritik ist radikal, einmal in der Konsequenz ihrer Aussage, daß mit der Sprache keinerlei Erkenntnis der Wirklichkeit möglich ist, zum anderen auch in der Zuspitzung von vorliegenden Traditionen und Gedanken.[85] Unschwer ist eine Wirkung der These Wilhelm von Humboldts vom Weltbild der Sprache zu erkennen, ebenso eine Wirkung der Sprachkritik Friedrich Nietzsches und der Evolutionstheorie Charles Darwins. Mauthner hat diese Gedanken gebündelt unter dem Gesichtspunkt der Möglichkeit menschlichen Erkennens von Wirklichkeit, und er kam zu dem Ergebnis, daß uns weder die Sinne noch die Sprache hierbei helfen können. Die Sprache ist eine eigene Ordnung, die den Zwecken der Menschen angepaßt ist, aber keine Verbindung zur Wirklichkeit hat. Dieser Gedanke findet sich wieder in den von Benjamin Lee Whorf entwickelten Thesen von der sprachlichen Relativität (die verschiedenen Sprachen ordnen die Wirklichkeit auf unterschiedliche Weise) und dem sprachlichen Determinismus (was sprachlich nicht benannt ist, läßt sich auch nicht wahrnehmen und denken).[86]

Beide Thesen sind heute umstritten, ja sie werden von Teilen der linguistischen Forschung als widerlegt betrachtet.[87] Das Problem allerdings, daß bei einer solchen Widerlegung die Ebene der Sprache verlassen werden müßte, weil nur dann die Beziehung zwischen Welt und Sprache, zwischen Wirklichkeit und Grammatik, zu erfassen ist, wird ausgeklammert und muß ausgeklammert werden, denn die Sprache ist nicht hintergehbar: wir kommen nicht aus ihr heraus. Alle Versuche, die vollkommene Sprache zu finden, ein ideales Zeichensystem zu erstellen, in dem die Worte den Dingen entsprechen, sind gescheitert und werden vermutlich auch in Zukunft scheitern.[88] Es bleibt die «normale Sprache», und mit ihr der Versuch, das in ihr enthaltene Bild der Welt nicht einfach hinzunehmen, sondern sich bewußtzumachen, es zu reflektieren. Aufgrund der selbstreferierenden Funktion von Sprache, der Möglichkeit von Metasprache, des Sprechens mit Sprache über Sprache, ist dieser Versuch, für den die Sprachkritik zuständig zeichnet, zumindest nicht ganz aussichtslos.

Auch wenn Sprache keine Erkenntnis liefern kann, ist sie dennoch eine Macht, besitzt sie Macht. Zu Beginn des kurzen Kapitels ‹Macht der Sprache› schreibt Mauthner:

«Fassen wir kurz zusammen: ‹die› Sprache gibt es gar nicht, auch die Individualsprache ist nichts Wirkliches; Worte zeugen nie Erkenntnis, nur ein Werkzeug der Poesie sind sie; sie geben keine reale Anschauung und sind nicht real. Dennoch können sie eine Macht werden. Vernichtend wie ein Sturmwind, der ein Lufthauch ist wie das Wort. Leicht kann das Wort stärker werden, als eine Tat war; Leben aber fördert das Wort nie.» (151)

Die Macht der Sprache liegt in ihrem Handlungscharakter. Ein Hauptmann ruft «Feuer», und die Soldaten schießen: ein Wort hat eine Handlung ausgelöst. Man kann mit Worten lügen, beleidigen, verleumden, denunzieren, enthüllen. Worte können «wie Waffen eine Verwundung oder Verletzung hervorbringen» (152). Der Mensch kann sein ganzes Denken und Handeln unter die Macht von Worten stellen, wie der Name ‹Jesus Christus›, im Evangeliums zum Wort geworden, ganze Erdteile unterwarf oder die Französische Revolution mit den Worten ‹Freiheit, Gleichheit, Brüderlichkeit› das Denken vieler Menschen bestimmte. Die Macht der Sprache liegt in ihrer handlungsauslösenden und handlungsleitenden Funktion. Mauthner, der hiermit der späteren linguistischen Pragmatik vorgearbeitet hat, verfolgte diesen Gedanken nicht weiter, weil er an der anderen Frage nach der Erkenntnismöglichkeit von Sprache interessiert war. Wie wir gleich sehen werden, hat ihn aber Kurt Tucholsky aufgenommen und in Sprachkritik umgesetzt.

Von Mauthner – vermutlich – beeinflußt war der Schriftsteller Hugo von Hofmannsthal. Sein berühmt gewordener ‹Chandos-Brief› von 1902, lapidar überschrieben mit ‹Ein Brief›,[89] gilt insbesondere in der Literaturwissenschaft als das Zeugnis für die Sprachkrise um die Jahrhundertwende. Bei dem Text handelt es sich um einen fiktiven Brief des Philipp Lord Chandos an den Philosophen Francis Bacon, datiert vom 22. August 1602. Der sechsundzwanzigjährige Verfasser, Autor einiger literarischer Werke, entschuldigt sich zu Beginn für sein zweijähriges Schweigen. Es habe in dieser Zeit in seinem Inneren ein Wandel stattgefunden, er weiß nicht mehr, ob er noch derselbe wie früher ist. Diesen Brief nun nimmt er zum Anlaß, dem Empfänger seinen Seelenzustand zu schildern:

«Mein Inneres aber muß ich Ihnen darlegen, eine Sonderbarkeit, eine Unart, wenn Sie wollen eine Krankheit meines Geistes, wenn Sie begreifen sollen, daß mich ein ebensolcher brückenloser Abgrund von den scheinbar vor mir liegenden literarischen Arbeiten trennt, als von denen, die hinter mir sind und die ich, so fremd sprechen sie mich an, mein Eigentum zu nennen zögere.» (46)

Er hatte noch Pläne zu zahlreichen literarischen Werken, die in einem Zustand «andauernder Trunkenheit» gefaßt wurden, in dem ihm «das ganze Dasein als eine große Einheit» erschien, in dem «geistige und körperliche Welt [...] keinen Gegensatz» bildeten (47). Dieses Vertrauen in die Möglichkeit, sich die Welt geistig anzueignen, aber ist verloren. An eine göttliche Vorsehung, die ihn für seine anmaßenden Pläne straft, glaubt er nicht, denn religiöse Begriffe haben für ihn keine Bedeutung mehr, sie haben sich ihm «zu einer erhabenen Allegorie verdichtet, die über den Feldern meines Lebens steht wie ein leuchtender Regenbogen, in einer stetigen Ferne, immer bereit, zurückzuweichen, wenn ich mir einfallen ließe hinzueilen und mich in den Saum seines Mantels hüllen zu wollen». (48)

«Mein Fall ist, in Kürze, dieser: Es ist mir völlig die Fähigkeit abhanden gekommen, über irgend etwas zusammenhängend zu denken oder zu sprechen.

Zuerst wurde es mir allmählich unmöglich, ein höheres oder allgemeineres Thema zu besprechen und dabei jene Worte in den Mund zu nehmen, deren sich doch alle Menschen ohne Bedenken geläufig zu bedienen pflegen. Ich empfand ein unerklärliches Unbehagen, die Worte ‹Geist›, ‹Seele› oder ‹Körper› nur auszusprechen. Ich fand es innerlich unmöglich, über die Angelegenheiten des Hofes, die Vorkommnisse im Parlament oder was Sie sonst wollen, ein Urteil herauszubringen. Und dies nicht etwa aus Rücksichten irgendwelcher Art, denn Sie kennen meinen bis zur Leichtfertigkeit gehenden Freimut: sondern die abstrakten Worte, deren sich doch die Zunge naturgemäß bedienen muß, um irgendwelches Urteil an den Tag zu geben, zerfielen mir im Munde wie modrige Pilze. Es begegnete mir, daß ich meiner vierjährigen Tochter Katharina Pompilia eine kindische Lüge, derer sie sich schuldig gemacht hatte, verweisen und sie auf die Notwendigkeit, immer wahr zu sein, hinführen wollte, und dabei die mir im Munde zuströmenden Begriffe plötzlich eine solche schillernde Färbung annahmen und so ineinander überflossen, daß ich den Satz, so gut es ging, zu Ende haspelnd, so wie wenn mir unwohl geworden wäre und auch tatsächlich bleich im Gesicht und mit einem heftigen Druck auf der Stirn, das Kind allein ließ, die Tür hinter mir zuschlug und mich erst zu Pferde, auf der einsamen Hutweide einen guten Galopp nehmend, wieder einigermaßen herstellte.» (48 f.)

Zuerst gehen Lord Chandos die religiösen Begriffe verloren, dann die Abstrakta und schließlich auch die moralischen Urteile. Die Worte zerfallen ihm in Teile, «nichts mehr ließ sich mit einem Begriff umspannen». Sie werden ihm zu «Wirbel», «in die hinabzuschauen mich schwindelt, die sich unaufhaltsam drehen und durch die hindurch man ins Leere kommt» (49). Sprache und Wirklichkeit fallen auseinander. Ein einzelner Gegenstand ist zwar für sich noch zu benennen, gewissermaßen mit einem Eigennamen, aber nicht mehr in eine begriffliche Ordnung, die einen Bezug zur Wirklichkeit hat, zu überführen: «Eine Gießkanne, eine auf dem Felde verlassene Egge, ein Hund in der Sonne, ein ärmlicher Kirchhof, ein Krüppel, ein kleines Bauernhaus, alles dies kann das Gefäß meiner Offenbarung werden.» (50) Ratten im Todeskampf, eine Mutter mit ihrem sterbenden Kind, ein Schwimmkäfer in einer Gießkanne – Lord Chandos sieht, fühlt sie als das Wirkliche und kann es doch nicht ausdrücken. Es ist kein Mitleid, das ihn erfüllt, sondern «ein ungeheures

Anteilnehmen, ein Hinüberfließen in jene Geschöpfe oder ein Fühlen, daß ein Fluidum des Lebens und Todes, des Traumes und Wachens für einen Augenblick in sie hinübergeflossen ist – von woher?» (51)

Für die alltäglichen Geschäfte bleibt die Sprache tauglich. Lord Chandos redet mit seinem Architekten, mit seinen Pächtern und Beamten. Aber die Wirklichkeit mit ihr zu fassen, sie mit ihr zu bezeichnen oder gar zu erkennen, dazu taugt sie nicht. Es ist eine Kluft zwischen Sprache und Denken, das die stets einzelhafte Wirklichkeit in ordnende Begriffe faßt, einerseits und jenen einzelnen Dingen der Wirklichkeit andererseits. Der Mensch hat mittels Sprache keinen Zugang zu dieser Wirklichkeit, und er spürt diesen Verlust in dem Moment, da er das Einzelne wahrnimmt und versucht, sich in es hineinzufühlen, eins mit ihm zu werden. In solchen Momenten der Sprachlosigkeit muß den Menschen eine große Traurigkeit ergreifen. Aber Lord Chandos spürt in diesen Momenten, daß wir in «ein neues, ahnungsvolles Verhältnis zu den Dingen treten» könnten, «wenn wir anfingen, mit dem Herzen zu denken» (52). In solchen Augenblicken ist alles in Bewegung: «Und das Ganze ist eine Art fiebrisches Denken, aber Denken in einem Material, das unmittelbarer, flüssiger, glühender ist als Worte. Es sind gleichfalls Wirbel, aber solche, die nicht wie die Wirbel der Sprache ins Bodenlose zu führen scheinen, sondern irgendwie in mich selber und in den tiefsten Schoß des Friedens.» (54)

Lord Chandos teilt seinem Briefpartner am Ende mit, daß er kein Buch mehr schreiben werde:

> [...] und dies aus dem einen Grund, [...] nämlich weil die Sprache, in welcher nicht nur zu schreiben, sondern auch zu denken mir vielleicht gegeben wäre, weder die lateinische noch die englische noch die italienische und spanische ist, sondern eine Sprache, von deren Worten mir auch nicht eines bekannt ist, eine Sprache, in welcher die stummen Dinge zu mir sprechen, und in welcher ich vielleicht einst im Grabe vor einem unbekannten Richter mich verantworten werde.» (54)

Man hat den Chandos-Brief unterschiedlich gedeutet: als Ausdruck einer literarischen Schaffenskrise Hugo von Hofmannsthals, in deren Folge er die Lyrik aufgab und sich dem Drama zuwandte, als Ausdruck der Moderne, in der die ‹alten› Worte nicht mehr auf die neue Wirklichkeit passen, oder als eine exzellente literarische Umsetzung der Sprachkritik Fritz Mauthners beispielsweise. Wie dem auch sei, aus sprachkritischer Perspektive ist der Chandos-Brief zu nehmen als ein Dokument, daß der «Weltbezug der Sprache brüchig» geworden ist.[90] Das Vertrauen in die Sprache ist verloren, ja die Sprache selbst ist von Verlust bedroht.

Den einen Weg, auf den diese Erkenntnis führen könnte, der Weg in die Sprachlosigkeit, in Sprachverzicht, sind weder Mauthner noch Hofmannsthal gegangen. Sie haben den drohenden Sprachverlust sprachlich bewältigt und durch dieses Paradox unter anderem auch bewiesen, daß die Sprache ungeheuer vielfältig, ja eigentlich unendlich vielfältig ist. Ein anderer Weg wäre die Erfindung einer neuen Sprache. Dies könnte die mystische ‹Sprache des Herzens› sein, die Lord Chandos fühlte, aber nicht beherrschte, oder es könnte eine Sprache sein, die mit Laut- und Schriftzeichen auf andere, neue Weise umgeht. Diesen Weg hat die Literatur beschritten, beispielsweise im Expressionismus und im Dadaismus.

Sprachkritik, so radikal sie auch sein mag und wenn sie auch die Sprache selbst negiert, führt immer wieder – erfolgreich – zur Sprache zurück. Das hat die Sprachkrise der Moderne aufgezeigt und damit die Sprache nicht nur kritisiert, sondern aus der Kritik heraus neue Impulse zu neuen Formen gegeben. Es sind Impulse, die Sprache als Spiel zu begreifen und mit ihr zu spielen: «Rose is a rose is a rose is a rose» – vielleicht ist diese Sentenz von Gertrude Stein die sprachliche Fassung dessen, was Lord Chandos beim Anblick der Gegenstände empfand.

3. Die korrupte Sprache: Kraus und Tucholsky

Von Arthur Schopenhauers Stilkritik läßt sich eine direkte Verbindung ziehen zu dem Satiriker Karl Kraus, dem Herausgeber der Zeitschrift ‹Die Fackel› und Verfasser des Anti-Kriegsdramas ‹Die letzten Tage der Menschheit›. Wie Schopenhauer hatte auch Kraus den Sprachgebrauch seiner Zeit im Blick, begutachtete und wertete ihn. Und er gelangte, wie jener, zu einem vernichtenden Urteil. Werner Kraft, der Karl Kraus noch reden hörte und der ein gewichtiges Buch über Carl Gustav Jochmann geschrieben hat, sah noch eine andere geistige Verwandtschaft, eben die zwischen Jochmann zu Kraus. Dieser habe, schreibt Kraft, wie jener, aber ohne Kenntnis seines Vorgängers, die «wahre politische Funktion von Sprache» wirksam gemacht.[91] Was verstand Kraus unter Sprache, was war ihre politische Funktion, an welchen Erscheinungen übte er Kritik? Blicken wir als erstes auf die geistige Verbindung zwischen Jochmann und Kraus.

Es war ein hervorstechendes Merkmal der Sprachkritik Jochmanns, daß er aus ihr heraus, also aus der Kritik des bestehenden Sprachgebrauchs, ein Sprachideal entwickelt hat. Seine Vorstellung von einer idealen Kommunikationsgemeinschaft, der Entwicklung freier gesellschaftlicher Formen mit dem Mittel einer politischen Öffentlichkeit, war eingebettet in die allgemeine Vorstellung von der Perfektibilität des Menschen, dem erreichbaren Glück für alle in einer von keinerlei Entbehrungen mehr gekennzeichneten Welt. Für ihn galt es fortzuschreiten, denn «auf dem Wege der Civilisation ist nichts gewisser von jedem Schritt zurück, als daß er noch einmal vorwärts gethan werden muß».[92] Auch Karl Kraus läßt zwischen seinen mit Polemik nicht sparenden Worten ein Ideal hervorscheinen, und vieles von dem, was er über den Gebrauch der deutschen Sprache sagt, klingt trotz der Entfernung von siebzig Jahren den Worten Jochmanns sehr ähnlich:

«Und es ist, als hätte das Fatum jene Menschheit, die deutsch zu sprechen glaubt, für den Segen gedankenreichster Sprache bestraft mit dem Fluch, außerhalb ihrer zu leben; zu denken, nachdem sie sie gesprochen, zu handeln, ehe sie sie befragt hat. Von dem Vorzug dieser Sprache, aus allen Zweifeln zu bestehen, die zwischen ihren Wörtern Raum haben, machen ihre Sprecher keinen Gebrauch. Welch ein Stil des Lebens möchte sich entwickeln, wenn der Deutsche keiner andern Ordonnanz gehorsamte als der der Sprache.»[93]

Jochmann stellte den Deutschen ähnliche Diagnosen. Kraus fand, wie Jochmann, aber dennoch anders, die Ursachen dafür, daß die Möglichkeiten des Deutschen zu wenig genutzt werden, im Politischen. Unmittelbar vor der eben zitierten Stelle aber hatte Kraus auch das folgende geschrieben:

«Der Zweifel als die große moralische Gabe, die der Mensch der Sprache verdanken könnte und bis heute verschmäht hat, wäre die rettende Hemmung des Fortschritts, der mit vollkommener Sicherheit zu dem Ende der Zivilisation führt, der er zu dienen wähnt.»

So sehr der erste Gedanke Jochmann und Kraus zu verbinden scheint, so sicher trennt sie dieser zweite. Das liegt – vor allem, aber nicht nur – an der veränderten gesellschaftlichen Situation, in der Kraus lebte und schrieb. Öffentlichkeit und eine freie Presse, die Jochmann als Heilmittel für die Sprache und als Beförderer der Freiheit im Jahre 1820 noch so vehement gefordert hatte, waren 1890 in den Augen von Karl Kraus korrumpiert. Was in der Öffentlichkeit, im freien Wechsel der Meinungen, nach Ansicht Jochmanns sich hätte bilden sollen, die öffentliche Meinung als Ausdruck eines Mehrheitswillens, wurde nun beherrscht von einer Journalisten-Oligarchie. Für Kraus war folglich alles, was mit dieser von der Presse erzeugten Öffentlichkeit zu tun hatte, Ausdruck von Verfall und Lüge. «Der Name ‹öffentliche Meinung› schon ist ihm ein Greuel, Meinungen sind Privatsache», schreibt Walter Benjamin in seinem Kraus-Essay. «Öffentlichkeit hat nur ein Interesse an Urteilen. Sie ist richtende oder überhaupt keine. Aber das ist ja gerade der Sinn der öffentlichen Meinung, die die Presse herstellt, die Öffentlichkeit unfähig zum Richten zu machen, die Haltung des Unverantwortlichen, Uninformierten ihr zu suggerieren.»[94]

Fortschritt in einem positiven Sinne war für Kraus nirgends mehr zu erkennen: «Wir sind mit dem Fortschritt vorausgeeilt und hinter uns zurückgeblieben»,[95] schrieb er, und: «Es ist meine Religion zu glauben, daß Manometer auf 99 steht. An allen Enden dringen die Gase aus der Welthirnjauche, kein Atemholen bleibt der Kultur, und am Ende liegt eine tote Menschheit neben ihren Werken, die zu erfinden ihr so viel Geist gekostet hat, daß ihr keiner mehr übrig bleibt, sie zu nützen.»[96] Hand in Hand mit dem technischen Fortschritt geht für Kraus der der menschlichen Dummheit: «Wir waren kompliziert genug, die Maschine zu bauen, und wir sind zu primitiv, uns von ihr bedienen zu lassen. Wir treiben einen Weltverkehr auf schmalspurigen Gehirnbahnen.»[97] Wenn es keinen Fortschritt gibt, können die Ideale auch nicht in der Zukunft liegen, auch das Sprachideal nicht.

Dieses Sprachideal wird erkennbar, wenn man zuvor die konkrete Kritik am Sprachgebrauch beleuchtet. Karl Kraus hatte seiner Zeit den Kampf angesagt, weil sie seiner Ansicht nach mit den elementaren Prinzipien der Moral und des Rechts gebrochen hatte. Politik, Kunst und Presse, sie alle scharten sich um den Kommerz, verkauften ihre Haut, ihr Gewissen und ihre Sprache für ein bißchen Ruhm und Einfluß, die mit der Verbreitung von Phrasen zu erlangen waren. «Die Welt ist taub vom Tonfall. Ich habe die Überzeugung, daß die Ereignisse sich gar nicht mehr ereignen, sondern daß die Klischees selbsttätig fortarbeiten. [...] Die Sache ist von der Sprache angefault. Die Zeit stinkt schon von der Phrase», diagnostizierte Kraus.[98] Die Phrase, das war Lüge und Verfall. Die Presse war der Ort, an dem sie produziert wurde.

Karl Kraus griff insbesondere die in Wien erscheinende ‹Neue Freie Presse› an, jene Zeitung, die nicht nur das Wiener Kulturleben bestimmte, sondern auch die österreichische Politik und Wirtschaft.[99] Diesen Journalismus erachtete Kraus als korrupt und käuflich, ihm wollte er eine unabhängige Stimme entgegensetzen, die die Machenschaften der «Pressebarone» aufdecken und positive Grundsätze einer öffentlichen Moral dagegenstellen sollte. Er gründete 1899 «Die Fackel», eine Zeitschrift, die er ab 1906 nur noch für seine eigenen Arbeiten beanspruchte. «Kein tönendes ‹Was wir bringen›, aber ein ehrliches ‹Was wir umbringen› hat sie sich als Leitwort gewählt. Was hier geplant wird, ist nichts als eine Trokkenlegung des weiten Phrasensumpfes», stand im Vorwort.[100] Der von Karl Kraus geführte Kampf gegen Korruption und für eine Kultivierung der deutschsprachigen Öffentlichkeit währte 37 Jahre oder 922 «Fackel»-Nummern. Mehr als 11 000 Seiten umfassen diese kleinen roten Hefte, und mehr als 30 selbständige Schriften hat er aus ihnen herausgelöst.

Programmatisch und exemplarisch für die von Kraus geübte Sprachkritik liest sich der Anfang des Artikels ‹Die grammatische Pest›, der, wie zahlreiche andere, unter der Überschrift ‹Sprachlehre› eingeordnet ist:

«Schopenhauer würde die Kritik, die die ‹Fackel› auch an der sprachlichen Gemeinheit der Zeitungen übt, gewiß nicht kleinlich finden. Eher aussichtslos. Sprechen und Denken sind eins, und die Schmöcke sprechen so korrupt, wie sie denken; und schreiben – so, haben sie gelernt, soll's sein –, wie sie sprechen. Fehlt nur noch die phonetische Orthographie. Was aber bis zu dieser fehlt, sind Strafbestimmungen gegen die öffentliche Unzucht, die mit der deutschen Sprache getrieben wird. Sie treiben es alle gleich arg; die pathetische Rede der ‹Neuen Freien

Presse› ist nicht besser als die nüchterne Mauschelweis der ‹Zeit›: dort vergißt man ‹an› die deutsche Grammatik, hier ‹auf› die deutsche Grammatik, das ist der Unterschied, und einer schreibt schlechter ‹wie› der andere. Wann sie endlich die Bedeutung der Konjunktion ‹bis› begreifen werden? Im Zeitungsdeutsch könnte man antworten: bis wir ein Strafgesetz bekommen, das die Prügelstrafe für den Mißbrauch von Konjunktionen einführt.»[101]

Kraus setzt eine ebenso einfache wie problematische Reihe: Schreiben – Sprechen – Denken. Sprechen und Denken sind ihm identisch, und da die Zeitungsschreiber keinen Unterschied zwischen mündlicher und schriftlicher Sprache machen, nimmt er ihre schriftlichen Produkte als Ausdruck ihres Denkens. Das korrupte Denken findet seinen Widerhall in einer falschen Anwendung der Grammatik, oder umgekehrt: die grammatischen Fehler sind Ausdruck eines korrupten Denkens. Auf den ersten Blick kritisiert Kraus kleine Sprachschnitzer: die falsche Verwendung der Konjunktion ‹bis› beispielsweise, die Verwischung des Unterschieds zwischen ‹nur noch› und ‹nur mehr›, den unrichtigen Gebrauch von ‹verbieten› und ‹verbitten› und anderes mehr. Derartige Fehler ließen sich deuten als eine ungenügende Beherrschung der Grammatik, denen prinzipiell durch Unterricht, durch eine Sprachlehre, abzuhelfen wäre.

Für Kraus aber sind solche Sprachschnitzer mehr. Sie sind ihm ein Zeichen dafür, daß die Schreiber ungenügend und falsch gedacht haben. Dieses falsche Denken nun setzen sie mit der Autorität des gedruckten Wortes in Umlauf, so daß sich auch in den Lesern durch den phrasenhaften Sprachnebel stereotype Denkformen ausbreiten. Kraus will mit seinen Glossen und Satiren gegen diese Stereotypie ankämpfen, er will über die Entlarvung sprachlicher Unrichtigkeiten auch das damit verbundende Denken entlarven. «Der Journalismus dient nur scheinbar dem Tage. In Wahrheit zerstört er die geistige Empfänglichkeit der Nachwelt.»[102] Der Sprachgebrauch des Journalismus zerstört also die Fähigkeit, einen Gedanken durch die Sprache befruchten zu lassen. Diese Fähigkeit aber sucht er zu retten; er kämpft gegen einen Sprachverfall, der seiner Meinung nach den Verfall des Denkens und der Moral dokumentiert.

Der Sprachverfall zeigt sich im Sprachgebrauch der Sprecher und Schreiber, nicht aber in der Sprache selbst. Unter der Überschrift ‹Hier wird Deutsch gespuckt› schreibt Kraus über die zeitgenössischen Bestrebungen der Verdeutschung von Fremdwörtern:

«Wenn die Herren die große Zeit, anstatt sie mit Sprachreinigung zu vertun, lieber darauf verwenden wollten, ihren Mund zu reinigen, so wären die Voraussetzungen für eine spätere internationale Verständigung vielleicht gegeben. Gewiß, man muß Fremdwörter nicht gerade dort gebrauchen, wo es nicht notwendig ist, und man muß nicht unbedingt von Kretins sprechen, wo man es mit Trotteln zu tun hat. Aber das eine sei ihnen doch gesagt: daß ein Fremdwort auch einen Geschmack hat und sich seinerseits auch nicht in jedem Mund wie zu Hause fühlt. Freilich bin ich ja nicht kompetent, weil ich mit der Sprache nur eine unerlaubte Beziehung unterhalte und sie mir nicht als Mädchen für alles dient. Aber ich habe auch bloß den Schutz jenes Sprachgebrauchs im Sinn, den die Leute für die Sprache halten. Mehr ihnen zu sagen, wäre vom Übel. Sie verstehen ihre eigene Sprache nicht, und so würden sie es auch nicht verstehen, wenn man ihnen verriete, daß das beste Deutsch aus lauter Fremdwörtern zusammengesetzt sein könnte, weil nämlich der Sprache nichts gleichgültiger sein kann als das ‹Material›, aus dem sie schafft.»[103]

Nichts liegt Kraus also ferner, als einem nationalen Purismus zu huldigen. Die Sprache ‹rein› zu erhalten heißt nicht, fremde Wörter zu verbannen, sondern das richtige Wort in einem richtigen Sinn an die richtige Stelle zu setzen. Kraus hält es mit Goethe, dessen Auffassung über Sprachreinigung er als Motto über seinen Aufsatz gestellt hat: «Der geistreiche Mensch knetet seinen Wortstoff, ohne sich zu bekümmern, aus was für Elementen er bestehe; der geistlose hat gut rein sprechen, da er nichts zu sagen hat.»[104] Die Sprache ist für Kraus eine selbständige Instanz. Der Mensch darf sie nicht «benutzen» oder «gebrauchen» – wenn er es tut, wie die Journalisten, dann ist das jener korrupte Sprachgebrauch, gegen den Kraus die Sprache schützen will. Die Sprache «schafft» vielmehr, aus welchem «Material», ist ihr gleichgültig. Die Sprache ist ein «Organismus», für deren «Gestaltung» der Mensch Verantwortung trägt:

«Die Nutzanwendung der Lehre, die die Sprache wie das Sprechen betrifft, könnte niemals sein, daß der, der sprechen lernt, auch die Sprache lerne, wohl aber, daß er sich der Erfassung der Wortgestalt nähere und damit der Sphäre, die jenseits des greifbar Nutzhaften ergiebig ist. Diese Gewähr eines moralischen Gewinns liegt in einer geistigen Disziplin, die gegenüber dem einzigen, was ungestraft verletzt werden kann, der Sprache, das höchste Maß einer Verantwortung festsetzt und wie keine andere geeignet ist, den Respekt vor jeglichem andern Lebensgut zu lehren.»[105]

Sprechen können ist für Kraus lediglich die Fähigkeit, Worte als Mittel der Mitteilung zu verwenden. Die Sprache zu können aber heißt, sich der Wortgestalt zu nähern und die Sprache selbst sprechen zu lassen, unabhängig von jeglichem Nutzen. Die Sprache ist somit nichts, mit dem der Mensch ‹umgehen›, das er nach seinen Zwecken umformen, ‹einrichten› darf. Das Sprachideal kann somit auch nicht in der Zukunft liegen, kann nicht in einem Fortschreiten der Menschheit eingeholt und verwirklicht werden. Es existiert bereits, es ist die unschuldige, nicht geschändete Sprache:

«Die Sprache
Mit heißem Herzen und Hirne
naht' ich ihr Nacht für Nacht.
Sie war eine dreiste Dirne,
die ich zur Jungfrau gemacht.»[106]

Für Karl Kraus war die Sprache der letzte Rest Natur in einer von Krieg und Technik, die unter dem Namen der Zivilisation auftraten, verschütteten Welt. Die Sprache war nur im Rückgriff auf den Ursprung zu retten. Ursprung aber hieß Poesie, hieß, hinter den Worten nach Erkenntnis und

Wahrheit zu suchen: «Ursprung ist das Ziel.»[107] Und: «Die Sprache tastet wie die Liebe im Dunkel der Welt einem verlorenen Urbild nach. Man macht nicht, man ahnt ein Gedicht.»[108] Auch Kraus zweifelte, aber nicht an der Sprache, sondern am Sprachgebrauch. Und wenn mit der Sprache ein Zweifel verbunden war, dann war es die Sprache selbst, die zweifelte, aber nur dann, wenn sich der Mensch auf ihre ursprüngliche Wahrheit einläßt und sich der Sprache ganz ergibt, ihr dient. In eben diesem Zweifel am Fortschritt der Menschheit aus dem Geist des Ursprungs der Sprache liegt deren wahre politische Funktion. Es scheint, daß Karl Kraus mit dem gleichen Ziel alle Schritte, die Carl Gustav Jochmann für die Sprache wie auch für die Gesellschaft so hoffnungsvoll in die Zukunft hinein entworfen hatte, wieder zurückgegangen ist.

Während Karl Kraus mit verbissenem Ernst, mit Spott und Verachtung sein sprachkritisches Geschäft verrichtete, ging es Kurt Tucholsky lockerer, leichter, gewissermaßen mit einem Lächeln auf den Lippen an. Auch er bediente sich, wie Kraus, der kleinen Formen, insbesondere der Glosse, um seine sprachkritischen Anliegen zu verbreiten. Die in die Glosse eingeschlossene Satire konnte zornig sein, meist aber war sie humorvoll. Tucholsky wollte als Journalist mit seinem Publikum diskutieren, nicht aber es von oben herab mit einer abgehobenen Sprache belehren oder beeinflussen.[109] Sein eigener Stil war klar und knapp zugleich, er sagte, was er sagen wollte, d. h., was er dachte, und er sagte es in einer allgemeinverständlichen Sprache. Hierin fühlte er sich seinem Mentor Siegfried Jacobsohn, dem Herausgeber der ‹Weltbühne›, ebenso verpflichtet wie Arthur Schopenhauer.

Tucholsky hat seine sprachkritischen Positionen nirgends ausdrücklich umrissen und auch seinen Sprachbegriff nicht explizit gemacht. Nur an manchen Stellen seiner Glossen scheint das Ziel seiner Kritik durch. Besonders wandte er sich gegen das, was er «Neudeutsch» nannte: «Das Wort Neudeutsch ist nicht mit dem gleichnamigen Grünkohl zu verwechseln, obgleich ja beide aus der Zusammenziehung eines Adjektivs und eines Substantivs zu neuem Hauptwort und Begriff entstanden sind. Dieses Neudeutsch ist etwas ganz Furchtbares.»[110] An anderer Stelle, in einer Glosse ‹Der neudeutsche Stil›, verläßt er das Doppelbödige, nämlich die Kritik neudeutscher Spracherscheinungen und das Wort ‹Neudeutsch› selbst, um die Sache selbst zu charakterisieren:

«Die Kennzeichen des neudeutschen Stils sind: innere Unwahrhaftigkeit; Überladung mit überflüssigen Fremdwörtern, vor denen der ärgste Purist recht behält; ausgiebige Verwendung von Modewörtern; die grauenhafte Unsitte, sich mit Klammern (als könne mans vor Einfällen gar nicht aushalten) und Gedankenstrichen dauernd selber – bevor es ein anderer tut – zu unterbrechen, und so (beiläufig) andere Leute zu kopieren und dem Leser – mag er sich doch daran gewöhnen! – die größte Qual zu bereiten; Aufplusterung der einfachsten Gedanken zu einer wunderkindhaften und gequollenen Form.»[111]

Das von Tucholsky angewandte satirische Mittel fällt sogleich auf: Er baut das Kritisierte in seinen eigenen Text geschickt ein, benennt es also nicht nur, sondern führt es auch vor, so daß es sofort anschaulich und nachvollziehbar wird. Blicken wir auf zwei der von Tucholsky genannten Kennzeichen des neudeutschen Stils, auf die «Modewörter» und auf die «innere Unwahrhaftigkeit». Da die Glosse eine geschlossene Form ist, in der jeder Satz, jedes Wort seinen Wert besitzt, muß das folgende Beispiel mit dem Titel ‹Aufgezogen› vollständig zitiert werden:

«Die deutsche Sprache ist um ein schönes Wort reicher. Erfunden haben es die Offiziere im Krieg, und so ist es ins Volk gedrungen, und weil es das ist, was der lateinische Grammatiker eine ‹vox media› nennt – wir anderen sagen: Verlegenheitswort –, so erfreut es sich großer Beliebtheit und wird beinahe so oft angewandt wie ‹nicht wahr?› – Das neue Wort heißt ‹aufziehen›.

Für ‹aufziehen› hat Sanders zwölf Erklärungen, aber die neue ist nicht dabei. Man zieht ein Uhrwerk auf, die Segel werden aufgezogen, die Wache zieht auf, und die Wolken ziehen auf, man zieht jemanden auf, verspottet ihn ... aber Sanders, der gute, alte Mann, wußte noch nicht, daß man auch einen ‹Laden aufziehen› kann. Einen Laden aufziehen – das heißt: Schwung in die Sache bringen. ‹Das Geschäft wird ganz groß aufgezogen› – das heißt: es steht auf finanziell breiter Basis. ‹Wir werden das Ding schon aufziehen› – das heißt: wir werden es schon machen.

Aber nun gehts weiter: Fragen werden aufgezogen, Untersuchungen werden aufgezogen, eine Propaganda ist gut aufgezogen, es ist so ein richtiges Soldatenwort, denn es paßt immer.

Wustmann nennt solche Wörter Modewörter, – sie kommen und gehen, und lange gehalten hat sich noch keines. Wer sagt heute noch ‹voll und ganz› ohne die Anführungsstriche mitzusprechen? Wer sagt noch ernsthaft ‹unentwegt›? Wer ‹naturgemäß›? Von ‹schneidig› ganz zu schweigen. Man trägt sie alle nicht mehr.

Es ist eine neue Zeit aufgezogen, in der die Soldaten nicht mehr so aufziehen wie früher, und wenn wir die neuen Vorschriften auf Pappe aufziehen, sehen wir, daß wir andere Kinder aufziehen als damals. Aber immerhin: es wird schon werden. Wir müssen es nur richtig aufziehen.»[112]

Tucholsky sagt dem Leser nicht, was sprachlich richtig oder falsch ist, und folglich erklärt er das von ihm angesprochene sprachliche Phänomen auch nicht. Er stellt es nur vor, indem er es bis zur Kenntlichkeit überzeichnet. Den eigentlichen Schluß aus dem Ganzen, das Herausschälen des sprachkritischen Kerns, überläßt er dem Leser. Wo Karl Kraus versucht zu belehren und zu erkennen gibt, daß er es besser weiß, macht Tucholsky nur aufmerksam. Er rechnet mit dem mündigen Leser.

Nur an einer Stelle der Glosse über das Wort ‹Aufziehen› scheint eine explizite Wertung durch: «es ist so ein richtiges Soldatenwort, denn es paßt immer», schreibt Tucholsky. Der Pazifist hatte besonders das Militär im Blick und mit ihm dessen Sprache, die ihm zutiefst undemokratisch erschien. Wie recht Tucholsky gerade mit seinem – 1919 geschriebenen – kritischen Hinweis auf das Wort ‹aufziehen› hatte, belegt nicht zuletzt der Umstand, daß Victor Klemperer in seinem Buch ‹LTI› dem Wort ebenfalls ein Kapitel gewidmet hat.[113] ‹Aufziehen› blieb also kein bloßes Modewort, aber genau das hatte Tucholsky ja befürchtet.

Auch das Kennzeichen «innere Unwahrhaftigkeit» des neudeutschen Stils wird an der Sprache des Militärs, wie in der folgenden Glosse mit der Überschrift ‹Dienstlich›, sichtbar:

«In Diedenhofen hat ein Leutnant einen Fähnrich erschossen. Bei einer nächtlichen Sauferei: der Leutnant erklärte schluchzend, er wolle sich nunmehr das Leben nehmen. Nun, das sagt man schon so des Nachts um halber zwölf. Aber dem da schien es ernst zu sein, denn er zog einen Revolver und fuchtelte damit herum. Der Fähnrich, der das Unheil kommen sah, nahm seinem betrunkenen Vorgesetzten das Schießgewehr weg. Darauf wurde der nüchtern und ‹befahl wiederholt dem Fähnrich dienstlich›, ihm den Revolver zurückzugeben. Was dieser auch tat, – der Leutnant holte sich von seinem Burschen Patronen und schoß den Fähnrich tot.

Es wird Sache der Gerichte sein, sich mit diesem Tatbestand näher zu befassen. Wir haben uns bloß mit dem Wort ‹dienstlich› zu beschäftigen. Es steht immer in diesen Berichten, die wir zur Genüge kennen. Wenn ein Offizier Weibergeschichten hat, einen Zusammenstoß mit Vorgesetzten aus privaten Gründen, – immer wird die Sache irgendwo dienstlich. Bis dahin stand man sich als Mitmensch und Gegner gegenüber, – wenn man aber nicht mehr weiter kann, befiehlt man ‹dienstlich›. Praktisch: die Kommandogewalt gilt immer. Das ist eine gefährliche Waffe in Händen von Leuten, die noch nicht weit genug sind, um zwischen Privatverhältnissen und dem Dienst zu unterscheiden. Im Gegenteil: nachts um zwei, wenn man nicht mehr gerade stehen kann, hört die Gemütlichkeit, aber auch der Dienst auf.

Das Wort imponiert. Niemand nimmt mehr Anstoß daran, wenn so ein junger Leutnant nachher im Gerichtssaal erklärt: ‹Ich befahl dem Angeklagten dienstlich ...› Und wenn man näher hinhört, saßen sie alle zusammen beim Jeu und waren alle zusammen heillos betrunken. Das ist eine Farce, die abgetan werden muß. Sie bilden einen Staat im Staate – denn wenn jemand bei einer Rauferei sich auf den Postassistenten ausspielt, wird er ausgelacht. Hier fliegt der andere in den Kasten, wenn er nicht noch im Rinnstein mit den Händen an der Hosennaht salutiert: ‹Zu Befehl, Herr Leutnant!› – Der Dienst gehört in die Kaserne. Beim Sekt hat er nichts zu suchen.»[114]

Tucholsky kritisiert hier den sich hinter dem Wort ‹dienstlich› versteckenden Anspruch des Militärs, eigene Regeln des Verhaltens, ja eigene Gesetze aufstellen zu dürfen. Sobald nämlich das Verhalten eines Offiziers, auch wenn es im privaten Bereich stattfindet, als ‹dienstlich› bezeichnet wird, ist es erlaubt und entschuldigt. Das so angewandte, über seinen eigentlichen Geltungsbezirk hinausreichende Wort wird zu einer Legitimation für eine undemokratische Bevorzugung des Militärs. Es zeigt seine innere Unwahrhaftigkeit, wenn sein Geltungsbereich ungebührlich ausgedehnt wird.

Sprachkritik ist bei Tucholsky eigentlich Gesellschaftskritik, Kritik an undemokratischem Verhalten, an Kriegstreiberei, am Autoritätsgehabe der Beamten. Die Sprache ist ihm ein Mittel zum Zweck, nämlich in seinen Lesern das Sprachgefühl zu schärfen und sie damit in die Möglichkeit zu versetzen, jene von ihm kritisierten gesellschaftlichen Verhältnisse zu durchschauen, um sie dann, wie er hoffte, handelnd zu verändern. «Sprache», schrieb er, «ist eine Waffe»[115] – eine Waffe gegen die Herrschenden, die, zum Glück, nicht tötet, aber bloßstellt, entlarvt, manchmal auch verletzt.

Seinem Vorhaben, durch Sprachkritik zum Handeln zu motivieren, war kein Erfolg beschieden. Man las ihn, amüsierte sich über seine Glossen, aber die Gesellschaft seiner Zeit blieb in ihren undemokratischen Bahnen, ja sie schritt in ihnen unaufhaltsam voran. Am Ende verstummte Kurt Tucholsky. «Sprechen – Schreiben – Schweigen», hatte er, in Form aufsteigender Treppenstufen, notiert.[116] Tucholsky hatte nichts als seine Sprache. Die Nationalsozialisten hatten 1933 darüber hinaus noch ihre Stiefel und Knüppel, mit denen sie ihrer Sprache Nachdruck verliehen. So nahe können Ohnmacht und Macht der Sprache beieinanderliegen.

VI.
Verführung – Manipulation – Verwaltung. Sprachkritik nach 1945

Das Jahr 1933 führte, wie an einem Strang der sprachkritischen Tradition des 19. Jahrhunderts gezeigt wurde, zu keinem Einschnitt in den reflexiven Denkmustern zur Sprache. Insbesondere der ‹Allgemeine Deutsche Sprachverein› hatte mit seiner Fremdwortkritik, seiner Abgrenzung der deutschen Sprache von anderen Sprachen, und seiner nationalistisch-völkischen Interpretation des Zusammenhangs von Sprachgeist und Volksgeist eine Sprachauffassung vorbereitet, die – zunächst jedenfalls – zu den politischen Absichten der Nationalsozialisten zu passen schien. Die Nationalsozialisten selbst aber haben weder auf die Beratung durch die gelehrte Wissenschaft noch auf eine Aufnahme der Vorschläge und Forderungen des Sprachvereins gesetzt. Statt dessen entwickelten sie ihre eigene Rhetorik und Pragmatik. Mit dem Mittel der Sprachlenkung von Presse und öffentlichem Sprachgebrauch sowie mittels einer als Vorbild und Norm wirkenden vorgesprochenen und vorgeschriebenen Sprachverwendung setzten sie in recht kurzer Zeit einen eigentümlichen nationalsozialistischen Sprachgebrauch durch.

Gewiß gehört die nationalsozialistische Sprachlenkung auch zur Sprachkritik und insofern auch in ihre Geschichte hinein. Sie soll hier jedoch aus zwei Gründen keinen eigenständigen Raum erhalten: Zum einen scheint mir eine nüchtern-beschreibende Haltung gegenüber den Mechanismen und Inhalten der nationalsozialistischen Sprachlenkung angesichts ihrer mittelbaren Folgen im konkreten Lebensvollzug der Menschen – Massenvernichtung, Krieg, Unterdrückung – weder möglich noch angebracht. Zweitens, und das macht die Entscheidung für einen solchen Verzicht einfach, gibt es zeitgenössische Beobachter, die die Sprachlenkung und den Sprachgebrauch der Nationalsozialisten beobachtet, dokumentiert und kritisch kommentiert haben. Es gibt also eine Kritik an der Sprache jener Zeit, die zweierlei leistet: eine Darstellung der nationalsozialistischen Sprachlenkung und eine jeweils eigene Sprachkritik mit Bezug auf eben jene Phase der deutschen Sprachgeschichte.

Zwei Werke sind in diesem Zusammenhang zu besprechen: Victor Klemperers ‹LTI. Notizbuch eines Philologen›, erstmals 1947 erschienen und in jüngster Zeit des öfteren wiederaufgelegt, sowie die von Dolf Sternberger, Gerhard Storz und Wilhelm E. Süskind verfaßte Sammlung ‹Aus dem Wörterbuch des Unmenschen›, dessen einzelne Artikel zuerst 1945 und 1946 in der von Sternberger herausgegebenen Monatsschrift

‹Die Wandlung› publiziert wurden. 1957 erschien die erste Buchausgabe, die zweite Auflage von 1967 erfuhr eine Erweiterung; heute ist das Buch, nach zwei weiteren Auflagen von 1968 und 1986, nicht mehr greifbar. Angesichts der Bedeutung der Autoren dieser Bücher scheint es angebracht, kurz deren Lebensdaten zu rekapitulieren.

Victor Klemperer wurde als Sohn eines jüdischen Rabbiners 1881 geboren. Zwischen 1902 und 1905 studierte er Philosophie sowie romanische und germanische Philologie in München, Genf, Paris und Berlin. Von 1905 bis 1912 lebte Klemperer als Schriftsteller in Berlin, 1906 hatte er die Pianistin und Musikwissenschaftlerin Eva Schlemmer geheiratet, mit der er bis zu ihrem Tod 1951 zusammenlebte. 1913 entschied er sich mit der Promotion und der anschließenden Habilitation bei Karl Vossler in München (1914) zu einer wissenschaftlichen Laufbahn. Nach dem Ersten Weltkrieg, an dem er als Kriegsfreiwilliger teilnahm, wurde er 1920 als Professor auf den Lehrstuhl für Romanistik an der Technischen Universität Dresden berufen. Mit verschiedenen Publikationen insbesondere zur französischen Literaturgeschichte hatte er sich bald einen wissenschaftlich anerkannten Namen gemacht, so daß er, was er des öfteren mit Stolz vermerkt hat, neben seinem Bruder, dem Chirurgen Georg Klemperer (1865–1946), und seinem Vetter, dem Dirigenten Otto Klemperer (1885–1973), Aufnahme im Brockhaus fand.

1935 wurde Klemperer auf Grund des «Gesetzes zur Wiederherstellung des Berufsbeamtentums» von seinem Lehrstuhl «entpflichtet». Er überlebte in Dresden die Zeit des Nationalsozialismus, vermutlich nur deshalb, weil er mit einer «Arierin» verheiratet war. Nach dem zweiten Weltkrieg blieb Klemperer in der Sowjetischen Besatzungszone, später in der DDR. Bereits 1945 wurde er wieder zum Professor ernannt und lehrte bis zu seinem Tod 1960 in Dresden, Greifswald, Halle und Berlin.

Klemperer war stets, aber besonders in der Zeit des Nationalsozialismus, da ihm seine wissenschaftlichen Arbeitsmöglichkeiten zunächst eingeschränkt, bald ganz genommen wurden, ein akribischer, beinahe schon besessener Tagebuchschreiber, ein Chronist seines privaten Lebens wie der von ihm erlebten Zeit. Seine ersten Jahrzehnte hat er in zwei Bänden ‹Curriculum vitae. Erinnerungen eines Philologen 1881–1918› beschrieben, die 1989 erschienen sind. Ebenfalls publiziert, in einer gekürzten, gleichwohl immer noch sehr umfänglichen Fassung, sind seine Tagebücher aus der Zeit zwischen 1918 und 1945. Sie tragen, jeweils zwei Bände, die Titel ‹Leben sammeln, nicht fragen wozu und warum. Tagebücher 1918–1932› (erschienen 1996) und ‹Ich will Zeugnis ablegen bis zum letzten. Tagebücher 1933–1945› (erschienen 1995). Ergänzt wird die Sammlung durch einen Abdruck der Tagebücher von Juni bis Dezember 1945 unter dem Titel ‹Und so ist alles schwankend› (erschienen 1995), die Teil der noch ausstehenden Publikation seiner Aufzeichnungen zwischen 1945 und 1960 sind. Insbesondere die Tagebücher von 1933 bis 1945 fanden nach ihrer Veröffentlichung in Deutschland und darüber hinaus eine breite und nachdrückliche Beachtung. Sie werden als ein in seiner Präzision und Dichte seltenes Dokument der Alltagsgeschichte des Nationalsozialismus gewertet.

Schon 1933 trug sich Klemperer mit dem Plan, den Sprachgebrauch der Nationalsozialisten zu beobachten und, anhand der im Tagebuch immer wieder eingestreuten Notizen, zum Gegenstand einer eigenen Studie zu machen. Diesen Plan hat er 1947 mit der Publikation des Werkes ‹LTI. Notizbuch eines Philologen› verwirklicht. Insbesondere auf dieses Werk ist im folgenden näher einzugehen.

Von den drei Verfassern der Sammlung ‹Aus dem Wörterbuch des Unmenschen› ist Dolf Sternberger (1907–1989), jedenfalls aus Sicht der Sprachkritik, der bedeutendste. Sternberger war Essayist und Journalist, Mitarbeiter der ‹Frankfurter Allgemeinen Zeitung› und des Hessischen Rundfunks. Eine Sammlung seiner Arbeiten zur Sprache liegt unter dem Titel ‹Sprache und Politik› (1991) vor. Gerhard Storz (1898–1983) ist insbesondere als Literarhistoriker und Politiker hervorgetreten. Von 1959–1964 war er Kultusminister in Baden-Württemberg, später Präsident der Akademie für Sprache und Dichtung in Darmstadt. Seine Beschäftigung mit Sprache dokumentieren Essays und Aufsatzsammlungen wie ‹Sprachanalyse ohne Sprache. Bemerkungen zur modernen Linguistik› (1975), ‹Das Wort als Zeichen und Wirklichkeit. Von der Zwienatur der Sprache› (1980) und ‹Deutsch als Vergnügen und Aufgabe› (1984). Der Erzähler, Übersetzer und Journalist Wilhelm Emanuel Süskind (1901–1970) hat verschiedene Romane sowie eine Stilkunde mit dem Titel ‹Vom ABC zum Sprachkunstwerk. Sprachlehre für Erwachsene› (1940) geschrieben. Er arbeitete seit 1949 als leitender Redakteur bei der ‹Süddeutschen Zeitung›.

Klemperers ‹LTI› und das ‹Wörterbuch des Unmenschen› reagierten unmittelbar auf die Sprache im Nationalsozialismus. Sternberger, Storz und Süskind allerdings sahen die von ihnen kritisierten Wörter und die damit verbundenen Sprachformen über jene Zeit hinaus in Gebrauch. Die Sprache des Unmenschen, so meinten sie, sei mit dem Ende des Nationalsozialismus nicht verschwunden, im Gegenteil, Unmenschliches sei in der Sprache zu allen Zeiten festzustellen. Insofern betrachteten sie ihr Werk auch als eine über den Faschismus hinausreichende Sprachkritik. Auch Karl Korn, der Verfasser der Abhandlung ‹Sprache in der verwalteten Welt› (1958, erweiterte Ausgabe 1959), sah den von ihm kritisierten Sprachgebrauch im Nationalsozialismus wurzeln oder in jener Zeit besonders ausgeprägt, hatte jedoch vor allem bestimmte Sprachformen in der noch jungen Bundesrepublik Deutschland vor Augen. Karl Korn (1908–1991), ein promovierter Literaturwissenschaftler, arbeitete hauptsächlich als Journalist. Er war von 1934 bis 1940 Redakteur am ‹Berliner Tagblatt›, der ‹Neuen Rundschau› und zuletzt bei der Wochenzeitung ‹Das Reich›, wo er fristlos entlassen wurde und Berufsverbot erhielt.

Nach dem Krieg lebte er zunächst als freier Schriftsteller, wurde später Feuilleton-Redakteur der ‹Allgemeinen Zeitung› in Mainz und ab 1950 Mitherausgeber und Leiter des kulturellen Teils der ‹Frankfurter Allgemeinen Zeitung›.

Sternberger, Storz, Süskind und auch Korn gehören politisch dem Wertkonservativismus an. Ihr traditionelles Werteverständnis zeigt sich auch in ihrem Sprachbegriff, der eng an die historische Sprachwissenschaft des 19. Jahrhunderts, insbesondere Wilhelm von Humboldts, und die an sie anknüpfende inhaltbezogene Sprachwissenschaft, wie sie vor allem Leo Weisgerber vertreten hat, gebunden ist. Sie schrieben ihre Werke aus der Vorstellung heraus, daß Sprache, Denken und Kultur eng miteinander verknüpft und daß in der Sprache bestimmte Weltansichten angelegt sind.

Zu Beginn der sechziger Jahre, als mit der Rezeption des von Ferdinand de Saussure begründeten Strukturalimus auch innerhalb der deutschen Linguistik ein neuer Denkstil etabliert wurde, kam es zu einer heftigen Kontroverse zwischen den Sprachkritikern und den Vertretern der strukturalistischen Sprachwissenschaft. Vor allem Peter von Polenz hat den Sprachkritikern, namentlich Dolf Sternberger, methodische Fehler, sachliche Fehlinterpretationen und wissenschaftlich nicht haltbare Aussagen vorgeworfen. Für einige Zeit war damit die Sprachkritik als ein ernstzunehmendes Unternehmen diskreditiert. Die Rekonstruktion des Streites zwischen Sprachkritik und Sprachwissenschaft bildet den Abschluß dieses Kapitels.

1. Die Sprache des Dritten Reichs: Victor Klemperers ‹LTI›

Der Romanist Victor Klemperer wurde im Jahre 1933 – wie Ludwig Greve, der, wie so viele andere auch, ein ähnliches Schicksal erleiden mußte, es in seiner Biographie ‹Wo gehörte ich hin?› (1994) ausgedrückt hat – «zum Juden ernannt». Das damit einhergehende Verbot, sein Professorenamt aktiv auszuüben, verdammte ihn zur beruflichen Untätigkeit. Doch Klemperer blieb nicht untätig. Er hat die Zeit des Nationalsozialismus von Beginn an aufmerksam beobachtet und – unter großer Gefahr – mit akribischer Genauigkeit in Form von Tagebüchern festgehalten. Als Philologe hat er dabei schon bald Beobachtungen zum Sprachgebrauch der Nationalsozialisten und deren Wirkung auf die allgemeine Sprache, die öffentliche wie private, protokolliert und nach dem Krieg zu seinem ‹Notizbuch eines Philologen› verdichtet. Es entstand ein in seiner Anschaulichkeit beklemmendes Bild der Sprache des Dritten Reiches, der «lingua tertii imperii», der ‹LTI›.[1] Victor Klemperer beschreibt in seinem Buch wie kaum ein anderer die Macht der Sprache.

Noch bevor Klemperer mit der Veröffentlichung seiner Tagebücher ‹Ich will Zeugnis ablegen bis zum letzten› im Jahre 1995 in Deutschland und darüber hinaus berühmt wurde, hat ihm Martin Walser in seinem Roman ‹Die Verteidigung der Kindheit› (1991) ein menschlich einnehmendes und sprachlich bezeichnendes Denkmal gesetzt. Walser erzählt dort die Lebensgeschichte von Alfred Dorn zwischen den Jahren 1929 und 1987. Darin enthalten sind auch Reflexionen über die Beziehung der Familie Dorn zu Juden in der Nazi-Zeit, insbesondere zu einer Arztfamilie, in der der Mann Jude, die Frau «Arierin» war, und zu deren Tochter Wiltrud, in damaliger Terminologie eine «Halbjüdin». In diesem Zusammenhang schreibt Walser, der Vater Alfred Dorns habe seinem Sohn den Satz mit auf den Weg gegeben: «Juden gegenüber sei vorsichtig.» Im Text heißt es über Alfred, damals ungefähr fünfzehn Jahre alt, weiter:

«Anlaß genug, an den Wintertag zu denken, als er von der Klavierstunde zur Straßenbahnhaltestelle gegangen war und an einer Gruppe von Männern vorbeigekommen war, die den Schnee von den Schienen schaufelten. Sie hatten alle Mäntel an, die ihnen zu groß geworden waren. Als er an einem dieser Männer vorbeiging, der gerade verschnaufte, sagte Alfred unwillkürlich: He, Jude! Der Angesprochene fing sofort heftig zu schaufeln an. Das hatte Alfred nicht gewollt. Er rannte weg. Nach dem Krieg sah Alfred das Bild des Mannes, zu dem er He Jude! gesagt hatte, in den Zeitungen. Er hieß Victor Klemperer und war wieder Professor für Romanistik an der Technischen Universität Dresden. Er war öfter in der Zeitung zu sehen. He, Jude! dachte Alfred jedesmal. Er würde nie einen Vortrag von Professor Klemperer besuchen. Herr Klemperer hatte sich Alfreds Gesicht sicher so genau gemerkt, wie Alfred sich das von Klemperer gemerkt hatte. Und Alfred sah immer noch aus wie damals. Er hatte den nicht antreiben wollen, rascher zu arbeiten. Er war übermütig gewesen. Noch ganz aufgekratzt von der Klavierstunde. Aber das genügte ihm nicht, sich dieses He, Jude! zu erklären. In dieser Sekunde war die Propaganda des Nationalsozialismus in ihm Herr geworden. In dieser Sekunde ist er ein Nazi gewesen. Nie davor und nie mehr danach. Weder im Geschichtsunterricht noch bei Jungvolkveranstaltungen. Auch nicht, wenn die Wochenschaupropaganda die Leinwand mit sinkenden Feindschiffen oder geschlagenen Heeren füllte. Einem Juden gegenüber war er ein Nazi gewesen. Er hätte das Wiltrud gern gestanden. Er hätte sich bei ihr gern eine Absolution geholt. Er traute sich nicht. Hatte er nicht Hallo Jude! gesagt? Es wäre ihm lieber gewesen, wenn er Hallo Jude! gesagt hätte. Je öfter er daran dachte, desto mehr überzeugte er sich davon, daß er Hallo Jude! gesagt habe. Aber daß der erschrokken war und gleich so zu schaufeln anfing, konnte er nicht mehr ändern.»[2]

Wird, oder, um die Ausgangsposition leichter und präziser zu wählen, wurde in den Jahren zwischen 1933 und 1945 jemand, wenn er zu einem Menschen ‹nur› «He, Jude!» sagte, zum Nazi? Kann der Gebrauch eines bestimmten Vokabulars zu einem Indikator für die Gesinnung werden? Wird das Denken durch die Sprache gesteuert? Victor Klemperer hat diese Fragen bejaht: «Worte», schreibt er, «können sein wie winzige Arsendosen: sie werden unbemerkt verschluckt, sie scheinen keine Wirkung zu tun, und nach einiger Zeit ist die Giftwirkung doch da.» (21) Wie gelangt Klemperer zu dieser Aussage? Was ist die Basis seiner Sprachkritik?

Klemperers ‹LTI› zeichnet sich zunächst dadurch aus, daß unter ‹Sprache› nicht eine bloße Sammlung von Wörtern, sondern ein ganzes Zeichensystem, in dem die Wortsprache nur einen Teil ausmacht, verstanden wird. Zudem betrachtet er diese Zeichen niemals isoliert, sondern immer im Zusammenhang mit ganz konkreten Kommunikationssituationen und aktuellen Zeitumständen. Auf der einen Seite interessiert ihn die offizielle Sprache der Nationalsozialisten, ihre Wörter, Wendungen, ihr Stil, ihre Symbole, auf der anderen Seite aber – und das ist ihm mindestens genauso wichtig – registriert er an persönlichen Erlebnissen, wie diese Sprache sich im einzelnen Menschen festsetzt. Er registriert also, wie die Menschen – man denke an Alfred Dorns «He, Jude!» bei Martin Walser – nach und nach aufgrund einer bestimmten Sprache und eines bestimmten Sprachverhaltens zu Nazis werden.

So schildert er beispielsweise die Geschichte eines jungen Mannes, mit dem er vor der Nazizeit väterlich verbunden war:

> «... nachdem wir uns eine Weile nicht gesehen [hatten], lud er uns telefonisch zum Essen ein, es war kurz nach Hitlers Regierungsantritt. ‹Wie geht es bei euch im Betrieb?› fragte ich. ‹Sehr schön!› antwortete er. ‹Gestern hatten wir einen ganz großen Tag. In Okrilla saßen ein paar freche Kommunisten, da haben wir eine Strafexpedition veranstaltet.› – ‹Was habt ihr?› – ‹Na, Spießrutenlaufen lassen durch Gummiknüppel, und ein bißchen Rizinus, nichts Blutiges, aber immerhin ganz wirksam, eine Strafexpedition eben.›
>
> Strafexpedition ist das erste Wort, das ich als spezifisch nazistisch empfand, ist das allererste meiner LTI, und ist das allerletzte, das ich von T. [dem jungen Mann] gehört habe; ich hing den Hörer hin, ohne die Einladung nur erst abzulehnen.
>
> Was ich mir an brutaler Überheblichkeit und an Verachtung fremder Menschenart denken konnte, drängte sich in diesem Wort Strafexpedition zusammen, es klang so kolonial, man sah ein umstelltes Negerdorf, man hörte das Klatschen der Nilpferdpeitsche.» (48 f.)

Während sich in dem Wort ‹Strafexpedition›, bezogen auf Handlungen von Menschen an anderen Menschen, für Klemperer die inhumane Gesinnung der Nationalsozialisten ausdrückt, zeigt sich in dem inflationären Gebrauch des Wortes ‹historisch› deren Versuch zur übersteigerten Wertung des eigenen Tuns:

> «Und hier ist nun das Wort, mit dem der Nationalsozialismus vom Anfang bis zum Ende übermäßige Verschwendung getrieben hat. Er nimmt sich so wichtig, er ist von der Dauer seiner Institution so überzeugt, oder will so sehr davon überzeugen, daß jede Bagatelle, die ihn angeht, daß alles, was er anrührt, historische Bedeutung hat. Historisch ist ihm jede Rede, die der Führer hält, und wenn er hundertmal dasselbe sagt, historisch ist jede Zusammenkunft des Führers mit dem Duce, auch wenn sie gar nichts an den bestehenden Verhältnissen ändert; historisch ist der Sieg eines deutschen Rennwagens, historisch die Einweihung einer Autostraße, und jede einzelne Straße und jede einzelne Strecke jeder einzel-

nen Straße wird eingeweiht; historisch ist jedes Erntedankfest, historisch jeder Parteitag, historisch jeder Feiertag jeglicher Art; und da das Dritte Reich nur Feiertage kennt – man könnte sagen, es habe am Alltagsmangel gekrankt, tödlich gekrankt, ganz wie der Körper tödlich krank sein kann an Salzmangel –, so hält es eben alle seine Tage für historisch.

In wieviel Schlagzeilen, in wie vielen Leitartikeln und Reden ist das Wort gebraucht und um seinen ehrwürdigen Klang gebracht worden! Man kann ihm gar nicht Schonung genug angedeihen lassen, wenn es sich erholen soll.» (51)

An anderer Stelle versucht Klemperer zu veranschaulichen, wie einem Wort ein bestimmter Bedeutungsinhalt, verbunden mit einer Wertung, beigelegt wird:

«Es ist manchmal nicht leicht festzustellen, weswegen ein Ausdruck wegwerfend klingt. Warum ist die nazistische Bezeichnung ‹Judengottesdienst› verächtlich, sie besagte doch nichts anderes als das neutrale ‹jüdischer Gottesdienst›? Ich vermute, weil sie irgendwie an exotische Reiseberichte erinnert, an irgendwelche afrikanische Eingeborenenkulte. Und hier bin ich wohl dem wahren Grund auf der Spur: Judengottesdienst gilt dem Judengott, und Judengott ist Stammesgott und Stammesgötze und nicht, noch nicht die eine und allgemeine Gottheit, der der jüdische Gottesdienst gilt. Erotische Beziehungen zwischen Juden und Ariern heißen Rassenschande, die Nürnberger Synagoge, die er in einer ‹Feierstunde› zerstören läßt, nennt der Frankenführer Streicher die Schande von Nürnberg, er nennt auch Synagogen im allgemeinen Räuberhöhlen – da bedarf es keiner Untersuchung, weswegen das nicht nur distanzierend, sondern auch wegwerfend klingt. Ausdrückliche Beschimpfung des Judentums ist durchweg üblich; kaum jemals begegnet man bei Hitler und Goebbels dem Juden, ohne daß ihm Eigenschaftsworte wie gerissen, listig, betrügerisch, feige mitgegeben sind, es fehlt auch nicht an Schimpfworten, die sich volkstümlich auf Physisches beziehen, wie plattfüßig, krummnasig, wasserscheu. Für den gebildeten Geschmack sind parasitär und nomadisch vorhanden. Will man einem Arier das Schlimmste nachsagen, so nennt man ihn Judenknecht, will eine arische Frau sich nicht von ihrem jüdischen Mann trennen, so ist sie eine Judenhure, will man der gefürchteten Intelligenzschicht an den Leib, so spricht man von krummnasigem Intellektualismus.» (198 f.)

Die Kontexte also, die sprachlichen Umgebungen, in denen ein Wort verwendet wird, lösen eine Bedeutungsveränderung und -neufestlegung aus. Wird ein Wort, wie das Wort ‹Jude›, häufig genug mit bestimmten Adjektiven kombiniert, dann übernimmt dieses Wort – zumindest teilweise – die Bedeutungen jener Adjektive als Nebenbedeutungen, als Konnotationen, die aber fest mit dem Wort einhergehen, indem sie assoziativ mit ihm verknüpft sind. Auf diese Weise kommt Sprachlenkung zustande, ein Mittel, das die Nationalsozialisten sehr häufig verwandt haben.

Was nun aber ist für Klemperer überhaupt die ‹Bedeutung› eines Wortes? Worauf verweist sie, und welche Funktion besitzt sie? Klemperer schreibt:

«Ich weiß genau den Augenblick und das Wort, die mein philologisches Interesse vom Literarischen zum spezifisch Sprachlichen – sag' ich: erweiterten oder verengten? Der literarische Zusammenhang eines Textes wird plötzlich unwichtig, geht verloren, man ist auf ein Einzelwort, eine Einzelform fixiert. Denn unter dem Einzelwort erschließt sich dem Blick das Denken einer Epoche, das Allgemeindenken, worein der Gedanke des Individuums eingebettet, wovon er beeinflußt, vielleicht geleitet ist. Freilich, das Einzelwort, die Einzelwendung können je nach dem Zusammenhang, in dem sie auftreten, höchst verschiedene, bis ins Gegenteil divergierende Bedeutungen haben, und so komme ich doch wieder auf das Literarische, auf das Ganze des vorliegenden Textes zurück. Wechselseitige Erhellung tut not, Gegenprobe von Einzelwort und Dokumentganzem ...» (158)

Klemperer nimmt offenbar an, daß ein Wort prinzipiell verschiedene Bedeutungen haben kann. Ein bestimmter Kontext aber – das «Dokumentganze» – legt aus diesen Bedeutungsmöglichkeiten eine als die im Kontext gültige fest. In dem Einzelwort mit einer bestimmten festen Bedeutung nun ist «das Denken einer Epoche, das Allgemeindenken» praktisch geronnen. Hinter dieser Sprachauffassung steht die These Wilhelm von Humboldts, daß sich in einer Einzelsprache ein bestimmtes Weltbild, eine Weltansicht ausdrücke. Das Individuum kann sich dieser Weltansicht nicht entziehen, es reproduziert sie, indem es das Einzelwort benutzt. Aber Klemperer sieht, daß die in der Sprache enthaltene Weltansicht gesteuert und kontrolliert werden kann: «Durch die ‹Machtübernahme› der Partei wurde sie [die LTI] 1933 aus einer Gruppen- zu einer Volkssprache, d. h., sie bemächtigte sich aller öffentlichen und privaten Lebensgebiete: der Politik, der Rechtsprechung, der Wirtschaft, der Kunst, der Wissenschaft, der Schule, des Sportes, der Familie, der Kindergärten und der Kinderstuben», schreibt er (25). Die Folge dieser Sprachsteuerung ist eine Beherrschung des Denkens durch das Mittel der Beherrschung des Sprachgebrauchs, der Bedeutung von Wörtern:

«Wenn einer lange genug für heldisch und tugendhaft: fanatisch sagt, glaubt er schließlich wirklich, ein Fanatiker sei ein tugendhafter Held, und ohne Fanatismus könne man kein Held sein. Die Worte fanatisch und Fanatismus sind nicht vom Dritten Reich erfunden, es hat sie nur in ihrem Wert verändert und hat sie an einem Tage häufiger gebraucht als andere Zeiten in Jahren. Das Dritte Reich hat die wenigsten Worte seiner Sprache selbstschöpferisch geprägt, vielleicht, wahrscheinlich sogar, überhaupt keines. Die nazistische Sprache weist in vielem auf das Ausland zurück, übernimmt das meiste andere von vorhitlerischen Deutschen. Aber sie ändert Wortwerte und Worthäufigkeiten, sie macht zum Allgemeingut, was früher einem einzelnen oder einer winzigen Gruppe gehörte, sie beschlagnahmt für die Partei, was früher Allgemeingut war, und in alledem durchtränkt sie Worte und Wortgruppen und Satzformen mit ihrem Gift, macht sie die Sprache ihrem fürchterlichen System dienstbar, gewinnt sie an der Sprache ihr stärkstes, ihr öffentlichstes und geheimstes Werbemittel.» (22)

Klemperer nimmt zur Charakterisierung des Sprachgebrauchs im Nationalsozialismus[3] aber nicht nur Wörter in den Blick. Er zählt auch die Geste zur Sprache, in Gestalt eines Tambours beispielsweise, der in einer Parade vor den Soldaten marschiert:

«Der Voranmarschierende hatte mit weit abgespreizten Fingern die Linke in die Hüfte gepreßt, vielmehr er hatte den Körper gleichgewichtsuchend in die stützende Linke gebogen, während der rechte Arm mit dem Tambourstab hoch in die Luft stieß und die Stiefelspitze des geschwungenen Beines dem Stab nachzulangen schien. So schwebte der Mann schräg im Leeren, ein Monument ohne Sockel, geheimnisvoll aufrecht gehalten durch einen vom Fuß bis zum Haupt, in Fingern und Füßen wirkenden Krampf. Was er da vorführte, war kein bloßes Exerzieren, es war ein archaischer Tanz so gut wie ein Parademarsch, der Mann war Fakir und Grenadier in einem. [...] Der Tambour war meine erste erschütternde Begegnung mit dem Nationalsozialismus, der mir bis dahin trotz seines Umsichgreifens für eine nichtige und vorübergehende Verirrung unmündiger Unzufriedener gegolten hatte. Hier sah ich zum erstenmal Fanatismus in seiner spezifisch nationalsozialistischen Form; aus dieser stummen Gestalt schlug mir zum erstenmal die Sprache des Dritten Reichs entgegen.» (24)

Neben der Geste steht das Zeichen, insbesondere das Abzeichen, als eine bestimmte Form nationalsozialistischer Sprache: Klemperer sieht einen Kinderball, der mit dem Hakenkreuz bedruckt ist, und überlegt: «Ob ein solcher Ball in dies Lexikon hineingehört?» (36). Ohne Zweifel zur LTI aber gehört der Judenstern, den er im gesamten 25. Kapitel seines Buches ausführlich beschreibt:

«Ich frage mich heute wieder, was ich mich, was ich die verschiedensten anderen schon Hunderte von Malen gefragt habe: welches war der schwerste Tag der Juden in den zwölf Höllenjahren? – Nie habe ich von mir, nie von anderen eine andere Antwort erhalten als diese: der 19. September 1941. Von da an war der Judenstern zu tragen, der sechszackige Davidsstern, der Lappen in der gelben Farbe, die heute noch Pest und Quarantäne bedeutet und die im Mittelalter die Kennfarbe der Juden war, die Farbe des Neides und der ins Blut getretenen Galle, die Farbe des zu meidenden Bösen; der gelbe Lappen mit dem schwarzen Aufdruck: ‹Jude›, das Wort umrahmt von Linien der ineinandergeschobenen beiden Dreiecke, das Wort aus dicken Blockbuchstaben gebildet, die in ihrer Isoliertheit und in der breiten Überbetontheit ihrer Horizontalen hebräische Schriftzeichen vortäuschen.» (177)

Der Judenstern isolierte seinen Träger, hob ihn aus der Masse der Menschen heraus, stigmatisierte ihn und machte ihn vogelfrei. Klemperer zitiert in diesem Zusammenhang ein Wort aus einem Drama Gutzkows, dessen Inhalt ihm als «Sternträger» sehr erstrebenswert, aber nicht erreichbar erscheint: «Ins Allgemeine möcht' ich gerne tauchen und mit dem großen Strom des Lebens gehn!»[4] Der Stern als Zeichen bedeutete Ausgrenzung, sein Verdecken, das Unsichtbarmachen des Zeichens – ob beabsichtigt, unbeabsichtigt oder vielleicht gar nicht tatsächlich erfolgt – bedeutete den Tod im Konzentrationslager. Der Stern war ein absolutes Zeichen: war man einmal mit ihm versehen, konnte man es nicht mehr negieren.

Klemperer sieht gerade auch an diesem Punkt, wie die Sprache der Nationalsozialisten auch dort ihre Wirkung tat, wo sie eigentlich hätte abgelehnt werden müssen. Die nach den Nürnberger Gesetzen eingeführte Unterscheidung zwischen «Volljuden», «Halbjuden», «Mischlingen ersten Grades» und anderer Grade sowie «Judenstämmigen» brachte auch den Begriff des «Privilegierten» mit sich. «Dies», schreibt Klemperer, «ist die einzige Erfindung der Nazis, von der ich nicht weiß, ob sich die Urheber der ganzen Diabolie ihrer Erfindung bewußt waren.» (180) «Privilegierte» waren Mitglieder jüdischer Arbeitsgruppen in Fabriken, die keinen Judenstern tragen und nicht im Judenhaus wohnen mußten. Klemperer beschreibt, wie sich unter den Juden ein Haß auf die Privilegierten bildete, wie die drei Wörter «Ich bin privilegiert» einen Zwiespalt zwischen Sternträgern und den sogenannten Privilegierten hervorbrachte, der gar zu Racheakten, zu Gewalttätigkeiten führte. Wieder erscheint die nationalsozialistische Sprache absolut, reicht die Wirkung der Zeichen über ihren unmittelbaren Zweck hinaus.

Ein weiteres Kennzeichen der Sprachbetrachtung Klemperers ist, daß er neben Wörtern, Gesten und Zeichen auch den Witz mit in die Betrachtung einbezieht und seine Wirkung als ein kollektivbildendes Element des Sprachgebrauchs im Nationalsozialismus erkennt. Als Beispiel möge die folgende bedrückende Episode dienen, die er unter dem 28. August 1933 notiert hat:

«Wir nahmen an einer ‹Fahrt ins Blaue› teil. Zwei volle Autobusse, etwa achtzig Leute, das denkbarst kleinbürgerliche Publikum, ganz unter sich, ganz homogen, kein bißchen Arbeiterschaft oder gehobenes, freier denkendes Bürgertum. In Lübau Kaffeerast mit Kabarettvorträgen der Wagenbegleiter oder -ordner; das ist bei diesen Ausflügen das Übliche. Der Conférencier beginnt mit einem pathetischen Gedicht auf den Führer und Retter Deutschlands, auf die neue Volksgemeinschaft usw. usw., den ganzen Nazirosenkranz herunter. Die Leute sind still und apathisch, am Schluß merkt man am Klatschen eines einzelnen, an diesem ganz isolierten Klatschen, daß aller Beifall fehlt. Danach erzählt der Mann eine Geschichte, die er bei seinem Friseur erlebt habe. Eine jüdische Dame will ihr Haar ondulieren lassen. ‹Bedauere vielmals, gnädige Frau, aber das darf ich nicht.› – ‹Sie dürfen nicht?› – ‹Unmöglich! Der Führer hat beim Judenboykott feierlich versichert, und das gilt noch heute allen Greuelmärchen zum Trotz, es dürfe keinem Juden in Deutschland ein Haar gekrümmt werden.› Minutenlanges Lachen und Klatschen. – Darf ich daraus keinen Schluß ziehen? Ist nicht der Witz und seine Aufnahme für jede soziologische und politische Untersuchung wichtig?» (39 f.)

Auch für die sprachliche Untersuchung, müßte man hinzufügen, denn der Witz und das Sprachspiel sind, wegen ihrer Indirektheit, das wohl subtilste Mittel, auf das Denken und das Gedächtnis der Menschen einzuwirken und, durch das gemeinschaftliche Lachen, ein Kollektiv zu erzeugen. Der Mechanismus, der hier wirkt, ist heute – auch, aber nicht nur bei Busfahrten – immer noch der gleiche.

Ein letztes Kennzeichen in Klemperers Beschreibung des nationalsozialistischen Sprachgebrauchs ist dessen Stil, die Sprachhaltung. In einer

Voransage im Radio hörte er den Satz: «Feierstunde von 13.00 bis 14.00 Uhr. In der dreizehnten Stunde kommt Adolf Hitler zu den Arbeitern.» Klemperer kommentiert diese Meldung so:

«Das ist, jedem verständlich, die Sprache des Evangeliums. Der Herr, der Erlöser kommt zu den Armen und Verlorenen. Raffiniert bis in die Zeitangabe hinein. Dreizehn Uhr – nein, ‹dreizehnte Stunde› – das klingt nach Zuspät, aber ER wird ein Wunder vollbringen, für ihn gibt es kein Zuspät. Die Blutfahne auf dem Parteitag, das war schon dieselbe Sparte. Aber diesmal ist die Enge der kirchlichen Zeremonie durchbrochen, ist das zeitferne Kostüm abgestreift, ist die Christuslegende in unmittelbare Gegenwart transportiert: Adolf Hitler, der Heiland, kommt zu den Arbeitern nach Siemensstadt.» (45)

Wörter, Gesten, Zeichen, Witze und Sprachhaltung, also Stil – zu diesen Bereichen hat Klemperer seine Beobachtungen gemacht. Er hat folglich einen umfassenden Sprachbegriff, besser noch: Zeichenbegriff. Er beschreibt die Insignien der Macht und zeigt, wie die verschiedenen Zeichen ineinandergreifen, sich gegenseitig stützen, absolut in ihrer Bedeutung und Geltung werden. Klemperer beschreibt das totalitäre Zeichensystem des Nationalsozialismus. Aber, und hier ist sowohl sein scharfer Blick wie seine Unvoreingenommenheit zu rühmen, für ihn gibt es nicht die «böse Sprache» dort und die «gute Sprache» hier. Er sieht präzise, wie die Unterdrückten selbst die offizielle Sprache langsam, vielleicht gar unbewußt, annehmen, verinnerlichen, und wie sie dabei sogar in ihrer geistigen Haltung korrumpiert werden. Er sieht auch, wie selbst manche Entrechteten, manche Juden, von dieser Sprache infiziert werden und damit das nationalsozialistische System wenn auch nicht verinnerlichen, so ihm doch Geltung in der gesellschaftlichen Realität mit verschaffen. Die Sprache schafft Wirklichkeiten: Arier und Nichtarier, Deutsche und Juden – das sind zunächst nichts anderes als Wörter, sprachliche Unterscheidungen, von Menschen, genauer: von einer Gruppe von Menschen, gemacht. Erst nachdem die sprachlichen Unterscheidungen da waren, hat man – auf grausame Weise – die Wirklichkeit nach ihnen ausgerichtet.

Den Mechanismus, wie die Sprache langsam, aber sicher die Menschen anstecken und damit zu einem bestimmten Denken führen kann, hat Klemperer in Form eines Gleichnisses veranschaulicht, das man nicht zu kommentieren braucht:

«Ich muß an die Überfahrt denken, die wir vor fünfundzwanzig Jahren von Bornholm nach Kopenhagen machten. In der Nacht hatten Sturm und Seekrankheit gewütet; nun saß man im Küstenschutz bei ruhiger See in der schönen Morgensonne an Deck und freute sich dem Frühstück entgegen. Da stand am Ende der langen Bank ein kleines Mädchen auf, lief an die Reling und übergab sich. Eine Sekunde später erhob sich die neben ihm sitzende Mutter und tat ebenso. Gleich darauf folgte der Herr neben der Dame. Und dann ein Junge, und dann … die Bewegung lief gleichmäßig und rasch weiter, die Bank entlang. Niemand schloß sich aus. An unserem Ende war man noch weit vom Schuß: Es wurde interessiert zugesehen, es wurde gelacht, es wurden spöttische Gesichter gemacht. Und dann kam das Speien näher, und dann verstummte das Lachen, und dann lief man auch auf unserem Flügel an die Reling. Ich sah aufmerksam zu und aufmerksam in mich hinein. Ich sagte mir, es gebe doch so etwas wie ein objektives Beobachten, und darauf sei ich geschult, und es gebe einen festen Willen, und ich freute mich auf das Frühstück – und indem war die Reihe an mir, und da zwang es mich genauso an die Reling wie all die anderen.» (45 f.)

Man hat, allerdings mit Hinweis darauf, eine solche Haltung sei zu seiner Zeit üblich gewesen, Klemperer vorgeworfen, er habe sprachliche Formen als schlechthin prägend für das Denken und die Einstellung zu den jeweils thematisierten Weltausschnitten angesehen: «Schon die Sprache antifaschistischer Flugblätter, deren Schreiber sich oft derselben Stilfiguren und eines ähnlichen Wortschatzes bedienen wie die Nationalsozialisten, gäbe Anlaß, sprachliche Form und Denken in einem weniger engen Zusammenhang zu sehen.»[5]

Auf diesen Vorwurf gibt es einiges zu erwidern, das zugleich auch die sprachkritische Position Klemperers erhellt. Erstens hat Klemperer sehr wohl gesehen, daß der nationalsozialistische Sprachgebrauch auf Gegner wie Opfer des Nationalsozialismus abgefärbt hat, daß sie teilweise deren Wörter und deren Stil übernommen haben. Gerade das aber war ihm ja ein hervorstechendes Kennzeichen der LTI, daß auch die Gegner sich ihr kaum entziehen konnten, daß man, auch ohne ersichtlichen Grund, ohne Not, von ihr angesteckt wurde, daß man – mitspeien mußte.

Zweitens: Ein einflußreiches zeichentheoretisches Modell, das semiotische Dreieck von Ogden und Richards,[6] unterscheidet am Zeichen drei Komponenten, die miteinander in Beziehung stehen: Sprache (Name), Denken (Begriff) und Wirklichkeit (Referent). Über die Art der Beziehung dieser drei Komponenten zueinander ist viel nachgedacht worden, verschiedene Positionen stehen hier gegeneinander. Nun gibt es gewiß keine vollständige Determinierung der einen Komponente durch die beiden übrigen, und auch keine einzelne Komponente determiniert vollständig die beiden anderen. Wohl aber scheint es Zeichen zu geben, die ihren Ursprung eher in der Wirklichkeit, andere, die ihn eher im Denken, und wieder andere, die ihn eher in der Sprache haben. Wenn wir ein Auto in seine Teile zerlegen, jedem Teil einen Namen geben und ihm eine Funktion zuordnen, dann legt hier eher die Summe der Referenten, legt die Wirklichkeit die Ordnung fest. Bewegen wir uns dagegen auf dem Gebiet der Moral und suchen nach den Eigenschaften, die einen guten Menschen ausmachen, oder versuchen wir auf dem Gebiet der Ästhetik das Schöne zu bestimmen oder nehmen wir die Mystiker, die Gott ohne Sprache zuerst dachten und fühlten, dann werden die Begriffe, wird das Denken eine Ordnung hervorbringen, die sprachlich in Worten fixiert wird und damit eine bestimmte Wirklichkeit konstituiert. Hat nun eine Gruppe von Menschen, gesellschaftlich oder politisch oder sonstwie einflußreich, aufgrund einer bestimmten Intention und mit Hilfe von Wörtern eine bestimmte Ordnung geschaffen, wie das beispielsweise die Nationalsozialisten mit der Unterscheidung von «Ariern» und «Juden» und weiter mit der Begriffsreihe «Volljuden», «Halbjuden», «Mischlinge ersten Grades», «Judenstämmlinge» und «Privilegierte» gemacht haben, dann können diese Wörter sehr wohl auf das Denken der Menschen Einfluß nehmen. Auch heute findet man ja noch – leider nicht nur – Relikte derartiger Unterscheidungen.

Ein anderes Beispiel: Nehmen wir das Einhorn, den Wolpertinger, den Yeti, den Marsmenschen, die Ufos – wir haben ein Wort, das die Sache selbst erklärt oder eventuell eine vage Sacherklärung vermittelt. Bislang haben wir keines von diesen Gegenständen zum wiederholten Male gesehen, so wie wir Katzen und Hunde und Flugzeuge gesehen haben. Manche Menschen aber schließen von der Existenz eines Wortes auf die Existenz der Sache. Sie behaupten, die Sache wirklich gesehen zu haben, und weisen gar Bilder von ihr vor. Nur, daß auf jedem Bild die Sache immer wieder anders aussieht, weil hier das phantasievolle Denken die Sache selbst schafft. «Wort – Vorstellung – die Wirklichkeit in Form eines Bildes»: so sieht die Reihe aus. Das Wort erzeugt die Vorstellung, die Vorstellung formt die Wirklichkeit.

Nicht, daß das Verhältnis von Sprache, Denken und Wirklichkeit stets in dieser Reihenfolge zu sehen ist, daß stets die Sprache das Denken prägt und stets das Denken die Wirklichkeit formt. Aber in Bereichen, zu denen wir entweder keinen direkten sinnlichen Zugang haben oder die uns neu und unbekannt sind, kann es sich so verhalten. Ist eine Unterscheidung sprachlich erst einmal eingeführt, dann finden sich auch die entsprechenden Vorstellungen und die entsprechende Wirklichkeit. Tut die Wissenschaft demnächst mit dem gehörigen Ernst und der gehörigen Autorität kund, daß sich die Menschen in «Knipos», «Krupas» und «Klutis» einteilen lassen und daß diese Einteilung auf unterschiedlichen Schriftzeichen im genetischen Code beruht, dann wird jeder von uns zuerst wissen wollen, zu welcher Gruppe er selbst oder sie selbst gehört, dann werden wir all unsere Freunde, Bekannten usw. einzuordnen versuchen, bis wir schließlich Merkmale gefunden haben, die es uns ermöglichen, jeden Menschen als Knipo, Krupa oder Kluti zu identifizieren.

Letztlich war das mit der Einteilung der Menschen im Nationalsozialismus auch nichts anderes – nur, daß mit dem Stern noch ein äußerliches Unterscheidungsmerkmal hinzutrat und daß die Zugehörigkeit zu der einen oder anderen Gruppe stark konnotiert war. Auf jeden Fall aber schuf eine sprachliche Unterscheidung auch eine gedankliche Unterscheidung und letztlich auch eine Unterscheidung in der gesellschaftlichen Realität.

Ein dritter und letzter Punkt der Erwiderung auf den Vorwurf, Klemperer habe Sprache, Denken und Wirklichkeit zu eng zusammengeschlossen. Man kann Sprache selbstverständlich als ein System arbiträrer Zeichen betrachten und die Aufgabe der Wissenschaft dahingehend definieren, dieses System von seinen einzelnen Teilen her rekonstruierend zu beschreiben. Das ist eine Auffassung, die begründet und insofern akzeptabel ist. Man kann Sprache aber auch betrachten als ein fein strukturiertes Sozialgebilde, das mit dem Denken und unserer Auffassung von Wirklichkeit, unserer Ordnung der Dinge, in einem Zusammenhang steht. In diesem Zusammenhang wird kein Element absolut gesetzt, aber jedes Element kann, bedingt durch Faktoren wie Sprecherintention, Gegenstandsbereich, Rezipientenwissen usw., hervortreten und quasi eine Leitfunktion übernehmen: Die Wirklichkeit kann das Denken und die Sprache prägen, das Denken kann die Sprache und die Wirklichkeit prägen, schließlich kann auch die Sprache die Wirklichkeit und das Denken prägen. Entscheidend für die Prägung ist die jeweilige sprachliche, individuelle und gesellschaftliche Konstellation, die Sprache, Denken und Wirklichkeit bilden. Man kann in seinem Denken die Wörter quasi ‹hinterfragen›, die Sprache nicht als ‹Leitschiene› des Denkens nehmen. Man kann auch versuchen zu überprüfen, ob die Wörter auf die Wirklichkeit passen, also die Sachen an die erste Stelle setzen – nur: tun wir das ständig im alltäglichen Sprachgebrauch? Lassen wir uns nicht zumeist von den Wörtern leiten, besonders dort, wo wir uns nicht auskennen und wo ein Sprechen mit Prestige oder gar mit Autorität besetzt ist? Und war es nicht so, daß gerade die Sprache des Nationalsozialismus mit Autorität besetzt war, gar mit Gewalt gestützt wurde, so daß für die meisten Menschen wenn vielleicht nicht aus Überzeugung, so doch aus Angst, Bequemlichkeit und Unwissen ein reflektierender Umgang mit der LTI gar kein Thema sein konnte?

Für den Sprachkritiker, der eine solche Konstellation zu analysieren und zu kritisieren hat, bedeutet diese Sichtweise in ihrer methodischen Konsequenz, daß er stets die Sprachsituation sowie den Sender und Empfänger, den Sprecher und Hörer, den Produzenten und Rezipienten mit einbeziehen muß, daß er Sprache in ihrer konkreten Verwendung, als Sprachgebrauch, zu betrachten hat. Um es noch einmal allgemeiner zu sagen: Es gibt in dem Verhältnis von Sprache, Denken und Wirklichkeit keine absolute, prinzipielle Prägung der einen Komponente durch die anderen, aber es gibt derartige Prägungen faktisch im alltäglichen Sprechen, das die Sprache ja eher benutzt als reflektiert. Letzteres ist Gegenstand der Sprachkritik; die Prägungen bewußtzumachen ist ihre Aufgabe.

Klemperer überlebte die Zeit des Nationalsozialismus mit viel Glück und dank der uneigennützigen und aufopferungsvollen Hilfe seiner Ehefrau Eva. Nach Kriegsende blieben beide in der Sowjetischen Besatzungszone und in der späteren DDR. Lange Zeit stellte sich die Frage, ob Klemperer nicht Parallelen zwischen der LTI, der Sprache im Nationalsozialismus, und der Sprache im Kommunismus gesehen hat. Erst die

Veröffentlichung seiner Tagebücher aus der Zeit zwischen Juni und Dezember 1945 unter dem Titel ‹Und so ist alles schwankend› (1995) brachten einige Klarheit.[7] Bereits am 25. Juni 1945 notierte Klemperer in seinem Tagebuch:

«Ich muß allmählich anfangen, systematisch auf die Sprache des VIERTEN REICHES zu achten. Sie scheint mir manchmal weniger von der des DRITTEN unterschieden als etwa das Dresdner Sächsische vom Leipziger. Wenn etwa Marschall Stalin der Größte der derzeit Lebenden ist, der genialste Stratege usw. Oder wenn Stalin in einer Rede aus dem Anfang des Krieges von Hitler, natürlich mit allergrößtem Recht, als von dem ‹Kannibalen Hitler› spricht. Jedenfalls will ich unser Nachrichtenblatt und die DEUTSCHE VOLKSZEITUNG, die mir jetzt zugestellt wird, genau sub specie LQI studieren.» (31 f.)

Klemperer waren also sogleich Parallelen aufgefallen, offenbar so stark, daß er analog zur LTI den Begriff der LQI, der Lingua Quartii Imperii, bildete. Die sprachliche Form des Personenkultes um Stalin jedoch machte nicht das einzige Merkmal aus, das er registrierte:

«*Bemerkungen zum Zwischenbereich der LTI und LQI.*
1) Alle Welt sagt nach wie vor DER Russe.
2) Man spricht in der Volksztg. von einer VERLAUTBARUNG. Das ist oesterreichische Militärsprache und wird nun, trotzdem von Hitler eingeschleppt, trotzdem es mehrere deutsche Ausdrücke wie Anordnung, Befehl, Kundgebung ... zusammenmantscht, stur beibehalten.
3) Marschall Stalin beim großen Armeefest auf den Gemein Mann, den Poilu inconnu trinkend, nannte ihn wiederholt ‹Die Schrauben› des ganzen Werkes. Also der technischste der Ausdrücke. Cf. Gleichschalten.» (34)

Feststellbar in der LQI sind also, wie schon in der LTI, die Tendenz zur Singularisierung oder zum Kollektivsingular (‹DER Russe› wie ‹DER Jude›), das Weiterleben von typisch nationalsozialistisch geprägten Wortbedeutungen und -verwendungsweisen sowie eine Technisierung der Sprache, der Gebrauch von technischen Metaphern für Menschen und menschliche Handlungen.

«LTI weiterlebend: Im Sportbericht der jetzigen Ztg. finde ich KÄMPFERISCH. – Im Radio eines Berliner Stadtrates über den Neuaufbau der Feuerwehr, die im dritten Reich Polizei mit Nahkampfwaffen gewesen, also in einem wild antifaschistischen Vortrag, war heut Morgen buchstäblich das dritte Wort EINSATZ, EINSATZWILLIGKEIT, EINSATZBEREIT. Man sollte ein antifaschistisches Sprachamt einsetzen. – Analogien der nazistischen und bolschewistischen Sprache: In Stalins Reden, aus denen regelmäßig Stücke erscheinen, sind Hitler und Ribbentrop: Ungeheuer und Kannibalen. In den Artikeln über Stalin ist der Generalissimus der Sowjetunion der genialste Feldherr aller Zeiten und der genialste aller lebenden Menschen.» (47)

Insbesondere stellt Klemperer in der LQI die gleiche Phrasenhaftigkeit wie in der LTI fest: «Mit diesen Phrasen werden wir immer-immerfort gemästet, stumpf gemacht, betäubt. Dabei bedient man sich sämtlicher nazistischer Schlagworte, die wie Leichengift wirken.» (62) Die Beispiele derartiger Parallelen ließen sich vermehren. Am 11. Juli 1945 notiert Klemperer die Frage: «Und ist der Unterschied zwischen Sprache und Wahrheitsgehalt Stalinice ein so sehr viel anderer als Hitlerice?» (52) Die Antwort fällt – immer wieder – eindeutig aus: «Jeden Tag beobachte ich von neuem die Fortdauer von LTI in LQI.» (157) «Schauderhaft die *Identität* der *LTI* und *LQI*, des sowjetischen und des nazistischen, des neudemokratischen und des Hitlerischen Liedes! Das drängt sich von Morgen bis Mitternacht überall auf und durch! In jedem Wort, jedem Satz, jedem Gedanken ... Unverhülltester Imperialismus der Russen!» (176) Und schließlich das Fazit: «Freiheit, die ich meine – ich sehe keinen Unterschied (außer dem Vorzeichen) zwischen *LTI* und *LQI*.» (94)

Gewiß, eben das Vorzeichen ist es, das man bei der Feststellung von Parallelen und Identitäten zwischen der LTI und der LQI nicht vergessen, nicht vernachlässigen darf. Gleichwohl ist es bemerkenswert, daß Klemperer mit dem philologisch geschulten Blick des nüchtern konstatierenden Sprachkritikers und nicht mit einem ideologischen Blick die ‹Sprachen› seiner Zeit analysiert. Ohne den Vergleich zwischen der Sprache des Nationalsozialismus und des Kommunismus hier vertiefen zu wollen, bleibt aus Sicht Klemperers festzuhalten, daß es in totalitären Systemen Gemeinsamkeiten gerade in der Art der Sprachverwendung und Sprachlenkung gibt.

Die von Klemperer konstatierten Mechanismen hat auch George Orwell in seinem Roman ‹1984› – allerdings ein wenig künstlicher – für die Konstruktion seiner «Newspeak», des «Neusprech», beschrieben.[8] In einem kleinen Exkurs will ich an dieser Stelle auf Orwell eingehen, um damit vielleicht einen noch ausstehenden, detaillierteren Vergleich zwischen Klemperers Beschreibung der LTI und Orwells Konstruktion der Newspeak anregen zu können.

‹1984› handelt von einem perfekt organisierten totalitären Regime, von einem vollkommenen Überwachungsstaat. Dieser Staat betreibt mit Hilfe eines gleicherweise brutalen wie subtilen Machtapparates die vollständige Anpassung der Menschen an das System. Jeder Abweichler von der verordneten Ideologie, dem «Engsoz», wird planmäßig und konsequent verfolgt; ein Entrinnen gibt es nicht. Orwell hatte in ‹1984› wohl keinen bestimmten Staat vor Augen, sondern prangerte mit seinem Buch jeglichen Totalitarismus, in welchem System auch immer, an. Die Tendenzen und Mittel des totalitären Staates auf allen Ebenen des Politischen – im Staatsapparat, in der Gesellschafts- und Wirtschaftsordnung, aber auch in der Sprache: das sind die Themen des Romans ‹1984›.

Bezüglich der ideologischen Dimension von Sprache – und damit, indirekt, auch bezüglich der Möglichkeit von politischer Sprachkritik, enthält der Roman wichtige Hinweise, ja im Grunde ein klassisches Muster der Sprache in einem totalitären Staat.

Als erstes fallen die sprachlichen Verkehrungen auf, die die Staatspartei, insbesondere die eigentlich herrschende «Innere Partei», mit ihren drei Parolen betreibt: «Krieg ist Frieden», «Freiheit ist Skaverei» und «Unwissenheit ist Stärke». Diese, in unseren Augen unglaublichen, Paradoxien tauchen im Laufe des Romans immer wieder als von allen Wänden schreiende Leitsätze des «Engsoz» auf. Diese Paradoxien sind aber erst der Beginn einer tiefgreifenden und umfassenden sprachlichen Neuordnung, die der totalitäre Staat namens Ozeanien in ‹1984› vornimmt. Aufbauend auf der tradierten «Altsprache», wird ein Sprachsystem «Neusprech» entwickelt, das die Ideologie des «Engsoz» als einzige Denkmöglichkeit garantieren soll.

Orwell hat der Sprache eine derartige Bedeutung zugemessen, daß er seinem Roman einen eigenständigen, einer linguistischen Abhandlung gleichkommenden Appendix über «Die Grundlagen des Neusprech» angehängt hat. Neusprech ist die offizielle, zur Zeit der Romanhandlung aber noch nicht fertige, noch nicht zur Perfektion gereifte Amtssprache in Ozeanien. Es zu benutzen obliegt den Mitgliedern der Partei, etwa 15 % der Gesamtbevölkerung. Die ideologisch nicht relevanten «Proles» – sie machen den durch verschiedene politische und wirtschaftliche Manipulationen bedeutungslos gehaltenen «Rest» der Bevölkerung aus – dürfen weiterhin die Altsprache sprechen. «Neusprech», so umreißt Orwell sein Prinzip, «sollte nicht nur ein Ausdrucksmittel für die den Anhängern des Engsoz gemäße Weltanschauung und Geisteshaltung bereitstellen, sondern auch alle anderen Denkweisen unmöglich machen.» Dieses Prinzip beabsichtigt letztlich die Beseitigung jeglicher Individualität.

Das auffälligste Kennzeichen der Plansprache Neusprech ist ihr äußerst geringer, nivellierter und auf die einzig zugelassenen Denkinhalte begrenzter Wortschatz. Wörter, die dem Engsoz widersprechenden Vorstellungen bezeichnen, werden beseitigt oder in ihrer Bedeutung so eingegrenzt, daß sie jegliche politisch nutzbare Nebenbedeutung verlieren. Ein Beispiel aus dem Appendix: «Das Wort ‹frei› existierte zwar in Neusprech noch, konnte aber nur in Aussagen wie ‹Dieser Hund ist frei von Flöhen› oder ‹Dieses Feld ist frei von Unkraut› verwandt werden. In seinem alten Sinn von ‹politisch frei› oder ‹geistig frei› konnte es nicht mehr gebraucht werden, weil diese politische oder geistige Freiheit nicht einmal mehr als Begriff existierte und deswegen notwendigerweise auch namenlos war.»

Andere Wörter, die vormals politische Überzeugungen oder ethische und kulturelle Einstellungen bezeichneten, wie ‹Ehre›, ‹Gerechtigkeit›, ‹Moral›, ‹Internationalismus›, ‹Demokratie›, ‹Wissenschaft›, ‹Religion›, sind ganz abgeschafft worden. «Ein paar Oberbegriffe», heißt es in ‹1984›, «deckten sie ab, und dadurch, daß sie sie abdeckten, schafften sie sie auch ab.» Solche Oberbegriffe sind zum Beispiel die für Neusprech ganz wichtigen Wörter ‹Altdenk›, das – bewußt verschwommen – gefährliche und verbotene, weil überkommene Denkhaltungen bezeichnet, sowie ‹Deldenk›, eine Abkürzung für Gedankendelikt. Gerade die Vorstellung ‹Deldenk› soll sich als eine Art Warnzeichen immer dann unbewußt einstellen und eine Sperre bilden, wenn der Mensch sich selbst bei verbotenen Gedanken ertappt. Schließlich müssen wohl aber auch diese Wörter in Neusprech überflüssig werden, denn wenn es die sie zusammenfassenden alten Wörter nicht mehr gibt und folglich die entsprechenden Denkinhalte nicht mehr gedacht werden können, sind wertende Ausdrücke wie ‹Deldenk› und ‹Altdenk› nicht mehr nötig.

Entsprechend seiner Aufgabe, all jene Gedanken, die nicht gedacht werden sollen, mit Hilfe der Sprache auch undenkbar zu machen, ist in Neusprech das Wortfeld des Denkens recht differenziert belegt. In ihm – und entsprechend dem Engsoz – nimmt das Wort ‹Doppeldenk› eine zentrale Stellung ein: Es bezeichnet die von der Ideologie geforderte Fähigkeit, zwei einander widersprechende Gedanken gleichzeitig zu denken und dabei beide – ohne den Widerspruch zu erkennen – für wahr zu halten. Die Parolen «Frieden ist Krieg» und «Freiheit ist Sklaverei» sind Musterbeispiele hierfür.

Es ist ein Höhepunkt des Romans, als Winston Smith, die Hauptfigur in ‹1984›, unter der Folter zu «lernen» beginnt, daß zwei und zwei gleich fünf ist; oder daß es stimmt, wenn die Partei sagt, die Erde sei flach, ohne daß damit die Wahrheiten «Zwei und zwei ist vier» und «Die Erde ist rund» aufgehoben sind. Das psychologische Ziel des Doppeldenk ist die Ausschaltung des (kritischen) Bewußtseins. In einer Passage des Romans, dem Gespräch zwischen Smith und dem Linguisten Syme, der an der elften, endgültigen Auflage des Neusprech-Wörterbuchs mitarbeitet, schwärmt Syme von der Zeit, in der sich Neusprech durchgesetzt haben wird: «Das ganze Denkklima wird anders sein», sagt er. «Es wird überhaupt kein Denken mehr geben, wenigstens nicht in unserem heutigen Sinne. Orthodoxie heißt: nicht denken, nicht denken müssen. Orthodoxie ist Unbewußtheit.» Syme hat dieses Prinzip des Neusprech sehr genau und bewußt erkannt – eben darum wird auch er am Ende verhaftet.

Es könnte so scheinen, als setze Orwell für den Zusammenhang von Sprechen und Denken eine einseitige Kausalität voraus in dem Sinne, daß das Unsagbare auch undenkbar sein muß. Seine Position ist jedoch differenzierter: Erst die Gewöhnung, erst die durch immer wiederkehrende sprachliche Formen eingehämmerten Inhalte bewirken – zusammen mit außersprachlicher Gewalt – die Abhängigkeit und Eindimensionalität, die den Menschen schließlich nur noch in einem Schema denken und agieren lassen. Nach Orwells Ansicht gibt es denn auch die Möglichkeit einer – zumindest ansatzweise – wirkungsvollen politischen Sprachkritik, weil das Denken mit der Sprache nicht völlig deckungsgleich ist.

Orwell handelt, neben diesen im Roman wie im Appendix ablesbaren, eher grundsätzlichen Überlegungen zur Funktion des Neusprech, auch konkret über dessen formales Aussehen. Das Neusprech besteht beispielsweise zum großen Teil aus Abkürzungen: ‹Minipax›, ‹Miniwahr›, ‹Minilieb› und ‹Minifülle› bezeichnen euphemistisch die Ministerien für Krieg, Geschichtsfälschung und Zensur, Verfassungsschutz und Wirtschaft; ‹Gutdenk› steht für die ideologisch orthodoxe Einstellung; ‹Denkpol› ist der Name der Gedankenpolizei. Solche Wortbildungen schließen jegliche Assoziationen aus. Orwell bemerkt, daß hier die Sprache des Nationalsozialismus (‹Gestapo›) und des Stalinismus (‹Agitprop›, ‹Komintern›) als Vorbild dienten.

Weitere Kennzeichen sind die fast völlige Analogisierung, Vereinheitlichung der Formen (die Konjugation zum Beispiel erfolgt nur noch nach einem Schema: ‹er denkte› statt ‹er dachte›, ebenso die Steigerung der Adjektive usw.) und die Austauschbarkeit der verschiedenen Wortklassen (jedes Wort kann, ohne seine Form zu ändern, als Verb, Substantiv, Adjektiv oder Adverb benutzt werden). Im Zuge der Vereinfachung des Wortschatzes werden alle antonymischen, also Gegensätze bezeichnenden Adjektive abgeschafft. Das Begriffspaar ‹gut – böse› beispielsweise entfällt, dafür wird ‹gut – ungut› gebildet. Die Steigerungen dazu können lauten: ‹plusgut› oder ‹doppelplusungut›. Zudem wird darauf geachtet, daß die Wörter einfach zu sprechen sind, sich also einprägen und im Staccato-Stil ohne Denkanstrengung aufsagen lassen. All diese Maßnahmen, die Sprache auch formal zu stereotypisieren und zu normieren, unterstützen selbstverständlich den Hauptzweck des Neusprech, jegliches «Denken mit Wörtern», das ja wesentlich auf Assoziationen über Nebenbedeutungen beruht, zu unterbinden.

Neusprech ist eine Sprache ohne Geschichte, ein konstruiertes, künstliches Gebilde. Praktisch ist es ein leeres Gefäß, in das jene, die über die Menschen und damit auch über deren Sprache herrschen, die Inhalte, die Bedeutungen, ganz nach Bedarf und Gutdünken gießen können. Welche furchtbaren Auswirkungen eine solche Sprache haben muß, zeigt sich im Roman – obwohl Neusprech noch nicht obligatorisch eingeführt ist – schon deutlich: Winston Smith versucht – es ist seine Form von Protest gegen die Partei – sich an die Zeit vor der Revolution zu erinnern, er versucht, eine Kenntnis der Geschichte, so wie sie sich tatsächlich ereignet hat, zu erlangen. Zu seinem Schrecken muß er feststellen, daß im Grunde weder das Erinnern noch das Auffinden von historischen Dokumenten mehr möglich ist. Er erkennt, daß Geschichte hauptsächlich in Form von Schriftzeugnissen (die zu fälschen seine Aufgabe im Ministerium ist) existiert, oder aber in Wörtern, die selbst eine Geschichte haben, die auf Historisches verweisen. Wenn es eine solche Sprache, wenn es solche Wörter aber nicht mehr gibt, dann ist auch das Gedächtnis der Menschen weitgehend leer. Lediglich ein Erinnern in Bildern ist noch möglich. Doch eine solche Erinnerung erlaubt kaum mehr ein Lernen, einen Erkenntnisfortschritt, ein individuelles Denken. Dem Menschen bleibt als einziges das instinktmäßige Agieren. Genau darauf aber, auf dem Unvermögen der Menschen, sich andere, bessere Lebensumstände vorstellen zu können, basiert totalitäre Politik.

George Orwell hat mit Neusprech nicht in erster Linie eine zur totalitären Machtausübung geeignete Sprache bloß erfunden. Er setzte vielmehr, sowohl im Politischen als auch im Sprachlichen, bei Tendenzen an, die sich im England seiner Zeit andeuteten. Seien es die Euphemismen in der Kriegsberichterstattung, sei es die Abkürzungssprache oder die schleichende Sinnentleerung der Wörter – all das (und mehr) war der Realität entnommen und wurde in ‹1984› in logischer Zuspitzung zu Ende gedacht.

In dieser Zuspitzung ist das System so geschlossen, daß ein Ausbruch nicht mehr möglich scheint. Eigenständiges Denken – wenn es sich dennoch regt – wird mit den Mitteln der Gewalt unterdrückt. So hätte Sprachkritik keine Basis. Doch Orwell zeigt in ‹1984› gerade durch diese Zuspitzung auch, daß politische Sprachkritik eine Chance hat – dann nämlich, wenn das Denken noch nicht völlig vereinnahmt ist, wenn die oder der einzelne noch in der Lage ist, sich bewußt die passenden Wörter zu seinen Gedanken, Erfahrungen und Wahrnehmungen zu suchen und die unpassenden abzulehnen.

Sprache ist – das macht Orwell deutlich – ein wichtiger Teil der politischen Herrschaftsverhältnisse. Sprachkritik ist ein notwendiger Bestandteil von Ideologiekritik, wenn auch Ideologiekritik sich nicht in Sprachkritik erschöpfen darf. Mit dieser Erkenntnis ist und bleibt Orwells Roman eine aktuelle, ja eine zeitlose Mahnung.

So wie Orwell hat auch Klemperer einen engen Zusammenhang zwischen Sprechen und Denken, zwischen den sprachlichen Ausdrucksmöglichkeiten und den geistigen Denkmöglichkeiten angenommen. Als Konsequenz aus diesem Zusammenhang ergibt sich, daß eine Manipulation des Denkens hauptsächlich und auf subtile Weise durch eine Manipulation der Sprache erfolgen kann. Will man die Denkmöglichkeiten reduzieren, muß man die Ausdrucksmöglichkeiten verringern und einfache sprachliche Schemata, am besten eindeutig bewertete Gegensätze, schaffen. Orwell hat diesen Prozeß vor Augen geführt. Interessanterweise stellt auch Klemperer als das wesentliche Merkmal der LTI, der Sprache der Nationalsozialisten, eine gewisse «Armut» fest:

«Die LTI ist bettelarm. Ihre Armut ist eine grundsätzliche; es ist, als habe sie ein Armutsgelübde abgelegt.

‹Mein Kampf›, die Bibel des Nationalsozialismus, begann 1925 zu erscheinen, und damit war seine Sprache in allen Grundzügen buchstäblich fixiert. [...] Bis in das Jahr 1945 hinein, fast bis zum letzten Tag – das ‹Reich› erschien noch, als Deutschland schon ein Trümmerhaufen und Berlin umklammert war – wurde eine Unmenge Literatur jeder Art gedruckt. Flugblätter, Zeitungen, Zeitschriften, Schulbücher, wissenschaftliche und schöngeistige Werke.

In all dieser Dauer und Ausbreitung blieb die LTI arm und eintönig, und man nehme das ‹eintönig› genauso buchstäblich wie vorhin das ‹fixiert›. [...]

Der Grund dieser Armut scheint am Tage zu liegen. Man wacht mit einer bis ins letzte durchorganisierten Tyrannei darüber, daß die Lehre des Nationalsozialismus in jedem Punkt und so auch in ihrer Sprache unverfälscht bleibe. [...]

Die absolute Herrschaft, die das Sprachgesetz der winzigen Gruppe, ja des einen Mannes ausübte, erstreckte sich über den gesamten deutschen Sprachraum mit um so entschiedenerer Wirksamkeit, als die LTI keinen Unterschied zwischen gesprochener und geschriebener Sprache kannte. Vielmehr: alles in ihr war Rede, mußte Anrede, Anruf, Aufpeitschung sein. Zwischen den Reden und den Aufsätzen des Propagandaministers gab es keinerlei stilistischen Unterschied, weswegen sich denn auch seine Aufsätze so bequem deklamieren ließen. Deklamieren heißt wörtlich: mit lauter Stimme, tönend daherreden, noch wörtlicher: herausschreien. Der für alle Welt verbindliche Stil war also der des marktschreierischen Agitators.

Und hier tut sich unter dem offen zutage liegenden Grund ein tieferer für die Armut der LTI auf. Sie war nicht nur deshalb arm, weil sich jedermann zwangsweise nach dem gleichen Vorbild zu richten hatte, sondern vor allem deshalb, weil sie in selbstgewählter Beschränkung durchweg nur eine Seite des menschlichen Wesens zum Ausdruck brachte.

Jede Sprache, die sich frei betätigen darf, dient allen menschlichen Bedürfnissen, sie dient der Vernunft wie dem Gefühl, sie ist Mitteilung und Gespräch, Selbstgespräch und Gebet, Bitte, Befehl und Beschwörung. Die LTI dient einzig der Beschwörung. In welches private oder öffentliche Gebiet auch immer das Thema gehört – nein, das ist falsch, die LTI kennt sowenig ein privates Gebiet im Unterschied vom öffentlichen, wie sie geschriebene und gesprochene Sprache unterschiedet –, alles ist Rede, und alles ist Öffentlichkeit. ‹Du bist nichts, dein Volk ist alles›, heißt eines ihrer Spruchbänder. Das bedeutet: du bist nie mit dir selbst, nie mit den Deinen allein, du stehst immer im Angesicht deines Volkes.»[9]

Angesichts einer solch düsteren Beschreibung stellt sich, wie auch bei Orwell, die Frage, ob ein Ausbruch aus diesem Sprachgefängnis oder, anders gesagt, ob Sprachkritik in einer solchen Situation überhaupt noch möglich ist. Faktisch war sie möglich, denn Klemperers Tagebücher und seine Abhandlung ‹LTI› zeugen davon. Wie aber ist diese Möglichkeit zu begründen, wenn doch die Sprache eine Macht ausübt über das Denken und mit der Sprachlenkung auch eine Manipulation und Reduktion des Denkens einhergeht? Klemperer hat in seinem Tagebuch unter dem Datum des 31. März 1942 folgendes notiert:

«*LTI*. Die Sprache bringt es an den Tag. Bisweilen will jemand durch Sprechen die Wahrheit verbergen. Aber die Sprache lügt nicht. Bisweilen will jemand die Wahrheit aussprechen. Aber die Sprache ist wahrer als er. Gegen die Wahrheit der Sprache gibt es kein Mittel. Ärztliche Forscher können eine Krankheit bekämpfen, sobald sie ihr Wesen erkannt haben. Philologen und Dichter erkennen das Wesen der Sprache; aber sie können die Sprache nicht daran hindern, die Wahrheit auszusagen.»[10]

Hier also ist eine Möglichkeit von Sprachkritik zu finden: in der Sprache selbst. Klemperers Formulierungen sind in dieser Form gewiß zu idealistisch, aber wenn man unter ‹Sprache› die in ihr enthaltene geschichtliche Dimension, die ja nie nur eine, sondern stets einen Wandel und damit mehrere Dimensionen umfaßt, versteht, dann enthält die Sprache ‹Wahrheit› im Sinne einer historischen Wahrheit. Wenn man die Wörter der Sprache im Sprechen entgegen dieser Wahrheit benutzt, dann kann man zwar lügen, aber die Reflexion über Bedeutungen und Bedeutungsmöglichkeiten der Wörter wird diese Lüge entlarven. Die Sprache also ist etwas, das – jedenfalls in aller Regel – vor dem Denken und dem Sprechen da ist. Sie behauptet ihre vorgängige Existenz und damit ihre Wahrheit auch gegen Manipulation und Lüge – allerdings nur dann, wenn man mit ihr bewußt umgeht, auf all ihre Dimensionen reflektiert und es nicht zuläßt, daß sie in einer manipulierten Eindimensionalität verkümmert und herrscht.

Klemperer hatte geschrieben, daß Wörter wie Arsendosen sein können, die langsam und unbemerkt ihre vergiftende Wirkung entfalten, denn die «Sprache dichtet und denkt nicht nur für mich, sie lenkt auch mein Gefühl, sie steuert mein ganzes seelisches Wesen, je selbstverständlicher, je unbewußter ich mich ihr überlasse».[11] Auch in diesem Zusammenhang, dem von Sprache und Denken, kommt alles also auf das Bewußtsein an. Je unbewußter, gedankenloser man die Sprache benutzt, desto mehr Macht kann sie auf das Denken und Fühlen ausüben, kann sie, wenn sie erst einmal «vergiftet» und manipuliert ist, ihr Gift entfalten. Sprachkritik im Sinne eines Aufdeckens sprachlicher Manipulation und eines Ausbrechens aus dem Sprachgefängnis aber ist möglich durch einen bewußten, reflektierten – und somit auch selbstverantwortlichen – Umgang mit der Sprache. Und dazu bietet die Geschichte der Sprache, die Geschichte auch der Wörter, mit der in ihr enthaltenen «Wahrheit» eine gute, wenn auch vielleicht die einzige Möglichkeit.

2. Unmenschliche Sprache? ‹Aus dem Wörterbuch des Unmenschen› von Sternberger, Storz, Süskind

Das bundesrepublikanische Pendant zu Victor Klemperers ‹LTI› – und dort entsprechend intensiver rezipiert – war das ‹Wörterbuch des Unmenschen› von Dolf Sternberger, Gerhard Storz und Wilhelm Emanuel Süskind. Dieses Buch ist in einem engeren Sinne tatsächlich ein Wörterbuch. Es enthält Artikel zu folgenden Stichwörtern: ‹Anliegen›, ‹Auftrag›, ‹Ausrichtung›, ‹Betreuung›, ‹Charakterlich›, ‹Durchführen›, ‹Echt – Einmalig›, ‹Einsatz›, ‹Erarbeiten›, ‹Frauenarbeit›, ‹Gestaltung›, ‹Härte›, ‹Herausstellen›, ‹Intellektuell›, ‹Kontakte›, ‹Kulturschaffende›, ‹Lager›, ‹Leistungsmäßig›, ‹Menschen›, ‹Menschenbehandlung›, ‹Organisieren›, ‹Problem›, ‹Propaganda›, ‹Querschießen›, ‹Raum›, ‹Ressentiment›, ‹Schulung›, ‹Sektor›, ‹Tragbar›, ‹Untragbar›, ‹Vertreter›, ‹Verwendung›, ‹Wissen um ...› und ‹Zeitgeschehen›.

Die meisten dieser Wörter erscheinen uns heute unverdächtig, sind im allgemeinen Sprachgebrauch üblich: ‹ein Anliegen haben›, ‹einen Auftrag erteilen›, ‹ein Thema erarbeiten›, ‹untragbare Zustände›, ‹eine Schulung besuchen›, ‹das Zeitgeschehen beobachten› – was sollte an dieser Ausdrucksweise ‹unmenschlich› sein? Weshalb stammen sie aus dem ‹Wörterbuch des Unmenschen›?

Nehmen wir, um die Argumentationsweise der Autoren zu illustrieren, ein Beispiel, den von Dolf Sternberger verfaßten Artikel ‹Menschenbehandlung›. Der Artikel setzt sich, wie fast alle anderen auch, aus einem diachronen Abschnitt zur geschichtlichen Worterklärung und einem stärker synchron ausgerichteten Abschnitt zur zeitgenössischen Sprachverwendung, zur Anwendung, zusammen.[12]

«‹Menschenbehandlung› meint nicht die Behandlung irgendwelcher Wesen durch Menschen, sondern die Behandlung von Menschen durch irgendwelche Wesen. Die ‹Behandlung› ist transitiv auf Menschen gerichtet: man behandelt wen oder was? – man behandelt Menschen. Das ist schon verwunderlich genug. Fast möchten wir meinen, das Wort müsse darum aus dem Vokabular anderer als menschlicher Wesen stammen, etwa aus dem der Engel, von welchen vermutet werden kann, sie machten sich über die Art und Weise der Menschenbehandlung Gedanken – dort oben nämlich – wo sie leben und schweben, – oder aber aus demjenigen von Tieren, Haustieren zumal, der Pferde oder der Hunde, von welchen in anderem Sinn ebenfalls sich vermuten ließe, sie hätten Kunst- und Lebensregeln ausgebildet, wonach sie die Menschen behandelten, ihre jeweiligen Menschen, diese unverständlich fremden Wesen, die sie ihrerseits und umgekehrt zu beherrschen und zu behandeln vermeinen. Da wir aber weder die Sprache der Engel noch diejenige der Tiere kennen, so muß das Wort unfehlbar aus dem Vokabular der Menschen stammen und aus keinem anderen.» (126)

Menschenbehandlung ist also die Behandlung von Menschen durch Menschen. Indem Sternberger bereits zu Beginn des Artikels seine Verwunderung über einen solchen Vorgang, einen solchen Sachverhalt ausdrückt, nimmt er die Kritik eigentlich schon vorweg: Engel, Tiere könnten vielleicht den Menschen «behandeln», aber doch nicht Menschen andere Menschen! Man sieht, das Wort wird hier als Ausdruck, als Bezeichnung für einen Sachverhalt genommen: Die Kritik richtet sich vornehmlich gegen die Sache, die in dem Wort bezeichnet wird.

Im weiteren Verlauf des Artikels werden die Komposita mit ‹Menschen› als Erstglied durchgegangen: es gibt ‹Menschenfänger›, ‹Menschenhandel›, ‹Menschenjagd›, ‹Menschenräuber›, ‹-schinder›, ‹-quäler›, ‹-schlächter›, ‹-verächter›. Sie alle haben – das gilt auch für die eher positiven Wörter ‹Menschenbeglückung›, ‹Menschenverbesserung› und das biblische «Menschenfischer» – einen «empörerischen und polemischen Klang». Nach dem Durchgang durch verschiedene Beispiele gelangt

Sternberger zu der Frage: «Was hat es mit diesem wunderlichen Haupt- und Verbalbestandteil unserer Zusammensetzung, mit der ‹Behandlung› selber auf sich?» – Seine Antwort lautet:

«In der ‹Behandlung› steckt die Hand. Die Hand kann streicheln und schlagen, liebkosen und züchtigen. Sie kann – oder: wir können mit ihr, mittels der Hände – handeln und behandeln. Als erstes Anwendungsbeispiel nennt Grimm unter dem fraglichen Stichwort: ‹Den Teig behandeln, bearbeiten, verarbeiten.› Da sieht man die Hände ihr Werk verrichten, wie sie drücken und kneten, sich hin und wider bewegen. Es ist das kleine, eingefügte ‹l› im Handeln und Behandeln, welches eben diese häufig sich wiederholende Bewegung und Betätigung ausdrückt. Wäre dies der Hand nicht so eigentümlich, so würde das Verbum nun ‹Handen› lauten (was es vielleicht auch einmal in grauer Zeit gegeben hat), wie das ‹Wandeln› auf das ‹Wenden›, das ‹Betteln› auf das ‹Beten›, das ‹Winseln› auf das ‹Weinen› zurückgeht. Aber nicht nur der Teig wird behandelt, das heißt wiederholt (mit den Händen) gedrückt und geknetet – nicht nur von Sachen, nein, auch von Personen kann man sagen, daß sie ‹behandelt› würden. Hier sind einige Grimmsche Beispiele: ‹Der Herr behandelt seine Untertanen hart›; ‹Man kann uns niedrig behandeln, aber nicht erniedrigen›; ‹Der Arzt behandelt einen Kranken›. Wenn und soweit Personen behandelt werden – so läßt sich aus den Exempeln schließen –, bringt schon das Verbum ‹Behandeln› offenbar eine eingeborene Neigung zu ungünstigen, unbehaglichen Verhältnissen mit sich – eine Affinität entweder zu schlechten, harten, gemeinen Subjekten oder aber zu schadhaften, ihrer lebensvollen Selbständigkeit schon beraubten Objekten der Behandlung: zu Verhältnissen der Unterdrückung oder zu Verhältnissen der hilflosen Krankheit, in jedem Fall und in irgendeinem Sinne zu Verhältnissen der Untertänigkeit oder Abhängigkeit.» (131 f.)

Hier zeigt sich eine zweite Ebene, auf der Sternberger argumentiert: Er versucht rekonstruierend eine ursprüngliche Wortbedeutung aus der Wortform herauszuschälen und mittels sprachgeschichtlicher Belege nachzuweisen, daß das Wort ‹behandeln› erstens aufgrund seiner Ursprungssemantik richtigerweise nur auf Sachen anzuwenden ist und daß es zweitens dort, wo es auf Menschen angewandt wurde, stets eine Entmündigung und Unterdrückung des Menschen, der da behandelt wird, voraussetzt und enthält.

In dem Teil ‹Anwendung› des Artikels führt Sternberger gesellschaftliche Bereiche auf, in denen von Behandlung des Menschen gesprochen wird: Kasernen und Fabriken, auch den Nationalsozialismus, der von der «Behandlung der Fremdvölkischen im Osten» sprach und gar davon, Menschen «einer Sonderbehandlung zuzuführen», was bekanntlich ein Euphemismus für Massenmord gewesen ist. Am Schluß lautet das Fazit:

«Dem Menschen ziemt es nicht, den Menschen zu behandeln. Ihm ziemt es aber, mit seinesgleichen umzugehen. Menschenbehandlung ist eo ipso so viel wie Menschenmißhandlung. Die rechte Menschenbehandlung aber ist der Umgang mit Menschen.» (136)

Im Anwendungsteil wird deutlich, daß die Verfasser des ‹Wörterbuchs des Unmenschen› nicht nur den Sprachgebrauch der Nationalsozialisten im Blick haben, sondern daß sie auch nach Vorläufern suchen und genauso die Nachwirkungen dieser Sprache über die nationalsozialistische Zeit hinaus kritisieren wollen.

Bereits der Begriff ‹Unmensch›, den Sternberger, Storz und Süskind im Titel ihres Werkes verwenden, weist als Negation darauf hin, daß sie eine bestimmte Gegenvorstellung haben, eine Vorstellung vom Menschen, besser von Menschlichkeit, und sie nehmen an, daß diese Menschlichkeit auch mit einer menschlichen – im positiven Gegensatz zu ‹unmenschlichen› – Sprache korrespondiert. Weil es kein Akt von Menschlichkeit ist, daß der Mensch den Menschen als bloßes Ding behandelt, daß der Mensch also in der Realität zu einem Gegenstand gemacht wird, darf auch die Sprache ein solches Verhältnis nicht ausdrücken, den Menschen also nicht in die Position eines direkten Objekts stellen.

Gleiches gilt – wir kommen darauf noch zurück – nach Ansicht dieser Form von Sprachkritik auch für die Verben mit dem Präfix ‹be-› wie beispielsweise ‹betreuen›. Diese Verben rücken den Menschen in den Akkusativ, den eigentlichen Kasus für die Gegenstände, über die der Mensch verfügt. Dem Menschen angemessen dagegen sind eigentlich nur der Nominativ und der Dativ, letzterer wird auch die Zuwendgröße genannt. ‹Der Mensch im Akkusativ›, ein Aufsatztitel des damals maßgeblichen Linguisten Leo Weisgerber aus dem Jahre 1957/58, bedeutet, wie auch bei ‹Menschenbehandlung›, den Menschen in die Verfügungsgewalt anderer Menschen zu stellen – und das ist – so die Argumentation – unmenschlich.

Die Auffassung, daß moralischen Kategorien der Humanität bzw. Inhumanität auch sprachliche Kategorien entsprechen, wird besonders deutlich an dem ebenfalls von Dolf Sternberger verfaßten Artikel ‹Betreuung›:

«Das Mittel- und Hauptstück heißt ‹treu›. Von ‹treu› und von der ‹Treue› aber gibt es kein direkt abgeleitetes, ohne den Umstand der Vorsilbe gebildetes Zeitwort, kein verbum simplex. Treu sein, treu bleiben, die Treue halten – anders ließ und läßt sich die Treue nicht in die Tat umsetzen. Und man muß zugeben, daß diese Wendungen wirklich auffallend und unangenehm wenig Spielraum für den Tätigkeitsdrang bieten: es sind keine Tätigkeits-, sondern wahre Zeit-Wörter. Man kann oder konnte da nur etwas sein und bleiben, und dabei konnte es natürlich nicht lange bleiben, da mußte etwas geschehen. Hinzu kam noch die weitere Unannehmlichkeit, daß alle jene Wendungen den Dativ regieren: man ist und bleibt jemandem treu, hält jemandem oder einer guten Sache oder einem Grundsatz oder einer Institution die Treue. Ganz ähnlich, wie man auch jemandem (im Dativ) hilft und jemandem vertraut. Dieser Jemand, diese gute Sache, dieser Grundsatz, diese Institution bleiben, da sie nur im schrägen Lichte des Dativs erscheinen, in sich selbständig, gültig und frei. Wer jemandem treu ist, kann daher seinerseits dieses Jemands nicht sicher sein. Treu sein und treu bleiben ist eben, wie man daran leicht sieht, nichts weiter als ein *menschliches* Verhalten und Verhältnis. Für den Unmenschen ergab sich die dringende Notwendigkeit, erstens ein recht kräftiges Tätigkeitswort und zweitens ein transitives zu bilden oder hervorzusuchen, welches den Jemand schärfer anpackt. ‹Treuen› ging nicht – es käme ja ungefähr auf ‹lieben› und ‹schützen› hinaus, und dabei fehlt noch die rechte Gewalt. Die Vorsilbe half. Dieses ‹be-› drückt nicht bloß ein selbstloses Hinzielen auf den Gegenstand aus wie die einfachen Transitiva ‹lieben› und ‹schützen›, sondern eine Unterwerfung des Gegenstands, und darauf kommt es an. Dieses ‹be-› gleicht einer Krallenpfote, die das Objekt umgreift und derart erst zu einem eigentlichen und ausschließlichen Objekt macht. Muster und Vorgänger sind: Beherrschen und Betrügen, Beschimpfen und Bespeien, Bestrafen, Benutzen, Beschießen, Bedrükken, auch Belohnen und Beruhigen. In allen diesen Fällen wird das Objekt, eben der Jemand, mindestens zeitweilig des eigenen Willens beraubt oder soll des eigenen Willens beraubt werden oder hat seine Freiheit schon verloren wie der Aufgeregte, der darum ‹Beruhigung› bedarf, oder seine freie Vernunft wird umgangen und für nichts geachtet wie beim Betrügen oder Benutzen. [...] Die Betreuung ist diejenige Art von Terror, für die der Jemand – der Betreute – Dank schuldet. Und das tut dem Unmenschen wohl. Nur noch dieses Wohlgefühl erinnert an das Stammwort ‹Treue›. Der Betreuer selber aber braucht nun – Gott sei Dank – niemandem (im Dativ) mehr treu zu sein. So kann man mit recht einfachen Mitteln ein Wort von seiner Sinnwurzel abschneiden und es doch so aufstellen, daß es aussieht, als stecke es noch lebendig im Grund.» (51 f.)

Dieser Interpretation der Bedeutung des Wortes ‹betreuen› folgt nun eine Auflistung von Beispielen seines Gebrauchs: «der Kindergarten betreut die Kinder», «die Schule betreut die Schüler», woraus sich die «schulische Betreuung» ergibt, «der Arzt betreut die Kranken oder besser: das Krankenmaterial (auf deutsch und etwas einschmeichelnder: das Krankengut)». «Die NSV betreute Mutter und Kind, der Reichsnährstand die Bauern, die Arbeitsfront die Arbeiter; die Wirtschaftgruppen, Wirtschaftsämter, Rüstungsinspektionen und andere Behörden, alle zusammengefaßt im ausdrücklich so bekannten ‹Betreuungsausschuß›, betreuten – in der diktatorischen Organisation des totalen Krieges – die industriellen Betriebe. Ja wahrhaftig: Die Geheime Staatspolizei betreute die Juden.» (32 f.) Letzteres war – wie ‹Behandlung› auch – bekanntlich ein verhüllendes Wort für die Ermordung der Juden in den Konzentrationslagern. Sternberger weist jedoch sogleich darauf hin, daß derartige Wendungen nicht mit dem Nationalsozialismus verschwunden sind. Sie werden weiter benutzt, vor allem in der Sprache der Verwaltung: «In einem Wörterbuch der heutigen Organisationssprache würde unser Wort genau so breit und fett fungieren wie dort in demjenigen der Lager- und Terror-Sprache.» (34) Für Sternberger ergibt sich folgendes Fazit:

«Am Ende löscht die Betreuung den Jemand als Jemand, als eigenes Wesen, aus, dem sie gilt oder zu gelten scheint. Hat man je schon gehört, daß jemand von sich selbst sagte: ‹Ich werde von der und der Organisation, von der Schule oder von der Polizei usw. betreut?› – Nein, das hat man noch nicht oder doch nur selten und dann nur mit Verblüffung und mit Scham sagen hören, denn diese beiden Dinge vertragen sich nicht miteinander, das ‹Ich› und das ‹betreut werden›. Das ist eben ein wahres Tätigkeitswort, strotzend vor Aktivität. Im Passiv läßt sich das Verbum nicht in allen Personen durchkonjugieren, jedenfalls kaum in der ersten und zweiten, ohne weiteres freilich in der dritten (er, sie, es), die einen nichts angeht; im Plural geht es überhaupt ganz gut, da ist man zu mehreren, und auf den einzelnen, der da (passiv) leidet, kommt es dann nicht so genau an. Daß es in der ersten und zweiten Person des Singulars nicht recht geht, ist gut so. Denn der Unmensch mag es nicht leiden, wenn die Leute ‹ich› und ‹du› sagen.» (35)

Von allen Artikeln des ‹Wörterbuchs des Unmenschen› zeigt der zu ‹Betreuung› am deutlichsten die Argumentations- und Sichtweise der Verfasser auf. Ausgangspunkt ist stets eine moralische Wertung, ein ethischer Standpunkt, von dem aus sich ein Handeln oder eine Kategorienbildung des Menschen als ‹gut› oder ‹böse›, als ‹human› oder ‹inhuman› einstufen läßt. Dieser ethische Standpunkt nun, so wird behauptet, kehre in den Wörtern wieder, so daß auch sie ‹gut› oder ‹böse›, ‹human› oder ‹inhuman› sind. ‹Jemandem treu sein› ist gut und human, denn in dieser Wendung wird der Mensch, dem man treu ist, nicht entmündigt, er bleibt «selbständig, gültig und frei». ‹Jemanden betreuen› dagegen ist böse und inhuman, denn durch diesen Ausdruck wird der Mensch zu einem Gegenstand degradiert, seiner Mündigkeit beraubt durch den Unmenschen, der ihn ‹betreut›.

Die inhumanen Wörter hat Sternberger noch weiter differenziert. In seiner Vorbemerkung zur Ausgabe von 1967 des ‹Wörterbuchs des Unmenschen› unterscheidet er vier Gruppen: erstens die «von Haus aus harmlosen, ja rechtschaffenen Wörter, die mit einem Mal dem ‹Unmenschen› dienlich und auch tauglich werden» wie ‹Raum› oder ‹Lager›; zweitens «bedeutende, geschichtlich bedeutungsträchtige Wörter, die von herrschenden Sprechern, ja beinahe von der ganzen sogenannten Sprachgemeinschaft gleichsam verraten wurden» wie ‹intellektuell›, ‹Anliegen› oder ‹Problem›; drittens «Neu- und Mißbildungen und die Umdeutungen aus ursprünglich böser Absicht» wie ‹Menschenbehandlung›, ‹Ausrichtung›, ‹Kulturschaffende› oder ‹charakterlich›; und viertens «solche Wörter, welche, mögen sie auch ehedem in würdigen oder doch ordentlichen Zusammenhängen möglich gewesen sein, im unmenschlichen Gebrauch (oder Mißbrauch – das gilt gleich) mit einem Mal nach ihrer Form und Bildung eine gleichsam eingeborene Anlage zu ebendiesem Gebrauch offenbaren» wie ‹betreuen› oder ‹erarbeiten› (12 ff.).

Sternberger geht offenbar davon aus, daß das ‹Unmenschliche› in den Wörtern selbst, in «ihrer Form und Bildung», liegt. Zunächst mag ein Wort in seinem Gebrauch etwas Unmenschliches an sich haben oder etwas Unmenschliches vom Sprecher beigelegt bekommen, irgendwann aber geht das Unmenschliche in das Wort selbst über: «Wörter sind nicht unschuldig, können es nicht sein, sondern die Schuld der Sprecher wächst der Sprache selber zu, fleischt sich ihr gleichsam ein», schreibt er in der Vorbemerkung von 1967. Bereits 1945 hatte er seine Position grundsätzlich so umrissen:

«Sprache ist die Gabe allein des Menschen, das verwirrende und befreiende, verräterische und erhellende, ausgreifende und fesselnde, lösende und bindende, selige und gefährliche Medium und Siegel seines Wesens. Soviel und welche Sprache einer spricht, soviel und solche Sache, Welt oder Natur ist ihm erschlossen. Und jedes Wort, das er redet, wandelt die Welt, worin er sich bewegt, wandelt ihn selbst und seinen Ort in dieser Welt. Darum ist nichts gleichgültig an der Sprache, und nichts so wesentlich wie die façon de parler. Der Verderb der Sprache ist der Verderb des Menschen.» (7)

Dieser letzte Satz hat es in sich. Nicht nur, daß darin behauptet wird, das Denken des Menschen, das ja ein wesentliches Teil seines Menschseins ist, stehe unter der Bedingung der Sprache, und zwar hinsichtlich der Denkinhalte und möglicherweise auch der Wahrnehmungen, mehr noch, es wird eine Kausalität zwischen dem moralischen Wert eines Menschen und der in Sprache sich ausdrückenden Moral postuliert: Ein moralisch schlechter Mensch spricht also eine unmenschliche Sprache und umgekehrt, wer eine unmenschliche Sprache spricht, ist auch ein schlechter Mensch.

Halten wir diese Position zunächst einmal unkommentiert fest – sie wird kritisch beleuchtet im Zusammenhang der Darstellung des Streites zwischen Sprachwissenschaft und Sprachkritik –, und fragen wir weiter, welche Aufgabe nach Sternbergers Ansicht dem Sprachkritiker zukommt. In dem Aufsatz ‹Mass-Stäbe der Sprachkritik› findet man dazu folgendes:

«Der Sprachkritiker [muß] ein Philologe und ein Moralist zugleich sein. Darum trifft er seine Unterscheidungen nicht allein nach ästhetischen Maßstäben des Schönen und Häßlichen, des Sinnlich-kräftigen und des Papierenen, des Guten und des Schlechten, auch nicht allein nach logischen Maßstäben des Richtigen und Falschen oder, feiner, des Stimmigen und des Unstimmigen, sondern zugleich und in alledem nach moralischen Maßstäben. Ich scheue mich nicht, es auszusprechen: In letzter Instanz nach Maßstäben des Guten und Bösen, insbesondere des Menschlichen und des Unmenschlichen. Und meine Behauptung, nein: meine Überzeugung ist, daß diese Maßstäbe der Sprache nicht fremd und äußerlich, sondern ganz und gar angemessen und eingewachsen sind – eben deswegen, weil die Menschlichkeit der Sprache ihr letztes und schärfstes Wesensmerkmal bildet, und weil man sich Geist und Sprache ‹nie identisch genug denken kann› – im Guten wie im Bösen.» (286 f.)

Moralische Urteile sind also das Motiv, Philologie, insbesondere historische Philologie, das Mittel von Sternbergers Sprachkritik. In seiner Begründung dieser Position bezieht auch er sich auf Wilhelm von Humboldt und – interessanterweise – auf Karl Kraus:

«Sprache ist nicht bloßer Zeigestock, nicht bloßes Ausdruckskleid oder Ausdruckshaut, sondern auch Prägestempel, ja sogar Wünschelrute, eine bestimmende und eine entdeckende Macht von eigener Kraft. Es gibt keine vorsprachliche Menschenwelt. ‹Sprechen und Denken sind eins›, schrieb Karl Kraus – und bis dahin findet sich sein Ausspruch und seine Gesinnung durchaus in Übereinstimmung mit Wilhelm von Humboldt, der von den Völkern gesagt hat: ‹Ihre Sprache ist ihr Geist, und ihr Geist ist ihre Sprache – man kann sich beide nie identisch genug denken!› [...] Aber Karl Kraus fährt fort: ‹Sprechen und Denken sind eins, und die Schmöcke sprechen so korrupt wie sie denken›, und das führt über Humboldt hinaus, der nämlich von der Sprache insgesamt und vom menschlichen Geiste insgesamt zu edel gedacht hat, als daß er diese Nachtseite seines eigenen Satzes von der Identität überhaupt ins Auge hätte fassen können.» (286)

Es ist hier nicht der Ort, Sternbergers Interpretation des Humboldtschen Sprachbegriffs und seiner Sprachphilosophie kritisch zu beleuchten. Es gäbe andere Passagen zu zitieren, in denen Humboldt den Geist eines Volkes zwar auch von dessen Sprache her bestimmt betrachtet, in denen er aber doch keine völlige Identität behauptet. Auf jeden Fall aber geht Sternberger von einer solchen Identität aus. Die aus ihr – und aus der geschichtlichen Erfahrung – zu ziehende Konsequenz lautet: Weil der Mensch die Sprache verdirbt und umgekehrt die Sprache den Menschen, muß es der Sprachkritik gerade darum zu tun sein, «die Sprache gegen den Sprecher und Gebraucher in Schutz zu nehmen», und sie muß es «nach ihrem innersten Sinn» weit eher darauf absehen, «den Geist der Sprache wachzurufen als eine Sprache des Geistes zu begründen, gar zu erfinden.» (271)

Diese Positionen, die ja schon die Prinzipien des ‹Wörterbuchs des Unmenschen› gebildet hatten, waren letztlich der Grund für eine heftige Kontroverse zwischen den Vertretern der Sprachkritik, insbesondere Dolf Sternberger, und Vertretern der neueren, strukturalistisch ausgerichteten Sprachwissenschaft, zu denen damals vor allem Peter von Polenz zählte. Gegenstand der Kritik war auch Karl Korns Abhandlung ‹Sprache in der verwalteten Welt›, auf die im folgenden einzugehen ist, bevor die angesprochene, im Anhang zum ‹Wörterbuch des Unmenschen› ab dessen dritter Auflage 1968 dokumentierte Kontroverse zum Abschluß dieses Kapitels wieder aufgegriffen wird.

3. Der entmündigte Bürger: Karl Korns ‹Sprache in der verwalteten Welt›

Anders als Victor Klemperer, der Formen und Inhalte der nationalsozialistischen Sprachlenkung und deren Auswirkungen auf den Sprachgebrauch sowie auf das Denken und die Gesinnung der Menschen zu seinem Thema gemacht hatte, anders auch als Dolf Sternberger, Gerhard Storz und Wilhelm Emanuel Süskind, die in bestimmten sprachlichen Erscheinungen, insbesondere in Wörtern und Wendungen, einen moralisch verwerflichen Geist, Unmenschlichkeit eben, erkennen wollten, hat Karl Korn bestimmte, sich nach dem 2. Weltkrieg herausbildende kulturelle Erscheinungen in den Blick genommen und daran seine Sprachkritik ausgerichtet. Im ersten Kapitel seines Buches ‹Sprache in der verwalteten Welt›[13] mit der Überschrift ‹Sprachkritik als Kulturkritik› sucht er seinen Sprachbegriff und seine Auffassung von Sprachkritik deutlich zu machen:

«In diesem Buche wird nicht Kulturkritik getrieben, sondern Sprachkritik. Typische neue Erscheinungen der Wortbildung und der Satzlehre *(Syntax)* werden gesammelt und untersucht. Ein erstes kritisches Moment dieses Unternehmens liegt darin, daß zeittypische Sprachformen ausgewählt werden. Also wird eine Theorie dieser Zeit vorausgesetzt, auf die Sprache bezogen wird. Hier aber liegt der Berührungspunkt zur Kulturkritik.» (9)

Korn hält sich nun allerdings nicht lange bei dem Begriff der Kulturkritik, geschweige denn bei einer Theorie der Kultur auf. Er nimmt statt dessen – wie er selbst zugibt – «Schlagworte wie Vermassung, Entseelung, Mechanisierung, Rationalisierung, Nivellierung» (10), um die kulturellen Erscheinungen seiner Zeit zu charakterisieren. Diese Schlagworte dienen ihm als Suchmittel nach bestimmten sprachlichen Erscheinungen, um sie als Ausdruck jener kulturellen Erscheinungen zu deuten. Die methodische Gefahr, daß damit zugleich kulturelle Erscheinungen als Ausdruck sprachlicher Erscheinungen gedeutet werden, daß man – um es bildlich zu sagen – die Ostereier dort findet, wo man sie versteckt hat, wird zwar von Korn erkannt, jedoch mit dem Hinweis, die Philologie hätte «ihre eigenen Methoden der Formanalyse und der Formeninterpretation entwickelt» (10), als unbegründet zurückgewiesen.

Wie nun hängen nach Ansicht Korns Sprache und Kultur, Sprachkritik und Kulturkritik zusammen? Er schreibt, zunächst mit Bezug auf Sigmund Freuds Tiefenpsychologie, im Einleitungsteil:

«Die Sprache ist ein Geistiges, das nicht ohne die Korrelation zum Triebhaft-Unbewußten verstanden werden kann. Im Sinne der Tiefenpsychologie ist das Geistige gleichursprünglich mit dem Triebhaften. Von diesem Ansatzpunkt aus den Begriffen und den Begriffshintergründen in Worten nachspüren, ist von hohem Reiz und eine fruchtbare Methode der Sprachdeutung.

[...] In den folgenden Kapiteln wird vom Wort und von grammatischen Formen ausgegangen. Die grammatikalische Form hat objektiven Sinn, sie ist Sprachgeist. Da, wo sich die grammatische Form ändert, ist den gesellschaftlichen und psychologischen Wandlungen nachzuspüren. Es hat in der Geschichte vieler Sprachen große Verschiebungen gegeben. Es ist möglich, daß wir parallel zur zweiten industriellen Revolution in einer sprachlichen Form- und Bedeutungsverschiebung stehen, deren Ausmaße uns noch unbekannt sind, deren Richtung sich aber bereits abzeichnet. Wer die Sprache macht und sie verändert, läßt sich nicht mit Daten angeben. Die Sprache wandelt sich mit den Lebensformen der Gesellschaft. Es ergibt sich eine Parallelität zwischen allem, was unter dem Begriff der verwalteten Welt zu verstehen ist, und der neuen Nomenklatur, die dieses Phänomen hervorbringt. Besonders interessantes Material ist in Neubildungen zu sehen, die nicht selten aus dem militärischen Bezirk oder aus den unteren sozialen Schichten in Regimen der Einparteiendiktatur stammen, wo Befehlsausgabe und Befehlsempfang die Norm sind.» (11f.)

Es ist nicht ganz leicht, die gestellte Frage von diesen allgemeinen Aussagen her zu beantworten. Zum einen könnte man meinen, Korn gehe vom «Triebhaft-Unbewußten» im Menschen aus, wodurch, im Sinne Freuds, aufgrund von Unterdrückung und Zensur, Kultur entsteht. Sprache als Teil von Kultur hätte dann eine Beziehung auch zu eben jenem Triebhaft-Unbewußten. Korn spricht hier allerdings nicht von Kultur oder von Gesellschaft, sondern bestimmt die Sprache als etwas «Geistiges». Da das Geistige ja nichts anderes als das ‹Psychische› sein kann, hat Sprache somit notwendigerweise eine Beziehung auch zum Triebhaft-Unbewußten (als einem Teil der Psyche). Nun wechselt Korn in der zitierten Passage die Perspektive, indem er – lediglich behauptend, aber nicht begründend – der grammatischen Form der Sprache, also ihrer Ausdrucksseite, «objektiven Sinn», d. h. für ihn «Sprachgeist», zuspricht. Sprache, offenbar als Ganzes genommen, ist für Korn zum einen Geist, also etwas Psychisches; zum anderen aber kann man, wohlwollend interpretiert, auch nur die Ausdrucksseite der Sprache, also beispielsweise die Wortformen, nehmen, und diese verweisen dann auf etwas Psychisches. Wenn demnach die Ausdrucksseite der Sprache (die «grammatische Form») sich ändert, müßten, aufgrund der behaupteten – und wohl auch zutreffenden, wenngleich in ihrer Art nicht geklärten – Korrelation, sich auch die psychischen Dispositionen oder Inhalte ändern («psychologischer Wandel»). Wie nun aber kommt in diese Korrelation zwischen grammatischen Formen und psychischer Disposition das «Gesellschaftliche» mit hinein, weshalb ist, «wo sich die grammatische Form ändert», auch «den gesellschaftlichen [...] Wandlungen nachzuspüren»? Der Text erweckt den Eindruck, daß hier eine Argumentationslücke dahingehend vorliegt, daß der Zusammenhang zwischen Sprache und Gesellschaft wie auch zwischen Psyche («Geist») und Gesellschaft nicht geklärt wird.

Vielleicht jedoch wird dieser Zusammenhang an den konkreten Untersuchungen Karl Korns zur Sprache in der verwalteten Welt deutlicher. Wählen wir als Beispiel den Abschnitt über «Das registrierte Leben»:

«Die verwaltete Welt funktioniert durch Sprache; Verwaltung geschieht durch Sprache. Dies bedeutet, daß der in einem bestimmten geschichtlichen Augenblick gegebene Sprachzustand durch Verwaltung geprägt und verändert wird.

Was gemeint ist, soll an einer Reihe von Paradebeispielen gezeigt werden. Das Beispielsmaterial zerfällt in zwei Gruppen, Wörter und syntaktische Gebilde. Wir stellen aus dem Wörterbuch der technisch organisierten, verplanten und verwalteten Welt eine Musterkarte zusammen: *Nachholbedarf* [nicht übersetzbar, es sei denn von Fall zu Fall durch konkrete Angaben über Dinge, die durch Unterversorgung Mangelware waren und bei der Normalisierung verstärkt gebraucht werden], *Mühlennachprodukte* [Ölkuchen, Kleie usw.], *Aufbereitungsstätte* [Stätte zur Herrichtung von Stoffen für weitere industrielle Verarbeitung], Frischeier im *Erzeugerdirektverkehr* [gemeint ist die Eierfrau an der Haustür], *zentrale Produktionssteuerung* [die gibt es nicht konkret, da es sich um einen ‹zentralen›. also einen

Lenkungsvorgang handelt], *Teilnahme am Glaubensleben* [vor der Bürokratisierung der Religion sagte man Kirchgang oder Abendmahl], [...].» (12 f.)

Es folgt noch eine Reihe weiterer Beispiele, auf deren Zitierung wir aber verzichten können, weil die Machart der von Korn kritisierten Wörter wohl bereits deutlich geworden ist. Was nun kritisiert er? Zunächst verweist Korn darauf, daß die meisten dieser Wörter Abstrakta sind, sich jedoch von anderen Abstrakta wie ‹Bosheit›, ‹Freundschaft› oder ‹Geschichtsphilosophie› unterschieden: «Die kleine Auswahl enthält nicht wenige Worte, die einen konkreten Sachgehalt bezeichnen und doch nicht anschauliche, ein Einzelnes bezeichnende Denominationen sind.» (14) Am Beispiel seiner Ausführungen zum Wort ‹Sofortmaßnahme› wird deutlich, was Korn damit meint und was er kritisiert:

«Eine Sofortmaßnahme ist etwas, das in der Zeit vor sich geht, und doch wird niemand, was da im einzelnen geschieht, so nennen. Die Sofortmaßnahme liegt auf der Ebene der Verwaltung. Das Wort gibt nicht zu erkennen, ob es sich um ein Notlager für geflüchtete Menschen oder um Hilfe bei einem großen Unglück oder um Sandsäcke für einen Deichbruch handelt. Vielmehr besagt das Wort, daß eine Instanz, die zuständig ist, etwas angeordnet hat, das in ihrer Kompetenz lag, und daß das Angeordnete einen gewohnten Verwaltungsweg übersprang. Das Wort rubriziert den Vorfall, deckt ihn gegen etwaige Kritik ab, ordnet ihn ins dafür vorgesehene Fach ‹Ungewöhnliches› ein. Damit eine Maßnahme eine Sofortmaßnahme sei, muß es sich um eine behördliche Aktion handeln. Nie würde ein Professor seine unvorhergesehene Reise zu einem Archiv oder ein Klempner seinen Entschluß, den Gesellen nachts aus dem Bett zu holen, weil ein Rohrbruch repariert werden muß, eine Sofortmaßnahme nennen. Aber auch der Rat der Stadt Augsburg würde um 1800 wohl kaum auf den Gedanken gekommen sein, die Beseitigung von Misthaufen vor seitwärts gelegenen Gehöften der Ackerbürger durch eine Sofortmaßnahme zu bewirken.» (14 f.)

Wörter wie ‹Sofortmaßnahme› fassen etwas Konkretes, eine bestimmte Handlung beispielsweise, unter einem Oberbegriff zusammen, ohne daß das jeweils Konkrete noch erkennbar ist. Ein solches Wort ist ein Abstraktum, das unterschiedliche konkrete Sachverhalte oder Handlungen unter einem Aspekt subsumiert. Bezeichnenderweise ist es völlig unüblich und würde befremdlich klingen, wenn ein solches Wort der Handlung eines Individuums beigelegt würde. Vielmehr muß es sich, so Korn, um eine «behördliche Aktion» handeln, das Wort gehört zur «Ebene der Verwaltung»:

«Ein Arsenal von Instanzen, Organisationen, Einrichtungen, Entwürfen, Plänen, verplanten Gütern und Personen – und eine neue Sprachlandschaft, in der jedes dieser zusammengesetzten Worte eine Zielmarke oder ein Bereich oder ein Wegweiser oder ein Zaun oder die ganze Landschaft ist. Jedes dieser Worte hat seinen Stellenwert im Koordinatensystem der technisch-industriellen Massengesellschaft und der Verwaltungsbürokratie.

Diesen Begriffen und Worten eignet gemeinsam eine merkwürdige Abgehobenheit vom alltäglichen Erfahrungsbereich, sie wirken wie rechnerische Größen, deren wahre Natur unbekannt bleibt. Ihre sprachliche Fassung scheint einen gemeinsamen Charakter zu haben, der, schwer beschreibbar, konstruiert, indirekt, mehr erschlossen als vorhanden ist.» (15)

Die verwaltete Welt korrespondiert mit einer Sprache der Verwaltung. Mit letzterem meint Korn jedoch nicht eine bestimmte Fachsprache, eine Sprachvarietät, die innerhalb von Verwaltungsinstitutionen gesprochen und geschrieben wird, vergleichbar anderen Fachsprachen wie beispielsweise der Medizin, des Kfz-Handwerks oder der Jäger. Gemeint ist vielmehr, daß sich in der Sprache selbst eine Art von Verwaltung, von registrierendem Zugriff auf das Leben und Handeln der Menschen zeigt. Bezogen auf Zusammensetzungen mit den Zweitgliedern ‹-träger›, ‹-inhaber›, ‹-pflichtiger›, ‹-beauftragter›, ‹-angehöriger›, ‹-bevollmächtigter›, ‹-teilnehmer› und ‹-mitglied›, also Wörter wie ‹Betriebsangehöriger› oder ‹Erlebnisträger›, umreißt Korn diesen Aspekt so:

«Insgesamt bezeichnen die zusammengesetzten Nomina der hier beschriebenen Art, mag es sich nun um Träger, Pflichtige, Teilnehmer oder was immer handeln, typische Figuren der verwalteten Welt. Summiert in Massen sind sie kaum noch Personen, sondern das, was man in der Statistik abstrakt Größen nennt. Die Maschinerie der Verwaltung, mag es sich dabei um behördliche Verwaltung im engeren Sinne oder um kommerzielle oder industrielle handeln, hat diese schemenhaften Wörter gebildet, in denen kaum noch anklingt, daß es sich um Individuen handelt. Verkehrsteilnehmer ist als Wort so schematisch wie Ersatzteil oder Lohntabelle oder Aufstiegsmöglichkeit.» (29)

Hier ist der eigentliche kritische Ansatzpunkt genannt. Korn sieht in derartigen Wortbildungen den Menschen als Individuum negiert oder jedenfalls nicht wahrgenommen und bezeichnet. Statt dessen wird der Mensch nur unter dem Aspekt einer bestimmten Funktion betrachtet. Diese Betrachtungsweise drückt sich auch in der Sprache aus: Der ‹Verkehrsteilnehmer› verdrängt den ‹Reisenden›, der ‹Betriebsangehörige› den ‹Arbeiter›, ‹Gesellen› oder ‹Angestellten›. Ein in seiner Bedeutung präzises Wort wird durch ein umfassenderes ersetzt, das nicht mehr etwas Spezifisches hervorhebt, sondern etwas Allgemeineres zum Bezeichnungskriterium macht: ‹Verkehrsteilnehmer› ist sehr viel allgemeiner als ‹Reisender›, denn sein Begriffsinhalt ist geringer (das Wort hat weniger Bedeutungsmerkmale), der Begriffsumfang dagegen größer. Genauigkeit und Unterscheidbarkeit des Wortes gehen verloren, weil nur noch eine Eigenschaft hervorgehoben und zum verwaltenden Ordnungsfaktor gemacht wird. Korn nennt noch ein anderes Unterscheidungsmerkmal:

«Der Unterschied zwischen dem Betriebsangehörigen und dem Gesellen wird augenfällig, wenn man fragt, welcher der beiden poesiefähig sei. Im traditionellen Sinne von Poesie eindeutig der Geselle. ‹Kum, kum, geselle min› heißt es im alten Liebesspruch. Der Betriebsangehörige ist im Gedicht unvorstellbar.» (27)

Gewiß hat Karl Korn mit dieser Feststellung recht – jedenfalls soweit er bestimmte realistische Tendenzen in der Poesie ausklammert. Die Frage aber wäre, ob mit dieser Feststellung auch ein Werturteil einhergehen darf, ob also der Umstand, daß das Wort ‹Geselle› im Gegensatz zu ‹Betriebsangehöriger› poesiefähig ist, für die Bezeichnung ‹Geselle› und gegen die Bezeichnung ‹Betriebsangehöriger› spricht. Liegen hier nicht einfach zwei unterschiedliche Sprachbereiche, zwei sprachliche Varietäten vor, die Literatursprache und die Verwaltungssprache nämlich, und haben beide nicht auch ihre eigenen Merkmale, ihre eigenen Wörter zum Beispiel, die nicht übertragbar sind, die aber auch nicht zum Maßstab anderer Sprachbereiche gemacht werden dürfen?

Greifen wir noch zwei andere von Karl Korn kritisierte Phänomene heraus, zunächst Bildungen auf ‹-mäßig› und dann das sogenannte Funktionsverbgefüge:

«Sprache und Sprechen haben etwas mit Gesinnung zu tun. Der Wortgebrauch -mäßig mit x-beliebiger Bestimmung, sei die nun ernährungsmäßig oder anbaumäßig, arbeitsmäßig oder versorgungsmäßig, läßt auf einen Sprecher schließen, der verwaltend das tut, was man mit einem andern charakteristischen Wort *abfertigen* heißt. Menschen und Probleme werden wie Sachen behandelt, gebündelt, geordnet, eingeteilt und erledigt, wie das sanktionierte Wort für Büroangelegenheit besagt. Bei -mäßig scheint das neue Wort Maßgabe im Hintergrund mitzuwirken und die Beliebtheit des neuen Adjektiv-Suffix' -mäßig zum Teil zu erklären. Wo die Zusammensetzungen mit -mäßig sich in der Sphäre des Verwaltens halten, sind sie zu ertragen, wenn ihnen auch oft sprachliche Genauigkeit und stilistische Feinheit mangeln. [...] Unerträglich sind die sprachlichen Salopperien lebensmäßig, ideenmäßig, gestaltungsmäßig [soll heißen: was die künstlerische Form betrifft]. Hinter solchen Wortbildungen steht freilich, da keine sprachliche Erscheinung ohne Beziehung zu einem Allgemeinen ist, die Tendenz der Zeit, schlechthin alles planmäßig zu erfassen, auch das Leben, auch die Ideen, auch die Gestaltungen, und sei es in der geringschätzigen Behandlung, die die Funktionäre des systematischen Mißbrauchs der Macht für Ideen haben, indem sie *ideenmäßig* sagen. In solchem Sprechen verrät sich eine Mentalität, die jovial, angeberisch und geistfeindlich zugleich ist.» (65 f.)

Im Anschluß an die Besprechung des Wortes ‹Veranstaltung›, dem, wie er meint, «die Masse und die Massenhaftigkeit des Lebens in den von der Technik erstellten Großräumen» zum Sieg verholfen habe[21], nimmt Korn das sogenannte Funktionsverbgefüge in den Blick:

«Nach dem Modell der Wendung ‹eine Veranstaltung zur Durchführung bringen› sind zahlreiche Wendungen, die mehr oder weniger direkt oder indirekt aus der veranstalterischen Mentalität stammen, geprägt. Vorträge und Gesang zu Gehör oder zur Wiedergabe bringen, Theaterstücke, Filme und Musicals zur Aufführung bringen ist genauso geläufig, wie es sprachempfindlichen Menschen als abgeschmackt erscheint. Die noch nicht lange zurückliegende Zeit des organisierten Mangels, der Verteilungswirtschaft, der Brot- und Fettkarten und der vor den Ladentüren wartenden Käuferschlangen schwelgte in substantivischen Veranstaltungen des organisierten Elends. Da gelangte zum Aufruf, zur Verteilung, zur Ausgabe. Aber die Sprachgewohnheit ist mit der sogenannten Vollversorgung nicht verschwunden. Vieles kommt nach wie vor zur Auslosung, zur Beobachtung, oder es wird gebracht, nämlich zum Einsturz, zum Abschluß, zur Verwendung, zum Verschwinden, sogar zur Entlassung wird gebracht und natürlich zur Entscheidung, zum Vorschlag, zur Wirkung [zum Beispiel Blumen durch günstige Aufstellung].» (22)

Korn stellt eine Parallele zur Sprache der Philosophie fest, schreibt derartigen Wendungen dort aber eine gewisse Berechtigung zu. In anderen Sprachsphären aber, vor allem in der Alltagssprache, hat diese Tendenz zum substantivierten Ausdruck bei gleichzeitiger Bedeutungsentleerung des Verbs eine andere Funktion:

«Es ist die Frage, ob hier nicht, vom offenbaren Mißbrauch im bloßen Gerede abgesehen, das die philologische Erscheinungsweise der Vermassung ist, ein Gemeinsames zu jener sprachlichen Grundfigur zu sehen sei, die wir der verwalteten Welt zuordnen. Die Welt als verwaltete Welt ist ein Koordinatensystem. Die Bezugspunkte sind fix – und was Aktion genannt wird, sind nur Vorgänge auf dem Netz der Koordinaten, Verschiebungen, weiter nichts, Konstellationen und Konstellationsveränderungen. [...]

Man wird gut tun, die Erscheinung der Verbzerstörung insgesamt vorsichtig zu beurteilen. Trotzdem scheint in den meisten Fällen die Deutung richtig, daß Sprachfiguren wie ‹zur Durchführung bringen› typische Erscheinungen des Sprachzerfalls sind. Es ist, als hätten die Registraturen und Statistiken, die Kurven und Koordinatensysteme ihre Spuren im Sprachstil hinterlassen. Das alte, gute Verbum traf den jeweils besonderen Tatbestand, es individualisierte den Vorgang, es gab Aktion unmittelbar wieder. Die Verumständlichung, die eine Aktion starr macht, zu einer sogenannten Größe, nämlich der Statistik, laugt das Verbum aus. In den zitierten Konstruktionen spielen wenige Verben wie bringen, gelangen und kommen die matte Rolle des abgeschliffenen Hilfszeitworts.» (25 f.)

Karl Korn bewertet die von ihm registrierten und beschriebenen Spracherscheinungen, die gewiß als eine Form von Sprachveränderung, von Sprachwandel, anzusehen sind, mit dem Ausdruck ‹Sprachzerfall›, was wohl noch eine Spur negativer ist als der sonst übliche Ausdruck ‹Sprachverfall›. Wenn die Sprache zerfällt, dann heißt das, daß sie zuvor eine Einheit gewesen sein muß. Wie diese Einheit ausgesehen hat, ist den Ausführungen Korns nicht explizit zu entnehmen. Aus dem Abschnitt ‹Sprachgeist und Sprachungeist› seines Buches aber läßt sich seine Vorstellung von jener einheitlichen Sprache erschließen.

Sprache der verwalteten Welt setzt Korn dort zunächst mit Sprache der Zivilisation gleich. Unter Zivilisation versteht er «die technisch-industriellen, sozialen, administrativen, wirtschaftlichen und politischen Superstrukturen». Diese Superstrukturen, mit denen nichts anderes gemeint ist als von der marxistischen Ideologie befreite Überbauphänomene, «sind die verwaltete Welt. Ihre hervorragendsten Kennzeichen sind das Schwinden oder Fehlen des individuellen Charakters, ihre Abstraktheit, ihre Differenzierung, ihre Ausdehnung über der Anschauung entrückte Räume und Ebenen, ihre Tendenz zur Erfassung erweiterter Geltungsbezirke.» Diese Kennzeichen der Superstruktur gelten auch für das Vokabular und die Sprache der verwalteten Welt: «Die Sprache der Superstruktur ist wie diese fabriziert, geplant, synthetisch, künstlich.» (136) Die «sprachlichen Bildungen der verwalteten Welt» kennzeichnet Korn abschließend wie folgt:

«Das allgemeinste Merkmal ist, daß das Wort mehr und mehr statt des einzelnen Konkreten einen Stellenwert innerhalb großer künstlicher Ordnungsgefüge anzeigt. Das Wort wird zum Punkt in den Koordinatensystemen der Bürokratie. Daher die Tendenz zum Nomen, daher die Entsinnlichung der Grundworte, daher die Verwandlung von Wortkernen in Worthülsen.» (137)

Für Korn ist die Sprache auch eine Art von Spiegel, aber nicht, wie bei Leibniz, der Gedanken, sondern der äußeren gesellschaftlichen Organisation, der Zivilisation, eben der verwalteten Welt:

«In der Sprache geschieht, was in der Umwelt, in der wir leben, vor sich geht. Die Zusammenhänge werden immer größer, die Kommunikationen immer vollständiger, die individuelle Existenz von Personen und Lebewesen und die Konkretheit der Sachen wächst in immer mehr Bezugsebenen hinein. Das Konkretum selbst wird leer. Am Ende der Entwicklung steht das Ergebnis, daß der Massenmord an Millionen von Menschen mit dem schematischen Aktenwort ‹Endlösung der Judenfrage› bezeichnet wird. [...] Die rechnerische Abstraktheit der Vorgänge und der Nomenklatur ist das Unmenschliche. Die Worte sind so schematisch wie die Akten, in denen der gewaltsame Tod von Millionen sich in Vollzugsmeldungen und Ziffern niederschlägt.» (137f.)

Für Korn gibt es eine Art von Prüfstein, durch den sich erweisen läßt, ob ein Wort noch die «numinose Kraft» der «überlieferten Sprache» besitzt oder ob es bereits zur Worthülse innerhalb einer Sprache der verwalteten Welt geworden ist. Dieser Prüfstein ist die «Verwendbarkeit im Gedicht», was Korn nochmals an einem Beispiel, den Wörtern ‹Bauer› und ‹Landwirt›, illustriert. Letztlich orientiert sich Korn in seinen Wertungen an einer Bildungssprache, die ihrerseits das Ideal der «klassischen Sprache» Goethes und Schillers in der über die Literatur hinausreichenden Sprachsphäre des allgemeinen Umgangs zu realisieren suchte. Korn erkennt zwar, daß wir jene klassische Sprache wohl nicht wieder erreichen werden, «weil die moderne Welt zu künstlich und zu differenziert ist, als daß sie sich einem starren klassischen Kanon fügte» (149). Gleichwohl aber nimmt er eine solche Sprachform als Ausgangspunkt seiner sprachkritischen Wertungen, ohne zu akzeptieren, daß in einer sich differenzierenden Welt auch die Sprache sich in unterschiedliche Formen, in verschiedene Sprachvarietäten, differenziert, die, jeweils auf ihren Bereich bezogen, eine bestimmte Funktion und Berechtigung besitzen.

Am Ende kommt Korn noch einmal auf den Geist zurück, der in der Sprache enthalten ist. Auch im Vokabular der Superstruktur, den Wörtern der verwalteten Welt, ist seiner Ansicht nach «Sprachgeist am Werk». Aufgabe einer Sprachkritik, «die sich auf Elemente der Wortform einläßt», wäre es für ihn nun, «Wort für Wort den Sprachgeist vom Sprachungeist» zu scheiden. Doch hinsichtlich einer Lösung dieser Aufgabe ist Korn pessimistisch. Da es in Deutschland kein Forum für Sprachkritik gibt, werden «einzelne Mißbildungen oder Auswucherungen» der Sprache vermutlich kaum abgeschafft werden. So bleibt schließlich nur die Hoffnung, daß Sprachkritik «das, was man mit einem undeutlichen Ausdruck das Sprachgefühl nennt, wecken, beleben und fördern» wird.[139] So bescheiden dieses Ziel klingen mag, es ist vermutlich das einzige Ziel, das sich die Sprachkritik realistischerweise stecken kann – und darf.

4. Der Streit zwischen Sprachwissenschaft und Sprachkritik

Zu Beginn der sechziger Jahre wurde innerhalb der Sprachwissenschaft ein neues Paradigma eingeführt. An die Stelle der bis dahin vorherrschenden historischen Philologie und der inhaltbezogenen Sprachforschung wurde der zu Beginn des Jahrhunderts von Ferdinand de Saussure entwickelte und später so genannte Strukturalimus gesetzt. Einher ging mit diesem neuen Paradigma insbesondere ein neuer Sprachbegriff und eine neue Methode dessen, was als ‹Sprache› von der – nun verstärkt so bezeichneten – ‹Linguistik› als zuständiger Wissenschaft zu erforschen sein sollte.

Der neue Sprachbegriff beinhaltete vor allem die Unterscheidung zweier verschiedener ‹Formen› von Sprache, der ‹langue› als einem potentiellen und sozialen Sprachsystem und der ‹parole› als dem jeweils konkreten und individuellen Sprechen. Die eigentliche Neuerung bestand in der Einführung des Begriffs ‹langue›. Gemeint ist damit die Annahme, daß jegliches Sprechen nur von dem Hintergrund eines Sprachsystems, der ‹langue›, funktionieren kann. Das Sprachsystem besteht aus einen Vorrat an sprachlichen Zeichen und Regeln zu ihrer Verknüpfung. Es besitzt eine Struktur, in der alle Elemente miteinander verknüpft sind. Die Elemente, verstanden als die sprachlichen Zeichen, bestehen aus der arbiträren, willkürlichen, aber durch Konventionen innerhalb der Sprachgemeinschaft festgelegten Verbindung eines ausdrucksseitigen Lautbildes, des ‹signifiant› oder Signifikaten, und einer inhaltsseitigen Vorstellung, des ‹signifié› oder Signifikats. Die Elemente selbst besitzen für sich genommen keinen ‹Wert›, keine Bedeutung. Erst innerhalb des Systems bilden sie eine Struktur und erhalten aufgrund von Oppositionen zu anderen Elementen ihren Wert und ihre Funktion.

Das Sprachsystem, die ‹langue›, kann als Ganzes nur zu einem bestimmten Zeitpunkt erfaßt werden, denn nur dann ist es unveränderlich. In der Zeit dagegen, im geschichtlichen Verlauf, ist es veränderlich und damit als Gesamtheit nicht mehr erfaßbar. Da der Strukturalismus es zur Hauptaufgabe der Linguistik erklärt hat, das System einer Einzelsprache zu beschreiben, ergibt sich konsequenterweise der Vorrang einer synchronischen, also auf einen Zeitpunkt bezogenen Beschreibung der Sprache. Die diachronische Beschreibung, wie sie vor allem im 19. Jahrhundert betrieben wurde, tritt in den Hintergrund, weil mit ihr eine Erfassung des Sprachsystems nicht möglich erscheint. Sprachgeschichte ist nur doch denkbar als eine Aneinanderreihung von synchronen Schnitten zu unterschiedlichen Zeitpunkten.

Diese Sichtweise von Sprache und von der Aufgabe der Linguistik wurde vor allem von Peter von Polenz, der im Jahre 1967 auch das Grundlagenwerk des Strukturalismus, Ferdinand de Saussures ‹Grundfragen der allgemeinen Sprachwissenschaft›, herausgegeben hat, in den deutschen Sprachraum eingeführt. Doch schon vorher, bald nach Erscheinen von Karl Korns ‹Sprache in der verwalteten Welt›, wandte sich von Polenz auf der Basis einer strukturalistischen Argumentation gegen dessen nun veraltet oder gar falsch erscheinenden Sprachbegriff und die darauf aufbauende Form von Sprachkritik. In seinem Aufsatz ‹Funktionsverben im heutigen Deutsch› (1963)[14] hat sich von Polenz deutlich von der Sprachkritik, wie sie Karl Korn und auch Dolf Sternberger, Gerhard Storz und Wilhelm Emanuel Süskind in ihrem ‹Wörterbuch des Unmenschen› betrieben haben, abgegrenzt. Er schreibt:

«Die *Sprachwissenschaft* hat sich von der Sprachpflege und Sprachkritik meist ferngehalten, weil sie aus methodologischen Gründen jede subjektive Wertung ihres Forschungsobjekts scheut. Hinter allem, was Sprachpflege und Sprachkritik als ‹Modeerscheinung›, ‹Sprachverderb› oder gar ‹Entartung› werten, sucht der Sprachwissenschaftler zunächst einmal ‹Entwicklungstendenzen› zu erkennen, denn er hat bei seinen sprachgeschichtlichen Studien die Erfahrung gemacht, daß sprachliche Neuerungen eine Sprache nicht zerstören, sondern meist nur Anzeichen eines allgemeinen Strukturwandels sind. Auch Neuerungen, die man selbst als Sprachteilhaber ablehnt, im eigenen Sprachgebrauch meidet und vor denen man als Sprachlehrer warnt, darf man als Sprachwissenschaftler nicht von vornherein auf den Aussterbeetat setzen oder bagatellisieren. Die Sprachentwicklung richtet sich weniger nach den wechselnden zeitgenössischen Werurteilen als vielmehr nach den verborgenen strukturellen Verhältnissen, die solche Neuerungen verursacht haben und weiterwirken lassen. Die schwierige Aufgabe der Sprachwissenschaft ist es, hinter den ‹Wucherungen› die allgemeinen Entwicklungstendenzen und sprachstrukturellen Ursachen zu erkennen.» (247 f.)

Die sprachlichen Signale, die von Polenz hier setzt, sind für sich genommen bereits eindeutig: Er steht auf dem Boden des Strukturalismus, argumentiert von dessen Begriff der ‹langue› her und lehnt jegliche Wertung sprachlicher Erscheinungen ab. Letzteres erfolgte aufgrund einer weiteren Maxime des Strukturalismus: Wissenschaft, so die damals gängige Auffassung, hätte ihren Gegenstand lediglich zu beschreiben, nicht aber Werturteile über ihn auszusprechen oder gar einen bestimmten Sprachgebrauch vorzuschreiben – also Deskription statt Wertung und Normierung. Sprachliche Veränderungen sind in diesem Verständnis folglich weder Verfallserscheinungen noch – auch das wäre ja möglich – Verbesserungen der Sprache, sondern lediglich «Entwicklungstendenzen» innerhalb des Sprachsystems, die von der Linguistik völlig wertneutral zu konstatieren, zu analysieren und zu interpretieren sind. Diese Auffassung verdeutlicht von Polenz anhand der Besprechung des Funktionsverbgefüges im Deutschen, das ja von Karl Korn als ein besonders typischer Ausdruck der Sprache in der verwalteten Welt angesehen wurde. Von Polenz wählt als Ausgangspunkt zwei Beispielsätze aus der «politischen Alltagssprache» und beschreibt anschließend ihre Leistung:

«1. *Der Bundestag entscheidet über die Frage*
2. *Der Bundestag bringt diese Frage zur Entscheidung*
In dem rein verbalen Grundtypus (Nr. 1) wird der Vorgang ohne jede Abstufung oder Begrenzung der Vorgangsart dargestellt. Das Verbum *entscheiden* bezeichnet einen momentanen Vorgang, ist also [...] in seiner ‹Bedeutungsdimension› ein ‹punktuelles› Verbum. Das Verbum *bringen* dagegen bezeichnet eine Tätigkeit, die nicht punktuell ist, sondern zeitliche Dauer hat; es ist in seiner Bedeutungsdimension ein ‹Erstreckungsverbum mit Verlaufscharakter›. Durch die Verbindung des punktuellen Grundverbums *entscheiden* mit einem Erstreckungsverbum wird der an sich momentane Vorgang des Entscheidens zeitlich zerdehnt. *Zur Entscheidung bringen* ist nicht dasselbe wie *entscheiden,* sondern bedeutet ‹einer Entscheidung zuführen, eine Entscheidung herbeiführen› oder ‹eine Entscheidung vorbereiten und treffen›.

Diese inhaltliche Zerdehnung des Vorgangsbegriffes hat Karl Korn richtig erkannt; er rügt sie als eine ‹Verumständlichung, die eine Aktion starr macht›. Diese Kritik richtet sich aber nur gegen gewisse Denkformen, nicht eigentlich gegen die Sprache. Mit einem umständlichen, stufenweise gegliederten Vorgangsdenken haben wir in der ‹verwalteten Welt› nun einmal zu rechnen. Eine Entscheidung in einem Parlament – um bei unserem Beispiel zu bleiben – ist ohne Zweifel eine umständliche, langwierige Angelegenheit; der normalerweise momentane Vorgang des Entscheidens ist hier in vorbereitende und abschließende Verfahrensphasen verzögert. Eine Kritik dieser Art von Vorgangsdenken selbst – ob man es nun im einzelnen Falle ‹bürokratisch›, ‹demokratisch› oder allgemeiner ‹abstrakt› nennen mag – steht der Sprachwissenschaft nicht zu. Sie hat hier nur danach zu fragen, ob und in welcher Weise die Sprache die Aufgabe erfüllt, dieses verumständlichte Vorgangsdenken, wo es von der Sache her gefordert ist, auszudrücken.» (251 f.)

Von Polenz sieht die Aufgabe der Sprachwissenschaft also darin, bestimmte sprachliche Erscheinung von ihrer Funktion her zu beschreiben. Mit Sprachformen wie ‹etwas zur Entscheidung bringen› neben dem älteren ‹entscheiden› werden sprachliche Ausdrucksmöglichkeiten zur Bezeichnung von Sachverhalten (eine Entscheidung im Parlament) und einer bestimmten Denkart (Vorgangsdenken) differenziert. Nicht ein Sprachverfall ist zu konstatieren, sondern eine Veränderung der Sprachstruktur aufgrund der durch die Sache bedingten Notwendigkeit sprachlicher Differenzierungen. Ein anderes Beispiel mag diese Argumentation noch einmal vor Augen führen:

«Das Verbum *kennen* z. B. hat heute nicht nur die Verben *erkennen, kennenlernen, bekanntmachen, -geben, -werden* als verbale Wortfamilie um sich, sondern auch eine vielfältige Auswahl aktionsartbezeichnender Funktionsverbformeln: *zur Kenntnis bringen, zur Kenntnis geben, in Kenntnis setzen, zur Kenntnis nehmen, zur Kenntnis kommen (gelangen).* Hinzu kommen akkusativische Formeln mit ähnlichen Funktionsverben: *Kenntnis geben, Kenntnis nehmen, Kenntnis bekommen (erhalten, erlangen).*

Die herkömmliche Stilkritik richtet sich zwar mit gewissem Recht nach Maßstäben der höchsten, von der Dichtersprache geprägten Stilebene, indem sie hier den substantivischen Ausdruck verwirft und die Wortstammvariation oder -suppletion *(kennen – erfahren – mitteilen – unterrichten)* empfiehlt. Die Gebrauchsprosa in der rationalisierten Welt ist aber darauf angewiesen, die verschiedenen Arten und Stufen der alltäglichen Kommunikationsvorgänge des ‹Kennens/Erkennens/Kennenmachens› möglichst rationell zu bezeichnen. Das hohe Stilmittel der Wortstammvariation eignet sich nicht dafür. Die Entwicklungstendenz ging vielmehr dahin, alle diese Vorgangsmöglichkeiten mit dem gleichen Wortstamm zu bezeichnen. Da aber die alten flexivischen und wortbildungsmäßigen Mittel nicht mehr genügen, um eine solche vielfältig aufgegliederte Wortfamilie aus dem Verbum *kennen* selbst zu bilden – mit *erkennen, bekanntmachen, -geben, -werden* waren die Möglichkeiten erschöpft –, blieb als notwendiger Ausweg nur das Verbalabstraktum *Kenntnis,* mit dem sich in aktionsbezeichnenden Funktionsverbformeln ein übersichtliches System bilden ließ. Der Wortstamm *kenn-* ist damit auf ganz neue Weise stilistisch-grammatisch produktiv geworden. Die Produktivität eines Wortstammes innerhalb eines Wortfeldes ist eine notwendige Rationalisierungsmaßnahme der modernen Gebrauchsprosa. Dem normalen Sprachteilhaber kann im alltäglichen Sprachverkehr nicht auf die Dauer zugemutet werden, eng miteinander verwandte, ja komplementäre Vorgangsbegriffe mit einer Vielzahl von Wortstämmen zu bezeichnen. Weil die Arten der Kommunikation heute vielfältiger und umständlicher geworden sind, half sich die Sprache mit einer Konzentration auf einen gemeinsamen Wortstamm für den Sachkern des Vorgangsbegriffes, um die formalen Vorgangsdifferenzierungen mit Hilfe der bewährten Funktionsverben bezeichnen zu können. Das ist nicht ‹Sprachverfall›, sondern Veränderung der Sprachstruktur in Richtung auf den analytischen Sprachbau.» (256 f.)

Bis auf die Formulierung ‹die Sprache half sich›, mit der man eher einen überkommenen, traditionellen, die Sprache vergegenständlichenden Sprachbegriff assoziiert, spricht von Polenz wiederum das Vokabular des Strukturalismus und trägt dessen Beschreibungs- und Erklärungsweise an das Phänomen heran. Die «Gebrauchsprosa in der rationalisierten Welt» – diesen Ausdruck setzt von Polenz in bewußter Absetzung zu der eher wertenden Bezeichnung ‹verwaltete Welt› – folgt eigenen Strukturbedingungen, die nicht mit dem Maßstab der «höchsten, von der Dichtersprache geprägten Stilebene» gemessen und gewertet werden dürfen. Statt ‹Sprachverfall› wird von ‹Veränderung der Sprachstruktur› gesprochen, statt Wertung wird eine Beschreibung und Erklärung vorgenommen, statt Stilnormen einer anderen Sprachsphäre allgemein zu setzen, wird die Berechtigung der Ausprägung eigener Stilnormen für jede Sprachsphäre postuliert.

Ein weiterer Vorwurf der Sprachwissenschaft gegen die Sprachkritik lautete, die Sprachkritik habe Befunde aus der Sprachgeschichte als Argumente gegen Struktureigenschaften des bestehenden Systems benutzt, hätte also die beiden vom Strukturalismus unterschiedenen methodischen Zugänge zur Sprache, Synchronie und Diachronie, miteinander vermischt. In seinem Aufsatz ‹Sprachkritik und Sprachwissenschaft› (1963) bespricht von Polenz diesen Aspekt anhand des Wortes ‹betreuen›, das in dem ‹Wörterbuch des Unmenschen› von Sternberger, Storz und Süskind eine zentrale Position einnimmt und eine umfangreiche Diskussion ausgelöst hatte:

«Das Wort *betreuen* stammt aus Süddeutschland und wurde schon im 19. Jahrhundert (z. B. von Adalbert Stifter und Marie von Ebner-Eschenbach) auch literarisch verwendet, und zwar im Sinne von Fürsorge und Pflege in sehr menschlicher privater Sphäre. In den amtlichen Sprachgebrauch ist das Wort überall da eingedrungen, wo eine Institution oder eine Person aus dienstlicher Verpflichtung in einem uneigennützigen Vertrauensverhältnis jemandem Sorge, Pflege, Hilfe oder Beratung zuzuwenden hat. Es konnte jedenfalls noch nicht nachgewiesen werden, daß das Wort im Sprachgebrauch des öffentlichen Lebens von vornherein in unehrlicher Absicht verwendet wurde. Daß es tatsächlich mißbraucht worden ist, von Organisationen des totalitären Staates ebenso wie noch heute im Jargon von Verkäufern, Wirtschaftswerbern oder Verbandsfunktionären, erklärt sich nicht aus einer ‹unmenschlichen› Herkunft oder Bildungsweise des Wortes selbst, sondern daraus, daß es ein vertrauenerweckendes Wort war und ist, das sich gerade wegen dieses guten Klanges leicht als Euphemismus zur Tarnung unlauterer Absichten verwenden läßt. Aus diesem Grunde – und nicht etwa ‹wegen der Unausrottbarkeit eines Übels› – kann es auch heute noch, unbelastet vom gelegentlichen Mißbrauch, seinen unauffälligen Dienst in jener amtlichen und zugleich persönlich-vertraulichen Sprachsituation tun.» (294 f.)

Von Polenz hat gewiß recht, wenn er deutlich macht, daß es keine Wörter unmenschlicher Natur und Herkunft gibt, sondern daß Wörter immer nur in bestimmten Situationen von Menschen benutzt werden können, um unmenschliches, jedenfalls moralisch verwerfliches Denken oder Handeln zu verschleiern. Nicht die Wörter sind schlecht oder unmenschlich – letztlich sind sie ja – zumindest im Sinne des Strukturalismus – nichts anderes als willkürliche Zeichen –, wohl aber können sie zu bestimmten unmenschlichen Zwecken mißbraucht werden. Dazu bemerkt von Polenz grundsätzlich:

«Nicht die Wörter selbst wirken moralisch oder unmoralisch, sondern allein ihr Gebrauch durch bestimmte Sprecher in bestimmten Sprachsituationen. Die Sprachwissenschaft unterscheidet seit de Saussure zwischen Sprache und Sprechen *(langue* und *parole).* Was in der *langue* als inneres Weltbild, als System geistiger Verfahrensweisen aufgehoben ist, kann sich in der *parole* - aber nur in ihr – moralisch oder unmoralisch auswirken. Das böswillige Sprechen ist nicht Sache einer ganzen Sprachgemeinschaft, ist nicht eine Wirkung der Sprache, der die Sprachteilhaber unwissend und wehrlos ausgeliefert wären. Sprachliche Gefahren liegen nicht in der Existenz niederer und ‹ungeistiger› Stilarten selbst. Sie drohen heute vielmehr in der hemmungslosen Vermischung der Stilarten, vor allem wo sachliche Mitteilung mit emotionalem Ausdruck verquickt wird. Sprachkritik sollte die ‹geistige Verführungsmacht› von Sprache weniger im spröden Mitteilungsstil des Verwaltungs- und Wirtschaftslebens suchen (dessen rationelle Formelhaftigkeit, Unpersönlichkeit und Pedanterie auch als stilistische Zucht und Selbstbeschränkung gewertet werden könnten) als vielmehr im sprachästhetisch raffinierten Reizstil gewisser Massenkommunikationsmittel, in dem zum Zweck der Verschleierung oder Vorspiegelung, der Werbung oder Polemik die Wörter und Wendungen der Sprache mit hintergründigen Emotionen aufgeladen werden. Das Unheil haben über Deutschland und die Welt nicht die Rationalisten der Verwaltung, Wirtschaft und Technik gebracht, sondern die Demagogen, Ideologen und politischen Romantiker mit ihren ‹schönen› Worten.

Wissenschaftliche Sprachbetrachtung hat sich zwar für solche Erscheinungen der *parole*-Seite der Sprache offen zu halten; aber ihre eigentliche Aufgabe ist es, Struktur und Entwicklungsgesetze der Sprache als *langue* zu erforschen. [...] Fehler und Fehlentwicklungen gibt es in der Sprache als *langue* nicht.» (306 ff.)

Diese Aussage läßt an Eindeutigkeit nichts zu wünschen übrig. Die Sprache als ‹langue› ist über jede Kritik erhaben oder, etwas weniger emotionsgeladen ausgedrückt: sie ist nicht kritisierbar, weil sie ein überindividuelles Gebilde ist, das nur die Möglichkeiten des Sprechens (der ‹parole›) zur Verfügung stellt, selbst aber nie in Aktion tritt. Gleichwohl spricht von Polenz der Sprachkritik eine gewisse Berechtigung zu:

«Solange sich Sprachkritik mit Umsicht darum bemüht, alle möglichen Ursachen und Motive zu erwägen, ehe sie ein Urteil fällt, kann sich daraus eine fruchtbare Diskussion ergeben. So war es z. B. möglich, den Beobachtungen Karl Korns zum Substantivstil der ‹verwalteten Welt› sprachwissenschaftlich nachzugehen, mit dem Ergebnis, daß sich grammatische Erscheinungen der ‹Erstarrung› oder ‹Verumständlichung› des Verbalausdrucks bei näherer sprachstruktureller Betrachtung als Mittel der Aktionsartbezeichnung des analytischen Sprachbaus erwiesen und daß sich Begriffe wie ‹verwaltete Welt›, ‹registriertes Leben›, ‹Vermassung› durch eine Erweiterung sprachgeschichtlicher und sprachsoziologischer Fragestellung im Sinne von ‹Rationalsierung› der Sprache und ‹Komprimierung› des Sprachgebrauchs modifizieren ließen. Sobald aber solche Deutung von Sprache zu einer Verurteilung wird – vor allem mit pseudodualistischen Werturteilen wie ‹unmenschlich›, ‹Ungeist›, ‹undeutsch›, ‹entartet› –, müssen sich die Wege von Sprachkritik und Sprachwissenschaft trennen. Sprachkritik hat es dann nur mit Sprache als *parole* zu tun, ist also Stilkritik gegenüber dem Sprachgebrauch. Erhebt sie dennoch Anspruch auf Sprache als *langue*, ist sie nur eine Methode der Kulturkritik. Sprachwissenschaft steht dann auf der Seite der Kulturwissenschaften, die ihren Gegenstand zu erkennen und zu deuten, nicht aber zu verurteilen haben.

Wenn es einen methodologischen Unterschied zwischen Kunstwissenschaft und Kunstkritik, Sozialwissenschaft und Sozialkritik oder Politischer Wissenschaft und politischer Publizistik gibt, ist es unausweichlich und gar nicht einmal beklagenswert, daß Sprachwissenschaft sich dem gemeinsamen Gegenstand Sprache mit anderen Methoden nähert und zu anderen Ergebnissen führt als Sprachkritik. Beide Methoden haben ihre Berechtigung.» (309 f.)

Insbesondere Dolf Sternberger hat versucht, die Sprachkritik gegen diese Ausgliederung aus einer wissenschaftlichen Beschäftigung mit Sprache zu verteidigen, und ist dabei ausdrücklich auch auf die hier in Ausschnitten wiedergegebene Argumentation von Peter von Polenz eingegangen. Er wendet sich vor allem gegen die Unterscheidung zwischen ‹langue› und ‹parole›, also gegen die Trennung von Sprache als System und Sprache als Gebrauch. Solche Unterscheidungen, so Sternberger in einem Vortrag ‹Gute Sprache und böse Sprache›, könnten für begrenzte Zwecke zwar ihren guten Sinn haben, aber sie würden falsch, wenn sie zu lange festgehalten werden. Auf Ferdinand de Saussure bezogen, meint er: «Dieser Linguist studiert jede Sprache, als ob sie gar nicht gesprochen würde, als ob sie tot wäre.» Und weiter:

«Die Absonderung der Sprache vom sprechenden Menschen bildet also offenbar das methodische Prinzip dieser Art Wissenschaft. Sie scheint zu verfahren wie der Sammler von Käfern und Schmetterlingen, der diese Wesen abtötet und aufspießen muß, bevor er sie untereinander vergleichen kann. So wird es gut verständlich, daß entschlossene Linguisten sich weigern, die Maßstäbe des Rechten und Schlechten, Schönen und Häßlichen, Guten und Bösen zu bedenken, welche doch fortwährend in der Sprache wirken, sofern sie von Menschen gesprochen wird (ich sage: fortwährend – und nicht etwa nur dann, wenn bewußte Sprachkritik getrieben wird). Sie vollziehen ihre Operationen an der Leiche der Sprache, und sie wollen es auch nicht anders. Sie haben nicht bloß die sogenannten Werte und Werturteile ausgeklammert, was ja zum guten wissenschaftlichen Ton gehört, sondern sie haben den sprechenden Menschen ausgeklammert, vielmehr die Sprache vom Sprechen und vom Sprecher abgeschnitten.» (314)

Sternberger aber will es weiterhin mit der Auffassung von Karl Jaspers halten: «Sprache ist im Sprechen.» Er leugnet letztlich die Berechtigung der methodischen Trennung von ‹langue› und ‹parole› und damit zugleich auch das Diktum des Strukturalismus, der Gegenstand sprachwissenschaftlicher Untersuchung sei die ‹langue›. Die weitere Entwicklung der Sprachwissenschaft in den siebziger Jahren hin zur Erforschung der gesprochenen Sprache und der Pragmatik, die Sprechen als Handeln begreift, hat ihm – zumindest teilweise – recht gegeben.

Von Polenz argumentierte gegen die Sprachkritik im Grunde stets mit dem arbiträren Zeichenbegriff de Saussures, mit der Unterscheidung von ‹langue› und ‹parole›, mit dem Systembegriff, der in einer synchronischen Betrachtungsweise der Sprache seinen Ort hat. Später hat er davon gesprochen, daß dieser Ansatz einseitig gewesen sei. In einer Diskussion mit seinem Schüler Hans Jürgen Heringer, der den Band ‹Holzfeuer im hölzernen Ofen. Aufsätze zur politischen Sprachkritik› (1982) herausgegeben hat, sagte von Polenz:

«Ich habe in der Anfangszeit Sternberger manchmal etwas naiv den de Saussure vorgehalten. Zwar konnte ich damit einige methodische Fehler – z. B. Vermischung von Synchronie und Diachronie, Vermischung von historischen Gesichtspunkten und gegenwartsbezogenen – erklären, aber mit dieser Art von Sprachwissenschaft konnte man doch nur die innersprachliche Struktur untersuchen. Sie war zu wirklichkeits- und gesellschaftsfern. Also wäre eine neue Sprachwissenschaft zu entwickeln gewesen.»[15]

Die Haltung verdient Respekt, denn in der Wissenschaftsgeschichte kommt es nur selten vor, daß jemand einen einmal von ihm vertretenen Standpunkt revidiert. Darüber hinaus hat von Polenz wesentlich dazu beigetragen, jene «neue Sprachwissenschaft» zu entwickeln, indem er die Sprachkritik als einen wichtigen Faktor in die Darstellung seiner neuen «Deutschen Sprachgeschichte» einbezogen hat.

Dennoch bleibt, für eine Geschichte der Sprachkritik, festzuhalten, daß es insbesondere Peter von Polenz war, der mit seiner Kritik an dem ‹Wörterbuch des Unmenschen› und der ‹Sprache in der verwalteten Welt› der Sprachkritik insgesamt den Boden entzogen hat. Innerhalb einer Sprachwissenschaft, die vornehmlich einem strukturalistischen Sprachbegriff gefolgt ist und die sich methodisch der reinen Deskription des Sprachsystems verschrieben hat, war naturgemäß kein Platz mehr für eine wie auch immer geartete Sprachkritik. Aber auch außerhalb der Sprachwissenschaft, in der Publizistik, war die Sprachkritik weitgehend diskreditiert, so daß Uwe Pörksen 1983 im Nachwort zu seiner Ausgabe der sprachkritischen Aufsätze von Gottfried Wilhelm Leibniz feststellen mußte: «Sprachkritik hat bei uns keinen hohen Stellenwert. Das gilt einmal für den Bereich der Öffentlichkeit, in der sie eine klägliche Existenz fristet, es gilt aber noch mehr für den Bereich der Sprachwissenschaft.»[16]

Mit dem Streit zwischen Sprachwissenschaft und Sprachkritik in den sechziger Jahren war die Geschichte der Sprachkritik an einem Endpunkt angelangt. Wie aber in der Geschichte jedes Ende einen neuen Anfang setzt, ergaben sich auch für die Sprachkritik bald neue Betätigungsfelder und Reflexionen über neue Methoden und Gegenstände. Sogar die strukturalistisch geprägte Sprachwissenschaft hat versucht, auf der Grundlage ihrer begrifflichen und methodischen Vorgaben eine ‹wissenschaftliche Sprachkritik› zu begründen.[17] Aus der Vielfalt der Neuansätze werden im folgenden Kapitel einige wirkungsvolle Themenfelder herausgegriffen und skizziert, nicht zuletzt in der Absicht, die Sprachkritik als einen auch für die Zukunft wichtigen Gegenstand der Reflexion über Sprache auszuweisen.

VII.
Politik – Gesellschaft – Emanzipation. Sprachkritische Themen der Gegenwart

Die strukturalistische Sprachwissenschaft hatte in den sechziger Jahren die sich auf moralische und kulturelle Werte berufende Sprachkritik mit einem neuen Begriff von Sprache und einem neuen methodischen Instrumentarium konfrontiert. Daraus erwuchs eine Auseinandersetzung, in deren Folge die Sprachkritik erheblich abgewertet wurde, während die Sprachwissenschaft den Elfenbeinturm realitätsferner, aber theoretisch abgesicherter Wissenschaftlichkeit bezog. Der Dialog verstummte, die Sprachkritik war diskreditiert, die linguistische Diktion beherrschte die Aussagen über Sprache.

Jene Auseinandersetzung aber hätte durchaus auch eine produktive Entwicklung nehmen können. Vorstellbar ist, daß die Sprachkritik auf eine methodisch fundierte Basis gestellt und die Sprachwissenschaft um einen anwendungsbezogenen, den Kontakt zu den Sprechern suchenden Bereich erweitert worden wäre. Doch der Streit um die Sprache und die Sprachkritik hatte noch eine andere Dimension, die den Weg zum Produktiven abschnitt. Jener Streit betraf auch den Begriff von Wissenschaft, die Begründung dessen, was als ‹wissenschaftlich› anerkannt und zugelassen werden sollte. Hier trat die neue, die moderne Linguistik mit einem Ernst – auch an ‹Verbissenheit› ließe sich in diesem Zusammenhang denken – auf, der es jenen, die noch an die Möglichkeit und Nützlichkeit von Sprachkritik glaubten, nicht gerade leicht machte, auf diesem Gebiet wieder oder überhaupt Fuß zu fassen. Sprachkritische Bemühungen außerhalb der Fachwissenschaft wurden in aller Regel in den Bereich des Feuilletons oder der intellektualisierenden Freizeitbeschäftigung verwiesen; jene innerhalb des Faches belächelt, beargwöhnt, bekämpft, dem literarischen Essay zugeschlagen und bestenfalls mit dem im Munde des ernsten Linguisten zweifelhaft schmeckenden Prädikat ‹Kulturwissenschaft› versehen. Diese Phase der Durchsetzung eines wissenschaftlichen Denkstils, dem pluralistische, demokratische Grundzüge wohl nur schwerlich nachzusagen sind, ist, als ein beispielhaftes Kapitel der Wissenschaftsgeschichte, noch zu beschreiben.

Doch die Geschichte der Sprachkritik ging, auch wenn für sie damals ein – vorläufiger – Endpunkt gesetzt wurde, weiter und dauert an. Ein in den siebziger Jahren noch eher tastend, seit den achtziger Jahren immer sicherer und breiter beschrittener Weg war die Selbstreflexion, der Blick in die eigene Geschichte, das Herausarbeiten sprachkritischer Ansätze und Bemühungen früherer Zeiten, die Schaffung des Bewußtseins dafür, daß herausragende Sprachkritiker wesentlichen Einfluß genommen haben auf den Gang der Sprachentwicklung und des Denkens über Sprache. Ein anderer Weg war die sprachkritische Bearbeitung neuer Themenfelder, die sich für die Gegenwartssprache aufdrängten: die Wissenschaftssprache und ihr Verhältnis zur Gemeinsprache, die politische Sprache, die im Zuge soziolinguistischer Forschungen beobachteten Asymmetrien in der Sprache selbst und im Sprachgebrauch. Außer in den streng strukturalistisch geübten Beschreibungsweisen, deren dürre Scholastik weitblickendere Vertreter aber schon bald selbst erkannten, und der von Noam Chomsky begründeten Generativen (Transformations-)Grammatik, die ein Sprachproduktionsmodell zu erstellen suchte und der Realitätsferne Programm war, ergaben sich in nahezu jeder sprachwissenschaftlichen Teildisziplin Ansätze zur Sprachkritik: die Sprache in der Bundesrepublik Deutschland und der DDR, das Verhältnis der sich zunehmend differenzierenden Sprachvarietäten und der sich daraus ergebenden Funktionalstile, der Einfluß des Angloamerikanischen, das ‹Sterben› der Mundarten, die zunehmenden Abkürzungen und immer umfangreicher werdenden Wortzusammensetzungen in der Behördensprache, der zurückgehende Gebrauch des Konjunktivs und des Genitivs, die Rechtschreibung und ihre Reformversuche und anderes mehr.

Auch wenn es immer noch überkommen anmutende Klagen über Sprachverfall gibt, bleibt für die weitaus größeren und bedeutenden Teile der gegenwärtigen Sprachkritik ein – wohlgemerkt positives – Erbe der modernen Linguistik festzustellen. Die Sprachkritik stützt sich nun in aller Regel auf eine vorgängige, methodisch abgesicherte Analyse des Sprachzustands, hat insofern eine wissenschaftliche Grundlage, sie läßt sich von der Linguistik beraten. Ihre Werturteile korrespondieren mit einer solchen Analyse. Sie sind reflektiert, also rational begründet, wägen ab, orientieren sich an der Leistungsfähigkeit der Sprache. Und das Wichtigste: Sie formulieren keine Vorschriften, sondern machen Angebote. Sie sagen den ‹Sprachbenutzern› nicht, wie sie sprechen oder schreiben *sollen*, aber sie machen ihnen – soweit jene es zur Kenntnis nehmen – bewußt, wie sie sprechen und schreiben *könnten*. In dieser reflektierten Haltung hinsichtlich ihrer Möglichkeiten und Aussagen liegt eine neue Qualität der heutigen Sprachkritik. Ihr in einigen Themenfeldern nachzuspüren ist Aufgabe dieses Kapitels. Den Anfang jedoch machen die – wie gesagt – immer noch und oftmals lautstark zu hörenden Klagen über Sprachverfall, die vermutlich so alt sind wie die Sprache selbst und aller Voraussicht nach auch in Zukunft nicht verstummen werden.

Seit dem Übergang der Wissenschaften vom Lateinischen zum Deutschen hat sich das Verhältnis von Wissenschaftssprache und Umgangs- oder Alltagssprache verändert. Zum einen wurde die Gesamtsprache stärker differenziert, woraus sich – beschränkt nicht nur auf die beiden genannten Bereiche – innerhalb der Gesamtsprache unterschiedliche Sprach- und Stilformen, die man als Varietäten bezeichnet, ergaben. Zum anderen führte diese Entwicklung zu Überschneidungen, Beeinflussungen, Interferenzen. Insbesondere in jüngster Vergangenheit ist eine verstärkte Übernahme wissenschaftssprachlicher Eigenheiten in die Umgangssprache festzustellen. Diese als Verwissenschaftlichung der Umgangssprache bezeichnete Erscheinung ist Thema vielfältiger sprachkritischer Erörterung geworden.

In offenbar umgekehrter Weise stellt sich nicht nur der Sprachkritik, sondern auch vielen Bürgerinnen und Bürgern das Verhältnis von politischer Sprache und Umgangssprache dar. Die politische Sprache scheint sich vom alltäglichen Sprechen zu entfernen, sie wirkt unverständlich und kompliziert, zugleich aber auch nichtssagend, phrasenhaft. Innerhalb einer Demokratie, in der sprachliches Handeln die Grundlage von Politik ausmacht und das Beziehen, Verteidigen, Diskutieren und Abwägen von politischen Positionen wesentlicher Bestandteil ihres Funktionierens ist, muß ein solcher Befund bedenklich stimmen und die Sprachkritik zur Stellungnahme herausfordern.

Das ohne Zweifel wirkungsvollste Feld gegenwärtiger sprachkritischer Bemühungen ist die zunächst in den USA, seit den siebziger Jahren auch in Deutschland betriebene feministische Sprachkritik. Sie beruht auf der Beobachtung, daß Frauen sprachlich benachteiligt werden. Ihr Ziel ist es, über eine Veränderung der Sprache und des Sprachgebrauchs die soziale Gleichstellung der Frau zu fördern, also eine Veränderung der Gesellschaftsformen zu bewirken.

Ein letztes Themengebiet sprachkritischer Beschäftigung, das in diesem Überblick dargestellt werden soll, sind die von Uwe Pörksen so benannten ‹Plastikwörter› und ‹Visiotype›. Seine Feststellung, daß sich in der Umgangssprache zunehmend stereotype Wörter und Wortformeln ausbreiten, berührt jenes Phänomen der Verwissenschaftlichung der Umgangssprache, geht aber darüber hinaus, denn es hat eine wirkungsvolle politische Dimension. Eine solche Dimension weisen auch die graphischen und bildlichen Darstellungsmittel auf, die zunehmend das Wort und mit ihm zu leistende Argumentationen ersetzen. An dieser Stelle geht die Sprachkritik in eine Bildkritik über. Diese Erscheinung wird, bedenkt man gerade auch die Bildbestimmtheit der neuen Medien, Linguistik und Sprachkritik vor neue, wichtige Aufgaben stellen.

1. Klagen über Sprachverfall

Wer davon spricht, daß die Sprache verfällt oder zu verfallen droht, bewegt sich in einem Rahmen von Urteilen, die sich großer Beliebtheit erfreuen. Früher, so lautet diese Art des Urteilens, war alles besser: die Sitten, das Betragen, die Mode, die Schule, die Bildung, ja: auch die Sprache. Früher existierten Normen und Werte, die besser waren und die heute nicht mehr gelten, an deren Stelle andere, schlechtere Normen und Werte getreten oder die gar völlig aufgelöst und abgeschafft worden sind. Normverlust, Wertverlust, Sprachverlust – das sind, in diesem Urteilsrahmen, die Kennzeichen der Zeit, genauer: der Gegenwart.[1]

Es müßte stutzig machen, daß derartige Urteile zu beinahe jeder Zeit gefällt worden sind. Und dennoch hat jede Zeit einen vor ihr liegenden Zeitraum als Maßstab des Urteils genommen, obwohl schon jener Zeitraum sich eine Kritik mit ähnlichen Argumenten und dem gleichen Urteil hat gefallen lassen müssen. Wo aber ist die Basis, wo ist der Maßstab der Kritik, wenn immer wieder vermeintliche Verfallserscheinungen festgestellt werden? Rein logisch betrachtet, müßte diese Basis im Ursprung der Sprache selbst liegen, also in einem Zustand, von dem wir keine Ahnung, geschweige denn ein Wissen haben. Psychologisch betrachtet aber ist es offenbar der Sprachbesitz, die Sprachfähigkeit der jeweils Urteilenden und Kritisierenden selbst, der den Maßstab abgibt. Die eigene Sprache, die man beherrscht und für gut hält, wird in Relation gesetzt zur Sprache der anderen, zu einer anderen Sprache, die man nicht beherrscht und die man auch nicht beherrschen will, weil sie für schlecht erachtet wird. So sind es immer die anderen, die zum Verfall der Sprache beitragen. Auch diese Feststellung sollte stutzig machen.

Sehr weit reicht die Selbstreflexion der Beobachter und Kritiker eines Sprachverfalls meist nicht. Ist dennoch einmal bemerkt worden, daß die These vom Sprachverfall ein Gemeinplatz, ein Topos aller Zeiten war und ist, dann wird die Rechtfertigung der eigenen Position und Beobachtung kaum anders als so lauten:

> «Jede Zeit sagt, daß derzeit die Sprache so gefährdet und von Zersetzung bedroht ist wie nie zuvor. In unserer Zeit aber ist die Sprache tatsächlich so gefährdet und von Zersetzung bedroht wie nie zuvor.»[2]

Was oder wer ist schuld an dieser Bedrohung der Sprache, was oder wer trägt bei zu ihrem vermeintlichen Verfall? In der Liste der Verantwortlichen tauchen drei Gruppen immer wieder auf: die Journalisten, die Jugendlichen und die Wissenschaftler. Sie befördern, so heißt es, den Sprachverfall durch grammatische Schludrigkeiten und Fehler, durch den übermäßigen Gebrauch von Fremdwörtern und Abkürzungen, durch Nichtbeherrschung der Rechtschreibung, durch Mißachtung der Dialekte.

Interessanterweise artikuliert die Presse, die nicht selten als Mitverantwortliche für den Sprachverfall genannt wird, ihrerseits die entsprechenden Klagen am heftigsten. Als Anfang der achtziger Jahre die Pläne zur Rechtschreibreform bekanntwurden, brachte nahezu jede Zeitung einen entsprechenden Kommentar. Annette Trabold hat die Kernaussagen jener Presseberichte zusammengestellt:

«Da ‹verkommt die Sprache, viele scheinen den Verfallsprozeß gar nicht zu bemerken› (FAZ, 17. 5. 1983), eine katholische Akademie nahm sich des Problems an und tagte über den ‹Verfall der Sprache› (Süddeutsche Zeitung, 27. 6. 1984), es sind ‹Mörder unter uns›, die die Sprache heimtückisch ermorden (Badische Neueste Nachrichten, 19. 4. 1983), da ‹dünnt die Sprache aus wie unsere Wälder› (Hannoversche Allgemeine, 19. 4. 1984), wir sind allgemein ‹mit der Sprache auf Kriegsfuß› (Stuttgarter Nachrichten, 3. 7. 1984) bzw. wir leben in ‹einer Zeit abnehmender Lesebereitschaft und Lesekraft, in der auch das Schreibvermögen und selbst die Redekraft verkümmert› (Die Welt, 21. 8. 1985). Es beklagen ‹den Verfall der deutschen Rechtschreibung, der Sprache mittlerweile auch diejenigen, die seinerzeit den Kampf gegen hessische Rahmen-Richtlinien für schlicht reaktionär gehalten haben› (FAZ, 28. 7. 1984), und schließlich bedeutet Verfall der Sprache ‹Verfall der Demokratie› (Rheinischer Merkur, 20. 1. 1984).»[3]

Ein besonders deutliches Beispiel derartiger Verfallsklagen ist die Titelgeschichte ‹Deutsch: Ächz, Würg. Eine Industrienation verlernt ihre Sprache› in dem Magazin ‹Der Spiegel›.[4] Der Artikel – überschrieben mit ‹Eine unsäglich scheußliche Sprache. Die westdeutsche Industriegesellschaft verliert ihre Schriftkultur› – beginnt mit der Feststellung:

«Mit der Rechtschreibung wird es immer schlechter, das Ausdrucksvermögen nimmt mehr und mehr ab. Der Niedergang meldet sich nicht nur in den Schulen der Bundesrepublik, sondern längst auch in den Amtsstuben, in Büros oder Betrieben. Betroffen sind Berufsanfänger wie Doktoranden, und Wissenschaftler beobachten eine allgemeine ‹Abkehr von der Schriftsprache›. Ist das Deutsche auf dem Wege zum Kauderwelsch?»

Das ist ein echter Rundumschlag: Die Sprecher, lokalisiert in allen Schichten und allen Institutionen, beherrschen die Sprache nicht mehr, so daß diese dem Niedergang geweiht scheint. Krasser kann man das Schreckgespenst eines drohenden Schrift-, Ausdrucks-, ja eines gesamten Sprachverlustes kaum zeichnen: «Hinter die Zukunft der deutschen Sprache, eines der ältesten Kulturgüter, das die Nation zu bewahren hätte, und so ziemlich das wichtigste, gehört augenscheinlich ein Fragezeichen.»[5]

Derartige Argumentationen laufen meist nach dem gleichen Muster ab: Zuerst wird der Sprachgebrauch bestimmter Sprecher (Jugendliche, Schüler, Auszubildende, Studenten etc.) kritisiert und als immer schlechter werdend beurteilt; daraus wird auf das stets geringer werdende Sprachvermögen der Angehörigen dieser Gruppen geschlossen; am Schluß steht die Feststellung, daß die Sprache als Ganzes, als System, verfällt. In aller Regel wird aber so sauber zwischen den drei Sprachbereichen gar nicht getrennt. Sprachgebrauch, Sprachvermögen und Sprache werden vermischt, und heraus kommt, daß alles verfällt: Sprechen und Schreiben als individuelle Fähigkeiten, Sprechen und Schreiben als

Gebrauch oder Resultat, Sprechen und Schreiben als Möglichkeiten des Kommunizierens überhaupt.

Diese Form des Sprach-, ja des Kulturpessimismus ist aus linguistischer Sicht nicht haltbar. Die subtilen und differenzierten Argumentationen der Linguistik müssen hier nicht nachgezeichnet werden; auch eine weitere Auffächerung des Spektrums der Sprachverfallsklagen hier nicht nötig.[6] Festzuhalten bleibt, daß alle fachwissenschaftlichen Argumentationsweisen eine Gemeinsamkeit aufweisen. Sie besagt, daß die Klage vom Sprachverfall auf einem überkommenen Sprachbegriff beruht, der dem Gegenstand ‹Sprache› nicht angemessen ist, der ihn und seine Leistung und Möglichkeit verkennt.

«Sprachen wachsen nicht wie Bäume. Sie funktionieren nicht wie Maschinen. Sie sind feinstrukturierte Sozialgebilde, die ihren Ort im Bewußtsein vieler Sprecher haben und sich nach den wechselnden Bewußtseinszuständen dieser Sprecher unaufhörlich verändern.»[7]

Harald Weinrich, von dem diese bemerkenswerte Charakterisierung der Sprachen stammt, hat den gültigen Sprachbegriff hier deutlich gemacht und zugleich die beiden anderen, vor allem den von der Sprache als einem Baum, einem wachsenden und ‹verfallenden› Organismus, zurückgewiesen. Wenn Sprachen «feinstrukturierte Sozialgebilde» sind, dann verfällt die Sprache nicht, sondern sie verändert sich – nein, sie wird verändert, von den Menschen, die sie sprechen. Ob zum Guten oder zum Schlechten, muß von Fall zu Fall durch Abwägung der Vor- und Nachteile, des ‹Leistungsgewinns› und ‹Leistungsverlusts›, entschieden werden. Wohin auch ‹die Sprache› geht, stets gehen die Sprecher voran. Sie bestimmen – die einen mehr, die anderen weniger – ihren Weg und tragen, wenn man genau ist, mit jedem Wort zum Sprachwandel bei. Jeder Mensch trägt, wie in jeder sozialen Einrichtung, Verantwortung für sich selbst und für das Ganze, also auch für seinen Sprachgebrauch und für die Sprache.

2. *Die Verwissenschaftlichung der Umgangssprache*

Heute ist die Fremdwortfrage, mit Recht, kein zentrales Thema der Sprachwissenschaft mehr, auch keines einer ernstzunehmenden Sprachkritik.[8] Sie ist es – und das zum Glück und hoffentlich für immer – nicht mehr in dem nationalistischen Sinne des ‹Allgemeinen Deutschen Sprachvereins›, aber auch nicht in dem aufklärerischen Sinne Campes. In einer Zeit vielfältiger Bildungsmöglichkeiten bedarf es offenbar keiner kompensatorischen ‹Sprachaufklärung› mehr. Dennoch gibt es auch heutzutage noch – oder vielleicht wieder – genug Anlässe für eine Sprachkritik, die sich auf der Wortebene bewegt. Sie kann und sollte, allerdings kritisch gewendet, durchaus den Campeschen Gedanken der Allgemeinverständlichkeit und folglich auch dessen Einsichten in die problematische Stellung von Fremdwörtern mit in ihre Überlegungen aufnehmen. Wo aber gerade die Grenzen einer Fremdwortkritik heute liegen müssen, das hat Theodor W. Adorno in seinem feinsinnigen Aufsatz ‹Wörter aus der Fremde› aus dem Jahre 1959, der eine bemerkenswert differenzierte Verteidigung der Fremdwörter darstellt, deutlich unterstrichen:

«Gegen die Sozialkritik an den Fremdwörtern läßt wenig Überzeugendes sich vorbringen außer ihrer eigenen Konsequenz. Denn wird die Sprache dem Maß des ‹An alle›, der Verständlichkeit schlechthin unterworfen, so sind unter den Schuldigen Fremdwörter, denen man eben doch meist nur aufbürdet, was man dem Gedanken verübelt, längst nicht die einzigen und kaum die wichtigsten. Reingungsaktionen volksdemokratischen Stils könnten sich nicht mit den Fremdwörtern begnügen, sondern müßten den größten Teil der Sprache selbst umlegen.»[9]

Eine Sprachkritik, die Allgemeinverständlichkeit fordert, verfehlt in unseren Tagen ihr Ziel, wenn sie, wie noch Campe mit einer gewissen Berechtigung vor zweihundert Jahren, lediglich Fremdwörter als unverständliche Wörter innerhalb der öffentlichen Umgangssprache kritisiert. Sie trifft schon eher das Ziel, wenn sie als Gegenstand ihrer Kritik den seine ursprüngliche Sphäre überwuchernden Fachwortschatz, der zum Teil – aber nur zum Teil – die Fremdwörter mit einschließt, in den Blick nimmt. Adorno war weitsichtig, als er vor fast vierzig Jahren das Verständlichkeitsproblem von den Fremdwörtern auf die Fachwörter verlagerte. Fünfundzwanzig Jahre später nämlich hat Uwe Pörksen, ausgehend von einer Beschreibung der Geschichte der Naturwissenschaftssprachen und ihrer Wechselbeziehung zur Gemeinsprache,[10] dieses Phänomen aufgegriffen und sprachkritisch ausgeleuchtet. Pörksen geht von drei Befunden aus:

«Je mehr die Wissenschaft in den letzten Jahrzehnten demokratisiert worden ist und die Universitäten sich geöffnet haben, um so undurchdringlicher sind die Wissenschaften geworden.

Je weiter Wissenschaft in die praktische Lehrerausbildung und in den Schulunterricht vorgedrungen ist, um so unergiebiger und bürokratischer scheinen diese Ausbildungsgänge geworden zu sein.

Je mehr sich ein scheinbar fachlicher Stil und Wissenschaftswörter in der Gemeinsprache, in der Sprache des öffentlichen und privaten Umgangs ausgebreitet haben, um so weniger hat diese Sprache ihren aufklärenden Wert behalten.»[11]

Die Wurzeln dieser Vorgänge, die Pörksen zunächst trennt, die aber eng aufeinander bezogen sind, liegen im 18. Jahrhundert, als die Wissenschaften vom Lateinischen zum Deutschen übergingen. Die Verwendung der Volkssprache brachte eine Demokratisierung der Wissenschaften mit sich, denn seither müssen wissenschaftliche Erkenntnisse und Denkweisen einer interessierten Öffentlichkeit nicht mehr durch eine lateinische Sprachbarriere verborgen bleiben; prinzipiell sind sie nun jedem zugänglich. Im 19. und in der ersten Hälfte des 20. Jahrhunderts dokumentierten die Geisteswissenschaften diese Demokratisierung deutlich: sie schrieben gemeinsprachlich, Schwierigkeiten des Verständnisses bot der wissenschaftliche Gegenstand, nicht aber die Wissenschaftssprache.

Seit den sechziger Jahren hat sich die Situation verändert. Die Wissenschaften sind verwissenschaftlicht worden durch die Benutzung einer Wissenschaftssprache, die von der Umgangssprache weit entfernt ist. Pörksen macht diese Sprache an einigen Beispielen aus der Linguistik und Pädagogik deutlich:

«Kommunikationsakte werden von mindestens zwei Kommunikationspartnern in einer Kommunikationssituation vollzogen (Kp in ksit).»

«Die verwendeten kontextfreien Regeln können als Sonderform kontextabhängiger oder kontextsensitiver (context sensitive CS gegen context free CF) Regeln angesehen werden, bei denen der Kontext gleich null ist.»

«Die komplexe Thematik der Lernzielbestimmung für Curricula historisch-politischen Unterrichts soll in den folgenden Ausführungen problematisiert, der Aspekt politischer Implikationen bei der Begründung von Lernzielen und die Lernzielsetzung auf einer mittleren Abstraktionsebene näher erörtert werden.»

«Es besteht eine signifikante positive Korrelation zwischen dem effektiven Lernzuwachs (LZ) und der Bearbeitungszeit (t).»[12]

Die Gründe dafür, daß eine solche Sprache insbesondere in den Geisteswissenschaften Verbreitung fand, sind für Pörksen unter anderem ihre leichte Simulierbarkeit, die Strategie der bewußten sprachlichen Abgrenzung gegen frühere, ideologieanfällige Wissenschaftskonzepte und der Umstand, daß identitätsschwache Fächer dazu neigen, ihre Schwäche durch Sprache zu kompensieren und Prestigeanleihen bei starken Nachbarn zu machen. Hinzu kommt der Gesichtspunkt, daß der Ausbau der Universitäten in den sechziger und siebziger Jahren einen Anstieg nicht nur der Stellen, sondern auch der Zahl der wissenschaftlichen Publikationen zur Folge hatte. Da so viele neue Gegenstände, Themen aber gar nicht gefunden werden konnten, wie laufbahnbedingte Publikationen entstehen mußten, wurde nicht selten ein inhaltlicher Mangel durch ‹Sprache› ersetzt: «Die wissenschaftliche Sprachfassade tritt an die Stelle der Sachen.»[13] Der zuletzt zitierte Wissenschaftssatz über die Korrelation zwischen Lernzuwachs und Bearbeitungszeit ist ein besonders schönes Beispiel hierfür: letztlich besagt er ja nichts anderes als ‹wer länger lernt, lernt mehr›.

Die Demokratisierung der Wissenschaften hat also zu deren Verwissenschaftlichung geführt. Jene Sprachentrennung, die bis zum 18. Jahrhundert zwischen Latein und Deutsch bestand, ist heutzutage in das Deutsche selbst hineinverlagert worden. Die Gesamtsprache wird stärker differenziert, Wissenschaftssprache und Umgangssprache treten auseinander. Zugleich jedoch ist ein ähnlicher Verwissenschaftlichungsschub wie in den Wissenschaften auch in der öffentlichen und privaten Umgangssprache erkennbar:

«Eine Zeile wie ‹Aggression: Warum schon kleine Kinder beißen und schlagen› auf der Titelseite einer Zeitschrift wäre vor 25 Jahren nicht möglich gewesen. ‹Aggression› existierte nicht als Wort der öffentlichen Gebrauchssprache. Das Beispiel steht für ungezählte.

Noch eigentümlicher ist, in welchem Grad Wissenschaftswörter in die Umgangssprache eingedrungen sind. ‹Wenn Ihr Kind›, sagt die Kindergärtnerin, ‹alle Annäherungen, Kontaktaufnahmeversuche und Mitspielwünsche kategorisch ablehnt und aggressiv beantwortet, dann sind das Signale eines sozialen Fehlverhaltens.› Leidet das Kind unter ‹Trennungsangst›? – Diese Termini gehören der Sphäre des Objektiven, Unpersönlichen an, sie sind nicht für eine private, intime Redesituation geschaffen. Sie subsumieren Erlebnisinhalte, die im konkreten Fall als persönlich und einmalig empfunden werden, unter eine allgemeine Kategorie und schließen sie an an ein allgemeines Denkgebäude. Sie wirken distanzierend, eine Art Selbstentfremdung durch Sprache ist die Folge.»[14]

Wissenschaftswörter, so Pörksens Kritik, kolonisieren die Alltagssprache und befördern damit die Abhängigkeit des einzelnen Menschen von den Wissenschaften. Indem die eher objektive Sphäre der Wissenschaften, die Individuelles ausschließt, die subjektive Sphäre des Alltags, die eigentlich aus Individuellem besteht, überlagert, gibt der einzelne mit der persönlichen Alltagssprache auch ein Stück weit seine Individualität auf, schließt sich an wissenschaftliche Denkmuster an und gerät in die Abhängigkeit von Experten, die jene wissenschaftlichen Denkmuster verwalten.

Pörksen ist als Sprachwissenschaftler und Sprachkritiker zugleich ein Kritiker von undurchsichtiger Herrschaftsausübung. Er erblickt in Sprachveränderungen wie der Verwissenschaftlichung der Umgangssprache in erster Linie den Ausdruck derartiger Herrschaft: «Die Wissenschaftswörter hierarchisieren die Sprache und erzeugen das Gefühl, dort, wo die Quellen dieser Wörter liegen, in ihrer Herkunftssphäre, sei man weiter, befinde man sich in einem umfassenderen, unbekannten System, das die Fähigkeit berge, alle Probleme zu beherrschen.»[15] Sprachkritik hat hier – in gut aufklärerischer Tradition – die Aufgabe und das Ziel, die Sprecher darauf aufmerksam zu machen, daß sie sich mit ihrer Sprache in Abhängigkeiten begeben, die auf den ersten Blick als solche nicht erkennbar sind.

3. Ist unsere politische Sprache leer und phrasenhaft?

Als im November 1989 an der Berliner Mauer die bis dahin undurchlässigen Sperren von Ost nach West geöffnet wurden und die damaligen Bürger der DDR zunächst Reisefreiheit, bald auch Konsumfreiheit und schließlich alle Freiheiten einer westlichen Demokratie erhielten, standen, mit Wort und Tat, nicht nur Politik und Wirtschaft zur Besetzung eines neuen Wirkungsfeldes bereit. Auch so manche Wissenschaft verspürte sogleich verstärkten Handlungsbedarf. Die Sprachwissenschaft erkannte für sich und für ihren Gegenstand rasch das Besondere und damit auch Rare jener Situation: Was sonst methodisch streng getrennt gehalten wird, Diachronie und Synchronie nämlich, oder, auf den Gegenstand bezogen, Sprachveränderung und Sprachzustand, fielen im Moment der Maueröffnung praktisch zusammen. Man könnte auch sagen: Die Geschichte ereignete sich in der Gegenwart – eine Formulierung, die letztlich ja nur eine nüchterne Umschreibung des inzwischen schon geflügelten Kanzlerwortes darstellt: «Dieses ist eine historische Stunde». Die Linguisten nutzten die Stunde und produzierten in sonst kaum gekannter Geschwindigkeit Tagungen und öffentliche Vorträge, Aufsätze und Bücher, mit deren Lektüre kaum nachzukommen war.[16]

Was stellte man fest? Eines vor allem: Nach vierzig Jahren Trennung konnten sich die Menschen aus Ost und West zwar ohne größere Probleme *verständigen*, nicht aber eigentlich *verstehen*. Mit anderen Worten: Deutsch (Ost) und Deutsch (West) waren, trotz mancher Unterschiede in Lexik, Syntax und Textsortentypik, als Kommunikationsmittel weitgehend kompatibel, nicht aber als Mittel, eine Gruppenidentität herzustellen. Wolfgang Thierse, von Beruf Germanist und Politiker, bemerkte 1992 in einem Vortrag mit dem traditionsreichen Titel ‹Sprich, damit ich dich sehe›, man habe in der DDR keine andere Sprache gesprochen, wohl aber ein anderes Deutsch:

> «Was das ‹DDR-Deutsch› ausmacht, das Andersartige in publizierten Texten oder auch in der Alltagskommunikation, sind nicht so sehr Unterschiede in der Sprache, d. h. in den durch Grammatik und Wortschatz über Jahrhunderte hinweg bereitgestellten Ausdrucksmöglichkeiten, als vielmehr Unterschiede im Sprachgebrauch, d. h. in den durch Stil, Wortwahl, Frequenz sichtbar werdenden Ausdrucksfestlegungen.»[17]

Die Unterschiede im Sprachgebrauch müssen auf den unterschiedlichen Gesellschaftssystemen basieren, sind somit Teil des Zusammenhangs zwischen Sprache und Politik. Blicken wir also auf einige Merkmale des Sprachgebrauchs in der ehemaligen DDR und auf die dortigen Formen von praktischer politischer Sprachkritik.

Zunächst jedoch sind einige linguistische Voraussetzungen festzuhalten. Eine Sprache läßt sich theoretisch fassen als ein System sprachlicher Zeichen. Das sprachliche Zeichen als Einheit dieses Systems ist nach Ferdinand de Saussure, dem Begründer der modernen Linguistik, eine arbiträre, also willkürliche Verbindung zweier Komponenten: eines ausdrucksseitigen Lautbildes, des *signifiant* oder Signifikanten, und einer inhaltsseitigen Vorstellung, des *signifié* oder Signifikats. Solange man das

Zeichen auf rein sprachsystematischer und synchroner, also beispielsweise auf die Gegenwart bezogener Ebene betrachtet, erscheint die Verbindung von Signifikant und Signifikat aufgrund von Konventionen der Sprachgemeinschaft als eine feste Einheit. Nimmt man nun die Zeit hinzu, wählt man also eine diachrone, sprachgeschichtliche Betrachtung, dann kann sich die feste Einheit auflösen: Einem gleichbleibenden Lautbild kann eine neue Vorstellung und einer bestehenden Vorstellung kann ein neues Lautbild zugeordnet werden. Auch ist es möglich, bereits bestehende Lautbilder zu kombinieren, um neue Vorstellungen zu erzeugen oder neuen Vorstellungen mittels bestehender Lautbilder einen Ausdruck zu geben.

Neben diesen beiden Existenzweisen des sprachlichen Zeichens gibt es aber auch noch eine dritte Möglichkeit: die bewußte Ablösung des Signifikanten von seinem Signifikat in bestimmten Formen der Sprachverwendung, wodurch er einen neuen Sinn, ein neues, wenngleich auch nicht völlig anderes Signifikat erhält. Wir kennen derartige Vorgänge vor allem aus dem Feld der Metaphorik.

Nehmen wir das Wort ‹Wendehals›, das 1989 als Personenbezeichnung für Menschen aus der DDR geprägt wurde, die eine aktive politische Vergangenheit im Sinne der offiziellen Parteilinie hatten und die nun, im Zuge der gesellschaftlichen Umgestaltung, ihre politische Meinung schlagartig änderten, um gemäß der neuen politischen Verhältnisse wieder politisch aktiv zu werden. Zunächst können wir feststellen, daß der durchsichtige Ausdruck ‹Wendehals› ursprünglich einen Vogel bezeichnet, der in der Lage ist, seinen Kopf mittels einer Halsbewegung um 180 Grad zu drehen. Semantisch gesprochen funktioniert die metaphorische Übertragung folgendermaßen: Für den Vogel ‹Wendehals› gibt es ein Bündel semantischer Merkmale, die seine Bedeutung ausmachen. Aus diesem Bündel wird ein Merkmal, nämlich das in dem Namen konzentrierte und damit auch stärkste, auffälligste Merkmal der Fähigkeit zu einer 180-Grad-Halsbewegung, herausgelöst und auf einen Menschen übertragen, der sich in vergleichbarer Weise verhält, nämlich plötzlich zu seiner bisherigen politischen Auffassung eine diametral entgegengesetzte Position einnimmt. Wie aber kommt die Übertragung des körperlichen Merkmals eines Vogels auf eine geistige Disposition, auf das politische Verhalten eines Menschen, zustande? Die Antwort, daß hier das Weltwissen regulierend eintritt und die Steuerung der Übertragung zur Herstellung eines akzeptablen Sinns der neuen Bedeutung übernimmt, ist zu allgemein und als Bedingung noch nicht hinreichend. Ein konkreter Sinn kann erst hergestellt werden, wenn zusätzlich noch ein bestimmter (situativer) Kontext, also eine Verweissituation in Gestalt außersprachlicher Bedingungen, gegeben ist, der in dem je bestimmten Fall sinnsteuernd wirkt. Für unser Beispiel ‹Wendehals› ist das selbstverständlich der politisch-gesellschaftliche Kontext der Umbruchsituation in der DDR vom Herbst 1989. In dieser Situation war es möglich und tatsächlich auch der Fall, eine politische Kehrtwendung zu vollziehen, so daß der Ausdruck ‹Wendehals› einen konkreten Sinn in Gestalt einer übertragenen Bedeutung erhalten konnte.

Nun wird die Bedeutung des Ausdrucks ‹Wendehals› für einen Menschen mit dem beschriebenen politischen Verhalten nicht nur und vermutlich überhaupt nicht zuerst von der Bezeichnung für den betreffenden Vogel als eine metaphorische Bildung motiviert gewesen sein. Wir wissen, daß das politische Geschehen in der DDR 1989 mit dem Begriff ‹Wende› bezeichnet wurde, und zwar sowohl im Osten wie im Westen Deutschlands.[18] Der Begriff hat dabei eine aufschlußreiche Gebrauchs- und Bedeutungsentwicklung durchgemacht. Im nachhinein betrachtet scheint er ein besonders sprechendes Beispiel dafür zu sein, daß es in der Politik wesentlich darum geht, Begriffe zu besetzen und auf diese Weise Machtbezirke abzustecken. Zunächst von den Bürgerbewegungen in der DDR benutzt als knapper, bildlich aufgeladener Ausdruck für die Forderung nach gesellschaftlicher Erneuerung, wurde der Begriff ‹Wende› schon vor dem 9. November 1989, dem Tag der Maueröffnung, von Egon Krenz und Gregor Gysi, den damaligen Krisenmanagern der SED-Führung, aufgegriffen, um die Bereitschaft der Herrschenden zu einer sich ändernden offiziellen Politik zu bekunden. Dieser Versuch der SED, den Bürgerbewegungen einen ihrer Leitbegriffe zu entwinden und für sich zu vereinnahmen, wurde von Christa Wolf bereits am 4. November auf der großen Kundgebung auf dem Berliner Alexanderplatz erkannt und entsprechend kommentiert. Ihre berühmt gewordenen Worte seien hier – in der nachträglich autorisierten Fassung – in Erinnerung gerufen:

«Mit dem Wort ‹Wende› habe ich meine Schwierigkeiten. Ich sehe da ein Segelboot, der Kapitän ruft: ‹Klar zur Wende!›, weil der Wind sich gedreht hat, und die Mannschaft duckt sich, wenn der Segelbaum über das Boot fegt. Aber stimmt dieses Bild? Stimmt es noch in dieser täglich vorwärtstreibenden Lage? Ich würde von ‹revolutionärer Erneuerung› sprechen.»[19]

Als bald schon nach dem 9. November der Einfluß der SED, dann der PDS, zurückging und in gleichem Maße der Einfluß westlicher Politiker stieg, als die Rede von der Vereinigung beider Staaten öffentlich und breit geführt wurde, kam es zu einer erneuten Enteignung und semantischen Neubesetzung des Begriffs ‹Wende› – nun durch die maßgeblichen Politiker aus der Bundesrepublik, die den Begriff 1982 schon einmal erfolgreich verwendet hatten. Seither verbinden wir mit ‹Wende› die Phase des Untergangs der DDR von 1989 bis zum Beitritt der fünf neugebildeten Länder zur Bundesrepublik im Oktober 1990.

Zurück jedoch zum ‹Wendehals›. Dieser Ausdruck kam erst auf, als die SED den Begriff ‹Wende› den Bürgerbewegungen entwendet hatte und nun selbst ja ‹Wendehälse› in nicht geringer Zahl hervorbrachte, verstärkt dann, als die politischen Weichen in Richtung Vereinigung unabänderlich gestellt wurden und das entsprechende Verhalten eines Wendehalses unter den politisch Aktiven zu DDR-Zeiten nun völlig gefahrlos möglich war.[20] War auf den Spruchbändern, die die auch nach dem 9. November anhaltenden Montagsdemonstrationen schmückten, zu Beginn jener semantischen Neubesetzung des Begriffs ‹Wende› noch beispielsweise zu lesen: *Wenden, nicht winden* oder *Die große Wende in ihrem Lauf halten weder Ochs noch Esel auf*,[21] so nahmen bald schon kritische Aussprüche, Wendungen, den Raum ein: Jetzt war die Rede von einer *360-Grad-Wende?* (mit Fragezeichen), man las den doppeldeutigen Appell: *Laßt Euch nicht verwenden*, oder es wurde gefordert: *Kein Artenschutz für Wendehälse* – letzteres Beispiel ein Beleg dafür, daß auch die biologische Sphäre, also der Name des Vogels ‹Wendehals› als Bildspender, aktualisiert worden war.[22]

Wie lassen sich diese Beobachtungen nun in Hinblick auf die Konstitution und Funktion des sprachlichen Zeichens ‹Wendehals› deuten? Die Antwort auf diese Frage sei in Form einer allgemein gehaltenen These gegeben: Weite Teile der Sprachgeschichte des geteilten und vereinten Deutschlands, die zum Ausdruck politischen Denkens und Handelns dienten, lassen sich beschreiben als unterschiedliche Weisen des Umgangs mit sprachlichen Zeichen, strenger ausgedrückt: als Variationen eines existenten Zeichensystems. Sie sind damit explizite und praktische Formen einer Kritik der politischen Sprache. Das existente Zeichensystem ließe sich als ‹Sprachrealität› oder ‹offizielle Sprachnorm› bezeichnen. Damit ist ein bestimmter Code gemeint, die Zeichen selbst und ihre Gebrauchsregeln umfassend, der sich offiziell und öffentlich durchgesetzt hat oder ein- und durchgesetzt wurde. Dem Zeichenbenutzer stehen drei markante Möglichkeiten zur Verfügung, sich der Sprachrealität gegenüber zu verhalten:

1. Er kann die Zeichen gemäß des existenten, gebräuchlichen Zeichensystems, der Sprachrealität, benutzen, womit er in der Regel zur Konsolidierung und Konstanz dieses Zeichensystems beiträgt.
2. Er kann durch leichte Verschiebungen des Verhältnisses von Signifikant und Signifikat oder durch eine leichte Änderung der Gebrauchsregeln des gesamten Zeichens innerhalb des Systems der Sprachrealität einen neuen Sinn des Zeichens produzieren, der die Sprachrealität und die von ihr bezeichneten Verhältnisse oder Vorstellungen in einem ungewohnten, neuen Licht erscheinen lassen, das, verbunden mit dem intellektuellen Erfolgserlebnis der Entschlüsselung dieses neuen Sinns, witzig wirkt. Ich bezeichne diese Form des Verhaltens gegenüber der Sprachrealität als ‹Sprachwitz›. Die Funktion des Sprachwitzes ist eine Distanzierung von der existenten Sprachrealität, verbunden mit deren Neubewertung, ohne damit jedoch eine neue, andere Sprachrealität als Alternative zu etablieren.
3. Der Zeichenbenutzer kann das Verhältnis von Signifikant und Signifikat oder aber die Gebrauchsregeln des gesamten Zeichens völlig neu bestimmen, d. h., er kann einem existenten Signifikanten ein neues Signifikat bzw. einem existen-

ten Signifikat einen neuen Signifikanten zuordnen und damit das existente Zeichen gegen seine Gebrauchsregeln verwenden. Diese Form des Verhaltens gegenüber der Sprachrealität bezeichne ich als ‹Sprachspiel›. Seine Funktion ist letztlich der Entwurf einer neuen Sprachrealität, was selbstverständlich, da die bestehende Sprachrealität ja Ausdruck einer politisch-gesellschaftlichen Realität oder Ideologie ist, mit dem Anspruch einhergeht, auch letztere in neuer Gestalt zu schaffen.

Sprachwitz und Sprachspiel funktionieren nur durch eine Bezugnahme auf die Sprachrealität – ein Verhältnis, das sich semiotisch so ausdrücken läßt: Sprachwitz und Sprachspiel besitzen einen doppelten Referenzbereich. Sie referieren zuerst auf das existente Zeichensystem der Sprachrealität, indem sie deren Zeichen, insbesondere die Signifikanten, verfremden oder mit ihnen spielen. Sodann referieren sie aber auch auf den Gegenstand, für den das Zeichen der Sprachrealität steht, und geben damit dem Referenzobjekt einen neuen Sinn, verbinden folglich mit ihm eine neue Vorstellung, bewerten ihn neu.

Die DDR war, das ist des öfteren hervorgehoben worden, in den vierzig Jahren ihrer Existenz ein Land mit einer bedeutenden Witzkultur.[23] Der Witz, vor allem in Gestalt des Sprachwitzes, besaß vor den Geschehnissen von 1989 eine Art Ventilfunktion für weite Teile der Bevölkerung. Durch den Sprachwitz rieben sich die Menschen an der bestehenden Sprachrealität, mit seiner Hilfe stellten sie die Sprachrealität und zugleich die hinter ihr stehende Ideologie in Frage, entlarvten sie, und, was wohl seine wichtigste intendierte Wirkung ausmacht, die Kommunikationssituation ‹Witze-Erzählen und Witze-Verstehen mit dem gemeinsamen Lachen über den Witz› schuf eine oppositionelle Solidarität, wobei der Witz zugleich eine Art Testfunktion dahingehend haben konnte, ob mit Solidarität des Gegenübers zu rechnen war. Die Funktionsweise des Sprachwitzes sei an einigen Beispielen erläutert:

Ein Mann geht in Ostberlin gesenkten Hauptes durch die Straßen und murmelt immer wieder vor sich hin: «Scheiß Staat, Scheiß Staat.» Ein Polizist hört das: «Was haben Sie da eben gesagt?» – «Scheiß Staat.» – «Aha, dann kommen Sie doch mal mit!» – «Ja, aber wieso denn, ich habe doch gar nicht gesagt, welchen Staat ich meine.» – «Mhm», erwidert der Polizist, «stimmt. Also gut, Sie können gehen.» Der Mann geht ein paar Schritte, da ruft ihn der Polizist zurück: «Sie kommen doch mit, ich hab's mir überlegt: es gibt nur einen Scheiß Staat.»

Der Witz funktioniert auf verschiedenen sprachlichen Ebenen. Die erste Ebene ist, daß dem Prädikat ‹Scheiß Staat› kein Referenzobjekt zugeordnet wird. Auf einer zweiten Ebene wird allerdings die nicht explizit ausgesprochene Voraussetzung gemacht, daß das Referenzobjekt die DDR sein muß. Diese Voraussetzung wird durch die Reaktion des Polizisten, der den Mann mitnehmen, verhaften will, indirekt bestätigt. Wenn aber die DDR das Referenzobjekt für das Prädikat ‹Scheiß Staat› ist, dann liegt eine Verletzung der Gebrauchsregeln für das sprachliche Zeichen ‹DDR› vor: das durchweg positiv konnotierte Zeichen wird mit einem negativen Prädikat belegt, ein Urteil, das in der offiziellen Sprachrealität nicht vorgesehen, ja strafbar war. Da dieses Urteil aber nicht explizit ausgesprochen wird, also das Referenzobjekt nicht genannt wird, muß das Sprachverhalten des Mannes auf der Straße zunächst ohne Folgen bleiben.

Bis hierher hat der Hörer dieses Witzes vielleicht gelächelt, weil er für sich die fehlende Verbindung schon hergestellt hat, ja herstellen mußte. Lachen wird der Zuhörer aber vermutlich erst zum Schluß, bei der eigentlichen Pointe. Es ist der Polizist, der Vertreter des Staates und damit der Sprachrealität, der nun keinen Zweifel mehr daran läßt, welches Referenzobjekt gemeint ist: ‹Es gibt nur *einen* Scheiß Staat›. Diese Aussage legt die Menge möglicher Referenzobjekte auf ein Element fest, das ja nur die DDR sein kann, denn er nimmt den Mann mit. Der Witz, der darin besteht, daß die nicht ausgesprochene, wohl aber stillschweigend vorausgesetzte Prädikation ‹DDR = Scheiß Staat› von dem Polizisten, also einem Vertreter des Staates, zwingend gemacht wird, so daß *er* eigentlich verhaftet gehört, läßt sich also durchweg als ein mit sprachlichen Mitteln erzeugter Witz interpretieren.

Dreierlei ist hier festhaltenswert: erstens die pragmatische Dimension, das Sprechhandeln mittels einer verschleierten Prädikation auf einer latenten Ebene und deren Entschleierung auf der manifesten Ebene durch die außersprachliche Handlung der Festnahme. Zweitens die semantische Dimension, die zwingend gemachte Zuordnung eines semantischen Merkmals zu dem sprachlichen Zeichen ‹DDR›, das in der Sprachrealität nicht vorgesehen ist. Drittens die intendierte Funktion der Textsorte ‹Sprachwitz›, nämlich die Absetzung des Witzeerzählers und Witzehörers von der Sprachrealität, indem bestimmten Schlüssel- oder Reizwörtern der Sprachrealität – hier dem Ausdruck ‹DDR› – ein neuer, gegen die Sprachrealität gewandter Sinn beigelegt wird. Welche entscheidende Rolle hierbei der Sprachrealität als Ausdruck gesellschaftlicher Verhältnisse zukommt, ist leicht ersichtlich daran, daß dieser Witz in der Bundesrepublik nicht funktionieren würde – allein schon deshalb, weil dort der in dem Witz dargestellte Kommunikationsablauf, von dessen Folgen ganz zu schweigen, überhaupt nicht realistisch ist.

Die folgenden Beispiele seien bewußt ohne ausführlichen linguistischen Kommentar gegeben:

Die folgende Situation hat sich tatsächlich so abgespielt: Ein Mann überquert in Weimar trotz roter Ampel die Straße auf einem Fußgängerüberweg. Ein anderer Mann kommt ihm entgegen, ebenfalls gegen die Verkehrsvorschriften verstoßend. Als beide auf gleicher Höhe sind, sagt dieser zu dem ersteren: *«Na, Sie können wohl auch kein ‹Rot› sehen.»*

Der Witz besteht aus nur einem Sprechakt. Er kann folglich nur funktionieren, wenn die beschriebene Situation als außersprachlicher Kontext vorhanden ist, so daß unter Beibehaltung des Signifikanten ‹rot› das Signifikat von ‹roter Ampel› auf ‹kommunistische Gesinnung› verschoben werden kann.

Der nächste Witz, der recht bösartig das Intelligenzniveau bestimmter DDR-Politiker demonstrieren soll, bezieht seine Pointe aus der Fehlinterpretation des deiktischen, hinweisenden Gebrauchs des Personalpronomens ‹ich› oder, um mit Karl Bühler zu reden, aus der Verwechslung von Zeigfeld und Symbolfeld der Sprache:

Erich Honecker kommt zum Staatsbesuch nach Bonn. Der damalige Bundeskanzler Helmut Schmidt will die steife Atmosphäre bei einem Empfang etwas auflockern. Er sagt zu Graf Lambsdorf: «Ich will Ihnen mal ein Rätsel aufgeben: Es ist Ihre engste Familie, aber es ist nicht Ihr Vater, nicht Ihre Mutter, nicht Ihre Schwester, nicht Ihr Bruder. Wer ist das?» – «Ist doch klar,» antwortet Graf Lambsdorf, «das bin ich.» Honecker kommt zurück nach Ostberlin, trifft Erich Mielke und sagt: «Ich will Dir mal ein Rätsel aufgeben: Es ist Deine engste Familie, aber es ist nicht Dein Vater, nicht Deine Mutter, nicht Deine Schwester, nicht Dein Bruder. Wer ist das?» – «Na, ist doch klar», antwortet Mielke, «das bin ich.» – «Nee», erwidert Honecker, «das ist Graf Lambsdorf.»

Die Tatsache, daß man zu DDR-Zeiten bestimmte Leute auch ohne Parteizugehörigkeit in Führungspositionen beließ, konnte mit der Bemerkung kommentiert werden: *Man braucht eben auch Leute mit Köpfchen und nicht nur solche, die auf der linken Seite drei Gramm schwerer sind.* Drei Gramm wog das Parteiabzeichen der SED.

Gelegentlich standen Phonetik und Phonologie für Witze Pate. Die offizielle DDR-Parole *Von der Sowjetunion lernen heißt* siegen *lernen* wurde in sächsischer Aussprache zu: *Von der Sowjetunion lernen heißt* siechen *lernen.*

Unter die Rubrik ‹Sprachwitze› lassen sich auch die zahlreichen motivierten Neubildungen rechnen, die als Synonyme für offizielle Ausdrükke kreiert wurden: *Rotlichtbestrahlung* für ‹politischen Unterricht›, *VEB Horch und Guck* für ‹Ministerium für Staatssicherheit›, *Wucherbude* für die ‹Delikateßläden›, die in den siebziger Jahren zur Abschöpfung der überschüssigen Kaufkraft eingerichtet wurden, oder, die Reihe ließe sich noch lange fortsetzen, *sozialistisches Einkaufszentrum* für die stets mit Waren unterversorgte ‹Kaufhalle›.

Der DDR-Führung war die Disposition der Bevölkerung zur Schöpfung von Sprachwitzen aus der Abänderung des offiziellen Sprachgebrauchs selbstverständlich bekannt. Vorbeugend hat man denn auch versucht, eine Art negativer Sprachregelung zu treffen, vor allem in Form vom Presseanweisungen wie z. B. in der folgenden von 1985. Sie lautet: *Nicht vom ‹Staatszirkus der DDR› sprechen, den Namen umschreiben.*[24]

Der Sprachwitz, der insbesondere in der Zeit vor 1989 in der DDR verbreitet war, wurde während der Ereignisse von 1989/90 ergänzt durch das Sprachspiel, das die Neubestimmung von sprachlichen Zeichen mit der Funktion der Schaffung einer neuen Sprach- und gesellschaftlichen

Realität meint. Das Sprachspiel ist also eine Folgeerscheinung des Sprachwitzes, es kann zudem erst dann entstehen, wenn Alternativen zur Sprachrealität kommunikabel werden, was öffentlich in der DDR erst 1989 der Fall war.

Anders als die Sprachwitze, deren Form ja von einem Text als Geschichte bis zu Wortneuschöpfungen reicht, waren die Sprachspiele eher kurze Parolen, sprachlich verdichtete Stellungnahmen, die nicht selten eine Nähe zum Aphorismus aufweisen. Auf den Transparenten der Montagsdemonstrationen[25] konnte man beispielsweise lesen: *Mein Vorschlag für den 1. Mai: die Führung zieht am Volk vorbei.* Dieses Sprachspiel hat seinen Angelpunkt in dem Zeichen *1. Mai*, das in der Sprachrealität der alten DDR gefüllt war mit der Vorstellung der organisierten Paraden, in denen Abordnungen der zahlreich vorhandenen gesellschaftlichen Organisationen in Ostberlin an den führenden Vertretern des Staates vorbeizogen und man sich gegenseitig zuwinkte. In der Parole der Montagsdemonstrationen nun wird dieser Vorstellungsinhalt genau umgedreht: nicht das Volk zieht an der Führung, sondern die Führung zieht am Volk vorbei. Ein völlig neuer Sinn entsteht, nämlich der, daß die Führung für das Volk da ist, vom Volk kontrolliert wird, sich dem Volk stellen muß. Die Sprachrealität des Zeichens ‹1. Mai› wird somit negiert und mit einem neuen Inhalt versehen.

Ein beliebtes Mittel war es, stehende Wendungen und Sprichwörter spielerisch zu verfremden, um plötzlich eine neue Erkenntnis oder eine bislang nicht kommunikable Forderung auszusprechen. Ersteres ist der Fall in dem Ausspruch *Ruinen schaffen ohne Waffen – 40 Jahre DDR*, der auf die Wendung *Frieden schaffen ohne Waffen* zurückgeht, oder in dem Slogan *Mißtrauen ist die erste Bürgerpflicht.* Letzteres treffen wir an in der auf Egon Krenz gemünzten Parole *Lügen haben kurze Beine. Egon zeig', wie lang sind Deine!*

Auch offizielle Parolen des DDR-Staates, also Elemente der einstigen Sprachrealität, wurden variiert und mit einem neuen Sinne gefüllt: *Je stärker die SED, desto sicherer die Massenflucht* geht auf die Formel *Je stärker die DDR, desto sicherer der Friede* zurück. Oder: *So wie wir heute demonstrieren, werden wir morgen leben* wandelte die Formel *So wie wir heute arbeiten, werden wir morgen leben* ab. Auch den in der DDR so beliebten offiziellen Abkürzungen wurde durch eine neue Füllung der Initialen ein neuer Sinn gegeben: das *ZK* wurde zu *Zirkus Krenz* umgedeutet, die *SED-PDS* zu *Schnelles Ende der Partei des Sozialismus.* Als die Vereinigung, der Beitritt der DDR zur Bundesrepublik, anstand, kommentierte man den Vorgang sinnreich als *BRDigung der DDR.*

Die bekannteste Parole, die auf den Montagsdemonstrationen immer wieder skandiert wurde und sich als Ausdruck der Ereignisse vom Oktober/November 1989 bereits in die Geschichtsbücher geschrieben hat, lautete: *Wir sind das Volk!* Dieser einfache Satz konnte zweifellos erst vor dem Hintergrund der realen politischen Verhältnisse in der DDR seine Sprengkraft gewinnen, seinen, wenn man so will, revolutionären Sinn. Das Volk der DDR, vierzig Jahre lang nur zum Abzeichnen bereits beschlossener Wahllisten gebraucht und damit zu einer nur passiven politischen Rolle verurteilt, gibt in dieser Parole nun seinen Anspruch auf aktives politisches Handeln kund und unterstreicht diesen Anspruch durch eine massive körperliche Präsenz auf den Demonstrationen. Auch diese Parole gehört in die Kategorie der Sprachspiele, denn die Sprechsituation der Demonstration, in der sie geäußert wird, verleiht dem Begriff ‹Volk› eine neue Bedeutung. Mit den Begriffen der Semiotik ausgedrückt: Das sprachliche Zeichen ‹Volk› wird hier aufgrund seines Verwendungszusammenhangs neu bestimmt. Das im Signifikat enthaltene Merkmal ‹passive politische Rolle› wird durch das Merkmal ‹aktive politische Rolle› ersetzt, so daß eine neue Zeichenbedeutung entsteht. Indem der Signifikant ‹Volk› in einen bislang ungebräuchlichen außersprachlichen Kontext und sprachlichen Kotext gestellt wird, entsteht ein neues Signifikat. Indem mit dem Signifikanten gespielt wird, wird eine neue Bedeutung des sprachlichen Zeichens erzeugt.

Daß auf derartigen Sprachspielen aufgebaut werden konnte, daß sie also als sprachlicher Ausgangspunkt für weitere Sprachspiele dienen konnten, läßt sich an folgendem Beispiel zeigen. Auf einer Montagsdemonstration, die von dem wiederholten Ruf *Wir sind das Volk!* getragen war, hielt ein Demonstrant ein Schild mit der Aufschrift in die Höhe: *Ich bin Volker!* Der Mann hatte Sinn für Sprachspiele – oder Sprachwitze, je nachdem, wie man die Bedeutung dieser Äußerung lesen möchte. Zwei Lesarten scheinen mir möglich: Die eine wäre, daß der Mann tatsächlich Volker hieß und mit seiner Äußerung ausdrücken wollte, man solle angesichts der Betonung des Volkes als Masse nicht das Individuum als Konstituente des Volkes vergessen. Diese Lesart wäre wohl als Sprachspiel zu interpretieren, denn das Spiel mit den Signifikanten Kollektivname ‹Volk› und Eigenname ‹Volker› erzeugt einen neuen politischen Sinn. Genau diesen neuen politischen Sinn sehe ich für die zweite Lesart nicht: Man könnte ‹Volker› als einen zwar regelmäßig gebildeten, ansonsten aber unmöglichen, weil von einem Substantiv abgeleiteten Komparativ zu ‹Volk› verstehen, für den sich der Sinn konstruieren läßt: ‹Ich bin noch mehr Volk als ihr›. Bei dieser Lesart wäre eher für die Einordnung in die Kategorie ‹Sprachwitz› zu plädieren. Vermutlich treffen beide Lesarten die Intention und den Sinn, dann hätten wir ein Beispiel für die Konvergenz von Sprachwitz und Sprachspiel vorliegen, oder aber, auch das wäre möglich, keine der Lesarten ist zutreffend, weil es sich um einen reinen Nonsens-Spruch handelt. Das wiederum wäre ein Beispiel für eine von der Linguistik so genannte ‹konversationelle Implikatur›, dafür, daß wir jeder sprachlichen Äußerung stets einen Sinn beizulegen versuchen.

Die Interpretation des Sprachspiels *Wir sind das Volk!* war bislang jedoch nicht ganz präzise. Der Bereich der Sprachrealität, der ja die offizielle Zeichenverwendung und Zeichenbedeutung regelt, ist nicht erwähnt worden, obgleich ja das Sprachspiel nur vor dem Hintergrund der Sprachrealität seinen Sinn und seine Funktion als Gegenentwurf entwikkeln sollte. Der Begriff ‹Volk› nun war in der offiziellen Sprachrealität jedoch gar nicht negativ konnotiert, auch besaß er keineswegs das Merkmal ‹passive politische Rolle›. Im Gegenteil konstruierte die Ideologie ja das aktive Gestalten von Staat und Gesellschaft der DDR durch das Volk. *Alles für das Volk, nichts ohne das Volk,* lautete denn auch ein offizieller Propagandaspruch. So betrachtet ergäbe der Ausspruch *Wir sind das Volk!* keine Reibungspunkte mit der Sprachrealität, also keinen Anlaß für ein Sprachspiel.

Nun klafften Sprachrealität und gesellschaftlich-politische Realität in der DDR bekanntlich auseinander, ein Umstand, der ja das Hauptmotiv für den Sprachwitz, den Vorläufer des Sprachspiels, ausmachte. Wenn sich Sprachwitze über den Begriff ‹Volk› finden lassen, in denen die Sprachrealität umgedeutet wird, dann wäre auch das fehlende Bindeglied zwischen Sprachrealität und Sprachspiel gefunden, das die semantische Neubestimmung des Begriffs motivieren könnte. In der Tat nun gibt es derartige Sprachwitze, beispielsweise in der Auflösung der Abkürzung *VEB* nicht zu *Volkseigener Betrieb,* sondern zu *Volkseigener Beschiß.* Salonfähiger und wohl noch deutlicher aber ist die oftmals als Versprecher getarnte Wortumstellung in dem gerade genannten Propagandaspruch *Alles für das Volk, nichts ohne das Volk,* so daß sich ergibt: *Alles ohne das Volk, nichts für das Volk.* Auf der Ebene des Sprachwitzes also wurde bereits die Sprachrealität neu gedeutet, so daß das Sprachspiel aufgrund des doppelten Bezugs zur Sprachrealität und ihrer Korrektur durch den Sprachwitz das Zeichen ‹Volk› mit einem neuen Sinn ausstatten konnte.

Wie lassen sich diese Beobachtungen nun hinsichtlich des Zusammenhangs von Sprache und Politik deuten? Auf welche Weise sind Sprache und Gesellschaftsformen miteinander verbunden, und welche Formen von Sprachkritik haben die unterschiedlichen Gesellschaftsformen hervorgebracht?

In der DDR und in der Bundesrepublik wurden nach 1949 unterschiedliche politische und gesellschaftliche Systeme etabliert, was auf lexikalischer, semantischer, stilistischer und, eingeschränkt, syntaktischer Ebene zu einigen sprachlichen Eigenheiten in jedem der beiden Länder führte.[26] Wichtiger als diese die Spracheinheit nicht ernstlich gefährdenden ost- bzw. westtypischen Ausprägungen erscheint der Umstand, daß mit den unterschiedlichen politischen Systemen in der DDR und in der Bundesrepublik auch unterschiedliche Kommunikationsbedingungen und Kommunikationsformen korrespondierten. Während in der Bundesrepublik prinzipiell – Ausnahmen bestätigen bekanntlich die Regel – ein auf freier

Meinungsäußerung und Öffentlichkeit, d. h. freiem Zugang zu allen Meinungen, basierendes Kommunikationssystem eingerichtet wurde, in dem Zensur nicht stattfindet und die Presse frei ist, wurde in der DDR jede Veröffentlichung vorzensiert, wurden durch das Ministerium für Agitation und Propaganda offizielle Sprachregelungen mit dem Anspruch auf Verbindlichkeit getroffen, und es gab in der DDR ein engmaschiges Netz der Überwachung des nichtöffentlichen Verhaltens, auch und vor allem des Sprachverhaltens der Bürger.

Aufgrund der staatlicherseits kontrollierten Kommunikationsbedingungen im öffentlichen Bereich konnten offizielle Sprachregelungen getroffen und auch durchgesetzt werden. Insofern beherrschte *eine* Form von Sprachrealität die öffentlichen politischen Äußerungen. Die öffentlichen Kommunikationsformen waren weitgehend auf die Rezeption und Reproduktion der Sprachrealität eingeschränkt. Eine Möglichkeit, die Sprachrealität in einem öffentlichen Diskurs kritisch zu überprüfen und in Frage zu stellen, bestand nicht.

In der Bundesrepublik dagegen waren – und sind – die Kommunikationsbedingungen nicht einseitig gelenkt, es herrscht – hier muß bewußt idealisierend pointiert werden – Pluralität. Aufgrund dieser Pluralität entwickelt sich hier eine Sprachrealität nicht aus offiziell getroffenen Sprachregelungen, sondern aus dem politischen Meinungsaustausch, aus dem Kampf um das Besetzen von Begriffen.[27] Die Kommunikationsformen sind dementsprechend auch nicht auf bloße Rezeption und Reproduktion einer Sprachrealität beschränkt, die Sprachrealität kann vielmehr jederzeit öffentlich in Frage gestellt werden. Genau in diesen unterschiedlichen Bedingungen der Kommunikation ist der Grund dafür zu sehen, daß in der DDR Sprachwitze entstanden sind, die das Verhältnis von Sprachrealität und gesellschaftlicher Realität neu definierten sowie Sprachspiele als Entwurf einer neuen Sprach- und gesellschaftlichen Realität entstehen ließen, die es so in der Bundesrepublik nicht oder kaum gab.[28]

Uwe Pörksen hat 1989 einen Satz Erhard Epplers zum Ausgangspunkt für Reflexionen über Politik und Sprache als literarische Form genommen: «Unsere politische Sprache», hatte Eppler geschrieben, «ist leer und bewegt fast nichts mehr.»[29] Pörksen konstatierte, daß in der Bundesrepublik «eine Selbständigkeit des Politischen» fehle und daß es analog «an einer selbständigen politischen Sprache und an wirksamen Formen politisch-moralischer Reflexion» mangele.[30] Er vermißte Gattungen der Metapolitik, das Portrait, die Gedenkrede, die Polemik und Kontroverse, die Glosse, die Streitschrift, den Essay. Derartiges hatte auch die DDR nicht zu bieten, und wenn doch, dann verbannte sie es, wie beispielsweise in Gestalt von Wolf Biermann und seinen Texten, so weit wie möglich aus ihrem Wahrnehmungs- und Wirkungsbereich. Aber es gab den Sprachwitz und später das Sprachspiel, in denen sich Politik als Sprache und Form, als Reflexions- und Gegensprache, kristallisierte, in denen das Verhältnis von politischer Realität und Sprachrealität zurechtgerückt und neu bestimmt wurde.

Müssen wir aus dieser Beobachtung den Schluß ziehen, daß die pluralistischen Kommunikationsbedingungen in der Bundesrepublik die politische Sprache gegenstandslos und damit kaum kritisierbar machen, während die Kommunikationsbedingungen in der DDR durch ihre normierte Sprachrealität das Sprachbewußtsein gefördert und damit erst die Bedingungen für Gegenentwürfe geliefert haben? Hat Alexis de Tocqueville recht, wenn er in seinem Werk ‹Über die Demokratie in Amerika› von 1835/40 für die politische Sprache in Demokratien die Gefahr von Abstraktionen konstatiert, denen man kaum begegnen kann, weil sie den Konsens schon vor jeder Prädikation hergestellt haben, so daß Widerspruch unmöglich wird, während Diktaturen sprachlich stets angreifbar sind, weil in ihnen immer ein Mißverhältnis von Wirklichkeit und Sprache existiert?[31] Ist, nicht prinzipiell, aber von seinem Gebrauch her betrachtet, das sprachliche Zeichen nur dann kritisierbar, wenn es genormt ist, nicht aber, wenn das Verhältnis seiner beiden Seiten je nach Bedarf neu bestimmt werden kann, so daß die hinter den Zeichen stehende Wirklichkeit nicht mehr deutlich erkennbar ist? Diese Fragen könnten einen Umriß abgeben für weitere sprachkritische Forschungen auf dem Gebiet der politischen Sprache.

4. Sprache und Geschlecht: Die feministische Sprachkritik

Die linguistischen Wurzeln der feministischen Sprachkritik finden sich in der Sprachbarrierenforschung der siebziger Jahre. Dieser Zweig der Soziolinguistik hatte festgestellt, daß es eine Korrelation zwischen der Schichtzugehörigkeit eines Sprechers und der Sprachbeherrschung gibt. Angehörige der Unterschicht sprechen, so die Beobachtung, einen anderen, defizitären oder differenten und auf jeden Fall weniger angesehenen ‹Code› als Angehörige der Mittelschicht. Dieser Code markiert den gesellschaftlichen Status und macht einen gesellschaftlichen Aufstieg unmöglich. Die Linguistik suchte damals nach Möglichkeiten, die sprachlichen Defizite oder Differenzen zu beseitigen, und propagierte den ‹kompensatorischen Unterricht›, durch den Kinder der Unterschicht sprachlich auf das Niveau der Mittelschichtkinder gehoben werden sollten. Mit dem Abbau von Sprachbarrieren suchte man einen Abbau sozialer Barrieren zu bewirken.[32]

Die damalige Soziolinguistik aber war, so die Kritik der einsetzenden feministischen Sprachkritik, «geschlechtslos».[33] Sie ignorierte also den Faktor ‹Geschlecht› in der Analyse und Kritik der sozialen Bedingungen und Wirkungen der Sprache und des Sprechens. Eben die Beobachtung jedoch, daß Männer und Frauen in der Sprache unterschiedlich repräsentiert sind, daß Männer und Frauen anders sprechen bzw. sich sprachlich anders verhalten und daß Männer und Frauen in der Sprache unterschiedlich bewertet werden, legte eine feministisch orientierte Sprachforschung und eine daraus resultierende Sprachkritik nahe. Daraus ergeben sich drei Felder feministischer Sprachkritik, die Gisela Schoenthal, eine sehr besonnene und stets linguistisch reflektierende Kritikerin, so umrissen hat:

«Feministische Kritik gilt zum einen (1) unserem Sprachbestand, Sprachbesitz. [...] Feministische Kritikerinnen kritisieren in Richtlinien und Empfehlungen gegen sexistischen Sprachgebrauch aber (2) auch die Reproduktion sprachlicher Klischees über Frauen und Männer vor allem in fiktionalen Texten. Diese Klischees sind für Frauen häufig negativ und extrem einseitig. [...] Schließlich geht es aber (3) auch um Analyse und Kritik des kommunikativen Verhaltens von Frauen und Männern in verschiedenen Situationen. Hier interessieren Unterschiede als solche ‹Wer unterbricht wen? Wer unterbricht mehr? Wer redet häufiger indirekt? Wer führt neue Themen ein und Themenwechsel herbei? Wer dominiert im Gespräch?›, aber auch die Bewertung dieser Unterschiede unter dem Gesichtspunkt ‹Was soll sich ändern?›».[34]

Der erste und unter geschichtlichen Aspekten sicherlich der interessanteste Gegenstand der feministischen Sprachkritik ist die Sprache selbst, der Sprachbestand, Sprachbesitz, die langue. Um deutlich zu machen, was damit gemeint ist, möchte ich folgende Geschichte nacherzählen, die ich in diesem Zusammenhang oft als Beispiel gehört habe:

Vater und Sohn fahren im Auto. Auf einem Bahnübergang bleibt das Auto plötzlich stehen. Ein Zug kommt herangerast, und das Auto wird samt Insassen überrollt. Der Vater stirbt auf der Stelle. Der Sohn wird schwerverletzt ins Krankenhaus eingeliefert. Als der diensthabene Arzt in den Operationssaal kommt und auf das Kind blickt, wird er kreidebleich und ruft aus: Mein Gott, das ist ja mein Sohn.

Heutzutage ist es vermutlich nicht mehr sehr schwer, dieses ‹Rätsel› zu lösen: ‹der diensthabende Arzt› ist eine Frau, eine Ärztin, die Mutter des Jungen. Was gibt diese Geschichte für die feministische Sprachkritik her? Wir benutzen männliche Formen als Personenbezeichnungen auch für Frauen oder haben dies jedenfalls bis vor kurzer Zeit getan. Viele Frauen aber fühlen sich in diesen Formen nicht mitgemeint. Sollte man bei jener Geschichte zudem nicht sogleich darauf gekommen sein, daß der Arzt eine Ärztin und die Mutter des Jungen ist, dann deutet das darauf hin, daß Frauen bei der Verwendung männlicher Formen tatsächlich nicht *mitgedacht* werden. Anders ausgedrückt: Bei einer maskulinen Personenbezeichnung wie ‹Arzt› wird eine männliche Person assoziiert. Auch hier zeigt sich also die für Sprachkritik stets relevante und zum Thema gemachte Verbindung von Sprache und Denken.

Heute ist die Verwendung ausschließlich männlicher Personenbezeichnungen – und das ist schon eine Wirkung, ein Erfolg der feministischen

Sprachkritik – in offiziellen Texten bereits abgeschafft. Es gilt nun das Splitting: ‹Referent/Referentin gesucht›. Auch im mündlichen Sprachgebrauch heißt es in der Regel nicht mehr ‹die Studenten›, sondern ‹die Studentinnen und Studenten› oder aber, um das Problem zu umgehen und allzu unökonomisches Sprechen zu vermeiden: ‹die Studierenden›, in schriftlichen Texten, besonders an den Unversitäten, auch ‹die StudentInnen›.

In den Bezeichnungen ‹der Student› und ‹die Studentin› nun wurde aber ein neues Problem gesehen: die weiblichen Personenbezeichnungen sind in der Regel von den männlichen abgeleitet – mit drei Ausnahmen: ‹Hexe – Hexer›, ‹Witwe – Witwer›, ‹Braut – Bräutigam›.[35] Ansonsten gilt das Schema ‹Student – Studentin›, das mit Recht als eine Asymmetrie im Sprachsystem angesehen wurde, die zu beseitigen ein Ziel der feministischen Sprachkritik war und vielleicht noch immer ist.

Die Strategien, die die feministische Sprachkritik zur Lösung des Problems der Asymmetrie verfolgte, waren Neutralisation (also: ‹das Student›) oder Feminisierung (also: ‹die Student›). Beide Strategien zielen vermutlich nicht auf eine tatsächliche Realisierung dieser Formen, wohl aber auf die Bewußtmachung des Problems – und letzteres ist in einem breiten öffentlichen Rahmen gewiß geschehen.

Feministische Sprachkritik ist, ihrem Anspruch nach, nicht nur Programm, sondern Sprachwandel im Vollzug. Damit ist gemeint, daß die sprachkritischen Vorschläge auch eine Veränderung des Sprachverhaltens bewirkt haben, daß Sprachkritik also Sprachveränderung, Sprachwandel, zur Folge hat. Sprachkritik muß kein bloßes akademisches oder wie immer geartetes Konstrukt bleiben, sie kann erfolgreich sein, kann sprachgeschichtlich bedeutsam werden.

Gleichwohl ist die feministische Sprachkritik, was ihren sprachkritischen ‹Kern› angeht, kein völlig neuartiges Unternehmen. Ihr emanzipatorischer Anspruch läßt sich durchaus in Verbindung bringen vor allem mit den sprachkritischen Bemühungen des 18. Jahrhunderts. Diese Traditionslinie hebt auch Gisela Schoenthal hervor:

«Wie paßt nun feministische Sprachkritik in die sprachkritische Tradition? Anfangs sehe ich eine gewisse Scheu, sich zur Sprachkritik zu bekennen [...]

Auch ich hatte zunächst Schwierigkeiten, ein politisches Emanzipationskonzept mit sprachkritischen Aktivitäten in Einklang zu bringen, weil ich Sprachkritik bestenfalls als beobachtende, aufdeckende, meist aber als bewahrende Aktivität wahrgenommen hatte. Mittlerweile stelle ich feministische Sprachkritik in die Tradition der aufklärerischen Sprachkritik des 18. Jahrhunderts, die Sprache als verbesserungswürdig, verbesserungsbedürftig und verbesserungsfähig ansieht. [...]

Feministische Sprachkritik will wie aufklärerische Sprachkritik in Sprache eingreifen, Sprache ändern. Selbst das angestrebte Ziel ist vergleichbar: Es läßt sich bei Leibniz, Jochmann und Campe mit dem Stichwort ‹Gemeinverständlichkeit› charakterisieren und ist damit dem Schlagwort feministischer Sprachkritik ‹Gleichbehandlung von Frauen und Männern› durchaus verwandt. Dahinter steht in beiden Fällen eine Auffassung, die Sprache und Denken in engen Zusammenhang bringt: Sprache einerseits als Spiegel, als Ausdruck historisch gewachsenen Denkens, Sprache andrerseits als Hindernis, eine sich wandelnde oder schon gewandelte Wirklichkeit wahrzunehmen, Sprache aber auch als Hilfsmittel, an dieser Wandlung mitzuwirken.»[36]

Auch die feministische Sprachkritik als der Versuch, über eine Veränderung der Sprache eine Bewußtseinsveränderung hervorzurufen und damit auf eine neue Gestaltung der Gesellschaft einzuwirken, hat ihr eigentliches Handlungsziel außerhalb der Sprache. Dieses Ziel ist politisch. Es besteht darin, die Sprache als Indikator für gesellschaftliche Realitäten, eben die Benachteiligung der Frauen, zu interpretieren und sie zugleich als Werkzeug für den Abbau, ja die Beseitigung dieser Benachteilung zu nutzen. Auch wenn dieses Ziel noch nicht vollends erreicht ist, hat die feministische Sprachkritik jedoch eines bewiesen: Sprachkritik ist prinzipiell dazu geeignet, ein bestimmtes Bewußtsein zu schaffen oder das bestehende Bewußtsein von Sprechern und Sprecherinnen zu verändern, woraus sich letztlich auch eine Veränderung gesellschaftlicher Formen ergeben muß.

5. Plastikwörter und Visiotype: Uwe Pörksens Sprach- und Bildkritik

Als ein Mittel zum Zweck wird Sprachkritik auch von Uwe Pörksen betrachtet. Sein Ziel ist jedoch weniger die Initiierung eines bewußten und konkret gesteuerten Sprachwandels. Pörksens Sprachkritik ist eher eine Kritik des bestehenden Sprachgebrauchs. Allerdings sieht auch er – wie im Grunde jede Form von Sprachkritik – eine Verbindung zwischen Sprache, Denken und Gesellschaftsformen, so daß letztlich auch seine Sprachkritik auf deren Veränderung hinausläuft. Nur, Pörksen geht es in erster Linie um die Analyse des Sprachgebrauchs und um dessen kritische Bewertung. Die Veränderung des Sprachgebrauchs und der damit zusammenhängenden Verhältnisse bleibt – was schließlich auch nicht anders sein kann – den Sprecherinnen und Sprechern überlassen.

Die von Uwe Pörksen in den siebziger und frühen achtziger Jahren beobachtete und kritisch beschriebene Verwissenschaftlichung der Umgangssprache hat in gewisser Weise eine Fortsetzung gefunden in einem sprachlichen Phänomen, das sich als «Bedeutungsverlust naturwissenschaftlich geprägter Alltagsbegriffe»[37] beschreiben läßt. Hatte jene Erscheinung noch als gegenläufige Kennzeichen die Demokratisierung von Wissenschaft und Etablierung eines Halbwissens, das sich als eine neue Form von Sprachentrennung zwischen Wissenschaft und Alltag, zwischen Gelehrten und Laien, erwies, so ist das neue Phänomen weit folgenreicher. Pörksen erkennt in dem Gebrauch und der Verbreitung sogenannter ‹Plastikwörter› die Anzeichen einer neuen Form von Diktatur –

einer Diktatur, die ihr wahres Gesicht nicht zu erkennen gibt, weil sie sich unbemerkt in das Bewußtsein der Beherrschten eingeschlichen hat. Herrscher und Beherrschte sind in einem sprachlichen Einverständnis zusammengeschlossen. Unmerklich und doch in aller Munde, ziehen die Plastikwörter ihre Kreise. Sie machen vor keiner nationalen oder ideologischen Grenze Halt. Sie okkupieren alle Lebensbereiche; es sind die «lautlosen Selbstverständlichkeiten des Alltags» (17).[38]

Um welche Wörter handelt es sich? Wie lassen sie sich beschreiben? Welche Wirkung üben sie aus? Woher stammen sie? 1988, als er den Essay ‹Plastikwörter. Die Sprache einer internationalen Diktatur› schrieb, machte Pörksen folgenden kleinen Satz von Wörtern aus, die – das soll der Name ‹Plastikwort› veranschaulichen – künstlich und unendlich formbar sind: «‹Entwicklung›, ‹Sexualität›, ‹Beziehung›, ‹Kommunikation›, ‹Grundbedürfnis›, ‹Rolle›, ‹Information›, ‹Produktion›, ‹Rohstoff›, ‹Ressource›, ‹Konsum›, ‹Energie›, ‹Arbeit›, ‹Partner›, ‹Entscheidung›, ‹Management›, ‹Austausch›, ‹service› (‹Dienste›), ‹Versorgung›, ‹education› (‹Erziehung›), ‹Fortschritt›, ‹Problem›, ‹Planung›, ‹Lösung›, ‹Funktion›, ‹Faktor›, ‹System›, ‹Struktur›, ‹Strategie›, ‹Verwertung› (‹Capitalisation›), ‹Kontakt›, ‹Substanz›, ‹Identität›, ‹Wachstum›, ‹welfare› (‹Wohlfahrt›), ‹trend›, ‹Modell›, ‹Lebensstandard›, ‹Modernisierung›, ‹Prozeß›, ‹Projekt›, ‹Zentrum›, ‹Zukunft›» (41). Heute, zehn Jahre weiter, könnte man überlegen, ob diese Liste nicht zu ergänzen wäre, um ‹Globalisierung›, ‹Flexibilität› oder ‹Virtualität› beispielsweise.

Die Wörter selbst sind in einer solchen Aufzählung noch unverdächtig. Sie lassen ihre Eigenschaft als Plastikwort aber in dem Moment erkennen, da man sie auf ein bestimmtes Sachgebiet anwendet und ihre Kombinationsfähigkeit aufzeigt. Das innerste Zusammenleben zweier Menschen beispielsweise, ihre ‹Sexualität›, läßt sich mit einem Teil dieser Wörter erfassen: Sexualität, Partner, Partnerschaft, Beziehung, Problem, Krise, Kommunikation. Und weiter: Entwicklung (der Beziehung), Prozeß (dieser Entwicklung), Struktur (der Beziehung), Lösung (der Probleme), (sexuelle) Energie, Fortschritt (der Beziehung), Strategie (der Problemlösung), Austausch von Informationen (über die Beziehung oder die Probleme), Identität (in der Partnerschaft bewahren), Ressourcen (sexuelle, wecken), sexuelle Kommunikation (verbessern) und so weiter. Plastikwörter lassen sich wie Glieder zu einer Kette fügen, und – das ist das Erstaunliche – diese Kette ergibt Sinn oder scheint Sinn zu ergeben. Doch damit nicht genug: Ersetzen wir das Sachgebiet ‹Sexualität› beispielsweise durch ‹Ökonomie›, dann läßt sich in nahezu identischer Weise eine ebensolche Plastikwort-Kette schmieden.

Plastikwörter sind übertragbar. Die Bereiche, in denen sie verwendet werden, sind austauschbar. Weit auseinander liegende Erfahrungsfelder können mit ihnen auf einen Nenner gebracht, können sprachlich zusammengeschlossen werden. Es gibt keinen Bereich, in dem nicht ‹Beziehungen› und ‹Probleme› gesehen, ‹Strategien› entwickelt und ‹Lösungen› gefunden werden. Überall begegnen wir ‹Systemen› und ‹Partnern›, finden wir ‹Kommunikation› und den Austausch von ‹Information›, überall spielen sich ‹Prozesse› ab, sind ‹Entwicklungen› zu beobachten, wird der ‹Fortschritt› propagiert. Nehmen wir beispielsweise das Wort ‹Partner›: Es gibt Partner im Verkehr, in der Wirtschaft, in der Politik, bei Tarifverhandlungen, im Ehebett, in der Schule und der Universität. Der Freund oder die Freundin, ein Land der Dritten Welt, die Bürger einer Stadt, die Stadt selbst, der Computer, der Nachbar, der Mensch am anderen Ende des Telefons – sie alle können ‹Partner› sein oder zu einem gemacht werden. Partner gehen sodann eine Beziehung ein, kommunizieren miteinander, tauschen Informationen aus, erörtern Probleme oder haben Probleme, zu deren Lösung sie Strategien entwickeln. Partner müssen ihre Identität wahren und Entwicklungsprozesse ihrer Beziehung produktiv in die Struktur ihrer Partnerschaft integrieren.

Die Reihe ließe sich beliebig erweitern. Man sieht, mit derartigen Wörtern lassen sich ganz einfach Texte formulieren und Gespräche führen. Man kommuniziert, ohne eigentlich etwas zu sagen. Das Wortnetz jener Allerweltsbegriffe von ‹Beziehung› bis ‹Fortschritt› umspannt offenbar unser Bewußtsein von der Welt, die uns ja, jedenfalls in den genannten Erfahrungsbereichen, nie unmittelbar, sondern immer schon sprachlich vermittelt gegenübertritt. Wie aber muß dieses Bewußtsein geartet sein, wenn es die vielfältige Wirklichkeit hauptsächlich nur durch die monoperspektivische Brille dieser zwanzig bis dreißig Plastikwörter zu betrachten und zu benennen weiß? Welcher Sinn und Zweck mag darin liegen, in der öffentlichen Umgangssprache diese Wörter zu verankern und für ihre Verbreitung zu sorgen? Wer mag daran Interesse haben?

Es ist eine einleuchtende Regel, daß eine Revolution, ganz gleich, ob sie von einer Diktatur zur Demokratie oder von einer Demokratie zur Diktatur führt oder führen soll, sofort damit beginnen muß, die neue Ideologie in Wörter und Sprachmuster zu fassen und diese in den Köpfen der Menschen mehr oder weniger brutal zu verankern. Eine politische Revolution ist stets erst dann geglückt, wenn ihr eine neue sprachliche Revolution folgt oder mit ihr einhergeht. «Keine neue Welt ohne neue Sprache», schrieb Ingeborg Bachmann in ihrer Erzählung ‹Das dreißigste Jahr›.[39] Ein Satz, den auch die Menschen in der ehemaligen DDR nach 1989 nicht nur einmal zu begreifen hatten.

Auch die Plastikwörter könnten Zeichen einer Revolution sein, die aber leiser vor sich geht, viel mehr unter der Oberfläche. Wenn auch langsamer, so doch ohne merklichen Widerstand und vermutlich dauerhafter, finden sie einen Platz im öffentlichen Sprachgebrauch und entfalten eine erstaunliche Wirksamkeit. Möglicherweise kündigt sich in den Plastikwörtern eine ‹neue Welt› an.

Pörksen verdeutlicht die Eigenschaften der Plastikwörter durch die Rekonstruktion ihrer Geschichte. Ich greife, zur Illustration, das Wort ‹Information› heraus.

‹Informatio› und das daraus abgeleitete Lehnwort ‹Information› hatten im klassischen Latein bis zur Frühen Neuzeit die Bedeutung von ‹Unterricht, Unterweisung, Belehrung› und auch ‹Bild oder Vorstellung›. Wie stark vor allem der letzte Bedeutungsbereich ausgeprägt war, läßt sich an den Neuprägungen der mittelalterlichen deutschen Mystik ablesen, die Wörter wie ‹înbildunge› oder auch ‹informunge› als Wiedergabe von ‹informatio› geschaffen hat. ‹înbildunge› und ‹informunge› meinten den Vorgang, wie das Bild Gottes in der Seele nachgeschaffen, ‹eingebildet› wird, die ‹Einbildung Gottes in die Seele›. Die Bedeutung von ‹einbilden› verblaßte später zu ‹einprägen› und wurde dann zu ‹sich einbilden›, ‹Einbildung› im heute noch verwendeten Sinn einer irrigen Vorstellung. ‹Information› besaß also ursprünglich einen ganz konkreten, bildlichen, sinnlich vorstellbaren Gehalt.

Dieser sinnliche Gehalt ist in der Verwendung des Wortes um 1800 nicht mehr so ausgeprägt vorhanden, doch bleibt die Bedeutung von ‹Information› an jeweils konretisierbare Bezeichnungsfelder gekoppelt. ‹Unterweisung›, ‹Belehrung›, ‹Unterricht›, ‹Erkundigung›, ‹Untersuchung›, ‹Auskunft› und ‹Bericht› – mit diesem Bedeutungsspektrum war ‹Information› vor knapp zweihundert Jahren in der öffentlichen Bildungssprache zu benutzen. Der jeweilige Kontext entschied, welche Bedeutungsvariante aktualisiert worden war. ‹Information› war und blieb bis vor ungefähr sechzig Jahren ein übliches Abstraktum der Umgangssprache: mehrdeutig, beweglich, im Kontext bestimmbar. Das damalige Bedeutungsspektrum erlaubte, Sätze zu bilden wie: «Er setzte an zu einer stundenlangen Information (Unterweisung).» «Am Montag wurde mit der Information begonnen (Untersuchung).» «Ich gehe lieber zum Schlittenfahren als zur Information (Unterricht).» «Die Informationen sind gut (Zeugnisse).»

‹Information› war demnach ein Wort, das eine in der Zeit verlaufende Handlung, einen in der Zeit verlaufenden passiv erfahrenen Vorgang, ein unabhängig vom Zeitverlauf gedachtes Resultat oder auch einen Gegenstand bezeichnen konnte. Die Übergänge von der Handlung in der Zeit und dem Vorgang bis zur Resultatsbezeichnung waren fließend, kontinuierlich abgestimmt.

Heute können wir ‹Information› in dieser Breite nicht mehr benutzen. Die aktuellen Wörterbucher zeigen an, daß sich die Bedeutung vom Aspekt des zeitlichen Verlaufs der Information hin zum Zielpunkt verschoben hat. ‹Information› ist überwiegend zu einer Resultatsbezeichnung oder zu einer Art Gegenstandsbezeichnung geworden. Der Grund für diese Bedeutungsveränderung liegt in der Umprägung, die das Wort durch die wissenschaftliche Kybernetik und Informatik der fünfziger und sechziger Jahre erfahren hat.

Gewiß ist der heutige umgangssprachliche Begriff von ‹Information› nicht identisch mit dem wissenschaftlichen, aber er hat etwas von jenem geborgt: die nun dominierende Bedeutung von ‹Information› als Mitteilung, Nachricht und die Aura eines Terminus, eines wissenschaftlichen Begriffs.

Resultats- und Gegenstandsbezeichnung mit dem Anspruch auf Objektivität stehen nun eindeutig im Vordergrund der Bedeutung: ‹zu Ihrer Information›, ‹die Informationen genügen mir nicht›, ‹nach unbestätigten Informationen›, ‹es gibt keine neuen Informationen› – derartige, heute völlig gängige Wendungen zeigen die Verschiebung an. ‹Information› ist zu einer selbständigen, scheinbar objektiven Größe ohne inhaltliche Füllung geworden.

Auch die Verben, mit denen ‹Information› hauptsächlich verbunden wird, deuten in diese Richtung: Informationen werden ‹gesammelt› oder ‹übermittelt›, ‹eingeholt›, ‹weitergegeben› und ‹ausgeteilt›, ‹verarbeitet› und ‹empfangen›, ‹überprüft›, ‹zurückgehalten›, ‹ausgetauscht›, man läßt sie ‹durchsickern›, ‹hat› und ‹gibt› sie. Nimmt man noch die in den letzten Jahren sprunghaft vermehrten Komposita hinzu, dann rundet sich das Bild vollends dazu, daß ‹Information› heute zu einer materiellen Substanz umgedeutet ist. In Ausdrücken wie ‹Informationsaustausch›, ‹Informationsbedürfnis›, ‹Informationsdefizit›, ‹Informationslücke›, ‹Informationsflut›, ‹Informationsbank›, ‹Informationsstand› oder ‹Informationsmaterial› deutet das jeweilige Grundwort – also ‹Austausch›, ‹Bedürfnis›, ‹Defizit› usw. – darauf hin, daß das Bestimmungswort ‹Information› nur eine defizitäre oder überschüssige Substanz sein kann, die als selbständige Größe zu verwalten ist.

Aufgrund solcher Befunde hat Uwe Pörksen ein «linguistisches Suchbild» entworfen, mit dem sich derartige Plastikwörter identifizieren und hinsichtlich ihrer Funktion beschreiben lassen. Für Pörksen ergibt sich daraus eine vermutlich erst seit ungefähr dreißig Jahren existierende, also verhältnismäßig junge Wortklasse, die durch einen Katolog von insgesamt 30 Kriterien charakterisiert werden kann. Die Merkmale (118–121) lauten im einzelnen:

1. Die Wörter werden nicht in den jeweiligen Zusammenhängen nuanciert und festgelegt; dem Sprecher fehlt die Definitionsmacht.
2. Sie sind, als vom konkreten Zusammenhang unabhängige, ‹kontextautonome› Wörter, äußerlich den Termini der Wissenschaft verwandt, haben freilich nicht deren präzis definierte, von einem Assoziationshof freie Bedeutung. Die Verwandtschaft liegt in der angenommenen Konstanz der Bedeutung, in der genormten Selbständigkeit dieser Wörter; sie sind die gemeinsprachlichen Neffen der Termini: Stereotype.
3. Sie sind in der Regel gemeinsprachlicher Herkunft, aber vom Durchgang durch die Wissenschaft geprägt. Es sind Rückwanderer aus der Wissenschaft.

4. Sie haben den Charakter von Metaphern insofern, als sie vom wissenschaftlichen Bereich in den der Lebenswelt übertragen sind und zwei an sich durch eine Kluft getrennte Sphären kurzschließen. – Sie unterscheiden sich von Metaphern dadurch, daß sie nichts Bildhaftes mehr haben, daß sie nicht, wie jeder Vergleich, ein wenig zu ‹hinken› scheinen.
5. Um so stärker ist ihre projektive, den Zielbereich verändernd beleuchtende und interpretierende Wirkung. Eine übertragbare Sprache wirkt ja um so mehr, je unauffälliger der metaphorische Charakter geworden und je weniger er bewußt ist. Dann werden diese Wörter zu den allgemeinen Selbstverständlichkeiten, den Hintergrundkonzepten in unserem Denken.
6. Die Wörter tauchen in ungezählten Kontexten auf, sie sind räumlich oder zeitlich in ihrem Anwendungsbereich kaum begrenzt.
7. Sie ersetzen und verdrängen den Reichtum an Synonymen. Synonyme sind ja nicht bedeutungsgleiche, sondern bedeutungsähnliche Wörter, für die es ebenso viele oft zart unterschiedene Kontexte gibt. Man weiß bis dahin, in welchen sachlichen oder sozialen Zusammenhang welches Synonym gehört. Nun gibt es ein ‹Mädchen für alles›, ein Allerweltswort.
8. Sie ersetzen und verdrängen das *verbum proprium*, das im jeweiligen Zusammenhang ›sitzende‹ richtige Wort, durch ein unspezifisches allgemeiner Art.
9. Sie ersetzen eine indirekte Sprechweise oder ein Schweigen im bisherigen Sprachgebrauch und machen es dem Zugriff stereotyper Allgemeinheiten zugänglich.
10. Die Bedeutung der Wörter ist, wenn wir sie nicht von ihrem Geltungsbereich, sondern von ihrem Inhalt her, nicht extensional, sondern intensional zu fassen suchen, reduziert auf nur ein Merkmal. Hier wirkt sich das aus der Logik bekannte Gesetz der umgekehrten Proportionalität von Umfang und Inhalt aus: je größer der Umfang, um so geringer der Inhalt, je geringer der Inhalt, um so größer der Umfang. Es sind Wörter, die ein riesiges Feld auf einen Nenner bringen und einen diffusen und inhaltsarmen Universalitätsanspruch erheben.
11. Der Bezugsgegenstand, der Referent, ist mit anderen Worten nicht leicht zu fassen; die Wörter sind gegenstandsarm, wenn nicht gegenstandslos.
12. Gelegentlich sieht es so aus, als seien sie den nachklassischen Begriffen der neueren Physik verwandt: rein imaginär, bedeutungslos, selbstreferent und nur als Spielmarken funktionierend. Höhlt sich, parallel zum Gebrauch der Spielmarken in den Denkgebäuden der Mathematik und Physik, die menschliche Sprache aus?
13. Den Wörtern fehlt die geschichtliche Dimension, nichts an ihnen

weist auf eine geographische und historische Einbettung hin. Sie sind insofern flach, sie sind neu, und sie schmecken nach nichts.

14. Sie deuten Geschichte um in Natur und verwandeln sie in ein Labor.
15. Sie dispensieren von der Frage ‹gut› oder ‹schlecht› und bringen sie zum Verschwinden.
16. Bei den Wörtern dominiert statt der Denotation die sich in Ringen, in Wellen ausbreitende Konnotation; an die Stelle der Bezeichnungskraft tritt die Ausstrahlung scheinbarer Aufklärung.
17. Ihre Konnotation ist positiv, sie formulieren ein Gut oder liefern den Schein einer Einsicht.
18. Bei ihrem Gebrauch dominiert die *Funktion* der Rede, nicht ihr *Was*. Diese Wörter sind eher ein Instrument der Unterwerfung als ein Werkzeug der Freiheit.
19. Durch ihre unendliche Allgemeinheit erwecken sie den Eindruck, eine Lücke zu füllen, befriedigen sie ein Bedürfnis, das vorher nicht bestand. Mit anderen Worten: sie wecken es. Der Nenner, auf den sie ihre umfassenden Anwendungsbereiche bringen, enthält unvermeidlich einen futurischen und imperativischen Index, fordert, daß diese Bereiche dem Namen entsprechen sollen, macht auf Defizite aufmerksam.
20. Ihre asoziale und ahistorische Naturhaftigkeit verstärkt diesen Sog.
21. Auch ihr Assoziationshof fordert auf zur Verwirklichung.
22. Ihre vieldeutige Allgemeinheit stiftet Konsens, sie sind mehrheitsfähig.
23. Ihr Gebrauch hebt den Sprecher ab von der unscheinbaren Alltagswelt und erhöht sein soziales Prestige; sie dienen ihm als Sprosse auf der sozialen Leiter.
24. Sie übertragen, statt einer jederzeit assoziierbaren satzmäßigen Definition des Begriffs, seines ‹Inhalts›, die Autorität der Wissenschaftlichkeit in die Umgangssprache: Sie bringen zum Schweigen.
25. Diese Wörter bilden die Brücke zur Welt der Experten. Ihr Inhalt ist u. U. nicht mehr als ein weißer Fleck, aber sie vermitteln die ‹Aura› einer Welt, in der man über ihn Auskunft zu geben weiß. Sie verankern das Bedürfnis nach expertenhafter Hilfe in der Umgangssprache. Sie sind geldträchtig: Ressourcen.
26. Sie sind frei kombinierbar, bieten sich geradezu an, sich durch Ableitungen und Zusammensetzungen zu vermehren, haben eine entschiedene Neigung zu Kombination und Multiplikation. Das macht sie zu einem geeigneten Instrument in der Hand der Experten: zur raschen Herstellung von Wirklichkeitsmodellen.
27. Durch ihre wissenschaftlich autorisierte Objektivität und die ihr entsprechende Universalität lassen sie die älteren Wörter des Umgangs als ideologisch erscheinen. Ein Wort wie ‹Kommunikation› läßt bisherige Wörter – Gespräch, Unterhaltung, Plausch – plötzlich veralten.

28. Die Wörter erscheinen als neuer Typus. Es gibt in der neueren Geschichte offenbar, von Epoche zu Epoche, eine sich verändernde Einführung solcher Neulinge. Der Typus, der 1930 einen Kurswert hatte, ist ein anderer als 1980.
29. Dieses Vokabular ist, wenn auch zeitverschoben, international.
30. Die Wörter werden nicht durch Ton, Mimik und Gestik verdeutlicht und sind nicht durch sie ersetzbar.

Die Plastikwörter sind hochgradig abstrakt, so daß ihre Bedeutung nur schwer oder vielleicht gar nicht zu fassen ist. Und dennoch, oder vielleicht gerade deshalb, eignen sie sich in besonderer Weise zu bestimmten sprachlichen Formen. Pörksens Diagnose lautet, daß sie «die Bauelemente von ungezählten Wirklichkeitsmodellen» sind:

«Ob von der Dritten Welt oder von Gesundheit, Landwirtschaft oder Stadtplanung die Rede ist – aus der Mühle der Plastikwörter lassen sich im Nu Modelle hervorwinden und Projekte entwickeln. Experten deklinieren den Grundwortschatz der Plastikwörter in den verschiedenen Sektoren durch. Einige von ihnen sind schon auf dem Weg zu Suffixen, zur grammatischen Kategorie, sie neigen zur Serienbildung. Unsere Welt ist defizient, mobil und schießt zusammen zu immer neuen Strukturen: das ist der Sinn dieser Legosprache.» (112f.)

Eine Transformation eines authentischen Beispieltextes aus dem Gebiet der Stadtplanung in andere Bereiche und Länder macht deutlich, wie die Plastikwörter als Bausteine von Wirklichkeit eingesetzt werden:

(1) «Darüber hinaus ist Freiburg zur weiteren Gestaltung und Entwicklung der räumlichen Struktur des Verdichtungsraums als Ort mit besonderen Entwicklungsaufgaben ausgewiesen. Durch den Ausbau der an einen hochrangigen zentralen Ort gebundenen Dienstleistungen soll Freiburg im Rahmen der Erfüllung übergeordneter kultureller, sozialer und wirtschaftlicher Aufgaben beitragen, die Funktionsfähigkeit des regionalen Verdichtungsraums zu sichern und zu stärken.

(2) Darüber hinaus ist das Markgräflerland zur weiteren Gestaltung und Entwicklung der Geländestruktur des rebfähigen Areals als Landschaft mit besonderen Entwicklungsaufgaben ausgewiesen. Durch den Ausbau der an eine hochrangige zentrale Reblandschaft gebundenen Produktionsleistungen soll das Markgräflerland im Rahmen der Erfüllung agrarökonomischer Aufgaben beitragen, die Funktionsfähigkeit des rebfähigen Areals zu sichern und zu stärken.

(3) Darüber hinaus ist Koimbatur zur weiteren Gestaltung und Entwicklung der räumlichen Struktur des Gesundheitsversorgungsgebiets als Ort mit besonderen Entwicklungsaufgaben ausgewiesen. Durch den Ausbau der an einen hochrangigen zentralen Ort gebundenen medizinischen Dienstleistung soll Koimbatur im Rahmen der Erfüllung übergeordneter gesundheitspolitischer Aufgaben beitragen, die Funktionsfähigkeit des regionalen Gesundheitswesen zu sichern und zu stärken.» (72ff.)

Muß es nicht befremdlich wirken, wenn derart unterschiedliche Sachgebiete in einer ‹Sprache›, mit einem Satz von Wörtern zu erfassen sind?

Mit den Plastikwörtern taucht eine neue Dimension in der sprachkritischen Beurteilung von Wörtern und ihrer Verständlichkeit auf. Nicht das tatsächliche, durch Bildungsunterschiede hervorgerufene Verstehen oder Nicht-Verstehen von Wörtern ist hier einer der wichtigsten Gegenstände von Sprachkritik, sondern das vermeintliche Verstandenhaben jener gar nicht so zahlreichen Wörter, die heute dazu benutzt werden, eine die Welt verändernde Politik zu betreiben. Macht und Herrschaft nämlich bedienen sich im Zeitalter der ungehemmten Öffentlichkeit nicht mehr des Mittels der Sprachentrennung, des Auschlusses bestimmter Bevölkerungsschichten aus bestimmten Wissens- und Kommunikationsbereichen. Sie vereinigen sich vielmehr mit den Beherrschten in einer gemeinsamen Sprache, in demokratisch scheinenden, aber diktatorisch wirkenden Wörtern.

Die gleiche Wirkung zeigen auch die von Uwe Pörksen im Anschluß an die Plastikwörter beschriebenen ‹Visiotype›. Gemeint sind visuelle Darstellungsformen verschiedener Art: Grafiken, Modelle, Ikone, Fotographien, durch Computer erzeugte Bilder. Sie alle finden eine zunehmende Verbreitung in den Medien, ersetzen in steigendem Maße das geschriebene Wort oder ergänzen es zumindest. Pörksen beschreibt die Visiotype als zu Bildern geronnene Begriffe, die eine eigentümliche Wirkung entfalten: Sie üben einen Handlungsdruck aus, der keinen Widerspruch erlaubt. Während in der Sprache jedem Argument prinzipiell mit einem Gegenargument geantwortet werden kann, ist das bei den Visiotypen nicht der Fall: Zu der ansteigenden Kurve der Aidszahlen oder der Weltbevölkerung gibt es kein ‹Gegenbild›. Die Kurven sind absolut, und sie fordern zum Handeln auf. Das Bild erzeugt ein Problem, und dieses Problem bedarf einer Lösung, die schon bereitsteht. So ist die explodierende Weltbevölkerung offenbar nur dann zu ernähren, wenn wir die Gentechnik vorantreiben. Pörksen beschreibt die Wirkung der Visiotype an diesem Beispiel so:

«Es gibt [...] eine Autodynamik der Bilder, eine Bildverführung des Denkens, und es steht zu vermuten, daß sie auf dem analogen Wege von Abstraktion und Konsoziation zustande kommt. Landkarte und Photographie können ja schon [...] einen halb oder dreiviertel ‹Satz› bilden. Offenbar existieren auch vollständige optische ‹Sätze›, Sequenzen, deren Glieder durch Wiederholung fest verbunden sind zu ‹optischen Solidaritäten› und eine geschlossene Aussage darstellen nach dem Muster: *Weltbevölkerungskurve – Bild eines hungernden Kindes – High Tech Gemüse*. Die Hochleistungstomate ruft auf diese Weise die Bevölkerungskurve auf den Plan und die Bevölkerungskurve die Hochleistungstomate. Die Schlüssigkeit resultiert aus der Assoziation im Wortsinn, der festen Kopplung, die diesen sprunghaften Kurzschluß zustande bringt.»[40]

Derartige in den Visiotypen angelegte Schlußketten – Pörksens Buch ist gefüllt mit Beispielen aus allen Lebensbereichen – wirken, wie schon die Plastikwörter, nur noch viel stärker und apodiktischer, diktatorisch und entmündigend. Man kann sich ihnen nur schwer entziehen. Zu stark ist ihre Suggestionskraft, zu mächtig ihr Einfluß. Pörksen fordert deshalb zu Recht eine «Bildkritik als Äquivalent zur Sprachkritik.»[41]

Wenn es eine Macht der Zeichen gibt, dann ist die Macht der Bilder, der Visiotype, offenbar größer als die Macht der Sprache. Gleichwohl, dort wo jene Macht einer Kritik unterworfen wird, bleibt als Medium wieder nur das Wort. Pörksen nämlich hat jene Bildkritik geleistet – und zwar, das sollte nicht vergessen werden und zu denken geben, mittels Sprache.

Schlußwort

Vor fünfzehn Jahren, anläßlich der Neuedition von Leibniz' sprachkritischen Schriften im Jahre 1983, hat Uwe Pörksen der Sprachkritik ein «gegenwärtig eher bescheidenes Ansehen» attestiert.[1] Er nennt vier Gründe dafür, daß Sprachkritik «bei uns keinen hohen Stellenwert» hat. Diese Gründe lassen sich heute, aus dem Rückblick, reflektieren und kommentieren:

«Eine ältere Ursache ist der romantische ‹Knick›, den der Sprachbegriff vor und nach 1800 erfuhr.» (1) Manches in den Werken Jacob Grimms und Wilhelm von Humboldts legt die Vermutung nahe, daß der Sprachbegriff im Übergang von der Aufklärung zur Romantik keinen so starken ‹Knick› erfahren hat, wie Pörksen hier behauptet. Der Fortschrittsgedanke und mit ihm auch die Vorstellung, daß die Sprache zum Besseren zu verändern sei, war auch in der Romantik nicht aufgegeben worden. Gleichwohl, und hierin ist Pörksen zuzustimmen, hatte sich der Begriff *wissenschaftlicher* Sprachbetrachtung verändert: Die wissenschaftliche Beschäftigung mit der Sprache sollte auf alle normativen Äußerungen verzichten und nur im Detail die Gesetzmäßigkeiten der Sprachveränderungen untersuchen, beschreiben und erklären. Die Gesetzmäßigkeiten aber, so meinte man, seien nicht von den sprechenden Menschen hervorgerufen oder geschaffen worden, sondern lägen im Wesen der Sprache als einem selbständigen und selbsttätigen Organismus begründet. In einer solchen Auffassung war natürlich kein Platz mehr für eine – jedenfalls wissenschaftlich gestützte – Sprachkritik. Dennoch ist auf diesem Gebiet noch Forschungsarbeit zu leisten: ‹Jacob Grimm als Sprachkritiker› wäre vermutlich ein lohnendes Thema.

«Ein weiterer Grund liegt in der Geschichte des Purismus.» (2) Peter von Polenz hatte 1967 ein abschließendes Urteil über den Purismus dahingehend getroffen, daß jeglicher Purismus mit einem gesteigerten Nationalgefühl einhergehe und stets auf der Vermischung von Synchronie und Diachronie beruhe. Nach dieser – geistesgeschichtlich und methodisch negativen – Charakterisierung war jegliche Form von ‹Sprachreinigung› diskreditiert. Erst neuere Forschungen haben nachgewiesen, daß ein solches Urteil über den Purismus nur bedingt gilt, nämlich für seine Ausprägung im 19. Jahrhundert. Die aufklärerische Variante des Purismus, für die vor allem Joachim Heinrich Campe und – nicht als puristischer Praktiker, sondern als Theoretiker des Purismus – Carl Gustav Jochmann stehen, verfolgte dagegen emanzipatorische Ziele, war auf eine Beseitigung der Sprachentrennung gerichtet und und lag in ihrem methodischen Vorgehen recht nahe an den heutigen linguistischen Vorgaben. Die Sprachgeschichtsschreibung hat diese neue Sicht der Purismusgeschichte erfreulicherweise zur Kenntnis genommen und die früheren einseitigen Urteile revidiert. Die feministische Sprachkritik knüpft, was den Begriff von Sprache und Sprachkritik angeht, gar an ihren aufklärerischen Vorläufer an.

«Ein dritter Grund lag in der öffentlichkeitswirksamen, etwas engen publizistischen Sprachkritik der fünfziger Jahre – am ‹Wörterbuch des Unmenschen›, an der ‹Sprache in der verwalteten Welt› (von Karl Korn) – und an der Kritik der Sprachwissenschaft daran.» (3) Von seiten der etablierten Sprachwissenschaft – die Sprachgeschichtsschreibung und einzelne soziolinguistische Ansätze seien hier ausgenommen – ist bislang kein ernsthafter und tragender Versuch unternommen worden, die Sprachkritik linguistisch zu begründen, also eine neue Sprachwissenschaft mit kritisch-praktischem Gesellschaftsbezug zu entwickeln. Einzelne Vorstöße in den achtziger Jahren, wie sie Hans Jürgen Heringer in seinem Band ‹Holzfeuer im hölzernen Ofen› gesammelt hat, blieben halbherzig. Der Gedanke, daß hier lediglich die Unmöglichkeit von Sprachkritik dokumentiert werden sollte, liegt nahe – schon der Titel jenes Sammelbandes spricht ja für sich. Und zu welchem Urteil soll ein an Sprachkritik interessierter, aber nicht linguistisch ausgebildeter Leser gelangen, wenn er in einem Aufsatz von Heringer mit dem Titel ‹Normen? Ja – aber meine!› liest: «Und auf die Frage, ob wir heute wieder einen Karl Kraus, einen Vorkämpfer gegen die Presse bräuchten, würde ich antworten: Wir brauchen solche autoritären und elitären Säcke in einer demokratischen Gesellschaft nicht die Bohne – wenngleich wir genug davon haben.»[2] Der Leser wird sich von der Sprachkritik abwenden oder aber, wenn er – oder sie, die Leserin – kritisch ist, sich fragen, wer hier zumindest genauso autoritär und elitär wie Karl Kraus ist. Auch ein Aufsatz mit dem vielversprechenden Titel ‹Überlegungen zu den Aufgaben und Methoden einer linguistisch begründeten Sprachkritik› vermag die geweckten Erwartungen auf eine Rettung der Sprachkritik durch die Linguistik nicht zu erfüllen. Dort nämlich heißt es:

> «Mein Vorschlag für ein oberstes Ziel der Sprachkritik ist: Die Kommunikationsbeteiligten sollen ihre Sprache reflektiert gebrauchen. Was reflektierter Sprachgebrauch heißt, charakterisiere ich wie folgt: Jemandes Sprachgebrauch ist reflektiert, wenn dieser Jemand in der Lage und bereit ist, in relevanten Situationen die Regeln seines eigenen Sprachgebrauchs zur Diskussion zu stellen.»[3]

Den Sinn mache man einmal einem Kommunikationsbeteiligten, jenem Jemand, klar! Entweder gelingt es nicht, oder aber er hat ihn schon verstanden, bevor ihm dieser Vorschlag unterbreitet wurde.

«Eine vierte Ursache, die nicht neu ist, liegt im Fehlen einer zentralen Instanz, die – wie zeitweise die Französische Akademie und zahlreiche andere französische Institutionen – eine Art Sprachaufsicht ausüben könnte oder doch wollte.» (4) In der Tat gibt es in Deutschland keine Instanz, die in den Augen der Öffentlichkeit bezüglich sprachlicher Fragen mit einiger Autorität ausgestattet wäre. Die ‹Deutsche Akademie für Sprache und Dichtung› in Darmstadt läßt oftmals erkennen, daß sie – oder jedenfalls einflußreiche Mitglieder – ein eher konservatives bildungssprachliches Ideal beschwört und einzuholen sucht. Das ‹Institut für deutsche Sprache› in Mannheim will weitgehend die Gegenwartssprache nur beschreiben, hat sich aber mit der Herausgabe der Zeitschrift ‹Sprachreport› der Sprachkritik geöffnet, ohne dabei bislang aber über die Beobachtung von Einzelerscheinungen hinauskommen zu können. Zudem hat das Ansehen des Instituts durch die öffentliche Diskussion um die Rechtschreibreform Schaden genommen – ein bedauernswerter und sachlich nicht zu rechtfertigender Umstand. Die ‹Gesellschaft für deutsche Sprache› in Wiesbaden hat sich, als Nachfolgerin des ‹Allgemeinen Deutschen Sprachvereins›, zwar ausdrücklich anderen, nämlich aufklärerischen, emanzipatorischen Zielen zugewandt, doch konnte sie ihre Vorgeschichte noch nicht völlig abstreifen. In ihrer praktischen Sprachkritik ist sie – ohne diese Leistung schmälern zu wollen – über eine Sprachberatungstätigkeit und die Kür der «Wörter des Jahres» und – zeitweise – der «Unwörter des Jahres» bislang kaum hinausgekommen. Tatsächlich also fehlt in Deutschland eine für die deutsche Sprache zuständige Institution. Es ist aber die Frage, ob eine mit der Aufgabe der Sprachaufsicht betraute Akademie überhaupt wünschenswert wäre. Ein bestimmter Sprachgebrauch läßt sich schließlich nicht verordnen, höchstens empfehlen. Empfehlungen aber greifen am besten dort, wo sich noch etwas ausbilden kann, wo der Sprachgebrauch noch nicht fest geworden ist, die Muster noch formbar sind. Der beste Weg führt über die Schulen, über die Schaffung eines kritischen Sprachbewußtseins in den Jugendlichen.

Dieser Weg ist aber nur durch eine vorgängige Veränderung oder Erweiterung der universitären Germanistik zu beschreiten. Erst müßte in der Lehrerausbildung das Thema ‹Sprachkritik› verankert, müßten an den Universitäten Professuren für «Geschichte der Sprachkritik» und für «Angewandte Sprachkritik» geschaffen werden. Dann wäre es möglich, sprachkritische Themen stärker als bisher in die Schulen zu tragen und dort zu entfalten. Anzustreben ist also nicht eine Institution oder Akademie für Sprachkritik, wohl aber ein an den Universitäten und Schulen institutionalisiertes Fach ‹Sprachkritik›. Hier wäre neben der Vermittlung von Fakten über deren Geschichte und Methoden ihrer Ausübung ein Raum zu schaffen, in dem Sprache weder normativ gelehrt noch bloß deskriptiv betrachtet wird, sondern kreativ und reflexiv beurteilt werden kann.

Die Geschichte der Sprachkritik ist eine wichtige Voraussetzung für eine solche zukünftige praktische Sprachkritik. Die Linguistik hat weiterhin an beidem – an der Geschichte wie an der Praxis – zu arbeiten, denn sie ist, wie ein jeder, der spricht, nur aufgrund ihrer Profession ein wenig mehr, zu dieser Aufgabe berufen. Auf die Frage, ob die Sprachwissenschaft denn für die Sprachkritik auch tatsächlich zuständig sei, hat Uwe Pörksen einmal mit vier bedenkenswerten Thesen geantwortet:

«1. Jeder Sprecher fühlt sich zuständig und ist es auch, indem er auswählt, verwirft und annimmt, sichtet, berichtigt, die Stirn runzelt, spottend nachahmt, lacht. Sprachgeschichte ist die Konkretion fortwährender Sprachkritik und resultiert aus dem durch sie zustande kommenden Sprachausgleich.

2. Der Linguist kann dies nur halb bewußte kritische Verhalten auf anderer Reflexionsstufe wiederholen. Es wäre vernünftig, wenn er [oder sie, die Linguistin, wäre zu ergänzen, J. S.], vorausgesetzt, daß er für Sprache Sinn hat, diesen Sinn im Vergleich mit älteren Sprachzuständen und nachbarlichen Sprachen klärt und schärft; wenn er also das Sprachgefühl und das Sprachideal anderer Gemeinschaften zu Rate zieht; und wenn er seine Einsicht in Funktionsweise und Veränderungsmöglichkeit der Sprache, seine Diagnose des gegenwärtigen Sprachzustandes und seine Kritik daran zur Geltung bringen würde.

3. Er [der Linguist] ist in erhöhtem Maße zuständig; seine Beteiligung an der sprachkritischen Diskussion, wie von der anderen Seite die oft indirekte des Schriftstellers, könnte deren oft klägliches Niveau heben. Er wird sich vielleicht auch besser über die Eigenschaften seiner Stellungnahme im klaren sein, über die Vorbehalte, die zu machen sind.

4. Sprachkritik ist eine Form praktischer Philosophie. Ihre Sätze können nicht den Status naturwissenschaftlicher Protokollsätze haben, was aber kaum als Grund gelten kann, sie aus der Sprachwissenschaft zu verbannen. Zwar gibt es Ebenen der Sprache, die einer gleichsam naturwissenschaftlichen Erfassung zugänglich sind; aber darüber erheben sich Bezirke, in denen nicht im Sinne naturwissenschaftlicher Beweisverfahren von ‹richtig› oder ‹falsch› die Rede sein kann, zu deren Klärung subtilere Instrumente und Argumentationsformen erforderlich sind und in denen eine selbständige Vielseitigkeit und Strenge ihren Platz haben.»[4]

Wenn die Linguistik also in besonderem Maße auch für Sprachkritik zuständig ist, dann muß sie zwangsläufig auch über die Darstellungsformen ihrer sprachkritischen Aussagen nachdenken. Eine strenge Wissenschaftssprache, wie sie sich die moderne Linguistik seit den sechziger Jahren geschaffen hat, scheint dafür ungeeignet. Der Abstand zur Sprache der Adressaten von Sprachkritik, zur Umgangssprache, ist zu groß, als daß Verständigung möglich, Verständlichkeit zu erreichen wären. Zu wünschen ist eine mittlere Ebene, auf der Genauigkeit als Kennzeichen von Wissenschaftssprache und Anschaulichkeit als Merkmal von Umgangssprache in gleicher Weise angestrebt werden. Die Verpflichtung, die eigenen Maßstäbe der Kritik und des Urteils offenzulegen und sie damit ihrerseits der Kritik zugänglich zu machen, sollte eine Selbstverständlichkeit sein.

Sprachkritik hat heute ein größeres Ansehen als noch vor fünfzehn Jahren. Auf jeden Fall ist das öffentliche Interesse an Sprachkritik gewachsen oder doch in beachtlichem Maße vorhanden, wozu nicht nur die Auseinandersetzungen um die Rechtschreibreform beigetragen haben. In Fernsehtalkshows, Radioessays und immer wieder in Zeitungen und Zeitschriften werden sprachkritische Themen aufgegriffen, beleuchtet, diskutiert, kommentiert. Rudolf Hoberg, einer der wenigen Linguisten, die sich um eine Verbindung zwischen Fachwissenschaft und Öffentlichkeit bemühen und verdient gemacht haben, bestätigt diesen Befund:

«Was Germanisten in ihrer Wissenschaft so alles treiben, beschäftigt die Öffentlichkeit kaum, und das liegt wohl vor allem daran, daß es den meisten Vertretern dieser Zunft, wie überhaupt den meisten Wissenschaften, nicht gelingt, die Ergebnisse ihrer Forschung für ‹Laien› verständlich und interessant darzustellen. Denn an der Öffentlichkeit, an den Medien, an den Laien liegt es zweifellos nicht: Das Interesse an der deutschen Sprache, zumindest an bestimmten Bereichen, ist sehr groß, besonders bei Menschen, die häufig ironisch-herablassend als ‹Bildungsbürger› bezeichnet werden. Man kann immer mit einem großen diskussionsfreudigen Publikum rechnen, wenn man beispielsweise über die Rechtschreibung und ihre Reform, über Sprache und Politik, Medien- und Jugendsprache, über den sogenannten Sprachverfall oder die Rolle des Deutschen in der heutigen Welt spricht.»[5]

So wird – um ein Beispiel herauszugreifen – über die Kür der «Wörter des Jahres» durch die ‹Gesellschaft für deutsche Sprache›, erstmals 1972 und ab 1978 dann alljährlich kurz vor Weihnachten der Öffentlichkeit mitgeteilt, von den Medien umfassend – bis hin zur Tagesschau – berichtet. Man mag über Sinn und Unsinn eines derartigen Unternehmens geteilter Meinung sein. Die Absicht jedoch, charakteristische, kennzeichnende Wörter eines Jahres zu sammeln, um «das in Erinnerung zu rufen, was dem gesellschaftlichen, politisch-wirtschaftlichen und kulturellen Leben seinen sprachlichen Stempel aufgedrückt hat»,[6] kann zumindest die Sprachreflexion und das Sprachbewußtsein befördern. Läßt man diese Wörter einmal Revue passieren, dann wird schnell ersichtlich, welche Themen die Zeit bestimmt haben und wie diese Themen in Wörtern konserviert worden sind: *aufmüpfig* (1971), *Szene* (1977), *konspirative Wohnung* (1978), *Holocaust* (1979), *Rasterfahndung* (1980), *Nullösung* (1981), *Ellenbogengesellschaft* (1982), *heißer Herbst* (1983), *Umweltauto* (1984), *Glykol* (1985), *Tschernobyl* (1986), *Aids, Kondom* (1987), *Gesundheitsreform* (1988), *Reisefreiheit* (1989), *die neuen Bundesländer* (1990), *Besserwessi* (1991), *Politikverdrossenheit* (1992), *Sozialabbau* (1992).[7]

Während die «Wörter des Jahres» eine «Sprachchronik» sein sollen, die nicht wertet, sondern nüchtern die Tatsachen aufzeichnet, verbindet Horst Dieter Schlosser mit seiner 1991 begonnenen Aktion «Unwörter des Jahres» eindeutig sprachkritische Absichten. Nicht eine Stigmatisierung jener Wörter jedoch ist das Ziel, sondern Bewußtmachung und kritische Reflexion:

«Der Aktion ‹Unwort des Jahres› liegt es absolut fern, durch die Hintertür einer Volksbefragung irgendeine Form sprachlicher Zensur einzuführen. Unsere historischen Erfahrungen allein in diesem Jahrhundert verböten einen solchen Versuch. Das ausschließliche Ziel einer wissenschaftlich wie politisch vertretbaren Sprachkritik kann nur sein, in einer Zeit, in der wir mit einer täglich wachsenden Menge von Texten konfroniert werden, einmal innezuhalten und der Angemessenheit der sprachlichen Mittel nachzusinnen, die in der Text- und Wörterflut zur kaum noch reflektierten Gewohnheit geworden sind.»[8]

Die Sammlung der «Unwörter» lautet: *ausländerfrei, durchraßte Gesellschaft, intelligente Waffensysteme, Warteschleife, Personalentsorgung* (1991), *ethnische Säuberung, weiche Ziele, auf-/abklatschen, aufenthaltsbeendende Maßnahmen, Beileidstourismus* (1992), *Überfremdung, kollektiver Freizeitpark, Sozialleichen, schlanke Produktion, Selektionsrest* (1993). Stärker als bei den «Wörtern des Jahres», die zum großen Teil auch ohne den entsprechenden Kontext, in dem sie gebraucht wurden oder werden, verständlich und einzuordnen sind, wird bei den «Unwörtern» ebenjener Kontext zum Verstehen benötigt. Erst dann wird deutlich, daß der Ausdruck ‹intelligente Waffensysteme› bestimmte, von den USA im Golfkrieg eingesetzte Raketen meint, daß ‹Selektionsrest› auf jene Gruppe von schwerbehinderten Kindern bezogen ist, die aufgrund der Schwere ihrer Behinderung nicht in ‹Normalklassen› zu integrieren sind, oder daß ‹schlanke Produktion› als Lehnübersetzung von ‹lean production› nichts anderes als die Senkung von Lohnkosten, somit den Wegfall von Arbeitsplätzen bedeutet. Derartige Wörter bezeichnet Schlosser als «sachlich grob unangemessen und sogar inhuman»[9], auf jeden Fall verschleiern oder beschönigen sie einen Sachverhalt. Diese Kennzeichnung trifft auch auf den von Helmut Kohl oder seinen Redenschreibern geprägten Ausdruck ‹kollektiver Freizeitpark› zu, dessen Einordnung in die Unwörter zu heftigen Protesten aus dem Bundeskanzleramt geführt hat. Die sich daran anschließende Diskussion in den Medien muß hier nicht im einzelnen nachgezeichnet werden.[10] Die vielfältigen, teils aufgeregten und unsachlichen, teils nüchternen und besonnenen Reaktionen auf diese Form von Sprachkritik sollen abschließend nur zum Anlaß für eine grundsätzliche Feststellung genommen werden.

Dem Interesse der Öffentlichkeit an sprachlichen Fragen und insbesondere an sprachkritischen Stellungnahmen sollte eine linguistisch fundierte Sprachkritik mehr als bisher nachkommen. Allerdings sollte sie es in einer etwas anderen, auf jeden Fall erweiterten Form als bisher tun. Die öffentlichen Diskussionen über Sprache nämlich kranken nicht selten an Einseitigkeit, bisweilen auch an schiefen oder gar falschen Vorstellungen über Sprache und Sprachkritik. Da sehen beispielsweise die Gegner der Rechtschreibreform die Einheit und den Bestand der ‹Sprache› als Kulturgut gefährdet, wo es doch um die ‹Schrift›, also nur einen Teil von Sprache, geht und die Rechtschreibung vor nahezu einhundert Jahren durch einen ebensolchen Verwaltungsakt wie den gegenwärtig heftig umstrittenen festgelegt worden ist. Andere befürchten, daß durch den

Gebrauch von Fremdwörtern der Untergang des Deutschen drohe und die Identität der Deutschen verlorengehe, ohne zu bedenken, daß es im Deutschen unzählige Wörter gibt, die einstmals Fremdwörter waren und heute als solche nicht mehr wahrgenommen werden oder unverzichtbar geworden sind.

Damit soll nicht gesagt sein, daß sich über die Notwendigkeit und den Inhalt der Rechtschreibreform oder über den Gebrauch von Fremdwörtern im Einzelfall nicht kritisch diskutieren und urteilen läßt. Nur, die Urteile bedürfen einer stimmigen und zutreffenden Grundlage. Was also not tut, vor oder neben einer konkreten praktischen Sprachkritik, ist die Aufklärung über die Sprache selbst, über ihre Leistung, ihre Funktionsweisen, ihre Möglichkeiten – und über ihre Geschichte. Die linguistische Sprachkritik muß dieses Wissen über Sprache mit vermitteln, eben um jene Grundlage zu schaffen.

Auch eine Geschichte der Sprachkritik, in der die Sprache selbst ja stets auch ein Thema ist, kann hierzu mit der folgenden Einsicht einen Beitrag leisten: Die Macht der Sprache besteht nicht darin, daß sie etwas verdeckt oder entlarvt, jemanden ausgrenzt oder einbezieht, lügt oder die Wahrheit sagt, manipuliert oder informiert, ängstigt oder beschwichtigt. Das ist die Macht der Sprecher. Die Macht der Sprache liegt in etwas anderem, viel Einfacherem: in ihrer grundsätzlichen Unverzichtbarkeit und unendlichen Vielseitigkeit. Sprachkritik, die sich auf die Suche nach dieser Macht der Sprache begibt, ist wie ein perpetuum mobile. Sie ist Teil des großen Sprachspiels, in dem jeder Sprecher einen Zug macht, wenn er spricht. Dieses Sprachspiel, und mit ihm die Sprachkritik, wird so lange dauern, wie es sprechende Menschen gibt – und, durch sie, die Sprache.

Anmerkungen

I. Was ist Sprachkritik? Eine vorläufige Gegenstandsbestimmung

1 Bühler 1982, 24, schreibt wörtlich: «Ich denke, es war ein guter Griff PLATONS, wenn er im Kratylos angibt, die Sprache sei ein *organum*, um einer dem andern etwas mitzuteilen über die Dinge.»
2 Ebd., 28.
3 Vgl. Jakobson 1972, v. a. 106 ff.
4 Ebd., 108 und 107.
5 Ebd., 107.
6 Gauger/Oesterreicher 1982, 75 f.
7 Ebd., 76 f.
8 Ebd., 77 f.
9 Ebd., 79.
10 Vgl. Coseriu 1970 und 1975b.
11 Fleck 1980, 48.
12 Ebd., z. B. 53 f.
13 Ebd., 54.
14 Ebd., 54 f. und 130.
15 Ebd., 58 und 59 f.
16 Ebd., 135.
17 Ebd., 136.
18 Ich beziehe mich im folgenden auf den grundlegenden Aufsatz von Polenz 1984.
19 von Polenz 1991, 19 f.
20 Ebd., 20.

II. Wörter – Dinge – Vorstellungen. Sprachkritik in der Antike und im Mittelalter

1 Vgl. zur Geschichte der Sprachphilosophie, insbesondere auch zum Zeichenbegriff, Coseriu 1975a, Dascal/Gerhardus/Lorenz/Meggle (Hgg.) 1992 sowie Borsche (Hg.) 1996. In diesen Werken wird auch weiterführende Literatur genannt.
2 Die Textstellen aus Platons ‹Kratylos› werden gemäß der internationalen Stephanus-Numerierung zitiert. Die folgenden Ausführungen sind der präzisen Zusammenfassung des Dialogs durch Keller 1995 verpflichtet.
3 Bichsel 1969, 30 f.
4 Keller 1995, 26.
5 Vgl. auch den Kommentar von Gadamer 1975, 384: «Die Seinsweise der Sprache, die wir den ‹allgemeinen Sprachgebrauch› nennen, begrenzt beide Theorien: Die Grenze des *Konventionalismus* ist: man kann nicht willkürlich umändern, was die Worte bedeuten, wenn *Sprache* sein soll. Das Problem der ‹Sondersprachen› zeigt die Bedingungen, unter denen solche Umtaufungen stehen. Hermogenes im ‹Kratylos› gibt selbst ein Beispiel: die Umtaufung eines Bediensteten. Die innere Unselbständigkeit des Dieners, der Zusammenfall seiner Person mit seiner Funktion macht das möglich, was sonst an dem Anspruch der Person auf ihr Fürsichsein, an der Wahrung der Ehre, scheitert. Ebenso haben Kinder und Liebende ‹ihre›

Sprache, durch die sie sich in der nur ihnen eigenen Welt verständigen: aber selbst dies nicht so sehr durch willkürliche Festsetzung als durch Herausbildung einer Sprachgewohnheit. Immer ist die Gemeinsamkeit einer Welt – auch wenn es nur eine gespielte ist – die Voraussetzung für ‹Sprache›.
Die Grenze der *Ähnlichkeitstheorie* aber ist ebenfalls deutlich: Man kann nicht im Blick auf die gemeinten Sachen in dem Sinne an der Sprache Kritik üben, daß die Worte die Sachen nicht richtig wiedergeben. Die Sprache ist überhaupt nicht da wie ein bloßes Werkzeug, zu dem wir greifen, das wir uns herrichten, um mit ihm mitzuteilen und zu unterscheiden. Beide Interpretationen der Worte gehen von ihrem Dasein und Zuhandensein aus und lassen die Sachen als vorhergewußte für sich sein. Sie setzen eben deshalb von vornherein zu spät an.»

6 Keller 1995, 27.
7 Vgl. zu folgendem ebd., 30ff.
8 Keller 1990 hat eine gegenwärtig viel diskutierte Theorie des Sprachwandels aufgestellt, auf die er sich hier offensichtlich bezieht.
9 Gewiß läßt sich, in sprachgeschichtlichen Einzelfällen, feststellen, daß eine Person neue Wörter geschaffen und damit die Sprache bereichert hat. Ein solcher Bereicherungsakt ist jedoch gewiß die Ausnahme und beschränkt sich meist auch nur auf eine überschaubare Anzahl von Wörtern. Ein Beispiel ist Joachim Heinrich Campe, über den im vierten Kapitel gehandelt wird.
10 Die heutige Linguistik nennt diese kleinsten bedeutungstragenden Bestandteile der Sprache bzw. des Sprachsystems ‹Morpheme›.
11 Zweifellos bedienen sich aber die Lyriker gewisser Lautwerte der Wörter, um bestimmte Stimmungen hervorzurufen. Die heutige Linguistik bezeichnet die Laute, insofern sie zum Sprachsystem gehören, als ‹Phoneme›. Sie haben im Sprachsystem bedeutungsunterscheidende Funktion, tragen selbst aber keine Bedeutung.
12 Vgl. hierzu insbesondere Pörksen 1979, der den Dialog hinsichtlich seines sprachkritischen Gehalts ausführlich interpretiert hat. Vgl. auch Hofstätter 1949, Derbolav 1953, Kamlah/Lorenzen 1967, Lorenz/Mittelstrass 1967, Coseriu 1975a.
13 Pörksen 1979, hier zitert nach Pörksen 1994, 186.
14 Vgl. Gauger 1972.
15 Pörksen 1979, hier zitert nach Pörksen 1994, 185.
16 Gauger 1985c, 171f., nennt noch einen weiteren Gesichtspunkt, den der ‹Unwahrheit› von Wörtern, die nicht mehr auf die Wirklichkeit passen: «Wörter, die meisten von ihnen jedenfalls und in gewissem Sinn *alle*, zielen auf eine Wirklichkeit. Die Wirklichkeit, auf die das Wort ‹Krieg› zielt, hat sich nun aber so sehr verändert, daß dies Wort nicht mehr trifft. Wir verbinden mit diesem Wort eine Bedeutung, die nahezu nichts mehr mit dem zu tun hat, worum es sich bei einem kommenden ‹Krieg› handeln würde. Zum Krieg gehört dies: es sterben viele, viele werden verwundet, Sachgüter, kulturelle Werte werden vernichtet; nachdem aber der Krieg zu Ende ist, geht es, jedenfalls für die Übriggebliebenen, weiter: ‹Neues Leben blüht aus den Ruinen›. So war es beim ‹letzten› Krieg: er war noch immer Krieg, unterschied sich insofern nicht vom dreißigjährigen. Was wir aber heute fürchten und noch immer ‹Krieg› nennen, ist gar nicht dies: wir befürchten das Ende zumindest allen menschlichen Lebens: die *Gesamtvernichtung*. Jeder weiß: die Vernichtung des menschlichen Lebens, des Lebens überhaupt, ist eine völlig reale Möglichkeit. Trotzdem reden wir noch immer von ‹Krieg›, ‹Kriegsgefahr›, ‹kriegerischer Auseinandersetzung› (besonders hübsch, nebenbei, die Prägung ‹atomare Auseinandersetzung›). Hier muß Sprachkritik einsetzen, denn es ist ganz offensichtlich eine den Tatbestand der Unwahrheit erfüllende Verharmlosung, daß wir, als hätte sich nichts geändert, noch immer dies längst nicht mehr treffende Wort gebrauchen. Die Distanz zwischen der Wirklichkeit, um die es geht, um die

es *ginge*, wenn wir ‹Krieg› sagen, und der Vorstellung, die wir mit diesem Wort verbinden, ist abgründig. Linguistisch gesprochen: das Signifikat, das wir mit dem Signifikanten, der Lautung, dem Lautbild, verbinden, paßt nicht mehr zum außersprachlich Gemeinten. Dem Signifikat, der Bedeutung, dem Wortinhalt, ist gleichsam das Gemeinte davongelaufen. In anderen Worten: wir meinen nicht, was wir sagen, wir sagen nicht, was wir meinen, wenn wir von ‹Krieg› und ‹Kriegsgefahr› sprechen.» Vgl. auch Gauger 1987.

17 Die bis in die griechische Antike zurückreichende Vorgeschichte des mittelalterlichen Bildungswesens ist knapp dargestellt bei Weimer 1976, 9–25, ausführlicher in den materialreichen Abhandlungen Dolch 1959, 13–98, sowie Denk 1892.

18 Paulsen 1912, 10. Vgl. auch ebd., 1, wo Paulsen «die großen Epochen der europäischen Kulturgeschichte mit Hinsicht auf das Bildungswesen» zugespitzt so charakterisiert: «das klassische Altertum bildet das Individuum für den Staat, das Mittelalter für die Kirche, die Neuzeit für sich selbst».

19 Vgl. zu folgendem Barth 1911, 148–167, Paulsen 1912, 10–12, Paulsen 1919/1921, Band 1, 13–16, Limmer 1928, 139–182, Thalhofer 1928, 16–67, Weniger 1935, Wühr 1950, 46–82, Limmer 1958, 42–53, Dolch 1959, 99–175, Weimer 1976, 26–39, Piltz 1982, 11–58. Vgl. auch die Textsammlung Schoelen (Hg.) 1965.

20 Diese Einteilung geht bereits auf Alkuin zurück. Vgl. Wühr 1950, 56: «Karls ‹Unterrichtsminister› Alkuin teilte den gesamten Unterricht in drei Stufen ein: 1. das elementare Wissen: Singen, Lesen, Schreiben, Anfangsgründe der Grammatik und Kalenderkunde; 2. die artistische Bildung: die sieben freien Künste: das formale (nach Alkuin ‹ethische›) Trivium und das realistische (‹physische›) Quadrivium; 3. die theologische Berufsbildung: Schriftverständnis und Schriftauslegung (historisch, moralisch, allegorisch), Predigt, Liturgik und Katechese.»

21 Piltz 1982, 18 und 19. Vgl. auch Curtius 1984, 447–452.

22 Direkt auf Platon konnte man im Mittelalter kaum zurückgreifen, weil lediglich der Dialog ‹Timaios› in lateinischer Übersetzung vorlag. Im 12. Jahrhundert beschäftigte sich vorwiegend das Kloster St. Victor mit der platonisch-gefärbten Philosophie, ohne jedoch auf das spätere Mittelalter wirken zu können. Vgl. dazu Piltz 1982, 46f. Erst die Humanisten führten Platon um 1500 in das philosophische Lehrangebot der Universitäten ein. Vgl. Buck 1987, 175.

23 Grabmann 1909/1911, Band 1, 36f.

24 Paulsen 1919/1921, Band 1, 8.

25 Vgl. dazu Grabmann 1956, 243–253, das Kapitel ‹Die geschichtliche Entwicklung der mittelalterlichen Sprachphilosophie und Sprachlogik – Ein Überblick›, sowie Grabmann 1926, 104–146, das Kapitel ‹Die Entwicklung der mittelalterlichen Sprachlogik (Tractatus de modis significandi)›. Vgl. auch Apel 1975, 91–93.

26 Piltz 1982, 243.

27 Ritter 1922, 88.

28 Ebd., 93, 94f.

29 Ritter 1922, 96, bemerkt dazu: «Was das Zeitalter an großen und fruchtbaren Gedanken hervorgebracht hat – die mystische Bewegung, die Philosophie des großen Kusaners, die Wiederentdeckung des Altertums, das geistige Leben der italienischen Renaissance überhaupt –, das sprießt nicht mehr wie früher aus dem Lehrbetrieb der Universitäten hervor. Die arbeiteten brav und zunftgerecht, aber gänzlich schwunglos weiter im alten Stile, wie ihn das Handwerk von Generation zu Generation forterbte.» Ein eindrucksvolles Bild vom nicht gerade rühmlichen Zustand der deutschen Hochschulen am Ende des Mittelalters zeichnet Hartfelder 1890. Vgl. auch Miethke 1988.

III. Latein oder Deutsch? Sprachkritik in der Frühen Neuzeit

1 Vgl. Burke 1989, bes. 31–59.
2 Vgl. Giesecke 1991 und 1992.
3 Vgl. stellvertretend Meier 1993. Vgl. auch den Forschungsüberblick in Kuhn 1996, 20–33, sowie ebd. die umfangreichen Literaturangaben.
4 Pörksen 1994, 55 f. Vgl. auch Kuhn 1996, 141–159.
5 Paracelsus 1922–1933, I, 1, 3.
6 Pörksen 1994, 57.
7 Paracelsus 1922–1933, I, 7, 130.
8 Kuhn 1996, 41.
9 Pörksen 1994, 74.
10 Paracelsus 1922–1933, I, 5, 214.
11 Pörksen 1994, 65 ff.
12 Fries 1532, zit. nach Weimar 1989, 16f.
13 Vgl. Weimar 1989, 17.
14 Ebd., 18.
15 Ratke 1892/1893, Band 1, 26.
16 Vgl. zu diesem Gedanken Kühlmann 1989, 181 f.
17 Helwig/Jungius 1614, zitiert nach dem Abdruck in Ratke 1892/1893, Band 1, 72 f.
18 Schupp 1891, 16f.
19 Vgl. Otto 1978, 157.
20 Vgl. Stoll 1973, 9f.
21 Blume 1978, 42.
22 Kirkness 1984, 292. Kirkness überzeichnet hier die nationale Komponente des Barock, indem er die Motive des Sprachpurismus aus der zweiten Hälfte des 19. Jahrhunderts – auch begrifflich – zeitlich zu weit zurück ausweitet. Für das 18. Jahrhundert gilt seine Kennzeichnung nur sehr bedingt.
23 Vgl. das Literaturverzeichnis. Harsdörffer war im Gegensatz zu Zesen kein extremer Purist. In seinem ‹Poetischen Trichter› [1648–1653/1971], 3. Teil, 9–15, z. B. spricht er sich lediglich für eine Verdeutschung der «Kunstwörter», also der wissenschaftlichen Terminologie, aus. Namen von Tieren, Wurzeln, Kräutern, Gerätschaften sowie Begriffe aus der Religion dagegen sollten in ihrer fremden Gestalt beibehalten werden.
24 Vgl. Kirkness 1975, 16–44.
25 Blume 1978, 49.

IV. Wissenschaft – Norm – Öffentlichkeit. Sprachkritik im 18. Jahrhundert

1 Von Polenz 1978, 128.
2 Vgl. zu dieser Einschätzung beispielsweise Blackall 1966, 1: «Mein Ziel ist es, ein möglichst klares Bild von dieser Epoche in der Entwicklung der deutschen Sprache zu entwerfen – der nach meiner Ansicht bedeutendsten Epoche der deutschen Sprachgeschichte überhaupt.»
3 Kant 1977, Band 11 (Beantwortung der Frage: Was ist Aufklärung?), 53.
4 Vgl. dazu insbesondere die neue, von Peter von Polenz 1991 und 1994 vorgelegte ‹Deutsche Sprachgeschichte vom Spätmittelalter bis zur Gegenwart›, v. a. deren zweiten Band ‹17. und 18. Jahrhundert› (der dritte Band ist noch nicht erschienen). Von Polenz 1994, 107, nimmt dort eine Korrektur der bisherigen sprachwissenschaftlichen Einschätzung sprachkritischer Bemühungen in der Geschichte des

Deutschen vor: «Das Ausmaß der Mehrsprachigkeits- und Sprachmischungstendenz hatte seit dem frühen 17. Jahrhundert eine aristokratisch-bildungsbürgerliche Bewegung für die bewußte, gezielte Kultivierung der deutschen Sprache zur Folge. Für diesen umfassenden Begriff sagte man im 17. Jh. *Spracharbeit*, seit Ende des 18. Jh. *Sprachreinigung* (Campe), von Anfang des 19. Jh. (Jahn) bis heute *Sprachpflege*. Damit sind gemeint Bemühungen von Einzelpersönlichkeiten, Freundeskreisen und Institutionen um die ‹Rettung› der damals als gefährdet aufgefaßten deutschen Sprache, oder besser (sprachgeschichtlich gesehen) um deren noch nicht erreichte Konsolidierung und Entwicklung als Literatur- und Nationalsprache. Dafür sind in der germanistischen Wissenschaft und Sprachgeschichtsschreibung seit dem 19. Jahrhundert sehr pauschale oder einseitige polemische Schlagwörter üblich geworden: *Sprachpurismus, Fremdwortkampf, Fremdwortjagd, Sprachnormung, Sprachpedanterie* usw. Mitunter sind erst für das 19. und 20. Jh. zutreffende nationalistische oder chauvinistische Motive irreführend auf die vornationalistische Epoche des 17./18. Jh. übertragen worden. Damit wurde ignoriert oder zu wenig berücksichtigt, daß die Tätigkeit der barocken Sprachgelehrten, Poeten, Übersetzer und Sprachfreunde in einer geistesgeschichtlichen europäischen Traditionslinie vom Späthumanismus zur Aufklärung zu sehen ist, die von Opitz und Schottel über Leibniz bis zu Adelung und Campe deutlich zu erkennen ist.»

5 Der erste Aufsatz hatte im Original den Titel ‹Ermahnung an die Teutsche, ihren verstand und sprache beßer zu über, sammt beygefügten vorschlag einer Teutsch gesinten Gesellschaft›. Seine Entstehungszeit wird auf die Jahre 1682/83 datiert, veröffentlicht wurde er erstmals 1846. Eine Wirkung auf das Sprachdenken des 18. Jahrhunderts ist also ausgeschlossen. Der Titel des zweiten Aufsatzes lautete im Original ‹Unvorgreiffliche Gedancken, betreffend die ausübung und verbesserung der teutschen sprache (De linguae germanicae cultu)›, eine ursprüngliche Fassung war ‹Unvorgreiffliche Gedancken betreffend die auffrichtung eines Teutschgesinnten Ordens› überschrieben. Dieser Aufsatz entstand 1697 und wurde 1717 erstmals publiziert. Seine nachhaltige Wirkung im 18. Jahrhunderts ist vielfach belegt. Vgl. zu den Publikationsdaten beider Aufsätze die Ausgabe Leibniz 1983, 103 f., aus der auch im folgenden zitiert wird.

6 Blackall 1966, 2.

7 In Frankreich hatte sich bereits im 16. Jahrhundert eine «Umschichtung in der Hierarchie der Kulturträger» vollzogen: die kulturelle Führerrolle nahm nun nicht mehr das humanistische, sondern das aristokratische Milieu ein. Gossen 1976, 12, schreibt dazu: «Das aristokratische Milieu begreift Bildung [...] nicht als Wissen. Sein Ideal des gebildeten Menschen ist nicht mehr der Gelehrte, sondern der ‹honnête homme›, ‹l'honnête homme qui ne se pique de rien›, um ein Wort La Rochefoucaulds in Erinnerung zu rufen, ein Mensch also, der sich keiner besonderer Kompetenzen und Fähigkeiten rühmt. Von nun an wird der Gelehrte im Kreise der ‹honnête gens› nur noch akzeptiert, wenn er seine Gelehrsamkeit in der Garderobe lässt, und das Latein als Sprache der Gelehrten wird von der modischen Literatur ausgeschlossen. Damit hat das Französische freie Bahn; es hat aufgehört, eine minderwertige, weil eine Vulgärsprache zu sein.»

8 Uwe Pörksen hat im Nachwort zu der von ihm besorgten Ausgabe Leibniz 1983, 112, ein schönes Beispiel gegeben. Er zitiert ein Gedicht von Sigmund von Birken, in dem dieser 1645 die deutsch-französische Sprachmischung «schertzweis vorstellig» gemacht hat:

«Ich bin nun *deschargirt* von dem *maladen* Leben.
Mir hat der Maur *facon* genug *disgousto* geben.
Wo Einfalt *avancirt*, und Unschuld mit *raison*
Die *retrogarde* hat/da ist die Sache *bon*.»

9 Vgl. zur Interpretation v. a. das Nachwort von Uwe Pörksen in Leibniz 1983, auch abgedruckt in Pörksen 1994, 189–207.
10 Leibniz 1983, 118.
11 Bereits seit Beginn des 16. Jahrhunderts gab es einige Ausnahmen, die jedoch ohne nachhaltige Wirkung geblieben sind; vgl. dazu Weimar 1989, 13–39, sowie Schiewe 1996, 89–95.
12 Thomasius 1970, 5.
13 Zitiert nach Hodermann o. J. (1891), 13.
14 Zitiert nach Hodermann o. J. (1891), 18.
15 Zitiert nach Hodermann o. J. (1891), 15.
16 Grimm 1983, 379.
17 Thomasius 1970, 45.
18 Thomasius 1970, 14.
19 Thomasius 1970, 23 f.
20 Grimm 1983, 365.
21 Thomasius 1970, 32.
22 Thomasius 1701, 458 f.
23 Thomasius 1705b, 201 f.
24 Thomasius 1705a, 108.
25 Thomasius 1970, 29.
26 Vgl. dazu den Überblick über die Statuten der vier Fakultäten, mit durchgängiger Betonung der praktischen und zweckmäßigen Seite der Wissenschaften, den Hammerstein 1970, 154–157, gibt.
27 Vgl. Dyck 1976, 377–380, der beschreibt, wie die in der zweiten Hälfte des 17. Jahrhunderts einsetzenden Veränderungen in der Verwaltungsstruktur Preußens zu einem höheren Bedarf an Beamten, und zwar Adligen wie Bürgerlichen, geführt hat.
28 Die folgenden Ausführungen sind der Dissertation von Wolfgang Walter Menzel 1996 verpflichtet.
29 Vgl. hierzu auch Blackall 1966, Kap. II: Die Sprache der Philosophie, 15–35.
30 Wolff 1751, § 295.
31 Menzel 1996, 130.
32 Ebd., 129.
33 Wolff 1775, 212.
34 Wolff 1978, 154.
35 Wolff 1751, § 298.
36 Menzel 1996, 139.
37 Wolff 1751, 178.
38 Wolff 1978, 154 f.
39 Von Weizsäcker 1959, 71.
40 Menzel 1996, 143 f.
41 Wolff 1733, 23–52. Dieses Kapitel ist für die Geschichte der deutschen Wissenschaftssprache, insbesondere für deren Übergang vom Lateinischen zum Deutschen, außerordentlich aufschlußreich. Die darin enthaltenen Gedanken können hier nicht erschöpfend behandelt werden.
42 Vgl. ebd., 24–26.
43 Ebd., 26 f.
44 Ebd., 29.
45 Ebd., 31.
46 Ebd., 34.
47 Gewiß haben auch wirtschaftliche und wissenschaftspolitische Erwägungen eine Rolle gespielt. Beide Momente können für die engere Geschichte des Sprachpurismus jedoch weitgehend außer acht bleiben.

48 Wolff 1733, 51 f. Hervorhebung von mir.
49 Vgl. hierzu Menzel 1996, 147–151.
50 Flögel 1778, 197.
51 Vgl. zur «Abwertung Wolffs Ende des 18. und im 19. Jahrhundert» das gleichnamige Kapitel in Menzel 1996, 11–14.
52 Saine 1987, 124.
53 Stöger 1790, 23 f.
54 Gottfried Wilhelm Leibniz: Unvorgreifliche Gedanken, betreffend die Ausübung und Verbesserung der Deutschen Sprache. In: Beyträge zur Critischen Historie der Deutschen Sprache, Poesie und Beredsamkeit, herausgegeben von einigen Mitgliedern der Deutschen Gesellschaft in Leipzig. Drittes Stück, Leipzig 1732, 369–411.
55 Unvorgreifliche Gedanken, betreffend die Ausübung und Verbesserung der Teutschen Sprache. Von Leibnitz. In: Johann Friedrich August Kinderling (Hg.): Beiträge zur Deutschen Sprachkunde. Vorgelesen in der königlichen Akademie der Wissenschaften zu Berlin. Erste Sammlung. Berlin 1794, 14–74.
56 Vgl. dazu Blackall: 1966, Kap. IV: Die Stabilisierung der Sprache, 76–109.
57 Die vorstehenden Zitate stammen aus Gottsched 1762, 38–41.
58 Adelung 1782c, 2.
59 Ebd., 24.
60 Ebd., 5.
61 Ebd., 22 f.
62 Ebd., 27.
63 Adelung 1782d, 105.
64 Adelung 1782c, 30.
65 Adelung 1782a, 86.
66 Ebd., 103.
67 Vgl. hierzu Gessinger 1980, 139–152.
68 Wieland 1782, 315.
69 Adelung 1782b, 54 f.
70 Adelung 1784, 139.
71 Campe 1813, 37.
72 Campe 1794, CCVIIIf.
73 Ebd., CCIVf.
74 Ebd., CLXXVIIIf.
75 Campe 1795a, 10 f.
76 Zit. nach Leyser 1877, Band 2, 178 f.
77 Vgl. Campe 1795b, 169: «Die Höfe, als Höfe, haben nun wol sicher, wenigstens in Deutschland (wenn man allenfalls den von Karl dem Großen ausnimmt) auf die Sprache eher einen nachtheilichen, als vortheilhaften Einfluß gehabt. Noch jetzt wird, so weit ich Deutschland und seine Höfe kenne, nirgends weniger musterhaftes Deutsch gesprochen, als gerade hier, wo nach Hrn. A. die allgemeine Schriftsprache eines Volks sich vorzüglich bilden soll.»
78 Gottsched 1762, 49 ff.
79 Ebd., 52.
80 Ebd., 238.
81 Ebd., 242.
82 Ebd., 243.
83 Vgl. hierzu die Aufstellungen in Pörksen 1986, 50 und 55.
84 Herder 1877–1913, Band 32 (Vom Einfluß der Schreibekunst ins Reich der menschlichen Gedanken), 517 f. Die folgenden Zitate stammen aus dieser Schrift.
85 Herder knüpft hier an die von Platon 1958, 55, im ‹Phaidros› erzählte Geschichte vom Gott Theuth, dem Erfinder der Buchstaben, an.

86 Herder 1877–1913, Band 18 (Briefe zur Beförderung der Humanität. Schrift und Buchdruckerei), 89 f.
87 Ebd., 90.
88 Friedrich Schiller: Die Räuber, I, 2.
89 Herder 1877–1913, Band 13 (Ideen zur Philosophie der Geschichte der Menschheit), 366.
90 Herder 1877–1913, Band 13 (Ideen zur Philosophie der Geschichte der Menschheit. Der Mensch ist zu feinern Sinnen, zur Kunst und zur Sprache organisiret), 138 f.
91 Herder 1877–1913, Band 22 (Kalligone. Von Kunst und Kunstrichterei. Zweiter Theil. Poesie und Beredsamkeit), 167.
92 Herder 1877–1913, Band 11 (Briefe das Studium der Theologie betreffend. Vierter Theil, 42. Brief.), 36.
93 Die vorstehenden Zitate aus Herder 1877–1913, Band 24 (Briefe, den Charakter der deutschen Sprache betreffend), 389–392.
94 Die letzten Zitate stammen aus Herder 1877–1913, Band 16 (Idee zum ersten patriotischen Institut für den Allgemeingeist Deutschlands), 600–616.
95 Herder 1877–1913, Band 17 (Briefe zur Beförderung der Humanität. Haben wir noch das Publicum und Vaterland der Alten?), 309 f.
96 Die letzten Zitate stammen aus Herder 1877–1913, Band 1 (Ueber die neuere Deutsche Litteratur. Erste Sammlung von Fragmenten), 152 ff.
97 Vgl. hierzu den Sammelband Wild 1978.
98 Vgl. Unger 1905, 234 ff.; Baudler 1970.
99 Hamann 1949–1957, Band 1 (Biblische Betrachtungen eines Christen), 8.
100 Hamann 1949–1957, Band 1 (Über die Auslegung der Heiligen Schrift), 5.
101 Hamann 1949–1957, Band 2 (Aesthetica in nuce), 197.
102 Hamann 1949–1957, Band 3 (Metakritik über den Purismum der Vernunft), 286.
103 Vgl. Hamann 1949–1957, Band 2 (Aesthetica in nuce), 215 f.: «Meine Bewunderung oder Unwissenheit von der Ursache eines durchgängigen Sylbenmaaßes in dem griechischen Dichter [Homer] ist bey einer Reise durch Curland und Liefland gemäßigt worden. Es giebt in den angeführten Gegenden gewisse Striche, wo man das lettische oder undeutsche Volk bey aller ihrer Arbeit singen hört, aber nichts als eine Cadenz von wenig Tönen, die mit einem Metro viel Ähnlichkeit hat. Sollte ein Dichter unter ihnen aufstehen: so wäre es ganz natürlich, daß alle seine Verse nach diesem eingeführten Maasstab ihrer Stimmen zugeschnitten seyn würden.» Diese Bemerkung veranlaßte Herder zu seiner Sammlung von Volksliedern.
104 Brief an Gottlob Immanuel Lindner vom 9. August 1759, in: Hamann 1955–1965, Band 1, 393 f.
105 Hamann 1949–1957, Band 2 (Aesthetica in nuce), 198 f. ‹Turbatverse› meint durcheinandergeworfene, aus ihrer Reihenfolge gebracht Verse; ‹disiecti membra poetae›: des zerstückten Dichters Glieder.
106 Hamann 1949–1957, Band 3 (Fliegender Brief an Niemand, den Kundbaren), 382.
107 Vgl. hierzu insbesondere Schlegel 1800.
108 Die folgenden Zitate im Text stammen, unter Angabe der jeweiligen Ordnungsnummer der Sudelbücher, aus Lichtenberg 1967–1992, Band 1 und 2.
109 Menzel 1996, 111.
110 ‹Femme sage› bedeutet, so der Kommentar von Wolfgang Promies zu dieser Stelle, im Französischen eine weise Frau, ‹sage femme› bedeutet Hebamme.
111 Mit dem Gedanken einer solchen Universalsprache hat sich u. a. auch schon Leibniz beschäftigt. Vgl. z. B. von der Schulenburg 1973 oder Eco 1994.
112 Büchner: Dantons Tod, I,2.
113 Goethe 1947 ff., Abt. I, Band 11, 56 f.
114 Vgl. zu diesem Gedanken auch Humboldt 1979 (Ueber das vergleichende Sprachstudium in Beziehung auf die verschiedenen Epochen der Sprachentwicklung,

1820), 21: «Denn da die Sprache zugleich Abbild und Zeichen, nicht ganz Product des Eindrucks der Gegenstände, und nicht ganz Erzeugnis der Willkühr der Redenden ist, so tragen alle besondren in jedem ihrer Elemente Spuren der ersteren dieser Eigenschaften, aber die jedesmalige Erkennbarkeit dieser Spuren beruht, ausser ihrer eigenen Deutlichkeit, auf der Stimmung des Gemüths, das Wort mehr als Abbild, oder mehr als Zeichen nehmen zu wollen.»

115 Goethe 1887–1918, Abt. I, Band 7, 115.

116 Beispiele einer solchen kritikwürdigen Begrifflichkeit und Sprache hat Uwe Pörksen genannt und untersucht. Vgl. die Aufsätze ‹Die Produktivität eines Phantoms. Lichtenberg, das Phlogiston und die neue Chemie Lavoisiers›, ‹«Alles ist Blatt». Über Reichweite und Grenzen der naturwissenschaftlichen Sprache und Darstellungsmethode Goethes›, ‹«Das egoistische Gen». Goethes Warnung vor der Sphärenvermengung, Darwins Skepsis und die Metaphorik der heutigen Biologie› in Pörksen 1994, 85–147.

117 Goethe 1948 ff., Band 13, 491 f.

118 ebd., 492 f.

119 Zum Begriff ‹Sphärenvermengung› vgl. Pörksen 1994, 131 ff. Vgl. zu dem Problem von Definitionen auch Hassenstein 1979.

120 Vgl. Goethe 1948 ff., Band 13, 492: «Am wünschenswertesten wäre jedoch, daß man die Sprache, wodurch man die Einzelheiten eines gewissen Kreises bezeichnen will, aus dem Kreise selbst nähme, die einfachste Erscheinung als Grundformel behandelte und die mannigfaltigern von daher ableitete und entwickelte.»

121 Vgl. die Aufsätze ‹Wissenschaftssprache und Sprachauffassung bei Linné und Goethe› und ‹Goethes Kritik naturwissenschaftlicher Metaphorik und der Roman *Die Wahlverwandtschaften*› in Pörksen 1986, 72–96, 97–125, sowie ‹«Alles ist Blatt». Über Reichweite und Grenzen der naturwissenschaftlichen Sprache und Darstellungsmethode Goethes› in Pörksen 1994, 109–130.

122 Pörksen 1994, 124.

123 Vgl. hierzu die detaillierte Rekonstruktion von Schmitt 1979.

124 Campe 1788, 32 f.

125 Campe 1790a, 4.

126 Fertig 1977, 44.

127 Ebd., 49.

128 Campe 1803, 50.

129 Campe 1804, 131 f.

130 Vgl. die Xenien Nr. 87 und 152 z. B. in der Ausgabe Friedrich Schiller: Sämtliche Werke. Auf Grund der Originaldrucke hrsg. von Gerhard Fricke und Herbert G. Göpfert. Erster Band: Gedichte/Dramen I. München 1984, 266 und 273.

131 Adelung hatte 1774–1786 (2. Aufl. 1793–1801) sein vierbändiges ‹Grammatisch-kritisches Wörterbuch der Hochdeutschen Mundart, mit beständiger Vergleichung der übrigen Mundarten, besonders aber der Oberdeutschen› verfaßt, das schon bald den Status eines Standardwerks erlangt hatte.

132 Vgl. den Aufsatz ‹Die clarté der französischen Sprache und die Klarheit der Franzosen› in Weinrich 1984, 136–154.

133 Campe 1790a, 51, Anm.

134 Ebd., 35 f., Anm.

135 Campe 1794, XXX.

136 Campe 1790a, 225 f.

137 Campe 1807–1811, Band 1, XXIII. Dieses Argument, das ja auch zur Zeit der vierzigjährigen Teilung Deutschlands nach dem Zweiten Weltkrieg immer wieder angeführt wurde, hat also eine lange Tradition.

138 Campe 1795a, 8 f. und 11 f.

139 Campe 1790b, 286 f., 295.

140 Campe 1794, 23, 196.
141 Vgl. dazu Daniels 1959.
142 Campe 1813, 126.
143 Vgl. dazu die genauen Studien von Daniels 1959.
144 Vgl. Kirkness 1975, 161–167.
145 Campe 1794, XXXVI.
146 Jochmanns Schriften sind, soweit sprachkritisch von Interesse, im Literaturverzeichnis aufgeführt. Ein Gesamtverzeichnis seiner Schriften findet sich in Schiewe 1989, 310–318. Im Moment wird unter der Leitung von Ulrich Kronauer eine Jochmann-Gesamtausgabe vorbereitet. Sie wird, voraussichtlich ab Herbst 1998, im Heidelberger Winter Verlag erscheinen.
147 Dieses «Glaubensbekenntnis» entwickelt Jochmanns in der kleinen Abhandlung ‹Die drei politischen Schulen›, in: Jochmann 1983, 6–7. Die folgenden Zitate sind dieser Schrift entnommen.
148 Jochmann 1990, 210.
149 Jochmann 1828, 44.
150 Ebd., 170.
151 Ebd., 56.
152 Ebd., 94.
153 Ebd.
154 Ebd., 257.
155 Ebd., 269.
156 Ebd., 281.
157 Ebd., 308.
158 Ebd., 120f.
159 Jochmann 1990, 228.
160 Jochmann 1828, 220.
161 Ebd., 224.
162 Die drei vorhergehenden Zitate ebd., 221.

V. Nationalismus – Sprachkrise – Sprachzweifel. Sprachkritik im 19. und beginnenden 20. Jahrhundert

1 Jochmann 1828, 357 und 352.
2 Diderot 1969, 95.
3 Schlegel 1808, 149.
4 Humboldt 1979 (Ueber das vergleichende Sprachstudium in Beziehung auf die verschiedenen Epochen der Sprachentwicklung, 1820), 19f.
5 Vgl. den Versuch, die grundsätzlichen Unterschiede zwischen Humboldt und Jochmann, zwischen einem sprachphilosophischen und einem sprachkritischen Interesse, in Form eines fiktiven Gesprächs herauszuarbeiten in Schiewe 1993.
6 Humboldt 1979 (Ueber das vergleichende Sprachstudium in Beziehung auf die verschiedenen Epochen der Sprachentwicklung, 1820), 7.
7 Humboldt 1979 (Ueber die Verschiedenheit des menschlichen Sprachbaues und ihren Einfluß auf die geistige Entwicklung des Menschengeschlechts, 1830–1835), 391.
8 Vgl. z. B. Jendreiek 1975, 268.
9 Grimm 1879, 291.
10 Oesterreicher 1983, 188f.
11 Haß-Zumkehr 1995, 15.
12 Ulrike Haß-Zumkehr 1995 benennt Daniel Sanders (1819–1897), einen erklärten Gegner Jacob Grimms und Verfasser eines in Vergessenheit geratenen Fremdwör-

terbuches sowie verschiedener Schriften zur Orthographie des Deutschen, als jemanden, der diese Konzeption im 19. Jahrhundert fortgesetzt habe. Auf Sanders soll hier nicht mehr eingegangen, aber doch nachdrücklich auf die genannte Arbeit hingewiesen werden. Vgl. zu folgendem v. a. ebd., 21 ff.

13 Vgl. Neumann 1988, 12.

14 Jahn 1806, XII. Vgl. auch die Ausführungen von Kirkness 1975, 211.

15 Es soll nicht verkannt werden, daß für diese Form von Purismus über die nationalistischen Gründe hinaus auch die durchaus nachvollziehbare Auffassung von der Sprache als einem Bezirk geistiger Heimat eine Rolle gespielt haben mag. Hier kommt es allerdings darauf an, den aufklärerischen Purismus gegen den nationalistischen vorrangig in politischer Hinsicht abzugrenzen. Vgl. auch die Ausführungen zur ‹Sprachzugehörigkeit des Wortes› bei Mumm 1977, 137–139.

16 Fichte 1808/1955, 71 f.

17 Vgl. dazu ebd., 58–74, die gesamte ‹Vierte Rede. Hauptverschiedenheit zwischen den Deutschen und den übrigen Völkern germanischer Abkunft›.

18 Vgl. Leibniz 1983, 5.

19 Arndt 1813, 35.

20 Ebd., 12.

21 Ebd., 15 f.

22 Arndt 1814, 29. – Die gefährliche Sprache, die Arndt hier spricht, sei an einem weiteren Beispiel aus derselben Schrift (33 f.) illustriert: «Die einzige Sprache, die in der teutschen Gesellschaft gesprochen werden darf, ist die teutsche Sprache; denn auch dahin zielt sie vorzüglich, daß die unmittelbare Kraft des Lebens und die große Gewalt der Seele lebendig werden, daß die Menschen aus Schreibern Sprecher und aus Träumern Thäter werden: wer nicht sprechen kann, entbehrt eines der gewaltigsten Hülfsmittel, Menschen zu bewegen, und, wenn es seyn muß, zu beherrschen, die Zunge ist eine der mächtigsten Gewalten, die es giebt. Wer sich erfrecht in ihr französisch zu sprechen, wird als ein Frevler ausgestoßen; wer eine andere fremde Sprache spricht, wird einem eitlen Thoren gleich geachtet, und muß eine ansehnliche Geldstrafe erlegen. Denn genug haben wir erfahren, welche unseelige Früchte uns die Versäumung und Verachtung unserer herrlichen Muttersprache getragen hat. Wer seine Sprache nicht achtet und liebt, kann auch sein Volk nicht achten und lieben; wer seine Sprache nicht versteht, versteht auch sein Volk nicht, und kann nie fühlen, was die rechte teutsche Tugend und Herrlichkeit ist; denn in den Tiefen der Sprache liegt alles innere Verständniß und alle eigenste Eigenthümlichkeit des Volkes verhüllt. Darum, teutsche Männer, sprechet teutsch, und recht gut und ächt teutsch, und ihr werdet durch eine stille geistige Verwandelung, die von selbst in euch vorgeht, bald ganz andere Männer seyn, als ihr jetzt seyd.»

23 Riegel 1886, 1.

24 Vgl. Bernsmeier 1977, Hoffend 1987, Olt 1991. Die folgenden Ausführungen basieren wesentlich auf von Polenz 1967.

25 Von Polenz 1967, 115.

26 Erklärung der 41, in: Preußische Jahrbücher 1889.

27 Kluge 1920, 328 und 340f.

28 Von Polenz 1967, 115 f.

29 Engel 1917, 6 ff. Hier zitiert nach von Polenz 1967, 116.

30 Vgl. Klemperer 1996a, 138–150, das Kap. ‹Die deutsche Wurzel›.

31 Jahnke 1933, Sp. 97 f.

32 Mahnruf an das deutsche Volk. In: Muttersprache 48, 1933, Sp. 145 f.

33 Muttersprache 48, 1933, Sp. 385 ff.

34 Ebd., Sp. 429 f.

35 Miebach 1934, Sp. 146.

36 Muttersprache 48, 1933, Sp. 400.
37 Vgl. Muttersprache 52, 1937, Sp. 340; 55, 1949, Sp. 895. Vgl. auch Berning 1964.
38 Hübner 1934, Sp. 110.
39 Zitiert nach von Polenz 1967, 137f.
40 Von Polenz 1967, 147f.
41 Palleske 1913a, Sp. 1.
42 Vgl. z. B. Koldewey 1887.
43 Holz 1951, 51.
44 Palleske 1913a, Sp. 1f. Das eingeschobene Jochmann-Zitat findet sich in Jochmann 1828, 76.
45 Palleske 1913a, Sp. 6.
46 Ebd., Sp. 5f.
47 Ebd., Sp. 7. Das eingeschobene Jochmann-Zitat findet sich in Jochmann 1828, 92.
48 Palleske 1913a, Sp. 10.
49 Palleske 1913b, 70f. Die eingeschobenen Jochmann-Zitate finden sich in Jochmann 1828, 187f. und 189f.
50 Schopenhauer 1977, Band 5 (Über die vierfache Wurzel des Satzes vom zureichenden Grunde), 113. Zu Schopenhauers interessanter Theorie des Lachens vgl. ebd., Band 1 (Die Welt als Wille und Vorstellung I), 96–99, Band 3 (Die Welt als Wille und Vorstellung II), 109–122.
51 Schopenhauer 1977, Band 5 (Über die vierfache Wurzel des Satzes vom zureichenden Grunde), 115.
52 Schopenhauer 1977, Band 1 (Die Welt als Wille und Vorstellung I), 68f.
53 Ebd., 634f. Zu Locke vgl. Brandt/Klemme 1996.
54 Schopenhauer 1977, Band 10 (Parerga und Paralipomena. Über Sprache und Worte), 614.
55 Ebd., 616.
56 Ebd., 618ff.
57 Ebd., 622.
58 Schopenhauer 1923, 489.
59 Schopenhauer 1977, Band 10 (Parerga und Paralipomena. Ueber Schriftstellerei und Stil), 549.
60 Ebd., 563f.
61 Ebd. 563.
62 Ebd., 593.
63 Ebd., 597.
64 Vgl. Ackermann 1978, 96
65 Nietzsche 1973, Band 1 (Unzeitgemäße Betrachtungen. Drittes Stück. Schopenhauer als Erzieher), 295.
66 Kant 1977, Band 2 (Der einzig mögliche Beweisgrund zu einer Demonstration des Daseins Gottes), 632.
67 Kant 1977, Band 12 (Anthropologie in pragmatischer Hinsicht), 500.
68 Vgl. zu folgendem Zima 1994, 10ff.
69 Schlegel 1800, 370.
70 Schlegel 1800, 366.
71 Nietzsche 1973, Band 3 (Über Wahrheit und Lüge im außermoralischen Sinn), 309.
72 Ebd., 311.
73 Ebd., 312f.
74 Ebd.,313.
75 Ebd., 314.
76 Foucault 1978, 17.
77 Nietzsche 1973, Band 3 (Über Wahrheit und Lüge im außermoralischen Sinn), 314f.

78 Ebd., 319.
79 Ebd.
80 Ebd., 321.
81 Die Seitenangaben im Text beziehen sich auf die Ausgabe Mauthner 1982, Bd. 1. Vgl. zu Mauthners Sprachkritik insbesondere Kühn 1975.
82 Vgl. Wittgenstein 1993, bes. 265 ff.
83 Kühn 1975, 66.
84 Landauer 1901, 223.
85 Vgl. dazu auch Kühn 1975, 90–97.
86 Vgl. Whorf 1963, Zimmer 1986, 119–163.
87 Vgl. Gipper 1972, Pinker 1996, 69–79.
88 Vgl. Eco 1996.
89 Die folgenden Zitate im Text stammen aus Hofmannsthal 1979.
90 Henne 1996, 28.
91 Kraft 1972, 148.
92 Jochmann 1828, 352.
93 Kraus 1952–1967, Band 2 (Die Sprache), 437.
94 Benjamin 1972–1982, Band 2 (Karl Kraus), 335.
95 Kraus 1952–1967, Band 7 (Fortschritt), 229.
96 Ebd.
97 Kraus 1952–1967, Band 3 (Sprüche und Widersprüche), 70.
98 Kraus 1952–1967, Band 3 (Pro domo et mundo), 229.
99 Vgl. Timms 1973.
100 Die Fackel. Nr. 1, 1899, S. 1 f.
101 Kraus 1952–1967, Band 2 (Sprachlehre. Die grammatische Pest), 21.
102 Kraus 1952–1967, Band 3 (Sprüche und Widersprüche), 76.
103 Kraus 1952–1967, Band 2 (Hier wird Deutsch gespuckt), 13.
104 Ebd.
105 Kraus 1952–1967, Band 2 (Die Sprache), 436 f.
106 Kraus 1974, 312.
107 Kraus 1952–1967, Band 3 (Sprüche und Widersprüche), 84.
108 Kraus 1974, 312.
109 Vgl. Austermann 1985, 56: «Tucholsky versteht Journalismus pädagogisch als Diskussionsforum und -angebot dem Publikum gegenüber, damit dies sich sein Urteil selbst bilde und entsprechend handle. Eine Pädagogik im Sinne parteiprogrammatisch orientierter Beeinflussung der Massen kommt für ihn journalistisch nicht in Frage.»
110 Tucholsky 1975, Band 1 (Neudeutsch), 341
111 Tucholsky 1975, Band 4 (Der neudeutsche Stil), 399.
112 Tucholsky 1975, Band 2 (‹Aufgezogen›), 197. Tucholsky bezieht sich hier auf Wustmann 1891 u. ö. sowie auf Daniel Sanders: Handwörterbuch der deutsche Sprache. Leipzig 1869 u. ö.
113 Klemperer 1996a, 52–54.
114 Tucholsky 1975, Band 1 (‹Dienstlich›), 119 f.
115 Vgl. den Titel der Ausgabe Tucholsky 1990.
116 Tucholsky 1978, 56.

VI. Verführung – Manipulation – Verwaltung. Sprachkritik nach 1945

1 Die Seitenangaben nach den folgenden Zitaten beziehen sich auf die Ausgabe Klemperer 1996a.

2 Martin Walser: Die Verteidigung der Kindheit. Frankfurt a. M. 1991, 307f.
3 Klemperer selbst spricht, wie der Titel seines Werkes ja auch nahelegt, von der «Sprache des dritten Reichs» oder der «Sprache des Nationalsozialismus». In der sprachwissenschaftlichen Literatur vermeidet man zumeist in diesem Zusammenhang den Begriff ‹Sprache›, weil, so das Argument, damit eine sprachsystematische Charakterisierung nahegelegt wird, die aber nicht zu leisten ist. Bevorzugt wird deshalb der Ausdruck «Sprachgebrauch des Nationalsozialismus», der eine sprachpragmatische Kennzeichnung darstellt.
4 Der Ausspruch findet sich in Karl Gutzkows Drama *Uriel Acosta*, vgl. Klemperer 1996a, 178f.
5 Kinne/Schwitalla 1994, 3.
6 Ogden/Richards 1974, v. a. Kap. I: Gedanken, Wörter und Dinge, 7–32.
7 Die Seitenangaben nach den folgenden Zitaten beziehen sich auf die Ausgabe Klemperer 1996b.
8 Die folgenden Zitate stammen aus der Ausgabe Orwell 1984. Vgl. zur Sprachkritik in Orwells Roman auch Dittmann 1984a und 1984b, Erzgräber 1980 und 1983, Papst (Hg.) 1984. Vgl. ergänzend auch die Aufsatzsammlung Orwell 1968.
9 Die vorstehenden Zitate stammen aus dem Kapitel «Grundeigenschaft: Armut» in Klemperer 1996a, 25–30.
10 Klemperer 1995, II, 58.
11 Klemperer 1996a, 21.
12 Die Seitenangaben nach den folgenden Zitaten beziehen sich auf die Ausgabe Sternberger/Storz/Süskind 1986.
13 Die Seitenangaben nach den folgenden Zitaten beziehen sich auf die Ausgabe Korn 1962.
14 Dieser wie auch die folgenden zitierten Aufsätze zum Streit zwischen Sprachwissenschaft und Sprachkritik sind im Anhang zur Ausgabe Sternberger/Storz/Süskind 1986, 227–339, enthalten. Die Seitenangaben nach den folgenden Zitaten beziehen sich auf diese Ausgabe.
15 Heringer 1982, 164.
16 Leibniz 1983, 107.
17 Vgl. hierzu insbesondere Wimmer 1982.

VII. Politik – Gesellschaft – Emanzipation. Sprachkritische Themen der Gegenwart

1 Vgl. zu diesem Thema den Sammelband Koselleck/Widmer (Hg.) 1980.
2 Weigel 1980, 7.
3 Trabold 1993, 117.
4 Der Spiegel, 28/1984, S. 126–136.
5 Ebd., 129.
6 Vgl. u. a. den Sammelband Klein 1986a, Sanders 1992 sowie Schrodt 1995.
7 Weinrich 1985, 7.
8 Diese Feststellung schließt nicht aus, daß nicht immer wieder Bücher und auch sprachkritische Glossen in Zeitungen zum Thema ‹Fremdwörter im Deutschen›, nach 1945 insbesondere zum anglo-amerikanischen Einfluß, erscheinen. Vgl. dazu das Literaturverzeichnis. Innerhalb der Sprachwissenschaft wird mehrheitlich dafür plädiert, die Fremdwortfrage ad acta zu legen. Vgl. z. B. Stickel 1985. Statt dessen hat sich die sogenannte Interferenzlinguistik etabliert, die, historisch und systematisch, die gegenseitige Beeinflussung von Sprachen untersucht. Ein wichtiges Untersuchungsfeld sind hier die ‹Internationalismen› und neuerdings die eurolateinischen Wörter. Vgl. Braun (Hg.) 1990 und Kirkness/Munske (Hgg.) 1996.

9 Adorno 1973, 118.
10 Vgl. den Aufsatz ‹Aspekte einer Geschichte der Naturwissenschaftssprachen und ihrer Wechselbeziehung zur Gemeinsprache› in Pörksen 1986a, 10–39.
11 Uwe Pörksen: Das Demokratisierungsparadoxon. Die zweifelhaften Vorzüge der Verwissenschaftlichung und Verfachlichung unserer Sprache, in: Pörksen 1986a, 202–220, Zitat 205.
12 Ebd., 207.
13 Ebd., 208.
14 Ebd., 214.
15 Ebd., 216.
16 Vgl. den Forschungsbericht, den Peter von Polenz 1993 vorgelegt hat, sowie – ergänzend, aber ohne Anspruch auf Vollständigkeit – das Literaturverzeichnis.
17 Thierse 1993, 120.
18 Vgl. z. B. Ludwig 1992, 60–64.
19 Wolf 1990, 119–121, Zitat 119.
20 Vgl. Lang 1990.
21 Die zuletzt zitierte Losung nimmt Bezug auf Erich Honecker, der am 14. August 1989 in Ost-Berlin erklärt hatte, «daß das Triumphgeschrei der westlichen Medien über das ‹Scheitern der sozialistischen Gesellschaftskonzeption› nicht das Geld wert ist, das dafür ausgegeben wird. Den Sozialismus in seinem Lauf hält weder Ochs noch Esel auf.» Vgl. Schüddekopf (Hg.) 1990, 205.
22 Vgl. Schüddekopf (Hg.) 1990, 206; taz 1990.
23 Vgl. z. B. Thierse 1993, 123 ff.; von Polenz 1993, 134 ff.
24 Thierse 1993, 122.
25 Vgl. u. a. die Sammlungen Lang 1990, Leipziger Demontagebuch 1990, Kinne 1990 sowie Reiher 1992 und Schlosser 1993.
26 Die Beschreibung derartiger Unterschiede war vorrangiger Gegenstand zahlreicher linguistischer Arbeiten nach 1989; vgl. u. a. Fraas 1990, 1992, Hellmann 1990, Kinne 1990, 1991. Inzwischen wird jedoch verstärkt auf die Notwendigkeit einer umfassenden Analyse des Kommunikationsverhaltens hingewiesen; vgl. Fraas 1994, Oksaar 1994.
27 Vgl. hierzu insbesondere Liedtke/Wengeler/Böke (Hgg.) 1991 sowie Stötzel/Wengeler 1994.
28 Natürlich gab und gibt es auch in der Bundesrepublik politische Witze, jedoch haben diese in weitaus geringerem Maße den Charakter, Sprachrealitäten und politisch-gesellschaftliche Realitäten in Frage zu stellen. Vgl. dazu die Studie Hansen 1990. Von Interesse für das Thema dürfte auch die folgende Sammlung von Sprachwitzen sein: Koch/Krefeld/Oesterreicher (Hgg.) 1997.
29 Vgl. hierzu auch Eppler 1992.
30 Pörksen 1990, 81.
31 Vgl. Tocqueville 1984, 549–555.
32 Vgl. hierzu u. a. Ammon 1972 und 1973 sowie Bernstein (Hg.) 1972.
33 Maier 1979, 24.
34 Schoenthal 1992a, 90.
35 Vgl. Schoenthal 1989, 303.
36 Schoenthal 1989, 299 f.
37 Pörksen 1993.
38 Dieses und die folgenden Zitate, die mit einer Seitenzahl versehen sind, stammen aus Pörksen 1988.
39 Ingeborg Bachmann: Das dreißigste Jahr. Erzählungen. München 1966, 44.
40 Pörksen 1997, 73.
41 Ebd., 35.

Schlußwort

1 Vgl. zu diesem und den folgenden Zitaten das Nachwort von Uwe Pörksen in Leibniz 1983, 107 f.
2 Heringer 1982b, 94.
3 Wimmer 1982, 298 f.
4 Uwe Pörksen: Theoretische Grundlagen, Instrumente und mögliche Themen einer sprachwissenschaftlichen Sprachkritik. In: Pörksen 1994, 245–263, Zitat 246 f.
5 Hoberg 1994, 70.
6 Gesellschaft für deutsche Sprache (Hg.) 1994, 26.
7 Ebd., 28–33. Zu den «Wörtern des Jahres» ab 1994 vgl. die entsprechenden Jahrgänge der Zeitschrift ‹Der Sprachdienst›.
8 Schlosser 1994, 57.
9 Ebd., 63.
10 Vgl. beispielsweise Eckhard Henscheid: Sinnverwehungen. Die Ironie im kollektiven Freizeitpark. In: Frankfurter Allgemeine Zeitung, 10. 3. 1994; Unwort Unwort. Überfremdung, kollektiver Freizeitpark, ethnische Säuberung – gibt es eine böse Sprache? In: Der Spiegel, 7/1994.

Literaturverzeichnis

Ackermann, Beda [1978]: Schopenhauer und die deutsche Sprache. Freiburg/Schweiz.
Adelung, Johann Christoph [1774–1786]: Versuch eines vollständigen grammatisch-kritischen Wörterbuchs der Hochdeutschen Mundart, mit beständiger Vergleichung der übrigen Mundarten, besonders aber der Oberdeutschen. 5 Bände. Leipzig (2. Aufl. 4 Bände. 1793–1801).
Adelung, Johann Christoph [1782a]: Der Sprachgebrauch gilt mehr, als Analogie und Regeln. In: Magazin für die Deutsche Sprache. Ersten Jahrganges zweytes Stück. Leipzig, S. 83–103.
Adelung, Johann Christoph [1782b]: Sind es die Schriftsteller, welche die Sprache bilden und ausbilden? In: Magazin für die Deutsche Sprache. Ersten Jahrganges drittes Stück. Leipzig, S. 45–57.
Adelung, Johann Christoph [1782c]: Was ist Hochdeutsch? In: Magazin für die Deutsche Sprache. Ersten Jahrganges erstes Stück. Leipzig, S. 1–31.
Adelung, Johann Christoph [1782d]: Zusatz zur ersten und fünften Abhandlung des vorigen Stückes. In: Magazin für die Deutsche Sprache. Ersten Jahrganges zweites Stück. Leipzig, S. 104–108.
Adelung, Johann Christoph [1784]: Fernere Geschichte der Frage: Was ist Hochdeutsch? In: Magazin für die Deutsche Sprache. Zweyten Bandes viertes Stück. Leipzig, S. 138–163.
Adorno, Theodor W. [1973]: Wörter aus der Fremde. In: Ders.: Noten zur Literatur II. Frankfurt a. M., S. 110–130.
Ammon, Karl [1933]: Amtliche Sprachpflege. In: Muttersprache 48, Sp. 428–430.
Ammon, Ulrich [1972]: Dialekt, soziale Ungleichheit und Schule. Weinheim, Basel.
Ammon, Ulrich [1973]: Dialekt und Einheitssprache in ihrer sozialen Verflechtung. Eine empirische Untersuchung zu einem vernachlässigten Aspekt von Sprache und sozialer Ungleichheit. Weinheim, Basel.
Apel, Karl-Otto [1975]: Die Idee der Sprache in der Tradition des Humanismus von Dante bis Vico. 2., durchgesehene Aufl. Bonn.
Arndt, Ernst Moritz [1813]: Über Volkshaß und über den Gebrauch einer fremden Sprache. o. O.
Arndt, Ernst Moritz [1814]: Entwurf einer teutschen Gesellschaft. Frankfurt a. M.
Arntzen, Helmut [1983]: Zur Sprache kommen. Studien zur Literatur- und Sprachreflexion, zur deutschen Literatur und zum öffentlichen Sprachgebrauch. Münster.
Austermann, Anton [1985]: Kurt Tucholsky. Der Journalist und sein Publikum. München, Zürich.
Barth, Paul [1911]: Die Geschichte der Erziehung in soziologischer und geistesgeschichtlicher Beleuchtung. Leipzig.
Baudler, Georg [1970]: ‹Im Worte sehen›. Das Sprachdenken Johann Georg Hamanns. Bonn.
Bauer, Gerhard [1988]: Sprache und Sprachlosigkeit im «Dritten Reich». Köln.
Baxter, T. M. S. [1992]: The Cratylos. Plato's Critique of Naming. Leiden.
Benjamin, Walter [1972–1982]: Gesammelte Schriften. Unter Mitwirkung von Theodor W. Adorno und Gershom Scholem hg. von Rolf Tiedemann und Hermann Schweppenhäuser. 5 Bände in 11 Teilbänden. Frankfurt a. M.
Benjamin, Walter [1987]: Briefe an Siegfried Kracauer. Mit vier Briefen von Siegfried Kracauer an Walter Benjamin. Hrsg. vom Theodor W. Adorno Archiv. Marbach.

Benjamin, Walter [1992]: Sprache und Geschichte. Philosophische Essays. Ausgewählt von Rolf Tiedemann. Mit einem Essay von Theodor W. Adorno. Stuttgart.

Berning, Cornelia [1964]: Vom «Abstammungsnachweis» zum «Zuchtwart». Vokabular des Nationalsozialismus. Berlin.

Bernsmeier, Helmut [1977]: Der Allgemeine Deutsche Sprachverein in seiner Gründungsphase. In: Muttersprache 87, S. 369–395.

Bernsmeier, Helmut [1980]: Der Allgemeine Deutsche Sprachverein in der Zeit von 1912–1932. In: Muttersprache 90, S. 117–140.

Bernsmeier, Helmut [1983]: Der Deutsche Sprachverein im «Dritten Reich». In: Muttersprache 93, S. 35–58.

Bernstein, Basil (Hg.) [1972]: Studien zur sprachlichen Sozialisation. Düsseldorf.

Betz, Werner [1975]: Sprachkritik. Das Wort zwischen Kommunikation und Manipulation. Zürich.

Beutin, Wolfgang [1976]: Sprachkritik – Stilkritik. Eine Einführung. Stuttgart.

Bichsel, Peter [1969]: Ein Tisch ist ein Tisch. In: Ders.: Kindergeschichten. Darmstadt, S. 21–31.

Bircher, Martin; von Ingen, Ferdinand (Hgg.) [1978]: Sprachgesellschaften, Sozietäten, Dichtergruppen. Arbeitsgespräch in der Herzog August Bibliothek Wolfenbüttel 28. bis 30. Juni 1977. Hamburg.

Blackall, Eric A. [1966]: Die Entwicklung des Deutschen zur Literatursprache 1700–1775. Mit einem Bericht über neue Forschungsergebnisse 1955–1964 von Dieter Kimpel. Stuttgart.

Blume, Herbert [1978]: Sprachgesellschaften und Sprache. In: Bircher, Martin; van Ingen, Ferdinand (Hgg.) [1978], S. 39–52.

Böke, Karin; Jung, Matthias; Wengeler, Martin (Hgg.) [1996]: Öffentlicher Sprachgebrauch. Praktische, theoretische und historische Perspektiven. Georg Stötzel zum 60. Geburtstag gewidmet. Opladen.

Borsche, Tilman [1991]: Platon. In: Sprachtheorien der abendländischen Antike. Hrsg. von Peter Schmitter. Tübingen, S. 140–169.

Borsche, Tilman (Hg.) [1996]: Klassiker der Sprachphilosophie. Von Platon bis Noam Chomsky. München.

Brandstetter, Alois [1986]: Betrifft: Verfall der deutschen Sprache. In: Klein, Wolfgang (Hg.) [1986a], S. 108–124.

Brandt, Reinhard; Klemme, Heiner F. [1996]: John Locke (1632–1704). In: Borsche, Tilmann (Hg.) [1996], S. 133–146.

Braun, Peter (Hg.) [1979]: Fremdwort-Diskussion. München.

Braun, Peter (Hg.) [1990]: Internationalismen. Studien zur interlingualen Lexikologie und Lexikographie. Tübingen.

Buck, August [1987]: Humanismus. Seine europäische Entwicklung in Dokumenten und Darstellungen. Freiburg i. Br., München.

Bühler, Karl [1982]: Sprachtheorie. Die Darstellungsfunktion der Sprache. Mit einem Geleitwort von Friedrich Kainz. 9 Abbildungen im Text und auf 1 Tafel. Ungekürzter Nachdruck der Ausgabe von 1934. Stuttgart, New York.

Burke, Peter [1989]: Sprache und Umgangssprache in der frühen Neuzeit. Berlin.

Burkhardt, Armin; Fritzsche, Klaus Peter (Hgg.) [1992]: Sprache im Umbruch. Politischer Sprachwandel im Zeichen von «Wende» und «Vereinigung». Berlin, New York.

Burmester, Ute [1992]: Schlagworte der frühen deutschen Aufklärung. Exemplarische Textanalyse zu Gottfried Wilhelm Leibniz. Frankfurt a. M.

Campe, Joachim Heinrich [1788]: Ein Einwurf wider die Nützlichkeit periodischer Schriften, von Herrn Prof. Garve; aus einem Briefe desselben an den R. C. Beantwortung dieses Einwurfs. In: Braunschweigisches Journal philosophischen, philologischen und pädagogischen Inhalts. Erstes Stück, S. 16–44.

Campe, Joachim Heinrich [1790a]: Briefe aus Paris zur Zeit der Revolution geschrieben.

Aus dem Braunschweigischen Journal abgedruckt. Braunschweig (Nachdruck Hildesheim 1977).

Campe, Joachim Heinrich [1790b]: Proben einiger Versuche von deutscher Sprachbereicherung. In: Braunschweigisches Journal philosophischen, philologischen und pädagogischen Inhalts. Elftes Stück, S. 257–296.

Campe, Joachim Heinrich [1794]: Ueber die Reinigung und Bereicherung der Deutschen Sprache. Dritter Versuch welcher den von dem königl. Preuß. Gelehrtenverein zu Berlin ausgesetzten Preis erhalten hat. Verbesserte und vermehrte Ausgabe Braunschweig.

Campe, Joachim Heinrich [1795a]: Abrede und Einladung. In: Beiträge zur weitern Ausbildung der deutschen Sprache. Erster Band. Erstes Stück, S. 1–22.

Campe, Joachim Heinrich [1795b]: Was ist Hochdeutsch? In wiefern und von wem darf und muß es weiter ausgebildet werden? In: Beiträge zur weitern Ausbildung der deutschen Sprache. Erster Band. Erstes Stück, S. 145–184; Zweites Stück; S. 99–126.

Campe, Joachim Heinrich [1803]: Reise durch England und Frankreich in Briefen an einen jungen Freund in Deutschland. In zwei Theilen. Braunschweig.

Campe, Joachim Heinrich [1804]: Rückreise von Paris nach Braunschweig. Ein Nachtrag zu der Reise durch England und Frankreich. Braunschweig.

Campe, Joachim Heinrich [1807–1811]: Wörterbuch der Deutschen Sprache. 5 Theile. Braunschweig.

Campe, Joachim Heinrich [1813]: Wörterbuch zur Erklärung und Verdeutschung der unserer Sprache aufgedrungenen fremden Ausdrücke. Ein Ergänzungsband zu Adelung's und Campe's Wörterbüchern. Neue starkvermehrte und durchgängig verbesserte Ausgabe. Braunschweig.

Carroll, Lewis [1978]: Alice im Wunderland. Mit zweiundvierzig Illustrationen von John Tenniel. Übersetzt und mit einem Nachwort von Christian Enzensberger. 5. Aufl. Frankfurt a. M. (Erstausgabe 1865).

Carroll, Lewis [1981]: Alice hinter den Spiegeln. Mit einundfünfzig Illustrationen von John Tenniel. Übersetzt von Christian Enzensberger. 5. Aufl. Frankfurt a. M. (Erstausgabe 1872).

Coseriu, Eugenio [1970]: System, Norm und ‹Rede›. In: Ders.: Sprache. Strukturen und Funktionen. XII Aufsätze zur Allgemeinen und Romanischen Sprachwissenschaft. Hg. von Uwe Petersen. Tübingen, S. 193–212.

Coseriu, Eugenio [1975a]: Die Geschichte der Sprachphilosophie von der Antike bis zur Gegenwart. Eine Übersicht. Teil 1. Tübingen.

Coseriu, Eugenio [1975b]: System, Norm und Rede. In: Ders.: Sprachtheorie und Allgemeine Sprachwissenschaft. 5 Studien. München, S. 11–101.

Curtius, Ernst Robert [1984]: Europäische Literatur und lateinisches Mittelalter. 10. Aufl. Bern, München.

Daniels, Karlheinz [1959]: Erfolg und Mißerfolg der Fremdwortverdeutschung (Schicksal der Verdeutschungen von Joachim Heinrich Campe). In: Muttersprache 69, S. 46–54, 105–114, 141–146. Auch in: Braun (Hg.) [1979], S. 145–181.

Dascal, Marcelo; Gerhardus, Dietfried; Lorenz, Kuno; Meggle, Georg (Hgg.) [1992]: Sprachphilosophie. Ein internationales Handbuch zeitgenössischer Forschung. Berlin, New York.

Deinhardt, R. [1933]: Die Sprache der deutschen Wiedergeburt. In: Muttersprache 48, Sp. 385–387.

Denk, V. M. Otto [1892]: Geschichte des gallo-fränkischen Unterrichts- und Bildungswesens. Von den ältesten Zeiten bis auf Karl den Großen. Mit Berücksichtigung der literarischen Verhältnisse. Mainz.

Derbolav, Josef [1972]: Platons Sprachphilosophie im Kratylos und in den späteren Schriften. Darmstadt.

Diderot, Denis [1969]: Enzyklopädie. Philosophische und politische Texte aus der ‹En-

cyclopédie› sowie Prospekt und Ankündigung der letzten Bände. Mit einem Vorwort von Ralph Rainer Wuthenow. München.
Dieckmann, Walther (Hg.) [1989]: Reichthum und Armut deutscher Sprache. Reflexionen über den Zustand der deutschen Sprache im 19. Jahrhundert. Berlin, New York.
Dieckmann, Walther [1992]: Sprachkritik (Studienbibliographien Sprachwissenschaft; Bd. 3). Heidelberg.
Dittmann, Jürgen [1984a]: Sprachlenkung und Denkverbot. George Orwell als Sprachkritiker. In: Freiburger Universitätsblätter. 23. Jahrgang, Heft 83, S. 31–47.
Dittmann, Jürgen [1984b]: Neues von «Newspeak». Die Quellen des Appendix zu George Orwells «1984». In: AKS-Rundbrief (Arbeitskreis der Sprachzentren, Sprachlehrinstitute und Fremspracheninstitute). Nr. 11, S. 21–47.
Dittmar, Norbert [1973]: Soziolinguistik. Exemplarische und kritische Darstellung ihrer Theorie, Empirie und Anwendung. Mit kommentierter Bibliographie. Frankfurt a. M.
Dolch, Josef [1959]: Lehrplan des Abendlandes. Zweieinhalb Jahrtausende seiner Geschichte. Ratingen.
Drosdowski, Günther [1990]: Deutsch – Sprache in einem geteilten Land. Beobachtungen zum Sprachgebrauch in Ost und West in der Zeit von 1945 bis 1990. Mannheim, Wien, Zürich.
Dyck, Joachim [1976]: Zum Funktionswandel der Universitäten vom 17. zum 18. Jahrhundert. In: Schoene, Albrecht (Hg.): Stadt – Schule – Universität – Buchwesen und die deutsche Literatur im 17. Jahrhundert. Vorlagen und Diskussionen eines Barock-Symposions der Deutschen Forschungsgemeinschaft 1974 in Wolfenbüttel. München, S. 371–382.
Ebner, A. [1940]: Werbe und Propaganda. In: Muttersprache 55, Sp. 89.
Eco, Umberto [1994]: Die Suche nach der vollkommenen Sprache. Aus dem Italienischen von Burkhart Kroeber. München.
Ederer, Hannelore [1979]: Die literarische Mimesis entfremdeter Sprache. Zur sprachkritischen Literatur von Heinrich Heine bis Karl Kraus. Köln.
Ehrhardt, Ute [1994]: Gute Mädchen kommen in den Himmel, böse überall hin. Warum Bravsein uns nicht weiterbringt. Frankfurt a. M.
Ehrismann, Otfried [1986]: «Die alten Menschen sind größer, reiner und heiliger gewesen als wir». Die Grimms, Schelling; vom Ursprung der Sprache und ihrem Verfall. In: Klein, Wolfgang (Hg.) [1986a], 29–57.
Engel, Eduard [1917]: Sprich deutsch! Ein Buch zur Entwelschung. 2. Aufl. Leipzig.
Eppler, Erhard [1992]: Kavalleriepferde beim Hornsignal. Die Krise der Politik im Spiegel der Sprache. Frankfurt a. M.
Erckenbrecht, Ulrich [1998]: Die Unweisheit des Westens. Scherflein zur Philosophie und Sprachkritik. Göttingen.
Erzgräber, Willi [1980]: Utopie und Anti-Utopie in der englischen Literatur: Morus, Morris, Wells, Huxley, Orwell. München.
Erzgräber, Willi [1983]: George Orwells «Nineteen Eighty-Four» zwischen Fiktion und Realität. In: Neumann, Horst; Scheer, Heinz (Hgg.): Plus Minus 1984. George Orwells Vision in heutiger Sicht. Freiburg i. Br., S. 11–37.
Fertig, Ludwig [1977]: Campes politische Erziehung. Eine Einführung in die Pädagogik der Aufklärung. Darmstadt.
Fichte, Johann Gottlieb [1955]: Reden an die deutsche Nation. Hg. von Fritz Medicus. Mit einer Einleitung von Alwin Diemer und einem Namen- und Sachverzeichnis. Hamburg.
Fix, Ulla [1990]: Der Wandel der Muster – der Wandel im Umgang mit den Mustern. Kommunikationskultur im institutionellen Sprachgebrauch der DDR am Beispiel von Losungen. In: Deutsche Sprache 18, S. 332–347.
Fleck, Ludwik [1980]: Entstehung und Entwicklung einer wissenschaftlichen Tatsache.

Einführung in die Lehre vom Denkstil und Denkkollektiv. Mit einer Einleitung hrsg. von Lothar Schäfer und Thomas Schnelle. Frankfurt a. M.

Fleck, Ludwik [1983]: Erfahrung und Tatsache. Gesammelte Aufsätze. Mit einer Einleitung hrsg. von Lothar Schäfer und Thomas Schnelle. Frankfurt a. M.

Flögel, Carl Friedrich [1778]: Geschichte des menschlichen Verstandes. 3. vermehrte und verbesserte Aufl. Frankfurt, Leipzig (Reprint Frankfurt a. M. 1972).

Foucault, Michel [1978]: Die Ordnung der Dinge. Eine Archäologie der Humanwissenschaften. Frankfurt a. M.

Fraas, Claudia [1990]: Beobachtungen zur deutschen Lexik vor und nach der ‹Wende›. In: Deutschunterricht 43, Heft 12, S. 594–598.

Fraas, Claudia [1994]: Kommunikationskonflikte vor dem Hintergrund unterschiedlicher Erfahrungswelten. Eine Anmerkung zu Peter von Polenz: Die Sprachrevolte in der DDR im Herbst 1989, in ZGL 21, 127–149. In: Zeitschrift für germanistische Linguistik 22, S. 87–90.

Fraas, Claudia; Steyer, Kathrin [1992]: Sprache der Wende – Wende der Sprache? Beharrungsvermögen und Dynamik von Strukturen im öffentlichen Sprachgebrauch. In: Deutsche Sprache 20, S. 172–184.

Frank, Karsta [1992]: Sprachgewalt. Die sprachliche Reproduktion der Geschlechterhierarchie. Elemente einer feministischen Linguistik im Kontext sozialwissenschaftlicher Frauenforschung. Tübingen.

Fries, Laurenz [1532]: Spiegel der artzney/vor zeyten zů nutz vnnd trost der Leyen gemacht/durch Laurentium Friesen/aber offt nun gefelschet/durch vnfleiß der Bůchtrucker/yetzund durch denselben Laurentium/vnd M. Othonem Brunfeld/widerumb gebessert vnnd in seynen ersten glantz gestellet. Straßburg.

Gadamer, Hans-Georg [1975]: Wahrheit und Methode. Grundzüge einer philosophischen Hermeneutik. 4. Aufl. Tübingen.

Gaier, Ulrich [1988]: Herders Sprachphilosophie und Erkenntniskritik. Stuttgart-Bad Cannstatt.

Gaiser, Konrad [1974]: Name und Sache in Platons «Kratylos». Heidelberg.

Gauger, Hans-Martin [1971]: Durchsichtige Wörter. Zur Theorie der Wortbildung. Heidelberg.

Gauger, Hans-Martin [1980]: Wissenschaft als Stil. In: Merkur 34, S. 364–374.

Gauger, Hans-Martin [1985a]: Brauchen wir Sprachkritik?. In: Henning-Kaufmann-Stiftung zur Pflege der Reinheit der deutschen Sprache. Jahrbuch 1984. Marburg, S. 31–63.

Gauger, Hans-Martin [1985b]: Wir sollten mit der Sprache sorgfältiger umgehen. In: Der Sprachdienst 29, S. 65–69.

Gauger, Hans-Martin [1985c]: Unwahre Wörter?. In: Merkur 39, S. 169–174.

Gauger, Hans-Martin [1986a]: Negative Sexualität in der Sprache. In: Mauser, Wolfram; Renner, Ursula; Schönau, Walter (Hgg.): Phantasie und Deutung. Psychologisches Verstehen von Literatur und Film. Frederick Wyatt zum 75. Geburtstag. S. 315–327.

Gauger, Hans-Martin [1986b]: Nietzsches Auffassung vom Stil. In: Gumbrecht, Hans Ulrich; Pfeiffer, K. Ludwig (Hgg.): Stil. Geschichten und Funktionen eines kulturwissenschaftlichen Diskurselements. Frankfurt a. M., S. 200–214.

Gauger, Hans-Martin [1986c]: «Schreibe, wie du redest!» Zu einer stilistischen Norm. In: Sprachnormen in der Diskussion. Beiträge vorgelegt von Sprachfreunden. Berlin, New York, S. 21–40.

Gauger, Hans-Martin (Hg.) [1986d]: Sprach-Störungen. Beiträge zur Sprachkritik. München.

Gauger, Hans-Martin [1987]: Krieg, Waffe, Verteidigung: Unsere Wörter stimmen nicht mehr. In: Freiburger Universitätsblätter. 26. Jahrgang, Heft 95, S. 130–134.

Gauger, Hans-Martin [1988]: Der Autor und sein Stil. Zwölf Essays. Stuttgart.

Gauger, Hans-Martin [1991a]: Auszug der Wissenschaften aus dem Deutschen?. In: Merkur 45, S. 583–594.

Gauger, Hans-Martin [1991b]: Sprachkritik. In: Deutsche Akademie für Sprache und Dichtung. Jahrbuch 1991, S. 13–43.

Gauger, Hans-Martin [1994]: Kommentar: Sprachliche Aufmerksamkeit. Glossen und Marginalien zur Sprache der Gegenwart. Hrsg. von Wolf Peter Klein und Ingwer Paul (Walther Dieckmann zum 60. Geburtstag). Heidelberg 1993. In: Zeitschrift für germanistische Linguistik 22, S. 227–233.

Gauger, Hans-Martin [1995]: Über Sprache und Stil. München.

Gauger, Hans-Martin [1996]: Sprachkritische Eskapaden. In: Verleihung des Übersetzer- und des Förderpreises der Robert Bosch Stiftung. Darmstadt, S. 35–45.

Gauger, Hans-Martin; Oesterreicher, Wulf [1982]: Sprachgefühl und Sprachsinn. In: Sprachgefühl? Vier Antworten auf eine Preisfrage. Heidelberg, S. 9–90.

Gesellschaft für deutsche Sprache (Hg.) [1993]: Wörter und Unwörter. Sinniges und Unsinniges der deutschen Gegenwartssprache. Niedernhausen/Ts.

Gesellschaft für deutsche Sprache (Hg.) [1994]: Wörter und Unwörter 2. Sinniges und Unsinniges der deutschen Gegenwartssprache. Niedernhausen/Ts.

Gessinger, Joachim [1980]: Sprache und Bürgertum. Zur Sozialgeschichte sprachlicher Verkehrsformen im Deutschland des 18. Jahrhunderts. Stuttgart.

Giesecke, Michael [1991]: Der Buchdruck in der frühen Neuzeit. Eine historische Fallstudie über die Durchsetzung neuer Informations- und Kommunikationstechnologien. Frankfurt a. M.

Giesecke, Michael [1992]: Sinnenwandel, Sprachwandel, Kulturwandel. Studien zur Vorgeschichte der Informationsgesellschaft. Frankfurt a. M.

Gipper, Helmut [1972]: Gibt es ein sprachliches Relativitätsprinzip? Untersuchungen zur Sapir-Whorf-Hypothese. Frankfurt a. M.

Glück, Helmut; Sauer, Wolfgang Werner [1990]: Gegenwartsdeutsch. Stuttgart.

Goethe, Johann Wolfgang von [1887–1918]: Werke. Weimarer Ausgabe (Sophien-Ausgabe). Weimar.

Goethe, Johann Wolfgang von [1947 ff.]: Goethes Schriften zur Naturwissenschaft (Leopoldina). Weimar.

Goethe, Johann Wolfgang von [1948 ff.]: Werke. Hamburger Ausgabe in 14 Bänden. Hrsg. von Erich Trunz. Hamburg.

Goffman, Erving [1994]: Interaktion und Geschlecht. Hrsg. und eingeleitet von Hubert A. Knoblauch. Mit einem Nachwort von Helga Kotthoff. Frankfurt a. M.

Gossen, Theodor [1976]: Von Sprachdirigismus und Norm. Rektoratsrede gehalten an der Jahresfeier der Universität Basel am 26. November 1976. Basel.

Gottsched, Johann Christoph [1762]: Vollständigere und Neuerläuterte Deutsche Sprachkunst. Nach den Mustern der besten Schriftsteller des vorigen und itzigen Jahrhunderts abgefasset, und bei dieser fünften Auflage merklich verbessert. Leipzig (= Johann Christoph Gottsched: Ausgewählte Werke. Hrsg. von P. M. Mitchell. 8. Band. Bearbeitet von Herbert Penzl. Berlin, New York 1978).

Grabmann, Martin [1909/1911]: Die Geschichte der scholastischen Methode. Nach den gedruckten und ungedruckten Quellen bearbeitet. 2 Bände. Freiburg i. Br.

Grabmann, Martin [1926, 1936, 1956]: Mittelalterliches Geistesleben. Abhandlungen zur Geschichte der Scholastik und Mystik. 3 Bände. München.

Graeser, Andreas [1975]: Platons Ideenlehre. Sprache, Logik und Metaphysik. Eine Einführung. Bern, Stuttgart.

Gramsci, Antonio [1984]: Notizen zur Sprache und Kultur. Leipzig, Weimar.

Gräßel, Ulrike [1991]: Sprachverhalten und Geschlecht. Pfaffenweiler.

Greule, Albrecht; Ahlvers-Liebel, Elisabeth [1986]: Germanistische Sprachpflege. Geschichte, Praxis, Zielsetzung. Darmstadt.

Grimm, Gunther E. [1983]: Literatur und Gelehrtentum in Deutschland. Untersuchungen zum Wandel ihres Verhältnisses vom Humanismus bis zur Frühaufklärung. Tübingen.

Grimm, Jacob [1879]: Über den Ursprung der Sprache. In: Ders.: Kleinere Schriften. 2. Aufl. Berlin, S. 256–299.

Gudorf, Odilo [1981]: Sprache als Politik. Untersuchung zur öffentlichen Sprache und Kommunikationskultur in der DDR. Köln.

Hamann, Johann Georg [1949–1957]: Sämtliche Werke. Hg. von Josef Nadler. 6 Bände. Wien.

Hamann, Johann Georg [1955–1965]: Briefwechsel. Hg. von Walter Ziesemer und Arthur Henkel. 5 Bände. Wiesbaden.

Hammerstein, Notker [1970]: Zur Geschichte der deutschen Universität im Zeitalter der Aufklärung. In: Rössler, Hellmuth; Franz, Günther (Hgg.): Universität und Gelehrtenstand 1400–1800. Büdinger Vorträge 1966. Limburg, S. 145–182.

Hansen, Klaus [1990]: Das kleine Nein im großen Ja. Witz und Politik in der Bundesrepublik. Opladen.

Härle, Gerhard [1996]: Reinheit der Sprache, des Herzens und des Leibes. Zur Wirkungsgeschichte des rhetorischen Begriffs *puritas* in Deutschland von der Reformation bis zur Aufklärung. Tübingen.

Harsdörffer, Georg Philipp [1644–1649]: Frauenzimmer Gesprächsspiele, so bey Ehr- und Tugendliebenden Gesellschaften mit nutzlicher Ergetzlichkeit beliebet und geübet werden mögen. 1.–8. Teil. Nürnberg. Reprographischer Nachdruck Tübingen 1968/1969.

Harsdörffer, Georg Philipp [1648–1653]: Poetischer Trichter. Die Teutsche Dicht- und Reimkunst ohne Behuf der Lateinischen Sprache. 3 Teile. Nürnberg. Reprographischer Nachdruck Hildesheim, New York 1971.

Hartfelder, Karl [1890]: Der Zustand der deutschen Hochschulen am Ende des Mittelalters. In: Historische Zeitschrift 64 (N. F. 28), S. 50–107.

Haß-Zumkehr, Ulrike [1995]: Daniel Sanders. Aufgeklärte Germanistik im 19. Jahrhundert. Berlin, New York.

Hassenstein, Bernhard [1979]: Wie viele Körner ergeben einen Haufen? Bemerkungen zu einem uralten und zugleich aktuellen Verständigungsproblem. In: Peisl, Anton; Mohler, Armin (Hgg.): Der Mensch und seine Sprache. Schriften der Carl Friedrich von Siemens Stiftung. Band 1. Frankfurt a. M., Berlin, Wien, S. 210–242.

Hassler, Gerda [1984]: Sprachtheorien der Aufklärung. Zur Rolle der Sprache im Erkenntnisprozeß. Berlin.

Heintz, Günter [1969]: Point de vue. Leibniz und die These vom Weltbild der Sprache. In: Zeitschrift für deutsches Altertum und deutsche Literatur 98, S. 216–240.

Hellmann, Manfred W. [1990]: DDR-Sprachgebrauch nach der Wende – eine erste Bestandsaufnahme. In: Muttersprache 100, S. 266–286.

Helwig, Christoph; Jungius, Joachim [1614]: Kurtzer Bericht/Von der Didactica/Oder LehrKunst/Wolfgangi Ratichii. Darinnen er Anleitung gibt/wie die Sprachen/Künste vnd Wissenschafften leichter/geschwinder/richtiger/gewisser vnd vollkömlicher/als bißhero geschehen/fortzupflantzen seynd. Nachbericht/Von der newen Lehrkunst Wolfgangi Ratichii. Magdeburg. Abdruck in Ratke [1892/1893], Band 1, 59–88.

Henne, Helmut [1996]: Sprachliche Erkundung der Moderne. Mannheim, Leipzig, Wien, Zürich.

Herberg, Dieter [1993]: Die Sprache der Wendezeit als Forschungsgegenstand. Untersuchungen zur Sprachentwicklung 1989/90 am IDS. In: Muttersprache 103, S. 264–266.

Herberg, Dieter; Stickel, Gerhard [1992]: Gesamtdeutsche Korpusinitiative. Ein Dokumentationsprojekt zur Sprachentwicklung 1889/90. In: Deutsche Sprache 20, S. 185–192.

Herder, Johann Gottfried [1877–1913]: Sämmtliche Werke. Hg. von Bernhard Suphan. 33 Bände. Berlin.

Heringer, Hans Jürgen (Hg.) [1982a]: Holzfeuer im hölzernen Ofen. Aufsätze zur politischen Sprachkritik. Tübingen.

Heringer, Hans Jürgen [1982b]: Normen – Ja, aber meine! In: Heringer (Hg.) 1982a, S. 94–105.

Heringer, Hans Jürgen [1990]: «Ich gebe Ihnen mein Ehrenwort». Politik – Sprache – Moral. München.

Hoberg, Rudolf [1994]: Wirbel um Wörter und Unwörter. In: Gesellschaft für deutsche Sprache (Hg.) [1994], S. 70–73.

Hoberg, Rudolf [1996]: Linguistik für die Öffentlichkeit: Wörter und Unwörter des Jahres. In: Böke, Karin; Jung, Matthias; Wengeler, Martin (Hgg.) [1996], S. 90–98.

Hodermann, Richard [o. J. (1891)]: Universitätsvorlesungen in deutscher Sprache um die Wende des 17. Jahrhunderts. Eine sprachgeschichtliche Abhandlung. o. O [Diss. Jena].

Hoffend, Andrea [1987]: Bevor die Nazis die Sprache beim Wort nahmen. Wurzeln und Entsprechungen nationalsozialistischen Sprachgebrauchs. In: Muttersprache 97, S. 257–299.

Hofmannsthal, Hugo von [1979]: Ein Brief. In: Ders.: Erzählungen. Erfundene Gespräche und Briefe. Reisen. Hg. von Bernd Schoeller. Frankfurt a. M.

Hofstätter, Peter Robert [1949]: Vom Leben des Wortes. Wien.

Holz, Guido [1951]: Joachim Heinrich Campe als Sprachreiniger und Wortschöpfer. Phil. Diss. Tübingen (masch.).

Hopfer, Reinhard [1991]: Besetzte Plätze und «befreite Begriffe». Die Sprache der Politik der DDR im Herbst 1989. In: Liedtke, Frank; Wengeler, Martin; Böke, Karin (Hgg.) [1991], S. 111–122.

Hübner, Arthur [1934]: Die Einigung der deutschen Sprache. In: Muttersprache 49, Sp. 105–112.

Humboldt, Wilhelm von [1979]: Werke in fünf Bänden. Band III: Schriften zur Sprachphilosophie. 5., unveränd. Aufl. Darmstadt.

Ising, Erika [1959]: Wolfgang Ratkes Schriften zur deutschen Grammatik (1612–1630). Teil I: Abhandlung. Teil II: Textausgabe. Berlin.

Jäger, Manfred [1994]: Kultur und Politik in der DDR 1945–1990. Köln.

Jahn, Friedrich Ludwig Ch. [1806]: Bereicherung des Hochdeutschen Sprachschatzes versucht im Gebiethe der Sinnverwandtschaft, ein Nachtrag zu Adelung's und eine Nachlese zu Eberhard's Wörterbuch. Leipzig.

Jahnke, Richard [1933]: Deutschland, erwache! In: Muttersprache 48, S. 97.

Jakobson, Roman [1972]: Linguistik und Poetik (engl. Original 1960). In: Ihwe, Jens (Hg.): Literaturwissenschaft und Linguistik. Eine Auswahl. Texte zur Theorie der Literaturwissenschaft. Bd. 1. Frankfurt a. M., S. 99–135.

Jendreiek, Helmut [1975]: Hegel und Jacob Grimm. Ein Beitrag zur Geschichte der Wissenschaftstheorie. Berlin.

Jespersen, Otto [1925]: Die Sprache, ihre Natur, Entwicklung und Entstehung. Heidelberg.

Jochmann, Carl Gustav [1828]: Ueber die Sprache. Faksimiledruck nach der Originalausgabe von 1828, mit Schlabrendorfs «Bemerkungen über Sprache» und der Jochmann-Biographie von Julius Eckardt, hg. von Christian Johannes Wagenknecht. Göttingen 1968.

Jochmann, Carl Gustav [1983]: Politische Sprachkritik. Aphorismen und Glossen. Hg. von Uwe Pörksen. Kommentiert von Uwe Pörksen und Siegfried Hennrich, Hubert Klausmann, Eva Lange, Jürgen Schiewe. Stuttgart.

Jochmann, Carl Gustav [1990]: Die unzeitige Wahrheit. Aphorismen, Glossen und der Essay ‹Über die Öffentlichkeit›. Hg., erläutert und mit einer Lebenschronik und einem Register versehen von Eberhard Haufe. Leipzig, Weimar.

Jones, William Jervis (Hg.) [1995]: Sprachhelden und Sprachverderber. Dokumente zur Erforschung des Fremdwortpurismus im Deutschen (1478–1750). Berlin, New York.

Kamlah, Wilhelm; Lorenzen, Paul [1967]: Logische Propädeutik. Mannheim.

Kant, Immanuel [1977]: Werkausgabe. Hrsg. von Wilhelm Weischedel. 12 Bände. Frankfurt a. M.

Keller, Rudi [1990]: Sprachwandel. Von der unsichtbaren Hand in der Sprache. Tübingen.

Keller, Rudi [1995]: Zeichentheorie. Zu einer Theorie semiotischen Wissens. Tübingen, Basel.

Key, Mary Richie [1975]: Male/female language. New York.

Kinne, Michael [1990]: Deutsch 1989 in den Farben der DDR. Sprachlich Markantes aus der Zeit vor und nach der Wende. In: Der Sprachdienst 34, S. 13–18.

Kinne, Michael [1991]: DDR-Deutsch und Wendesprache. In: Der Sprachdienst 35, S. 49–54.

Kinne, Michael; Schwitalla, Johannes [1994]: Sprache im Nationalsozialismus (Studienbibliographien Sprachwissenschaft; Bd. 9). Heidelberg.

Kirkness, Alain [1975]: Zur Sprachreinigung im Deutschen 1789–1871. Eine historische Dokumentation. 2 Teile. Tübingen.

Kirkness, Alan [1984]: Das Phänomen des Purismus in der Geschichte des Deutschen. In: Besch, Werner; Reichmann, Oskar; Sonderegger, Stefan (Hgg.): Sprachgeschichte. Ein Handbuch zur Geschichte der deutschen Sprache und ihrer Erforschung. Erster Halbband. Berlin, New York, S. 290–299.

Kirkness, Alan [1985]: Sprachreinheit und Sprachreinigung in der Spätaufklärung. Die Fremdwortfrage von Adelung bis Campe, vor allem in der Bildungs- und Wissenschaftssprache. In: Kimpel, Dieter (Hg.): Mehrsprachigkeit in der deutschen Aufklärung. Hamburg, S. 85–104.

Klein, Josef (Hg.) [1989]: Politische Semantik. Bedeutungsanalytische und sprachkritische Beiträge zur politischen Sprachverwendung. Opladen.

Klein, Wolfgang (Hg.) [1986a]: Sprachverfall? Göttingen (= Zeitschrift für Literaturwissenschaft und Linguistik, Heft 62).

Klein, Wolfgang [1986b]: Der Wahn vom Sprachverfall und andere Mythen. In: Klein, Wolfgang (Hg.) [1986a], 11–28.

Klemperer, Victor [1995]: Ich will Zeugnis ablegen bis zum letzten. Tagebücher 1933–1941. Hg. von Walter Nowojski unter Mitarbeit von Hadwig Klemperer. 2 Bände. Berlin.

Klemperer, Victor [1996a]: LTI. Notizbuch eines Philologen. Leipzig (1. Aufl. 1946).

Klemperer, Victor [1996b]: Und alles ist so schwankend. Tagebücher Juni bis Dezember 1945. Hg. von Günter Jäckel unter Mitarbeit von Hadwig Klemperer. Berlin.

Kluge, Friedrich [1920]: Deutsche Sprachgeschichte. Werden und Wachsen unserer Muttersprache von ihren Anfängen bis zur Gegenwart. Leipzig.

Knoop, Ulrich [1991]: Sprachkritik: Die notwendige Antwort auf die Folgen der modernen Normkodifikation. In: «Die in dem alten Haus der Sprache wohnen.» Beiträge zum Sprachdenken in der Literaturgeschichte. Helmut Arntzen zum 60. Geburtstag. Zusammen mit Thomas Althaus und Burkhard Spinnen hg. von Eckehadt Czukka. Münster, S. 3–10.

Koch, Peter; Krefeld, Thomas; Oesterreicher, Wulf [1997]: Neues aus Sankt Eiermark. Das kleine Buch der Sprachwitze. München.

Koldewey, Friedrich [1887]: Joachim Heinrich Campe als Vorkämpfer für die Reinheit der Muttersprache. In: Die Grenzboten. Zeitschrift für Politik, Literatur und Kunst 46, S. 357–372.

Korn, Karl [1962]: Sprache in der verwalteten Welt. München (1. Aufl. 1959).

Korninger, Siegfried [1958]: G. W. Leibnizens Sprachauffassung. In: Die Sprache. Zeitschrift für Sprachwissenschaft 4, S. 4–14.

Koselleck, Reinhart; Widmer, Paul (Hgg.) [1980]: Niedergang. Studien zu einem geschichtlichen Thema. Stuttgart.

Kraft, Werner [1972]: Carl Gustav Jochmann und sein Kreis. Zur deutschen Geistesgeschichte zwischen Aufklärung und Vormärz. München.

Kraft, Werner [1977]: Muttersprache und Sprachkrise. In: Freiburger Universitätsblätter. Heft 55, S. 15–23.

Kraus, Karl [1952–1967]: Werke. Hg. von Heinrich Fischer. 14 Bände. München.

Kraus, Manfred [1996]: Platon (428/27–348/47 v. Chr.). In: Borsche, Tilman (Hg.) [1996], S. 15–32, 449–452.

Kühlmann, Wilhelm [1989]: Nationalliteratur und Latinität: Zum Problem der Zweisprachigkeit in der frühneuzeitlichen Literaturbewegung Deutschlands. In: Garber, Klaus (Hg.): Nation und Literatur im Europa der Frühen Neuzeit. Akten des I. Internationalen Osnabrücker Kongresses zur Kulturgeschichte der Frühen Neuzeit. Tübingen, S. 164–206.

Kuhn, Elisabeth D. [1982]: Geschlechtsspezifische Unterschiede in der Sprachverwendung. Trier.

Kühn, Joachim [1975]: Gescheiterte Sprachkritik. Fritz Mauthners Leben und Werk. Berlin, New York.

Kuhn, Michael [1996]: De nomine et vocabulo. Der Begriff der medizinischen Fachsprache und die Krankheitsnamen bei Paracelsus (1493–1541). Heidelberg.

Lakoff, Robin [1975]: Language and woman's place. New York.

Landauer, Gustav [1901]: Mauthners Sprachkritik. In: Die Zukunft 9, Bd. 35, S. 220–224.

Landauer, Gustav [1994]: Briefwechsel 1890–1919: Gustav Landauer – Fritz Mauthner. Bearbeitet von Hanna Delf. München.

Lang, Ewald (Hg.) [1990]: Wendehals und Stasi-Laus. Demo-Sprüche aus der DDR. München.

Leibniz, Gottfried Wilhelm [1916]: Deutsche Schriften. Bd. 1: Muttersprache und völkische Gesinnung. Hrsg. von Walther Schmied-Kowarzik. Leipzig.

Leibniz, Gottfried Wilhelm [1971]: Neue Abhandlungen über den menschlichen Verstand. Übersetzt, eingeleitet und erläutert von Ernst Cassirer. Hamburg.

Leibniz, Gottfried Wilhelm [1983]: Unvorgreifliche Gedanken, betreffend die Ausübung und Verbesserung der deutschen Sprache. Zwei Aufsätze. Hg. von Uwe Pörksen. Kommentiert von Uwe Pörksen und Jürgen Schiewe. Stuttgart.

Leipziger Demontagebuch [1990]. Demo. Montag. Tagebuch. Demontage. Zusammengestellt und mit einer Chronik von Wolfgang Schneider. Leipzig, Weimar.

Lerchner, Gotthard (Hg.) [1992]: Sprachgebrauch im Wandel. Anmerkungen zur Kommunikationskultur in der DDR vor und nach der Wende. Frankfurt a. M., Berlin, Bern, New York, Paris, Wien.

Leyser, Jakob Anton [1877]: Joachim Heinrich Campe. Ein Lebensbild aus dem Zeitalter der Aufklärung. 2 Bände. Braunschweig.

Lichtenberg, Georg Christoph [1967–1992]: Schriften und Briefe. Hg. von Wolfgang Promies. 4 Bände. München.

Liedtke, Frank; Wengeler, Martin; Böke, Karin (Hgg.) [1991]: Begriffe besetzen. Strategien des Sprachgebrauchs in der Politik. Opladen.

Limmer, Rudolf [1928]: Bildungszustände und Bildungsideen des 13. Jahrhunderts. Dargestellt unter besonderer Berücksichtigung der lateinischen Quellen. München, Berlin.

Limmer, Rudolf [1958]: Pädagogik des Mittelalters. Mallersdorf.

Löffler, Heinrich [1985]: Germanistische Soziolinguistik. Berlin.

Lorenz, Kuno; Mittelstrass, Jürgen [1967]: Rational Philosophy of Language: The Programme in Plato's Cratylos reconsidered. In: Mind 76, S. 1–20.

Ludwig, Klaus Dieter [1992]: Zur Sprache der Wende. Lexikologisch-lexikographische Beobachtung. In: Welke, Klaus; Sauer, Wolfgang W. ; Glück, Helmut (Hgg.) [1992], S. 59–70.

Mahnruf an das deutsche Volk [1933]. In: Muttersprache 48, 145.

Maier, Lonni [1979]: Geschichtsspezifisches Sprachverhalten als Gegenstand der Soziolinguistik. In: Osnabrücker Beiträge zur Sprachtheorie (OBST) 9, S. 163–176.

Mauthner, Fritz [1982]: Beiträge zu einer Kritik der Sprache. 3 Bände. Frankfurt a. M., Berlin, Wien (1. Aufl. 1901/02).

Meier, Pirmin [1993]: Paracelsus. Arzt und Prophet. Annäherungen an Theophrastus von Hohenheim. Zurüch.

Menninghaus, Winfried [1995]: Walter Benjamins Theorie der Sprachmagie. Frankfurt a. M.

Menzel, Wolfgang Walter [1996]: Vernakuläre Wissenschaft. Christian Wolffs Bedeutung für die Herausbildung und Durchsetzung des Deutschen als Wissenschaftssprache. Tübingen.

Miebach, Franz [1934]: Mehr Kampfgeist! Neue Wege für die Zweigvereinsarbeit. In: Muttersprache 49, Sp. 145–148.

Miethke, Jürgen [1988]: Die Welt der Professoren und Studenten an der Wende vom Mittelalter zur Neuzeit. In: Andermann, Kurt: Historiographie am Oberrhein im späten Mittelalter und in der frühen Neuzeit. Sigmaringen, S. 11–33.

Mumm, Susanne [1977]: Zur Propädeutik der Linguistik: Wort und Zeichen. Mit einem Beitrag zur hermeneutischen Humboldt-Rezeption. In: Germanistische Linguistik, Heft 1–2, S. 101–170.

Munske, Horst Haider; Kirkness, Alan (Hgg.) [1990]: Eurolatein. Das griechische und lateinische Erbe in den europäischen Sprachen. Tübingen.

Neff, Landolin [1870/71]: Gottfried Wilhelm Leibniz als Sprachforscher und Etymologe. 2 Teile. Heidelberg.

Neuland, Eva [1996]: Sprachkritiker sind wir doch alle! Formen öffentlichen Sprachbewußtseins. Perspektiven kritischer Deutung und einige Folgerungen. In: Böke, Karin; Jung, Matthias; Wengeler, Martin (Hgg.) [1996], S. 110–120.

Neumann, Werner [1988]: Über das Verhältnis von Sprachtheorie und Sprachsituation in Deutschland gegen Ende des 19. Jahrhunderts. In: Beiträge zur Erforschung der deutschen Sprache (Leipzig) 8, S. 5–33.

Nietzsche, Friedrich [1973]: Werke in drei Bänden. Hg. von Karl Schlechta. 7. Aufl. München.

Ockham, Wilhelm von [1984]: Texte zur Theorie der Erkenntnis und der Wissenschaft. Lateinisch/Deutsch. Hrsg., übersetzt und kommentiert von Ruedi Imbach. Stuttgart.

Oesterreicher, Wulf [1983]: «Historizität» und «Variation» in der Sprachforschung der französischen Spätaufklärung – auch: Ein Beitrag zur Entstehung der Sprachwissenschaft. In: Cerquiglini, B.; Gumbrecht, H. U. (Hgg.): Der Diskurs der Literatur- und Sprachhistorie. Wissenschaftsgeschichte als Innovationsvorgabe. Frankfurt a. M., S. 167–205.

Ogden, C. K.; Richards, I. A. [1974]: Die Bedeutung der Bedeutung (The Meaning of Meaning). Eine Untersuchung über den Einfluß der Sprache auf das Denken und über die Wissenschaft des Symbolismus. Frankfurt a. M. (Originalausgabe 1923).

Oksaar, Els [1994]: Zu den Verständigungsschwierigkeiten im gegenwärtigen Deutsch. Anmerkungen zur Diskussion über die gemeinsame Sprache nach der Einigung Deutschlands. In: Zeitschrift für germanistische Linguistik 22, S. 220–226.

Olt, Reinhard [1987]: Was ist «fremd» im Deutschen? Der Weg zum «Deutschen Fremdwörterbuch» von Schulz/Basler. In: Muttersprache 97, S. 300–322.

Olt, Reinhard [1991]: Wider das Fremde? Das Wirken des Allgemeinen Deutschen Sprachvereins in Hessen 1885–1944. Mit einer einleitenden Studie über Sprachreinigung und Fremdwortfrage in Deutschland und Frankreich seit dem 16. Jahrhundert. Darmstadt.

Oppermann, Katrin; Weber, Erika [1995]: Frauensprache – Männersprache. Die verschiedenen Kommunikationsstile von Männern und Frauen. Zürich.

Orwell, George [1968]: The Collected Essays, Journalism and Letters of George Orwell. Edited by Sonia Orwell and Ian Angus. 4 vols. London.

Orwell, George [1984]: 1984. Roman. Übersetzt von Michael Walter. Hrsg. und mit einem Nachwort von Herbert W. Franke. Frankfurt a. M., Berlin, Wien (Erstausgabe 1949).

Oschlies, Wolf [1989]: Würgende und wirkende Wörter – Deutschsprechen in der DDR. Berlin.

Oschlies, Wolf [1990]: «Vierzig zu Null im Klassenkampf?» Sprachliche Bilanz von vier Jahrzehnten DDR. Melle.

Otto, Karl F. [1972]: Die Sprachgesellschaften des 17. Jahrhunderts. Stuttgart.

Palleske, Richard [1913a]: Ein verschollener Vorkämpfer für eine «gemeinverständliche» Sprache. In: Zeitschrift des Allgemeinen Deutschen Sprachvereins 28, Sp. 1–10.

Palleske, Richard [1913b]: Die Bedeutung des lebendigen Gebrauchs der Sprache für ihre Ausbildung (nach Jochmann). In: Zeitschrift des Allgemeinen Deutschen Sprachvereins 28, Sp. 70–75.

Papst, Manfred (Hg.) [1984]: Über George Orwell. Zürich.

Paracelsus [1922–1933]: Sämtliche Werke. I. Abt.: Die medizinischen, naturwissenschaftlichen und naturphilosophischen Schriften. 14 Bände. Hg. von Karl Sudhoff. Berlin, München.

Paracelsus [1971–1977]: Bücher und Schriften. 6 Bde. Hrsg. von Johannes Huser. Hildesheim (Reprographischer Nachdruck der Ausgabe Basel (Bd. 6: Straßburg) 1589–1605).

Paulsen, Friedrich [1912]: Das deutsche Bildungswesen in seiner geschichtlichen Entwicklung. 3. Aufl. Leipzig, Berlin.

Paulsen, Friedrich [1919/1921]: Geschichte des gelehrten Unterrichts auf den deutschen Schulen und Universitäten vom Ausgang des Mittelalters bis zur Gegenwart. Mit besonderer Rücksicht auf den klassischen Unterricht. 3., erw. Aufl. hg. und in einem Anhang fortgesetzt von Rudolf Lehmann. 2 Bände. Leipzig.

Peyer, Ann; Portmann, Paul R. (Hgg.) [1996]: Norm, Moral und Didaktik – Die Linguistik und ihre Schmuddelkinder. Eine Aufforderung zur Diskussion. Tübingen.

Pietsch, Paul [1902–08]: Leibniz und die deutsche Sprache. In: Wissenschaftliche Beihefte zur Zeitschrift des Allgemeinen deutschen Sprachvereins. 4. Reihe, Heft 21–30, S. 265–371.

Piltz, Anders [1982]: Die gelehrte Welt des Mittelalters. Köln, Wien.

Pinker, Stephen [1996]: Der Sprachinstinkt. Wie der Geist die Sprache bildet. München.

Platon [1957a]: Kratylos. In: Platon: Sämtliche Werke. In der Übersetzung von Friedrich Schleiermacher mit der Stephanus-Numerierung hrsg. von Walter F. Otto, Ernesto Grassi, Gert Plamböck. Band 2. Hamburg, S. 123–181.

Platon [1957b]: Siebenter Brief. In: Platon: Sämtliche Werke. In der Übersetzung von Friedrich Schleiermacher mit der Stephanus-Numerierung hrsg. von Walter F. Otto, Ernesto Grassi, Gert Plamböck. Band 1, Hamburg, S. 301–326.

Platon [1958]: Phaidros. In: Platon: Sämtliche Werke. In der Übersetzung von Friedrich Schleiermacher mit der Stephanus-Numerierung hrsg. von Walter F. Otto, Ernesto Grassi, Gert Plamböck. Band 4, Hamburg, S. 7–60.

Polenz, Peter von [1967]: Sprachpurismus und Nationalsozialismus. Die ‹Fremdwort›-Frage gestern und heute. In: Germanistik – eine deutsche Wissenschaft. Beiträge von Eberhard Lämmert, Walther Killy, Karl Otto Conrady und Peter v. Polenz. Frankfurt a. M., S. 111–165.

Polenz, Peter von [1978]: Geschichte der deutschen Sprache. Erweiterte Neubearbeitung der früheren Darstellung von Prof. Dr. Hans Sperber. 9., überarb. Aufl. Berlin, New York.

Polenz, Peter von [1984]: Die Geschichtlichkeit der Sprache und der Geschichtsbegriff der Sprachwissenschaft. In: Besch, Werner; Reichmann, Oskar; Sonderegger, Stefan (Hgg.): Sprachgeschichte. Ein Handbuch zur Geschichte der deutschen Sprache und ihrer Erforschung. Erster Halbband. Berlin, New York, S. 1–8.

Polenz, Peter von [1991/1994]: Deutsche Sprachgeschichte vom Spätmittelalter bis zur Gegenwart. Band I: Einführung, Grundbegriffe, Deutsch in frühbürgerlicher Zeit. Band II: 17. und 18. Jahrhundert. Berlin, New York.

Polenz, Peter von [1993]: Die Sprachrevolte in der DDR im Herbst 1989. Ein Forschungsbericht nach drei Jahren vereinter germanistischer Linguistik. In: Zeitschrift für germanistische Linguistik 21, S. 127–149.

Polenz, Peter von [1996]: Die Ideologisierung der Schriftarten in Deutschland im 19. und 20. Jahrhundert. In: Böke, Karin; Jung, Matthias; Wengeler, Martin (Hgg.) [1996], S. 271–282.

Pörksen, Uwe [1979]: Platons Dialog über die Richtigkeit der Wörter und das Problem der Sprachkritik. In: Germanistische Linguistik 1–2 (Varia VI), S. 37–50. Auch in: Pörksen, Uwe [1994], S. 175–187.

Pörksen, Uwe [1986a]: Deutsche Naturwissenschaftssprachen. Historische und kritische Studien. Tübingen.

Pörksen, Uwe [1986b]: Armut, Undurchsichtigkeit und Länge. Drei Schwächen unseres Sprachgebrauchs in Wissenschaft und Öffentlichkeit. In: Gauger, Hans-Martin (Hg.) [1986d], S. 89–97.

Pörksen, Uwe [1988]: Plastikwörter. Die Sprache einer internationalen Diktatur. Stuttgart.

Pörksen, Uwe [1990]: «Unsere politische Sprache ist leer und bewegt fast nichts mehr.» – Politik und Sprache als literarische Form. In: Stickel, Gerhard (Hg.): Deutsche Gegenwartssprache. Tendenzen und Perspektiven. Berlin, New York, S. 66–87.

Pörksen, Uwe [1993]: Plastikwörter. Über den Bedeutungsverlust naturwissenschaftlich geprägter Alltagsbegriffe. In: Gesellschaft für deutsche Sprache (Hg.) [1993], S. 116–130.

Pörksen, Uwe [1994]: Wissenschaftssprache und Sprachkritik. Untersuchungen zu Geschichte und Gegenwart. Tübingen.

Pörksen, Uwe [1995]: Genauigkeit, Durchsichtigkeit und Form oder Was ist eine vollkommene Sprache? In: Henning-Kaufmann-Stiftung zur Pflege der Reinheit der deutschen Sprache. Jahrbuch 1990/91. Marburg, S. 27–60.

Pörksen, Uwe [1997]: Weltmarkt der Bilder. Eine Philosophie der Visiotype. Stuttgart.

Pusch, Luise F. [1984]: Das Deutsche als Männersprache. Aufsätze und Glossen zur feministischen Linguistik. Frankfurt a. M.

R. [1937]: «Propaganda» im Wirtschaftsleben verboten. In: Muttersprache 52, Sp. 340.

Ratke, Wolfgang [1892/1893]: Ratichianische Schriften. Mit einer Einleitung hrsg. von Paul Stötzner. 2 Bde. Leipzig.

Reiher, Ruth [1992]: «Wir sind das Volk». Sprachwissenschaftliche Überlegungen zu den Losungen des Herbstes 1989. In: Burkhardt; Armin; Fritzsche, Klaus Peter (Hgg.) [1992], S. 43–58.

Reiher, Ruth (Hg.) [1995]: Sprache im Konflikt. Zur Rolle der Sprache in sozialen, politischen und militärischen Auseinandersetzungen. Berlin, New York.

Reiher, Ruth; Läzer, Rüdiger (Hgg.) [1993]: Wer spricht das wahre Deutsch? Erkundungen zur Sprache im vereinigten Deutschland. Berlin.

Reiners, Ludwig [1991]: Stilkunst. Ein Lehrbuch deutscher Prosa. Neubearbeitung von Stephan Meyer und Jürgen Schiewe. Völlig überarbeitete Ausgabe München.

Riegel, Hermann [1886]: Der allgemeine deutsche Sprachverein. In: Zeitschrift des Allgemeinen Deutschen Sprachvereins 1, Nr. 1, S. 1–2.

Ritter, Gerhard [1922]: Via antiqua und via moderna auf den deutschen Universitäten des XV. Jahrhunderts. Heidelberg.

Romaine, Suzanne [1986]: Sprachmischung und Purismus: Sprich mir nicht vom Mischmasch. In: Klein, Wolfgang (Hg.) [1986a], S. 92–107.

Rutt, Theodor [1966]: Gottfried Wilhelm Leibniz und die deutsche Sprache. In: Muttersprache 76, S. 321–325.

Saine, Thomas P. [1987]: Von der Kopernikanischen bis zur Französischen Revolution. Die Auseinandersetzung der deutschen Frühaufklärung mit der neuen Zeit. Berlin.

Sanders, Willy [1986]: Gutes Deutsch – besseres Deutsch. Praktische Stillehre der deutschen Gegenwartssprache. Darmstadt.

Sanders, Willy [1992]: Sprachkritikastereien und was der ‹Fachler› dazu sagt. Darmstadt.

Saussure, Ferdinand de [1967]: Grundfragen der Allgemeinen Sprachwissenschaft. Hrsg. von Charles Bally und Albert Sechehaye. Unter Mitwirkung von Albert Riedlinger übersetzt von Herman Lommel. 2. Aufl., mit neuem Register und einem Nachwort von Peter von Polenz. Berlin.

Schiewe, Jürgen [1983]: Wissenschaftssprache – Jargon der ‹gelehrten› Zunft. In: Skarabaeus. Zwischen den Wissenschaften. Heft 2, S. 5–16.

Schiewe, Jürgen [1984]: Gattungsgeschichte als Kritik der Gesellschaftsgeschichte. Carl Gustav Jochmann und sein Essay ‹Die Rückschritte der Poesie›. In: Wirkendes Wort 34, S. 61–64.

Schiewe, Jürgen [1988b]: Aufklärerische Sprachkritik. Carl Gustav Jochmann und die Fremdwortfrage. In: Sprachreport 2/1988, S. 2–4.

Schiewe, Jürgen [1988c]: Joachim Heinrich Campes Verdeutschungsprogramm. Überlegungen zu einer Neuinterpretation des Purismus um 1800. In: Deutsche Sprache 16, S. 17–33.

Schiewe, Jürgen [1988d]: George Orwells Sprachkritik in «1984». In: umwelt lernen. Zeitschrift für ökologische Bildung. Nr. 38, S. 14–15.

Schiewe, Jürgen [1988e]: Rhythmus und Revolution. Graf Gustav von Schlabrendorf und die Sprache. In: Zeitschrift für Literaturwissenschaft und Linguistik (LiLi) 18, Heft 72, S. 44–59.

Schiewe, Jürgen [1988f]: «Herren und Knechte sind selten gute Sprecher.» Anmerkungen zur politischen Sprachkritik Carl Gustav Jochmanns. In: Der Sprachdienst 32, S. 73–77.

Schiewe, Jürgen [1989a]: Sprache und Öffentlichkeit. Carl Gustav Jochmann und die politische Sprachkritik der Spätaufklärung. Berlin.

Schiewe, Jürgen [1989b]: Sprachpurismus und Emanzipation. Joachim Heinrich Campes Verdeutschungsprogramm als Voraussetzung für Gesellschaftsveränderungen. Hildesheim, Zürich, New York (= Germanistische Linguistik; 96–97/1988).

Schiewe, Jürgen [1989c]: Joachim Heinrich Campes Verdeutschungsprogramm und die Sprachkritik der Französischen Revolution. In: Schlieben-Lange, Brigitte; Dräxler, Hans-Dieter; Knapstein, Franz-Josef; Volck-Duffy, Elisabeth; Zollna, Isabel (Hgg.): Europäische Sprachwissenschaft um 1800. Methodologische und historiographische Beiträge zum Umkreis der ‹idéologie›. Band 1, Münster, S. 229–241.

Schiewe, Jürgen [1989d]: Die Uniformierung der Gegenwartssprache. Tendenzen und mögliche Hintergründe. In: Mittelstraß, Jürgen (Hg.): Wohin geht die Sprache? Wirklichkeit – Kommunikation – Kompetenz. Kongreß Junge Wissenschaft und Kultur. Essen 1989, S. 132–140.

Schiewe, Jürgen [1990]: Jochmann, Carl Gustav. In: Killy, Walther (Hg.): Literatur Lexikon. Autoren und Werke deutscher Sprache. Band 6. München, S. 103–104.

Schiewe, Jürgen [1991]: Wissenschaftssprachen an der Albert-Ludwigs-Universität Freiburg. Ergebnisse einer Umfrage von Freiburger Biologen und Germanisten. In: Freiburger Universitätsblätter. 30. Jahrgang, Heft 113, S. 17–51.

Schiewe, Jürgen [1993]: «Die ganze lebendige Wirksamkeit des Wortes ...» Wilhelm von Humboldt und Carl Gustav Jochmann im Gespräch. In: Sprachreport. Informationen und Meinungen zur deutschen Sprache. Heft 3, S. 8–12.

Schiewe, Jürgen [1995]: «Allein der Hauptgesichtspunkt bleibt die Wissenschaft». Wilhelm von Humboldts Universitätsreform und der Übergang der Wissenschaften vom Gelehrtenlatein zur Volkssprache. In: Wirkendes Wort 45, S. 47–64.

Schiewe, Jürgen [1996]: Sprachenwechsel – Funktionswandel – Austausch der Denkstile. Die Universität Freiburg zwischen Latein und Deutsch. Tübingen.

Schiewe, Jürgen [1997]: Sprachwitz – Sprachspiel – Sprachrealität. Über die Sprache im geteilten und vereinten Deutschland. In: Zeitschrift für germanistische Linguistik 25, S. 129–146.

Schlegel, Friedrich [1800]: Über die Unverständlichkeit. In: Kritische Friedrich-Schlegel-Ausgabe. Band 2: Charakteristiken und Kritiken I. Paderborn 1967, S. 363–372.

Schlegel, Friedrich [1808]: Ueber die Sprache und Weisheit der Indier. In: Kritische Friedrich-Schlegel-Ausgabe. Band 8: Studien zur Philosophie und Theologie. München, Paderborn, Wien 1975, S. 105–433.

Schlosser, Horst Dieter [1990]: Die deutsche Sprache in der DDR zwischen Stalinismus und Demokratie. Historische, politische und kommunikative Bedingungen. Köln.

Schlosser, Horst Dieter [1993]: Die ins Leere befreite Sprache. Wendetexte zwischen Euphorie und bundesdeutscher Wirklichkeit. In: Muttersprache 103, S. 219–230.

Schlosser, Horst Dieter [1994]: Die Unwörter des Jahres 1993. In: Gesellschaft für deutsche Sprache (Hg.) [1994], S. 57–69.

Schlosser, Horst Dieter [1996]: Sprachkritik als Problemgeschichte der Gegenwart. In: Böke, Karin; Jung, Matthias; Wengeler, Martin (Hgg.) [1996], S. 99–109.

Schmarsow, August [1877]: Leibniz und Schottelius. Die Unvorgreiflichen Gedanken, untersucht und herausgegeben. Straßburg.

Schmich, Walter [1987]: Sprachkritik. Sprachbewertung. Sprecherkritik. Phil. Diss. Heidelberg.

Schmidt, Claudia [1988]: «Typisch weiblich – typisch männlich». Geschlechtsspezifisches Kommunikationsverhalten in studentischen Kleingruppen. Tübingen.

Schmidt, Franz [1969]: Zeichen, Wort und Wahrheit bei Leibniz. In: Studia Leibnitiana. Supplement-Band 3. Wiesbaden, S. 190–208.

Schmitt, Hanno [1979]: Schulreform im aufgeklärten Absolutismus. Leistungen, Widersprüche und Grenzen philanthropischer Reformpraxis im Herzogtum Braunschweig-Wolfenbüttel 1785–1790. Mit einem umfassenden Quellenanhang. Weinheim, Basel.

Schmitz-Berning, Cornelia [1998]: Vokabular des Nationalsozialismus. Berlin, New York.

Schoelen, Eugen (Hg.) [1965]: Erziehung und Unterricht im Mittelalter. Ausgewählte pädagogische Quellentexte. 2., durchgesehene und erweiterte Aufl. Paderborn.

Schoenthal, Gisela [1985]: Sprache und Geschlecht. In: Deutsche Sprache 13, S. 143–185.

Schoenthal, Gisela [1989]: Personenbezeichnungen im Deutschen als Gegenstand feministischer Sprachkritik. In: Zeitschrift für germanistische Linguistik 17, S. 296–314.

Schoenthal, Gisela [1992a]: Sprache, Geschlecht und Macht. Zum Diskussionsstand feministischer Thesen in der Linguistik. In: Mitteilungen des Deutschen Germanistenverbandes 39, Heft 3, S. 5–12.

Schoenthal, Gisela [1992b]: Geschlecht und Sprache. In: Deutsche Akademie für Sprache und Dichtung. Jahrbuch 1991. Frankfurt a. M., S. 90–105.

Schoenthal, Gisela [1996]: Feministische Rhetorik. In: Historisches Wörterbuch der Rhetorik. Hrsg. von Gert Ueding. Band 3, Tübingen, Sp. 238–243.

Schopenhauer, Arthur [1923]: Sämtliche Werke. Hrsg. von Paul Deussen. Band 6: Ueber das Sehen und die Farben. Balthazar Gracian's Hand-Orakel. Ueber das Interesse. Eristische Dialektik. Ueber die Verhunzung der deutschen Sprache. München.

Schopenhauer, Arthur [1977]: Werke in zehn Bänden. Züricher Ausgabe. Zürich.

Schottelius, Justus Georg [1663]: Ausführliche Arbeit von der teutschen HaubtSprache. Worin enthalten Gemelter dieser HauptSprache Uhrankunft, Uhralterthum, Reinlichkeit, Eigenschaft, Vermögen, Unvergleichlichkeit, Grundrichtigkeit, zumahl die

SprachKunst und VersKunst Teutsch und guten theils Lateinisch völlig mit eingebracht, wie nicht weniger Verdoppelung, Ableitung, die Einleitung, Nahmwörter, Authores vom Teutschen Wesen und Teutscher Sprache, von der Verteutschung, Item die Stammwörter der Teutschen Sprache samt der Erklärung und derogleichen viel merkwürdige Sachen. Abgetheilet in Fünf Bücher. Braunschweig. Reprographischer Nachdruck Tübingen 1967.

Schrodt, Richard [1995]: Warum geht die deutsche Sprache immer wieder unter? Die Problematik der Werterhaltung im Deutschen. Wien.

Schröer, B. [1933]: Mitteilungen. Fremdwörter der «NSDAP». In: Muttersprache 48, Sp. 399–400.

Schroeter, Sabina [1994]: Die Sprache der DDR im Spiegel ihrer Literatur. Studien zum DDR-typischen Wortschatz. Berlin, New York.

Schüddekopf, Charles (Hg.) [1990]: «Wir sind das Volk!» Flugschriften, Aufrufe und Texte einer deutschen Revolution. Mit einem Nachwort von Lutz Niethammer. Reinbek bei Hamburg.

Schulenburg, Sigrid von der [1973]: Leibniz als Sprachforscher. Mit einem Vorwort hg. von Kurt Müller. Frankfurt a. M.

Schupp, Johann Balthasar [1663]: Schrifften. Etliche Tractaetlein, welche theils im Nahmen Herrn Doctor Joh. Balthasaris Schuppii gedruckt und von ihm nicht gemacht worden. Hanau.

Schupp, Johann Balthasar [1891]: Der Teutsche Lehrmeister. Mit einer Einleitung und Anmerkungen hg. von Paul Stötzner. Leipzig.

Schwitalla, Johannes [1976]: Was sind ‹Gebrauchstexte›? In: Deutsche Sprache 4, S. 20–40.

Steger, Hugo [1988]: Erscheinungsformen der deutschen Sprache. ‹Alltagssprache› – ‹Fachsprache› – ‹Standardsprache› – ‹Dialekt› und andere Gliederungstermini. In: Deutsche Sprache 16, S. 289–319.

Steger, Hugo [1991]: Alltagssprache. Zur Frage nach ihrem besonderen Status in medialer und semantischer Hinsicht. In: Raible, Wolfgang (Hg.): Symbolische Formen. Medien. Identität. Jahrbuch 1989/90 des Sonderforschungsbereichs «Übergänge und Spannungsfelder zwischen Mündlichkeit und Schriftlichkeit». Tübingen, S. 55–112.

Sternberger, Dolf; Storz, Gerhard; Süskind, W. E. [1986]: Aus dem Wörterbuch des Unmenschen. Neue erweiterte Ausgabe mit Zeugnissen des Streites über die Sprachkritik (1. Aufl. 1945). Frankfurt a. M., Berlin.

Stickel, Gerhard [1985]: Das «Fremdwort» hat ausgedient. In: Mitteilungen 11. Hg. vom Institut für deutsche Sprache. Mannheim, S. 7–17.

Stickel, Gerhard [1988]: Beantragte staatliche Regelung zur ‹Sprachlichen Gleichbehandlung›. Darstellung und Kritik. In: Zeitschrift für germanistische Linguistik 16, S. 330–355.

Stieler, Georg [1956]: Leibniz als Politiker und Volkserzieher. In: Kant-Studien 47, S. 62–76.

Stieler, Kaspar [1691]: Der Teutschen Sprache Stammbaum und Fortwachs oder Teutscher Sprachschatz, Worinnen alle und iede teutsche Wurzeln und Stammwörter, so viel deren annoch bekant und ietzo im Gebrauch seyn, nebst ihrer Ankunft, abgeleiteten duppelungen und vornemsten Redarten mit guter lateinischer Tolmetschung und kunstgegründeten Anmerkungen befindlich. Samt einer Hochteutschen Letterkunst, Nachschuß und teutschem Register. Nürnberg. Reprographischer Nachruck München 1968.

Stöger, Bernhard [1790]: Über die Frage: Welcher Lehrvortrag in der Philosophie ist auf deutschen Universitäten der nützlichere: der lateinische, oder der deutsche? Eine Vorlesung bey Eröffnung der öffentlichen Collegien gehalten von Bernhard Stöger, Benedictiner aus Oberalteich, der Weltweisheit Doctor, und öffentlicher Lehrer der Logic und Metaphysic auf der Universität Salzburg. Salzburg.

Stoll, Christoph [1973]: Sprachgesellschaften im Deutschland des 17. Jahrhunderts. München.

Stötzel, Georg; Wengeler, Martin [1994]: Kontroverse Begriffe. Geschichte des öffentlichen Sprachgebrauchs in der Bundesrepublik Deutschland. Berlin, New York.

Straßner, Erich [1995]: Deutsche Sprachkultur. Von der Barbarensprache zur Weltsprache. Tübingen.

Suchsland, Peter [1976]: Gibt es Widersprüche zwischen Leibnizens theoretischen und praktischen Bemühungen um die deutsche Sprache?. In: Zeitschrift für Phonetik, Sprachwissenschaft und Kommunikationsforschung 29, S. 472–475.

Suchsland, Peter [1977]: Gottfried Wilhelm Leibniz (1646–1716). Über sein theoretisches und sein praktisches Verhältnis zur deutschen Sprache. In: Erbe – Vermächtnis und Verpflichtung. Zur sprachwissenschaftlichen Forschung in der Geschichte der AdW der DDR. Eingeleitet und hrsg. von Joachim Schildt. Berlin, S. 32–59.

Tannen, Deborah [1991]: Du kannst mich einfach nicht verstehen. Warum Männer und Frauen aneinander vorbeireden. Aus dem Amerikanischen von Maren Klostermann. Hamburg.

Tannen, Deborah [1995]: Job Talk. Wie Frauen und Männer am Arbeitsplatz miteinander reden. Hamburg.

taz [1990]. Journal zur Novemberrevolution. August bis Dezember 1989. Berlin.

Thalhofer, Franz Xaver [1928]: Unterricht und Bildung im Mittelalter. München.

Thierse, Wolfgang [1993]: «Sprich, damit ich dich sehe». Beobachtungen zum Verhältnis von Sprache und Politik in der DDR-Vergangenheit. In: Born, Joachim; Stickel, Gerhard (Hgg.): Deutsch als Verkehrssprache in Europa. Berlin, New York (= Jahrbuch des Instituts für deutsche Sprache 1992), S. 114–126. Als Separatdruck mit dem Titel «‹Sprich, damit ich dich sehe›. Über die Sensibilität beim Sprechen unter den politischen Bedingungen der DDR» auch: Berlin, New York.

Thomasius, Christian [1701]: Allerhand bißher publicirte Kleine Teutsche Schriften/Mit Fleiß colligieret und zusammen getragen; Nebst etlichen Beylagen und einer Vorrede. Halle.

Thomasius, Christian [1704/1705a]: Auserlesener Anmerckungen Uber allerhand wichtige Materien und Schrifften. 2 Theile. Frankfurt, Leipzig.

Thomasius, Christian [1705b]: Außerlesene und in Deutsch noch nie gedruckte Schrifften. Halle.

Thomasius, Christian [1970]: Deutsche Schriften. Ausgewählt und hg. von Peter von Düffel. Stuttgart.

Timms, Edward [1995]: Karl Kraus. Satiriker der Apokalypse. Wien.

Tocqueville, Alexis de [1984]: Über die Demokratie in Amerika (1835/1840). Beide Teile in einem Band. Vollständige Ausgabe. Aufgrund der französischen historisch-kritischen Ausgabe hrsg. von Jacob P. Mayer in Gemeinschaft mit Theodor Eschenburg und Hans Zbinden. Aus dem Französischen übertragen von Hans Zbinden. 2. Aufl. München.

Trabold, Annette [1993]: Sprachpolitik, Sprachkritik und Öffentlichkeit. Anforderungen an die Sprachfähigkeit des Bürgers. Wiesbaden.

Trömel-Plötz, Senta [1982]: Frauensprache: Sprache der Veränderung. Frankfurt a. M.

Trömel-Plötz, Senta (Hg.) [1984]: Gewalt durch Sprache. Die Vergewaltigung von Frauen in Gesprächen. Frankfurt a. M.

Tucholsky, Kurt [1975]: Gesammelte Werke in 10 Bänden. Hg. von Mary Gerold-Tucholsky und Fritz J. Raddatz. Reinbek bei Hamburg.

Tucholsky, Kurt [1978]: Die Q-Tagebücher 1934–1935. Hrsg. von Mary Gerold-Tucholsky und Fritz J. Raddatz. Reinbek bei Hamburg.

Tucholsky, Kurt [1990]: Sprache ist eine Waffe. Sprachglossen. Zusammengestellt von Wolfgang Hering. Reinbek bei Hamburg.

Twain, Mark [1985]: Bummel durch Europa. Deutsch von Gustav Adolf Himmel. Mit Illustrationen der Erstausgabe von W. Fr. Brown, True W. Williams, B. Day und anderen Künstlern. Frankfurt a. M. (Erstausgabe 1880).

Unger, Rudolf [1905]: Hamanns Sprachtheorie im Zusammenhange seines Denkens. Grundlegung zu einer Würdigung der geistesgeschichtlichen Stellung des Magus in Norden. München.

Weigel, Hans [1980]: Die Leiden der jungen Wörter. München.

Weimar, Klaus [1989]: Geschichte der deutschen Literaturwissenschaft bis zum Ende des 19. Jahrhunderts. München.

Weimer, Hermann [1976]: Geschichte der Pädagogik. 18. vollständig neubearbeitete Aufl. von Walter Schöler. Berlin, New York.

Weinrich, Harald [1985]: Wege der Sprachkultur. Stuttgart.

Weizsäcker, Carl Friedrich [1959]: Sprache als Information. In: Die Sprache. Fünfte Folge des Jahrbuchs Gestalt und Gedanke. Hg. von der Bayerischen Akademie der Schönen Künste. München, S. 45–76.

Welke, Klaus; Sauer, Wolfgang W.; Glück, Helmut (Hgg.) [1992]: Die deutsche Sprache nach der Wende. Hildesheim, New York.

Weniger, Erich [1935]: Das deutsche Bildungswesen im Frühmittelalter. In: Historische Vierteljahresschrift. Zeitschrift für Geschichtswissenschaft und Lateinische Philologie 30, S. 446–492.

Whorf, Benjamin Lee [1963]: Sprache – Denken – Wirklichkeit. Beiträge zur Metalinguistik und Sprachphilosophie. Reinbek bei Hamburg.

Wieland, Christoph Martin [1782]: Über die Frage Was ist Hochdeutsch? und einige damit verwandte Gegenstände. In: Ders.: Sämmtliche Werke. Band 14. Hamburg 1984, 297–366.

Wild, Rainer (Hg.) [1978]: Johann Georg Hamann. Darmstadt.

Wimmer, Rainer [1982]: Überlegungen zu den Aufgaben und Methoden einer linguistisch begründeten Sprachkritik. In: Heringer, Hans Jürgen (Hg.) [1982a], S. 290–313.

Wittgenstein, Ludwig [1993]: Tractatus-logico-philosophicus. Tagebücher 1914–1916. Philosophische Untersuchungen (= Werkausgabe Bd. 1). Frankfurt a. M.

Wolf, Christa [1990]: Reden im Herbst. Berlin, Weimar.

Wolff, Christian [1733]: Ausführliche Nachricht von seinen eigenen Schrifften, die er in deutscher Sprache von den verschiedenen Theilen der Welt-Weißheit herausgegeben, auf Verlangen ans Licht gestellet. 3. Aufl. Frankfurt a. M. (= Christian Wolff: Gesammelte Werke. Band 9. 1973).

Wolff, Christian [1751]: Vernünfftige Gedanken von Gott, der Welt und der Seele des Menschen, auch allen Dingen überhaupt (Deutsche Metaphysik). 11. Aufl. Halle, Frankfurt a. M. (= Christian Wolff: Gesammelte Werke. Band 2. 1983).

Wolff, Christian [1775]: Des weyland Reichs-Freiherrn von Wolff übrige theils noch gefundene kleine Schriften und einzelne Betrachtungen zur Verbesserung der Wissenschaften. Halle (= Christian Wolff: Gesammelte Werke. Band 22. 1983).

Wolff, Christian [1964 ff]: Gesammelte Werke. Neu hg. und bearbeitet von Jean Ecole. H. W. Arndt, Ch. A. Corr, J. E. Hofmann, M. Thomann. I. Abteilung: Deutsche Schriften. Hildesheim.

Wolff, Christian [1978]: Vernünfftige Gedanken von den Kräfften des menschlichen Verstandes und ihrem richtigen Gebrauche in Erkänntnis der Wahrheit (Deutsche Logik) (= Christian Wolff: Gesammelte Werke. Band 1).

Wühr, Wilhelm [1950]: Das abendländische Bildungswesen im Mittelalter. München.

Wustmann, Gustav [1891]: Allerhand Sprachdummheiten. Kleine deutsche Grammatik des Zweifelhaften, des Falschen und des Häßlichen. Leipzig.

Zesen, Philipp von [1651]: Rosen-mând: das ist in ein und dreissig gesprächen Eröfnete Wunderschacht zum unerschätzlichen Steine der Weisen. Hamburg.

Zima, Peter V. [1994]: Die Dekonstruktion. Einführung und Kritik. Tübingen, Basel.

Zimmer, Dieter [1986]: So kommt der Mensch zur Sprache. Über Spracherwerb, Sprachentstehung, Sprache und Denken. Zürich.

Zimmer, Dieter [1997]: Deutsch und anders. Die Sprache im Modernisierungsfieber. Reinbek bei Hamburg.

Personenregister

Auf ein Sachregister wurde verzichtet, da die meisten Begriffe zu unspezifisch sind. Die behandelten Themen sind am besten über das Inhaltsverzeichnis zu erschließen.